国家内河航道整治工程技术研究中心系列成果

山区河流水沙运动规律及航道整治技术研究

杨胜发　高凯春 等　著

科学出版社
北　京

内 容 简 介

本书围绕山区河流航道治理的基本理论和复杂滩险治理应用，主要开展了以下研究工作:①山区河流水流基本特性及规律研究;②山区河流泥沙基本特性及规律的探讨研究;③山区河流航道岸坡稳定研究;④山区河流复杂滩险治理技术的研究。并将相关研究成果在山区河流航道治理中进行了实际应用。

本书可供水利工程领域研究人员、工程技术人员、研究生等参考使用。

图书在版编目(CIP)数据

山区河流水沙运动规律及航道整治技术研究 / 杨胜发等著. —北京: 科学出版社，2014.12

ISBN 978-7-03-042516-4

Ⅰ. ① 山… Ⅱ. ① 杨… Ⅲ. ① 山区河流–河流泥沙–泥沙运动–研究 ②山区河流–航道整治–研究

Ⅳ. ①TV143 ②U617.4

中国版本图书馆 CIP 数据核字(2014)第 268448 号

责任编辑：杨 岭 朱小刚 / 封面设计：墨创文化

责任校对：贺江艳 / 责任印制：余少力

科学出版社 出版

北京东黄城根北街16号

邮政编码：100717

http://www.sciencep.com

四川煤田地质制图印刷厂印刷

科学出版社发行 各地新华书店经销

*

2014 年 12 月第 一 版 开本：787×1092 1/16

2014 年 12 月第一次印刷 印张：24 3/4 插页：8 面

字数：590 千字

定价：99.00 元

前　言

内河航运是典型的资源节约、环境友好型绿色交通运输方式，具有运能大、能耗小、成本低、占地少、污染轻等明显优势。在当前交通拥堵、污染和能耗问题突出，以及土地资源、生态环境日益严重的情况下，内河航运发展越来越受到重视。我国内河航道通航里程位居世界第一，但内河航运开发利用却十分不足。

我国水能资源非常丰富，居世界首位，其中尤以西南山区河流最具代表性。在大力开发山区河流水电能源的同时，相应河段也得以渠化，给山区河流的航运带来了前所未有的机遇，但同时也伴随着新的问题。山区河流在天然情况下大都比降大、江面窄、滩多水急、航道条件差，为根本改变其航运条件，必须大力提高航道等级，行驶大吨位船舶，减少运输成本，提升竞争能力。

本书紧紧围绕山区河流航道治理中的实际需求，以基础理论为导向，以研究工程实际技术问题为核心，以解决工程实际应用需求为目标，将原型观测、理论分析、数值模拟、物模试验等多种研究手段相结合，对山区河流复杂滩险航道治理问题进行了比较全面、系统、深入的研究。

本书汇集了二十多名专业技术人员近十年的研究成果，其中部分成果取自“十二五”国家科技支撑计划课题——“三峡水库变动回水区末端段航道治理研究”（课题编号：2012BAB05B03），以及国家自然科学基金面上项目——“卵石沙波三维运动规律的实验研究”（项目批准号：50779082）。

书中各章节均独立编写，作者分工如下：

第1章由杨胜发、高凯春编写；

第2章由杨胜发、胡江、许光祥、童思陈、李文杰编写；

第3章由杨胜发、胡江、许光祥、童思陈、付旭辉编写；

第4章由许光祥、童思陈、杨胜发、胡江编写；

第5章由王俊杰、王平义、喻涛、黄颖编写；

第6章由胡小庆、罗宏、解中柱、刘勇编写。

本书仅是作者近年来对山区河流水沙运动规律及应用的初步总结，水平有限，不妥之处敬请指正。

作　者

2014年6月

目　录

第1章　总　　论

1.1　研究背景和意义

1.1.1　研究的迫切性

内河航运是典型的资源节约、环境友好型绿色交通运输方式，具有运能大、能耗小、成本低、占地少、污染轻等明显优势。在当前交通拥堵、污染和能耗问题突出，以及土地资源减少、生态环境恶化日益严重的情况下，内河航运发展越来越受到重视。

我国内河航道通航里程位居世界第一，但内河航运开发利用却十分不足。我国内河航道里程12.3万公里，仅占河流总长的29%。我国内河千吨级以上航道的里程占总航道里程的7%，而美国达到61%，德国更达到70%。

美国密西西比河、俄罗斯伏尔加河、欧洲莱茵河水系是国外流域综合开发比较成功的三大水系。我国的长江水系与这三大水系相比具有显著的差异(表1-1-1)，在内河航道整治工程建设中也会遇到不同的技术问题，可借鉴的技术较少。这两者的主要差别体现在三个方面。

表1-1-1　国内外内河航道整治工程建设现状

国家(地区)	河流	通航长度/km	河流类型	大规模开发时期	开发方案	现状
美国	密西西比河	3766	平原河流为主	1920～1960年	防洪、航运为主，兼顾水电、灌溉、水产	航道高等级、网络化、标准化已建成 美国正实施水运高速走廊建设，欧洲正实施水运设施功能提升计划
欧洲	莱茵河	886	平原河流为主	1920～1960年	航运为主，兼顾防洪、灌溉、发电	
俄罗斯	伏尔加河	3000	平原河流为主	1930～1960年	发电为主，把航运放在重要位置	
中国	长江	2938	山区河流占60%，平原河流占40%	1993～2020年(规划)	防洪、发电和航运综合考虑	实施跨越式发展战略，同步开展大规模内河开发和水运现代化建设

1)大规模开发时期不同

密西西比河、莱茵河和伏尔加河水系的大规模开发时期是1920～1960年，开发特点是上游梯级渠化，建坝必建船闸，干流航道延伸，全线航道贯通，航道等级较高，干支航道联网。1960年至今，是内河航道现代化发展阶段，主要体现在综合开发水资源，开辟运河，建设高等级内河航道。

我国内河航道整治大规模开发是从1994年以三峡工程正式开工为标志开始的，按照交通运输部《公路水路交通中长期科技发展规划纲要(2006－2020年)》，“在水资源较为丰富的长江水系、珠江水系、京杭运河与淮河水系、黑龙江和松辽水系及其他水系，形成长江干线、西江航运干线、京杭运河、长江三角洲高等级航道网、珠江三角洲高等级航道网、18条主要干支流高等级航道”。我国内河航道目前正处于大规模开发时期，与密西西比河水系开发时期(1930～1940年)相比，落后80年左右。

2)河流特点和开发方案不同

密西西比河、莱茵河和伏尔加河水系的通航河段主要是平原河流，落差较小。长江水系通航河段的落差较大，有60%属于山区河流，40%属于平原河流。

美国在开发和治理密西西比河水系时，以防洪为主，把航运放在重要地位，兼顾水电、灌溉、水产、旅游和环保等行业发展需求。俄罗斯则以发电为主，把航运放在重要位置。德国把航运放在河流开发的首位，兼顾防洪、灌溉、发电等其他效益。法国确定和实施了“航运第一、发电第二、灌溉第三”的罗纳河综合开发方案。荷兰将防洪与航运并重。各国情况不同，但在河流的综合开发中都十分重视发展航运。

长江水系开发方案综合考虑防洪、发电和航运，其中长江中下游以防洪、航运为主，长江上游以发电和航运为主。

3)航道整治工程建设的阶段不同

密西西比河、莱茵河和伏尔加河经过一百年左右的建设，航道高等级、网络化、标准化已建成。目前美国正在实施沿海和内地水运高速走廊建设，2010年动工兴建的高速水运走廊工程项目有14项之多。欧盟国家正在实施水运设施功能提升计划，进一步提升莱茵河、多瑙河、塞纳河、罗纳河和奥得河等欧洲内河航道网络基础设施的功能。

目前，我国内河水运建设已进入快速发展阶段，未来10～20年也将是我国大规模治理河流的重要时期，内河水运必须抓住机遇，实施跨越式发展战略，内河航道大规模建设与现代化发展同步进行。在大规模渠化工程和航道高等级、网络化、标准化的建设过程中，会遇到连续滩险整治、碍航卵石沙波治理等关键技术问题。

1.1.2 研究意义

交通运输部《公路水路交通中长期科技发展规划纲要(2006－2020年)》提出：“到2020年，港口总通过能力将达65亿吨左右，其中码头集装箱通过能力约2.4亿标准箱(TEU)；五级以上航道里程将达到35000公里以上，其中三级以上航道15000公里。”按照交通运输部的规划要求，目前三级以上的航道里程完成了52%，还需建设7822公里，五级以上的航道里程完成了70%，还需建设10649公里。

《国务院关于加快长江等内河水运发展的意见》(国发［2011］2号)提出，加快长江等内河水运发展有利于构建现代综合运输体系、调整优化沿江沿河地区产业布局、促进区域经济协调发展、促进节能减排。我国进入了内河航运大规模开发时期。内河水运在能源、原材料等大宗物资和集装箱、重大装备运输中具有独特优势，加快发展内河水运有利于推动电力、钢铁、汽车等沿江沿河产业带的发展，推动东部地区产业升级和中西部地区承接产业转移，优化流域经济布局和产业结构。利用10年左右的时间，建成畅通、高效、平安、绿色的现代化内河水运体系，运输效率和节能减排能力显著提高，水运优势与潜力得到充分发挥。

西部大开发是我国的一项重要战略举措，其中有很多老少边穷的地方亟待开发建设。西部地区尤其西南地区的地理条件较复杂，陆路交通总体环境差、等级低、运能小、造价高；该地区的内河航道主要由山区河流构成，由长江水系、珠江水系和一部分国际河流组成，但由于历史的原因，水运优势也远远没有发挥出来。而西南地区的优势交通资源就是山区河流的内河航运。为进一步实施和推进西部大开发战略，亟须对山区河流的水沙运动规律和通航问题进行深入、系统的研究。

按照内河水运"十二五"规划、《全国内河航道与港口布局规划》以及《长江干线航道总体规划纲要》的要求(表1-1-2)，需要加快长江干线航道系统治理，上游1000 t级航道延伸至水富，适时实施三峡水库库尾航道整治；加快实施岷江、嘉陵江、乌江等航道的建设工程。国务院2011年5月18日常务会议通过《三峡后续工作规划》提出：开展三峡水运通道能力建设，进一步改善长江航运条件、提高航运效益。

表1-1-2 全国内河航道布局规划

分布	航道名称	起讫点	航道等级现状	规划航道等级	总航道里程/km	山区河流部分/km	平原河流部分/km
两横	长江干线	水富—重庆	五至三级	三级	412	412	
	长江干线	重庆—长江口	三至一级	一级	2426	720	1706
	西江干线	南宁—广州	五至三级	三级及以上	854	854	
一纵	京杭运河	梁山—杭州	六至二级	三级至二级	1052		1052
十八线	岷江	乐山—宜宾	六至四级	三级	162	162	
	嘉陵江	广元—重庆	六至四级	三至四级	698	698	
	乌江	乌江渡—涪陵	七至五级	四级	594	594	
	湘江	松柏—城陵矶	六至三级	三级及以上	497	497	
	沅水	三板溪—鲇鱼口	六级	四级	859	859	
	汉江	安康—汉口	六、七级	四级	969	352	617
	江汉运河	龙洲垸—高石碑	不通航	三级	69		69
	赣江	赣州—湖口	六至三级	三级及以上	606	606	
	信江	贵溪—罐子口	七至五级	三级	244	244	
	合裕线	合肥新港—裕溪口	六至三级	三级	143		143
	淮河	淮滨—淮安	五级	三至四级	560		560
	沙颍河	漯河—沫河口	六、五级	五至四级	378	378	
	右江	剥隘—南宁	六级	四级	435	435	
	北盘江—红水河	百层—石龙三江口	七、六级	四级	741	741	
	柳江—黔江	柳州—桂平	六、五级	三级	284	284	
	黑龙江	恩和哈达—伯力	四、二级	三级及以上	1890	1290	600
	松花江	大安—同江	四级	四级	976	290	686
	闽江	南平—外沙	六至一级	四级及以上	278	278	
总计					15127	9694	5433

为全面落实《国务院关于加快长江等内河水运发展的意见》（国发［2011］2 号）、内河水运“十二五”规划、《全国内河航道与港口布局规划》、《长江干线航道总体规划纲要》以及《三峡后续工作规划》的各项意见和规划，大力提升长江上游河段、西南地区山区河流以及三峡库区河段的航道标准，进一步实施碍航滩险的整治便显得十分必要并极为迫切。

为不断满足国民生产和社会经济快速发展的需要，在新的形势和条件下，在这些山区河流上规划和修建的梯级越来越多(图 1-1-1)，且由于航道等级要求进一步提升以及航道长度需求的不断延伸，出现了一系列与航道建设、发展相关的新情况和新问题。例如，山区河流上复杂滩险的碍航问题、水库修建后上下游的航道边界条件和水沙条件均发生了重大变化、库区岸坡防护问题等日益突出。因此，针对内河航道特别是长江上游及西南地区山区河流航道、三峡库区河段的水沙运动规律进行研究，针对各种复杂碍航滩险进行整治具有极为重要的理论意义和重大的实际工程应用价值。

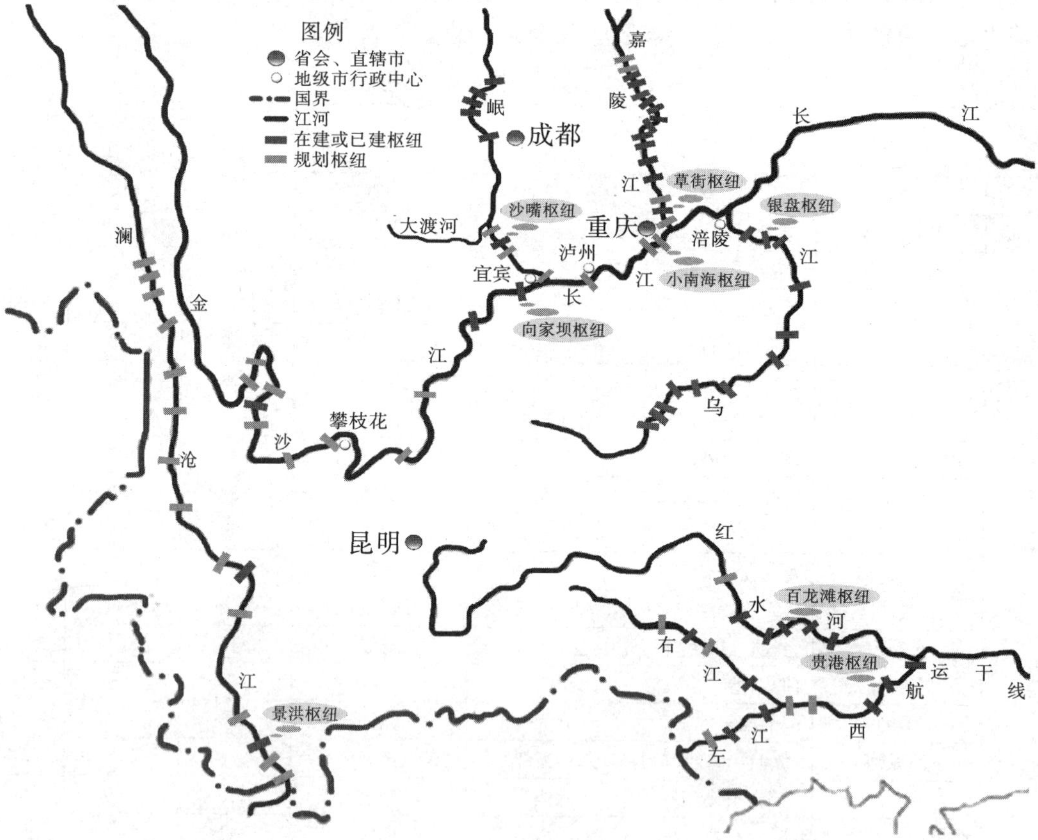

图 1-1-1 中国西南地区主要通航河流梯级开发图

1.2 存在的问题

1.2.1 山区河流开发中存在的问题

我国水能资源非常丰富，位居世界首位，其中尤以西南地区河流最具代表性。从我国能源形势和能源结构看，大力开发水电能源是大势所趋。就西南地区而言，其水能资源理论蕴藏量为4.90亿kW，可开发量2.46亿kW，理论蕴藏量和可开发量均占全国总量的70%，水电开发潜力很大。截至2010年底，我国水电(不含抽蓄，下同)约为2亿kW，水电资源最为丰富的西藏、四川、云南的水电装机容量合计为5549万kW，其中，四川省水电装机总容量3083万kW，云南省水电装机总容量2570万kW。水电是我国实现到2020年非化石能源占一次能源消费15%目标的关键。西南水电资源丰富，后续发展潜力大，在近段时期内为我国能源发展的重点地区。在大力开发山区河流水电能源的同时，相应河段也得以渠化，给山区河流的航运带来了前所未有的机遇，同时也伴随着新的问题。因此，为切实充分利用好山区河流的航运优势，需要针对山区河流渠化带来的新课题进行深入研究。

由于各河段各支流所处地形、地质、水文条件千差万别，在天然情况下，各河流通航等级相差悬殊，但大都坡降大、江面窄、滩多水急、航道条件差，只能季节性航行小吨位船舶，且运能小，成本高。为根本改变山区河流航运条件，山区河流水运要发挥其重要的航运地位和功能，就必须大力提高航道等级，行驶大吨位船舶，减少运输成本，提升竞争能力。

显然，提高山区河流航道等级的最佳出路是水运与水电开发相结合，对山区天然河流进行渠化，从而实现干支直达、上下通畅，形成统一协调的现代化高等级航道网。因此，山区河流渠化后，航运等级的提升和高等级航道网的延伸对于我国社会经济的发展具有极为重要的战略意义。但是，由于山区河流分布广泛，条件千差万别，不可能完全进行渠化梯级衔接。此外，即便是流域航运梯级开发，也存在一个开发时间、顺序和周期的问题。而国家西部大开发和山区社会经济的发展计划，使区域航运需求变得十分迫切。因此，高等级航道网的建设必然涵盖渠化梯级末端相应上游河段、梯级下游河段及渠化梯级支流(如三峡水库支流)等众多特性各异的河段。由此带来一系列新的课题亟待进行研究。

1.2.2 水流运动规律方面

1.2.2.1 非恒定流

非恒定流是自然界中流体运动最为普遍的形式，河道中的洪水推进、水电站泄洪、船闸充排水、水库溃坝、潮流、空气流动等都是典型的非恒定流。

在明渠均匀流中，水面坡度是恒定的，水位与流量呈单值关系，水流运动过程中，各运动要素基本保持不变。均匀流使一般流动问题大为简化，使得问题的研究变得容易，因而现在关于水流及泥沙运动等问题的求解，基本上是在恒定均匀流的基础上建立起来的。

在非恒定流情况下，由于流量、水深、水面比降及流速等水力参数一直随时间而变化，因而其运动规律较均匀流复杂得多。当流量随时间的变化非常缓慢时，可将非恒定流近似作为恒定流处理。但在某些特殊条件下，如电站运行、水库调度等，由于非恒定流变化过程较快，水流非恒定性较强，如果再用恒定流条件来研究非恒定流状态下的问题，则可能导致泥沙运动、河床演变等系列问题的理论研究结果和实际情况有较大的差异。

受研究手段的限制，当前对非恒定流的机理性研究多数还是在管道中进行的，对明渠非恒定流问题的研究则较少，且进展缓慢；而对于明渠非恒定流传播过程中流量和水深等水力参数如何确定、摩阻流速如何计算、垂线流速分布及紊动特性如何等，也都没有得到被广泛认可的结论。

1.2.2.2 河道型水库库区波浪

山区河道型水库建成后，水域面积将大幅增加。例如，三峡工程建成后，形成面积超过1000 km^2 的水域，包括十多条支流河道的大型水库。库区大部分地区水位将抬升50～100 m，仅在重庆辖区内形成长600余千米、宽1～2 km(局部达3 km)的库区水域。

河道型水库的水域面积较大，则库区波浪问题以及由此引发的其他问题会变得突出。以三峡水库为例，三峡成库后，原有陆上岸坡变为水下岸坡或水位变动带的岸坡，物理力学指标大幅降低，加之建库后库区季风和湖(库)陆风将增强，风区扩大，吹程增加，因此库区风场所形成的风浪规模比成库前将有明显扩大，波浪的淘刷和侵蚀作用大为加强，不可避免地会引起路基软化、填料流失、坡岸淘刷、支挡结构承载能力降低等现象，最终造成路基边坡失稳、道路破坏。

1.2.2.3 山区河流弯道水流

自然界中的河流几乎都是弯曲的，河湾在大小河流中普遍存在。河湾水流形态多为由纵向水流与横向环流组成的螺旋流，这种面流指向凹岸、底流指向凸岸的螺旋流的不断侵蚀常常导致河湾凹岸冲刷、凸岸淤积，使船舶的航行停泊水流条件和港口航道几何条件不断恶化，最终导致碍航、断航甚至无法作业，给国民经济和社会的发展带来重大损失。因此，河湾的坡岸防护非常重要。

泥沙运动是河湾水流与坡岸相互作用的媒介。目前，对顺直河道河床的泥沙起动条件的研究已较为成熟；关于顺直河道坡岸和河湾河床的泥沙起动问题的研究成果较少见，且还停滞在粗略的阶段；而对于河湾坡岸泥沙起动条件的研究成果目前几乎还是空白，急需进行对该问题的研究。而要充分深入研究河湾坡岸无黏性均匀沙的起动和弯曲河道岸坡的稳定，首先必须对山区河流弯道水流特性进行深入研究。

1.2.2.4 河道型水库库区大水深紊流结构

对于天然河流，床沙质在搬运输移过程中，一直与河面泥沙不断地发生交换，冲泻质泥沙(沙粒直径 $D<0.06$ mm)从流域面上冲刷外移后，沿程很少在河槽中停留，不参

与造床。若在河流上修建水库，则坝前水位有抬高，形成雍水、回水；使河断面过水面积增大，水流流速减缓，影响水流挟沙力；出现推移质在库尾回水区淤积，悬移质中较细部分的泥沙向下游输移，在水流流速很小、水流紊动较弱的区域形成冲泻质泥沙淤积。

2010 年三峡水库实测泥沙淤积物级配资料表明，水库淤积泥沙主要是天然情况下不造床的冲泻质泥沙。在三峡水库，常年回水区内的泥沙淤积量占水库淤积总量的 99%，航道内局部地区淤积严重。目前，对于细颗粒泥沙的淤积主要以清淤的方式进行航道疏通。但由于细沙淤积量大，疏浚后回淤较快，清淤的工作量大、作用效果也不明显。细颗粒泥沙输移运动的能量来源是水流的紊动动能。因此，如果紊动动能足以维持细颗粒泥沙向下游运动至大坝，排向下游，则在三峡水库常年回水区的细颗粒泥沙淤积将会大大地减缓。因此，对三峡水库大水深条件下水流紊动特性的研究具有重要意义。

泥沙运动与水流的紊动现象有密切的关系。悬移质之所以能抗拒重力作用，在垂线上保持一定分布，完全是水流紊动引起上下水团交换的结果。但由于水流紊动特性及悬移质泥沙运动十分复杂，现有理论主要研究成果是在实验室条件下得到的，并且泥沙运动研究成果多基于一些较为理想的情况，采用了理论假设和概化模型等。但实验条件或假设条件与三峡库区常年回水区的实际情况相差较远，不能客观反映目前三峡水库常年回水区所出现的细颗粒泥沙淤积现象等问题。

1.2.3 泥沙运动规律方面

1.2.3.1 卵石沙波运动形式

山区河流在我国通航里程中占有重要的地位，其中长江水系通航里程 6.5 万 km，占全国内河通航总里程的 53%，而其中干线航道 2838 km，98%以上为高等级航道。长江航运发展迅速，是世界上运量最大、运输最为繁忙的通航河流。2009 年，长江干线货运量达到 13.3 亿 t，干线规模以上港口完成货物吞吐量 11.3 亿 t，已成为名符其实的黄金水道。

但长江上游航道尤其是宜宾至重庆河段分布有大量碍航的卵石滩险，其中部分重点滩险有明显的卵石沙波运动，如九堆子、筲箕背滩、漂灯碛滩、螃蟹子滩、东溪口滩。卵石沙波滩险的形成机理较为复杂，航道整治工程治理难度较大，效果难以维持，严重影响长江上游黄金水道的效益发挥。

1.2.3.2 卵石泥沙运动理论

山区河流卵石沙波运动理论研究包括卵石的起动条件、沙波形态随水流条件变化的过程和分类、沙波随时间变化的形态发展和变化过程、卵石推移质输沙率等方面。本书主要从卵石的起动条件、卵石沙波的形态分类及水流临界条件和卵石推移质输沙率这三个方面进行研究。

从 1879 年法国的 P. Duboys 第一次提出推移质运动的拖曳力理论开始，推移质输沙率的研究已进行了 130 多年。目前，工程界普遍接受并实际运用的推移质输沙率的计算公式多达数十种，包括著名的 Meyer-Peter、Einstein、Bagnold、Engelund、Brownlie、

Shields、Graf、Yalin、Van Rijn、Yang 等公式，如果考虑这些公式的修正式，则推移质输沙率公式可达上百种。但在实际计算过程中，这些经典公式在相同水流条件下的计算成果可能相差数倍。这些推移质输沙率计算公式从拖曳力、概率统计、流速、功率等方面考虑水流对推移质的作用，孰优孰劣尚无定论。

1.2.3.3 弯道泥沙运动

山区河流弯道发育、弯道河床泥沙运动以及岸坡的稳定都与弯道泥沙起动息息相关。目前，对泥沙起动的研究多是针对顺直河道河床的泥沙起动条件进行的。顺直河道坡岸和河湾河床的泥沙起动问题的研究成果较少见，且大都还停滞在粗略的阶段。对于弯道坡岸泥沙起动条件的研究也几乎还是空白。

1.2.4 复杂滩险治理方面

1.2.4.1 山区河道通航水力标准

山区河流滩险众多，在所有种类的滩险中，急流滩占80%以上，是滩险整治研究的重点。山区河流通航条件通常包含航道尺度和水流条件。作为航道尺度，一般的通航河道均比较明确，如航宽 40 m，水深 2 m，弯曲半径 300 m；而作为航道的水流条件标准——水力指标(流速和比降组合)，目前只有少部分重要河段提出了明确标准，而绝大部分山区河流由于航道及水流条件和通航船舶均不尽相同，难以借鉴其他航道的通航水力指标。如直接沿用其他航道的数据标准，会使整治工程的研究和设计过程具有一定的盲目性，整治措施偏于保守，常常需要采用较大的工程量去大幅度地降低滩险的流速和比降，以达到船舶能自航上滩的目的。

因此，基于典型山区河流对通航水力标准进行研究，为航道设计和航道整治工程提供技术指标、建造适合新指标的船型、整治适合新指标的航道，将十分有效地减少船舶营运和整治成本，提高经济效益，促进山区河流航运建设快速发展。

1.2.4.2 坝下非恒定流条件下的设计水位

设计水位包括设计最低通航水位和设计最高通航水位，设计水位是山区河流航道整治的基本参数和主要依据。现有规范和手册确定设计水位的方法都是基于恒定流条件下的成果。而山区河流修建渠化梯级后，梯级下泄水流具有明显的非恒定流特性，在非恒定流情况下设计水位的确定不能再根据恒定流方法推算。

1.2.4.3 整治建筑物新结构形式

据调研，山区河流目前航道整治建筑物主要为散抛石坝体，以及干砌条石和浆砌条石坝面结构。丁坝和顺坝的顶宽为 2～3 m，潜坝顶宽为 3～5 m，迎水边坡坡率为 1∶1.5～1∶2.0，背水边坡坡率为 1∶1.5～1∶2.5。山区河流一般具有河床地质较好的特点，这种结构在一般情况下是稳定的。但山区河流特点之一就是滩多流急，在滩段水流流速较大(超过 3 m/s)时，坝体结构的坝头和坝体顶冲部位可能仍将出现毁坏。

1.2.4.4　整治建筑物的平面布置及各类滩险的整治原则

山区河流一般具有水位暴涨暴落、坡陡流急等特点，因而各类急、浅、险滩时常发育，对航运产生较大危害。山区河流整治建筑物一般包括丁坝、顺坝、锁坝、鱼嘴坝等形式。整治建筑物平面布置应结合上、下游河势，使整治线方向尽量有利于航槽稳定，尽量依托现有河道中的节点控制河势。然而，现有研究一般针对单个滩险进行，对于连续滩险、弯浅险复合滩险、坝下游受非恒定流影响的滩险以及变动回水区卵石滩险等山区河流复杂滩险，还没有深入的研究。

1.3　研究技术路线

本项目的研究技术路线如图 1-3-1 所示。

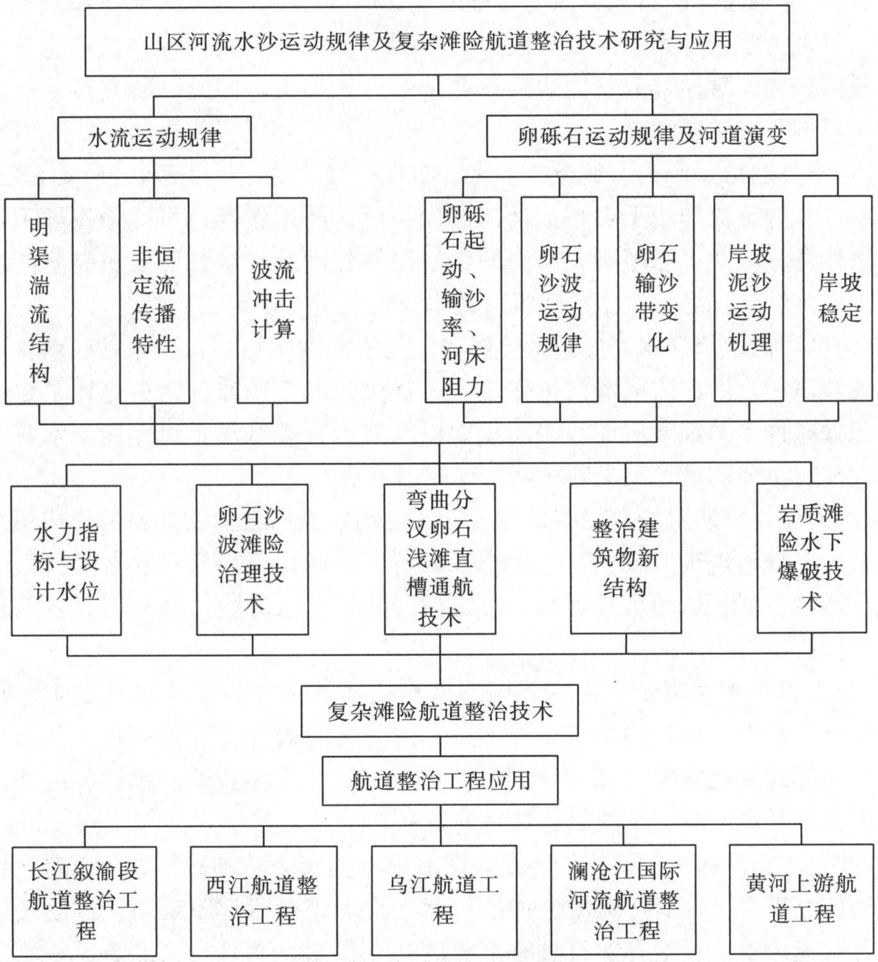

图 1-3-1　研究技术路线图

1.4 主要研究内容与成果

1.4.1 研究主要内容

本项目紧紧围绕山区河流航道整治理论及实际问题进行研究，主要从山区河流水沙运动规律、山区河流整治技术及实践两方面展开。山区河流航道整治理论是河流整治的基础和指导，山区河流整治技术及实践是整治理论的具体应用。

下面介绍山区河流水沙运动及航道治理主要面对的问题和研究内容。

(1)目前水流及泥沙运动等问题的求解基本是以恒定均匀流为前提进行的，但在电站运行、水库调度中，由于水流非恒定性很强，必须考虑非恒定流的影响。因此，基于非恒定流作用下的水流运动规律是有待进一步研究的重要课题。

(2)山区河流修建梯级后水域面积大幅增加，原有陆上岸坡变为水下岸坡或水位变动带的岸坡，物理力学指标大幅降低，波浪的淘刷和侵蚀作用大为加强，可能造成路基边坡失稳、道路破坏，致使部分交通运输产业蒙受巨大损失。因此，研究蓄水后波浪的影响以及防护措施具有重要意义。

(3)弯道常是港口、码头、航道、取水口布设和修建的理想场所，但在山区河流弯道发育过程中，在螺旋流作用下会形成河湾凹岸冲刷、凸岸淤积，可能最终导致碍航、断航甚至无法作业。因此，亟须研究河湾的坡岸泥沙起动及防护。而要研究河湾坡岸泥沙起动和岸坡稳定情况，必须对山区河流弯道水流特性进行研究。

(4)在山区河流上修建水库后，常年回水区的水深大幅抬高，在紊动较弱区域往往形成冲泻质泥沙淤积，由此造成清淤工作量大、作用效果不明显。为更好地了解水库常年回水区大水深条件下的细颗粒泥沙淤积规律以及湍流紊动性质，对库区深水明渠紊流结构进行研究具有重要的理论意义和实际工程应用价值。

(5)山区河流较多滩险均存在明显卵石沙波运动，而卵石沙波滩险的形成机理较为复杂，航道整治工程治理难度较大，效果难以维持。因此，研究卵石沙波几何形态、临界水流系数、推进速度、运动形式等对于山区河流卵石沙波滩险治理具有重要的理论和实际工程应用价值。

(6)目前工程界普遍接受并实际运用的推移质输沙率计算公式多达数十、甚至上百种，但在实际计算中，在相同水流条件下，不同公式间的计算成果可相差数倍，而这些推移质输沙率公式孰优孰劣尚无定论。因此，对山区河流卵石泥沙起动、运动模式和输沙率等卵石泥沙基本运动理论的研究具有重要意义。

(7)目前对于泥沙起动的研究较多是以顺直河道河床为基础进行的，而对于斜坡弯道的泥沙起动研究极少。针对弯道坡岸泥沙的起动机理进行研究不仅对泥沙运动力学、河流动力学、河流泥沙工程学等学科具有重要的补充作用，而且对山区航道整治与河湾防护等方面均具有重要的理论意义和实际工程应用价值。

(8)山区河道型水库修建后，由于水域面积大大增加，库区的波浪问题相比天然河道的较突出，水库蓄水可能会引发库岸失稳。而岸坡失稳且岩土体方量很大时可能阻断或改变航道，高速滑(或落)入航道时形成的涌浪会威胁行船安全，堆积于航道底部会减小航道水深甚至碍航，以及成为航道淤积泥沙的新来源。可见，航道岸坡的稳定对确保航道安全具有重要意义，故开展航道岸坡稳定技术研究具有重要实际工程应用价值。

(9)目前山区河流航道整治建筑物主要为散抛石坝体、干砌条石和浆砌条石坝面结构，而山区河流的特点之一就是滩多流急，在滩段水流流速较大，坝体结构的坝头和坝体顶冲部位可能出现毁坏。为了进一步增强山区航道整治建筑物(特别是丁坝)的稳定性和耐久性，进一步研究和探讨山区河流整治建筑物的新结构形式，对山区航道整治建筑物水毁进行监测和修复具有重要实际工程应用价值。

(10)山区河流滩险众多，在所有种类滩险中，急流滩是滩险整治的研究重点。目前只有少部分重要河段提出了明确水力指标标准，而绝大部分山区河流都难以借鉴其他航道的通航水力指标，在整治工程的研究和设计过程中具有一定的盲目性，常采用较大的工程量去大幅度地降低滩险流速和比降。因此基于典型山区河流对通航水力标准进行研究及推广具有重要的实际工程应用价值和意义。

(11)目前，现有规范和手册确定设计水位的方法都是基于恒定流条件下的成果，而山区河流修建渠化梯级后，梯级下泄水流具有明显的非恒定流特性。因此，考虑梯级渠化后坝下非恒定流影响情况下设计水位的确定方法，对于山区河流航道治理具有重要的理论意义和重大的实际工程应用价值。

(12)山区河流整治建筑物一般包括丁坝、顺坝、锁坝、鱼嘴等类型，但这些现有整治建筑物平面布置一般针对单个滩险，对于复合滩险、复杂汊道滩险、复杂滩群、坝下游受非恒定流影响的滩险以及变动回水区卵石滩险等山区河流复杂滩险，却没有成熟的经验，其整治建筑物应如何布置、整治效果如何、如何进一步优化、各类型复杂滩险整治应遵循的整治原则等问题都亟须进行深入的研究。

1.4.2 主要研究成果

1.4.2.1 取得的主要理论成果

(1)山区河流水流运动规律理论成果，包括明渠湍流结构、非恒定流传播特性、波流冲击计算以及山区河流弯道水流运动规律等方面的系统成果。

(2)山区河流卵砾石运动规律理论成果，包括卵砾石起动、输沙率、河床阻力、卵石沙波运动规律、卵石输沙带变化、岸坡泥沙运动机理以及岸坡稳定方面的系统成果。

1.4.2.2 取得的主要技术成果

1. 山区河流通航水力指标体系

采用实船实验和船模手段，提出了300 t、1000 t及3000 t代表船型的急滩通航指标。300 t代表船型的消滩指标为1‰×4.2 m/s、3‰×3.8 m/s和5‰×3.3 m/s。1000 t

代表船型的消滩指标为1‰×3.9 m/s、2‰×3.5 m/s和3‰×3.1 m/s。3000 t代表船型的消滩指标为0.5‰×3.19 m/s、1‰×2.75 m/s和1.5‰×2.34 m/s。该成果成功应用于长江、嘉陵江、乌江、澜沧江等的航道整治实践中，取得了显著经济及社会效益，其中“长江上游涪陵至铜锣峡航道炸礁工程”运用了该成果，获得了交通运输部优秀工程设计奖二等奖，并出版了《急滩通航水力工程学》。

基于非恒定流的传播特性，分析了周期对非恒定流水深和流量的影响，并确定了非恒定流水深计算方法，即当周期变大时，波峰水深更接近最大流量对应水深，波谷水深更接近最小流量对应水深。提出了山区河流日调节坝下游设计最低通航水位计算确定方法。该方法在澜沧江进行了运用，实测资料显示计算成果与实测成果符合较好。部分成果已在《内河通航标准》(GB 50139—2011)修订中被采纳，同时出版了专著《明渠非恒定流传播规律及阻力特性的实验研究》。

2. 山区河流卵石沙波滩险治理技术成果

系统研究了卵石沙波发展过程，提出了卵石起动和沙垄出现临界判数。基于航槽水力参数与卵石沙波形态变化关系，构建了航槽稳定性综合评价指标。以控制卵石沙波发展为核心，研发了顺坝导流、岛尾坝减弱环流、疏浚拓展缓流区的卵石沙波滩险治理技术。该技术在长江、嘉陵江、乌江、澜沧江、红水河、黔江等整治工程中得到成功应用，取得了显著经济及社会效益，为保障全国高等级航道网的畅通提供了技术支撑。并出版了《川江航道整治》，研发成果获得全国优秀工程咨询奖二等奖。

3. 山区河流弯曲分汊卵石浅滩直槽通航技术成果

基于弯曲放宽河道水沙运动规律及汊道形成机理，研究了挖槽断面水流紊动结构与输沙强度的关系，构建了最佳挖槽断面形式的评价体系，提出了疏浚与筑坝相结合、调整汊道分流比、束水攻沙等弯曲分汊卵石浅滩的整治技术，实现了原有技术无法达到的直槽通航目标。这些成果成功应用于长江、嘉陵江、乌江、澜沧江等的航道整治实践中，出版了《卵石滩整治》，并撰写了《航道工程手册》中的“山区河流航道整治篇”，获得省部级科技成果二等奖。

4. 山区河流整治建筑物新结构成果

基于坡岸变化对泥沙起动的影响，通过水槽实验及原型实验，揭示了原有航道整治建筑物水毁机理，提出了适合山区河流的航道整治建筑物新结构。主要新结构有：①钢筋混凝土箱体坝面+混凝土块铰链排护背水坡+抛石坝体；②块石混凝土坝面+混凝土块铰链排护背水坡+抛石坝体；③扭王字块护面+抛石坝体；④混凝土嵌卵石护面。整治建筑物新结构成功应用于长江叙泸段、泸渝段航道工程及上游航道整治修复工程中，节约了资金，延长了使用寿命，效果较好。该成果获得省部级二等奖和三等奖各一项。

5. 岩质滩险水下施工技术成果

(1)激流河段碇泊硬式扫床。通过对原有扫床施工方法的总结，提出了一种针对山区河流的坡陡流急的扫床技术，将扫床船的主缆锚固在扫床区域上游，利用边缆的收放左右移动扫床，在 GPS 系统监控下，便于控制船位，扫床面覆盖率可达 100%。该成果成功应用于长江、嘉陵江、澜沧江等山区河流航道整治中，有效缩短了工期，并确保了工程质量。该技术被认定为交通运输部一级工法(SYGF-1-015—2010)。“长江三峡水库涪陵至铜锣峡河段航道炸礁工程”运用了该施工技术，获得了交通部水运工程质量奖。

(2)岩质滩险水下爆破。基于岩质滩险特征和爆破岩块在水中的运动特性，提出了岩质钻孔布设方法和多参数的控制爆破计算方法，率先提出毫秒微差水下控制爆破技术，实现了爆破后河床平整且达到设计高程。该成果成功应用于长江、上湄公河、澜沧江等 90%的山区河流航道整治中，有效缩短了工期、显著节约了投资，并确保了工程质量。“三峡工程施工期变动回水区航道整治工程”采用了该施工方法，获得了国家工程质量银奖。主编了国家行业标准《水运工程爆破技术规范》(JTS 204—2008)。

1.4.3　创新点

(1)获得了山区河流水沙运动规律。包括揭示了明渠湍流结构“内层壁面涡包-外层发夹涡包结构的流速局部均匀的斜对角流动”的物理运动新图像；提出了明渠非恒定流的传播变形规律和床面剪切力计算方法；提出了卵石起动功率公式，修正了输沙率公式和河床阻力公式，获得了卵石沙波的发展过程、卵石起动—沙垄—沙浪的判别标准、卵石沙波尺度等卵石沙波运动规律。山区河流水沙运动规律的认识为形成复杂滩险航道整治技术提供了理论基础。

(2)提出了适合山区河流高等级航道的通航指标。包括对一维非恒定流数学模型进行改进，并给出了山区河流水库下游非恒定流作用下的滩险设计水位确定方法；采用实船实验和船模手段，提出了 300 t、1000 t 及 3000 t 代表船型的急滩通航指标。

(3)提出卵石滩险航道整治技术。包括基于航槽水力参数与卵石沙波形态变化关系，构建了航槽稳定性综合评价指标；以控制卵石沙波发展为核心的卵石沙波滩险治理技术；基于弯曲放宽河道水沙运动规律及汊道形成机理、挖槽断面水流紊动结构与输沙强度的关系，构建了最佳挖槽断面形式的评价体系，提出了疏浚与筑坝相结合、调整汊道分流比、束水攻沙等弯曲分汊直槽通航整治技术。

(4)提出了山区河流整治建筑物新结构。揭示了坡岸泥沙起动规律及航道整治建筑物水毁机理，建立了岸坡临界滑面及饱和土静动土压力计算方法，提出了“扭王字块护面＋抛石坝体”、“混凝土嵌卵石护面”等航道整治建筑物新结构。

(5)提出了岩质滩险水下施工技术。包括基于岩质滩险特征和爆破岩块在水中的运动特性，提出了岩质钻孔布设方法和多参数的水下爆破技术；基于扫床船边缆左右移动扫床与 GPS 系统监控相结合的方法，提出了激流河段碇泊硬式扫床技术。

第 2 章　山区河流水流运动规律

2.1　基于动量交换模式的明渠湍流结构

天然河流、灌溉渠道和人工运河等都属于明渠流动，是自然界最常见的一种湍流运动。湍流结构是湍流运动研究中最为基础的部分，但至今还没有一个清晰的、可靠的湍流结构物理图像。对于湍流结构问题的认识直接影响到对自然环境的预测和工程的质量。例如，预测大型河流的泥沙输移的准确度较差，其主要原因是缺乏对明渠湍流结构的认识以及可靠的湍流模型，解决明渠湍流运动结构问题具有迫切性。

20 世纪中期，Townsend(1958)和 Grant(1958)通过大量的湍流实验，从流速脉动序列的间歇性和时空相关性分析相继推测出湍流运动中存在一些特殊的结构。1967 年，Kline 等通过流动显示技术，发现湍流边界层中的快慢斑和猝发等流动结构，认为猝发是产生湍流脉动能量的重要因素。20 世纪 70 年代以后，测量和模拟技术的发展对湍流的不规则性、结构性及多尺度有了进一步的认识。特别是直接数值模拟(DNS 算法)和粒子成像技术(PIV)的出现，既补充了流速脉动序列认识不到的湍流空间流动，又克服了流动显示中没有定量数据的缺点。Robinson(1991)总结了湍流的研究成果，把湍流结构分成 8 类。1994 年佘振苏提出了层次结构理论，认为湍流脉动分成不同尺度、不同幅度的层次结构，大尺度和小尺度之间是非线性的动力学关系。2002 年张兆顺等认为 100 多年来湍流研究的主要成果是认识到湍流为“流速不规则的有结构的多尺度流动”。

发夹涡被认为是解释湍流运动的一种基本涡结构。Guezennec(1987)和 Robinson(1991)在实验中观察到非对称发夹涡比对称发夹涡更为普遍。Adrian(2000)定义发夹涡是藤条涡、马蹄形涡和 Ω 涡的总称，认为这些各种形状的涡是发夹涡不同流动环境下或不同的发展阶段的表现形式。Rogers(1987)和 Adrian(2000)证实了在各向同性剪切流动中出现了 Townsend(1958)预测的大尺度涡结构。由于在流动方向涡结构出现范围超过 $50y_*$(y_* 为单位黏性涡尺度：$y_*=\nu/u_*$，其中 ν 为黏性系数，u_* 为摩阻流速)，认为在强烈的各向异性区域，Townsend(1958)推测的涡结构需要修正。Robinson(1991)认为发夹涡颈部连接发夹涡头部，倾角为 45°，低速带为涡的核心。

发夹涡包是湍流大尺度运动的主要形式。近年来，通过壁面边界层和管道湍流的研究表明，发夹涡包由多个小的发夹涡组成，发夹涡包的波长与流动长度尺度 L 为同一量级。Kim(1999)采用热膜仪测量了管道湍流的超大尺度结构，认为大尺度涡波长在 0.5 R 处达到最大，为(12～14) R；超过 0.5 R 后，涡波长逐渐减小到(2～3) R。Adrian(2000)和 Christensen(2001)研究认为发夹涡包的每个区域都由小的发夹涡组成，特别是 Q_2 和 Q_4 区域，它们是产生雷诺应力的主要地方。Guala(2006)、Hutchins(2007)、Ganapathisubramani(2007)

和 Balakumar(2007)通过 PIV 和热膜仪测量管道湍流和边界层流动，发现在流动方向出现波长 3 L 以上的发夹涡包，发夹涡包的最大波长甚至达到 40 L。Delo(2004)通过染色方法研究低雷诺数流动的涡结构排列。Elsinga(2010)采用 PIV 和热膜仪研究超音速(2.1 马赫)边界层湍流发夹涡包的空间排列。

明渠流动最主要的特点是它具有一个暴露于大气之中的自由水面，主要受重力作用。与壁面边界层和管道湍流研究相比，明渠湍流结构研究相对较少，对于明渠流动的认识基本上还停留在剖面时均流速分布。Coles(1956)基于实验数据，认为对数律仍适用于整个流速剖面。对于外层，采用尾流强度参数 Π 进行修正。Cebeci(1974)等研究零压梯度的湍流边界层时认为 $\Pi=0.55$；Nezu(1997)通过均匀明渠湍流研究，得到 $\Pi=0.2$；胡江(2009)认为 $\Pi=0.27$。各实验结果相差较大，说明对明渠流动结构认识还很不完善。最近十年，人们对明渠流动结构做了少量研究，如 Zhou(1999)采用 DNS 算法研究低雷诺数渠道水流的发夹涡的空间结构形式；钟强(2012)采用 PIV 技术和正交分解(POD)法对水槽内明渠湍流测量数据进行涡结构的识别和量化。

本次的目标是研究明渠流动结构的组成、尺度以及流动模式。用 PIV 对水深 32 mm 的均匀流进行不同分辨率的测量。首先，根据测量流速数据统计平均流速、紊流度和雷诺应力的剖面分布，并与其他研究者的结果进行比较，检查测量流场数据的可靠性；其次，根据测量瞬时流场图分辨出内层的涡结构，识别外层发夹涡，并与湍流边界层的发夹涡进行比较，提出等动量区的划分与交换模式，得到发夹涡包的组成；最后，根据分析成果进行归纳总结，讨论明渠结构的基本组成单元、明渠流动结构、斜对角流动模式以及能量耗散主要方式等问题。

2.1.1　实验过程及测量布置

1. 实验水槽及流动条件

高精度变坡水槽全长 12000 mm、宽 200 mm、高 200 mm。为减小水槽边壁接头对水流的影响，水槽的侧面和底面均由 3600 mm 长的玻璃板组成，玻璃安装误差小于 ±0.2 mm，水槽全长误差小于 ±0.3 mm，水槽结构的变形小于 ±0.3 mm。为方便 PIV 进光以及照相机拍摄近底层的流速，玻璃底板与边壁玻璃之间采用斜口黏接。水槽安装有水位流量自动控制系统，包括变频器、水泵、电磁流量计和超声水位计。

实验流量为 1.8 L/s，调整尾水位，形成水深 $H=32$ mm 的均匀流，其流动参数见表 2-1-1。水槽剖面平均流速 U 为 0.33 m/s，底面和水面比降都为 0.0009，单位 Kolmogov 尺度 $\eta=0.03$ mm，单位黏性涡尺度 $y_*=0.068$ mm。

表 2-1-1　流动条件参数表

U/(m/s)	H/mm	J/($\times10^{-5}$)	u_*/(m/s)	Re	η/mm	y_*/mm
0.33	32	90	0.0146	1.3×10^4	0.03	0.068

Dong(1992)建议湍流充分发展所需进口段长度为 $78H\sim87H$，出口段长度为 $3H\sim$

$4H$。水槽形成的充分发展的湍流长度有 9000 mm 左右，PIV 测量位置布置在离水槽进口 8000 mm 处。

2. 测量布置

本次测量的 PIV 仪器为 TSI 公司提供。示踪粒子为直径 10 μm 的空心玻璃球，跟随性较好。片光源 0.25 mm 厚。采用双脉冲钇铝石榴石激光器，脉冲能量 190 mJ，脉冲频率 15 Hz。跨帧 CCD 相机分辨率 1600 像素×1200 像素，最小跨帧时间 50 ns。由于水槽流速较小，本次测量跨帧时间为 350 ns，可保证测量的流速为瞬时流速。

激光从水槽底部流动方向进光，片光源成像位置在水槽 $0.5B$（B 为水槽宽度）处。CCD 相机在水槽侧向拍摄，由于水槽固定架位置影响，CCD 相机拍摄位置最近距片光源 300 mm。床面的 0 位置通过拍摄大头针针尖在床面接触的位置确定。

根据本次的研究需要，选择两个大小不同的范围进行测量（表 2-1-1）。流速矢量图之间的时间间隔为 1 s，每个流速矢量图为独立的样本数据，共测量 8000 幅流速矢量图。

表 2-1-1　PIV 测量方案及比较

项目	x/mm	y/mm	y_*/mm	Δx^+	Δy^+
低分辨率	25	32	0.068	18	18
高分辨率	10	10	0.068	3.5	3.5
Adrian	125	100	0.039	36	25

（1）低分辨率测量。流动方向 25 mm，水深方向 32 mm，采用 16 像素×16 像素内的成像粒子进行互相关计算，每个像素距离为 63 μm，每个流速矢量代表的网格大小为（1 mm，1mm），相当于（$18y_*$，$18y_*$）。Adrian（2000）在测量湍流边界层流动时，测量的流速矢量网格大小为（1.4 mm，1 mm），相当于（$36y_*$，$25y_*$），认为这是处理真实流速的一种低通过滤方法，能较好地反映全部含能涡旋区和大部分惯性子区的涡运动特征。

（2）高分辨率测量。通过在 CCD 相机前加一个微距镜头，能聚焦到更小的范围。流动方向和水深方向均为 10 mm，互相关计算仍采用 16 像素×16 像素，每个像素距离 2.5 μm，每个流速矢量代表的网格大小为（0.2 mm，0.2 mm），相当于（$3.5y_*$，$3.5y_*$）或（$6.6\ \eta$，$6.6\ \eta$）。高分辨率测量的流速矢量能较好反映惯性子区和部分耗散区的涡运动特征。

2.1.2　流动的时均特性

将测量流速数据统计的平均特性与经典结果进行比较，主要检查测量流场数据的可靠性，便于下一步进行明渠湍流结构及流动模式的研究。

PIV 低分辨率和高分辨率分别测量了 4000 个瞬时流场图。低分辨率和高分辨率的瞬时流场图中分别有 25 条、50 条垂线流速数据。瞬时流场图的流场数据当作脉动流速序列处理可得到超过 10 万个数据，尽管不是连续的时间序列，但也能体现明渠湍流的统计特性，其数据量也能满足统计分析的数量。在 $y>10$ mm 区域，采用低分辨率测量流速数据，在 $y<10$ mm 区域采用高分辨率测量流速数据。

针对本书测量的明渠流动，采用“层”的概念描述明渠平均流动，“层”的尺度是不变的，如内层、黏性底层、外层等；采用“区”的概念描述明渠瞬时流动，“区”的尺度是变化的，如壁面低速区、等动量区、上升区、下扫区等。

2.1.2.1　平均流速分布

根据 Coles(1956)和 Nezu(1997)对平均流动区域的划分方法，内层高度为 $0<y<(0.1\sim0.3)H$，包含黏性底层，过渡层和对数层，由内层变量 u_* 和 y_* 决定；外层高度为 $(30\sim50)y_*<y<1.0H$，黏性对时均流速的影响忽略不计，由外层变量 U 和 H 决定。

图 2-1-1 显示了平均流速的剖面分布。黏性底层为 $y^+<10(y^+=y/y_*)$，有 3 个测量数据点的时均流速很好地吻合直线 $u^+=y^+(u^+=u/u_*)$。过渡层区间为 $10<y^+<30$，与经典的 Von Driest(1956)的结果吻合较好。在 $30y_*<y<0.3H$ 区间，流速分布呈经典的对数分布。在外层 $y>0.3H$ 处，存在一个尾流区，这一区域用 Coles(1956)的尾流律公式($\Pi=0.2$)能较好地表达外层的流速分布与对数分布的差值。

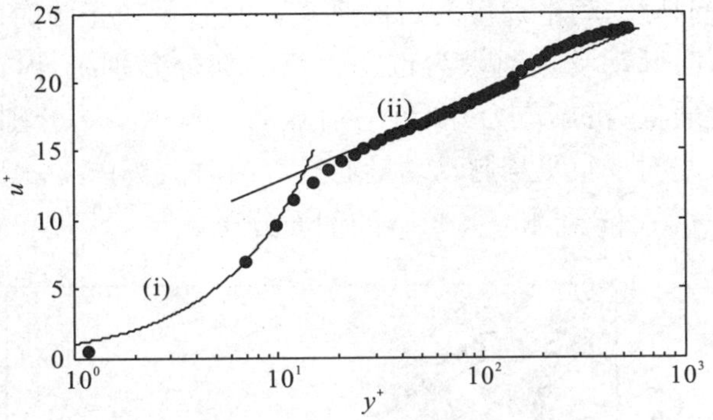

图 2-1-1　平均流速剖面分布

●测量数据；(i)$u^+=y^+$；(ii)$u^+=\ln y^+/0.39+5.9$

根据测量结果表明，本书明渠均匀流动的分层结构如下：$0<y<0.3H$(其中 $0<y<10y_*$、$10y_*<y<30y_*$、$30y_*<y<0.3H$ 分别为黏性底层、过渡层、对数层区间)；$30y_*<y<H$ 为外层区间，$30y_*<y<0.3H$ 为重叠层区间。本书确定内层区间和外层区间与 Nezu(1997)、胡江(2009)结果基本一致，内层区间比 Coles(1956)测量湍流边界层的结果略高。

2.1.2.2　紊流度

用$\sqrt{u'^2}/u_*$表示，即流向脉动流速的紊流度，紊流度的剖面变化见图 2-1-2。当 $y<50y_*$ 时，紊流度变化幅度较大。在黏性底层($y^+<10$)，紊流度随高度增加而增加，最大值达到 2.86。当 $10y_*<y<50y_*$ 时，紊流度从 2.86 减小到 2.0 左右。当 $50y_*<y<H$，紊流度从 2.0 缓慢减小到 0.8 左右。紊流度的剖面变化规律与 Nezu 的测量结果基本吻合。

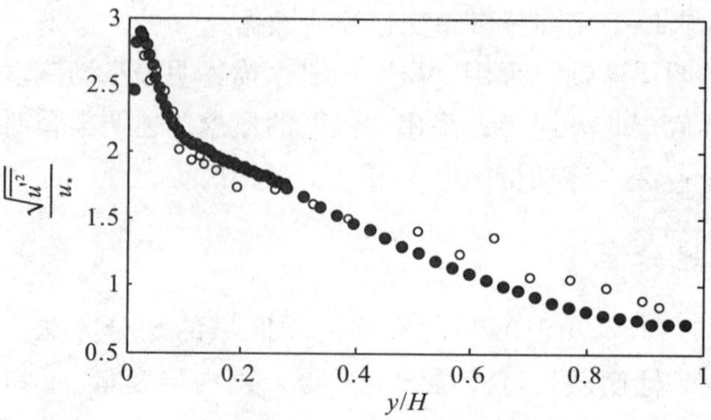

图 2-1-2 紊流度剖面分布

● 测量数据；○ Nezu(1997)测量数据

2.1.2.3 雷诺应力

平均脉动动量通量大小采用内区流速尺度进行表示，即$-u'v'/u_*^2$。平均流速沿水深方向上大下小，u'与v'总是符号相反。理论上脉动动量通量总为正。但在统计脉动动量通量时，经常发现瞬时脉动动量通量为负的现象，其数量较正瞬时脉动动量通量少，但为同一个量级。将瞬时脉动动量通量为正和为负的部分分别统计，再除以总样本数量，得到正平均脉动动量通量(雷诺应力)和负平均脉动动量通量，分别用τ_+和τ_-来表示。比较τ_+和τ_-相对大小时，负平均脉动动量通量取绝对值$|\tau_-|$。

图 2-1-3 统计了τ_+、$|\tau_-|$和$\tau_+ + \tau_-$的剖面分布。

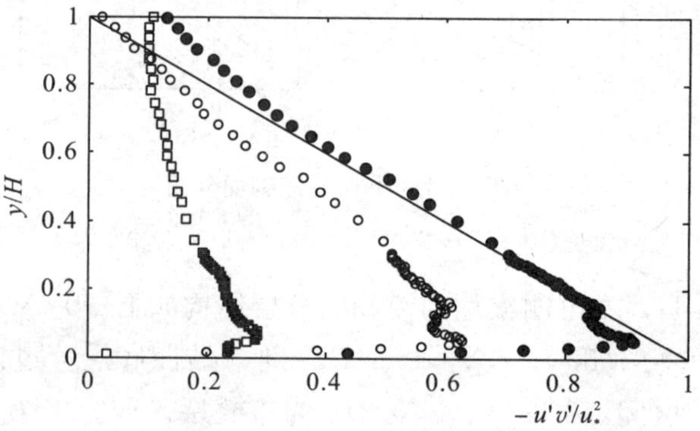

图 2-1-3 脉动动量通量剖面分布

● τ_+；□ $|\tau_-|$；○ $\tau_+ + \tau_-$

τ_+在$y_+ = 30$时最大，为 0.9 左右。当$30y_* < y < 0.6H$时，测量结果与$\tau_+ = (1 - y/H)$直线吻合得很好。当$y > 0.6H$时，τ_+的分布偏离直线$\tau_+ = (1 - y/H)$。在水面处$y = H$，还有雷诺应力的存在，其值为$\tau_+ = 0.12$。

$|\tau_-|$的变化规律与τ_+基本相同。τ_+和$|\tau_-|$随水深的增加，二者差值越小，在水面附近二者相等。当$y < 0.85H$时，τ_+是$|\tau_-|$的 2.0～3.5 倍。

当$y > 0.85H$时，$\tau_+ + \tau_-$的分布与直线$\tau_+ = (1 - y/H)$吻合较好；当$y < 0.85H$时，$\tau_+ + \tau_-$的分布偏离直线。当$y^+ = 30$时，$\tau_+ + \tau_-$达到最大，约为 0.7。

在一些湍流结构研究中，经常发现负瞬时脉动动量通量的现象，但很少有研究者关注这一点。

本书在 2.1.3.6 节中对负瞬时脉动动量通量产生的原因做了详细研究，并根据分析成果与其他研究者的成果做了比较。

根据本次测量的流场数据统计出的时均流速，紊流度和雷诺应力的剖面分布与经典结果基本吻合，说明测量的瞬时流场有较好的可靠性。

2.1.3　高分辨率测量结果

采用本次 PIV 测量的瞬时流场，只能分析出湍流 x-y 平面流动情况。侧翼方向（z 方向）也会引起 x-y 平面流动的随机性。目前只有假设湍流流动的三维结构包含有测量到的平面结构，再与其他研究者的成果进行比较。

高分辨率测量只包含 $H/3$，每个流速矢量代表 0.2 mm×0.2 mm 网格，可精细分析明渠的流动结构。在高分辨率测量中，选取三种具有典型流场瞬时流场图进行分析，测量图片的序号 NH 分别为 1447、1448、1501（图 2-1-4）。

2.1.3.1　壁面小涡

对高分辨率瞬时流场图进行区域划分，瞬时流速 $u<15u_*$（过渡层与对数层之间的临界流速）为壁面低速区，在图 2-1-4 中用青色表示。

在流速矢量图中第一行网格（$y^+=3$）的瞬时流速 $u<0.5u_*$，很难判断出流动方向，第二行网格（$y^+=6$）的瞬时流速 $u>6u_*$，采用扩大 $\boldsymbol{v}$ 向流速演示方法，可清楚识别流速矢量的流向。在 $y^+>6$ 处的流速有向上（$v>0$）的矢量，经过一段距离后，流速变成向下（$v<0$）的矢量，形成绕壁面旋转流动，把这一区域看做壁面小涡。单个壁面小涡的流向尺度一般为 $15y_*\sim30y_*$，这与 Adrian(2000) 观察到的最小发夹涡的尺度为 $30y_*$ 基本相同。

每张瞬时流场图中都存在连续的壁面小涡，受外层流动（特别是下扫区）的影响，壁面小涡高度变化较大。图 2-1-4(c) 中下扫区直接“压缩”壁面小涡，其高度只有 $y^+=6$；检查其他流速矢量图，壁面小涡的高度 y^+ 一般为 6～30，平均高度为 $y^+=20$。

Robinson(1991) 研究湍流边界层时，认为壁面低速区（壁面小涡）高度 y^+ 为 10 左右，主要在黏性底层。本书测量的明渠均匀流动的壁面小涡比 Robinson(1991) 的尺度略高，在黏性底层和过渡层。

2.1.3.2　发夹涡的特征

由于瞬时流场图涡核有较大的流向流速，很难直接用肉眼看出涡结构特征，目前还没有一套得到普遍认可的涡特征的识别方法。

Adrain(2000)、Jeong(1995)、Chong(1990) 等详细研究了涡结构的识别方法，本文采用 Adrain(2000) 的判断涡结构的方法：

(1) 局部瞬时流速减去某个流速，涡核速度变为 0，减去的这个流速看做是涡结构的运动速度。

(2)涡核周围局部流动是旋转，并且轨迹越包越紧。

(3)采用 Adrian 的方法，把外层中所有涡都称为发夹涡。

每个瞬时流场图都存在多个发夹涡。

图 2-1-4(a)中观察到 4 个发夹涡，命名为“HP-序号”，用红色表示。其中，HP-1 和 HP-2 高度为 $y^+=130$，涡核运动流速为17.8 u_*，小于相应高度对应的平均流速 21 u_*；HP-3 和 HP-4 的涡核流速也小于相同位置的平均流速。每个涡都有很强的 Q_2($u'<0$，$v>0$)和 Q_4($u'>0$，$v<0$)过程，但发夹涡的相对位置和旋转方向有差别，HP-1 涡为顺时针向，HP-2、HP-3 和 HP-4 为逆时针向(注：Q_1、Q_2、Q_3、Q_4为流速四象限)。

在图 2-1-4(b)中有 8 个发夹涡，它们的高度为 15 y_*～120 y_*，其中 5 个涡为顺时针方向，3 个涡为逆时针方向。

在瞬时流场图中很难观测到 Theodorsen(1958)预测的完整发夹涡模式。标准发夹涡具有涡头部、颈部和双腿)，大多数涡只有发夹涡头部结构，类似于 Adrian 和 Moin (1988)在均匀各向同性湍流观察到的独立流向涡。Adrian(2000)研究的高速边界层发夹涡的高度 y^+范围为 50～100，具有几个相同旋转方向组成的发夹涡包。在图 2-1-4(a)和在图 2-1-4(b)中，多个发夹涡之间的关系不明显，很难识别出发夹涡包结构。

2.1.3.3 等动量区的识别

图 2-1-4(a)和图 2-1-4(b)中识别出 12 个发夹涡，每个发夹涡都伴随有一定尺度的斜向上、平行壁面、斜向下三个方向的流速区。本书把具有相同流动方向和大体均匀的流速区域定义为等动量区。等动量区的特点为：

(1)任何一个高分辨率瞬时流场图中，除去壁面小涡的区域都可概化为多个不同流动方向的等动量区。

(2)等动量区内流动方向一致，流速基本相同，满足局部平均流向流速$\langle u\rangle_I$的均方差$\sqrt{u'^2_I}<0.4u_*$。

(3)根据等动量区的方向分为三个等动量区：上升区($v>0.4u_*$，用“U-序号”标识)，平流区($-0.4u_*<v<0.4u_*$，用“P-序号”标识)，下扫区($v<-0.4u_*$，用“D-序号”标识)。

(4)根据等动量区宽度分为小尺度等动量区、中等尺度等动量区和大尺度等动量区，它们的宽度 W 分别为(15～50)y_*、(50～100)y_*、(100～150)y_*。

在发夹涡的识别中，局部流向流速减去涡核流速，可得到同量级的 $\boldsymbol{u}$ 向流速和 $\boldsymbol{v}$ 向流速，识别出发夹涡。在流速矢量图中，$\boldsymbol{v}$ 向流速($v<2u^*$)较小，而 $\boldsymbol{u}$ 向流速($u>15u_*$)较大，在流速矢量图中很难直接区分出涡结构。为了在流速矢量图中识别等动量区的流动方向，采取直接扩大 $\boldsymbol{v}$ 向流速的方法(一般扩大 10 倍)，得到同量级 $\boldsymbol{u}$ 向流速和 $\boldsymbol{v}$ 向流速的流动演示图像，很方便地识别出三种等动量区的流动方向和尺度。

本书定义的等动量区与等速区还略有不同。Meinhart(1995)、Adrain(2000)等研究边界层湍流涡结构时，划分等速区主要是流速基本相同，本书定义的等动量区不但要求流速基本相同，还要求有相同的流动方向。

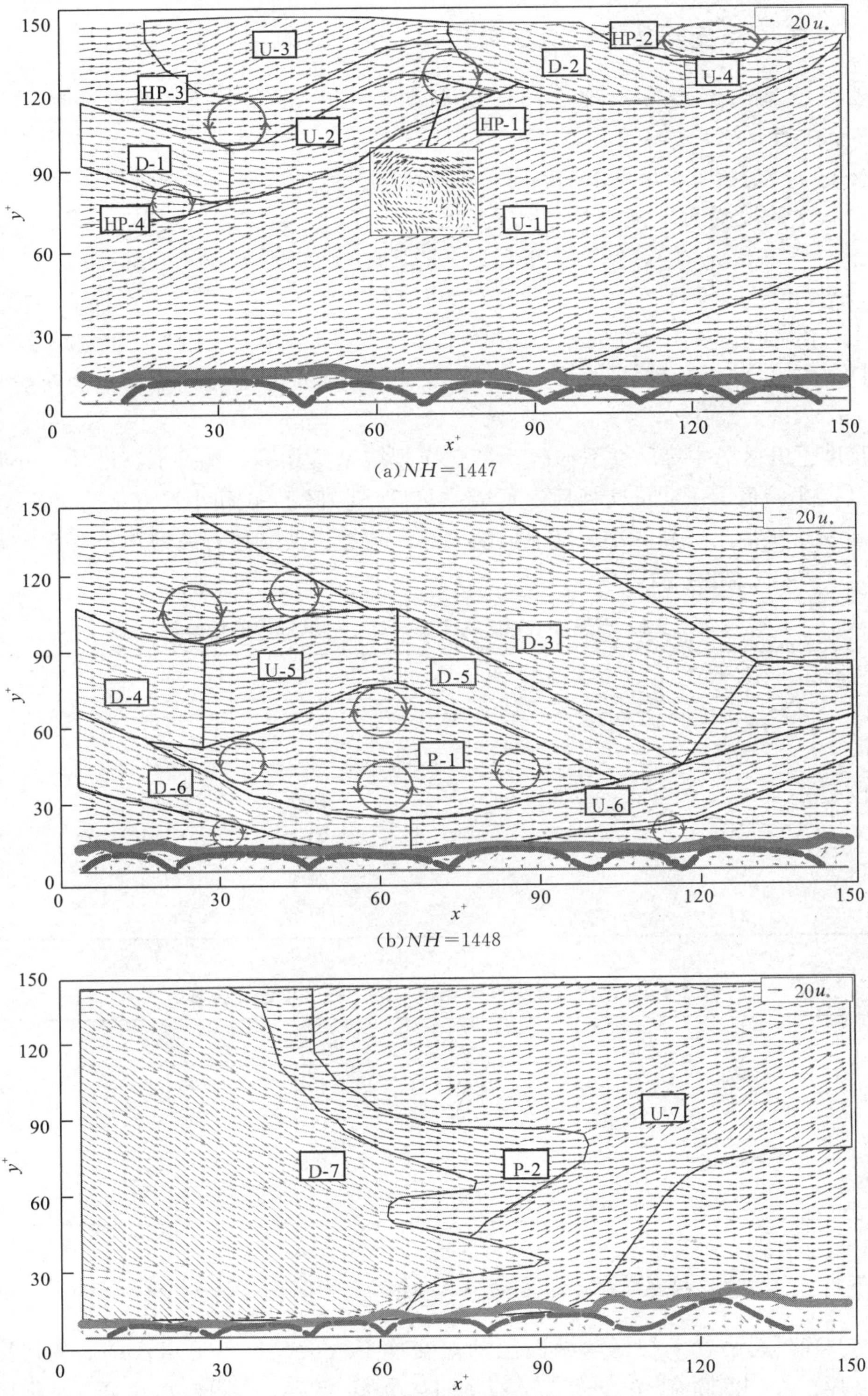

(a)$NH=1447$

(b)$NH=1448$

(c)$NH=1501$

图 2-1-4　高分辨率瞬时流场及各等动量区(v 流速扩大 10 倍)

U-序号：上升区；P-序号：平流区；D-序号：下扫区；HP-序号：壁面低速区；▬ ▬：壁面小涡

2.1.3.4 不同尺度等动量区动量交换

在明渠流动内部经常出现不同尺度等动量区的动量交换，动量交换的机理于2.1.5.2节中有介绍。

图2-1-4(a)表示了小尺度下扫区与中等尺度上升区动量交换的典型模式。表2-1-3统计了等动量区的尺度和流速，表中长度尺度$L^+=L/y_*$，宽度尺度$W^+=W/y_*$，无量纲v流速$v^+=v/u_*$。中等尺度上升区U-1的尺度$(L\times W)=(205y_*\times 75y_*)$，倾斜角为30°；小尺度下扫区D-1($30\ y_*\times 30\ y_*$)以倾斜角−45°与U-1动量交换后，形成新的小尺度上升区U-2。U-2尺度($23\ y_*\times 21\ y_*$)比D-1略小，流速比U-1减小了$2.1u_*$。同理，D-2与U-1动量交换后，形成小尺度上升区U-4，U-4流速比动量交换前U-1减小了$0.4u_*$。

小尺度上升区与中等尺度下扫区动量交换规律基本相同。图2-1-4(b)中，小尺度下扫区D-4与平流区P-1动量交换后，形成小尺度下扫区D-6和小尺度上升区U-5。U-5与D-3动量交换后形成新的小尺度下扫区D-5，动量交换流速有所减小，D-5比D-3流速减小了$2.8u_*$(表2-1-4)。

表2-1-3 小尺度下扫区与中等尺度上升区动量交换参数

No.	L^+	W^+	$\alpha/(°)$	u_1/u_*	v^+	$\sqrt{u'^2}/u_*$
U-1	205	75	30	18.2	1.5	0.4
D-1	30	30	−45	17.8	−1.0	0.4
U-2	23	21	30	16.1	0.8	0.3
U-3	34	22	33	20.5	1.0	0.3
D-2	30	30	−45	20.0	−1.0	0.4
U-4	22	15	30	17.8	1.0	0.4

表2-1-4 小尺度上升区与中等尺度下扫区动量交换参数

No.	L^+	W^+	$\alpha/(°)$	u_1/u_*	v^+	$\sqrt{u'^2}/u_*$
D-3	120	70	−33	21.3	−1.5	0.4
D-4	45	65	45	19.8	1.8	0.4
U-5	30	30	−35	19.1	−1.1	0.3
D-5	21	15	35	18.5	1.6	0.3

2.1.3.5 大尺度下扫区与壁面区动量交换

图2-1-4(c)大尺度下扫区与壁面区动量交换形成大尺度上升区。D-7的尺度较大($62\ y_*\times 142\ y_*$)以倾斜角−70°与壁面区动量交换，形成大尺度上升区U-7($70y_*\times 120y_*$)，在D-7和U-7之间形成平流区P-2($33\ y_*\times 53\ y_*$)。平流区P-2与下扫区D-7相比，流速减小$1.0\ u_*$，大尺度上升区U-7比大尺度下扫区D-7的流速减小了$3.5\ u_*$。

表 2-1-5　大尺度下扫区与壁面区动量交换参数

No.	L^+	W^+	$\alpha/(°)$	u_I/u_*	v^+	$\sqrt{u'^2}/u_*$
D-7	62	142	70	21.5	−1.8	0.4
P-2	33	53	0.0	20.0	0.0	0.4
U-7	70	120	57	18.0	0.8	0.3

2.1.3.6　瞬时脉动动量通量

将图 2-1-4 中的三个流场图重新计算成瞬时脉动动量通量$-u'v'/u_*^2$，并分别绘制在图 2-1-5 中，图中用红色代表正值，蓝色代表负值。

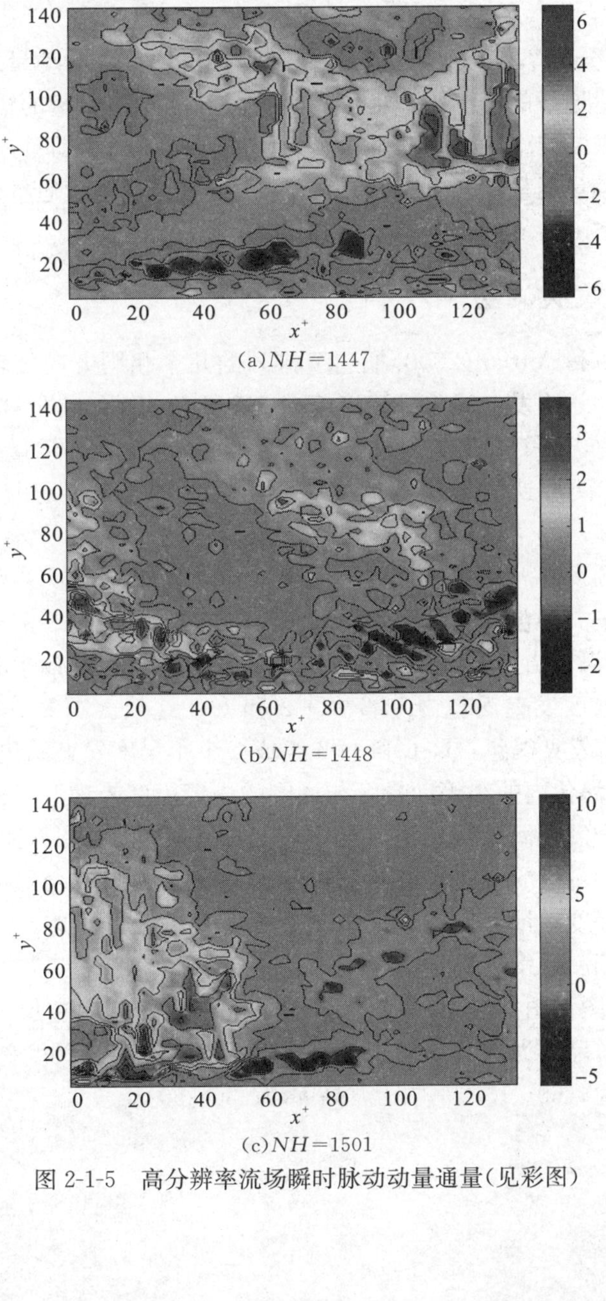

(a)NH=1447

(b)NH=1448

(c)NH=1501

图 2-1-5　高分辨率流场瞬时脉动动量通量(见彩图)

图 2-1-5(c)的大尺度下扫区主要为正脉动动量通量，在 y^+ 为 6～70 范围的瞬时脉动动量通量是平均脉动动量通量的 5 倍以上，局部达到 12 倍。大尺度上升区的上部瞬时脉动动量通量是平均脉动动量通量的 0.5～2 倍，说明动量交换区域是脉动动量通量较大的区域。

Robison(1991)、Adrian(2000)和 Elstinga(2010)等把发夹涡与猝发联系。正脉动动量通量主要由 Q_2 和 Q_4 贡献，负脉动动量通量由 Q_1 和 Q_3 贡献。从图 2-1-5(c)的脉动动量通量分布可以看出，大尺度上升区 U-7 是一个分布在不同高度的等动量区，$y^+>70$ 区域是典型的 Q_2 过程，瞬时脉动动量通量为正。$y^+<70$ 区域是典型的 Q_2 过程，瞬时脉动动量通量为负。图 2-1-5(a)和图 2-1-5(b)也出现了同一等动量区中瞬时脉动动量通量有正有负的情况。这说明等动量区分布在不同高度，计算出瞬时脉动动量通量容易出现为负值。

检查 4000 个高分辨率瞬时流场图，每张图都会出现负脉动动量通量。Adrian(2000)给出的瞬时脉动动量通量的分布中，也出现负瞬时脉动动量通量的情况。Stephen(2000)通过 u-v 相关系数推断产生正脉动动量通量的可能性是负脉动动量通量的 2 倍。图 2-1-3 给出了负时均脉动动量通量剖面分布，0.85 H 以下正脉动动量通量是负脉动动量通量的 2.0～3.5 倍，这与 Stephen 的推断基本吻合。

2.1.3.7 小尺度发夹涡包

Meinhart(1995)和 Adrian(2000)把连续排列的几个相同方向旋转的发夹涡及其低动量区称为发夹涡包，认为发夹涡包是湍流流动的主要的流动结构形式。

在图 2-1-4(a)中，D-1与 U-1 动量交换形成了 U-2，在 D-1 动量交换的交界面前后形成了 HP-3 和 HP-4 两个逆时针旋转的发夹涡。发夹涡 HP-3 是由 U-2 和 D-1 共同产生的。

本书把有关系的发夹涡和动量区称为发夹涡包，由于构成发夹涡包的等动量区尺度较小，称为小尺度发夹涡包。小尺度发夹涡包具有以下特点：

(1)小尺度发夹涡包由上升区和下扫区组成。图 2-1-4(a)中 D-1 和 U-2 组成小尺度发夹涡包；另一个小尺度发夹涡包由 U-3、D-2 和 U-4 组成。图 2-1-4(b)中 D-4、U-5和 D-5 组成一个小尺度发夹涡包，D-6 和 U-6 组成一个小尺度发夹涡包。

(2)小尺度发夹涡包内的小等动量区与周围的中等尺度等动量区进行动量交换时，在交界面附近形成两个发夹涡结构，平流区一般为低速区，是发夹涡的涡核。当小尺度动量区的流速小于大动量区的流速时，如 U-5 和 D-3 动量交换，会形成两个顺时针方向旋转的发夹涡；当小尺度动量区的流速大于中等尺度动量区的流速，在小尺度动量区前后形成两个旋转方向相反的发夹涡。

(3)发夹涡包概图见图 2-1-6。参考 Adrian(2000)对发夹涡包尺度的描述，定义一个完整发夹涡包的流向尺度为涡结构波长 λ，垂直于壁面方向的尺度称为波高 h_0。小尺度发夹涡包的波长 λ 为 (60～150) y_*，波高 h_0为(30～50)y_*。

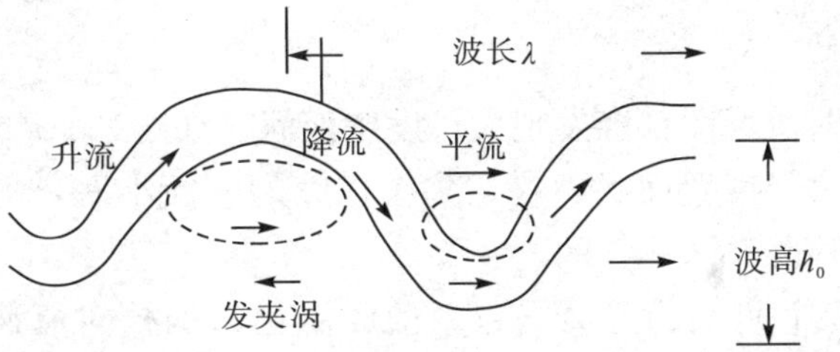

图 2-1-6　发夹涡包概图

2.1.4　低分辨率测量分析结果

在高分辨率精细测量中，发现壁面小涡和小尺度发夹涡包。但高分辨率测量的范围小，不能确定大尺度发夹涡包的几何外形。低分辨率测量范围有所增加，包含全部水深。低分辨率测量的流速矢量(特别是壁面区附近)不可能跟高分辨率测量结果一样精确，但根据其结果可以定性认识壁面涡包、中等尺度发夹涡包和大尺度发夹涡包的结构特性和流动模式。选取三种典型瞬时流场图进行分析，测次 *NL* 分别为 160、249 和 378 (图 2-1-7)。表 2-1-6 统计了壁面涡包、中等尺度发夹涡包和大尺度发夹涡包的参数。

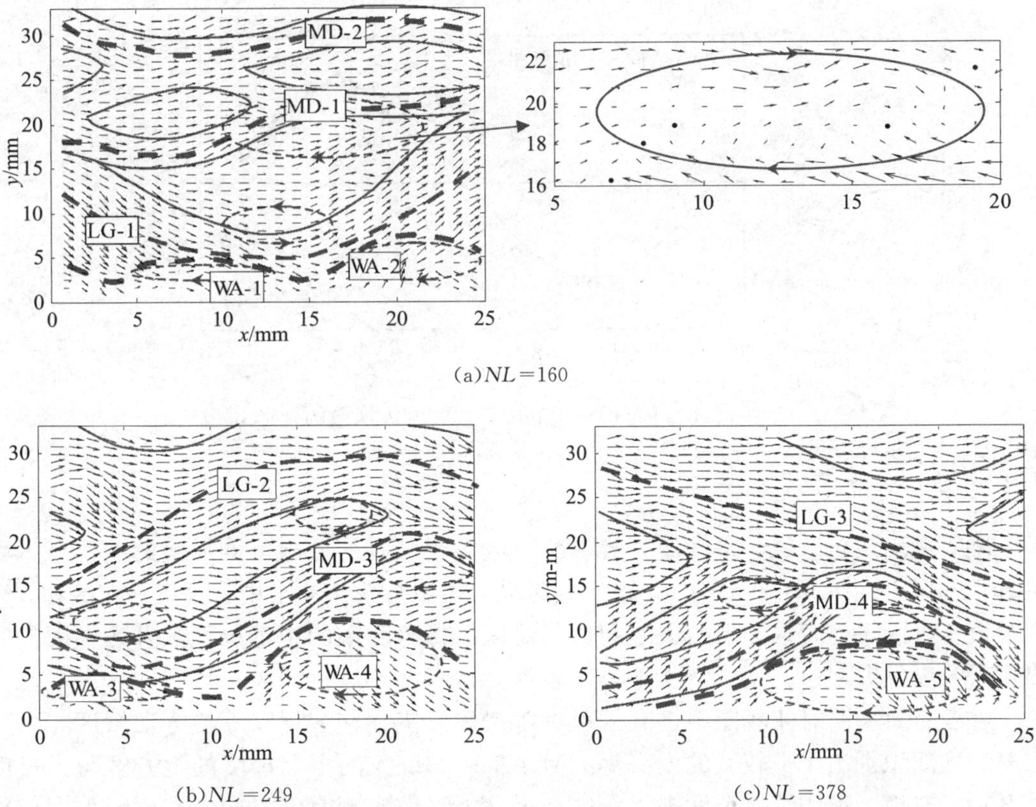

(a) $NL=160$

(b) $NL=249$　(c) $NL=378$

图 2-1-7　低分辨率瞬时流场各等动量区及发夹涡包(v 流速扩大 30 倍)(见彩图)

→ $20u_*$；—— 等动量区边界；— — 发夹涡包中心线；▬ ▬ 壁面涡包边界线；- - - - 发夹涡

2.1.4.1　壁面涡包

每个低分辨率瞬时流场图都能发现大尺度壁面涡，如图 2-1-7 中红色宽虚线所示。根据 2.1.3 节的结果，大尺度壁面涡内存在多个连续的壁面小涡，把大尺度壁面涡定义为壁面涡包，用“WA-序号”表示。

图 2-1-7 中共有 5 个完整的壁面涡包。壁面涡包的涡核对流速度 U_c 为$(14\sim16)u_*$（表 2-1-6），与过渡层－对数层临界流速 $15u_*$ 基本一致。

图 2-1-7(a)中识别出壁面涡包 WA-1 和 WA-2。

壁面涡包是具有一定空间尺度的涡结构，壁面涡包尺度受外层等动量区的影响较大。壁面涡包 WA-1、WA-2 和 WA-3 的外层下扫区离壁面较近，壁面涡包的尺度较小，波长 λ 为$(0.28\sim0.38)H$，波高 $h_0=0.15H$。壁面涡包 WA-4 和 WA-5 的外层下扫区离壁面较远，波长 $\lambda=0.5H$，波高$h_0=0.25H$，壁面涡包的波长约为波高的 2 倍。壁面涡包主要分布在内层。

图 2-1-8 绘出了壁面涡包 WA-1 和 WA-5 的上升区和下扫区外边线的平面分布。壁面涡包的外形符合正弦曲线特点，正弦曲线表达式为

$$y/h_0 = \sin(2\pi x/\lambda) \tag{2-1-1}$$

式中，y 为壁面涡包的外边线；x 为流向距离。

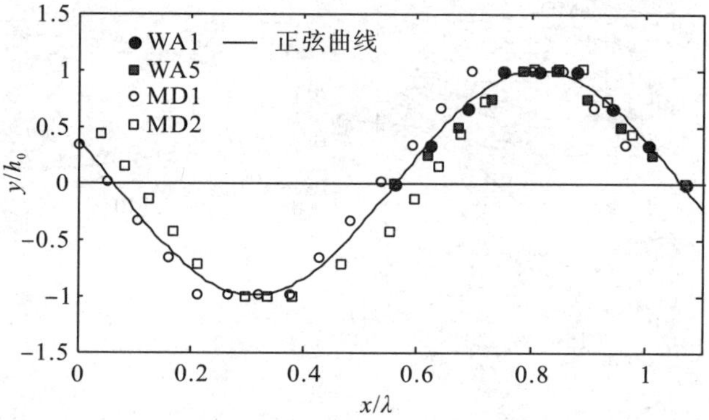

图 2-1-8　壁面涡包和中等尺度发夹涡包的外形

2.1.4.2　中等尺度发夹涡包

除去壁面涡包区域，每张低分辨率瞬时流场图可以划分出不同尺度的上升区、平流区和下扫区。在图 2-1-7(a)中 $y>15$ mm 区域，可以分辨出 4 个中等尺度下扫区和 3 个中等尺度上升区，上升区和下扫区之间为平流区。将有联系的中等尺度上升区和下扫区看做中等尺度发夹涡包，用“MD-序号”表示。

在三个典型瞬时流场图中，有 4 个中等尺度发夹涡包。MD-1 的等动量区与大尺度上升区之间识别出 1 个较大的发夹涡。MD-3 和 MD-4 的中等尺度的上升区与大尺度下扫区动量交换，形成了 2 个发夹涡，这 2 个发夹涡都为顺时针方向，其原因与大尺度下扫区方向有关。

中等尺度发夹涡包的宽度 W 为$(0.1\sim0.2)H$(表 2-1-6)，波长 λ 为$(0.5\sim1.2)H$，波

高 $h_0=(0.15\sim0.5)H$，波长是波高的 2.5～3.5 倍。

中等尺度发夹涡包的中心线形状(图 2-1-8)，与正弦曲线吻合较好，说明中等尺度发夹涡包的上升区和下扫区的中心线具有规则波动的特性。

表 2-1-6　壁面涡包、中等发夹涡包和大尺度发夹涡包的尺度参数

No.	WA-1	WA-2	WA-3	WA-4	WA-5	MD-1	MD-2	MD-3	MD-4	LG-1	LG-2	LG-3
W/H	—	—	—	—	—	0.10	0.12	0.15	0.14	0.2～0.3	0.2～0.3	0.2～0.3
U_c/u_*	15	14	14	14	16	—	—	—	—	—	—	
λ/H	0.30	0.38	0.28	0.43	0.50	0.50	0.70	1.2	1.0	2.0	2.0	2.0
h_0/H	0.15	0.20	0.13	0.25	0.26	0.15	0.20	0.5	0.4	1.0	1.0	1.0

2.1.4.3　大尺度发夹涡包

在图 2-1-7(a)中 $y<15$ mm 区域，可以分辨出大尺度下扫区和上升区，下扫区和上升区之间可以识别出 1 个发夹涡。把大尺度下扫区和上升区看做大尺度发夹涡包的一部分，命名为“LG-序号”。

受低分辨率测量范围的限制，单个瞬时流场图中不能识别出一个完整的大尺度发夹涡包。根据 LG-1、LG-2 和 LG-3 的特点，推断有完整大尺度发夹涡包的存在，主要有三个证据：

(1)LG-1、LG-2 和 LG-3 的等动量区的宽度 W 为$(0.2\sim0.3)H$，都属于大尺度等动量区。LG-3 的大尺度下扫区与 MD-4 的中等尺度上升区动量交换时，只能部分改变大尺度下扫区的流速，不能改变 LG-3 大尺度下扫区的流动方向；而 LG-2 的大尺度上升区与中等尺度的下扫区动量交换时，仍然没有改变 LG-2 的大尺度上升区流动方向。这说明中等尺度的动量区与大尺度等动量区动量交换过程中，只能改变部分大尺度等动量区流速，不能改变大尺度等动量区流速流动方向，大尺度等动量区将一直存在。

(2)大尺度发夹涡包 LG-1、LG-2 和 LG-3 的尺度相同，波长和波高分别为 $2.0H$ 和 $1.0H$，波长是波高的 2 倍(表 2-1-6)。图 2-1-9 绘出了 LG-1、LG-2 和 LG-3 的中心线形状，与正弦曲线吻合较好。

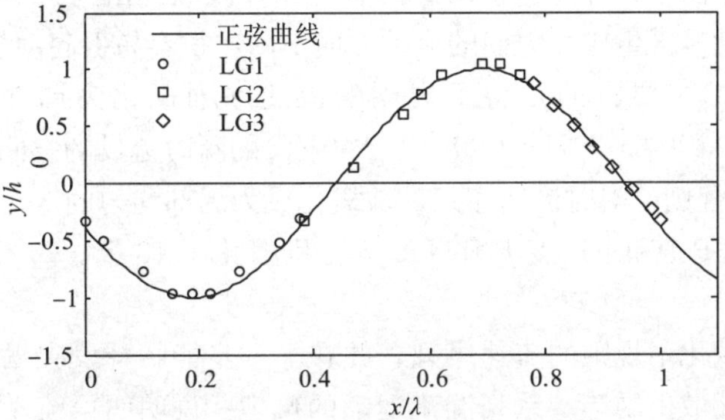

图 2-1-9　大尺度发夹涡包中心线形状

(3)一个完整大尺度发夹涡包与LG-1、LG-2和LG-3的组合关系如图2-1-10所示。LG-1、LG-2和LG-3分别代表大尺度发夹涡包的大尺度下扫区与壁面区动量交换部分、大尺度上升区和大尺度下扫区。大尺度下扫区与壁面区动量交换，形成大尺度上升区、下扫区和上升区之间出现逆时针方向的发夹涡。大尺度上升区与大气动量交换，形成大尺度下扫区，上升区和下扫区之间则出现顺时针方向的发夹涡。

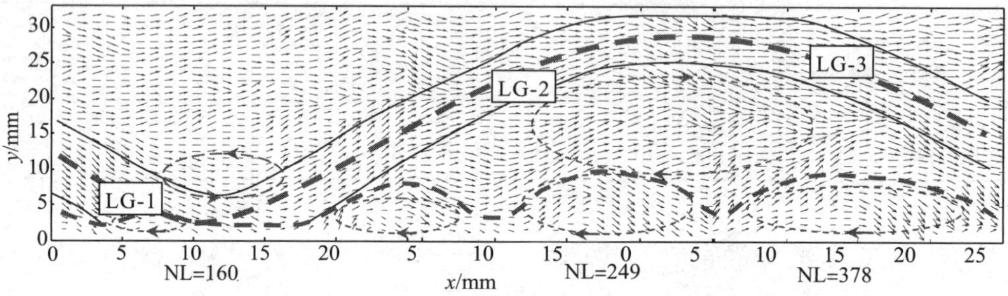

图2-1-10 三个瞬时流场的组合图(v流速扩大10倍)(见彩图)

→ $22u_*$；—— 等动量区边界；▬ ▬ 发夹涡包中心线；— — 壁面涡包边界线；- - - - 发夹涡

2.1.5 明渠湍流结构

根据前面的研究和其他湍流边界层的成果，对明渠湍流运动模式作统一的归纳，讨论明渠流动基本组成单元、动量交换模式以及能量耗散主要方式等问题，并给出明渠湍流流动的物理图像。

2.1.5.1 明渠流动的基本组成单元——等动量区

从图2-1-4和图2-1-6中识别出的发夹涡来看，每张图内有多个发夹涡，但发夹涡并没有布满瞬时流场图，并且发夹涡相互之间的关系也不明显。

采用Richardso(1922)提出的“大涡包含小涡，小涡包含更小涡”的概念很难判断出大发夹涡与小发夹涡的包含关系。Chong(1990)期望用发夹涡为基本单元组成湍流边界层，不过没有成功。

在每张瞬时流速图中，都能识别出壁面涡包以外区域都由上升区、下扫区和平流区三个不同尺度的等动量区组成，它们的流动方向不同，很容易引起动量交换。

划分等动量区的主要目的是将不规则的流速序列概化为局部均匀的等动量区。图2-1-11显示了图2-1-4(b)($NH=1448$，$y=40y_*$)的瞬时流场的空间序列概化情况，沿流动方向的50个不规则的瞬时流速序列，被概化成为局部均匀的3个等动量区。小尺度下扫区D-6、平流区P-1和小尺度上升区U-6分别概化了13个、24个和13个瞬时流速序列。

等动量区可以概化不规则的流速序列，并在下一步能解释发夹涡的形成、发夹涡包结构和尺度、能量耗散机制等一系列湍流运动的机理。说明明渠流动的基本组成单元为三个方向不同的等动量区是合理的。

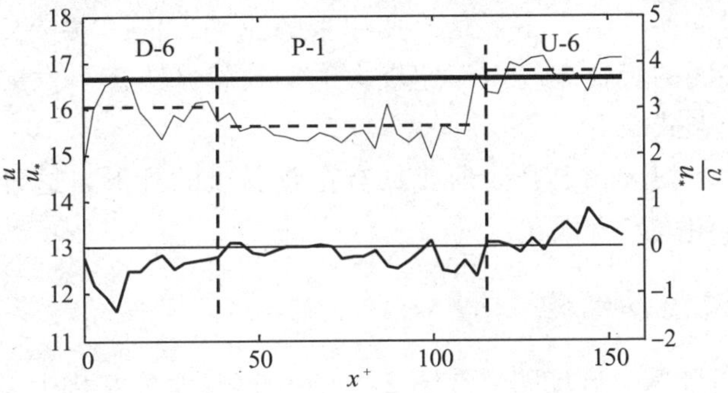

$NH=1448$，$y=40y_*$

图 2-1-11　概化图 2-1-4(b)瞬时流场的空间序列

— 瞬时流速 u；----- 等动量区平均流速 u_1；— 时均流速 u，—— 瞬时流速 v

2.1.5.2　动量交换与发夹涡包组成

1. 动量交换机理

水流具有黏性，保证了它有一定的内聚力，当相同大小和方向的水流一起流动时，可以看做等动量区。由于水流的内聚力很小，几乎不能承受拉力或抵抗拉伸变形，等动量区在不同方向的另一个等动量区作用下，容易发生变形形成新的等动量区。

不同尺度等动量区动量交换模式如图 2-1-12 所示。小尺度下扫区 A 与大尺度上升区 B“碰撞”，由于流体易变形的特性，大尺度上升区 B 的一部分改变小尺度下扫区 A 的流动方向，小尺度下扫区 A 被大尺度上升区 B“吞噬”形成小尺度上升区 C；大尺度上升区 B 剩余部分的流速大小和方向与碰撞前一致；小尺度上升区 C 与小尺度下扫区 A 的外形尺度相差不大；小尺度上升区 C 流速比大尺度上升区 B 略小，其动能损失主要是消耗在改变小尺度下扫区 A 的流动方向上。其他几种动量交换模式的特点基本相同。

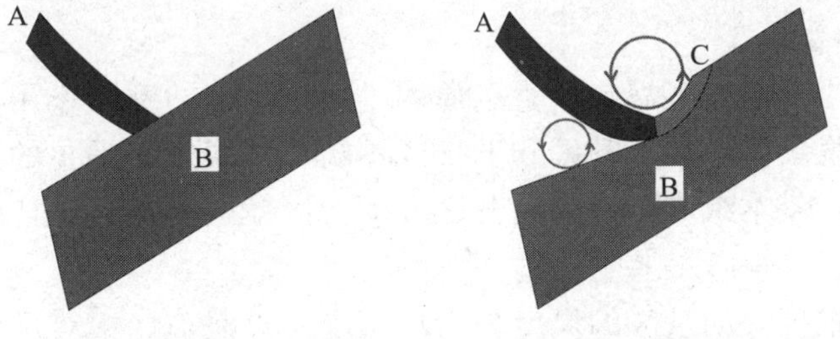

(a)交换前　　(b)交换后

图 2-1-12　不同尺度等动量区动量交换模式

除了不同尺度等动量区动量交换模式外，还有其他三种模式：①强度基本相同的下扫区和上升区动量交换形成新的下扫区和上升区；②下扫区与壁面低速区动量交换形成新的上升区；③上升区与大气动量交换形成下扫区。

2. 发夹涡包的形成

外层等动量区的 v 向流速尽管较小($v<2u_*$)，却决定等动量区的流动方向。不同流

动方向等动量区动量交换的结果主要是改变原来的流动方向。动量交换的交界面前后形成一对发夹涡，发夹涡的旋转方向由流速较大的等动量区决定。发夹涡是不同方向等动量区动量交换的表现形式。

动量交换前后的下扫区和上升区形成具有正弦曲线的外形，这种具有正弦曲线的外形的上升区和下扫区组成发夹涡包。

2.1.5.3 明渠湍流流动结构

结合PIV两次测量瞬时流场图，在图2-1-4和图2-1-7的基础上进行补充和延伸，得到明渠湍流瞬时流动概图(图2-1-13)。

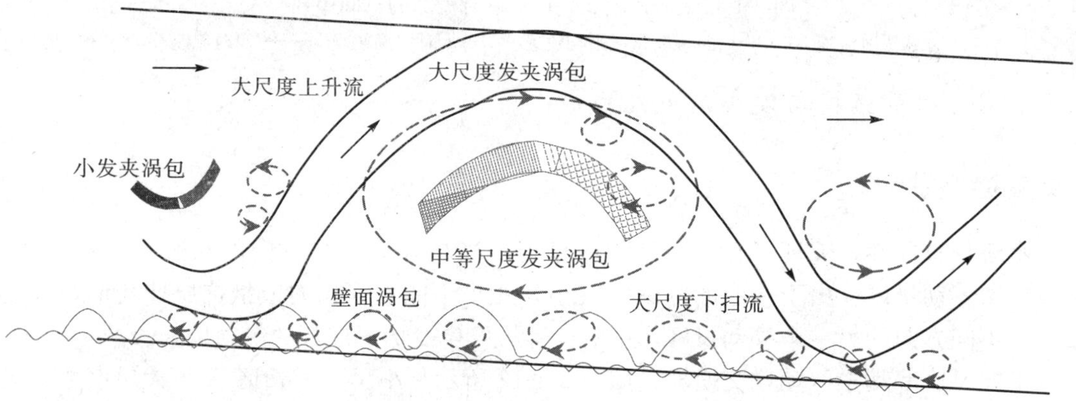

图2-1-13 明渠湍流瞬时流动概图

明渠瞬时流动可以分为内层壁面涡包和外层发夹涡包结构。

内层壁面涡包波长λ为$(0.3\sim0.5)H$，波高h_0为$(0.15\sim0.25)H$，波长约为波高的2倍。壁面涡包含有多个壁面小涡，壁面小涡主要在黏性底层和过渡层，壁面小涡波长λ为$(15\sim30)y_*$，波高h_0为$(6\sim15)y_*$。壁面涡包和壁面小涡的尺度主要是受外层下扫区的影响。

壁面涡包是产生外层发夹涡包的直接原因。由于壁面的摩阻作用，明渠流动不断产生壁面涡包，壁面发夹涡包的上升区和下扫区不断与外层发夹涡包的各等动量区进行动量交换，发夹涡包的基本组成单元为上升区和下扫区就会一直存在，外层发夹涡包就会持续产生。

外层发夹涡包根据等动量区的尺度分为小尺度发夹涡包、中等尺度发夹涡包和大尺度发夹涡包。它们的等动量区宽度W分别为$(15\sim50)y_*$、$(50\sim100)y_*$、$(100\sim150)y_*$，波长λ分别为$(0.15\sim0.3)H$、$(0.5\sim1.2)H$，波高h_0分别为$0.05H$、$(0.15\sim0.5)H$、$1.0H$；其中大尺度发夹涡包的波长是波高的2倍。

Saddoughi(1994)总结了多位研究者的成果，给出了湍流惯性子区和耗散区的临界尺度为60η。小尺度发夹涡包的等动量区宽度为$(0.03\sim0.1)H$，相当于$(30\sim100)\eta$。这说明小尺度等动量区包括了惯性子区和部分耗散区的尺度。另外一方面，说明真实流体瞬时流动中的惯性子区也有各向异性的特点。

2.1.5.4　斜对角流动模式与大尺度发夹涡包的周期性

图 2-1-13 中给出了明渠大尺度发夹涡包流动模式的示意图。大尺度发夹涡包的等动量区从壁面到水面的 45°斜对角流动过程如下：

(1)大尺度下扫区通过壁面区动量交换后形成大尺度上升区。

(2)大尺度上升区在上升过程中与多个小尺度和中等尺度等动量区进行动量交换。在动量交换过程中，大尺度上升区的一部分流向的流速减小，但不影响整个大尺度上升区的流动方向。大尺度上升区可到达水面。

(3)到达水面的大尺度上升区经过动能转化势能，再由势能转化为动能的过程，形成大尺度下扫区。转化过程中局部水面升高，在实验水槽中不明显，在天然河流经常见到“沸斑”就是大尺度上升区动能转化为势能出现的现象。

大尺度下扫区从水面到壁面，经过其逆过程，形成向下 45°斜对角流动到壁面，经过与壁面动量交换后进行新一轮的周期性向上 45°斜对角流动。

大尺度动量区与中等尺度和小尺度动量区动量交换时，小等动量区受大等动量区的“吞噬”作用，不易形成周期性的中等尺度发夹涡包和小尺度发夹涡包。大尺度动量区一直存在，并且起“主宰”作用，保证了大尺度发夹涡包结构具有周期性。

大尺度斜对角流动模式是湍流的重要流动模式。2004 年，Delo 通过染色方法研究低雷诺数的三维流动时，观察到涡结构为交错排列。2010 年，Elsinga 采用 PIV 对超音速(2.1 马赫)边界层紊流结构进行测量，发现大尺度发夹涡包由两个相反旋转的发夹涡组成，发夹涡包在平行于壁面沿对角线 45°空间斜对角分布。

Elsinga(2010)在 x-z 平面发现 45°斜对角分布的发夹涡包，x-z 平面的边界为矩形。而本次研究出现的大尺度等动量区 45°斜对角流动，流动边界形状也为矩形。在众多的湍流边界层研究成果中，由于边界层 x-y 平面流动的边界条件为三角形，很少有斜对角流动模式的报道。可以进一步推断，大尺度斜对角流动可能是矩形边界条件湍流流动的主要模式。

2.1.5.5　能量耗散

Richardso(1922)提出了能量级串图像：大尺度涡由于不稳定而破碎，将脉动能量传递给较小的涡旋，较小的涡旋又进一步破碎将能量传递给更小的涡旋，直到最小尺度的涡旋，其能量被黏性涡耗散掉。Chong(1990)试图分析大尺度涡传递小尺度涡的能量，不过没有取得成功。Adrian(2000)和 Elsting(2010)的研究成果是对发夹涡结构的进一步认识，以及了解发夹涡对脉动动能的贡献大小。本书给出的发夹涡的分布(图 2-1-4 和图 2-1-7)也只能让人们认识到大尺度发夹涡包含多个发夹涡，而对于大尺度涡如何将脉动动能传递给小尺度涡，用其能量耗散的物理过程还不能作出令人信服的解释。

不局限于湍流脉动动能的传递，本书从等动量区动量交换过程中动能损失的角度讨论明渠流动的能量耗散问题。等动量区动能损失与脉动动能有差别，等动量区动能不但与动量区的质量有关，还与等动量区内平均流速的大小有关。

估算单位宽度内，一个大尺度发夹涡包[波长为 $\lambda=2H(0.064\text{m})$]的能量耗散。

1. 总能量

重力作用是明渠湍流运动能量直接来源，并且均匀作用于各等动量区。对于一个大尺度发夹涡包，面积为 64 mm×10 mm，单位宽度的质量 $m=0.064\times0.032\times1000=2.048$ kg/m，下降平均高度 $\Delta y=LS/2=2.9\times10^{-4}$(m)。重力提供的机械能：

$$E_0 = mg\Delta y = 5.8\times10^{-3}(\text{W/m}) \tag{2-1-2}$$

2. 动能损失

在一个大尺度发夹涡包内，估算三种类型的动量交换过程的动能损失，即内层($y<0.3H$)动能损失、外层($y>0.3H$)动能损失以及等动量区内部能量损失。

动能损失计算公式为

$$E = \frac{1}{2}m\,u_{\mathrm{I}}^2 - \frac{1}{2}m\,u_{\mathrm{II}}^2 \tag{2-1-3}$$

式中，u_{I}、u_{II}分别代表等动量区交换前后的等动量区内的平均流速。

1)内层($y<0.3H$)动能损失

内层($y<0.3H$)的动能损失，包括大尺度下扫区与壁面动量交换过程的动能损失(简称 E-A 工况)和壁面涡包内的动能损失(简称 E-B 工况)。

E-A 过程的动能损失以图 2-1-4(c)和表 2-1-5 统计的数据为依据。大尺度等动量区的动量交换的面积为 20 mm×10 mm，流速减小了 $3.5u_*$，E-A 过程的动能损失占总能量的 25%(表 2-1-7)。

内层不但有壁面涡包，还有中等尺度和小尺度的发夹涡包，是下扫区和上升区动量交换频繁的区域。表 2-1-3 和表 2-1-4 的统计数据表明，等动量区交换的流速减小幅度为$(1.5\sim2.5)u_*$，在内层(0.3H 以下)的紊流度$\sqrt{u'^2}=(1.5-3)u_*$(图 2-1-2)。将内层壁面涡包区域(扣除 E-A 过程的面积)44 mm×10 mm，概化为两个面积都为22 mm×10 mm 的等动量区，流速减小 $2.0\,u_*$，E-B 过程的动能损失占总能量的 20%。

2)外层($y>0.3H$)动能损失

外层($y>0.3H$)主要是大尺度、中等尺度和小尺度的等动量区动量交换(简称E-C工况)。在 $0.3H<y<1.0H$ 区间，$\sqrt{u'^2}=(0.7-1.5)u_*$(图 2-1-2)。将外层概化为两个面积都为 32 mm×22 mm 的等动量区，流速减小 $0.8u_*$，E-C 过程的动能损失占总能量的 40%。

3)等动量区内部能量损失

一个大尺度发夹涡包含有多个不同尺度的等动量区。等动量区内部流速有微小的不均匀性，在流动过程中也要产生能量损失称(简称 E-D 工况)。小尺度等动量区的尺度为$(30\sim60)\eta$，其等动量区内部的能量损失相当于很小尺度(最小至 Kolmogov 尺度)的黏性涡耗散的能量。

将流动区域 64 mm×32 mm，概化为两个面积都为 32 mm×32 mm 的等动量区。由于等动量区内流向流速的均方差$\sqrt{u'^2}<0.4u_*$，两个等动量区的流速差平均为 $0.2\,u_*$，E-D 过程的能量损失占总能量的 15%。

表 2-1-7　一个大尺度发夹涡包内的能量耗散

项目	m/(kg/m)	u_{I}/(m/s)	u_{II}/(m/s)	E/(W/m)	E/E_0/%
E-A	0.10	0.314	0.263	1.5×10^{-3}	25
E-B	0.22	0.260	0.238	1.2×10^{-3}	20
E-C	0.70	0.300	0.288	2.4×10^{-3}	40
E-D	1.024	0.300	0.297	8.9×10^{-4}	15
总计					100

Blackwelder(1972)、Liu(2001)、Jimennez(2004)等认为大尺度涡对脉动动能的贡献占 50%～75%，他们未计惯性子区(−5/3 谱)的涡的能量贡献。等动量区的尺度包括了全部涡旋含能区和惯性子区，它们在动量交换过程中的动能损失为总机械能的 85%，这个估算值有一定的合理性。

2.1.6　小结

在高精度实验水槽中，采用 PIV 对水深为 32 mm 的均匀明渠湍流结构进行了两次测量，第一次是 10 mm×10 mm 小范围测量，分辨率为 0.2 mm× 0.2 mm，第二次是 32 mm×25 mm 大范围测量，分辨率为 1.0 mm×1.0 mm。通过 PIV 测量数据系统研究了明渠湍流结构及流动模式，主要认识如下：

(1)PIV 测量的数据作为单点样本，统计的明渠湍流平均流速、紊流度、雷诺应力剖面分布与其他研究者的结果基本吻合，PIV 测量的数据合理可靠。

(2)明渠流动基本组成单元为上升区、下扫区和平流区三个不同尺度的等动量区，不规则的流速序列被概化为局部均匀的等动量区。

(3)提出了等动量区动量交换模式，方向不同的等动量区动量交换产生多个发夹涡，形成发夹涡包。发夹涡包内的上升区和下扫区构成具有正弦曲线特点的外形。

(4)明渠瞬时流动分为内层壁面涡包和外层发夹涡包结构。内层壁面涡包波长为(0.3～0.5)H，波高约为波长的 1/2。壁面涡包含有多个壁面小涡，壁面小涡主要在黏性底层和过渡层，波长 λ 为(15～30)y_*，波高 h_0=(6～15)y_*. 壁面涡包和壁面小涡的尺度主要受外层下扫区的影响。

(5)根据等动量区的尺度，外层发夹涡包分为小尺度发夹涡包、中等尺度发夹涡包和大尺度发夹涡包，它们的等动量区宽度分别为(15～50)y_*、(50～100)y_*、(100～150)y_*；波长分别为(0.15～0.3)H、(0.5～1.2)H、$2H$，波高约为波长的 1/2。

(6)大尺度等动量区对湍流运动结构起主宰作用，通过动量交换从壁面到水面(或从水面到壁面)，形成周期性的斜对角流动模式。

(7)动量交换区域分布有较大的瞬时脉动动量通量，局部瞬时脉动动量通量达到平均值的 12 倍。等动量区分布在不同高度，容易出现负瞬时脉动动量通量，正瞬时脉动动量通量是负瞬时脉动动量通量的 2.0～3.5 倍。

(8)从等动量区动能损失的角度探讨了明渠流动的能量耗散问题。估算一个大尺度发夹涡包的能量损失，等动量区动量交换过程的动能损失占总能量 85%，等动量区内部的能量损失(相当于黏性涡耗散能量)占 15%。

虽然本书采用 PIV 在高精度水槽测量了 x-y 平面的明渠流动瞬时流场图，但未同步测量三维的明渠流动，对于发夹涡和等动量区的三维分布无法进一步确定。另外，本书提出的不同方向等动量区交换模式，主要根据水流容易变形的特点，假设形成新等动量区过程所需时间忽略不计，实际情况还需更精细的、连续时间的流速矢量图进行论证。尽管如此，本书仍然从不同方向等动量区动量交换模式出发，对发夹涡产生的原因、发夹涡包的组成特点、斜对角流动模式、能量耗散机制等明渠湍流结构的一些基础理论问题进行了分析，将明渠湍流结构的认识为“有结构的、流速不规则的多尺度流动”提升到“内层壁面涡包-外层发夹涡包的流速局部均匀的斜对角流动”，为湍流运动研究提供了新思路。

2.2 库区大水深湍流涡尺度研究

西南地区的山区河流水库多属于峡谷型水库，成库后水深较大，库区大水深条件下大尺度紊动涡结构对泥沙的输移有较大的影响，从而影响航道的通航条件。泥沙运动与水流的紊动现象有密切的关系。悬移质之所以能抗拒重力作用，在垂线上保持一定分布，完全是水流紊动引起上下水团交换的结果。但由于水流紊动特性及悬移质泥沙运动十分复杂，现有的理论主要研究成果是在实验室内小水深条件下得到的，并且泥沙运动研究成果多是较为理想的情况，采用了理论假设和概化模型等。实验条件或假设条件与实际情况相差较远，不能客观反映水库常年回水区所出现的细颗粒泥沙淤积现象等问题。因此有必要专门针对库区大尺度涡结构进行研究。

三峡水库是长江上游山区河流水库的典型代表，自 2003 年蓄水以来，水库逐渐形成淤积，且在常年回水区(大坝—长寿，航道里程 535 km)内淤积量明显，淤积主要是冲泻质泥沙，且对航运方面的影响较大。所以依托三峡水库的观测资料，开展大水深明渠涡结构尺度及排列方式的研究。为了能够更好地了解三峡水库常年回水区大水深特殊条件下，细颗粒泥沙淤积规律以及湍流紊动性质，需对库区常年回水区实施原型观测，对大水深明渠湍流涡结构尺度进行分析。

2.2.1 湍流涡结构尺度研究方法

在分析湍流运动涡结构尺度中，比较直观的方法是通过湍流流速场、流速时间序列直接观察湍流运动涡结构，对湍流运动涡结构尺度进行观察测量。

Kline(1967)采用氢气泡技术显示了低雷诺数湍流边界层湍流结构运动，能够直接观察湍流涡结构的产生、发展等过程。Clark 等从氢气泡实验中观察 U 形涡旋，有时也观察反向转动的流向涡对。随着流速测量技术的发展，PIV、热膜仪大量运用于湍流流速场测量。Barnhart(1994)、Keane(1995)、Solofft(1997)等利用湍流二维流速场对湍流运动涡结构尺度进行分析研究。

邓联木(2001)等对天然河流开展了大尺度脉动流速观测实验，从实测流速脉动过程线来反映大尺度紊动的周期，以估计天然河流湍流结构的尺度。卢金友(2005)等对长江干流水文观测断面进行了不同垂线的脉动速度观测。根据流速时间序列，对水流的紊动周期进行描述，对湍流结构进行分析。

因为湍流运动是瞬时变化的，通常要求采样频率比较高、测量时间短。直接观察湍流运动速度场不能明显地观察到湍流的涡结构运动。因此，在更多的湍流运动涡尺度研究中，用流速时间序列进行相关分析、功率谱分析，得到湍流运动涡尺度的统计特性。

Townsend(1958)和 Grant(1958)运用了时间延迟自相关函数分析边界层径流向速度的涡尺度，确定在边壁层存在 1.4 δ (边界层厚度)的涡结构尺度，并且包含大部分的湍流脉动动能。同样，Favre、Gaviglio 和 Dumas(1967)，Bradshaw(1967)，Tritton(1967)，Blackwelder 和 Kovasznay(1972)等学者，根据不同的相关性分析研究也得到湍流中存在大尺度的涡结构，而后又发展应用谱分析研究方法，通过谱分析能够更深刻地认识在大尺度涡结构的能量分布。

Bullock(1978)对径流向速度应用谱分析方法证实了在速度谱中低波数(k_x)湍流涡结构包含了大部分的湍流能量；在波数−1 次幂(k_x^{-1}，能量涡旋区)的范围内，高波数对应的湍流涡尺度与 R(半径)一个量级。Perry 和 Abell(1975)同样运用谱分析的方法得到的结论与 Bullock(1978)相吻合。Perry 和 Henbest(1986)根据波谱对应的预乘波谱，发现预乘波谱中的峰值，代表的湍流涡尺度包含着较多的湍动能，且湍流涡尺度随距管壁距离增加而增大，最大能够达到 $3R$。

预乘波谱能够更好的识别涡尺度。在图 2-2-1 中图(b)对应于图(a)波数−1 次幂(k_x^{-1}，能量涡旋区)的范围内前后出现两个峰值，波数−1 次幂开始位置的波数对应着 $7R$ 的湍流涡尺度，波数−1 次幂结束位置的波数对应着 R 的湍流涡尺度。Jimenez(1998)对波数−1 次幂结束位置波数对应的涡尺度定义为涡结构大尺度。波数−1 次幂开始位置波数对应的涡尺度定义为涡结构超大尺度。

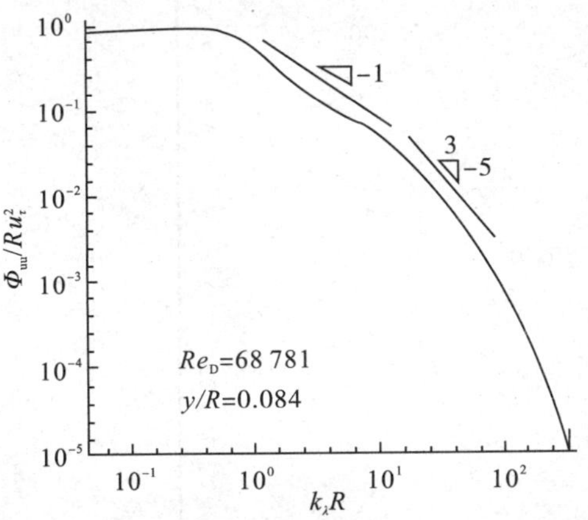

(a)径流向脉动速度波数谱

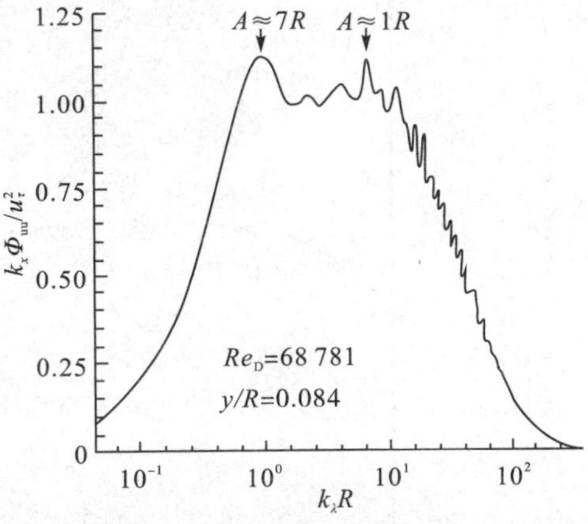

(b)径流向脉动速度预乘波谱

图 2-2-1　波谱与预乘波谱

(图片来自：M. Guala. *Large-scale and very-large-scale motions in turbulent pipe flow*)

对于三峡水库常年回水区河流，属于大水深明渠湍流，整个水深(特别是流速外区)湍流得到非常充分的发展。因无法对大水深明渠进行二维流速原型观测，故只能采用声学多谱勒流速仪(acoustic Doppler velocimeter，ADV)采样三维流速时间序列，应用功率谱分析方法对大水深明渠涡尺度以及涡能量贡献进行分析。因常年回水区具有大水深、流速小等特点，通过流速时间序列来划分涡结构的组成和尺度可能比传统的谱分析更为可靠。

2.2.2 测量布置

本次测量选择三峡水库常年回水区内两种典型的淤积河段。一是代表常年回水区内连续弯段的重庆忠县黄花城河段；二是代表常年回水区峡谷—宽谷—峡谷河段的重庆奉节梅溪河口河段。

2.2.2.1 黄花城河段实测布置

忠县黄花城河段为“S”形地形，连续三弯形状，根据弯道水流进出口的水流特性，为把握实测河段水流特性以及便于数值模拟计算，研究人员在弯道进口平顺段布置1个断面，出口平顺段布置1个断面，在弯道、分汊进口，分汊出口等分别布置测量断面，如图2-2-2所示。

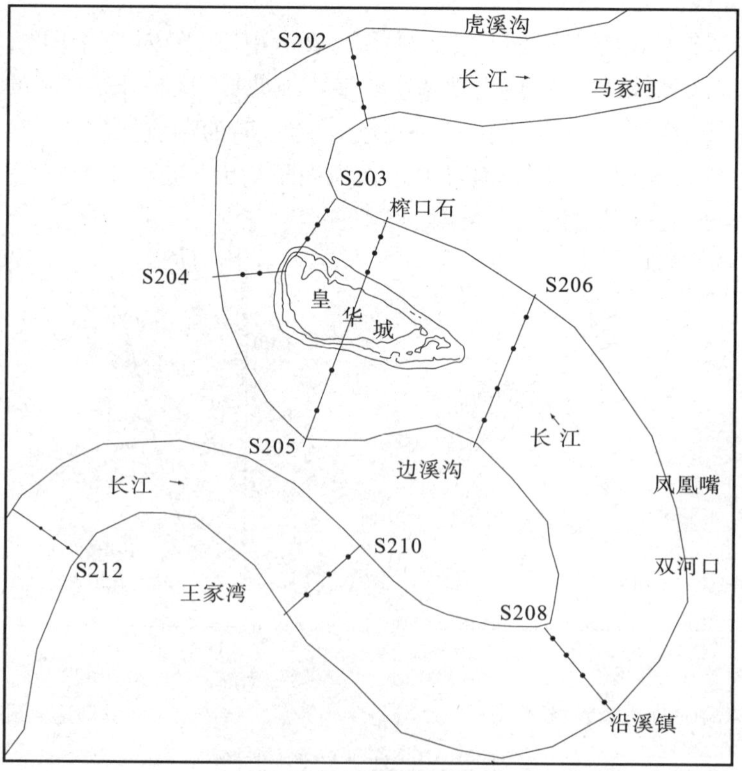

图2-2-2 黄花城河段测量垂线布置

测量垂线布置依据：如图 2-2-2 所示，根据布置测量断面的横断面地形，为了能够反映地形的变化对水流的影响，研究人员需要对地形变化为平稳与急变段进行布置测量垂线。

测点布置依据：ADV 在垂线上的测点布置原则是测点能够反映垂线流速分布的趋势，按照水流垂线流速分布从近底层至水面流速梯度逐渐减小的趋势，研究人员采用相对水深的方法确定各个垂线的测点，同时考虑了测量过程所需的时间，垂线测点数基本为 6～10 个，测点的布置方式如图 2-2-3 所示。在忠县黄花城河段总共布置 8 个测量断面 27 条垂线，共计为 193 个测点。统计了黄花城河段的 ADV 测量断面，测量垂线，测量点如表 2-2-1 所示。

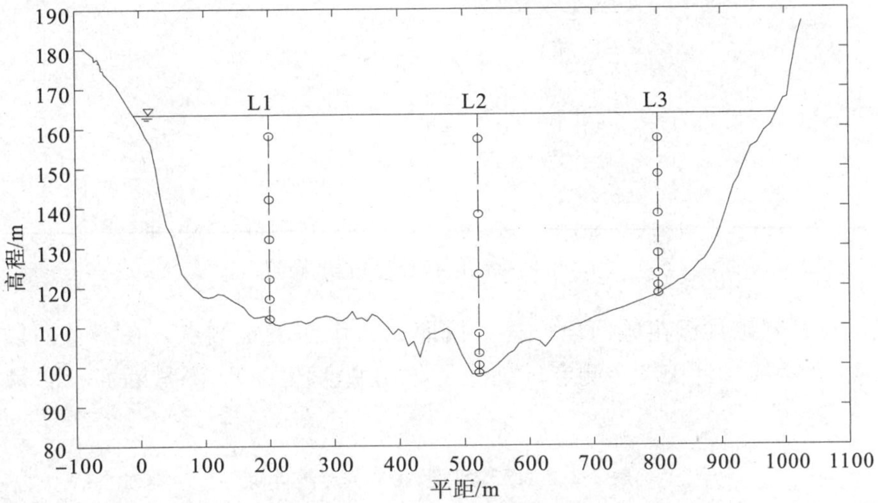

图 2-2-3　ADV 垂线上测点布置

表 2-2-1　黄花城河段 ADV 测点统计表

序号	测量断面	垂线数	测点数
1	S202	3	24
2	S203	3	25
3	S204	2	14
4	S205	5	35
5	S206	4	26
6	S208	4	27
7	S210	3	20
8	S212	3	22
合计		27	193

2.2.2.2　梅溪河口河段实测布置

依据梅溪河口河段地形，根据峡谷—宽谷—峡谷型河段水流平面分布特性，在进口的峡谷段布置 3 个断面，出口峡谷段布置 1 个断面，中间的宽谷放宽段布置 1 个测量断面，支流梅溪河河口布置 1 个断面，如图 2-2-4 所示。

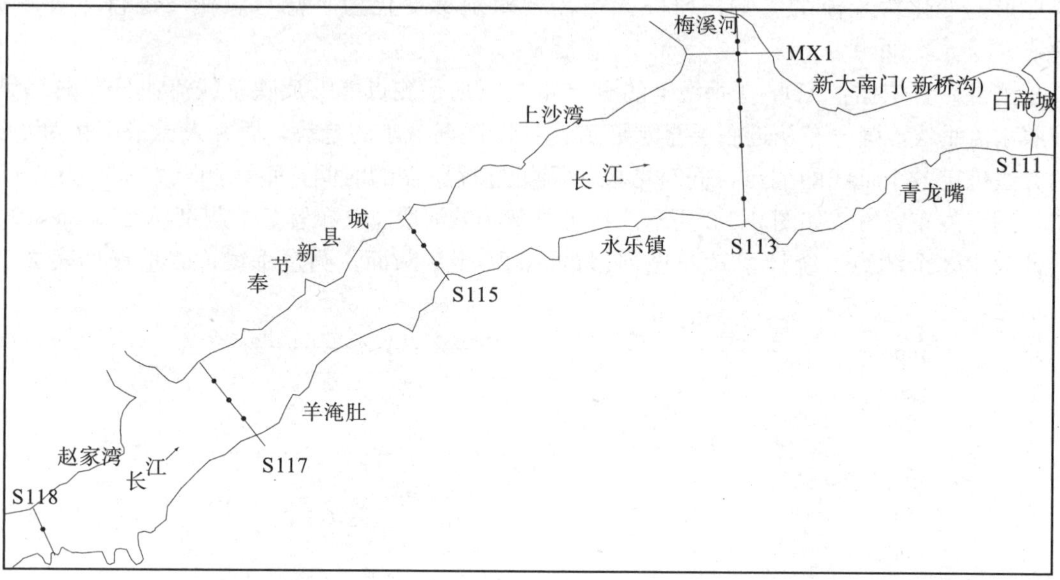

图 2-2-4 奉节河段测量垂线布置

布置依据：同忠县黄花城河段一样，按照相对水深确定测点，在奉节河段共布置 5 个断面含 14 条垂线共计 127 个测点，统计了黄花城河段 ADV 测量断面、测量垂线、测量点(表 2-2-2)。

表 2-2-2 奉节河段 ADV 测点统计表

序号	测量断面	垂线数	测点数
1	S111	1	11
2	S113	6	51
3	S115	3	27
4	S117	3	28
5	S118	1	10
合计		14	127

2.2.3 实测流速数据降噪方法

1. 排除无效信号数据

对样本均值及方差进行分段分析，当流速信号值与样本均值差值的绝对值大于 3.5σ(样本标准差)时，可认为这个信号值是错误的并将之作为无效数据处理。对错误信号值采用相邻的两个正确信号内插，以便于下一步的计算。

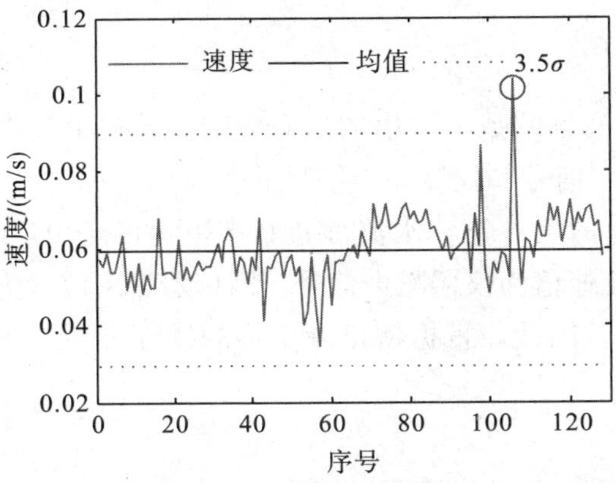

图 2-2-5　无效信号数据

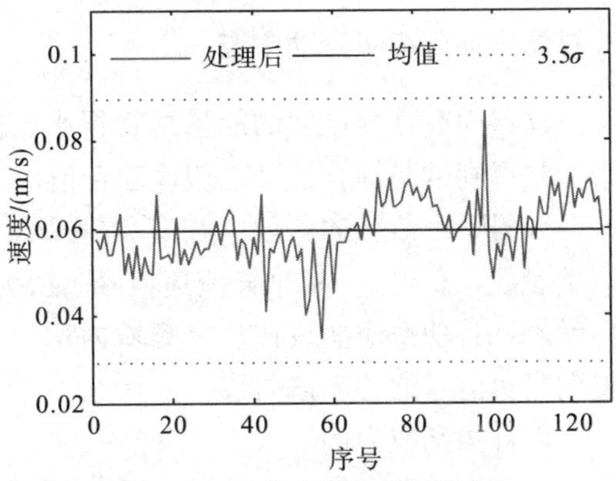

图 2-2-6　排除无效信号数据

2. 中点过滤技术

无效信号数据不一定会是大一个量级，而是与相邻的流速出现较大突变。为反映流速连续变化的性质，对局部突变流速根据前后相邻流速数据进行进一步的修正，采用了中点过滤技术。选取某一个流速，根据相邻前后 5 个的流速平均值和标准差与中点流速进行比较。假如中间点流速未在平均值的特殊范围内，它将被看做错误的流速而被忽略掉。这个特殊范围一般选为 2σ(局部标准差)。

为了更好地与相邻流速协调，对 5×5 的相邻流速进行样条函数拟合，对错误流速值，进行样条插值或者是相邻两点速度值内插 [图 2-2-7(b)]。一般来说，错误流速占据较小比例，一般小于总样本数的 15% [图 2-2-7(c)]。

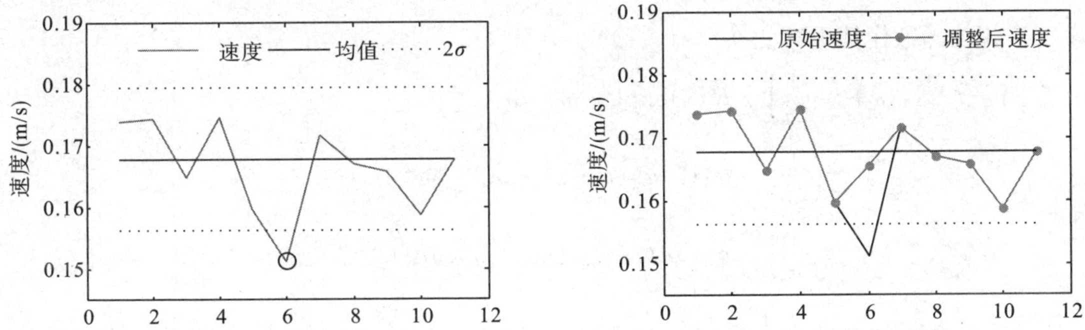

(a)　无效信号数据　　(b)　修正无效信号数据

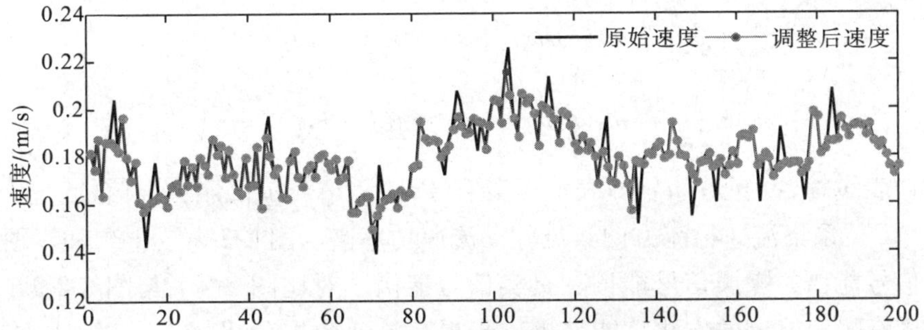

(c)中点过滤流速前后对比

图 2-2-7　中点过渡技术

3. 过滤仪器固有噪声功率谱

仪器固有噪声产生的能量尽管很小，但对高频波数功率谱的值有影响。通过上述两个步骤得到的是综合信号。假设综合信号为真实信号和仪器噪声信号的叠加。

仪器噪声信号的获取：在实验室 2 m 水深的沉沙池，水流静止状态下，设定 ADV 测量参数，获得 ADV 采样流速信号。认为该流速值为仪器噪声信号，因仪器噪声信号为白噪声，其功率谱曲线在整个频域内均匀分布。因此，根据傅里叶变换的线性性质，可得到真实信号的功率谱曲线。

以自相函数为例：

$$R(s)=u(t)u(t+s) \tag{2-2-1}$$

$$\begin{aligned}u(t)u(t+s)&=[u_1(t)+u_2(t)][u_1(t+s)+u_2(t+s)]\\&=u_1(t)u_1(t+s)+u_1(t)u_2(t+s)+u_2(t)u_1(t+s)+u_2(t)u_2(t+s)\\&=u_1(t)u_1(t+s)+(u(t)-u_2(t))u_2(t+s)+u_2(t)(u(t+s)\\&\quad-u_2(t+s))+u_2(t)u_2(t+s)\\&=u_1(t)u_1(t+s)+u(t)u_2(t+s)+u_2(t)u(t+s)-u_2(t)u_2(t+s)\end{aligned} \tag{2-2-2}$$

则真实信号自相函数为

$$\begin{aligned}R(s)&=u_1(t)u_1(t+s)\\&=u(t)u(t+s)-u(t)u_2(t+s)-u_2(t)u(t+s)\\&\quad+u_2(t)u_2(t+s)\end{aligned} \tag{2-2-3}$$

对相关函数作傅里叶变换：

$$\begin{aligned}S_{ij}(\omega)&=\frac{1}{2\pi}\int_{-\infty}^{+\infty}R(s)\exp(-j\omega t)\mathrm{d}\tau\\&=\frac{1}{2\pi}\int_{-\infty}^{+\infty}u_1(t)u_1(t+s)\exp(-j\omega t)\mathrm{d}\tau\\&=\frac{1}{2\pi}\int_{-\infty}^{+\infty}u(t)u(t+s)\exp(-j\omega t)\mathrm{d}\tau\\&\quad-\frac{1}{2\pi}\int_{-\infty}^{+\infty}u(t)u_2(t+s)\exp(-j\omega t)\mathrm{d}\tau\\&\quad-\frac{1}{2\pi}\int_{-\infty}^{+\infty}u_2(t)u(t+s)\exp(-j\omega t)\mathrm{d}\tau\\&\quad+\frac{1}{2\pi}\int_{-\infty}^{+\infty}u_2(t)u_2(t+s)\exp(-j\omega t)\mathrm{d}\pi\end{aligned} \tag{2-2-4}$$

式中，$u(t)$表示综合信号；$u_1(t)$表示真实信号；$u_2(t)$表示仪器噪声信号。

分析 ADV 采集流速径流方向紊流脉动流速功率谱，图 2-2-8、图 2-2-9、图 2-2-10 分别为综合信号能谱、噪声信号能谱、真实信号能谱。对比图 2-2-7 与图 2-2-9，表明通过过滤仪器固有噪声能谱的方法，能够进一步提高流速数据分析能力，对－1 次幂与－5/3 次幂更为接近。

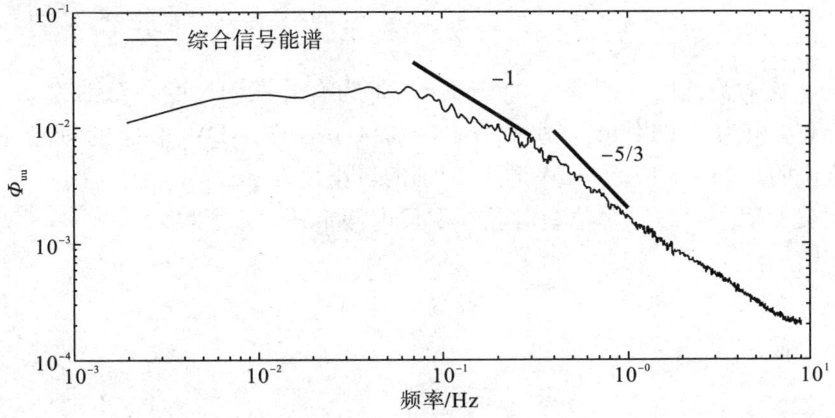

图 2-2-8 综合信号能谱

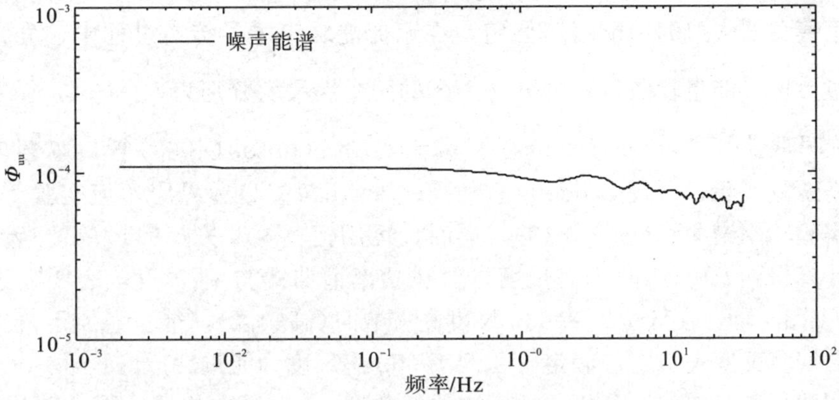

图 2-2-9 噪声信号能谱

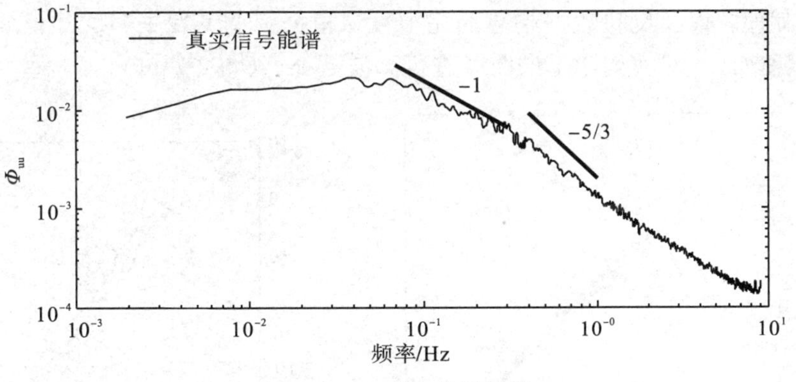

图 2-2-10 真实信号能谱

4. 功率谱曲线的补充

因受 ADV 仪器性能的限制，不能采集到小尺度运动。在计算大涡尺度对紊动能量和剪切力的贡献时需对这部分进行延长和补充。

ADV 测量采样频率为 64 Hz，功率谱满足$-5/3$次方关系在 10 Hz 左右，即有效紊动尺度为

$$\lambda = \frac{U_c}{10} \tag{2-2-5}$$

式中，U_c为水流对流速度，范围为 0.3～1 m；λ 为有效紊动尺度，范围为 0.03～0.1 m；ADV 采样点体积为 0.014 m×0.014 m×0.014 m，即 ADV 采样的理论最小尺度为 14 mm。这说明，10 Hz 应为 ADV 能够识别的最小尺度。

根据柯莫戈罗夫(1941)单位紊流黏性涡尺度假定：

耗散率

$$\varepsilon \equiv (U_c^3/l_0)^{1/4} \tag{2-2-6}$$

紊流运动最小涡尺度

$$\eta \equiv (\nu^3/\varepsilon)^{1/4} \tag{2-2-7}$$

式中，l_0 为紊流特征长度(一般情况下，如果是圆管，$l_0=R$；如果是边界层 $l_0=s\delta$；如果明渠 $l_0=H$)；ν 为水流运动黏性系数。

依据柯莫戈罗夫(1941)能级串假定，在紊流能级串能量传递过程中，分为能量包含区、能量过渡区、能量耗散区；划分三个区的两个涡尺度分别为 $l_{EI}=\frac{1}{6}l_0$、$l_{DI}=60\eta$。

研究人员收集了 Laufer(1954)圆管紊流实验、Gibson(1963)管口喷射实验、CBC(1971)栅格紊流实验，以及 Saddoughi 和 Veeravalli(1994)边界层紊流实验等实验数据，计算了各实验功率谱曲线(图 2-2-10)，同时，运用柯莫戈罗夫(1941)单位紊流黏性涡尺度假定，计算得到 l_{EI}、l_{DI}两个涡尺度。对比功率谱曲线与 l_{DI}尺度，表明在过渡区能量与波数成－5/3次幂，在低于 $l_{DI}=60\eta$ 尺度高波数时(高频区)，能量急剧下降，即上述实验基本符合柯莫戈罗夫(1941)假定，在低于 60η 涡尺度为能量耗散区。

对实测数据进行功率谱分析，功率谱曲线符合－5/3 幂次规律，因 ADV 采样频率及采样精度等问题影响，高频波数功率谱无法按实测资料分析得到。为计算大涡尺度对紊动能量的贡献值，以及反映数据趋势的完整性，根据柯莫戈罗夫(1941)假定，以 60η 涡尺度为能量耗散区，对实测功率谱曲线进行高波数补充(图 2-2-11)。

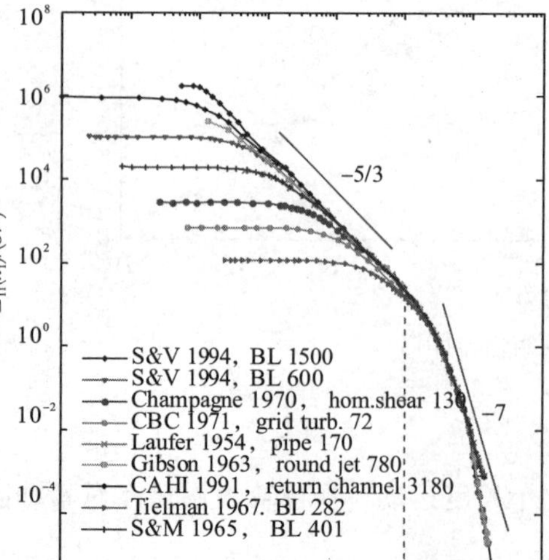

图 2-2-11　功率谱曲线(见彩图)

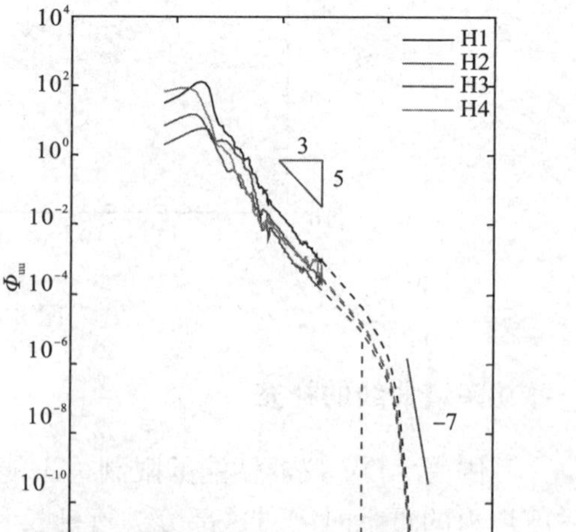

图 2-2-12　功率谱曲线补充(见彩图)

2.2.4　大水深明渠湍流时均特性分析

根据河道弯段、放宽宽谷河段的进出口选择了以下 6 条垂线作为湍流时均特性的数据分析(表 2-2-3)，总计 40 个测量点。对测点流速数据，如果修正量占数据总量高于 10%，则只需作垂线平均速度分析。用于湍流运动涡结构尺度分析的流速数据修正量不超过 10%。Adrian(2000)在处理 PIV 流速时，认为错误流速小于 15%是可接受的范围。

表 2-2-3　各垂线水力条件

样本	水深 H/m	河宽 B/m	比降 $J/(\times10^{-4})$	平均流速 /(m/s)	雷诺数 $Re/(\times10^{7})$	弗汝德数 Fr
S206L1	15.5	1861.2	1.99	0.33	0.511	0.027
S204L1	37.5	712.9	2.57	0.45	1.687	0.023
S115L1	47.0	1069.3	2.52	0.26	1.222	0.029
S115L3	92.1	1069.3	2.51	0.79	7.275	0.026
S113L5	69.4	2101.2	4.20	0.67	4.649	0.026
S111L1	132.5	453.6	2.45	1.02	13.515	0.028

为了反映非均匀流的水深非均性，定义水深非均匀数 Γ：

$$\Gamma = \frac{H}{H_0} \tag{2-2-8}$$

式中，H 为实际水深；H_0为均匀流水深(或正常水深)，指在一定单宽流量、糙率和河床比降情况下，满足谢才-曼宁公式的均匀流水深。

$$v = \frac{1}{n}H_0^{2/3}J^{1/2} \tag{2-2-9}$$

根据水深非均匀数定义，如果水深非均匀数接近 1，则说明水流条件近似为均匀流；而如果水深非均匀数越大，壅水影响较大，整个水深受河床的作为力减少，则水流条件与均匀流差异就大。

2.2.4.1　垂线流速分布

此处收集了 Iehisa Nezu(1993)等在日本京都的 Biwako-Sosui 河上测得外区流速沿水深分布数据(图 2-2-13)。

最大流速出现在水面以下，S115L3 与 S113L5 流速分布较为相似。然而，S206L1、S204L1 和 S115L1 三条垂线流速分布较为一致。水深的流速变化梯度比较小，整个垂线上的速度分布较为均匀。

从图中可以看出，Biwako-Sosui 河的垂线速度分布与 S115L1 比较接近。同样，垂线最大流速出现在水面以下，整个垂线平均流速还存在一定形式的波动。图中三条对数曲线分别为 S115L3、S113L5 和 S111L1 垂线数据拟合的对数公式。从三条曲线可以看出，在明渠湍流外区(0.2H～0.8H)范围内沿垂线的流速比较符合对数分布。但特性与均匀流差异较大。

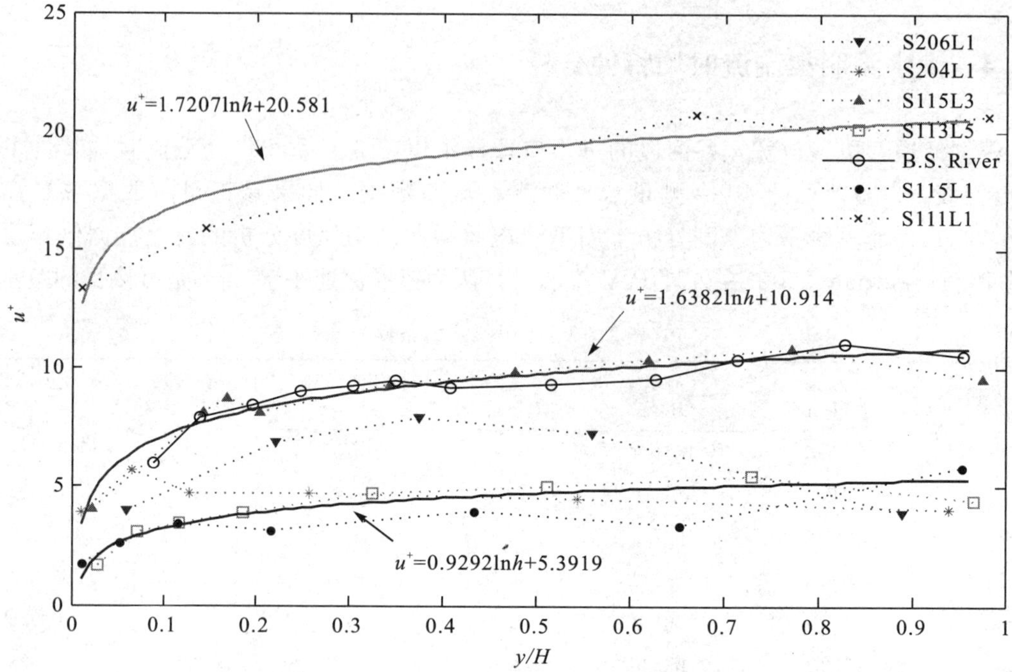

图 2-2-13 垂线流速分布

2.2.4.2 紊流度分析

在胡江(2009)等对明渠均匀紊流的水流结构的研究中，通过 PIV 测量了水槽中心线上纵断面径流向 $\boldsymbol{u}$、垂向 $\boldsymbol{v}$ 两个方向的流速。对实验数据进行紊流度分析(图 2-2-14)，拟合得出各经验系数分别为 $D_u=2.05$，$D_v=1.21$，$C=1.25$。

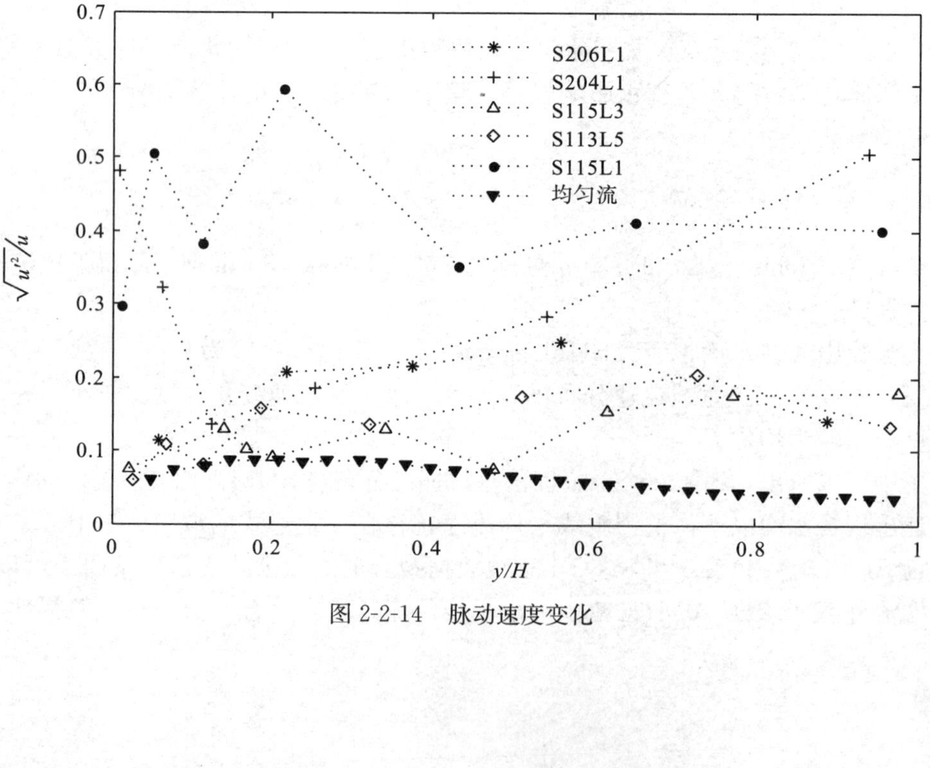

图 2-2-14 脉动速度变化

图 2-2-14 为各垂线脉动紊动度，从图中可以看出：S206、S115L1、S115L3 和 S113L5 四垂线变化较为一致，中间紊流度大，两边紊流度小。与均匀流紊动度相比，说明在大水深明渠内，湍流运动脉动强度较大。

2.2.4.3　三峡水库常年回水区大水深条件下湍流的时均特性

通过对三峡水库常年回水区垂线流速分布以及紊流度的分析，人们对大水深条件下非均匀流时均特性有了进一步认识。此处，研究人员用水深非均匀参数来反映水深非均匀性，讨论大水深明渠湍流运动的时均特性。表 2-2-4 列出了各垂线紊动强度和水深非均匀参数。

表 2-2-4　各垂线紊动强度与水深非均匀参数

样本	水深 H/m	平均流速/(m/s)	$\sqrt{u^2}/u$	k	C	Γ
S206L1	15.5	0.33	0.19	—	—	6.6
S204L1	37.5	0.45	0.32	—	—	8.5
S115L1	47.0	0.26	0.42	—	—	4.3
S115L3	92.1	0.79	0.12	1.076	5.3919	2.4
S113L5	69.4	0.67	0.13	0.614	10.914	2.2
S111L1	132.5	1.02	0.16	0.581	20.581	1.2
均匀流	0.036	0.36	0.062	0.407	4.902	1.0

结合湍流垂线流速分布与湍流脉动紊动幅度，总结大水深非均匀流的时均特性与水深非均匀数的关系：水深非均匀数 Γ 等于 1，脉动紊动幅度在 0.06 左右，明渠湍流垂线流速为均匀流的对数速度分布；水深非均匀数 Γ 等于 2，脉动紊动幅度在 0.1 左右，明渠湍流垂线流速近似为对数速度分布；水深非均匀数 Γ 大于 2，脉动紊动幅度大于 0.2，明渠湍流垂线流速近似为沿水深均匀分布。

2.2.5　大水深明渠湍流涡尺度分析

2.2.5.1　谱分析

1. 长短流速时间序列波谱对比

因在实测中，测量点采样样本较少，故而对湍流涡结构尺度进行分析的流速时间序列单一。为了说明湍流紊动涡结构在短时间流速序列与长时间流速序列存在的差异，研究人员在实验室内的 28 m 水槽进行了长时间流速采样。长时间序列为采样 100 组 16384 次流速数据，总测量时间为 25600 s；短时间序列为采样中的 1 组 16384 次流速数据，测量时间为 256 s。

通过对长、短时间流速采样序列的波谱分析(图 2-2-15)可知，短时间流速序列波谱与长时间流速序列波谱比较符合，且短时间序列呈现以长时间序列为波动。从整体上看，

−1 次幂(能够包含区)和−5/3 次幂(惯性子区)都大体一致。短时间流速序列波谱出现2~3个峰值。这说明，在原型观测中，采集的流速数据(315 s)能够大体上反映原型中长时间序列的结论。

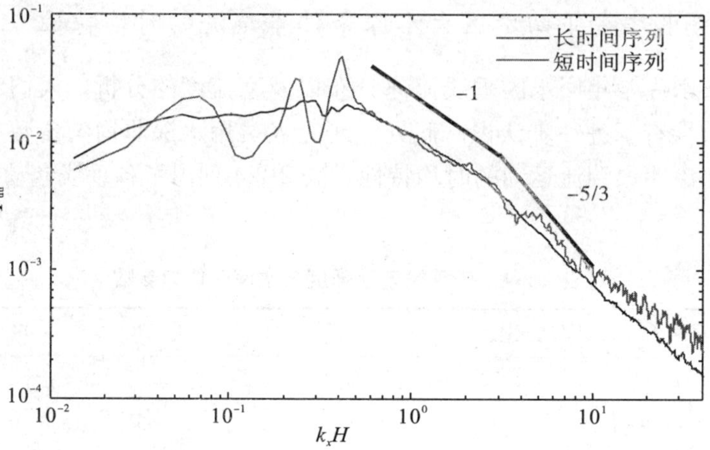

图 2-2-15 长时序列与短时间序列波谱对比

2. 湍流涡尺度分布

根据测点波数谱以及预乘波数谱图(图 2-2-16 和图 2-2-17)，对各测点预乘波数谱峰值进行计算统计。本书中列出 36 个测量点径流向、垂向的涡尺度，其他测量点的两个方向的波数谱以及预乘波数谱图较为类似，都有 2~3 个的峰值出现。这说明在流速时间序列内存在 2~3 个主要尺度的涡结构。此处中只列出一个测量点的径流向、垂向波数谱图。

在表 2-2-5 中，统计了 36 测量点的径流向和垂向涡尺度 Λ/H。表中，一级、二级表示在波数谱中，低波数的两个峰值对应的涡尺度(图 2-2-16 和图 2-2-17 中 Λ_1、Λ_2)。

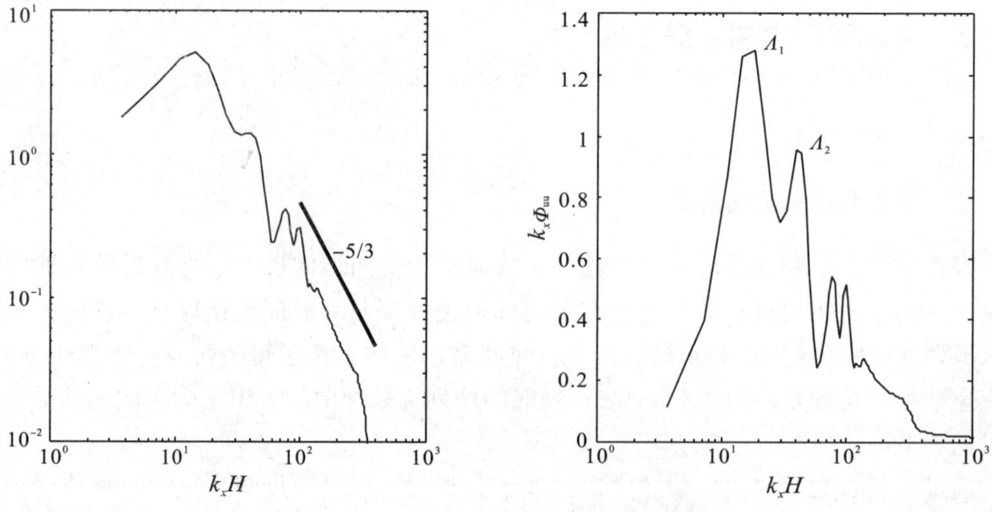

图 2-2-16 径流向波数谱和预乘波数谱

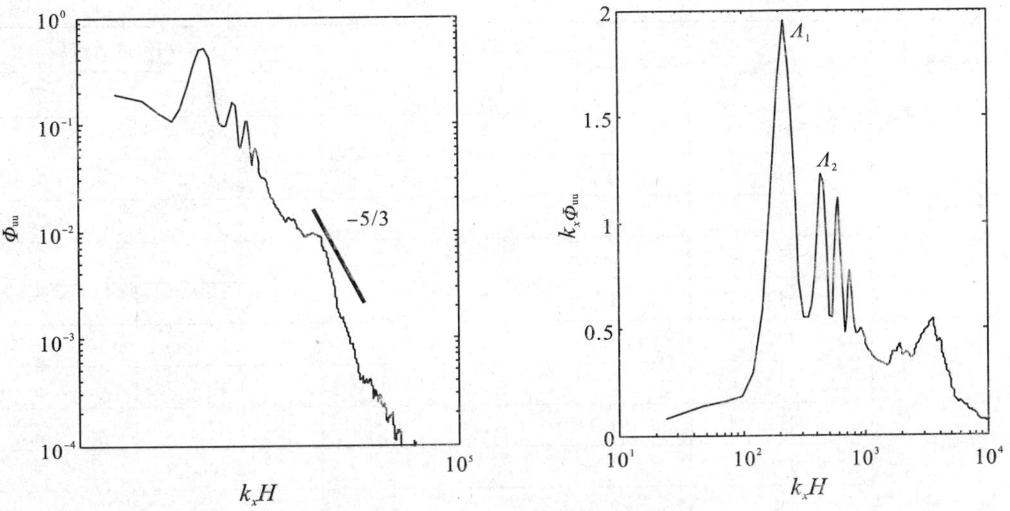

图 2-2-17　垂向波数谱和预乘波数谱

表 2-2-5　径流向与垂向涡尺度统计

测量垂线	测量点	u 向涡尺度 Λ/H		v 向涡尺度 Λ/H	
		一级	二级	一级	二级
S113L1	H1	0.29	0.10	0.07	0.02
	H2	0.35	0.08	0.07	0.03
	H3	0.43	0.16	0.03	0.01
	H4	0.22	0.10	0.02	0.01
	H5	0.35	0.12	0.05	0.01
	H6	0.35	0.16	0.05	0.01
	H7	0.43	0.16	0.03	0.02
	H8	0.35	0.11	0.03	0.02
S113L5	H1	1.32	0.38	0.02	0.01
	H2	1.32	0.59	0.01	0.01
	H3	1.06	0.53	0.02	0.01
	H4	1.06	0.41	0.06	0.02
	H5	1.32	0.19	0.02	0.01
	H6	1.32	0.28	0.02	0.01
	H7	1.32	0.76	0.02	0.01
	H8	0.88	0.41	0.07	0.03
S115L3	H1	0.96	0.43	0.04	0.02
	H2	0.96	0.27	0.04	0.03
	H3	1.59	0.20	0.06	0.03
	H4	1.19	0.48	0.05	0.03

续表

测量垂线	测量点	u 向涡尺度 Λ/H		v 向涡尺度 Λ/H	
		一级	二级	一级	二级
S115L3	H5	1.19	0.43	0.08	0.04
	H6	0.80	0.34	0.04	0.02
	H7	1.59	0.34	0.06	0.03
	H8	0.80	0.25	0.05	0.03
	H9	1.19	0.40	0.06	0.03
S204L1	H1	1.66	0.74	0.07	0.05
	H2	2.22	0.51	0.10	0.05
	H3	1.11	0.30	0.07	0.03
	H4	1.66	0.61	0.10	0.03
	H5	2.22	0.39	0.04	0.03
	H6	2.22	0.95	0.13	0.03
S206L1	H1	2.33	0.83	0.19	0.08
	H2	3.88	1.45	0.09	0.05
	H3	3.88	0.83	0.25	0.09
	H4	1.94	0.83	0.12	0.05
	H5	2.91	1.16	0.25	0.05

对各测量点的一级涡尺度、二级涡尺度沿水深进行分析，从径流向涡结构涡水深分布图(图 2-2-18 和图 2-2-19)中可以看出，S113L1、S115L1 和 S115L3 三测量垂线，涡尺度沿水深分布较为均匀；垂线上涡尺度大小差异不大。一级涡尺度与水深为同一量级，通常为 1～2 倍水深；二级涡尺度通常为 0.5 倍水深左右。S206 和 S204 两测量垂线，涡尺度明显较下游三测量垂线涡尺度大。涡尺度沿水深分布差异也很明显。一级涡尺度通常在 2～4 倍水深；二级涡尺度通常在 1 倍水深左右。

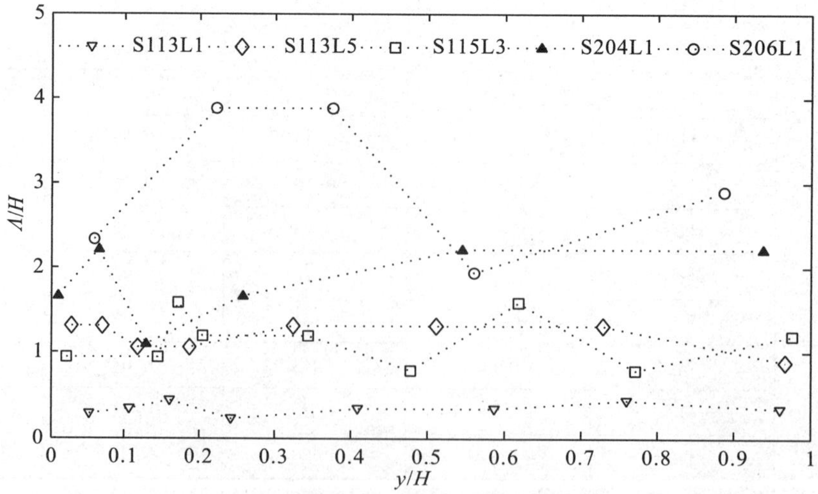

图 2-2-18　径流向一级涡尺度沿水深分布图

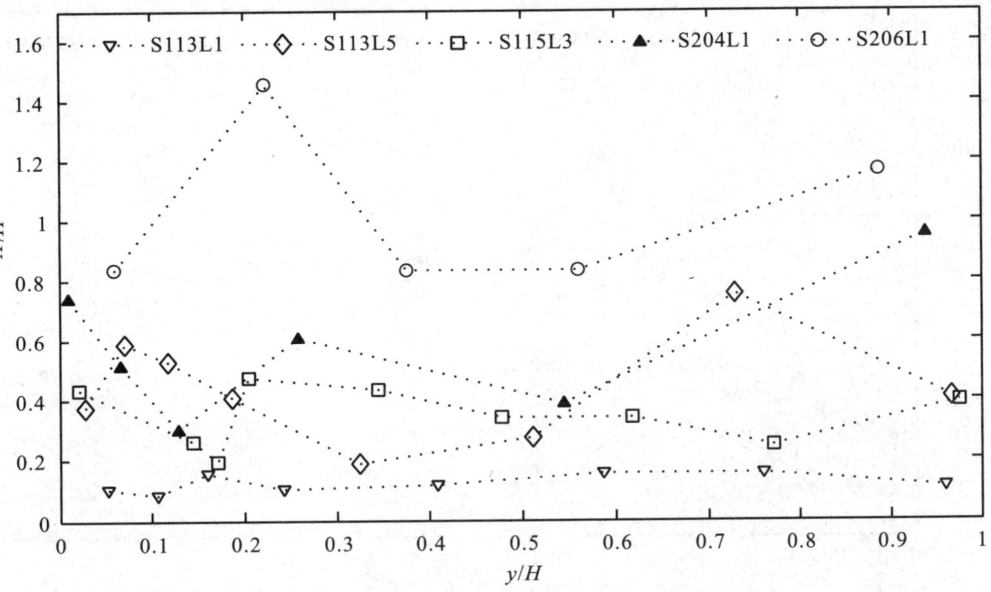

图 2-2-19　径流向二级涡尺度沿水深分布图

对各测量点垂向一级、二级涡尺度沿水深分布进行分析(图 2-2-20 和图 2-2-21)，可以看出，S113L1、S115L1、S115L3 三测量垂线，垂向涡尺度沿水深分布较为均匀，在整个水深变幅较小；垂向一级涡尺度为水深的 0.05 倍左右，垂向二级涡尺度为水深的 0.02 倍左右；S206L1、S204L1 两测量垂线涡尺度明显大于下游三测量垂线；垂向涡尺度与径流向涡尺度沿水深分布相似。一级涡尺度通常在 0.2 倍水深左右；二级涡尺度通常在 0.05 倍水深左右。

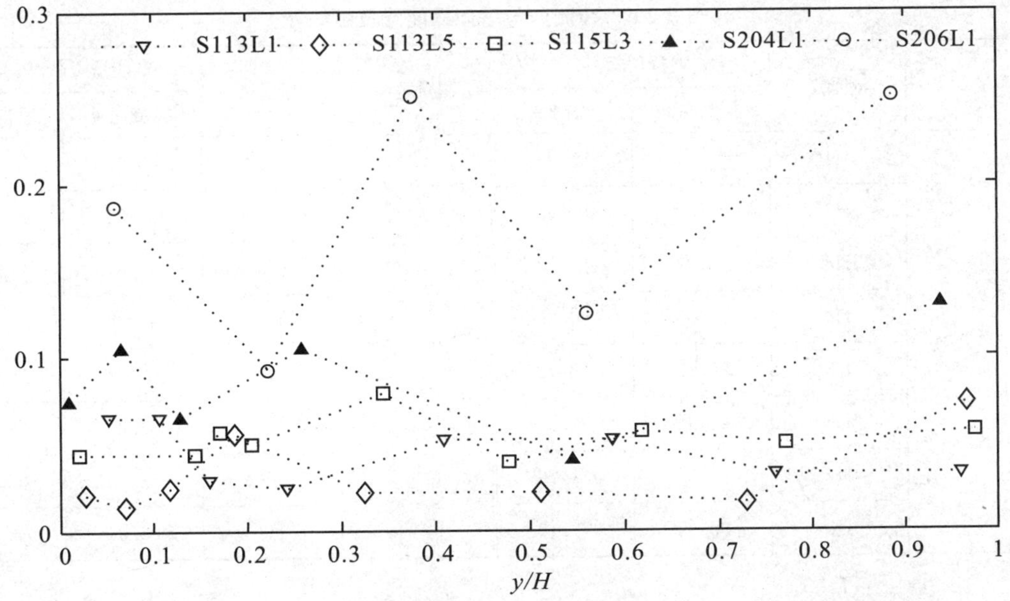

图 2-2-20　垂向一级涡尺度沿水深分布图

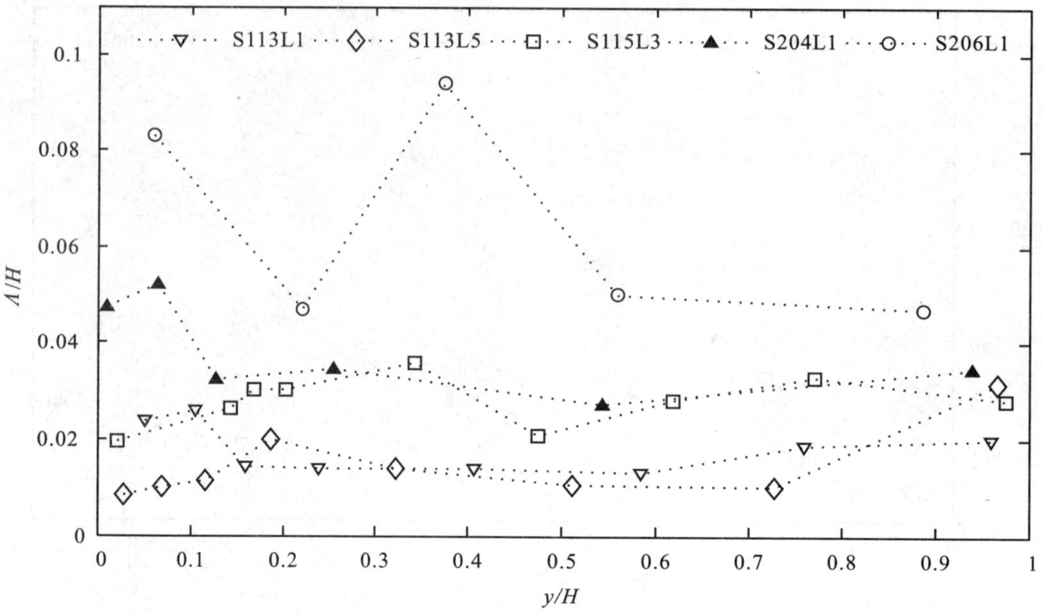

图 2-2-21 垂向二级涡尺度沿水深分布图

3. 湍流涡能量贡献

对应每个测量点的波谱曲线以及预乘波谱曲线，确定−1 次幂与−5/3 次幂的临界波数，统计小于这波数的累积涡能量。

研究人员统计了每个测量点累积涡能量占据湍流紊动动能的比例，如表 2-2-6 所示。该表列出了 5 条测量垂线总计 36 个测量点，每个测量点的径流向涡能量贡献与垂向涡能量贡献。

表 2-2-6 径流向与垂向涡能量贡献统计

测量垂线	测量点	能量贡献/%		测量垂线	测量点	能量贡献/%	
		径流向 u	垂向 v			径流向 u	垂向 v
S113L1	H1	87.07	88.78	S113L5	H1	65.06	73.82
	H2	79.82	80.93		H2	87.75	85.24
	H3	83.31	86.13		H3	77.81	65.24
	H4	91.83	80.35		H4	94.66	75.60
	H5	88.93	73.78		H5	83.97	88.90
	H6	92.34	75.80		H6	86.20	89.02
	H7	93.62	73.79		H7	91.08	75.38
	H8	95.09	77.15		H8	96.04	76.34

续表

测量垂线	测量点	能量贡献/%		测量垂线	测量点	能量贡献/%	
		径流向 $\boldsymbol{u}$	垂向 $\boldsymbol{v}$			径流向 $\boldsymbol{u}$	垂向 $\boldsymbol{v}$
S204L1	H1	78.10	74.65	S115L3	H1	68.04	53.14
	H2	80.10	57.72		H2	80.13	79.28
	H3	79.35	62.16		H3	77.68	81.16
	H4	87.34	51.97		H4	85.76	86.89
	H5	76.40	73.56		H5	87.82	85.32
	H6	85.32	74.64		H6	80.65	90.38
S206L1	H1	67.71	63.42		H7	85.10	82.57
	H2	75.72	72.16		H8	93.04	79.00
	H3	77.13	84.63		H9	93.53	70.34
	H4	94.30	90.16	径流向平均		84.18	
	H5	82.69	90.41	垂向平均		76.94	

统计分析表明：径流向涡结构平均能量贡献为湍流脉动动能的 84.18%，更高的能够达到 95%以上；垂向涡结构能量贡献为湍流脉动动能的 76.94%，更高的能够达到 90%左右。Blackwelder 和 Kovasznay(1972)的研究成果表明均匀湍流大尺度涡能量贡献占湍流脉动动能的 50%左右；M. Guala 和 Hommema(2005)在实验研究中也发现了湍流大尺度涡占据湍流脉动动能 65%左右。在均匀流涡结构能量贡献的研究中，均匀流涡结构平均能量贡献通常为湍流脉动动能的 50%～70%。

大水深明渠湍流运动涡能量比均匀流要大，因大水深湍流流速平均脉动幅度在 0.23 左右，脉动较强的达到 0.4 左右，是均匀流脉动强度的 4～6 倍。这说明大水深明渠湍流运动脉动较均匀流强，湍流结构尺度能量贡献更大。

2.2.5.2　湍流涡尺度直接判别

1. 流速时间序列的特点

以往学者在研究湍流涡结构时通常采用高频流速测量仪。由于频率高，采集数据量大，通常测量时间很短。因此，在分析湍流涡结构时，要应用一些涡结构识别方法(如小波分析、本征分析等)来提取涡运动特征。

本次测量使用的 ADV 采样频率为 64 Hz，采样频率相对来说比较小，采样时间为 315 s。因受回水壅水影响，大水深水流流速较小，ADV 采样流速时间序列能够直观地看出低动量区与高动量区、涡运动周期、估算大尺度涡、小尺度涡波长等，如图 2-2-22 和图 2-2-23 所示。

我们通过径流向脉动流速与垂向脉动流速也可分析脉动流速四象限过程与雷诺应力的关系。

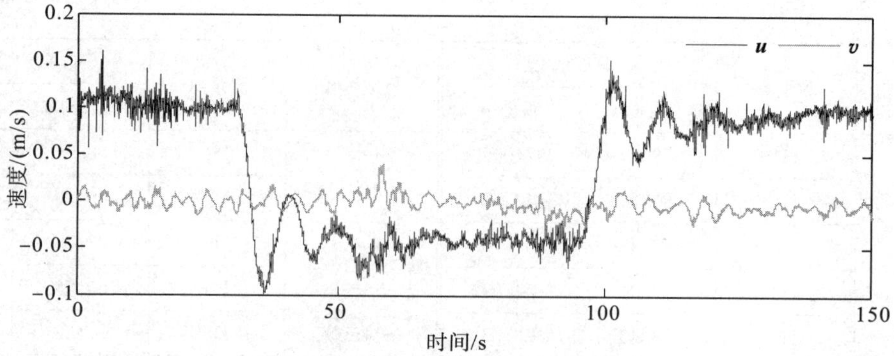

图 2-2-22　S115L1-H7 流速时间序列

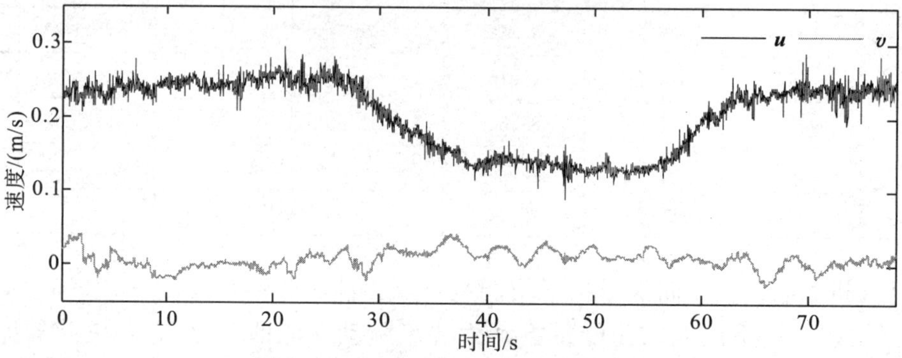

图 2-2-23　S206L1-H1 流速时间序列

脉动流速四象限的变化(Q_1：$u'>0$，$v'>0$；Q_2：$u'<0$，$v'>0$；Q_3：$u'<0$，$v'<0$；Q_4：$u'>0$，$v'<0$)，能够从径流向和垂向脉动流速值的变化过程来判断，如湍流猝发过程中喷射(Q_2)、清扫(Q_4)过程(图 2-2-24 和图 2-2-25)。

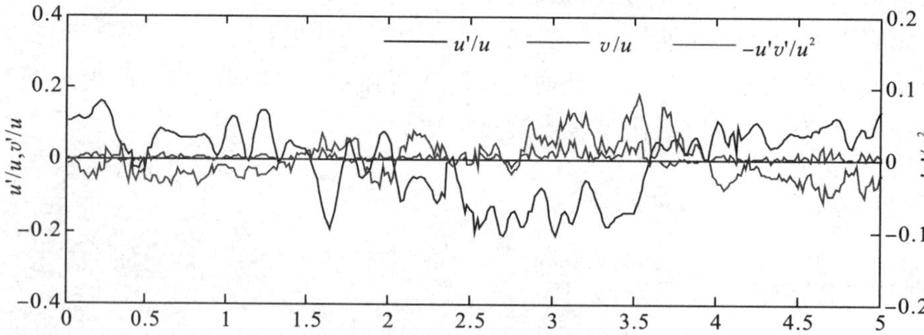

图 2-2-24　喷射过程脉动特征(见彩图)

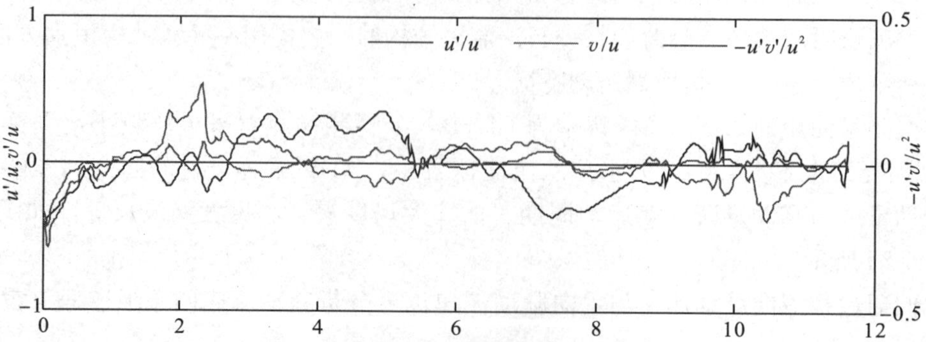

图 2-2-25　清扫过程脉动特征(见彩图)

对于湍流外区涡结构的研究中，通常认为 Q_2 和 Q_4 是由发夹涡群引起的结构。Adrian(2000)等用 PIV 测量了在三种雷诺数(930、2370、6845)条件下边界层外区的中垂面内的瞬时流动结构，提出了发夹涡的典型特征为在具有强烈的第二象限脉动($u'v'0$)的区域上方。但从钟强(2012)对明渠湍流的研究中，提出 Q_2 和 Q_4 并不完全是发夹涡群诱导的结构，相反从能量的角度来看，发夹涡群的产生、维持与 Q_2 和 Q_4 的发展有密切关系。

以往研究认为发夹涡主要发生在 Q_2($u'<0$，$v'>0$)和 Q_4($u'>0$，$v'<0$)区域，它们是产生雷诺应力($-u'v'$)的主要地方。但从图 2-2-26 中可以看出，在一个完整的大尺度涡结构内，流速时间序列内，Q_1、Q_2、Q_3 和 Q_4 脉动四象限都存在，雷诺应力($-u'v'$)的瞬时分布不仅与脉动流速 Q_2 和 Q_4 过程有关，还与 Q_1、Q_3 有直接联系。

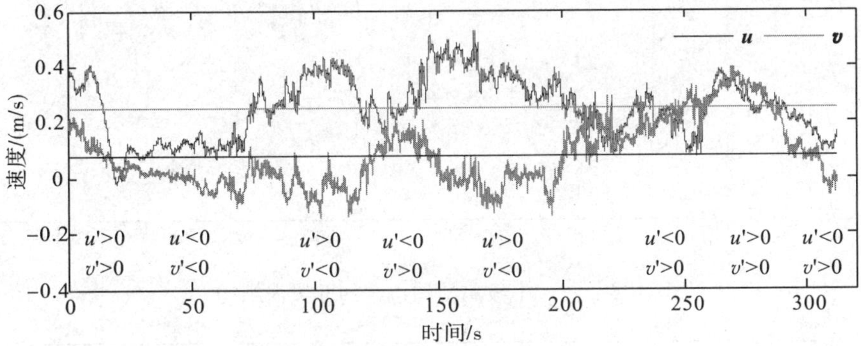

图 2-2-26　涡结构运动与脉动速度四象限的关系

2. 涡结构的分类及尺度大小

1)涡结构尺度的直接判别方法

本次测量采样流速数据中，由于流速小、涡尺度大，每个流速时间序列都具有明显的高动量区和低动量区并且呈相间分布形态(图 2-2-27)，能够直接观察出大尺度涡运动，共有 2～3 个大尺度涡。类似这样的流速时间序列在这次测量中普遍存在。因此，直接根据涡具有明显的高动量区和低动量区的特征，定义涡结构尺度的判别方法为：

(1)本书以流动方向高动量区之间(或两个低动量区之间)为一个完整的涡结构。

(2)计算流动方向涡结构的平均流速 U，采用 Taylor“冻结假说”转换时间坐标为空间坐标，涡结构波长 $\Lambda = TU$，T 为涡结构时间周期。

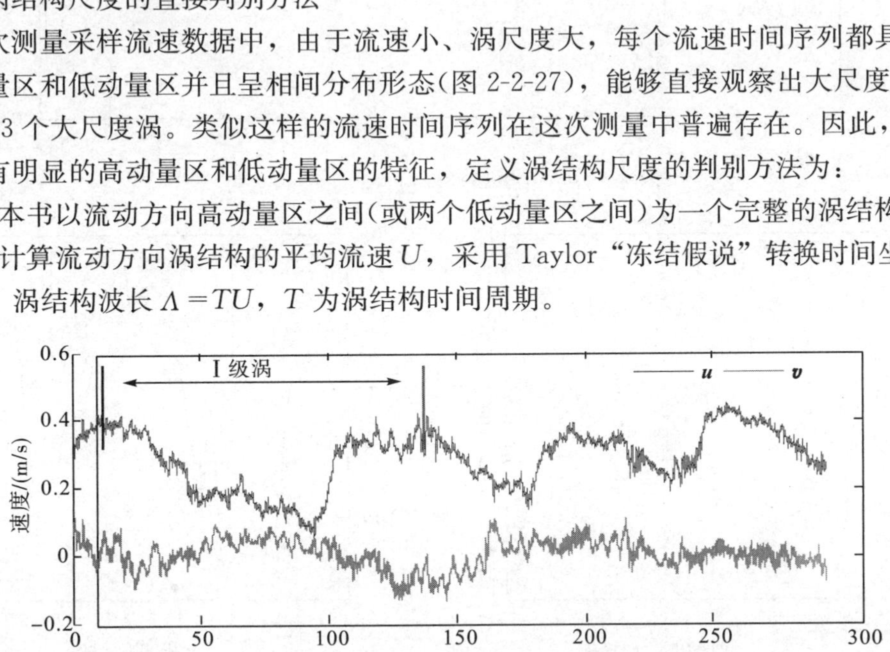

图 2-2-27　一级大尺度涡结构流速时间序列

以径流向流速时间序列将湍流涡结构划分为四级涡结构尺度，分别命名为Ⅰ级涡、Ⅱ级涡、Ⅲ级涡(图 2-2-27～图 2-2-30)。

Ⅰ级涡结构：如图 2-2-27 所示双向箭头标注部分，根据径流向流速与垂向流速变化特性一致来划分。

Ⅱ级涡结构：如图 2-2-28 所示，流速时间序列为Ⅰ级涡结构流速时间序列放大图。根据在Ⅰ级涡结构内的流速时间序列的波动情况，划分二级尺度，定义为Ⅱ级涡结构。从该图可以看出，Ⅰ级涡结构包含有 12 个左右的Ⅱ级涡结构。

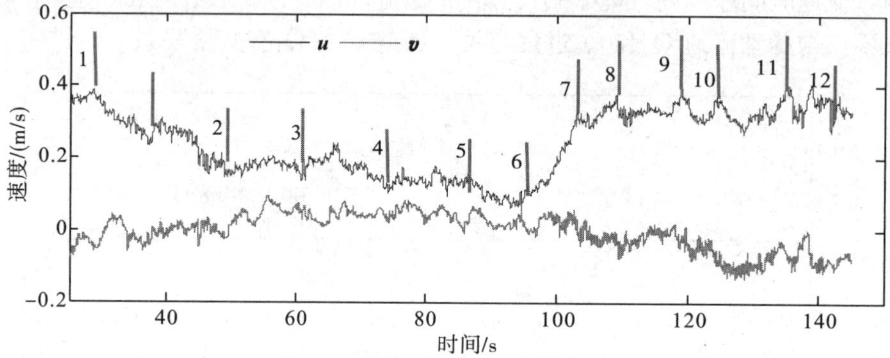

图 2-2-28 Ⅰ级涡结构包含的Ⅱ级涡结构

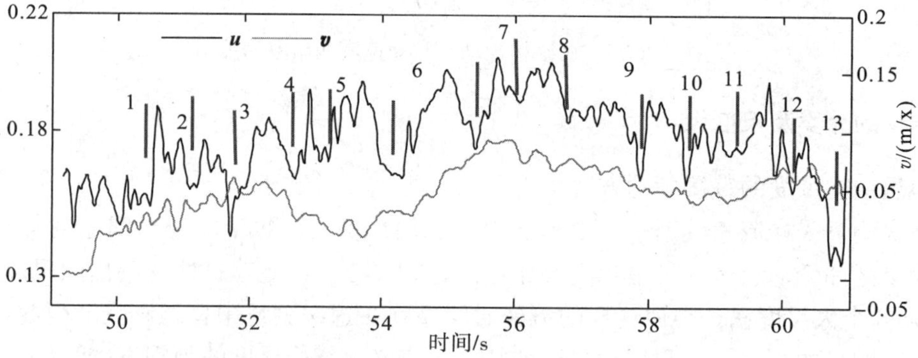

图 2-2-29 Ⅱ级涡结构包含的Ⅲ级涡结构

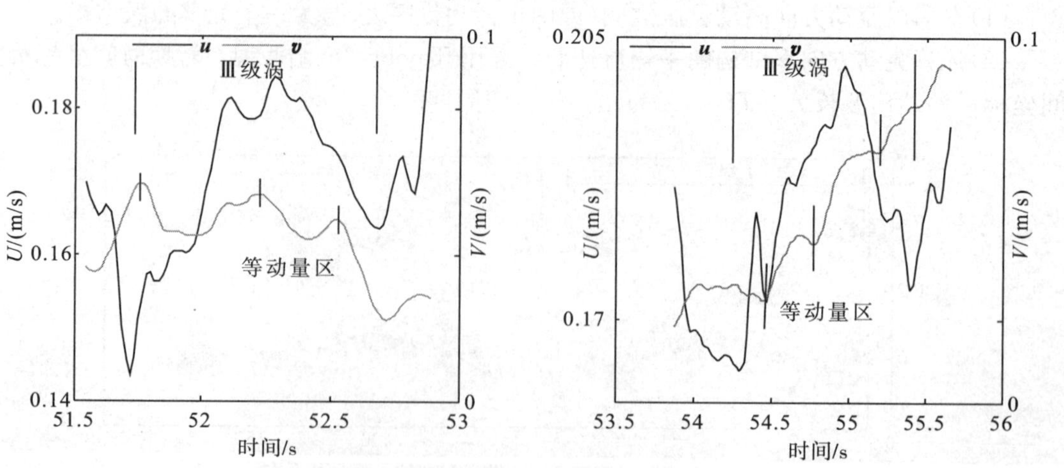

图 2-2-30 Ⅲ级涡结构流速时间序列

Ⅲ级涡结构：如图 2-2-29 所示，流速时间序列为Ⅱ级涡结构流速时间序列中，编号为 4 的时间序列放大图。根据Ⅱ级涡结构内流速波动情况，划分Ⅲ级涡结构。Ⅱ级涡结构通常包含有 8～13 个Ⅲ级涡结构。图 2-2-30 所示为Ⅲ级涡结构流速时间序列中，编号为 3 和 6 的时间序列放大图。仔细观察Ⅰ级涡、Ⅱ级涡、Ⅲ级涡对应的水深方向(**υ** 方向)的涡尺度变化，发现Ⅰ级涡与 **υ** 方向的涡为一一对应关系，Ⅱ级涡和Ⅲ级涡包含有 2～3 个 **υ** 方向的具有对应关系的涡特征的时间序列，所以对Ⅲ级涡按照 **υ** 方向对应的关系进一步划分成 2～3 个等动量区流速结构(流速大小与方向一致的流速区域，为流速时间序列可识别的最小尺度)。

2)涡结构尺度大小计算

本文选用 S115L1 测量垂线进行涡尺度大小分析，以 S115L1-H5 测点流速时间序列计算流动方向涡结构的平均流速 U，采用 Taylor“冻结假说”转换时间坐标为空间坐标，计算涡结构波长 $\Lambda=TU$。

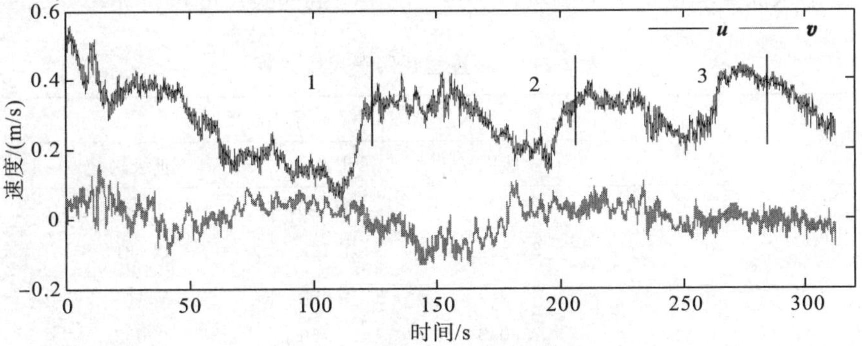

图 2-2-31　S115L1-H5 流速时间序列

图 2-2-31 显示了 S115L1－H5 的流速时间序列，可以看出流速序列由 3 个Ⅰ级涡结构组成。

统计Ⅰ级涡结构的周期 T 在 62～111 s 之间(表 2-2-7)，周期较大的对应的平均流速较小，Ⅰ级涡结构的波长相差不大，都在 20 m 左右，相当于 $0.4H$。三个时间段的Ⅰ级涡结构包含 10 个左右的Ⅱ级涡。

表 2-2-7　Ⅰ级涡结构尺度

Ⅰ级涡时段/s	T/s	U/(m/s)	Λ/m	含Ⅱ级涡个数	含Ⅲ级涡个数
31～142	111	0.2	22.1	12	110
142～219	77	0.28	21.5	10	105
219～281	62	0.30	18.6	9	102
平均	83	0.26	20.7	10	106

按照前面涡结构分类中，选取 66.1～77.2 s 时间段的流速系列分析Ⅱ级涡。Ⅱ级涡的周期是Ⅰ级涡的 1/10，波长为 1.88 m，约为Ⅰ级涡波长的 1/12。Ⅱ级涡包含 10 个左右的Ⅲ级涡。Ⅲ级涡的周期和尺度约为Ⅱ级涡的 1/10(表 2-2-8)。

表 2-2-8 Ⅱ级涡、Ⅲ级涡和等动量区

项目	Ⅱ级涡	Ⅲ级涡	等动量区
时间段/s	66.1～77.2	70.9～72.2	70.93～71.25
T/s	11.1	0.93	0.31
U/(m/s)	0.17	0.16	0.05
Λ/m	1.88	0.15	0.05

选取 70.93～71.25 s 时间段为等动量区，其周期约Ⅲ级级涡的 1/3，等动量区的波长为为 0.05 m。Saddoughi 和 Veeravalli 总结了多位研究者的成果，给出了湍流惯性子区和耗散区的临界尺度为 60η。而等动量区的尺度相当于临界尺度的 8 倍左右。

3. 涡结构尺度沿水深分布

S115L1 沿水深共测量了 7 个侧点，对每个测量点的四级尺度进行大小计算(表 2-2-9)。

表 2-2-9 测量垂线四级尺度计算

测点	相对水深 y/H	平均涡尺度/m			
		Ⅰ级涡	Ⅱ级涡	Ⅲ级涡	等动量区
H1	0.01	25.675	0.702	0.082	0.027
H2	0.05	22.128	1.102	0.081	0.027
H3	0.11	24.275	1.406	0.152	0.051
H4	0.21	25.063	0.766	0.053	0.018
H5	0.43	20.738	2.086	0.208	0.069
H6	0.65	23.883	0.609	0.059	0.021
H7	0.95	23.719	1.176	0.104	0.035

图 2-2-32 给出了测量垂线 S115L1 涡结构尺度沿水深的变化关系。

各级涡尺度沿水深具有统一的特征，即流动都由三级涡结构组成，并且每级涡结构沿水深变化不大。

Ⅰ级涡的波长 $\Lambda_{\text{Ⅰ}}$ 为 20～26 m，即 $\Lambda_{\text{Ⅰ}}/H$ 为 0.4～0.5。每个Ⅰ级涡包含有 10 个左右的Ⅱ级涡，其波长为 $\Lambda_{\text{Ⅱ}}$ 为 1.0～2.6 m，即 $\Lambda_{\text{Ⅱ}}/\Lambda_{\text{Ⅰ}}$ 为 1/15～1/10。类似的，每个Ⅱ级涡包含有 10 个左右的Ⅲ级涡，$\Lambda_{\text{Ⅲ}}/\Lambda_{\text{Ⅱ}}$ 为 1/15～1/10。由于每个Ⅲ级涡内包含有 2～3 个 $\boldsymbol{v}$ 方向的完整的最小尺度的等动量区，故其波长 $\Lambda_{\text{Ⅳ}}/\Lambda_{\text{Ⅲ}}$ 为 1/3(如图 2-2-32 所示，用Ⅳ表示)。

通过对测量垂线沿水深多点流速时间序列进行四级尺度的划分，认为明渠流动由Ⅰ级涡结构组成，其波长是水深的 0.4～0.5 倍；Ⅰ级涡、Ⅱ级涡、Ⅲ级涡和等动量区存在叠加关系；Ⅱ级涡和Ⅲ级涡尺度是上一级涡尺度的 1/15～1/10，等动量区是Ⅲ级涡尺度的 1/3，等动量区的尺度接近惯性子区和耗散区的临界尺度，且等动量区尺度包含了所有含能涡旋区和大部分惯性子区的尺度。

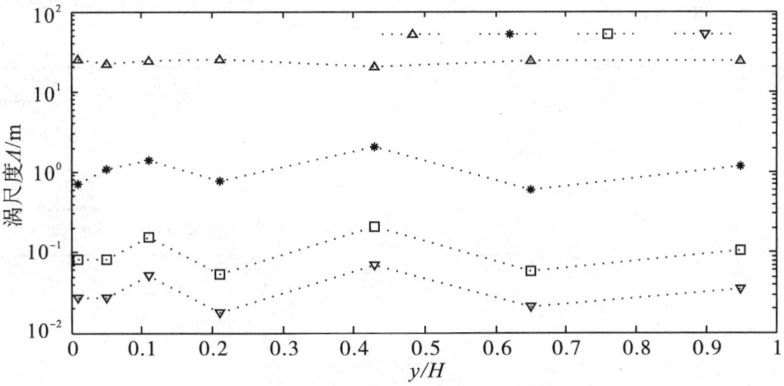

图 2-2-32　S115L1 涡尺度沿水深关系

4. 两种涡结构尺度比对分析

图 2-2-33 列出了测量垂线 S115L1 各点涡尺度两种计算方法的得到结果。能谱分析得到三级的涡尺度用一级、二级、三级来表示；用流速时间序列计算得到的涡尺度用Ⅰ级涡、Ⅱ级涡、Ⅲ级涡和Ⅳ级涡表示。

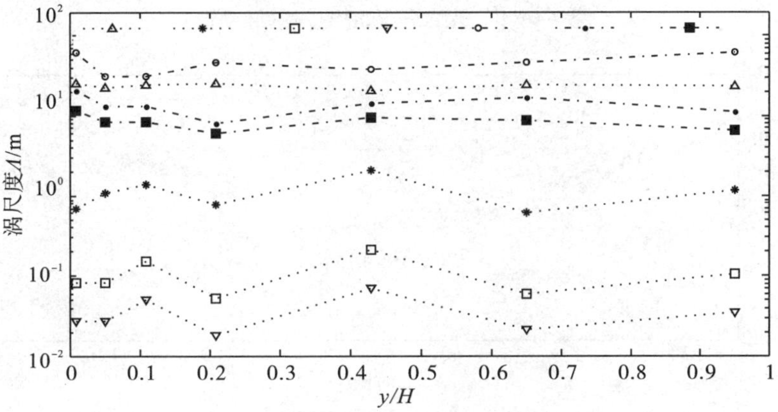

图 2-2-33　两种方法计算的涡尺度对比

用谱分析方法计算得到的三级涡尺度与用流速时间序列计算得到的涡尺度差异较大。谱分析得到二级涡与流速时间序列计算得到的一级涡尺度相当。但总体上两种计算方法差异较大。原因可能是：在傅里叶变换后，存在频谱泄露、栅栏效应、频谱混叠等影响涡尺度的判断。实测采样流速时间序列较长，从时间序列直接进行涡尺度划分，更为有效。

2.2.5.3　涡结构运动构想

自从气体湍流外区中发现大尺度涡存在以后，人们对大尺度涡的产生、发展等过程进行了大量的研究，提出了一些运动模型，如马蹄涡、涡环、U 形涡、发夹涡等。参照前人的研究结果，作者对水流中存在的涡运动提出构想图(图 2-2-34)。假设 ADV 测量点在黑线处，随着大尺度涡运动，ADV 采集的数据(图 2-2-35～图 2-2-37)就出现先高速带，后低速带，再高速带的特征。

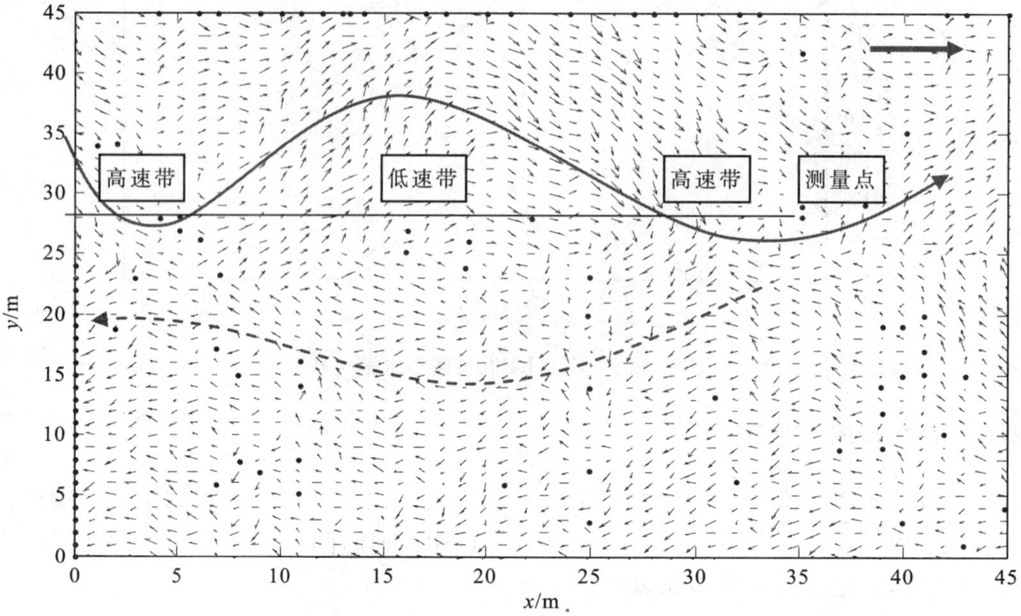

图 2-2-34 涡结构运动构想图(脉动值)

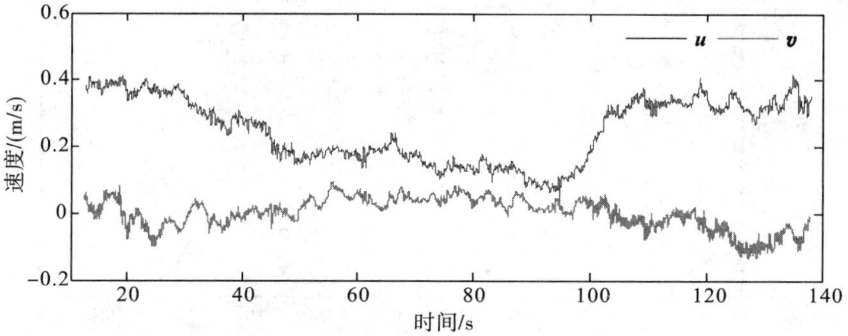

图 2-2-35 涡结构运动对应测点流速

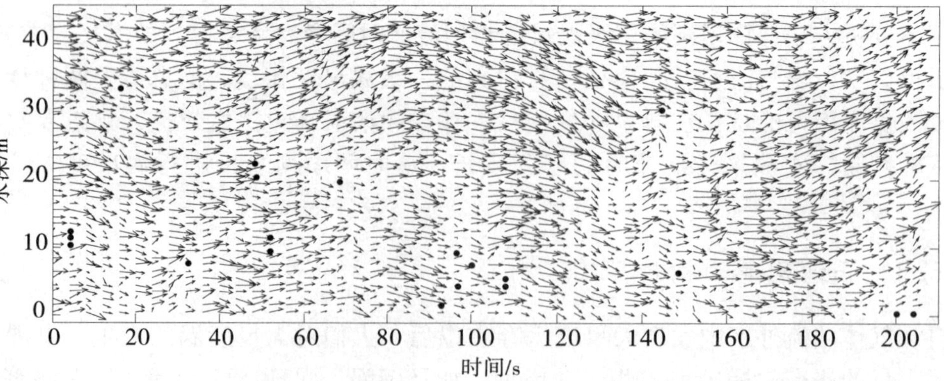

图 2-2-36 S115 水深 48m($\boldsymbol{u}$、$\boldsymbol{v}$ 向速度是原值)

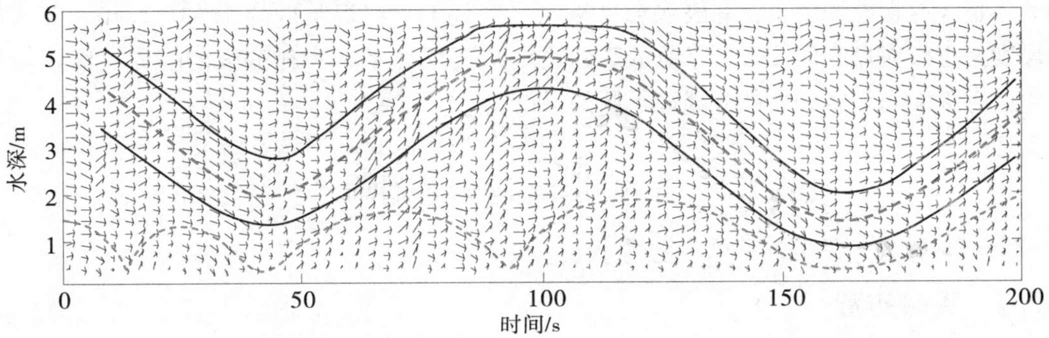

图 2-2-37　猪儿碛：水深 7.2m（**u** 向速度是原值，**v** 向速度放大两倍）

2.2.6　小结

本书建立了一套先进的大水深紊动结构原型测量系统，对三峡水库常年回水区细颗粒泥沙淤积量较大的忠县黄花城和奉节梅溪河口两处河段进行了三维水流脉动流速的原型观测，共布置 41 条测量垂线和 320 个测量点。因实测中受各种因素的影响，使 ADV 采集的流速数据存在一些问题。为了合理地对实测流速进行预处理，在水槽里模拟 ADV 在水下测量的状态进行数据采样，分析 ADV 测量性能、ADV 噪声等，提出合理的修正、噪声降噪等方法。通过实测资料和理论分析，研究人员对常年回水区大水深条件下三维水流时均流速与湍流涡尺度做了详细研究。得到以下几点结论：

(1)用水深非均匀数 Γ 来反映大水深明渠湍流脉动紊动幅度($\sqrt{\overline{u^2}}/U$)。若水深非均匀数 $\Gamma=1$，则脉动紊动幅度在 0.06 左右；若水深非均匀数 $\Gamma=2$，则脉动紊动幅度在 0.1 左右；若水深非均匀数 $\Gamma>2$，则脉动紊动幅度大于 0.2。

(2)为说明短时间样本与长时间样本表现出的差异，故进行波谱对比分析，发现短时间样本波谱与长时间样本波谱在－1 次幂(能够包含区)和－5/3 次幂(惯性子区)区域比较符合，且短时间序列以长时间序列波谱波动。即说明：在原型观测中，采集的流速数据(315 s)能够大体上反映原型中长时间序列的结论。

(3)运用波数谱与预乘波数谱对湍流涡结构尺度、涡结构能量贡献等分析计算，认为湍流整个水深都存在不同尺度的涡结构，并且湍流涡运动平均能量为湍流脉动动能的 84.14%，比例更高的能达到 95%以上，普遍高于均匀流。

(4)以往研究认为湍流涡结构主要发生在 $Q_2(u'<0,\ v'>0)$和 $Q_4(u'>0,\ v'<0)$区域，它们是产生雷诺应力($-u'v'$)的主要地方。但本次实验发现在一个完整的大尺度涡结构内，Q_1、Q_2、Q_3和 Q_4脉动四象限都存在，雷诺应力($-u'v'$)的瞬时分布不仅与脉动流速 Q_2和 Q_4过程有关，还与 Q_1、Q_3有直接联系。

(5)本次测量采样流速数据由于测量时间较长，流速时间序列表现出不同涡尺度的运动特性，根据单宽流量为 14.1 m^3/s，水深非均匀数为 4.3 的流速时间序列，将流速时间序列按高动量区对应高动量区(或是低动量区对应低动量区)划分为三级涡结构。认为明渠湍流流动由Ⅰ级涡结构组成，其波长是水深的 0.4～0.5 倍，Ⅰ级涡、Ⅱ级涡、Ⅲ级涡和等动量区存在叠加关系；Ⅱ级涡和Ⅲ级涡尺度是上一级涡尺度的 1/15～1/10，等动量区尺度是Ⅲ级涡尺度的 1/3，等动量区的尺度接近惯性子区和耗散区的临界尺度，且包含了所有含能涡旋区和大部分惯性子区的尺度。

2.3　非恒定流运动规律研究

2.3.1　实验布置

2.3.1.1　非恒定流控制系统

此次非恒定流传播特性研究实验是在 28 m 长的大水槽中进行的。28 m 水槽宽 0.56 m，高 0.7 m。其中，侧面和底面均由长 3.3 m 的玻璃构成，玻璃安装误差小于 ±0.2 mm，水槽全长误差小于±0.5 mm，水槽结构的变形小于±0.3 mm。玻璃水槽的供回水系统组成和 5 m 小水槽基本一样，配备有大小水泵、大小变频器、大小流量计组成的两套水循环系统，可以进行大流量和小流量时的恒定或者非恒定流实验。同时，大水槽沿程布置了 8 个超声水位计探头，对沿程水位进行实时的同步测量，能够更好地跟踪非恒定流传播过程中水深沿程变化特点。28 m 长的变坡水槽依靠电机传动装置自动变坡，水槽构造如图 2-3-1 和图 2-3-2 所示。

计算机将流量转换为频率信号发给变频器，再由变频器发出信号给水泵控制其转速，从而得到不同的流量过程。变坡水槽供回水示意图如图 2-3-3 所示。

变频器的输出频率与实测流量间的标定关系如式(2-3-1)，标定曲线如图 2-3-4 所示：

$$Q = 0.0012x^3 - 0.101x^2 + 3.3489x - 34.266 \tag{2-3-1}$$

式中，Q 为水泵出流量，L/s；x 为变频器频率，Hz。变频器频率与测定流量间相关性较好，相关系数为 $r^2=0.9999$。

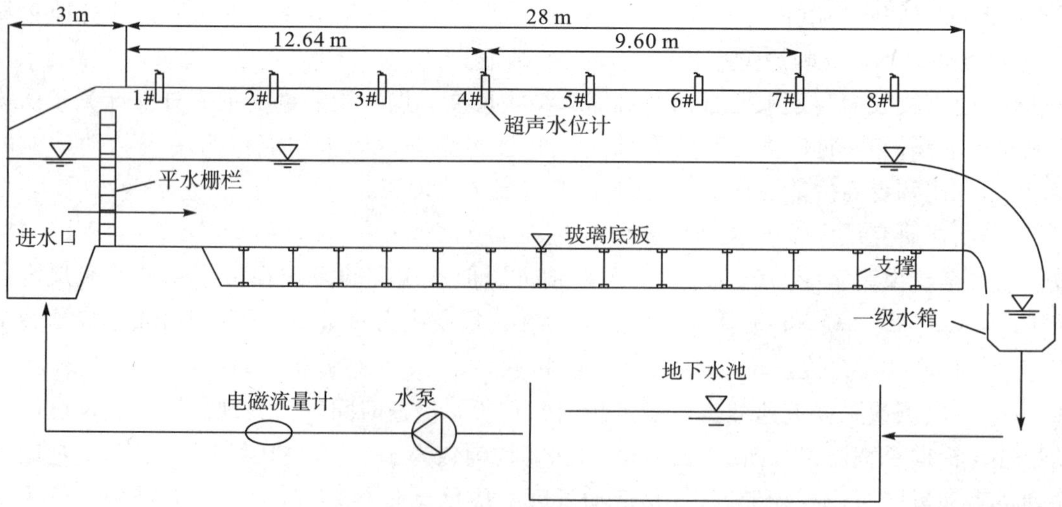

图 2-3-1　长度 28 m 的非恒定流变坡水槽构造示意图

图 2-3-2　28 m 高精度变坡水槽设施图

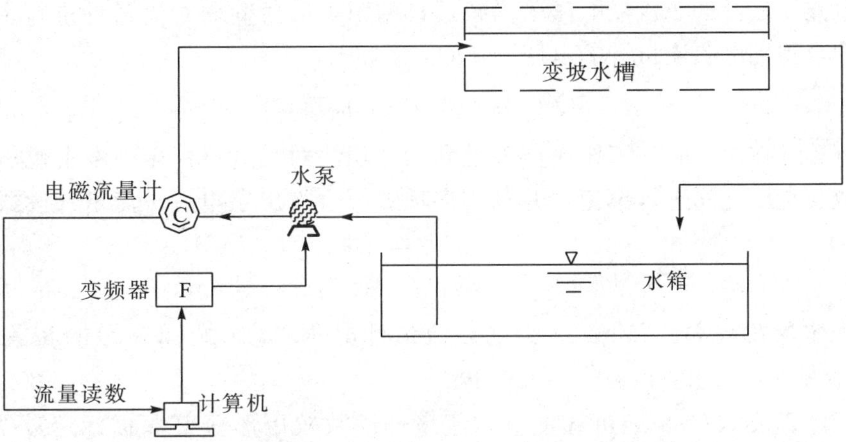

图 2-3-3　非恒定流系统供回水示意图

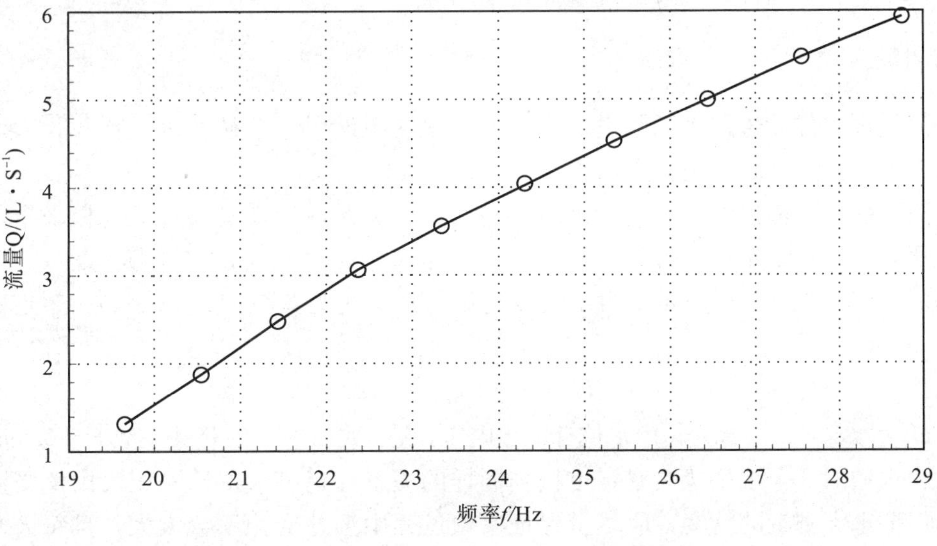

图 2-3-4　变频器标定关系曲线图(以小水槽为例)

2.3.1.2 非恒定流测量系统

非恒定流中流量、水深以及流速均随时间而变化，为了获得实时的非恒定流信息，本书设计了一套由计算机控制的非恒定流测量系统，可以进行同步测量非恒定流的流量、水深以及流场变化过程。

1. 流量测量

在实验中，由安置于水泵与水槽之间的供水管道上的电磁流量计来测定水的流量。电磁流量计与计算机之间则通过AD板来连接并进行通信。AD板会将采集到的流量计的实时电压值传输至计算机，然后计算机再将电压值转换为实时流量，流量计采样频率为10 Hz。

结合电磁流量计的AD板电压采样数据，利用矩形薄壁堰对流量计进行率定，并采用多项式拟合得到电磁流量计的电压-流量关系如下：

$$Q = 2.4101x_u - 0.0918 \tag{2-3-2}$$

电磁流量计在出厂时，工作人员曾经利用体积法对其进行标定，本书也需对流量计的流量读数与电压之间进行率定，并利用多项式拟合得出了电压—流量计读数间的关系如式(2-3-3)：

$$Q = 2.4838x_u + 0.0311 \tag{2-3-3}$$

式中，Q为水泵出流量，L/s；x_u为电磁流量计电压，V。式(2-3-2)的相关系数$r^2=0.9998$，式(2-3-3)的相关系数$r^2=0.9999$。

由式(2-3-2)和式(2-3-3)可知，电磁流量计读数较矩形薄壁堰板标定数据要大4%～6%。

根据现行规范，目前，体积法标定流量是最为准确的方法之一，因而本次实验过程中流量测量直接采用计算机采集流量计读数。

2. 水深测量

采用超声水位计进行水深测量，小水槽沿程共布设了4个超声水位探头，大水槽安装了8个探头，安装高度距离水面均不小于0.05 m。

超声水位计的输出电压与测量距离之间为线性关系，计算机通过AD板采集超声水位计电压，若事先率定过水位计，则能反算出水位。超声水位计采样频率为10 Hz。对小水槽的4把水位计进行率定，得出实测电压与水深之间关系如式(2-3-4)，率定曲线如图2-3-5所示。

$$H = 0.09x_g + 0.01 \tag{2-3-4}$$

式中，H为水深，m；x_g为超声水位计输出电压，V。式(2-3-4)的相关系数$r^2=0.9996$。

对大水槽的8个水位探头率定也得到同样的关系。超声水位计电压输出值受温度影响，为保证水深测量的精度，应尽量保证实验过程中温差变化不会太大，且每天实验开始前尽量重新标定底面高程。

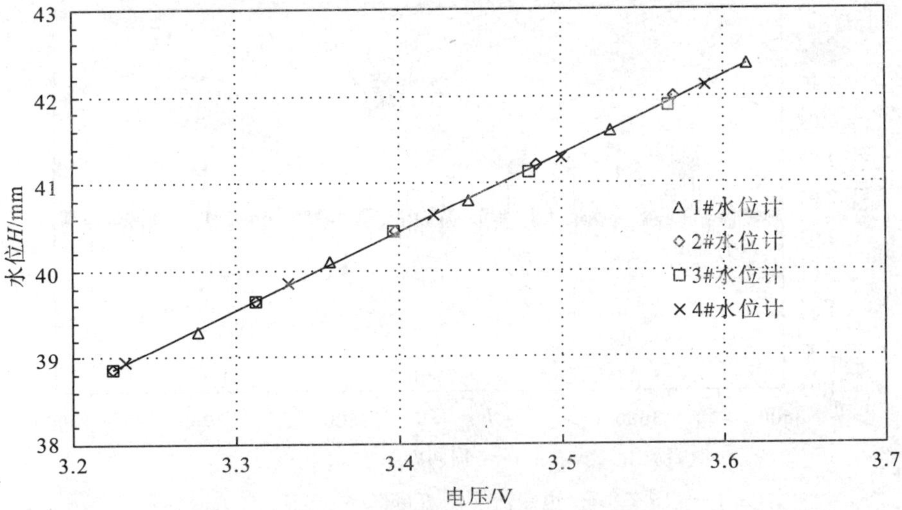

图 2-3-5　超声水位计电压-水位率定曲线(以小水槽为例)

2.3.1.3　系统稳定性检验

1. 流量及水位测量的稳定性检验

图 2-3-6 和图 2-3-7 分别是恒定流下的流量跟踪测量的结果，在经过初始时段的调整以后，水槽供水系统趋于稳定，并能在长时间内保持稳定的状态，流量测定值波动范围基本在给定值上下 0.05 L/s 之内。

图 2-3-8 所示为某一流量下 3＃水位计实测的水深过程。

结果表明，超声水位计测量水深时反应灵敏度高，且较为稳定，测定值基本在平均值附近±0.3 mm 内波动。因而，本次水槽实验的供水系统稳定性较好，能够长时间保持稳定供水，且流量计和水位计具有较好的测量精度。

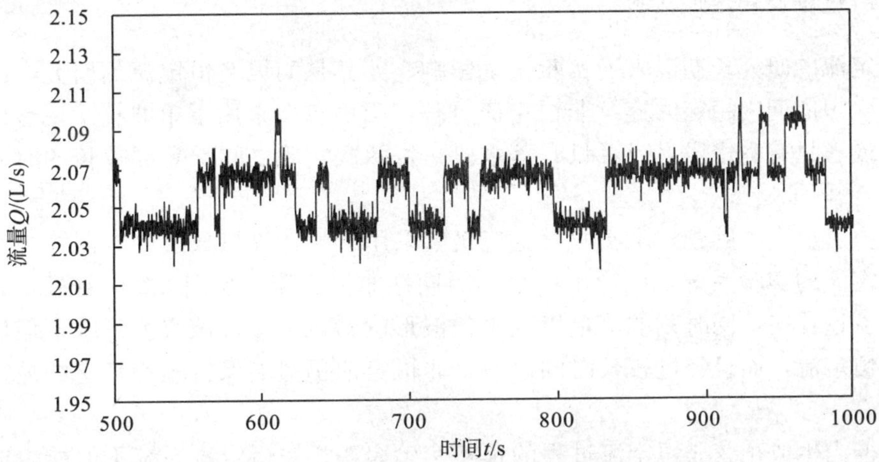

图 2-3-6　恒定流实测流量(Q=2.05L/s)

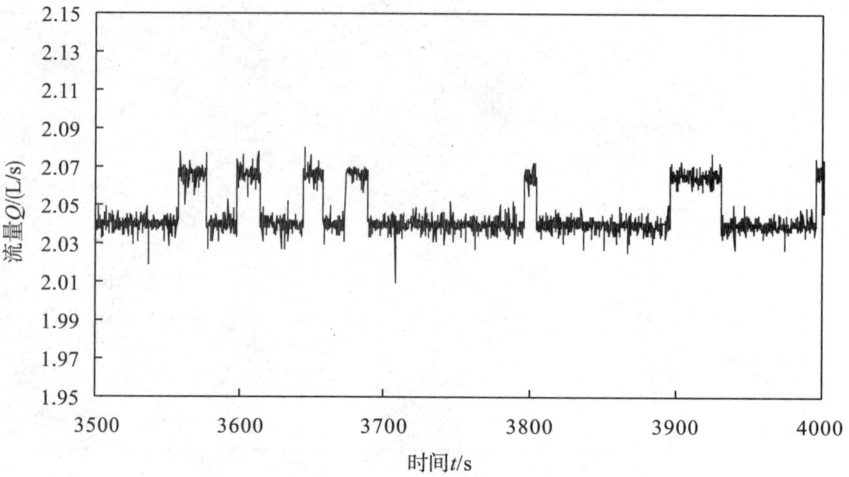

图 2-3-7 恒定流实测流量(Q=2.05L/s)

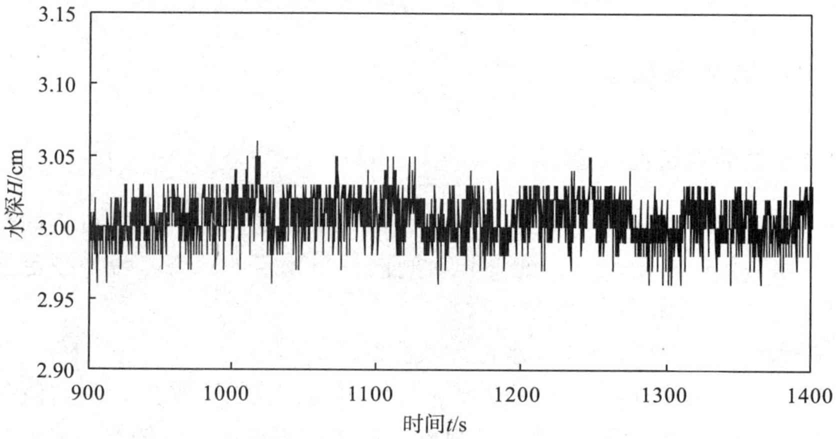

图 2-3-8 恒定流实测水深(Q=2.0L/s，3＃水位计)

2. 非恒定流过程及稳定性检验

非恒定流的研究长期以来受实验系统影响，尤其是明渠非恒定流的研究，以往的研究难以产生短周期内稳定的连续非恒定流过程，因而较多采用了单波技术，且以三角形波为主，或者只有涨水段，或者只有落水段，每两次实验之间都需要较长的时间来稳定水流。

为解决上述这一问题，本次非恒定流实验采用了由计算机通过变频器控制水泵转速产生非恒定流的实验系统，以产生稳定的周期性非恒定流。从图 2-3-9 和图 2-3-10 对正弦非恒定流过程在不同时刻的流量以及水位波形的对比可见，该实验系统不但能生成周期性的非恒定流，而且经过较长时间以后，非恒定流仍然能保持较为稳定的波形，系统稳定性较好。

在水槽内生成正弦非恒定流过程的预备实验表明，非恒定流系统不但能生成周期性的非恒定流，而且经过较长时间以后，波形保持较好，水槽供回水系统较为稳定。非恒定流实验系统稳定性好，测量精度高，满足本书的实验要求。

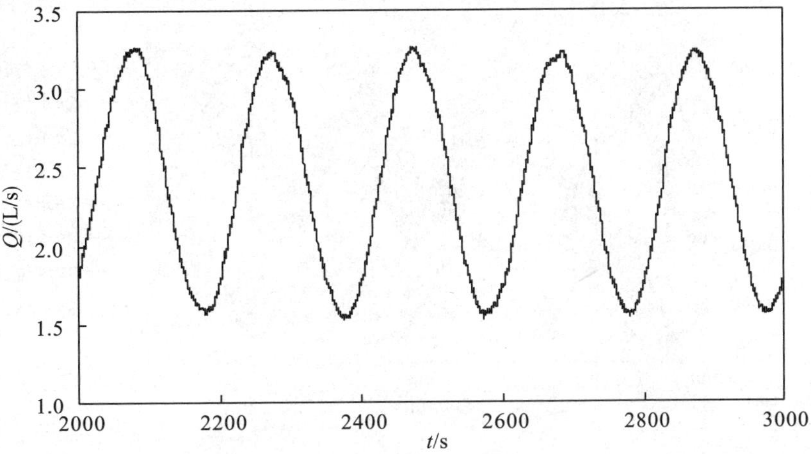

(a)

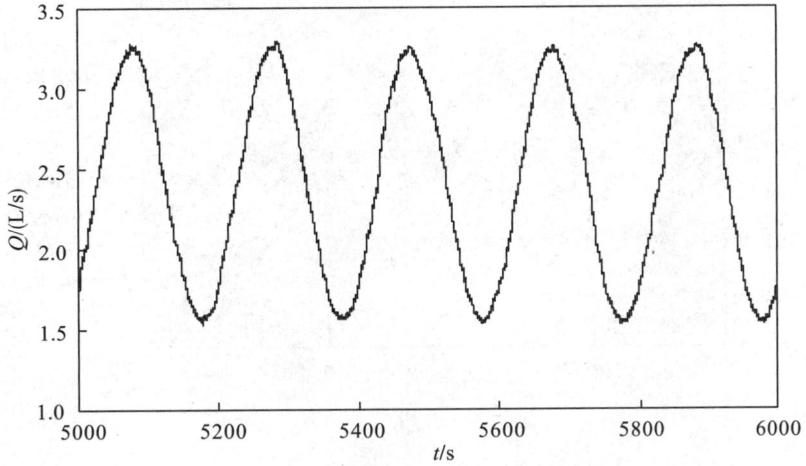

(b)

图 2-3-9　实测正弦非恒定流流量过程(以 5 m 长水槽为例)

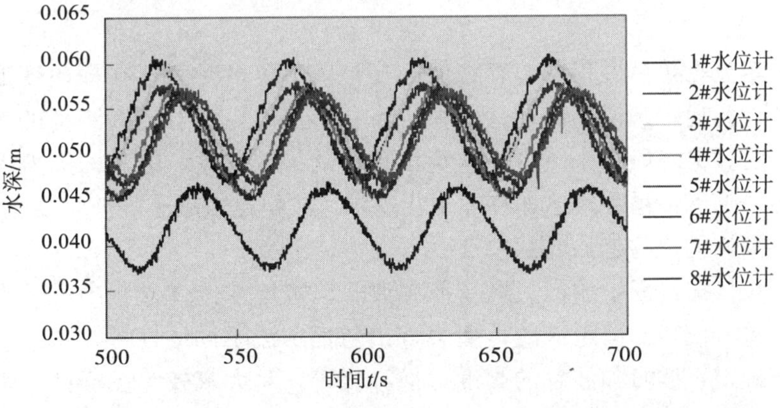

(a)

图 2-3-10　实测正弦非恒定流水位过程(以 28 m 水槽为例)(见彩图)

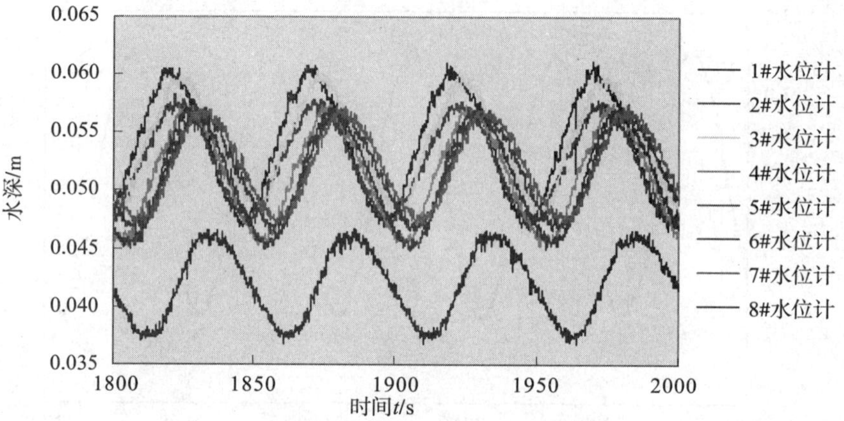

(b)

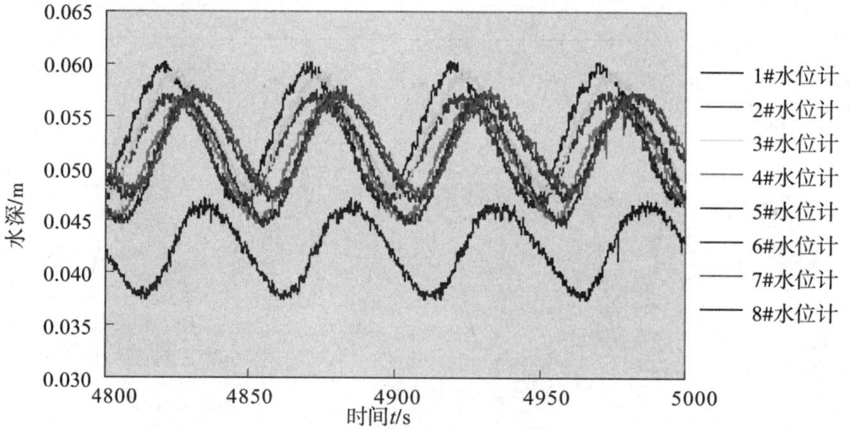

(c)

图 2-3-10 续(见彩图)

2.3.2 明渠非恒定流的传播特性

明渠非恒定流在传播过程中，存在波的变形，不但沿时间存在横向变形，而且纵向波高上也在变化。通常来说，周期性非恒定流在传播时，随着传播距离的增加，其上升段往往越来越陡，下降段越来越缓，甚至出现波的破碎现象，但总的周期保持不变；而在波的高度上，随着传播距离增加存在坦化现象，波幅越来越小，波峰变矮而波谷抬高，非恒定流有逐渐均匀化的趋势(图 2-3-11)。

非恒定流在传播过程中的横、纵变形导致非恒定流在传播过程中沿程水深和流量变幅及波形不一致，使得非恒定流的传播表现出与恒定流不同的性质。从诸多工程问题来说，波速如何确定，波峰和波谷的高度如何计算等，是大家较为关心的，但是，在以往的研究中，对于这方面的研究较少。本书在 28 m 长高精度变坡水槽中进行多组正弦型非恒定流实验，重点研究非恒定流传播过程中的变形特性，并给出波速、波峰和波谷的外包线以及水深、流量的计算式。

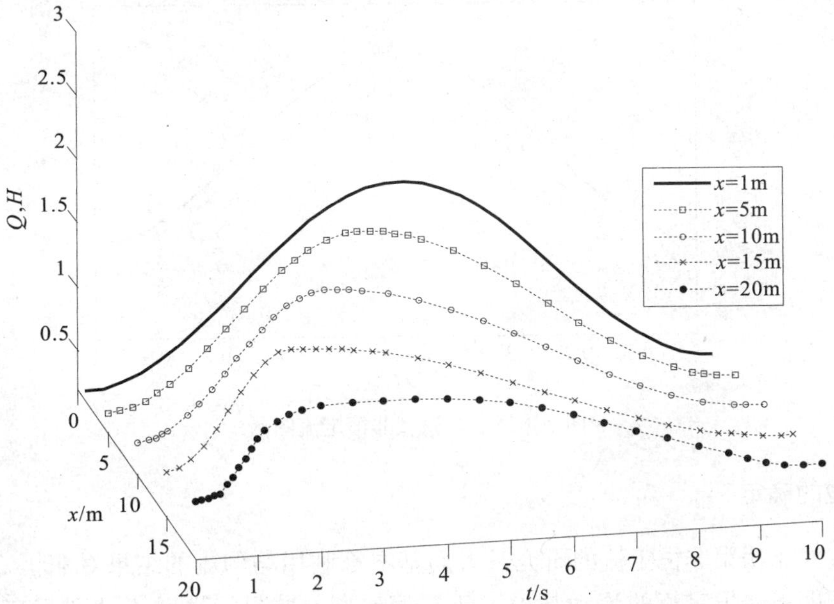

图 2-3-11　明渠非恒定流传播过程波形变化图示

2.3.2.1　实验条件

1. 非恒定流过程的概化

在以往的实验研究中，非恒定流的过程概化形式多样，但以三角形的波形居多。其中，有些只采用了涨水过程，或者只有落水过程，有些则是包含了涨水段和落水段的整个过程。非恒定流在传播过程中会发生变形，三角形非恒定流过程波形不易保持波形的稳定。在非恒定性较强时，波峰波谷变化剧烈，变形后的非恒定流过程不易采用函数表达。

从天然河道的非恒定流过程来看，明渠非恒定流基本上都包含了涨水过程及落水过程，而且以缓变过程居多，正弦函数表示的波形较为符合这一情况。而且用正弦函数表示周期性的非恒定流过程，有利于数学上的分析。因而本书的非恒定流实验采用正弦函数表示的周期性非恒定流过程。

对于周期为 T 的非恒定流，给定如下形式的非恒定流过程：

$$Q = Q_0 + \frac{1}{2}Q_b(x)\sin\left(\frac{t}{T}2\pi - \frac{\pi}{2}\right) \tag{2-3-5}$$

$$A = A_0 + \frac{1}{2}A_b(x)\sin\left(\frac{t}{T}2\pi - \frac{\pi}{2}\right) \tag{2-3-6}$$

式中，Q_0 为基流；Q_b 为非恒定波的波幅，即流量的变幅；t 为时间；A_0 为基流的过水面积；A_b 为面积的变幅。随着非恒定流传播距离的增加，非恒定流将在时间方向和高度方向上发生变形，即流量变幅 Q_b 和面积变幅 A_b 是传播距离 x 以及周期 T 的函数。式(2-3-5)描述的正弦非恒定流如图 2-3-12 所示。

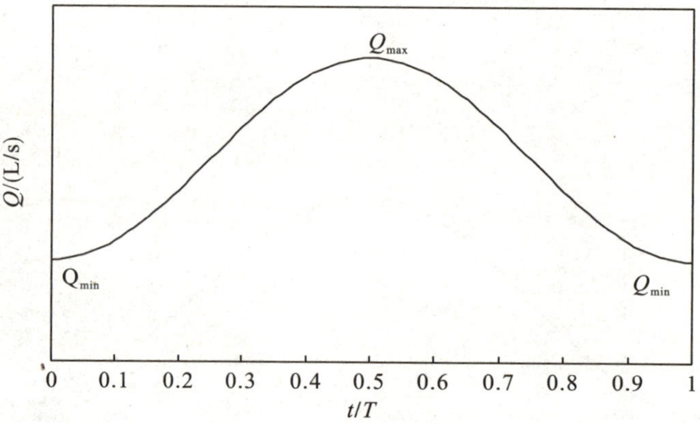

图 2-3-12 正弦型非恒定流图示

2. 水槽底坡的确定

目前，对于明渠非恒定流的研究，人们基本都利用均匀流的结果对非恒定流作出假定，但对于明渠非恒定流的流动与均匀流有何差别，非恒定性对流动到底有什么影响，还不甚清楚。为了探讨这些问题，对明渠非恒定流的研究需要在一种简化的条件下进行，即只讨论非恒定性的影响；而当非恒定性消失时，非恒定流则趋近于恒定均匀流，这种状态下的流动有利于分析非恒定流同均匀流的差别。

要满足这种流动，首先必须满足水槽底坡为正坡，只有当比降 $J=\frac{\partial z_b}{\partial x}>0$ 时，才可能形成均匀流，这样，在非恒定流周期 $T\to 0$ 时，即 $\frac{\partial Q}{\partial t}\to 0$ 时流动也才有可能趋近于均匀流（其中，z_b 为水槽底高，x 为沿程距离）。

若底坡比降 $J=\frac{\partial z_b}{\partial x}<0$，这种情况下讨论非恒定流运动，问题将变得将非常复杂，因为即使周期 $T\to 0$ 时，即 $\frac{\partial Q}{\partial t}\to 0$ 时流动也不会趋近于均匀流。Song and Graf 曾在研究中采用负坡，但又做了流速分布仍然和均匀流一样的假设。从其实验结果来看，流速及切应力分布同均匀流有所不一样，但却不能分别确定非恒定性和非均匀性对流动的影响。

为了简化问题寻求规律，同时也方便同均匀流对比，本书实验均在正坡条件下进行，比降分别为 3‰和 5‰，恒定流时在自由出流状态下能形成均匀流，非恒定流状态下当周期较大则趋近于均匀流状态。

3. 实验段的选择

在进行非恒定流实验之前，先测量了恒定流情况下比降为 3‰和 5‰时尾门敞泄状态下不同流量的沿程水面线。图 2-3-13 和图 2-3-14 分别是不同流量时 28 m 水槽内恒定流沿程水面线的对比情况。

从实验结果统计可知，8 级流量下，4＃(距离 12.64 m)、5＃(距离 16.05 m)、6＃(距离 19.05 m)、7＃(距离 22.24 m)水尺测得的水深基本相同，也就是说，在这两种比降下，4～7＃水尺(水槽约 12 ～22 m)之间可以形成均匀流。

因而本书的实验水槽 4＃水尺以前作为进口调整段，7＃水尺以后为自由出流的尾水段，恒定流条件下的实验段在 4～7＃之间。

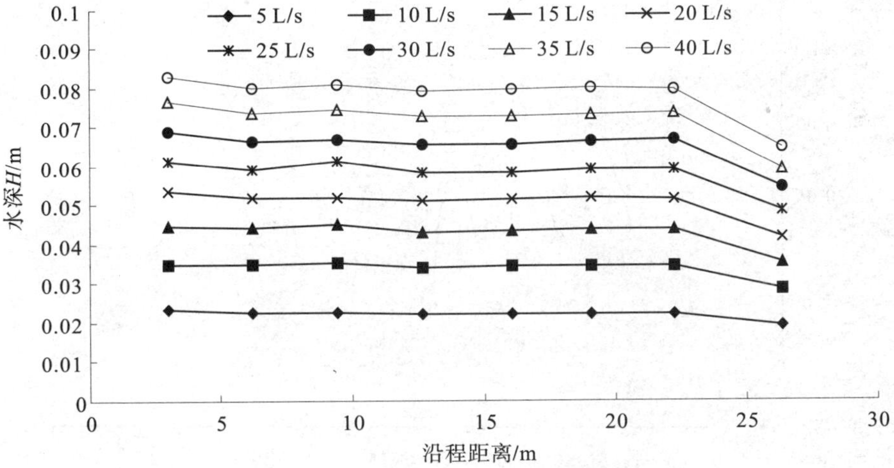

图 2-3-13　比降为 3‰时的恒定流水面线

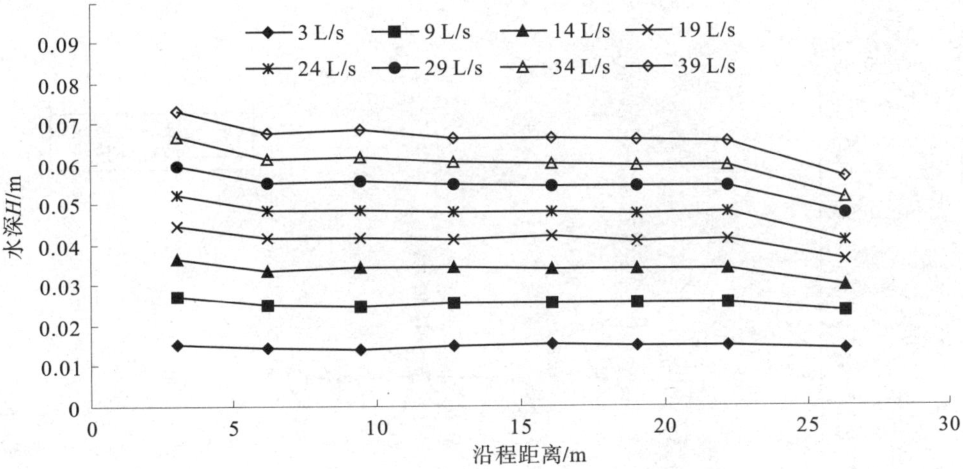

图 2-3-14　比降为 5‰时的恒定流水面线

图 2-3-15 和图 2-3-16 统计了 $T=20$ s、Q 为 15～40 L/s 时比降为 3‰、5‰的底坡的非恒定流沿程波形分布，图 2-3-17 和和图 2-3-18 分别是其最大和最小水深的连线和恒定流最大、最小流量的水面线的对比。水槽的 4～7＃水尺之间，在恒定流时能形成均匀流，而在非恒定流状态下，4～7＃水尺之间最大及最小水深相差很小。

因而，在非恒定流状态下，4～7＃水尺形成了一种特殊的、相对稳定的非恒定流，这种状态下的非恒定流只受非恒定性影响，当周期 $T\to\infty$大时，非恒定性消失，则流动变为均匀流状态。从前文研究对象的分析可知，4～7＃水尺之间可作为本书非恒定流的实验段。

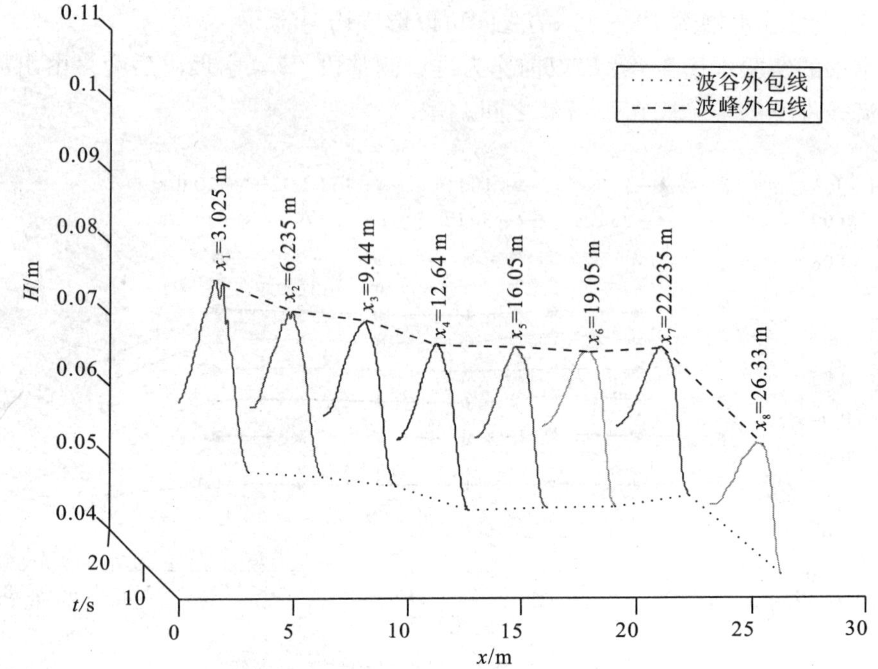

图 2-3-15 比降为 3‰时非恒定流波的沿程分布（T=20 s，Q 为 15～40 L/s）

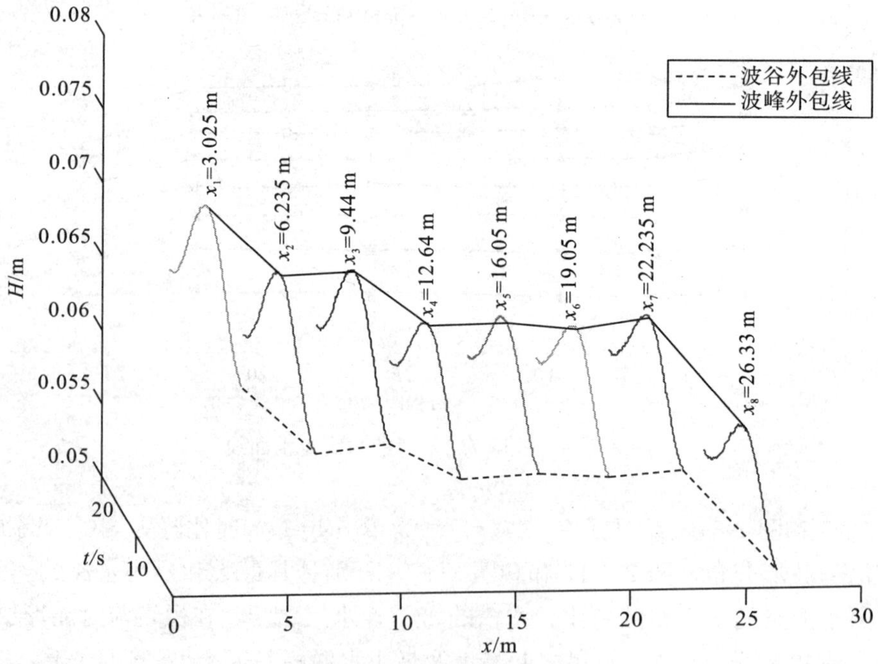

图 2-3-16 比降为 5‰时非恒定流水深的沿程分布（T=20 s，Q 为 15～40 L/s）

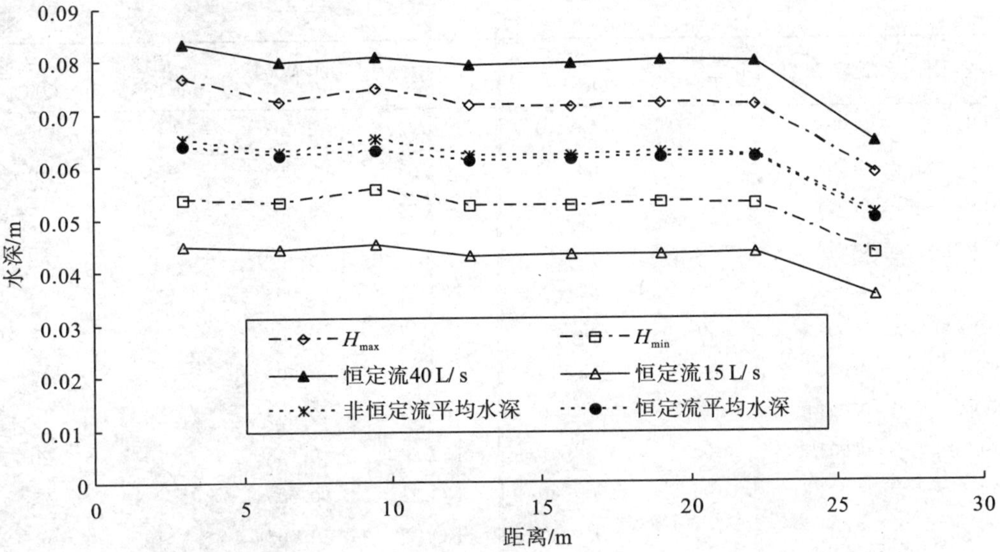

图 2-3-17　比降为 3‰时非恒定流水深外包线沿程分布（$T=20$ s，$Q=1$ L/s）

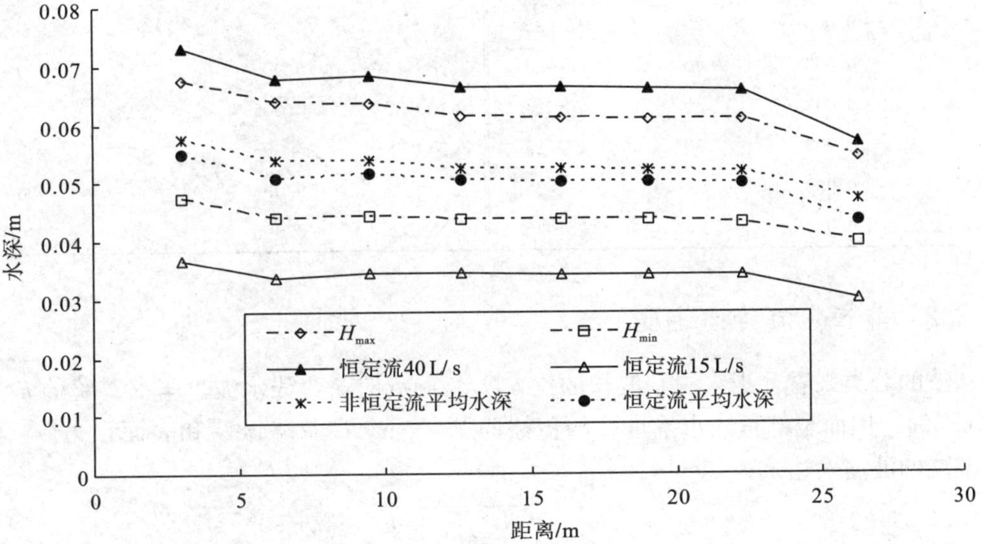

图 2-3-18　比降为 5‰时非恒定流外包线沿程分布（$T=20$ s，Q 为(15～40 L/s)

4. 水流条件

本书在水流比降为 3‰、5‰和流量变幅为 5～40 L/s 之间的情况下，根据不同的流量、比降和周期组合，在 28 m 水槽内共进行了 40 组次的非恒定流实验，以研究明渠非恒定流的传播特性。给定流量过程均为正弦函数分布，各组次的实验条件分别见表 2-3-1。

表 2-3-1　28 m 大水槽非恒定流实验水力参数表

编号	比降 J	周期 T/s	流量 Q/(L/s)	编号	比降 J	周期 T/s	流量 Q/(L/s)
NO. 1	0.003	10	5～40	NO. 21	0.003	200	15～25

续表

编号	比降 J	周期 T/s	流量 Q/(L/s)	编号	比降 J	周期 T/s	流量 Q/(L/s)
NO. 2	0.003	10	15～40	NO. 22	0.003	20	5～30
NO. 3	0.003	10	30～40	NO. 23	0.003	20	10～30
NO. 4	0.003	20	5～40	NO. 24	0.003	20	15～30
NO. 5	0.003	20	15～40	NO. 25	0.003	20	20～30
NO. 6	0.003	20	30～40	NO. 26	0.003	20	25～30
NO. 7	0.003	50	5～40	NO. 27	0.003	20	5～20
NO. 8	0.003	50	15～40	NO. 28	0.003	20	10～25
NO. 9	0.003	50	30～40	NO. 29	0.003	20	15～30
NO. 10	0.003	100	5～40	NO. 30	0.003	20	20～35
NO. 11	0.003	100	15～40	NO. 31	0.003	20	25～40
NO. 12	0.003	100	30～40	NO. 32	0.005	10	5～40
NO. 13	0.003	5	15～25	NO. 33	0.005	10	20～40
NO. 14	0.003	10	15～25	NO. 34	0.005	10	30～40
NO. 15	0.003	20	15～25	NO. 35	0.005	30	5～40
NO. 16	0.003	40	15～25	NO. 36	0.005	30	20～40
NO. 17	0.003	50	15～25	NO. 37	0.005	30	30～40
NO. 18	0.003	80	15～25	NO. 38	0.005	50	5～40
NO. 19	0.003	100	15～25	NO. 39	0.005	50	20～40
NO. 20	0.003	150	15～25	NO. 40	0.005	50	30～40

2.3.2.2 非恒定流传播速度

从波的分类来看，当水深和波长的比 $h/L \leqslant 0.05$ 时，为浅水波。本书实验的 h/L 最大为 0.004，因而全部是浅水推进波的传播问题。Airy 在忽略振荡和表面张力以后提出的微幅波的波速表达式为

$$c = \sqrt{\frac{gL}{2\pi}\tanh\frac{2\pi h}{L}} \tag{2-3-7}$$

因为 h/L 很小，所以上式可以简化为

$$c = \sqrt{gh} \tag{2-3-8}$$

式中，c 为微波波速；L 为波长；h 为微波水深，如图 2-3-19 中所示的 $H_{\min}$。

采用 4＃和 7＃两把水尺之间的距离除以各自波峰到达的时间差来计算非恒定流的传播速度：

$$C_0 = \frac{\mathrm{d}x}{\mathrm{d}t} = \frac{x_{7\#} - x_{4\#}}{t_{\mathrm{peak}(7\#)} - t_{\mathrm{peak}(4\#)}} \tag{2-3-9}$$

表 2-3-2 统计了实测波速的实验结果。分别代入 $H_{\min}$、$H_{\max}$ 利用式(2-3-8)计算波速，将其与实测结果在图 2-3-21 中进行对比发现，式(2-3-8)计算的结果与实测结果差别较大，普遍偏小，说明之间还相差了某一特征流速。

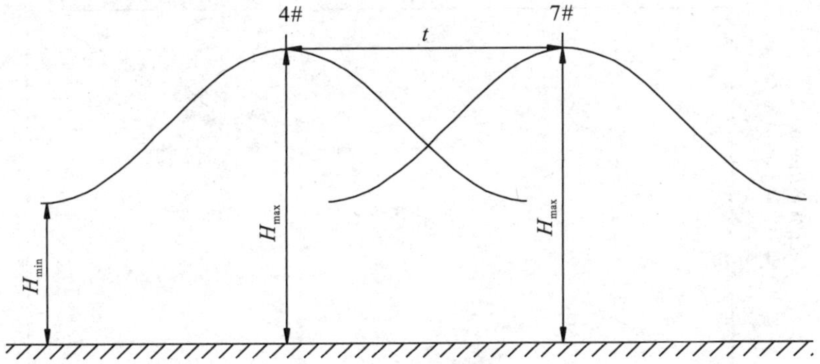

图 2-3-19　非恒定流传播速度计算参数定义

本书中的非恒定流传播不仅是微波传播，而且是整个水体向前运动，因而传播速度不能单独用微波速度来表示，需要另外加上一个水流运动速度，表示如下：

$$C_0 = \sqrt{gh_0} + U_0 \tag{2-3-10}$$

式中，h_0 为某一特征水深；U_0 为表征水流运动的特征速度，可以采用 $U_0 = \frac{Q}{BH}$ 进行计算；Q 为某一特征流量，H 为 Q 对应的水深。分别代入 H_{min}、H_{max} 和 Q_{min}、Q_{max}，通过式(2-3-10)式对 40 组次的实测实验数据进行分析，结果也统计于图 2-3-20。从对比结果来看，h_0 和 U_0 都与非恒定流传播时的最大流量对应的水深和流速更为接近：

$$C_0 = \sqrt{gH_{max}} + \frac{Q_{max}}{BH_{max}} \tag{2-3-11}$$

式中，Q_{max} 为非恒定流过程的流量峰值；H_{max} 为最大水深，B 为水槽宽度。

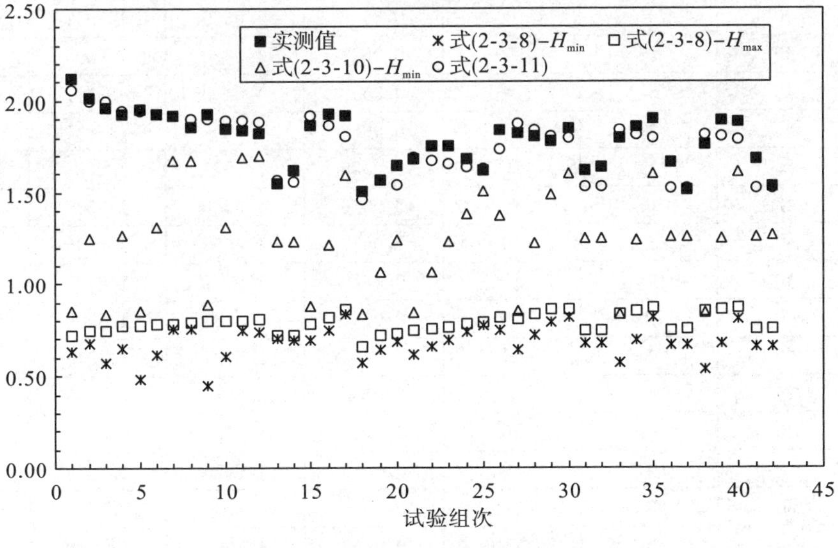

图 2-3-20　非恒定流传播速度的计算分析

图 2-3-21 统计对比了实测的波速与利用式(2-3-11)计算的波速，计算值与实测值二者符合程度较高，一般偏差在 ±5% 以内，只有极个别点最大偏差在 10% 左右，说明式(2-3-11)适合于本书的非恒定流传播速度的计算(表 2-3-2)。

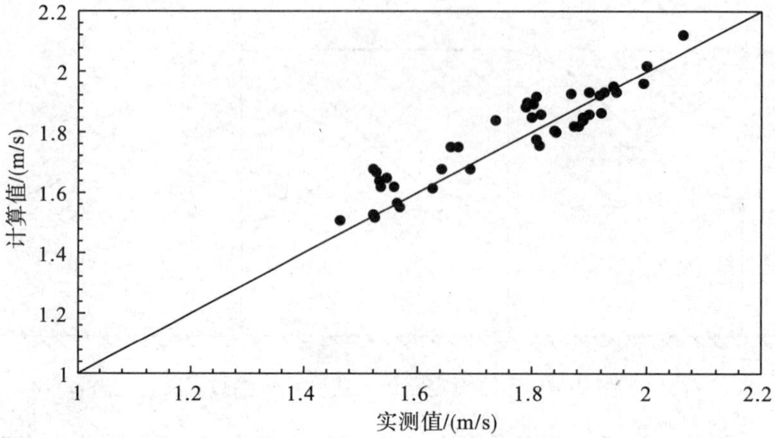

图 2-3-21 非恒定流传播速度实测值与计算值的相关性分析

表 2-3-2 非恒定流波速实验结果统计表

比降/‰	Q_{max}/(L/s)	Q_{min}/(L/s)	T/s	H_{max}/m	$C_{0实测}$/m/s	$C_{0计算}$/m/s	误差/%
5	40	5	10	0.0533	2.1200	2.0635	−2.67
	40	15	10	0.0570	2.0200	2.0005	−0.96
	40	5	20	0.0574	1.9600	1.9939	1.73
	40	15	20	0.0608	1.9300	1.9472	0.89
	40	5	50	0.0612	1.9500	1.9412	−0.45
	40	15	50	0.0625	1.9320	1.9251	−0.36
	40	30	10	0.0631	1.9200	1.9184	−0.09
	40	30	20	0.0647	1.8600	1.8999	2.15
	40	5	100	0.0648	1.9300	1.8992	−1.60
	40	15	100	0.0657	1.8500	1.8893	2.12
	40	30	50	0.0658	1.8400	1.8882	2.62
	40	30	100	0.0666	1.8200	1.8804	3.32
3	25	15	5	0.0526	1.5534	1.5672	0.89
	25	15	10	0.0536	1.6200	1.5581	−3.82
	40	5	10	0.0630	1.8650	1.9198	2.94
	40	15	10	0.0679	1.9277	1.8682	−3.09
	40	30	10	0.0752	1.9150	1.8083	−5.57
	20	5	20	0.0445	1.5094	1.4635	−3.04
	25	10	20	0.0530	1.5670	1.5635	−0.23
	25	15	20	0.0551	1.6495	1.5448	−6.34
	30	5	20	0.0565	1.6770	1.6925	0.93
	30	10	20	0.0586	1.7500	1.6718	−4.47
	30	15	20	0.0603	1.7500	1.6576	−5.28
	30	20	20	0.0623	1.6800	1.6416	−2.28
	30	25	20	0.0645	1.6170	1.6254	0.52
	35	20	20	0.0678	1.8391	1.7368	−5.56

续表

比降/‰	Q_{max}/(L/s)	Q_{min}/(L/s)	T/s	H_{max}/m	$C_{0实测}$/m/s	$C_{0计算}$/m/s	误差/%
3	40	5	20	0.0673	1.8182	1.8737	3.05
	40	15	20	0.0712	1.8060	1.8389	1.82
	40	25	20	0.0753	1.7778	1.8080	1.70
	40	30	20	0.0766	1.8500	1.7987	−2.77
	25	15	40	0.0567	1.6200	1.5330	−5.37
	25	15	50	0.0569	1.6370	1.5313	−6.46
	40	5	50	0.0709	1.8000	1.8410	2.28
	40	15	50	0.0742	1.8605	1.8154	−2.42
	40	30	50	0.0775	1.9000	1.7932	−5.62
	25	15	80	0.0578	1.6670	1.5253	−8.50
	25	15	100	0.0579	1.5180	1.5245	0.43
	40	5	100	0.0745	1.7582	1.8136	3.15
	40	15	100	0.0761	1.8950	1.8020	−4.91
	40	30	100	0.0781	1.8850	1.7896	−5.06
	25	15	150	0.0582	1.6770	1.5221	−9.24
	25	15	200	0.0585	1.5280	1.5206	−0.48

2.3.2.3　周期对波峰、波谷水深的影响

非恒定流传播过程中，水深变化过程可以从式(2-3-12)得出，即

$$H(x)=H_0(x)+\frac{1}{2}H_b(x)\sin\left(\frac{t}{T}2\pi-\frac{\pi}{2}\right) \tag{2-3-12}$$

式中，$H_0(x)$为水深基值；$H_b(x)$为非恒定流水深的变幅。可见，要确定非恒定流的水深波形的变化过程，必须要确定 $H_0(x)$和 $H_b(x)$。对于正弦形式的非恒定流来说，有

$$H_0=\frac{1}{2}(H_{max}+H_{min})$$

$$H_b=(H_{max}-H_{min})$$

对于最大流量为 Q_{max}、最小流量为 Q_{min}和周期为 T 的非恒定流，定义如下参数：H_{max}表示非恒定流波峰的水深；H_{min}表示非恒定流波谷的水深；$H_{Q_{max}}$表示 Q_{max}的均匀流水深；$H_{Q_{min}}$表示 Q_{min}的均匀流水深；$\overline{H}$ 表示$\frac{1}{2}(Q_{min}+Q_{max})$时的均匀流水深，均采用实验时测量值。

不难知道，确定非恒定流的水深变化过程，最终为确定波峰及波谷的水深，即非恒定流的水深外包线。由于实验段内 4～7＃水尺实测的波峰及波谷水深相差不大，无法反映沿程的波幅变化情况，因而只能以某一具体位置的实测值分析其随周期的变化规律。

书中以 5＃水尺对应的水深最大、最小值作为 H_{max}、H_{min}进行分析。实验表明，非恒定流在传播过程中，其最大水深(波峰)H_{max}和最小水深(波谷)H_{min}与非恒定流本身的参数有关，即和非恒定流的流量最大值、最小值以及非恒定流的周期有关。

表 2-3-3 和图 2-3-10～图 2-3-20 分别统计了实测的比降为 3‰、5‰时不同组次非恒定

流在实验段内波峰、波谷的水深变化情况。实验结果表明，在确定了非恒定流的最大 Q_{max} 和最小流量 Q_{min} 以后，非恒定流波峰、波谷的水深随周期 T 的变化呈如下特点：

(1)非恒定流下的波峰水深不会大于均匀流状态下最大流量对应的水深，而是随周期在 $H_{Q_{max}}\sim\overline{H}$ 之间变化；波谷水深不会小于均匀流状态下最小流量对应的水深，而是随周期在 $H_{Q_{min}}\sim\overline{H}$ 之间变化。

(2)当周期减小时，非恒定流波峰水深 H_{max} 和波谷水深 H_{min} 逐渐靠近平均流量 $\frac{1}{2}(Q_{min}+Q_{max})$ 的均匀流水深 $\overline{H}$。

(3)当周期变大时，波峰水深 H_{max} 和波谷水深 H_{min} 逐渐分散，波峰更高，靠近 Q_{max} 的均匀流水深 $H_{Q_{max}}$，波谷则更低，靠近 Q_{min} 的均匀流水深 $H_{Q_{min}}$。

实测数据显示非恒定流传播时水深外包线的规律性较强，可以构造关于(T，Q_{max}，Q_{min})的函数，确定非恒定流的波峰、波谷水深。

根据对多组实验结果的分析，可以构造如下形式的函数来分别描述波峰和波谷的水深：

$$\text{波峰}\quad H_{max}=\overline{H}+(H_{Q\max}-\overline{H})\frac{2}{\pi}\mathrm{arctg}\left(\frac{T\pi}{T_0}\right) \tag{2-3-13}$$

$$\text{波谷}\quad H_{min}=\overline{H}-(\overline{H}-H_{Q_{min}})\frac{2}{\pi}\mathrm{arctg}\left(\frac{T\pi}{T_0}\right) \tag{2-3-14}$$

其中，$T_0=90$ s，为某一基准周期。

从图 2-3-22～图 2-3-28 中可以看出，用式(2-3-13)和式(2-3-14)描述的波峰、波谷趋势线能很好地反映非恒定流传播过程中波峰、波谷的水深随周期的变化规律。从图 2-3-29 和图 2-3-30 以看出，二者符合程度较高。

虽然水槽控制精度较高，但因长度有限，实验段沿程水尺间实测的波峰或者波谷水深相差均不大，不足以反映沿程水深的波幅变化规律，书中所获得的水深外包线计算公式及规律仅能代表 5＃当地的变化，用于其他各处时需代入当地的波幅参数。

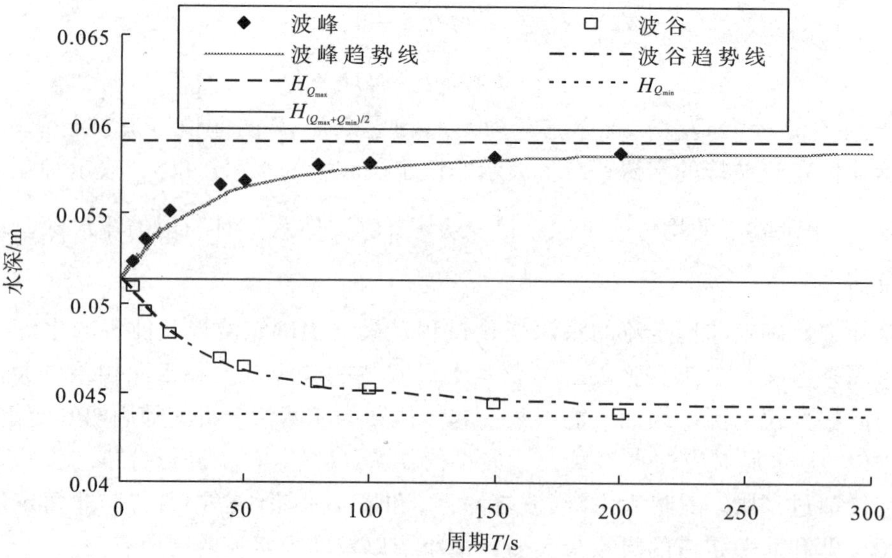

图 2-3-22　非恒定流波峰、波谷变化规律统计($J=0.003$，$Q=15\sim25$ L/s)

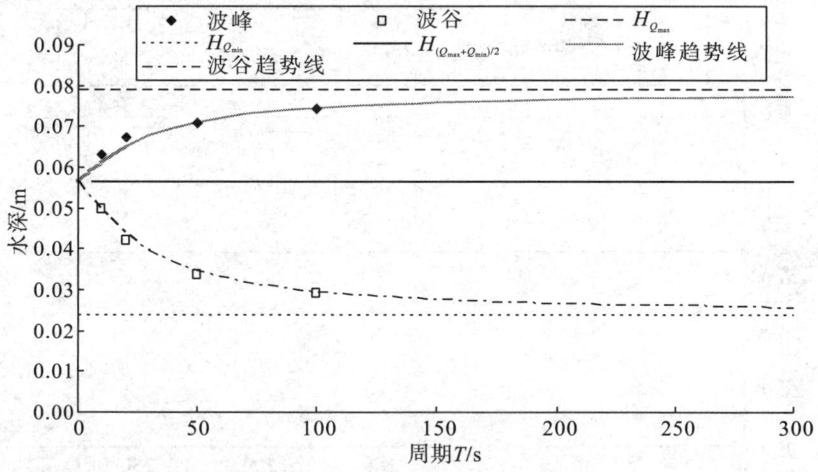

图 2-3-23　非恒定流波峰、波谷变化规律统计(J=0.003，Q 为 5～40 L/s)

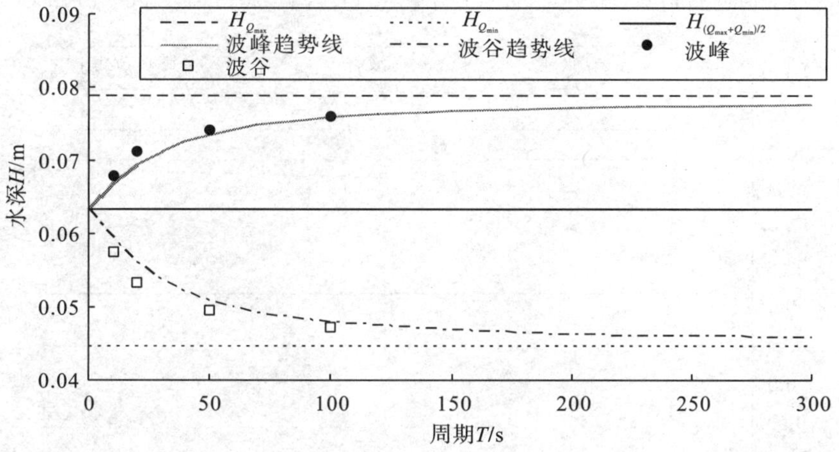

图 2-3-24　非恒定流波峰、波谷变化规律统计(J=0.003，Q 为 15～40 L/s)

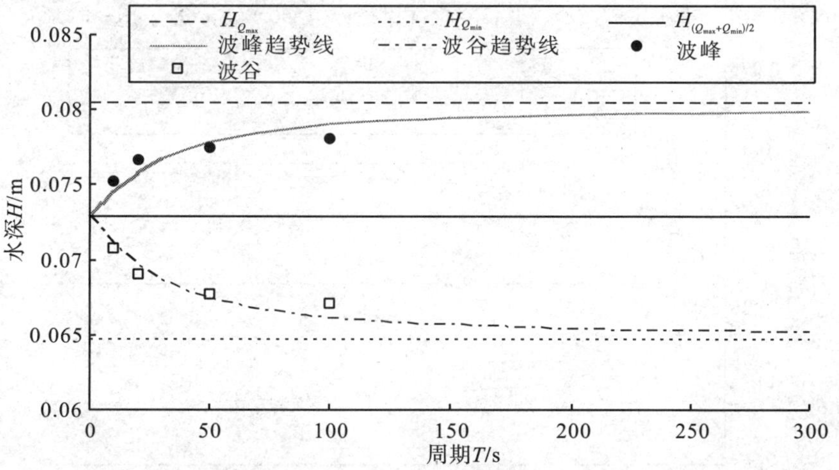

图 2-3-25　非恒定流波峰、波谷变化规律统计(J=0.003，Q 为 30～40 L/s)

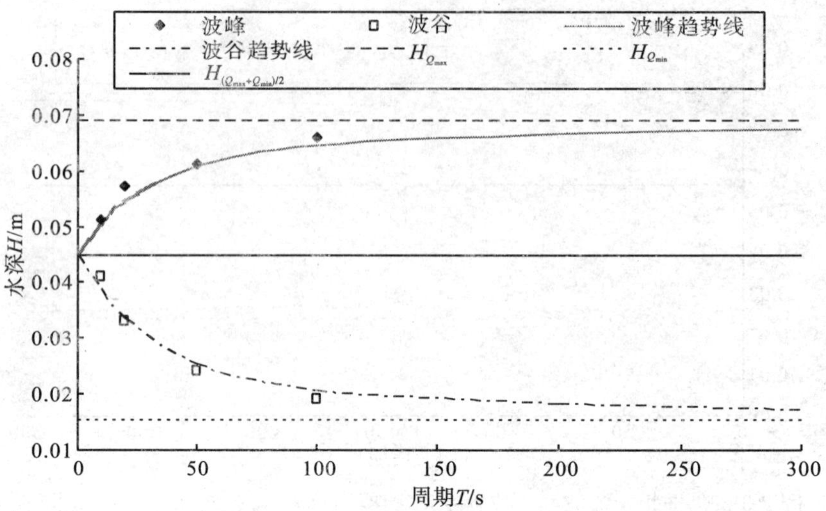

图 2-3-26 非恒定流波峰、波谷变化规律统计(J=0.005，Q 为 5～40 L/s)

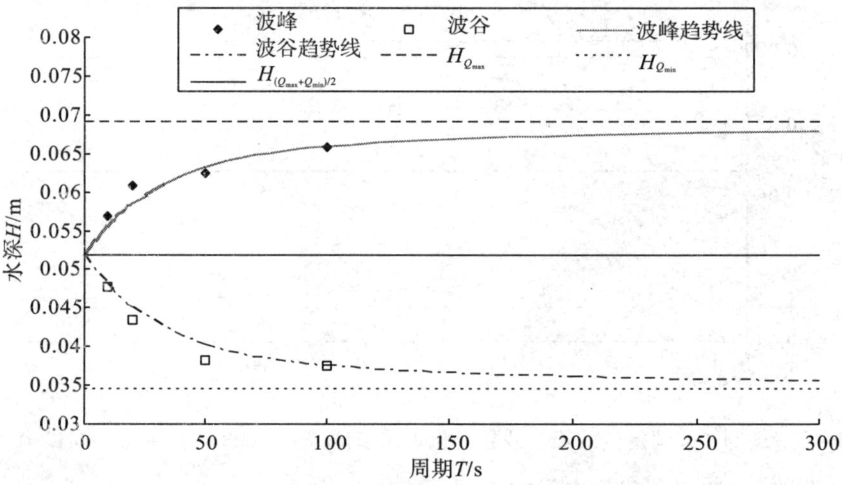

图 2-3-27 非恒定流波峰、波谷变化规律统计(J=0.005，Q 为 15～40 L/s)

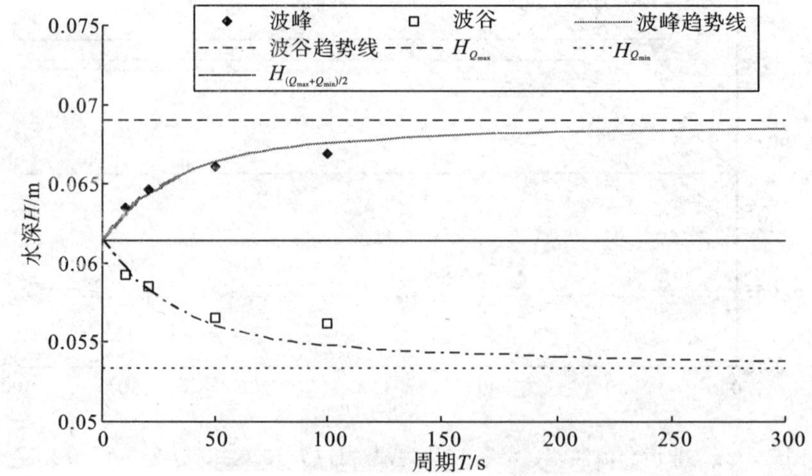

图 2-3-28 非恒定流波峰、波谷变化规律统计(J=0.005，Q 为 30～40 L/s)

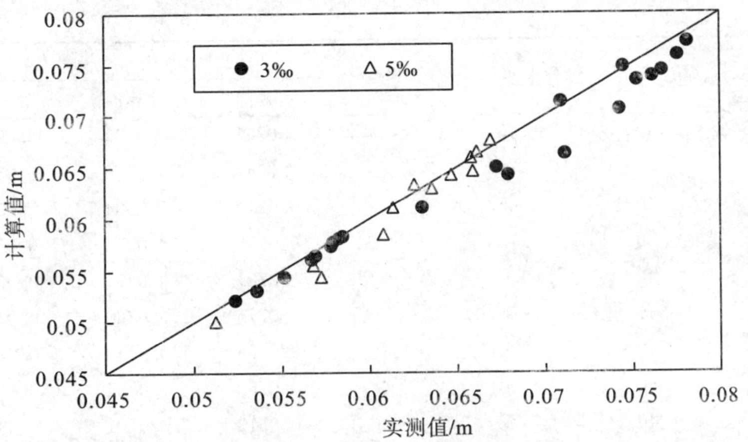

图 2-3-29　波峰实测值与式(2-3-16)计算值的比较

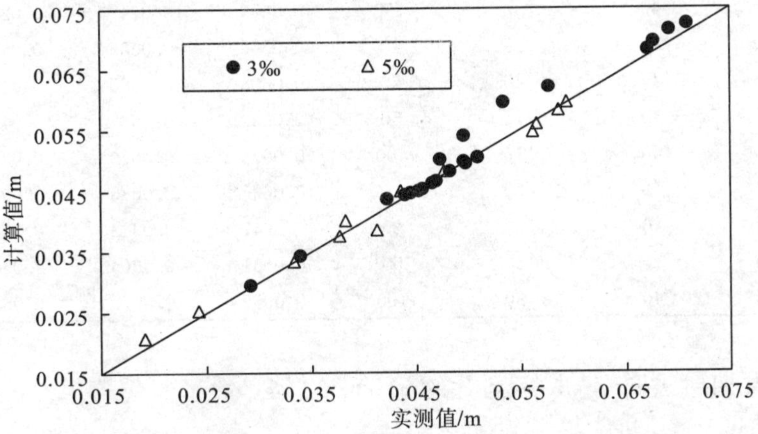

图 2-3-30　波谷实测值与式(2-3-17)计算值的比较

表 2-3-3　波峰、波谷水深统计结果

编号	比降	Q_{max}/(L/s)	Q_{min}/(L/s)	T/s	波峰/m		波谷/m	
					实测值	计算值	实测值	计算值
1	0.003	25	15	5	0.0524	0.0522	0.0505	0.0508
2	0.003	25	15	10	0.0536	0.0530	0.0497	0.0495
3	0.003	25	15	20	0.0551	0.0543	0.0484	0.0482
4	0.003	25	15	40	0.0567	0.0560	0.0467	0.0469
5	0.003	25	15	50	0.0569	0.0565	0.0462	0.0465
6	0.003	25	15	80	0.0578	0.0573	0.0454	0.0456
7	0.003	25	15	100	0.0579	0.0576	0.0451	0.0452
8	0.003	25	15	150	0.0582	0.0581	0.0446	0.0444
9	0.003	25	15	200	0.0585	0.0583	0.0444	0.0438
10	0.003	40	5	100	0.0745	0.0748	0.0294	0.0292
11	0.003	40	5	50	0.0709	0.0713	0.0345	0.0338
12	0.003	40	5	20	0.0673	0.0651	0.0437	0.0422
13	0.003	40	5	10	0.0630	0.0612	0.0494	0.0498

续表

编号	比降	Q_{max}/(L/s)	Q_{min}/(L/s)	T/s	波峰/m		波谷/m	
					实测值	计算值	实测值	计算值
14	0.003	40	15	100	0.0761	0.0739	0.0502	0.0474
15	0.003	40	15	50	0.0742	0.0706	0.0542	0.0496
16	0.003	40	15	20	0.0712	0.0664	0.0595	0.0534
17	0.003	40	15	10	0.0679	0.0643	0.0621	0.0576
18	0.003	40	30	100	0.0781	0.0771	0.0681	0.0671
19	0.003	40	30	50	0.0775	0.0760	0.0694	0.0677
20	0.003	40	30	20	0.0766	0.0743	0.0714	0.0691
21	0.003	40	30	10	0.0752	0.0734	0.0724	0.0708
22	0.005	40	5	10	0.0512	0.0501	0.0387	0.0413
23	0.005	40	5	20	0.0572	0.0543	0.0335	0.0333
24	0.005	40	5	50	0.0613	0.0611	0.0252	0.0242
25	0.005	40	5	100	0.0659	0.0647	0.0206	0.0192
26	0.005	40	15	10	0.0568	0.0555	0.0481	0.0477
27	0.005	40	15	20	0.0608	0.0585	0.0451	0.0435
28	0.005	40	15	50	0.0625	0.0633	0.0402	0.0383
29	0.005	40	15	100	0.0658	0.0660	0.0376	0.0376
30	0.005	40	30	10	0.0635	0.0630	0.0597	0.0593
31	0.005	40	30	20	0.0647	0.0643	0.0583	0.0585
32	0.005	40	30	50	0.0661	0.0665	0.0560	0.0566
33	0.005	40	30	100	0.0669	0.0677	0.0547	0.0562

2.3.2.4 周期对波峰、波谷流量的影响

1. 流量的外包线

非恒定流在传播过程中，随着传播距离的增加，能量沿程衰减，流量的波幅也逐渐衰减，波峰流量越来越小，而波谷流量则越来越大。要知道上游发生的非恒定流传播一定距离以后的情形，必须要知道基流 Q_0 和波幅 Q_b 如何变化。本书在 28 m 水槽内进行的实验研究无法测得水槽中部的流量过程，因而主要针对出口流量的变化过程进行研究。

在水槽进口处，非恒定流的流量过程同压力管道保持一致，因而可以采用流量计监测流量过程。

出口处，非恒定流实验时水槽尾部采用自由出流，其水位、流量之间具有单值关系，故尾部的流量可以通过水位-流量关系计算。

研究人员统计了典型组次水槽进出口流量的变化对比情况，从 40 组实验结果比较来看，非恒定流传播过程中出口流量的变化有如下特点：

(1)非恒定流传播时流量的外包线变化与水深外包线变化规律基本相似，波峰流量、波谷流量在进口的波峰、波谷流量之间变化。

(2)波峰流量随周期增加而增大并逐步靠近进口的波峰流量 Q_{max}，随周期减小而减小，并向平均流量靠近。

(3)波谷流量随周期增加而减小并逐步靠近进口的波谷流量 Q_{min}，随周期减小而增大，并向平均流量靠近。

(4)进出口最大、最小流量的平均值不变，即非恒定流传播中，基流沿程不变，存在这样的关系式：$\frac{1}{2}(Q_{max}+Q_{min})_{进口}=\frac{1}{2}(Q_{max}+Q_{min})_{(出口)}$。从图 2-3-31 和图 2-3-32 统计的进出口平均流量对比可知，出口实测的平均流量与进口平均流量几乎完全一致。

对多组实验结果分析，可以构造类似于水深的函数来分别描述出口的波峰流量和波谷流量：

$$波峰\quad Q_{max(出口)}=\overline{Q}+(Q_{max}-\overline{Q})\frac{2}{\pi}\mathrm{arctg}\left(\frac{T\pi}{90}\right)\tag{2-3-15}$$

$$波谷\quad Q_{min(出口)}=\overline{Q}-(\overline{Q}-Q_{min})\frac{2}{\pi}\mathrm{arctg}\left(\frac{T\pi}{90}\right)\tag{2-3-16}$$

出口波峰、波谷的流量计算值与实测值分别统计于图 2-3-33 中，从图示对比的结果可以看出式(2-3-15)和式(2-3-16)的计算结果和实测值的符合较好。

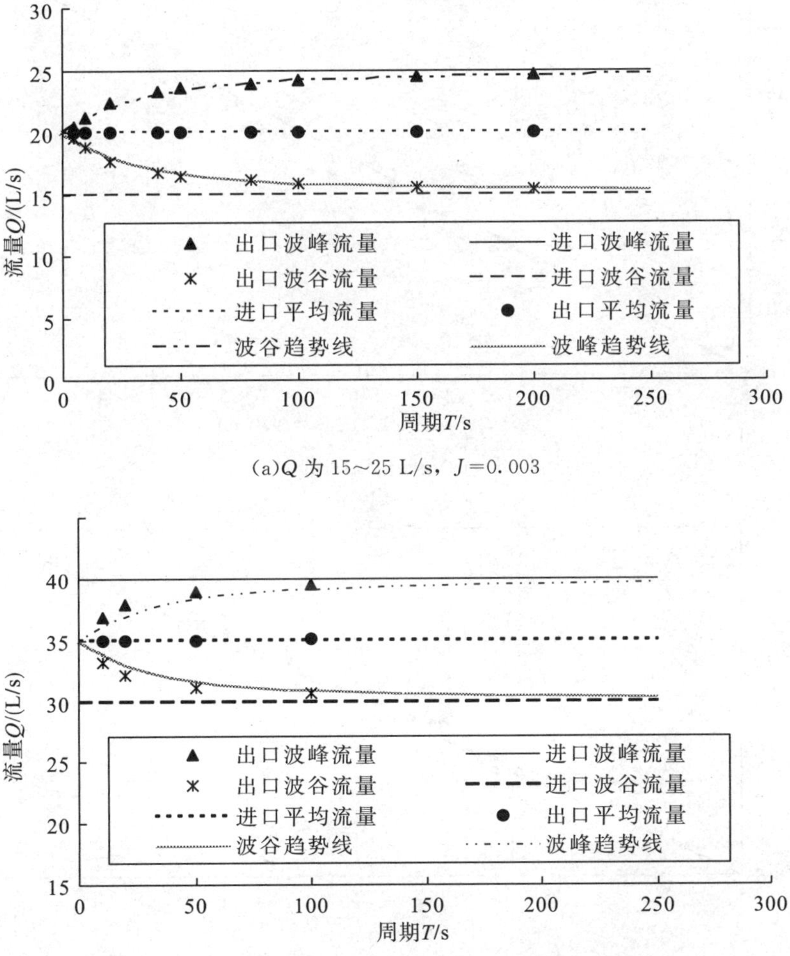

(a)Q 为 15～25 L/s，$J=0.003$

(b)Q 为 30～40 L/s，$J=0.005$

图 2-3-31　进出口波峰波谷流量变化对比图

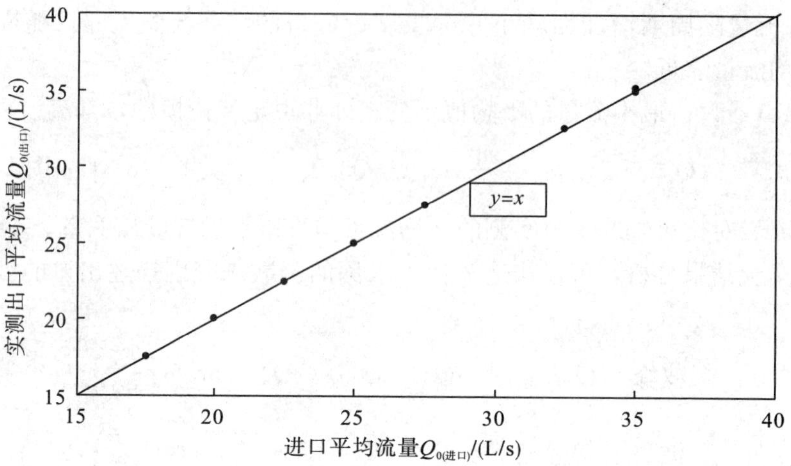

图 2-3-32　水槽进出口的平均流量对比

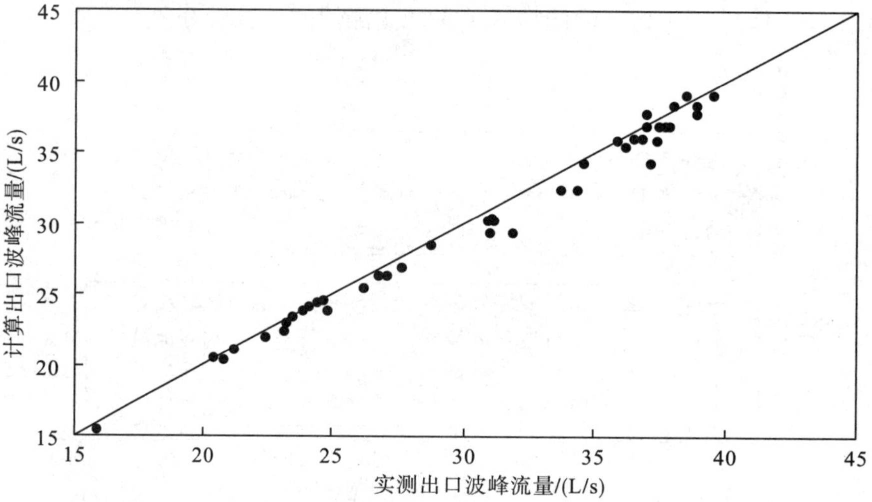

(a)波峰流量对比

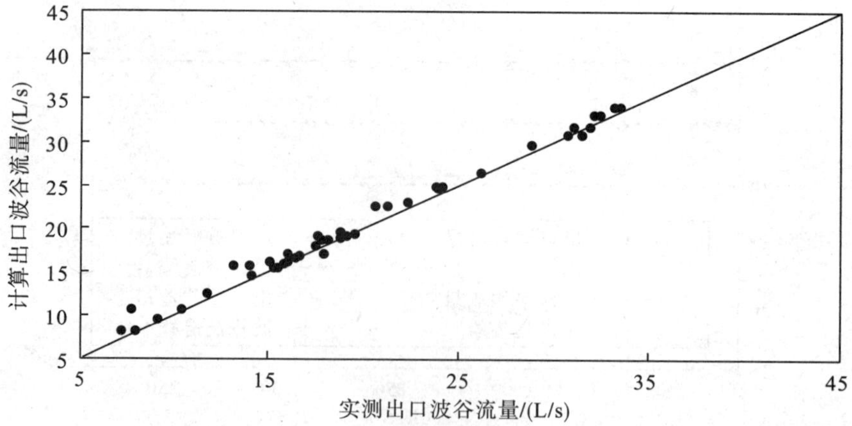

(b)波谷流量对比

图 2-3-33　非恒定流出口波峰和波谷的流量计算值与实测值的对比

2. 流量波幅的变化

由式(2-3-15)和式(2-3-16)可以得出波幅的表达式，用无量纲数表示：

$$\frac{Q_{\mathrm{b(出口)}}}{Q_{\mathrm{b}}}=\frac{2}{\pi}\mathrm{arctg}\left(\frac{T\pi}{90}\right) \tag{2-3-17}$$

上式表明，非恒定流在传播过程中，出口流量变幅即波幅的大小仅与进口流量的变幅以及非恒定流的周期有关，而与初始最大、最小流量的绝对值关系不大。

利用式(2-3-17)计算出口流量的波幅及相对变幅，并与实测值进行比较，结果如图 2-3-34 所示。图示结果表明，利用式(2-3-17)可以较好地表达出口流量的波幅的变化情况。

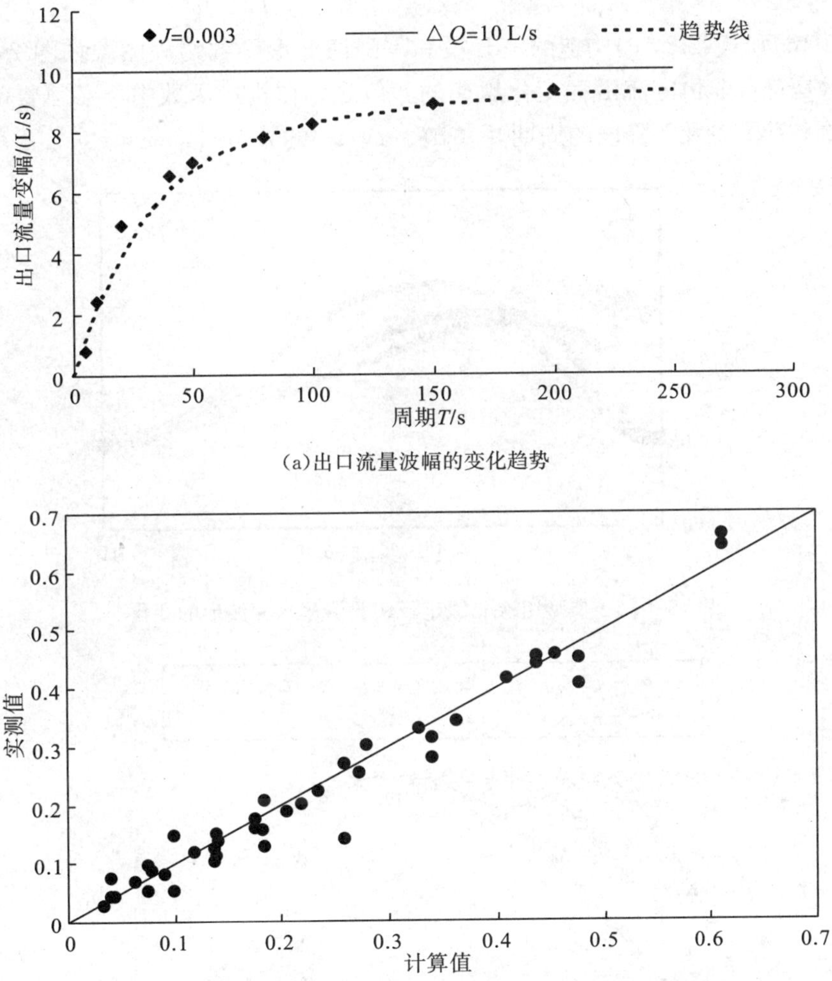

(a)出口流量波幅的变化趋势

(b)出口流量波幅的相对变幅

图 2-3-34　计算的出口波幅计算值与实测值的对比

2.3.2.5　非恒定流波的变形特征

周期为 T 的非恒定流在传播过程中，随着沿程距离的增加，波形在时间方向上会发生变形，一般波的上涨段变短、变陡，而下降段变长、变缓。图 2-3-35 是周期为 10 s 的一组非恒定流在传播过程中沿程不同位置水尺的实测水深波形。可知，传播距离越远，则非恒定流的上涨段所花的时间越短，但是每一个波形的总时间仍然不变，维持在一个周期。

分析各水尺的波形，不论是上涨段还是下降段，仍然可以用正弦函数来表示，只不过各自采用的周期不同，其中上涨段：$T_u(x)=2t_u(x)$；下降段：$T_d(x)=2t_d(x)$。因而，如果知道了沿程的 $T_u(x)$、$T_d(x)$分布，则可以构造函数表达沿程的波形：

$$\text{上涨段}\quad H_u(x,t)=H_0+\frac{1}{2}H_b\sin\left(\frac{t}{T_u(x)}2\pi-\frac{\pi}{2}\right) \tag{2-3-18}$$

$$\text{下降段}\quad H_d(x,t)=H_0+\frac{1}{2}H_b\sin\left(\frac{T-2T_u(x)+t}{T_d(x)}2\pi-\frac{\pi}{2}\right) \tag{2-3-19}$$

式(2-3-18)和式(2-3-19)构造的上升段和下降段波形函数物理图象如图 2-3-36 所示，这样的图示是符合非恒定流沿程变化规律的。但是，在构造函数中，必须要确定非恒定流变形后的上升段以及下降段的周期 $T_u(x)$、$T_d(x)$的分布。

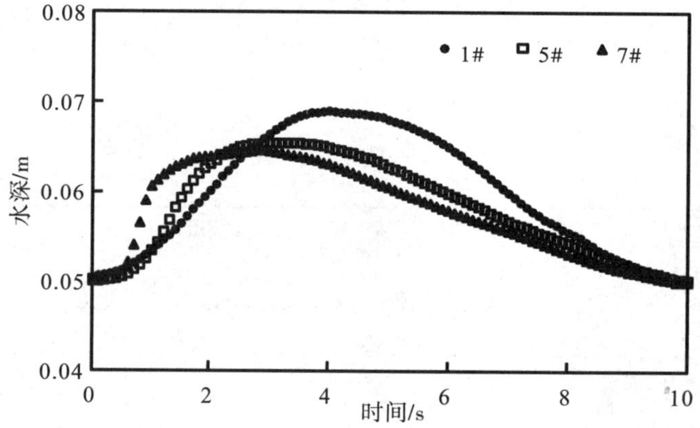

图 2-3-35　典型组次非恒定流实验沿程水深波形的变化

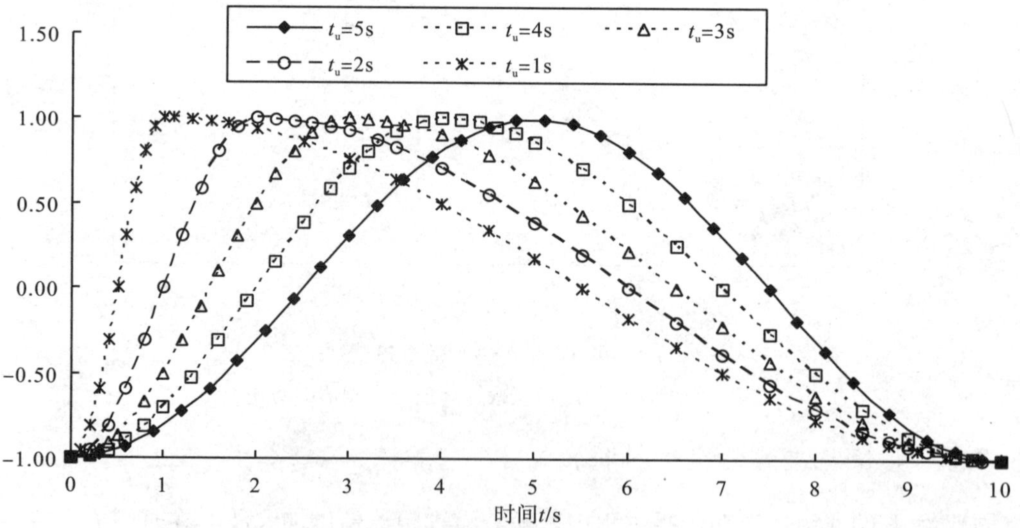

图 2-3-36　正弦非恒定流不同变形率的波形构造函数图示(T=10 s)

从上面的分析可知，非恒定流在传播过程中沿时间轴方向的变形率是传播距离 x 的线性函数。对本书在 28 m 水槽内的 40 组非恒定流实验结果进行分别统计，依次作出每组实验 8 个水尺所测非恒定流波形上涨段所花时间 t_u，并将其与沿程距离 x 进行相关分析，可得到 40 个类似的关系，图 2-3-37 是其中典型的几组实验的相关分析图示。

由 40 组实验数据的相关分析可知，非恒定流的变形率与传播距离之间存在如下的关系：

$$t_u(x)/T = B - k_0 x/L \tag{2-3-20}$$

其中，$L = C_0 T$，为非恒定流波长。

在非恒定流传播过程中，$t_u(x)$会随沿程距离增加而越来越小，但在初始位置，即非恒定流开始的地方，$t_u(x=0)=t_d(x=0)$，$B=0.5$。从 40 组实验结果看，当不考虑测量误差时，该数字也基本在 0.5 附近。所以，式(2-3-21)式即为

$$t_u(x)/T = 0.5 - k_0 x/L \tag{2-3-21}$$

式中，斜率 k_0 待定，其值与非恒定流参数有关。

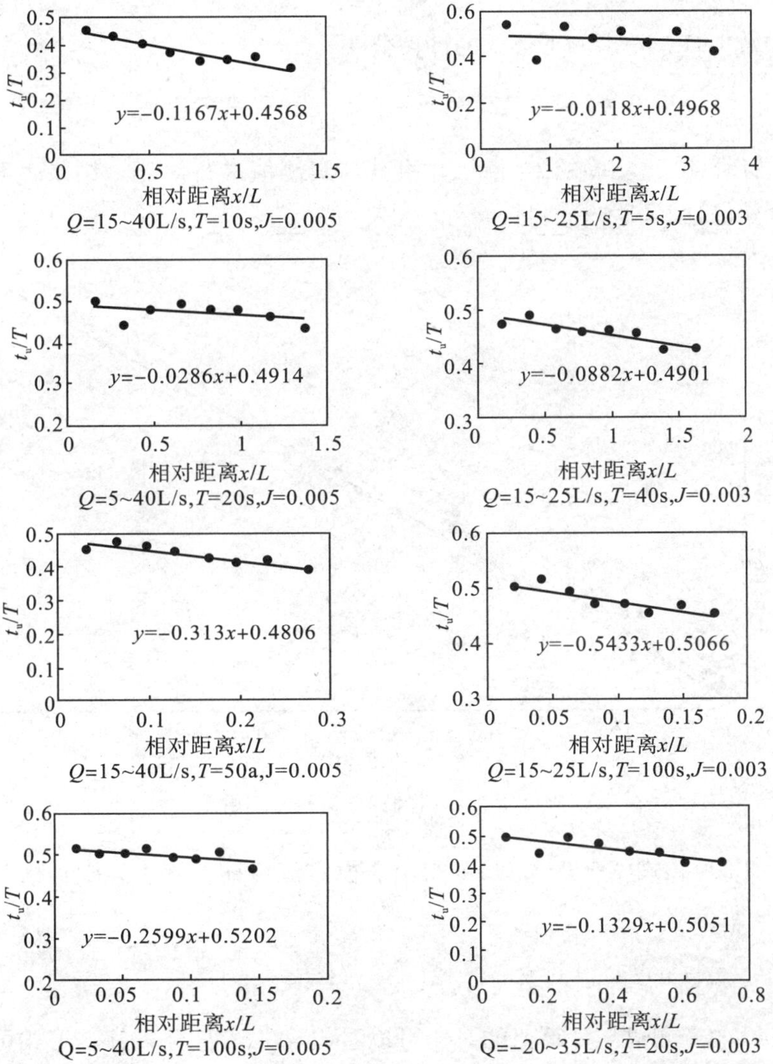

图 2-3-37　非恒定流周期变形与相对传播距离 x/L 的简单相关

从 40 组次的实验数据分析，k_0 值是表征非恒定流参数的 Q_{max}、Q_{min} 和周期 T 的函数关系式。图 2-3-38 分别是典型实验组次的 k_0 值与 $(Q_{max}-Q_{min})/Q_{max}$ 和 T 的相关性分析，k_0 值与这二者的成很好的函数关系，因而可以利用这两个参数构造 k_0 的表达式。

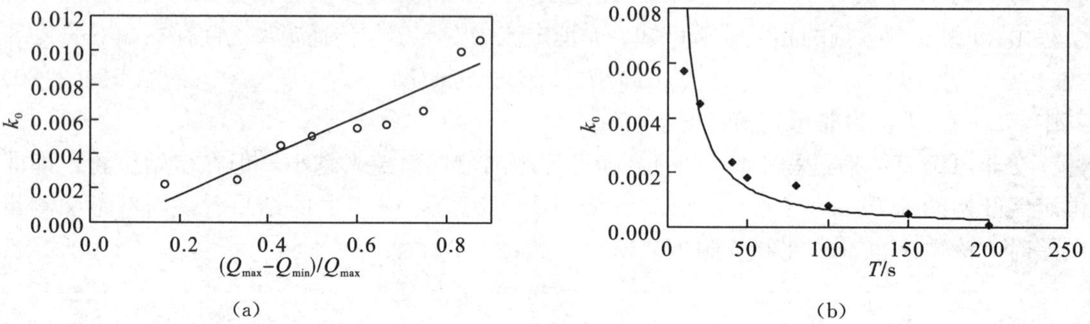

图 2-3-38 典型实验组次的 k_0 值与非恒定流参数间的相关性分析

通过多参数拟合，得出如下形式的计算公式：

$$k_0 = 0.42\left(\frac{\pi}{2} - \operatorname{arctg}\frac{T}{90}\pi\right)\frac{Q_{max}-Q_{min}}{Q_{max}} \tag{2-3-22}$$

利用上式计算 40 组实验的 k_0 值，并将其与实测值进行对比，结果表明计算值与实测值之间符合较好(图 2-3-39)。

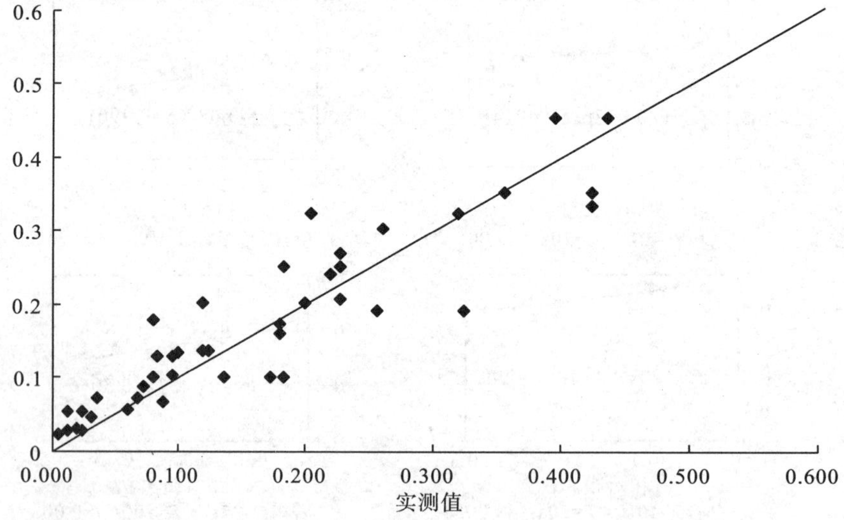

图 2-3-39 k_0 的计算值与实测值

利用式(2-3-21)和式(2-3-22)，最终得出非恒定流传播过程中，随传播距离的变形率计算公式为

$$t_u(x)/T = 0.5 - 0.42\left(\frac{\pi}{2} - \operatorname{arctg}\frac{T}{90}\pi\right)\frac{Q_{max}-Q_{min}}{Q_{max}}\frac{x}{L} \tag{2-3-23}$$

从图 2-3-40 的实测值与计算值的对比可以看出，二者符合较好，上式可以用于计算非恒定流沿程传播中沿时间轴方向的变形参数。

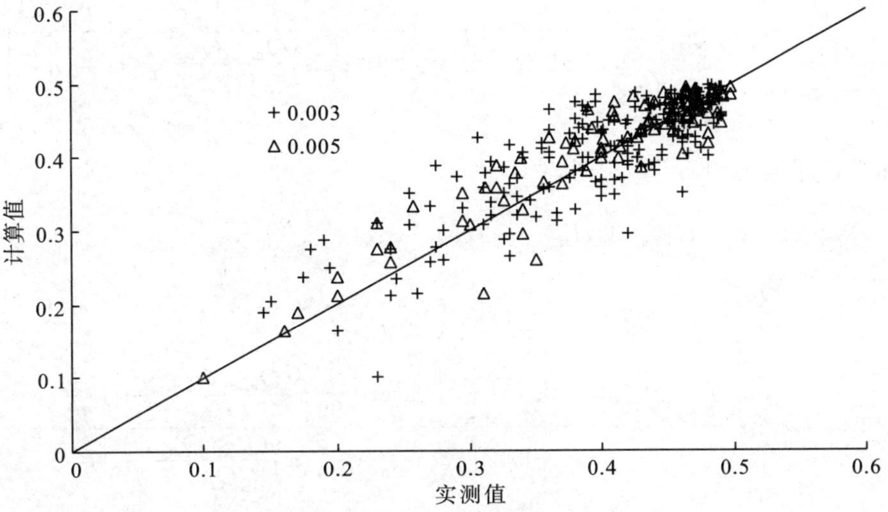

图 2-3-40　$t_u(x)/T$ 的计算值与实测值

2.3.2.6　非恒定流水深及出口流量的计算

1. 水深的计算

从上述对非恒定流传播过程中各项参数的研究可以知道，在传播过程中，非恒定流将发生变形，上升段的时间将变短，下降段的时间变长，而最大波高和最小波高也将发生变化。非恒定流传播过程中水深的变化用式(2-3-18)和式(2-3-19)表示，式中的 H_0、H_b 可以分别从式(2-3-13)和式(2-3-14)导出：

$$H_0=\frac{1}{2}(H_{\max}+H_{\min})=\overline{H}+\frac{1}{2}(H_{Q_{\min}}+H_{Q_{\max}}-2\overline{H})\frac{2}{\pi}\mathrm{arctg}\left(\frac{T\pi}{90}\right) \tag{2-3-24}$$

$$H_b=(H_{\max}-H_{\min})=(H_{Q_{\min}}-H_{Q_{\max}})\frac{2}{\pi}\mathrm{arctg}\left(\frac{T\pi}{90}\right) \tag{2-3-25}$$

从式(2-3-25)导出一个周期内上涨、下降阶段各自的周期表达式：

$$T_u(x)=2\left[0.5-0.42\left(\frac{\pi}{2}-\mathrm{arctg}\frac{T}{90}\pi\right)\frac{Q_{\max}-Q_{\min}}{Q_{\max}}\frac{x}{L}\right]T \tag{2-3-26}$$

$$T_d(x)=2T-2\left[0.5-0.42\left(\frac{\pi}{2}-\mathrm{arctg}\frac{T}{90}\pi\right)\frac{Q_{\max}-Q_{\min}}{Q_{\max}}\frac{x}{L}\right]T \tag{2-3-27}$$

将式(2-3-24)～式(2-3-27)分别代入式(2-3-18)和式(2-3-19)，则可以得到水深的计算式：

当水深上涨，即 $t\leqslant 0.5T_u(x)$时，

$$H_u(x,t)=\overline{H}+\frac{1}{2}(H_{Q_{\min}}+H_{Q_{\max}}-2\overline{H})\frac{2}{\pi}\mathrm{arctg}\left(\frac{T\pi}{90}\right)$$
$$+\frac{1}{2}(H_{Q_{\min}}+H_{Q_{\max}})\frac{2}{\pi}\mathrm{arctg}\left(\frac{T\pi}{90}\right)$$

$$\times \sin\left(\frac{t}{\left[0.5-0.42\left(\frac{\pi}{2}-\mathrm{arctg}\,\frac{T}{90}\pi\right)\frac{Q_{\max}-Q_{\min}}{Q_{\max}}\frac{x}{L}\right]T}\pi-\frac{\pi}{2}\right)$$

(2-3-28)

下降段，即当 $t \geqslant 0.5T_u(x)$时，

$$H_d(x,t)=\overline{H}+\frac{1}{2}(H_{Q_{\min}}+H_{Q_{\max}}-2\overline{H})\frac{2}{\pi}\mathrm{arctg}\left(\frac{T\pi}{90}\right)$$

$$+\frac{1}{2}(H_{Q_{\min}}+H_{Q_{\max}})\frac{2}{\pi}\mathrm{arctg}\left(\frac{T\pi}{90}\right)$$

$$\times \sin\left(\frac{T-2\left[0.5-0.42\left(\frac{\pi}{2}-\mathrm{arctg}\,\frac{T}{90}\pi\right)\frac{Q_{\max}-Q_{\min}}{Q_{\max}}\frac{x}{L}\right]T+t}{T-\left[0.5-0.42\left(\frac{\pi}{2}-\mathrm{arctg}\,\frac{T}{90}\pi\right)\frac{Q_{\max}-Q_{\min}}{Q_{\max}}\frac{x}{L}\right]T}\pi-\frac{\pi}{2}\right)$$

(2-3-29)

根据上述公式，虽然从形式上来看在一个周期内分别用了两个函数来表达水深的变化过程，但是实际上这两个函数只是一个连续函数的分段而已，用它们表达的水深是一个连续的过程。

上述公式中关于水深波幅的部分是基于5＃水尺实测的数据分析获得，没有反映出距离对水深的影响，由此还无法计算沿程其他位置处的水深变化过程。若用于计算4＃、6＃、7＃的水深变化过程时，波峰、波谷的水深则需代入各自的实测值。但由于4～7＃水尺实测的波峰及波谷水深相差很小，因而都采用5＃水尺的值不会引起较大的误差。

分别利用式(2-3-38)和式(2-3-39)对 $J=0.003$、$Q_{\max}=40$ L/s、$Q_{\min}=15$ L/s、$T=20$ s的非恒定流4～7＃水尺断面在一个周期内的水位变化过程进行计算。图2-3-41对比了计算所得的波形与实测波形，从比较结果来看，式(2-3-38)和式(2-3-39)计算的波形无论在波高上，还是在时间轴方向上都能与实测波形很好地符合，这也充分验证了前面所研究的非恒定流各水力参数在传播过程中的变化特征，能够真实反映非恒定流的传播特性。

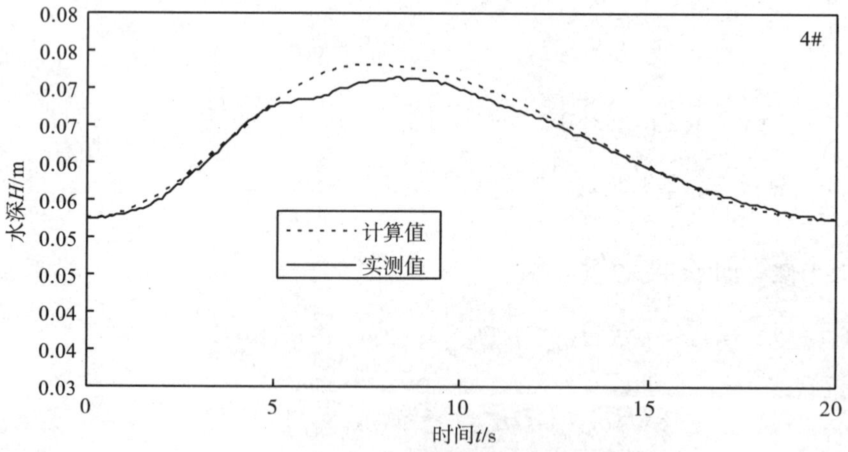

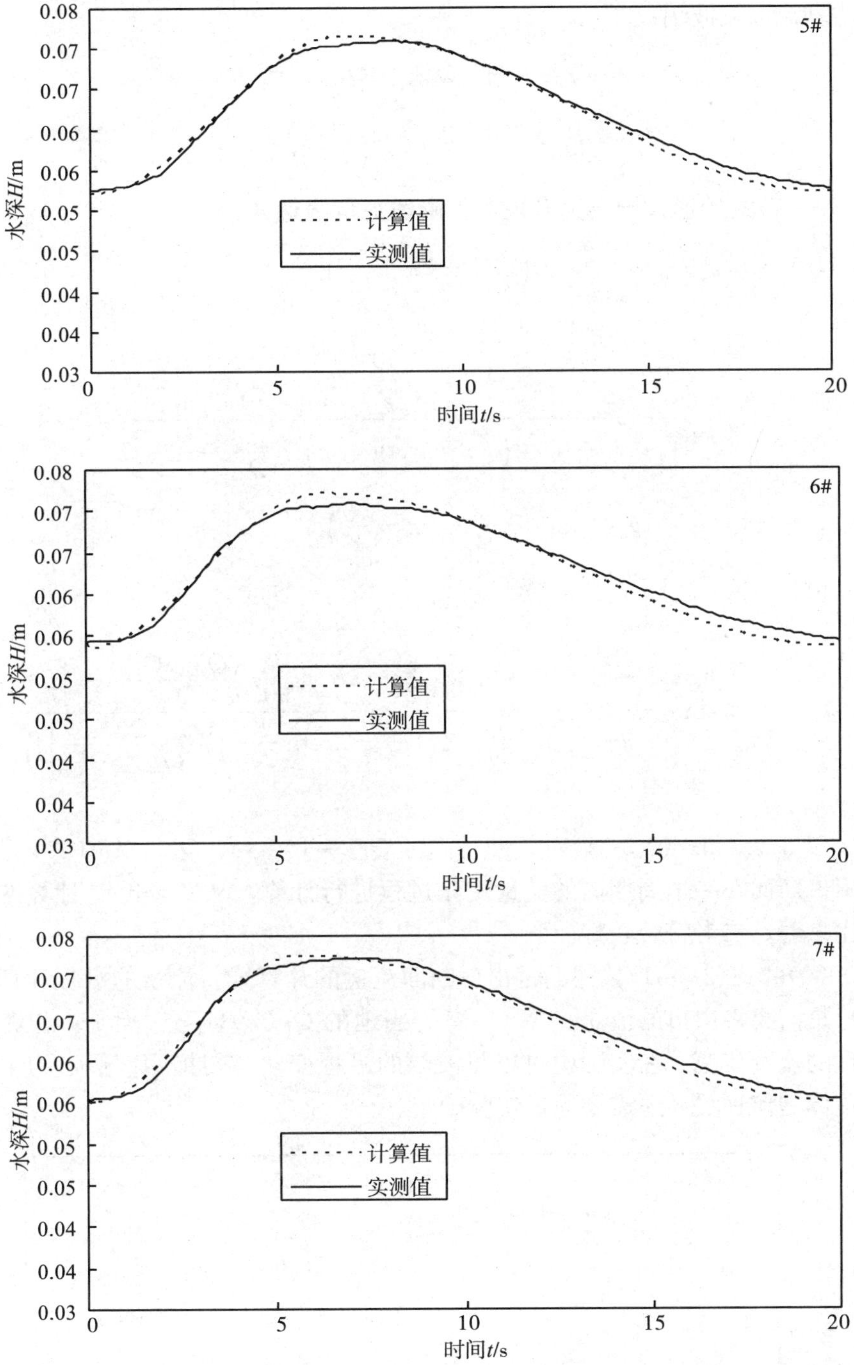

图 2-3-41　典型非恒定流过程 4～7＃水尺水深波形的计算值与实测值的比较

2. 出口流量的计算

非恒定流流量传播至出口时也会发生波幅上的和时间方向上的变形，同样可以构造式(2-3-14)和式(2-3-15)形式的构造函数来表示变形后的流量过程。

利用出口流量的波峰、波谷表达式式(2-3-15)和式(2-3-16)可以联合求得非恒定流的出口流量的基流以及波幅：

$$Q_{0(出口)}=\frac{1}{2}(Q_{max}+Q_{min})=Q_0$$

$$Q_{b(出口)}=\frac{2}{\pi}\mathrm{arctg}\left(\frac{T\pi}{90}\right)Q_b$$

利用(2-3-17)式的形式导出上升段和下降段流量表达式：

$$\begin{aligned}Q_u(x,t)&=Q_0+\frac{1}{2}Q_b(x)\sin\left(\frac{t}{T_u(x)}2\pi-\frac{\pi}{2}\right)\\&=Q_0+\frac{1}{2}\left[1-\frac{2}{\pi}\left(\frac{\pi}{2}-\mathrm{arctg}\frac{T\pi}{90}\right)\right]Q_b\\&\quad\times\sin\left\{\frac{t}{\left[0.5-0.42\left(\frac{\pi}{2}-\mathrm{arctg}\frac{T}{90}\pi\right)\frac{Q_{max}-Q_{min}}{Q_{max}}\frac{x}{L}\right]T}\pi-\frac{\pi}{2}\right\}\end{aligned}\qquad(2\text{-}3\text{-}30)$$

$$\begin{aligned}Q_d(x,t)&=Q_0+\frac{1}{2}Q_b(x)\sin\left(\frac{t}{T_d(x)}2\pi-\frac{\pi}{2}\right)\\&=Q_0+\frac{1}{2}\left[1-\frac{2}{\pi}\left(\frac{\pi}{2}-\mathrm{arctg}\frac{T\pi}{90}\right)\right]Q_b\\&\quad\times\sin\left\{\frac{T-2\left[0.5-0.42\left(\frac{\pi}{2}-\mathrm{arctg}\frac{T}{90}\pi\right)\frac{Q_{max}-Q_{min}}{Q_{max}}\frac{x}{L}\right]T-t}{T-\left[0.5-0.42\left(\frac{\pi}{2}-\mathrm{arctg}\frac{T}{90}\pi\right)\frac{Q_{max}-Q_{min}}{Q_{max}}\frac{x}{L}\right]T}\pi-\frac{\pi}{2}\right\}\end{aligned}$$

(2-3-31)

利用式(2-3-30)和式(2-3-31)对 $J=0.003$、$Q_{max}=40$ L/s、$Q_{min}=15$ L/s、$T=20$ s 的非恒定流出口断面在一个周期内的流量变化过程进行计算，从图 2-3-42 计算的波形与实测波形对比来看，二者符合较好。

式(2-3-30)和式(2-3-31)描述的是出口断面流量的计算式，流量的沿程计算式与此基本类似，只是需要将出口的流量变幅 Q_b 变为当地的 $Q_b(x)$ 即可。但是，作者没有直接测量出沿程的流量变幅，在实际中可以将波幅的沿程变化与传播距离假定为某种函数关系，至于具体是何种关系还需要通过实验确定。

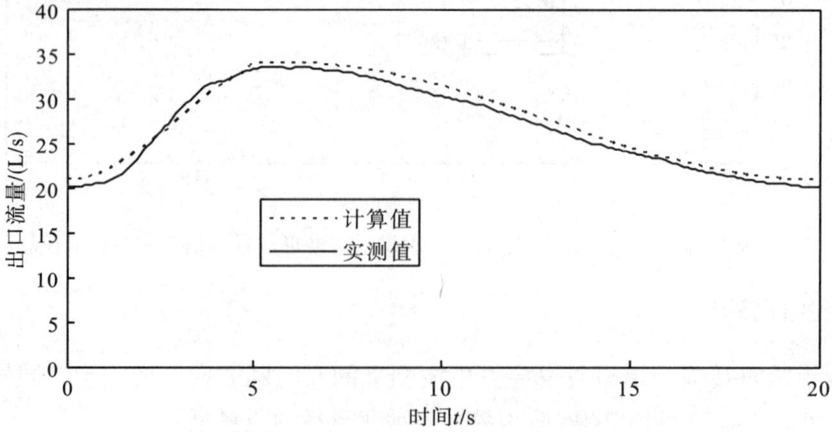

图 2-3-42　出口断面流量的计算波形与实测波形比较

2.3.2.7　小结

通过高精度变坡玻璃水槽内多组非恒定流实验，系统研究了明渠非恒定流传播过程各项参数的变化规律，主要认识如下：

(1)非恒定流传播速度可以用处于波峰时的微波波速及流速之和来表示。

(2)非恒定流在传播过程中会发生时间尺度上波的变形，上升段逐渐变短，而下降段变长，但仍然保持一个周期的总时间不变。明渠非恒定流传播过程中，传播距离、非恒定流的周期以及波幅均对波的变形率有影响。

(3)非恒定流在传播过程中，波高上的衰减速率较慢，但在时间方向上的变形率(指上升段所花时间占整个周期的比值)随距离增加而变化较快。

(4)明渠非恒定流在传播过程中某一位置处波峰、波谷的水深受周期影响较大，但不会超过最大流量和最小流量及平均流量对应的均匀流水深 $H_{Q\max}$、$H_{Q\min}$、$\overline{H}$，而是随周期分别在 $H_{Q\max}\sim\overline{H}$、$H_{Q\min}\sim\overline{H}$ 之间变化；当周期减小时，波峰、波谷水深均逐渐靠近平均流量对应的均匀流水深 $\overline{H}$，当周期变大时，波峰水深靠近 $H_{Q\max}$，波谷水深靠近 $H_{Q\min}$。

(5)非恒定流在传播过程中，流量的变化过程表现出和水深变化过程相类似的特征。

2.3.3　明渠非恒定流的阻力特性

明渠非恒定流在传播过程中，由于非恒定性的影响，水面比降一直处于变动之中，因而床面剪切力与恒定流时的情况不同。研究非恒定流的运动特性，需要研究其床面剪切力的变化特征。

2.3.3.1　非恒定流床面剪切力的确定方法

非恒定流床面剪切力的确定通常采用直接测量法、测量雷诺应力分布、利用对数流速规律反算以及利用一维的非恒定流运动方程(即 Saint-Venant 方程)推求等几种方法。

Mao 和 Hanratty(1986)、Jensen(1989)、Tardu 和 Binder(1993)和 Admiraal(2001)采用直接测量法研究封闭管道非恒定流的剪切力，但难度很大，在明渠非恒定流中还很少采用。Song(1994)、Nezu(1997)、Qu(2003)、刘春晶(2004)等人则假定非恒定流的垂线流速分布同恒定流一样，利用对数流速分布规律反算床面切应力。Song(1994)和 Nezu(1997)的研究证明，非恒定流的雷诺应力测量难度较大，造成的实验误差也会很大。

一维 Saint-Venant 方程的精度被大量研究所证实，因而不少学者在推求床面剪切力时首先会采用该方程来计算床面剪切力，Qu(2003)、刘春晶(2004)、De Sutter(2001)、Rowinski(2000)、Nezu(1997)、Song(1994)等人都试图使用该方法。但在实际运用过程中，仍然存在分歧，因为采用不同的参数取值，会得到不同的结论。Nezu(1997)认为二维非恒定流紊流运动方程中，非恒定时变项 $\dfrac{\partial U}{\partial t}$ 占主导地位，对流项 $U\dfrac{\partial U}{\partial x}$ 可以忽略不计；而 Qu(2003)通过实验认为 Saint-Venant 方程在某些时段会低估底部剪切力，而某些时段出现负的剪切力，同样的观点出现在刘春晶(2004)的研究中。就目前来说，一维

Saint-Venant 方程求解床面剪切力并未得到理想的结果，基本上还是沿用了利用流速分布假定反算的方法。

从水流运动规律来看，无论非恒定流在传播过程中怎样变化，但是只要水流一直向前运动，床面剪切力就不应该是负的。问题本身并不是出现在 Saint-Venant 方程上。一维 Saint-Venant 方程求解床面剪切力的难点在于包含流速 U 的各项导数的确定，因为非恒定流研究中直接进行该项的测量较为困难，而且测量误差将会造成结果的很大差异。

如果参数选择得当并且其中的参数可以单独确定，则能够利用它描述非恒定流传播时床面切应力的变化规律。本书第 5 章 28 m 水槽内非恒定流传播特性的研究表明，在明渠非恒定流的传播过程中，流量 Q 以及过水面积 A 的表达式是可以确定的，因而 Saint-Venant 方程中的 U 可以用 A、Q 来表达，则 Saint-Venant 方程中的每一项均是独立的连续函数，可以直接求解。

2.3.3.2　非恒定流床面剪切力公式的导出

1. 沿水深平均的一维方程

如图 2-3-43 所示建立垂面二维坐标系。

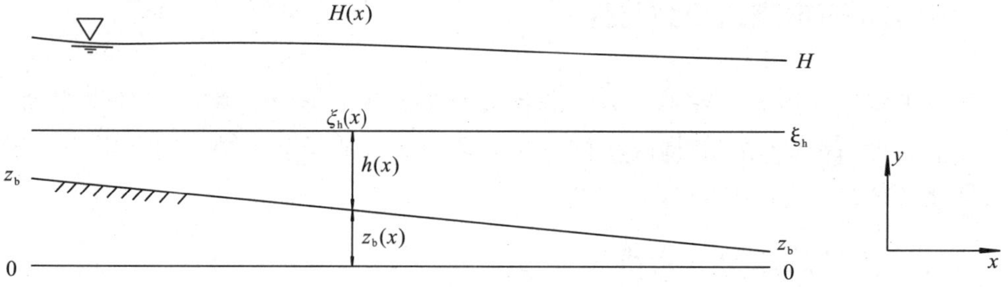

图 2-3-43　沿水深垂面二维坐标示意图

静水压强下的垂面二维方程为

$$\frac{\partial u}{\partial x}+\frac{\partial v}{\partial y}=0 \tag{2-3-32}$$

x 方向动量方程：

$$\frac{\partial u}{\partial t}+u\frac{\partial u}{\partial x}+v\frac{\partial u}{\partial y}=-\frac{1}{\rho}\frac{\partial p}{\partial x}+\frac{1}{\rho}\left(\frac{\partial \tau_{xx}}{\partial x}+\frac{\partial \tau_{yx}}{\partial y}\right) \tag{2-3-33}$$

式中，

$$\begin{cases}\tau_{xx}=\rho\left(v\dfrac{\partial u}{\partial x}-\overline{u'u'}\right)\\ \tau_{xy}=\rho\left(v\dfrac{\partial u}{\partial y}-\overline{u'v'}\right)\end{cases} \tag{2-3-34}$$

y 方向动量方程：

$$\frac{\partial v}{\partial t}+u\frac{\partial v}{\partial x}+v\frac{\partial v}{\partial y}=g-\frac{1}{\rho}\frac{\partial p}{\partial y}+\frac{1}{\rho}\left(\frac{\partial \tau_{xy}}{\partial x}+\frac{\partial \tau_{yy}}{\partial y}\right) \tag{2-3-35}$$

垂向速度的时间变率(垂向加速度)与重力加速度相比很小，例如潮流的垂向加速度

只有重力加速度的 10^{-6}，则垂向加速度可以略去。对于水平尺度远大于垂直尺度的明渠水流，水深、流速等水力参数(沿水深的平均值)沿垂直方向的变化较沿水平方向的变化要小得到多，此时可以略去这些量的变化。动水压强沿水深的分布假定为静水压强分布规律，y 方向动量方程式(2-3-35)变为

$$\frac{\partial p}{\partial y}=\rho g \tag{2-3-36}$$

$$p=p_{z_b+H}+\rho g H-\rho g h \tag{2-3-37}$$

式中，p 为水深为 h 处的压强；p_{z_b+H} 为水面压强，一般为大气压强；H 为河底到水面的距离；h 为某点水深(以河底 z_b 为零点)。

根据积分号为变量的微分法则，

$$\begin{aligned}\frac{\partial}{\partial x}\left(\frac{1}{h}\int_{z_b}^{z_b+h}u\mathrm{d}y\right)=&-\frac{1}{h^2}\frac{\partial h}{\partial x}\int_{z_b}^{z_b+h}u\mathrm{d}y+\frac{1}{h}\int_{z_b}^{z_b+h}\frac{\partial u}{\partial x}\mathrm{d}y\\&+\frac{1}{h}\left[u(x,z_b+h,t)\frac{\partial(z_b+h)}{\partial x}-u(x,z_b,t)\frac{\partial z_b}{\partial x}\right]\end{aligned} \tag{2-3-38}$$

定义：

$$\bar{u}=\frac{1}{h}\int_{z_b}^{z_b+h}u\mathrm{d}y \tag{2-3-39}$$

式(2-3-38)移项，

$$\frac{1}{h}\int_{z_b}^{z_b+h}\frac{\partial u}{\partial x}\mathrm{d}y=\frac{\partial\bar{u}}{\partial x}+\frac{\bar{u}}{h}\frac{\partial h}{\partial x}-\frac{1}{h}\left[u(x,z_b+h,t)\frac{\partial(z_b+h)}{\partial x}-u(x,z_b,t)\frac{\partial z_b}{\partial x}\right] \tag{2-3-40}$$

同样可得

$$\begin{aligned}\frac{1}{h}\int_{z_b}^{z_b+h}\frac{\partial v}{\partial y}\mathrm{d}y&=\frac{1}{h}\int_{z_b}^{z_b+h}\mathrm{d}v=\frac{1}{h}[v(x,z_b+h,t)-v(x,z_b,t)]\\&=\frac{1}{h}\left[\frac{\mathrm{d}(z_b+h)}{\mathrm{d}t}-\frac{\mathrm{d}(z_b)}{\mathrm{d}t}\right]\end{aligned} \tag{2-3-41}$$

上式运用微分定义：

$$v(x,z_b+h,t)=\frac{\partial(z_b+h)}{\partial t} \tag{2-3-42}$$

在动量方程中压强项积分的处理如下：

$$\frac{\partial p}{\partial x}=\frac{\partial p_{z_b+H}}{\partial x}+\rho g\frac{\partial H}{\partial x}-\rho g\frac{\partial h}{\partial x} \tag{2-3-43}$$

$$\frac{\partial h}{\partial x}=\frac{\partial(\xi_h-z_b)}{\partial x}=-\frac{\partial z_b}{\partial x} \tag{2-3-44}$$

$$\frac{\partial p}{\partial x}=\frac{\partial p_{z_b+H}}{\partial x}+\rho g\frac{\partial H}{\partial x}+\rho g\frac{\partial z_b}{\partial x}=\rho g\frac{\partial(H+z_b)}{\partial x} \tag{2-3-45}$$

式(2-3-32)沿水深积分并取平均：

$$\frac{1}{h}\int_{z_b}^{z_b+h}\frac{\partial u}{\partial x}\mathrm{d}y+\frac{1}{h}\int_{z_b}^{z_b+h}\frac{\partial v}{\partial y}\mathrm{d}y=0 \tag{2-3-46}$$

化简上式：

$$\frac{\partial \bar{u}}{\partial x}+\frac{\bar{u}}{h}\frac{\partial h}{\partial x}-\frac{1}{h}\left[u(x,z_{\mathrm{b}}+h,t)\frac{\partial (z_{\mathrm{b}}+h)}{\partial x}-u(x,z_{\mathrm{b}},t)\frac{\partial z_{\mathrm{b}}}{\partial x}\right]+\frac{1}{h}\left(\frac{\mathrm{d}(\bar{h}+z_{\mathrm{b}})}{\mathrm{d}t}-\frac{\mathrm{d}z_{\mathrm{b}}}{\mathrm{d}t}\right)=0 \tag{2-3-47}$$

等式两边乘以 h，并利用全导数定义$\frac{\mathrm{d}}{\mathrm{d}t}=\frac{\partial}{\partial t}+u\frac{\partial}{\partial x}$，则上式可写成

$$\frac{\partial h\bar{u}}{\partial x}+\frac{\partial h\bar{v}}{\partial y}+\frac{\partial (h+z_{\mathrm{b}})}{\partial t}-\frac{\partial z_{\mathrm{b}}}{\partial t}=0 \tag{2-3-48}$$

即

$$\frac{\partial h}{\partial t}+\frac{\partial h\bar{u}}{\partial x}=0 \tag{2-3-49}$$

式中，$\bar{u}$、$\bar{v}$ 为水深为 h 区间内 x、y 方向的平均流速。

对 x 向的动量方程沿水深积分并取平均，即

$$\begin{aligned}&\frac{1}{h}\int_{z_{\mathrm{b}}}^{h+z_{\mathrm{b}}}\frac{\partial u}{\partial t}\mathrm{d}y+\frac{1}{h}\int_{z_{\mathrm{b}}}^{h+z_{\mathrm{b}}}\frac{\partial uu}{\partial x}\mathrm{d}y+\frac{1}{h}\int_{z_{\mathrm{b}}}^{h+z_{\mathrm{b}}}\frac{\partial uv}{\partial y}\mathrm{d}y\\&=-\frac{1}{\rho}\left(\frac{1}{h}\int_{z_{\mathrm{b}}}^{h+z_{\mathrm{b}}}\frac{\partial p}{\partial x}\right)+\left[\frac{1}{h}\int_{z_{\mathrm{b}}}^{h+z_{\mathrm{b}}}\left(\frac{\partial \tau_{xx}}{\partial x}+\frac{\partial \tau_{xy}}{\partial y}\right)\mathrm{d}y\right]\end{aligned} \tag{2-3-50}$$

上式左边即为

$$\begin{aligned}&\frac{\partial \bar{u}}{\partial t}+\frac{\bar{u}}{h}\frac{\partial h}{\partial t}-\frac{1}{h}\left[u_{z_{\mathrm{b}}+h}\frac{\partial (z_{\mathrm{b}}+h)}{\partial t}-u_{z_{\mathrm{b}}}\frac{\partial (z_{\mathrm{b}})}{\partial t}\right]+\frac{\partial \bar{u}\bar{u}}{\partial x}+\frac{\bar{u}\bar{u}}{h}\frac{\partial h}{\partial x}\\&-\frac{1}{h}\left[u_{z_{\mathrm{b}}+h}u_{z_{\mathrm{b}}+h}\frac{\partial (z_{\mathrm{b}}+h)}{\partial x}-u_{z_{\mathrm{b}}}u_{z_{\mathrm{b}}}\frac{\partial (z_{\mathrm{b}})}{\partial x}\right]+\frac{1}{h}\int_{z_{\mathrm{b}}}^{\bar{h}+z_{\mathrm{b}}}\frac{\partial uv}{\partial y}\mathrm{d}y\\&=\frac{1}{h}\frac{\partial h\bar{u}}{\partial t}+\frac{1}{h}\frac{\partial h\bar{u}\bar{u}}{\partial x}-\frac{1}{h}\left[u_{z_{\mathrm{b}}+h}\frac{\partial (z_{\mathrm{b}}+h)}{\partial t}-u_{z_{\mathrm{b}}}\frac{\partial (z_{\mathrm{b}})}{\partial t}\right]\\&-\frac{1}{h}\left[u_{z_{\mathrm{b}}+h}u_{z_{\mathrm{b}}+h}\frac{\partial (z_{\mathrm{b}}+h)}{\partial x}-u_{z_{\mathrm{b}}}u_{z_{\mathrm{b}}}\frac{\partial (z_{\mathrm{b}})}{\partial x}\right]\\&+\frac{1}{h}(u_{z_{\mathrm{b}}+h}v_{z_{\mathrm{b}}+h}-u_{z_{\mathrm{b}}}v_{z_{\mathrm{b}}})\\&=\frac{1}{h}\frac{\partial h\bar{u}}{\partial t}+\frac{1}{h}\frac{\partial h\bar{u}\bar{u}}{\partial x}\end{aligned} \tag{2-3-51}$$

式(2-3-50)右边第 1 项：

$$\frac{1}{\rho h}\int_{z_{\mathrm{b}}}^{z_{\mathrm{b}}+h}\frac{\partial p}{\partial x}\mathrm{d}y=\frac{1}{\rho h}\int_{z_{\mathrm{b}}}^{z_{\mathrm{b}}+h}\rho g\frac{\partial (z_{\mathrm{b}}+H)}{\partial x}\mathrm{d}y=g\frac{\partial (z_{\mathrm{b}}+H)}{\partial x}$$

式(2-3-50)右边第 2 项忽略高阶项：

$$\begin{aligned}&\frac{\partial \tau_{xx}}{\partial x}+\frac{\tau_{xx}}{h}\frac{\partial h}{\partial x}-\frac{1}{h}\left[\tau_{xxh}\frac{\partial (z_{\mathrm{b}}+h)}{\partial x}-\tau_{xx0}\frac{\partial (z_{\mathrm{b}})}{\partial x}\right]+\frac{1}{h}\int_{z_{\mathrm{b}}}^{h+z_{\mathrm{b}}}\mathrm{d}\tau_{xy}\\&=\frac{1}{h}\frac{\partial h\tau_{xx}}{\partial x}-\frac{1}{h}\left[\tau_{xxh}\frac{\partial (z_{\mathrm{b}}+h)}{\partial x}-\tau_{xx0}\frac{\partial (z_{\mathrm{b}})}{\partial x}\right]+\frac{1}{h}(\tau_{xyh}-\tau_{xy0})\\&\approx\frac{1}{h}(\tau_{xyh}-\tau_{xy0})\end{aligned}$$

式中，$\tau_{xyh}=\tau_{xy}(x,\ h+z_{\mathrm{b}},\ t)$；$\tau_{xy0}=\tau_{xy}(x,\ z_{\mathrm{b}},\ t)$；$\tau_{xxh}=\tau_{xx}(x,\ h+z_{\mathrm{b}},\ t)$；$\tau_{xx0}=\tau_{xx}(x,\ z_{\mathrm{b}},\ t)$。

由此，x 向的一维动量方程为

$$\frac{\partial h\bar{u}}{\partial t}+\frac{\partial h\overline{uu}}{\partial x}=-gh\frac{\partial(H+z_{\mathrm{b}})}{\partial x}+\frac{1}{\rho}(\tau_{xyh}-\tau_{xy0})\tag{2-3-52}$$

2. 静水压强下沿断面平均的一维 Saint-Venant 方程

假定河床宽度 B 不变，式(2-3-49)和式(2-3-50)两边分别乘以 B，则

$$B\frac{\partial h}{\partial t}+B\frac{\partial h\bar{u}}{\partial x}=\frac{\partial Bh}{\partial t}+\frac{\partial Bh\bar{u}}{\partial x}=0\tag{2-3-53}$$

$$\frac{\partial Bh\bar{u}}{\partial t}+\frac{\partial Bh\overline{uu}}{\partial x}=-ghB\frac{\partial(H+z_{\mathrm{b}})}{\partial x}+\frac{B}{\rho}(\tau_{xyh}-\tau_{xy0})\tag{2-3-54}$$

当 $h=H$ 时，

$$\frac{\partial BH}{\partial t}+\frac{\partial BHU}{\partial x}=0\tag{2-3-55}$$

$$\frac{\partial BHU}{\partial t}+\frac{\partial BHU^2}{\partial x}=-gHB\frac{\partial(H+z_{\mathrm{b}})}{\partial x}-\frac{B}{\rho}\tau_{xy0}\tag{2-3-56}$$

式(2-3-55)和式(2-3-56)即为一维 Saint-Venant 方程。若以 Q、A 来表示，即可得到如下形式的一维 Saint-Venant 方程：

$$\frac{\partial Q}{\partial x}+\frac{\partial A}{\partial t}=0\tag{2-3-57}$$

$$\frac{\partial Q}{\partial t}+\frac{\partial UQ}{\partial x}+gA\frac{\partial(z_{\mathrm{b}}+H)}{x}=-\frac{B}{\rho}\tau_0\tag{2-3-58}$$

3. 床面剪切力的表达式

对运动方程(2-3-58)进行化简，因为 $\partial U/\partial x$ 不易确定，故用 $\partial\left(\frac{Q}{A}\right)/\partial x$ 代入：

$$\begin{aligned}-\frac{B}{\rho}\tau_0&=\frac{\partial Q}{\partial t}+\frac{\partial\frac{Q^2}{A}}{\partial x}+gA\frac{\partial(z_{\mathrm{b}}+H)}{x}\\&=\frac{\partial Q}{\partial t}+\frac{2Q}{A}\frac{\partial Q}{\partial x}-\frac{Q^2}{A^2}\frac{\partial A}{\partial x}+\frac{gA}{B}\frac{\partial A}{\partial x}+gA\frac{\partial z_{\mathrm{b}}}{\partial x}\end{aligned}\tag{2-3-59}$$

又 $\frac{\partial z_{\mathrm{b}}}{\partial x}=-J$，代入式(2-3-29)，则

$$\frac{B}{\rho}\tau_0=gAJ-\frac{\partial Q}{\partial t}-\frac{2Q}{A}\frac{\partial Q}{\partial x}+\frac{Q^2}{A^2}\frac{\partial A}{\partial x}-\frac{gA}{B}\frac{\partial A}{\partial x}\tag{2-3-60}$$

连续方程(2-3-57)代入式(2-3-60)最终得出床面剪切力的计算式如下：

$$\frac{B}{\rho}\tau_0=gAJ-\frac{\partial Q}{\partial t}+\frac{2Q}{A}\frac{\partial A}{\partial t}+\frac{Q^2}{A^2}\left(1-\frac{gA^3}{Q^2B}\right)\frac{\partial A}{\partial x}\tag{2-3-61}$$

从式(2-3-61)的结构来看，式中需要确定的参数主要为三项：$\frac{\partial Q}{\partial t}$、$\frac{\partial A}{\partial t}$、$\frac{\partial A}{\partial x}$，只要知道非恒定流传播过程中流量 Q 及面积 A 的表达式，则床面剪切力的变化过程即能确定。

另外，$\frac{\partial Q}{\partial t}$、$\frac{\partial A}{\partial t}$、$\frac{\partial A}{\partial x}$这三项中的前两项刚好是表征非恒定流的非恒定性，第三项表征由非恒定性引起的非均匀性，当这三项为 0 时，则刚好是恒定均匀流的情况，有

$\frac{B}{\rho}\tau_0 = gAJ$。

2.3.3.3 床面剪切力的计算

在非恒定流传播特性研究中，分别求得了明渠非恒定流在传播过程中的水深 H 以及流量 Q 的函数表达式，从而可以直接求导数获得式(2-3-61)中的$\frac{\partial Q}{\partial t}$、$\frac{\partial A}{\partial t}$、$\frac{\partial A}{\partial x}$项，进而得到床面剪切应力的变化规律。

下面以 28 m 实验水槽实验段内 $x=14$ m 处非恒定流的上升段为例求床面剪切力。

水深的表达式为

$$H_u(x,t) = H_0 + \frac{1}{2}H_b\sin\left(\frac{t}{T_u(x)}2\pi - \frac{\pi}{2}\right)$$

相比于水深、流速和流量的变幅，H_0、H_b 的变化很小，$\frac{\partial H_0}{\partial x}$、$\frac{\partial H_b}{\partial x}$、$\frac{\partial H_0}{\partial t}$、$\frac{\partial H_b}{\partial t}$基本可以忽略，则

$$\frac{\partial A_u}{\partial t} = B\frac{\partial H_u(x,t)}{\partial t} = \frac{B\pi}{T_u(x)}H_b\cos\left(\frac{t}{T_u(x)}2\pi - \frac{\pi}{2}\right) \tag{2-3-62}$$

$$\begin{aligned}\frac{\partial A_u}{\partial x} &= B\frac{\partial H_u(x,t)}{\partial x}\\ &= -\frac{Bt\pi}{T_u^2(x)}\frac{\partial T_u(x)}{\partial x}H_b\cos\left(\frac{t}{T_u(x)}2\pi - \frac{\pi}{2}\right) - \frac{\pi BH_b}{T_u(x)C_0}\cos\left(\frac{t}{T_u(x)}2\pi - \frac{\pi}{2}\right)\end{aligned} \tag{2-3-63}$$

上升段周期表达式为

$$T_u(x) = 2\left[0.5 - 0.42\left(\frac{\pi}{2} - \text{arctg}\,\frac{T}{90}\pi\right)\frac{Q_{max} - Q_{min}}{Q_{max}}\,\frac{x}{L}\right]T$$

则

$$\frac{\partial T_u(x)}{\partial x} = -0.84\left(\frac{\pi}{2} - \text{arctg}\,\frac{T}{90}\pi\right)\frac{Q_{max} - Q_{min}}{Q_{max}}\,\frac{T}{L} \tag{2-3-64}$$

流量的表达式为

$$Q_u(x,t) = Q_0 + \frac{1}{2}Q_b(x)\sin\left(\frac{t}{T_u(x)}2\pi - \frac{\pi}{2}\right)$$

式中，Q_0 同时间及距离无关。

由于本书没有直接测量出沿程的流量变幅，假设波幅的沿程变化与传播距离呈线性关系在进出口流量变幅之间插值，虽然绝对大小可能有所差别，但对于一个周期内切应力的分布规律并不会造成较大影响。特别是当周期较大或者周期较小时，出口流量的变幅与进口的流量变幅基本一致。则有

$$Q_b(x) = Q_{b进口} - \frac{(Q_{b进口} - Q_{b出口})}{28}x = Q_b\left[1 - \frac{x}{28}\left(1 - \text{arctg}\,\frac{T\pi}{90}\right)\right] \tag{2-3-65}$$

$$\frac{\partial Q_u}{\partial t} = \frac{\pi}{T_u(x)}Q_b(x)\cos\left(\frac{t}{T_u(x)}2\pi - \frac{\pi}{2}\right) \tag{2-3-66}$$

将式(2-3-62)～式(2-3-66)代入式(2-3-64)即可求得非恒定流正弦非恒定流上升段内的床面剪切应力，同理可以求得下降段的床面剪切力，二者合在一起即可得到非恒定流传播过程中床面剪切力的一个完整变化过程。

分别以 J_1、J_2、J_3、J_4 表示 gAJ、$-\dfrac{\partial Q}{\partial t}$、$\dfrac{2Q}{A}\dfrac{\partial A}{\partial t}$、$\dfrac{Q^2}{A^2}\left(1-\dfrac{gA^3}{Q^2B}\right)\dfrac{\partial A}{\partial x}$，利用上述的公式，分别计算本书 40 组水槽中实验部 $x=14$ m 处的 τ_0，同时用恒定流公式($\tau_0=ghJ$，比降 J 采用水槽底部的比降)计算非恒定流过程的 τ_0，并作图对比。同时将式(2-3-61)右边各项也分别进行对比，图 2-3-44～图 2-3-61 是其中的几组。

非恒定流床面剪切力公式(2-3-61)的计算结果表明，非恒定流情况下的床面剪切力没有出现负的情况，这和水流总是向前流动的现象是一致的。与恒定流公式计算结果对比可知，明渠非恒定流传播过程中床面剪切力表现出与恒定流不同的规律：

(1)从各图中 J_1、J_2、J_3、J_4 各项的对比中发现，相对于其余三项来说，表征非均匀性的 J_4 变化很小，表征非恒定性的 J_2、J_3 两项占主导地位，而这两项总是方向相反。通常，在涨水阶段 $J_3>0$，$J_2<0$，在落水阶段则刚好相反。

(2)用恒定流公式计算的床面剪切力 τ_0 的最大值出现在波峰处，最小值出现在波谷处，而且在涨水段和落水段，床面剪切力分别呈单边上涨和单边下降。

而在非恒定流情况下，床面剪切力 τ_0 在涨水阶段要大于恒定流公式计算值，落水阶段要比恒定流公式计算值小；而且最大值并不是出现在波峰处，而是要较波峰更早，最小值也比落水段的波谷稍早一些，因而在涨水段和落水段都不是单增或者单减的变化趋势。

在波峰以及波谷处，因水流变化缓慢，非恒定性较弱，非恒定流公式计算的床面剪切力和恒定流公式计算值差不多。

(3)非恒定流传播过程中，当周期较小时，水流的非恒定性较强，用恒定流公式计算的 τ_0 和用非恒定流公式计算的 τ_0 不但值上相差较大，而且峰值出现时刻相差也较远；随着周期的增加，非恒定流计算的结果开始逐步靠近恒定流情况，例如，当 $T=200$ s 时，两者的图形已经相差不大。

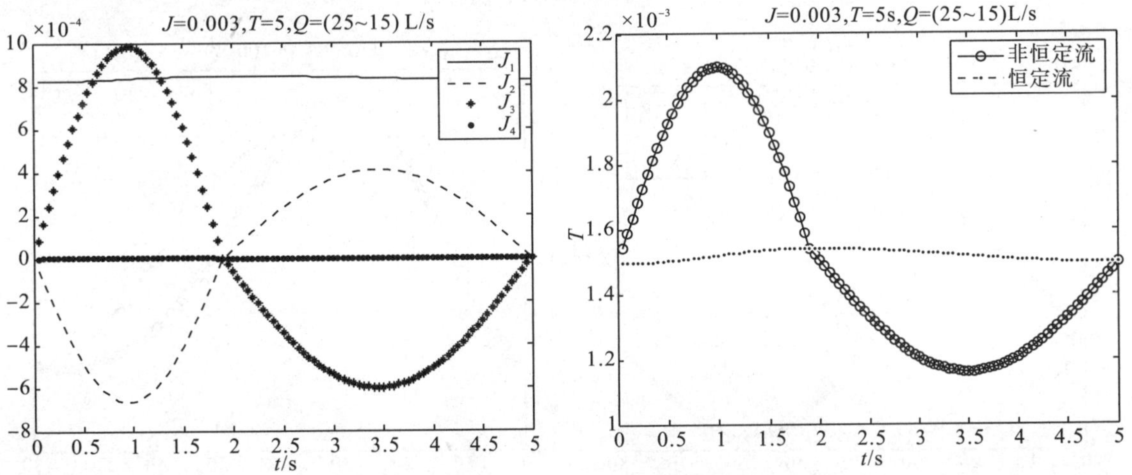

(a)式(2-3-61)中的右边各项对比　(b)恒定流公式和非恒定流公式计算的 τ_0 对比

图 2-3-44　床面剪切力的计算

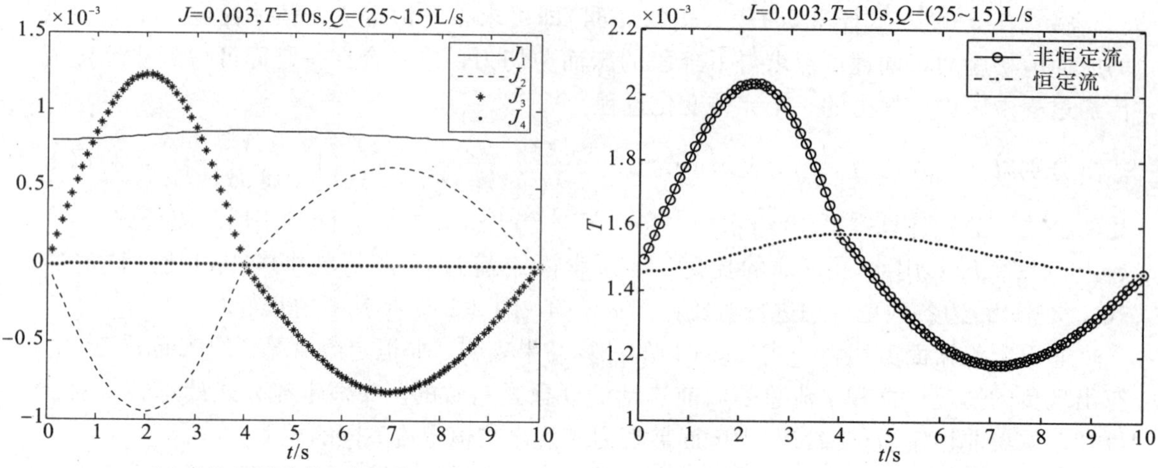

(a)式(2-3-61)中的右边各项 (b)恒定流公式和非恒定流公式计算的 τ_0 对比

图 2-3-45 床面剪切力的计算

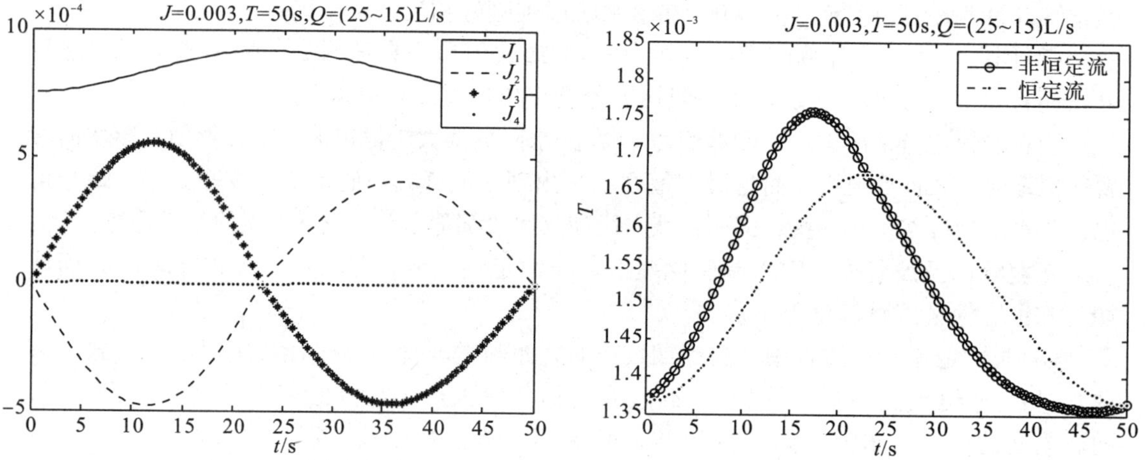

(a)式(2-3-61)中的右边各项 (b)恒定流公式和非恒定流公式计算的 τ_0 对比

图 2-3-46 床面剪切力的计算

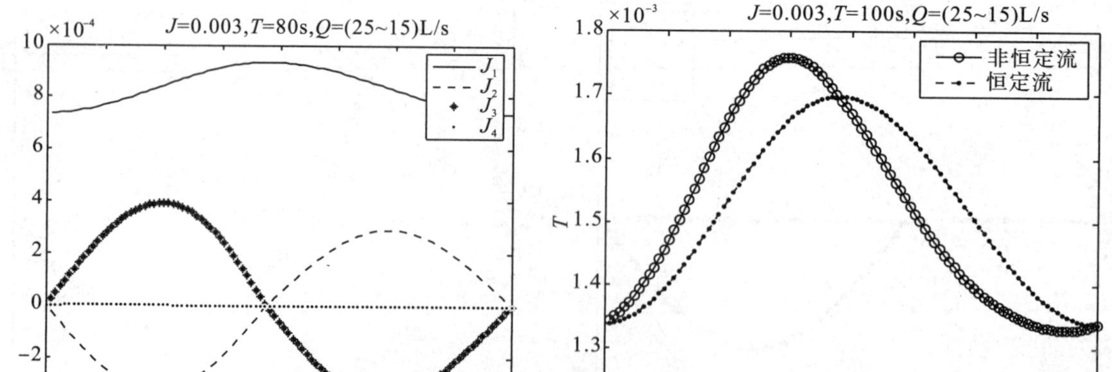

(a)式(2-3-61)中的右边各项 (b)恒定流公式和非恒定流公式计算的 τ_0 对比

图 2-3-47 床面剪切力的计算

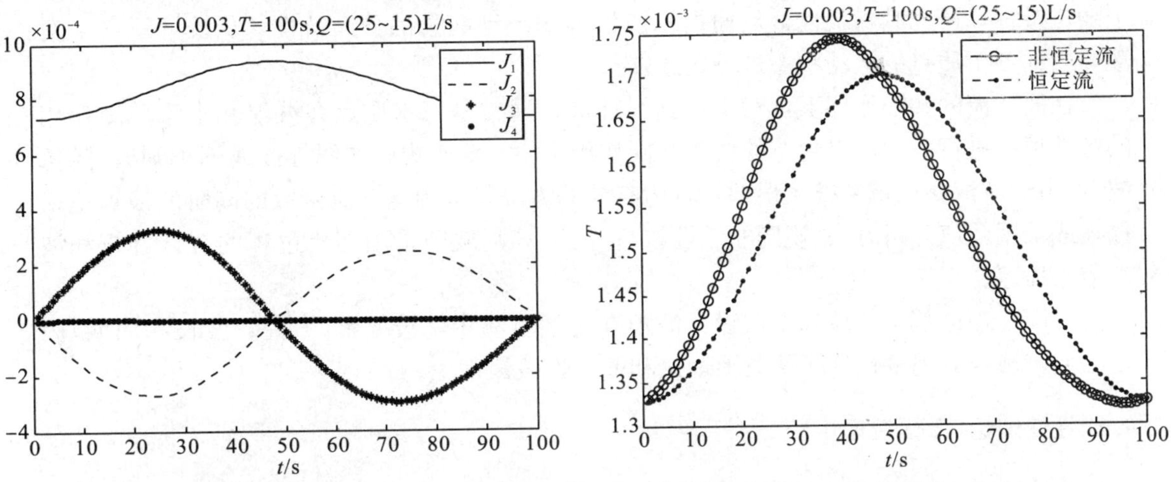

(a)式(2-3-61)中的右边各项　　(b)恒定流公式和非恒定流公式计算的 τ_0 对比

图 2-3-48　床面剪切力的计算

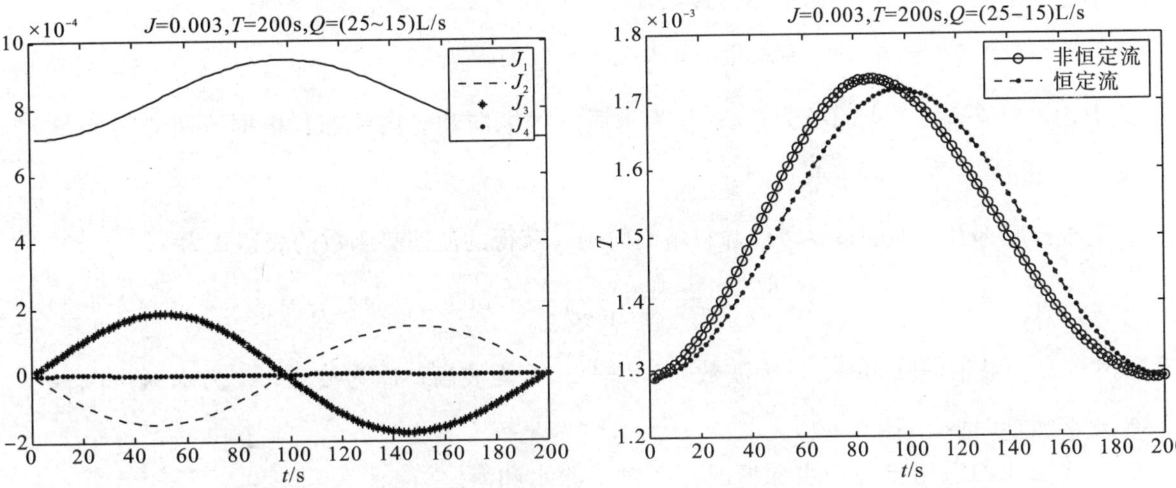

(a)式(2-3-61)中的右边各项　　(b)恒定流公式和非恒定流公式计算的 τ_0 对比

图 2-3-49　床面剪切力的计算

2.4　库区波流运动规律研究

2.4.1　研究现状

19 世纪中期至 20 世纪初期，有多种描述海浪的波浪理论被提出，总体上可分属于两个领域。一个领域是从流体力学的角度出发，研究液体内部单个质点的运动状态，主要包括线性波浪和非线性波浪理论。其中，线性波浪理论主要是微幅波理论(Airy 波理论)；非线性波浪理论根据波浪的不同特征存在有限振幅波理论(Stokes 波理论)、孤立波理论(Solitary 波理论)和椭圆余弦波理论(Cnoidal 波理论)等。另一领域是将波动看做一个随机过程，研究其随机性，从而揭示波浪内部波动能量的分布特性，从统计意义上对液体内部各个质点的运动状态进行描述。

在波、流的共同作用下，对于规则线性波，通常是将水质点在波浪和水流单独作用的运动规律进行叠加，得到总的波流共同作用规律。对于规则非线性波或不规则波(随机波)，由于波流叠加带来很大误差，较为有效的方法是采用基于流函数的高阶波浪理论来描述或采用数值分析方法(规则非线性波)；而不规则波则采用随机过程的统计分析和波浪谱来描述。

规则波理论基于的最基本假设：波浪在传播过程中，波要素(波高、波长和周期)固定不变，规则波理论包括线性波浪理论和非线性波浪理论。

1. 线性波理论(微幅波理论)

线性波理论即为 Airy 波理论，采用流体的流速势函数 Φ（x，z，t）来研究波浪运动。其基本理论假定：波浪水质点的运动速度缓慢，且其波动幅度很小，水体底部为水平不透水平面。其规律遵循下述公式：

$$\frac{p}{\rho}+gz+\frac{1}{2}(u^2+v^2)+\frac{\partial\Phi}{\partial t}=0 \tag{2-4-1}$$

式中，p 为流体中各点的压力；u、v 为水质点的纵向和竖向流速。根据流速势的 Φ 定义，可知 $u=\frac{\partial\Phi}{\partial x}$，$v=\frac{\partial\Phi}{\partial z}$。

根据底部及水面的边界条件并忽略高阶项，获得的流速势函数的表达式为

$$\Phi=\frac{gH}{2\omega}\cdot\frac{\cosh[k(d+z)]}{\cosh(kd)}\sin(kx-\omega t) \tag{2-4-2}$$

式中，ω 为波浪的圆频率；k 为波数，$k=\frac{2\pi}{L}$；H 为波高；L 为波长；d 为水深；x、z 为水平和垂向坐标(图 2-4-1)。

式(2-4-2)适用于各种水深情况，而对于深水和潜水两种特殊，流速势函数可得到简化，即深水波($d>L/2$)：

$$\Phi=\frac{gH}{2\omega}e^{kz}\sin(kx-\omega t) \tag{2-4-3}$$

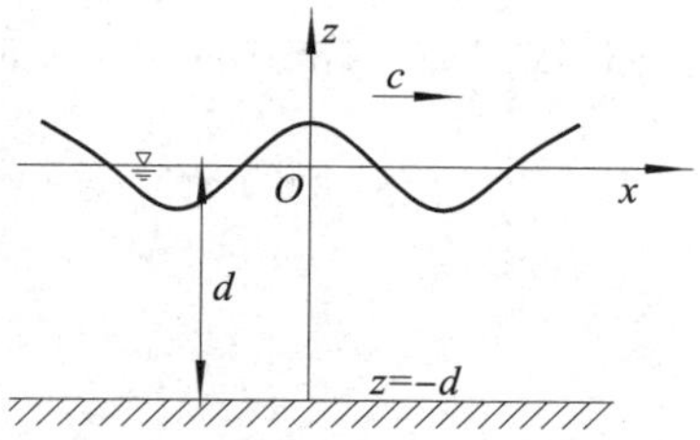

图 2-4-1 坐标布置

浅水波($d<L/20$)：

$$\Phi=\frac{gH}{2\omega}\sin(kx-\omega t) \tag{2-4-4}$$

在一般工程实践中，Airy 波理论主要适用于$\frac{H}{d}\ll1$(一般在 0.04 以下)，以及 Ursell 数(厄塞尔数)$U_R=\frac{H}{d}\left(\frac{L}{d}\right)^2\ll1$ 的情况。

2. 非线性波理论

当 U_R 数逐渐增大时，U_R 中的非线性二阶项将逐渐占据较大比重，这样即使对相对

波高$\frac{H}{d}$较小的情况，线性波浪理论已不再适用，而需要考虑采用非线性波浪理论。

非线性波浪理论与线性波浪理论相比，主要区别在于对边界条件中的非线性项采用高阶非线性项或级数的方法进行了展开，然后对基本方程的求解进行数值分析，最终得到能够满足更为复杂的波浪的水质点运动方程。

当$U_R<10$且相对水深$\frac{d}{L}$处于有限水深范围内时，可采用 Stokes 波浪理论，它通常适用于大水深和大波陡的情况。当相对波高$\frac{H}{d}$接近且小于 1，相对水深处于浅水的范围，即$\frac{d}{L}<\frac{1}{10}$，这时 Stokes 波浪理论也不适用了，可用 Korteweg 和 De Vries 提出的椭圆余弦波理论。当水深继续变小，即相对波长继续增大至时$\frac{L}{d}\rightarrow\infty$，椭圆余弦波理论就趋近到孤立波理论。

不规则波理论的提出，是基于海洋大型海浪运动的随机性，海浪波要素随着不同水质点和不同时间而变化，不具有重复性。

由于海面附近的风场结构复杂，风速风向多变，同时波面对风场还具有反作用，再加上波浪内部紊动、波面破碎等因素，使得海浪成为一种高度不规则的和不可重复的物理现象，实际上是一种不规则的波浪，即随机波浪。随机过程的波浪谱分析和数据系统的统计分析相结合，是研究随机波浪的重要方法。大量的工程实际也证明，按不规则波(或随机波)来研究海浪，能正确地描述海浪，能把海岸工程、海洋工程设计的更加安全合理。

2.4.2　西南山区通航河流库区适用的波浪理论

西南地区的山区河流水库多属于峡谷型水库，风速和风区均不大，而成库后水深基本在 50 m 以上，均基本达到了微幅波的适用条件。同时微幅波理论是各种波浪理论中最为基本的理论，其概念清晰、公式简明、运用方便，是解决港口、海岸和海洋各种实际问题最主要的工具之一，目前仍被工程界广泛用于解决实际问题。由此，选用微幅波理论来描述西南地区库区的波浪问题。

2.4.3　波浪传播与波要素变化

微幅波传播过程中不会引起质量输移，因为它的水质点运动轨迹是封闭的，但波动会产生能量的输送。在风区内，因风输入能量使水体产生波动，离开风区后，波浪保持运动自由传播到浅水区，在那里波能受底部摩阻作用和波浪破碎而将大部分能量消耗掉，其余能量最终消耗在岸上爬高过程中。

波浪由深水向岸边浅水推进时，水深的变化会引起波要素的变化。波浪的浅水变形开始于波浪的第一次“触底”的时候，此时的水深约为波长的 1/2，随着水深的减小，

波长 L 和波速 c 逐渐减小，波高则逐渐增大，到了波浪破碎区外不远处，波浪的波峰尖起，波谷变得坦而宽，当水深减小到一定程度时，波峰变得过分尖陡而不稳定，于是出现各种形式的波浪破碎。波浪在破碎时的波高可能是深水波高的几倍。对于微幅波，主要通过“波能流 P”来研究波要素的变化。

$$P=\frac{\rho g H^2}{8}\frac{\omega}{k}\cdot\frac{1}{2}\left[1+\frac{2kd}{\sinh(2kd)}\right]=\bar{E}cn \tag{2-4-5}$$

$$n=\frac{1}{2}\left[1+\frac{2kd}{\sinh(2kd)}\right]$$

式中，P 为波能流(通过单宽波峰线长度的平均的能量传播率)；c 为波浪传播速度；$\bar{E}$ 为一个波长范围内，单宽波峰线长度的平均波能，$\bar{E}=\frac{\rho g H^2}{8}$；$n$ 为波能传递率。其中，深水时，$n\approx 1/2$，表征深水的能量传播速度只有波速的一半；浅水时，$n\approx 1$，表征浅水的能量传播速度基本与波速相同。

设深水处的波要素为 H_0、L_0，在水深 d 处的波要素为 H、L，如图 2-4-1 所示。当波浪向岸边传播时，不考虑折射的影响，此时在深水处单位时间内流进区域Ⅰ内的波能为 $P_0=\bar{E}_0 c_0 n_0$，而在浅水处单位时间内流出区域Ⅰ的波能 $P=\bar{E}cn$。假设波周期在传播过程中保持不变，且不考虑区域Ⅰ内波能的损失，则必有 $P_0=P$，则浅水与深水的波高之比 K_S(称为浅水变形系数)为

$$K_S=\frac{H}{H_0}=\sqrt{\frac{c_0 n_0}{cn}}=\sqrt{\frac{L_0 n_0}{Ln}}=\sqrt{\frac{2\cosh^2(kd)}{2kd+\sinh(2kd)}} \tag{2-4-6}$$

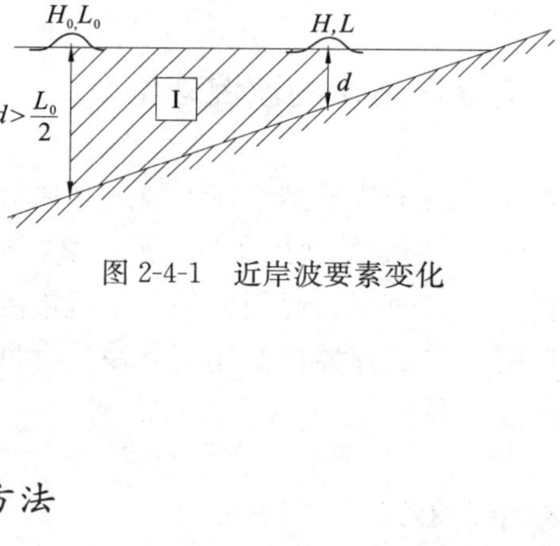

图 2-4-1　近岸波要素变化

2.4.4　库区成浪特征

2.4.4.1　波要素计算方法

在计算风浪要素时，首先应确定风区，并借以确定吹程、风速、风向和风时等。风速、风向大致不变的水域称为风区，风区上下沿之间的距离为吹程。

1. 吹程的计算

与无限海域不同，水库、河口、湖泊、河流等为有限水域，水域边界对风区有一定限制作用，需对风区长度进行一定修正，宜采用“有效吹程”来计算波要素。图 2-4-2 说明了 A 站有效吹程的计算方法。自 A 站作出间隔 6°的 15 条射线，中央一条射线沿着风

向，左右两侧射线与风向的最大交角以 45°为限。各射线均自 A 点出发，延伸至与水域岸线相遇为止，设每条射线长度为 r_i，与风向的交角为 α_i，则有效吹程 F 按式(2-4-7)计算。对于图 2-4-3 的实例，与风向一致的风区长度为 2740 m，经上式修正的有效吹程为 2653 m。

$$F=\frac{\sum r_i\cos^2\alpha_i}{\sum\cos\alpha_i} \tag{2-4-7}$$

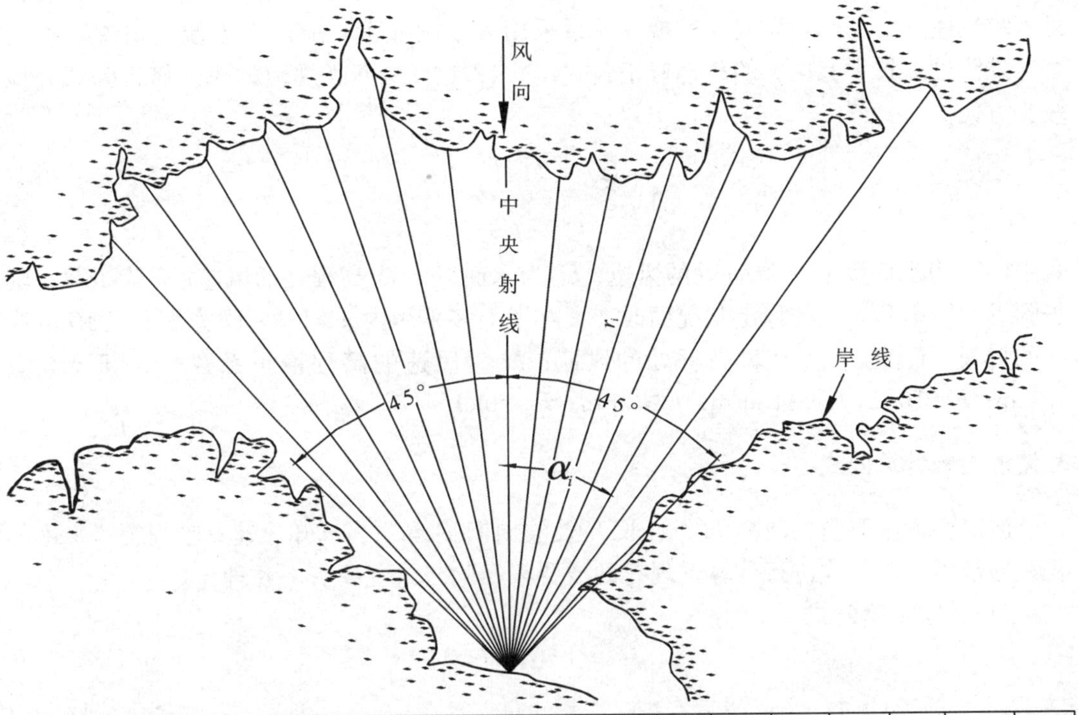

α_i/(°)	42	36	30	24	18	12	6	0	6	12	18	24	30	36	42	合计	F有效
$\cos\alpha_i$	0.743	0.809	0.866	0.914	0.951	0.978	0.995	1.000	0.995	0.978	0.951	0.914	0.866	0.809	0.743	13.512	
γ_i/m	3105	3240	3165	3125	3070	3275	2800	2740	2640	2700	2880	3130	3180	3800	579		2653
x_i/m	2307	2621	2741	2856	2920	3203	2786	2740	2627	2641	2739	2861	2754	3074	427		(m)
$x_i\cos\alpha_i$/m	1714	2120	2374	2611	2777	3133	2772	2740	2614	2583	2605	2615	2385	2487	317	35847	

图 2-4-2　不规则岸线效吹程计算

对于峡谷型水库，上述计算方法较为烦琐，可采用图 2-4-3 的简化方法。处于①区的横河风区，其有效吹程可直接取与风向一致的风区长度；处于②区的顺河风区，因受河宽的限制，其有效吹程应取与风向一致的风区长度和 5 倍河宽的较小值。即

$$\begin{cases}\text{横河风区①：}F=D\\ \text{顺河风区②：}F=\min(D,\ 5B)\end{cases} \tag{2-4-7}$$

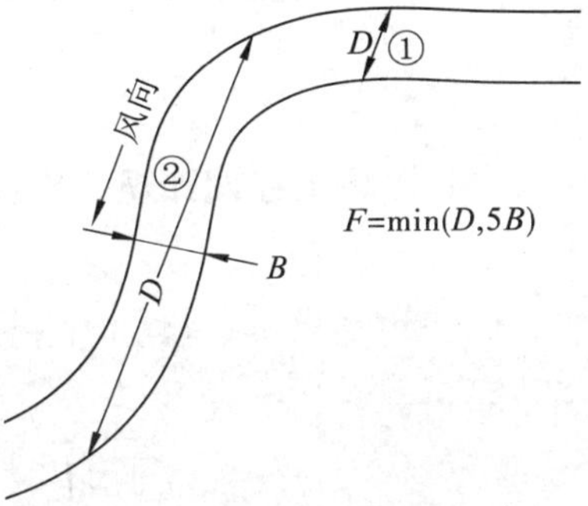

图 2-4-3　峡谷型水库吹程计算

2. 风速的确定

风速是确定波浪的关键因素，因水库处于封闭或半封闭水体中，其风区内风速的确定与敞海有所不同，需将气象站的风速换算为水面上的风速。在计算风速时，一般采用水面上 10 m 高程处的风速作为计算风速。风速的垂直分布，可用对数率或指数率来表示。

苏联的一些学者根据气象站所处的地形特征，对风速测量站与水面上同一高度处的月平均风速进行了修正研究，其换算关系采用表和图显示，应用不方便。式(2-4-8)为日本《港湾设施技术标准》的风速修正公式，式(2-4-9)为苏联规范的风速修正公式，应用较为方便。

$$U_1 = U_2 \left(\frac{h_1}{h_2}\right)^n \tag{2-4-8}$$

$$U = k_h U_h \tag{2-4-9}$$

式中，U_1为水面以上 h_1高程处的风速；U_2为水面以上 h_2高程处的风速；n 为指数，随地表附近的糙率和大气的稳定状况而改变，在海上多采用内 $n \geqslant 1/7$。U 为水面上 10 m 高程处的风速；U_h 为水面上 h 高程处的风速；k_h 为风速的高程修正系数，$h=5$ m，$k_h=1.1$ m；$h=10$ m，$k_h=1.0$ m；$h\geqslant 20$ m，$k_h=0.9$。

3. 波浪要素计算公式

波浪要素主要包括波高 H、波长 L 及波周期 T 等。当已知风速、吹程等，水库的波要素通常用经验公式进行计算。现有的波要素经验公式主要有下几种。

(1)官厅水库公式：

$$\begin{cases} H = 0.0166U^{5/4}F^{1/3} \\ L = 10.4H^{0.8} \\ T = 3.79H^{0.385} \end{cases} \tag{2-4-10}$$

(2)鹤地水库公式：

$$\begin{cases} H = 0.0136U^{3/2}F^{1/3} \\ L = 0.389UF^{1/2} \end{cases} \tag{2-4-11}$$

(3)安得列扬诺夫((В. Г. Андреянов))公式：

$$\begin{cases} H = 0.0208U^{5/4}F^{1/3} \\ L = 0.304UF^{1/2} \end{cases} \tag{2-4-12}$$

(4)堤防工程设计规范推荐公式(莆田实验站公式)：

$$\begin{cases} \dfrac{g\overline{H}}{U^2} = 0.13\tanh\left[0.7\left(\dfrac{gd}{U^2}\right)^{0.7}\right]\tanh\left\{\dfrac{0.0018\left(\dfrac{gF}{U^2}\right)^{0.45}}{0.13\tanh\left[0.7\left(\dfrac{gd}{U^2}\right)^{0.7}\right]}\right\} \\ L = 30.75\overline{H} \end{cases} \tag{2-4-13}$$

以上各式的波高 H、波长 L 以 m 计；波周期 T 以 s 计；风速 U 以 m/s 计；吹程 F

以 km 计。官厅水库公式波高的超值概率约 5%～10%；鹤地水库公式波高的超值概率为 1/60；安得列扬诺夫波高的超值概率约 2.5%～10%；莆田实验站公式的波高为平均波高。

2.4.5　三峡库区波浪要素的计算

2.4.5.1　三峡库区特征风浪估算及分布

采用官厅水库波高计算公式，对万州—巫山库段的波高进行了计算。根据云阳、奉节近 22 年最大风速和最多风向计算的波高沿线分布，以及近 22 年平均风速和最多风向计算的波高沿线分布。

计算表明，按最多风向计，库区可分为 4 种风区段：峡谷库段风区长度为 0.7～0.8 km，其中最窄不到 0.3 km；宽谷库段风区长度为 1.0～1.5 km，支流河口段可达到 3.0 km 以上；万州大周库段，因河道走向与风向一致，为顺河风区段，风区长度可达 10.0 km 以上，但受库面宽度 1.0 km 的限制，其有效吹程一般为 5.0 km。

波高计算分析表明，绝大部分库段多年平均波高 3~4 cm，波高在顺河风及支流河口等风区较大的库段，多年平均波高一般为 5~6 cm。对于最大波高，河段走向与风向交角较大的横河风区，波高 50～60 cm，如云阳三坝—巫山的非河口库段，其中瞿塘峡段仅 40 cm；河段走向与风向斜交、库面较宽、支流河口等库段，波高 70~90 cm，如万州太龙—云阳三坝段；河段走向与风向一致的顺河风区，波高可达 100 cm 以上，最大约 120 cm，如万州的大周段。

相应于多年平均波高，波长为 0.6～1.0 m，波周期为 1.0～1.2 s。相应于最大波高，波长短者为 6.0～7.0 m，波周期为 2.9～3.2 s，波长长者为 10.0～12.0 m，波周期为 3.8～4.1 s。

2.4.5.2　三峡库区风浪历时过程

与风速的历时过程一致，可分析波高随时间变化过程。云阳县城虽为支流河口段，但河中有江心洲，限制了风浪的发展，其吹程为 1.2～1.8 km；奉节县城为河口开阔段，风区较大，吹程达 2.2～2.6 km。图 2-4-4 所示为按云阳(吹程 1.5 km)、奉节(吹程 2.4 km)2002 年日最大风速计算的波高历时变化过程，可分析两地年内风浪强度变化情况。经估算，云阳 2002 年最小、最大及平均波高分别为 2.6 cm、44.7 cm 及 11.9 cm，奉节相应为 3.1 cm、69.5 cm 及 15.2 cm，奉节稍大。

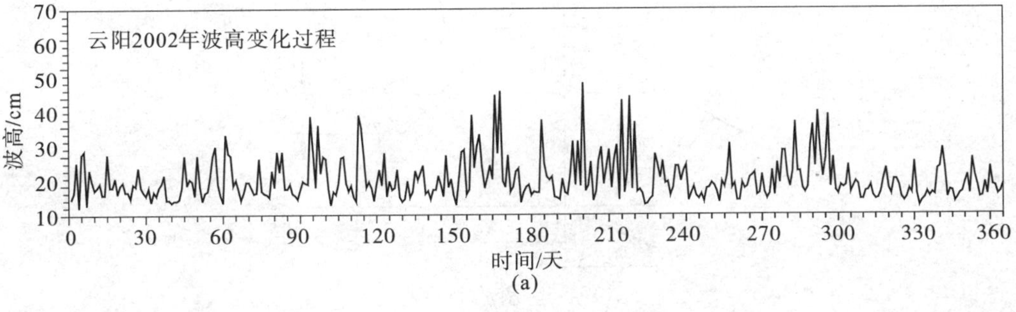

(a)

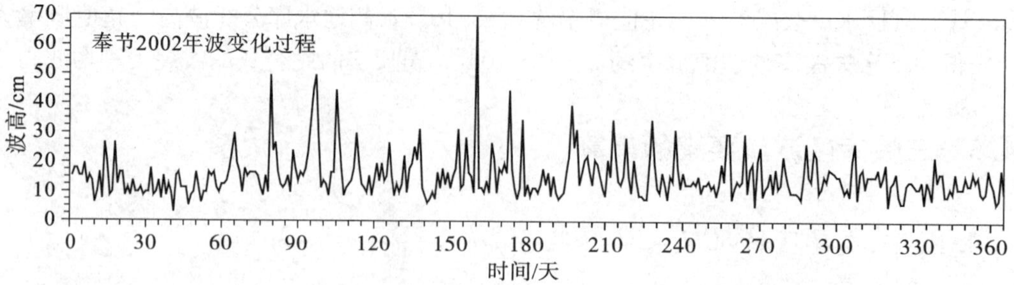

(b)

图 2-4-4　云阳、奉节 2002 年波高变化过程(按日最大风速估算)

2.4.6　库区浪流的水动力分析研究

2.4.6.1　波浪压力研究现状概述

最近一二十年，有关波浪在斜坡上破碎的波流速和波压力研究，各国进行得都比较少。这方面的成果，大多产生于 20 世纪中期。从世界各国的研究状况来看，主要是美国和苏联，尤以苏联学者提出的计算方法比较完整，值得我们借鉴。

苏联学者从规则波在斜坡上破碎后水质点的运动方程出发，半理论半经验地导出斜坡坡面上的波流速和波压力分布。他们假定斜坡坡面为均一光滑整体，波浪垂直正向入射，忽略破波在斜面上产生的水平侧向作用力。

破波流速如果超出了坡面护坡块体或泥沙颗粒等的起动流速，则坡面颗粒将发生运动，并引起坡面变形；波浪破碎时产生的瞬时波压力，不仅可引起斜坡变形，而且还会增加护坡块体结构内力；波谷时刻坡面水流的回落以及斜坡体内的回落渗透水引起的反力，对护坡块体的稳定十分不利。

2.4.6.2　斜坡坡面波流速大小及分布

令波浪在斜坡上破碎时的临界水深为 d_0，波峰 A 高出静水位的高程为 H_0，波浪破碎后，波峰水质点以射流形式循抛物线冲击斜坡，在射流与斜坡的交点 B 产生最大波压力和最大流速(图 2-4-5)。图 2-4-5 中坐标原点 O 通过波峰 A 点置于斜坡坡面上，$+x$ 轴与波浪传播方向平行，$+y$ 轴垂直向上并通过波浪破碎点。

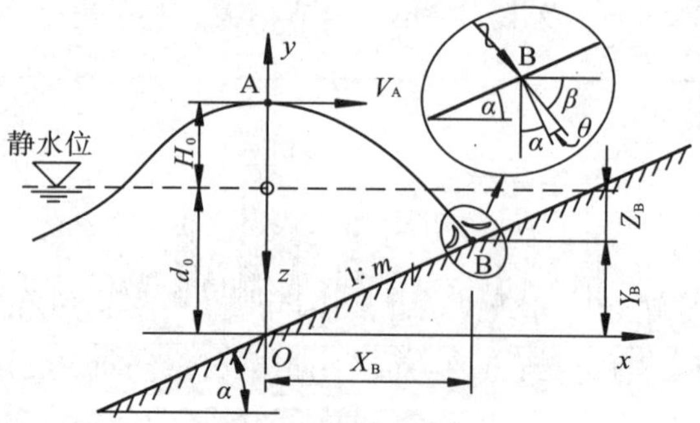

图 2-4-5　斜坡上的破波

根据射流抛物线及斜坡几何关系，可确定 B 点的坐标(X_B，Y_B)为

$$\begin{cases} Y_B = \dfrac{X_B}{m} \\ X_B = \dfrac{1}{g}\left(\dfrac{V_A^2}{m} + V_A\sqrt{\dfrac{V_A^2}{m^2} + 2g(d_0 + H_0)}\right) \end{cases} \tag{2-4-14}$$

式中，m 为斜坡坡率；V_A为波浪破碎时波峰处水质点 A 的流速。波浪破碎时波峰处水质点 A 处的流速 V_A，可用下式计算：

$$\begin{cases} V_A = n\sqrt{\dfrac{gL}{2\pi}\tanh\dfrac{2\pi d}{L}} + H\dfrac{\pi g}{2L}\coth\dfrac{2\pi d}{L} \\ n = 4.7\dfrac{H}{L} + 3.4\left(\dfrac{m}{\sqrt{1+m^2}} - 0.85\right) \end{cases} \tag{2-4-15}$$

式中，H 为波高；L 为波长；d 为堤前水深；g 为重力加速度。

破波波峰点距静水面高 H_0及临界水深 d_0用以下两式计算：

$$H_0 = \left[0.95 - (0.84m - 0.25)\frac{H}{L}\right]H \tag{2-4-16}$$

$$d_0 = H\left(0.47 + 0.023\frac{L}{H}\right)\frac{1+m^2}{m^2} \tag{2-4-17}$$

再设 z 坐标，将坐标原点置于静水位，取$+z$ 轴垂直向下，定 B 点的 z 坐标为 Z_B(图 2-4-6)。由抛物射线的原理，可导处冲击点 B 处的流速 V_B和静水位下水深 Z_B：

$$V_B = \sqrt{\eta(V_{Bx}^2 + V_{By}^2)} \tag{2-4-18}$$

$$V_{Bx} = V_A \tag{2-4-18a}$$

$$V_{By} = -\frac{gX_B}{V_A} \tag{2-4-18b}$$

$$\eta = 1 - (0.017m - 0.02)H \tag{2-4-18c}$$

$$Z_B = d_0 - Y_B \tag{2-4-19}$$

式中，V_{Bx}、V_{By}是 V_B在 x、y 方向的分速度；η 是因射流穿越自斜坡回落的水垫层面使流速 V_B减小的经验系数。

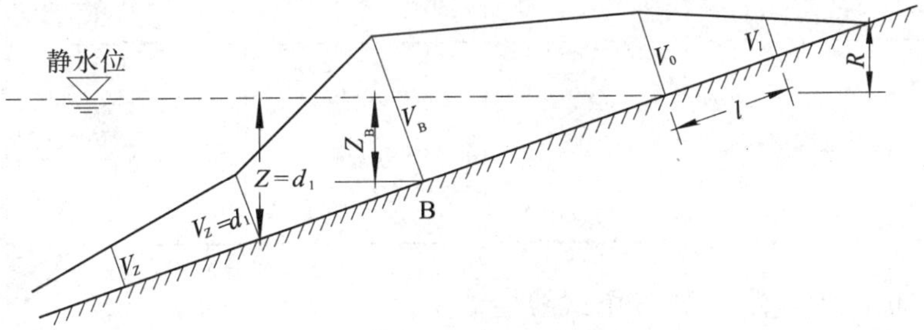

图 2-4-6　斜坡上的流速分布示意图

由此可见，给定 H、L、d、m 后，由以上各式可求得 X_B、Y_B、Z_B和 V_B等，即斜坡上最大流速作用点的位置和最大流速的数值。

根据简化的数值运算，Z_B亦可由下式确定：

$$Z_B = d_0 - \frac{1}{m^2}(\sqrt{2m^2+1}-1)(d_0+H_0) \tag{2-4-20}$$

当冲击点 B 的流速知道后，沿坡面上下的流速按以下情况计算：

(1)自 B 点沿斜坡向下，直至 $z=d_1$处为止，流速按线性规律减小。

$$d_1 = \frac{1.22}{m^{0.8}}\sqrt{HL} \tag{2-4-21}$$

(2)自水深 $z=d_1$处直至堤脚，波流速 V_z按下式计算。

$$V_Z = \frac{\beta\pi H}{\sqrt{\frac{\pi L}{g}\sinh\frac{4\pi z}{L}}} \tag{2-4-22}$$

式中，β 为经验修正系数后，系对水深为 z 的浅水波最大底流速理论计算公式的修正，其值与波浪坦度 L/H 有关(表 2-4-1)。

表 2-4-1　波动底流速修正系数 β

L/H	8	10	15	20
β	0.6	0.7	0.75	0.8

(3)自 B 点沿斜坡向上，直至静水位为止，流速亦按线性规律减小。

(4)在静水位处，最大流速 V_0按式(2-4-23)计算。

$$V_0 = \frac{10K\sqrt{g}}{2\pi+m}\sqrt[6]{H^2L} \tag{2-4-23}$$

式中，K 为糙率及渗透修正系数，等于糙率修正系数 K_1与渗透修正系数 K_2的乘积，其值见表 2-4-2。用单层块石护面时，K_1按块石尺寸计算，K_2按垫层颗粒尺寸计算。当抛石厚度大于波高时，K 值按上层块石尺寸计算。

表 2-4-2　斜坡的糙率修正系数 K_1和渗透修正系数 K_2

斜坡特征(护面类型)	相对糙率$\Delta/H_{1\%}$	K_1	K_2
整片光滑护面(沥青混凝土)	—	1	1
整片混凝土护面或接缝面积不超过总面积 5%的混凝土板护面	—	1	0.9
砾石、块石、混凝土或钢筋混凝土块体护坡	<0.002	1	0.9
	0.005~0.01	0.95	0.85
	0.02	0.9	0.8
	0.05	0.8	0.7
	0.1	0.75	0.6
	>0.2	0.7	0.5

(5)在静水位以上，流速 V_l按下式线性减小。

$$V_l = V_0\left(1-\frac{l}{R\sqrt{1+m^2}}\right) \tag{2-4-24}$$

式中，l 为自静水位向上沿斜坡至计算点的距离；R 为波浪爬高。

综合上述情况，可将破波时波浪的流速分布示意图绘于图 2-4-7，同时将 $H=1$ m 的波压力分布特例绘制于图 2-4-8，可见流速分布衰减较为迅速。

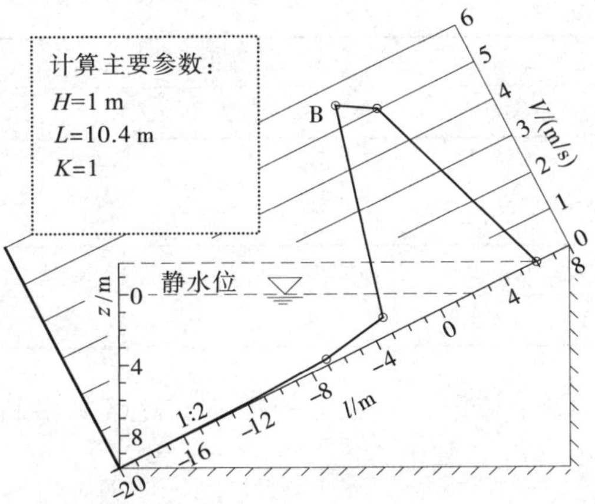

图 2-4-7　斜坡上的流速分布特例

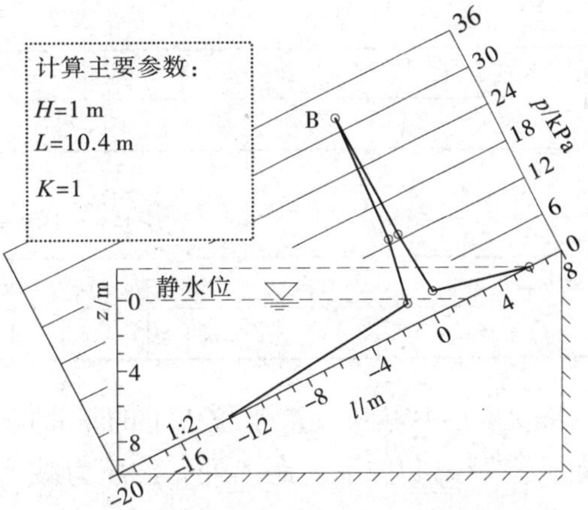

图 2-4-8　斜坡上的波压力分布特例

2.4.6.3　斜坡坡面波压力大小及分布计算

1. 苏联规范推荐公式

依据苏联有关规范推荐，用整块盖板或装配式盖板护面的光滑斜坡，在破波冲击下，其最大波压力的分布如图 2-4-9 所示。波压力分布的特点是，破波冲击点 B 的压力最大，然后沿坡面向上、下逐渐减小。

最大波压力强度 p_B 按下式计算(简称苏规公式)：

$$\begin{cases} p_B = c_1 c_2 \bar{p}_B \gamma H \\ c_1 = 0.85 + 4.8\dfrac{H}{L} + m\left(0.028 - 1.15\dfrac{H}{L}\right) \end{cases} \tag{2-4-25}$$

式中，c_1、c_2为系数，c_2见表 2-4-3，或近似按 $c_2=0.3858\ln(L/H)+0.1156$ 计算；$\bar{p}_B$ 为作用于斜坡上 B 点的最大相对压力强度，见表 2-4-4，或近似按 $\bar{p}_B=2.7766H^{-0.3829}$计算；$\gamma$ 为水的比重。

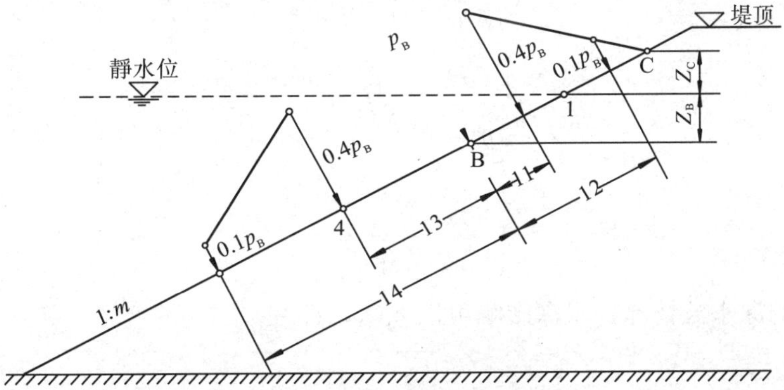

图 2-4-9　光滑斜坡上的最大波压力分布

表 2-4-3 系数 c_2

波浪坦度 L/H	10	15	20	25	35
c_2	1	1.15	1.3	1.35	1.48

表 2-4-4 最大相对波压力 $\bar{p}_B$

波高 H/m	0.5	1.0	1.5	2.0	2.5	3.0	3.5	≥4
$\bar{p}_B$	3.7	2.8	2.3	2.1	1.9	1.8	1.75	1.7

图 2-4-9 中点 C 在静水位以上的垂直距离 Z_C 等于波浪在斜坡上的爬高，自点 B 沿斜坡向上 l_1 距离和向下 l_3 距离处，波压力减为 $p=0.4p_B$，其中，

$$\begin{cases} l_1 = 1.25S \\ l_3 = 2.65S \end{cases} \tag{2-4-26}$$

自点 B 沿斜坡向上 l_2 距离和向下 l_4 距离处，波压力减为 $p=0.1p_B$，其中，

$$\begin{cases} l_2 = 3.25S \\ l_4 = 6.75S \end{cases} \tag{2-4-27}$$

式(2-4-26)和式(2-4-27)中，

$$S = \frac{mL}{100(m^2-1)^{1/4}} \tag{2-4-28}$$

图 2-4-8 为 $H=1$ m 的波压力分布特例，可看出波压在冲击点上下的衰减十分迅速。

2. 铁路工程设计技术手册推荐公式

铁路工程设计技术手册(路基)推荐的公式(简称路规公式)，将破波冲击点流速水头转化为压能，导出最大波压力计算公式：

$$p_B = \frac{1.7\gamma}{2g}\left[V_A^2 + \left(\frac{gX_B}{V_A}\right)^2\right]\cos^2\theta \tag{2-4-29}$$

式中，V_A 为波峰处流速，由式(2-4-24)计算；θ 为射流与坡面法向的夹角。

$$X_B = \frac{1}{g}\left(-\frac{V_A^2}{m} + V_A\sqrt{\frac{V_A^2}{m^2} + 2gY_0}\right) \tag{2-4-29a}$$

$$Y_0 = 1.5H + \frac{\pi H^2}{4L}\coth\frac{2\pi d}{L} \tag{2-4-29b}$$

$$\begin{cases} \theta = 90° - \alpha - \beta \\ \tan\beta = \dfrac{gX_B}{V_A^2} \\ \tan\alpha = 1/m \end{cases} \tag{2-4-29c}$$

对于 $d > L/2$ 的深水波情况，水深影响可以忽略，存在

$$V_A = n\sqrt{\frac{gL}{2\pi}} + H\sqrt{\frac{\pi g}{2L}} \tag{2-4-29d}$$

$$Y_0 = 1.5H + \frac{\pi H^2}{4L} \tag{2-4-29e}$$

3. 苏规公式与路规公式的比较

为了对比两个推荐公式，以深水波以及采用官厅水库的波高与波长关系为特例进行了对比分析，分析结果见表 2-4-5。

从对比结果看，当 $H<0.5$ m 时，苏规公式计算结果超过路规公式的 1～5 倍，这是因为苏规公式 $H<0.5$ m［表 2-4-4)未给出最大相对压力强度 $\bar{p}_B$ 的值］的最大相对压力强度 $\bar{p}_B$ 是按拟合趋势外延获得，超出了其适用范围。而当 $H=(1.0\sim3.0)$m，二者计算结果差异不大。

表 2-4-5　路规公式与苏规公式计算的最大波压力比较

波高/m	坡率 $m=1.5$			坡率 $m=2.0$			坡率 $m=2.5$		
	$p_{路}$/kPa	$p_{苏}$/kPa	$p_{苏}/p_{路}$	$p_{路}$/kPa	$p_{苏}$/kPa	$p_{苏}/p_{路}$	$p_{路}$/kPa	$p_{苏}$/kPa	$p_{苏}/p_{路}$
0.05	0.900	5.648	6.278	1.054	5.560	5.275	1.141	5.472	4.796
0.10	2.049	8.482	4.140	2.370	8.317	3.509	2.497	8.153	3.265
0.20	4.207	12.747	3.030	4.817	12.447	2.584	5.051	12.147	2.405
0.30	6.118	16.184	2.645	7.050	15.760	2.235	7.438	15.336	2.062
0.50	10.566	21.871	2.070	12.038	21.221	1.763	12.619	20.572	1.630
0.80	17.116	28.865	1.686	19.403	27.910	1.438	20.300	26.954	1.328
1.00	20.762	32.934	1.586	23.720	31.789	1.340	24.968	30.644	1.227
1.50	32.603	41.860	1.284	36.729	40.274	1.097	38.339	38.687	1.009
2.00	43.122	49.634	1.151	48.665	47.639	0.979	50.898	45.644	0.897
2.50	53.849	56.650	1.052	60.765	54.269	0.893	63.588	51.889	0.816
3.00	64.705	63.116	0.975	72.967	60.368	0.827	76.361	57.620	0.755

4. 斜坡坡面反压力大小及分布

作用于护面盖板下的波浪反压力强度 $p_{反}$ 可由下式计算：

$$p_{反}=c_1c_2\bar{p}_{反}\gamma H \tag{2-4-30}$$

式(2-4-30)中，c_1、c_2的含义与式(2-4-25)中相同；$\bar{p}_{反}$ 为波浪的相对反压力，由图 2-4-11 确定。

图 2-4-10 中的 l 为沿斜坡方向的盖板长，L 为波长，x 为垂直于水边线沿斜坡量度的距离，以斜坡与水边线的交点为原点，向水面下为正。对于图 2-4-10 所示的特例，长 1 m 的盖板在水边的反压力强度约 2.41 kPa。

上述方法计算反力较为烦琐，潘少华提出了较为简单的计算方法，根据实验资料分析认为，波浪对块石的最大浮脱力 p_t 可用式(2-4-30)计算，对于图 2-4-7 的特例，该值约为 3.36 kPa，因式(2-4-30)的计算值为 l 内的平均值，故 p_t 稍大。

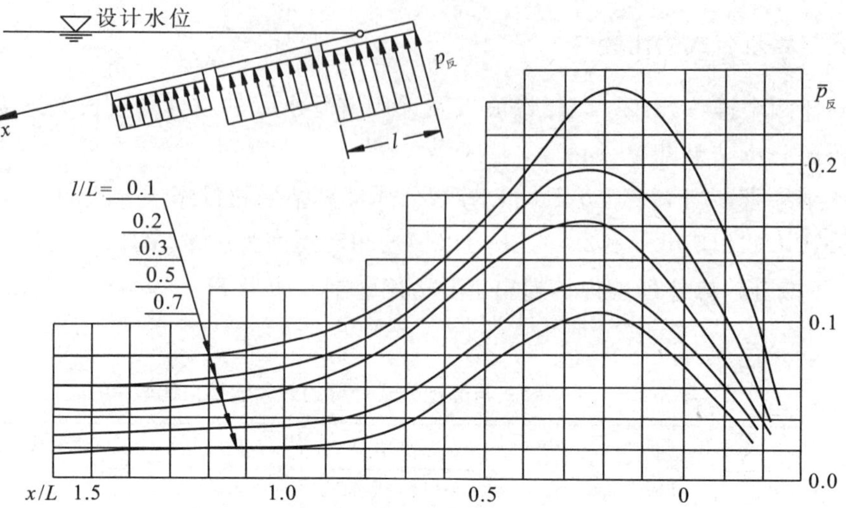

图 2-4-10　波浪的相对反压力 $\bar{p}_反$

$$
\begin{cases}
p_{\mathrm{t}} = 0.386M^{1.88}\exp(-0.63M)\gamma H \\
M = \dfrac{1}{m}\left(\dfrac{L}{H}\right)^{0.5}\left(\tanh\dfrac{2\pi d}{L}\right)^{0.5}
\end{cases}
\tag{2-4-31}
$$

对于三峡水库水深较大的情况，可简化为

$$
M = \frac{1}{m}\left(\frac{L}{H}\right)^{0.5} \tag{2-4-32}
$$

根据波浪在斜坡上的作用情况，为了简化计算，本处建议采用图 2-4-11 的简图来描述反力的分布。

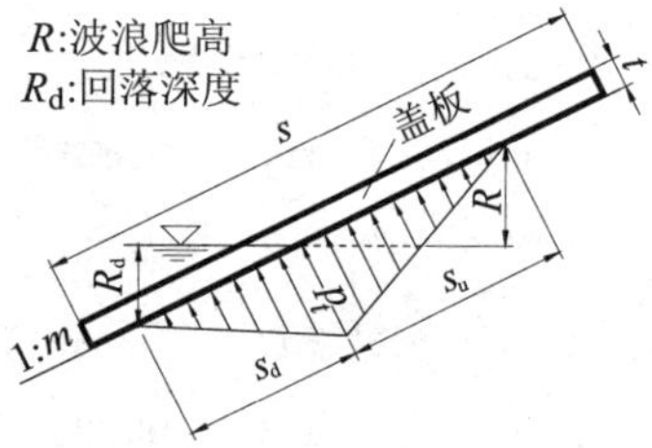

图 2-4-11　反力分布简图

2.5　斜坡弯道水力特性

2.5.1　研究现状

自 1876 年 Thompson 从弯道水槽实验中发现螺旋流以来，国内外许多学者根据不同研究目的，通过野外观测分析、实验室水槽实验、理论分析和数值模拟等方法，对河湾水流的结构、泥沙运动特性和河床演变规律等进行了大量的研究分析工作。Bule 等于 1934 年发表了依阿华河(Iowa River)的观测结果。Eakin 发表了密西西比河(Mississippi River)河湾水流观测的研究结果，侧重点是河湾水面超高问题。Yamell 和 Woodward 对河湾水流做了大量的实验，研究了纵向流速分布和水面形状。1951～1952 年间苏联乌克兰科学院水文及水工研究所通过实验发现了河湾横向环流。Einstein 和 Harder 在矩形水槽中进行水流实验，检验了他们关于环流强度数量级的分析研究。Rozovskii 对河湾水流特性做了大量的实验，通过理论推导和实验验证，提出了河湾水流特性及纵向流速计算公式和环流流速计算公式，并首次在模型中对纵向流速分布采用卡门——普朗特对数流速分布公式。1957～1964 年，我国荆江实验站对长江下荆江河段进行了较完整的弯道水流泥沙观测，对河湾水流动力轴线、水面纵横比降、横向环流、泥沙运动特性及河湾河床演变规律进行了研究。Yen 通过实验研究了弯曲河道边界切应力分布、水面超高、螺旋运动的生长和消失。丁君松弯道环流横向流速和含沙量沿垂线分布出发，探讨了环流横向输沙问题，导出了环流横向挟沙力公式，并对环流若干特性和含沙量沿垂线分布的公式做了阐明。Thorne 等对凹岸纵向流速分布进行了研究，得出了纵向流速在凹岸区域的经验表达式。王韦、蔡金德对弯道水深和流速平面分布进行了理论分析，从谢才公式和水面超高公式入手，建立了弯道内任一点水深和纵向垂线平均流速的计算公式。张红武针对 Rozovskii 建立的二维弯道水流模型的不足，从运动方程出发，根据混合长理论导出了横向流速的垂线分布公式及近底水流方向和水面横坡。刘焕芳从弯道水面横比降沿程变化规律的半经验公式入手，提出了弯道横向水面超高沿程分布、弯道水面纵比降、弯道自由水面高程和弯道水流纵向垂线平均流速的计算公式。孙东坡从紊流雷诺方程出发，采用普朗特紊流切应力构架，由因次分析确定掺长，探讨了明渠恒定二元环流的流速分布，导出了环流流速分布公式，研究了弯道水流中泥沙横向输移问题。宋志尧针对 Rozovskii 弯道环流公式推导过程中存在的问题进行了优化实验，得到了弯道环流流速垂线分布和水面横比降简化后的统一计算公式，提高公式的实用性。

2.5.2　河湾概化模型设计

2.5.2.1　总体布置

整个实验的供水系统由泵站、量水堰、进水渠、进口前池、实验段、尾水池和回水渠组成。水流循环系统如图 2-5-1 所示。

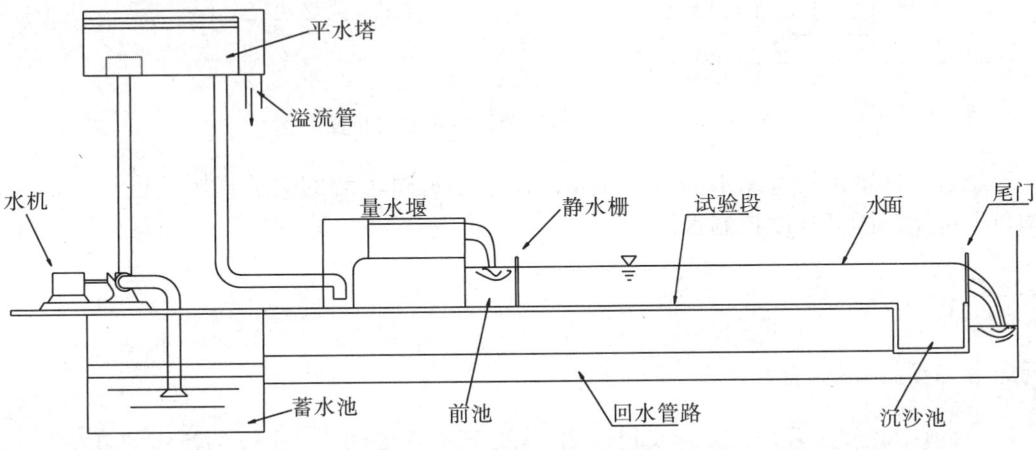

图 2-5-1　综合式循环系统

河湾概化模型表面为光滑的混凝土抹面，底坡比降为 1‰。为调顺水流，使紊流边界层得以充分发展，在弯道入口设置 7～10 m 的顺直段。为使弯道出口水流有一较长的过渡段进行环流的衰减及水流的平顺，在弯道出口设置 5～8 m 的顺直河段。模型全长约 28 m。有关实验参数如下：

河湾中心角 $\varphi=90°$，弯道中心线半径 r_0 根据实验工况分别取 3.0 m、4.0 m、5.0 m、6.0 m。在弯道水流实验中，水槽横断面为矩形，槽底宽 $B=3.0$ m，壁高 $h_0=0.5$ m。弯道水流模型布置如图 2-5-2 所示。

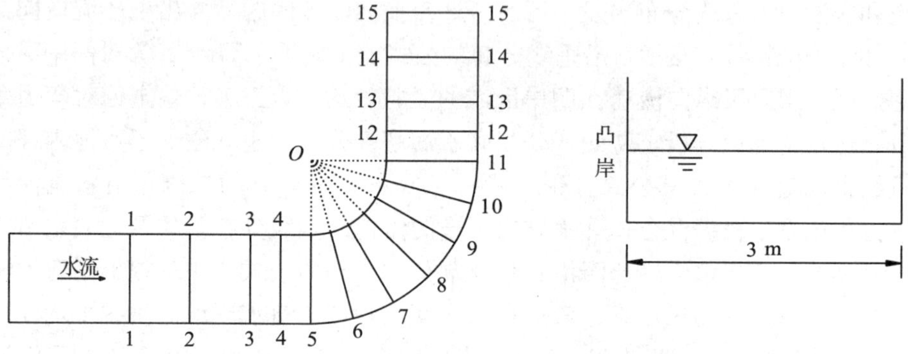

图 2-5-2　弯道水流实验布置示意

在斜坡弯道水流实验及河湾坡岸泥沙起动实验中，水槽横断面为梯形，槽底宽 $B=2.0$ m，凸岸为垂直边壁，凹岸则采用斜坡，坡率 m 分别取 1.25、1.50、1.75 和 2.00。河湾坡岸概化模型的布置如图 2-5-3 所示。

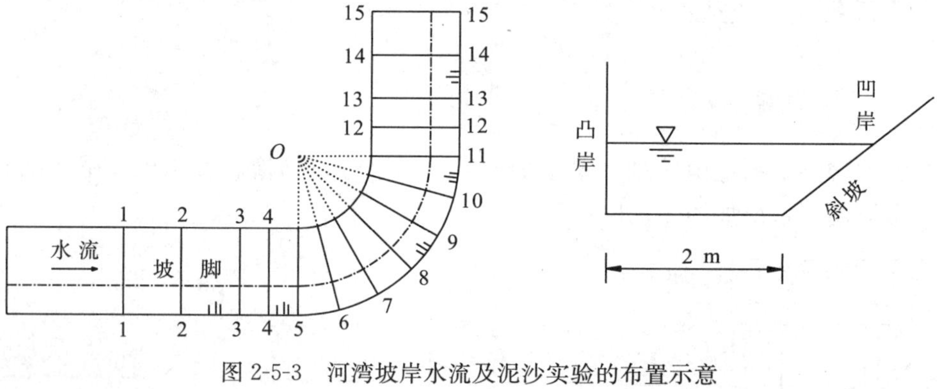

图 2-5-3　河湾坡岸水流及泥沙实验的布置示意

模型进口由矩形薄壁量水堰控制流量，尾水位通过可调的插板式尾门进行控制，通过调节下游尾门的开启度控制水深。

2.5.2.2　模型参数

1. 河床形态参数

(1)弯道中心线半径 r_0。Leopold 所获得的天然河流的 r_0/B 值的范围是 1.5～4.0。部分研究者在对弯道的研究中，考虑到的 r_0/B 的最小值是 1.0。经综合考虑并结合模型实验场的场地限制，取 r_0/B 为 1～2。根据 r_0/B 的取值范围，结合平均河宽确定的弯道中心线半径 r_0 为 3.0～6.0 m。

(2)斜坡坡率 m。在对河湾坡岸泥沙起动进行研究时，必须考虑泥沙颗粒的自重沿水流方向分力的影响，也就是必须考虑泥沙的水下休止角。经综合比较选定坡率 m 分别为 1.25、1.50、1.75、2.00。

2. 水流参数

(1)水深 h。相对于顺直河段，弯道水深沿程和沿河宽方向都在变化。实验中水深通过调节尾门实现。弯道水流结构与宽深比 B/h 密切相关。当 B/h 较小时，边壁影响较为突出，对实验结果影响较大。一般认为，在 B/h 为 5.0~10.0 之间时，边壁的影响基本可忽略，主流紊流边界层才能充分发展。结合本实验具体情况，确定尾门水深分别为 15 cm、20 cm、25 cm、30 cm。

(2)流量 Q。进口流量通过量水堰控制。综合考虑研究内容、实验场地和水泵功率，确定实验施放的流量 Q 分别为 80 L/s、120 L/s、60 L/s、200 L/s。

2.5.2.3 量测仪器

1. 水位的测量

本实验中水位测量采用结构简单、使用方便可靠的测针施测。在水槽底部开槽，用直径 8 mm 的铜管将水流引至量筒内进行测量。测量精度可达 0.1 mm。根据实验需要，除量水堰用 60 cm 长的测针外，其余部分皆用 40 cm 长的测针。

2. 流速的测量

传统的流速测量主要通过旋浆流速仪来测定。具有操作简便，数据显示直观等特点。它的工作原理为：当水流作用于旋浆时，旋浆即产生回旋运动，水流速度越快，旋浆转速越快，两者之间呈线性关系，可写成如下函数关系：

$$u = K\frac{N}{T} + C \tag{2-5-1}$$

式中，u 为测点流速；K 为叶轮系数；N 为叶轮转数；T 为施测时间；C 为克服叶轮惯性的系数。

本实验采用的是目前较为先进的声学多普勒测速仪(acoustic doppler velocimeter)，简称 MicroADV。MicroADV 能够直接测量三维流速，对水流干扰作用小，测量精度高，操作简便，流速资料后处理功能强。

2.5.2.4 实验控制

1. 流量控制

实验采用矩形量水堰控制流量，矩形量水堰通常采用雷伯克公式计算流量。

$$Q = \left(1.782 + 0.24\frac{h + 0.0011}{P}\right)Bh^{\frac{3}{2}} \tag{2-5-2}$$

式中，Q 为流量，m^3/s；P 为堰板高度，m；B 为堰宽，m；h 为堰上水头，m。

实验采用量水堰调节流量，流量大小由量水堰测针加以控制。由式(2-5-2)流量与堰上水头的关系容易得到施放流量与堰上水头关系如图 2-5-4 所示。

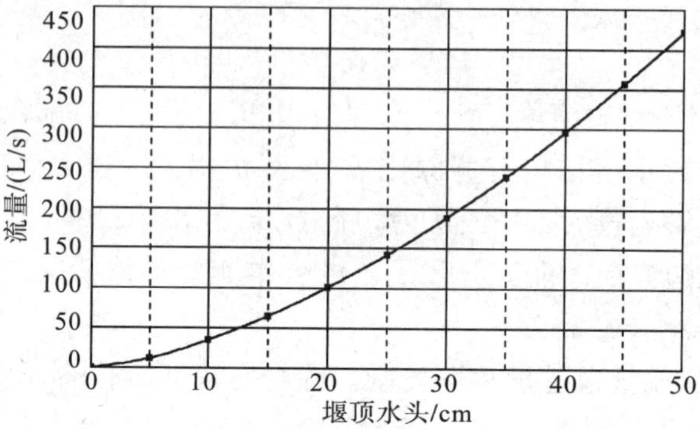

图 2-5-4 流量与堰顶水头的关系

2. 水深控制

实验中水深通过尾门测针来控制。为测定水面高程，研究河段的横比降和纵比降，根据各方案弯道长度的变化相应进行了调整。弯道段均匀布置 7～9 个水尺断面；弯道进、出口直段布置 2～5 个水尺断面。不同半径对应的水尺断面数如表 2-5-1 所示。为详细研究弯道环流对水面线的影响，在每个水尺断面的凹岸、中心线和凸岸分别布设了三把水尺进行水位量测。弯道半径为 5 m 时的典型水尺布置情况如图 2-5-5 和图 2-5-6 所示意。河湾斜坡水尺的布设根据弯道半径、施放流量、实验水深等而作调整。

表 2-5-1 水尺断面随弯道半径的变化

弯道半径/m	弯道段水尺断面数	进口段水尺断面数	出口段水尺断面数
3	7	5	5
4	7	4	4
5	9	3	3
6	9	2	2

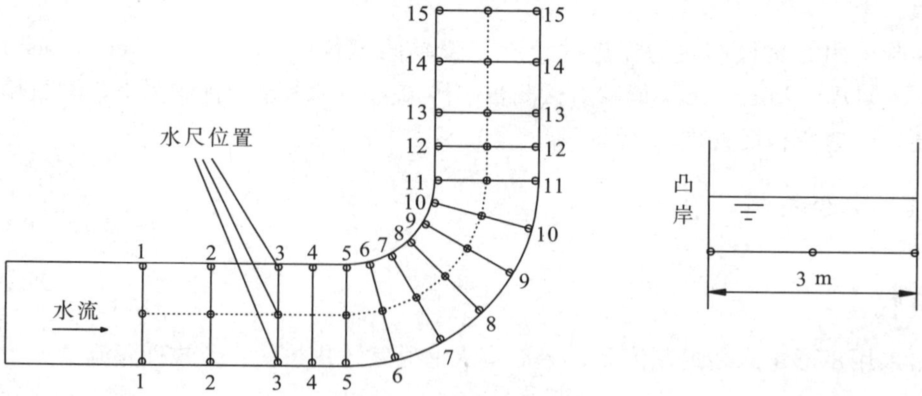

图 2-5-5 直立岸坡弯道水流实验水尺布置示意

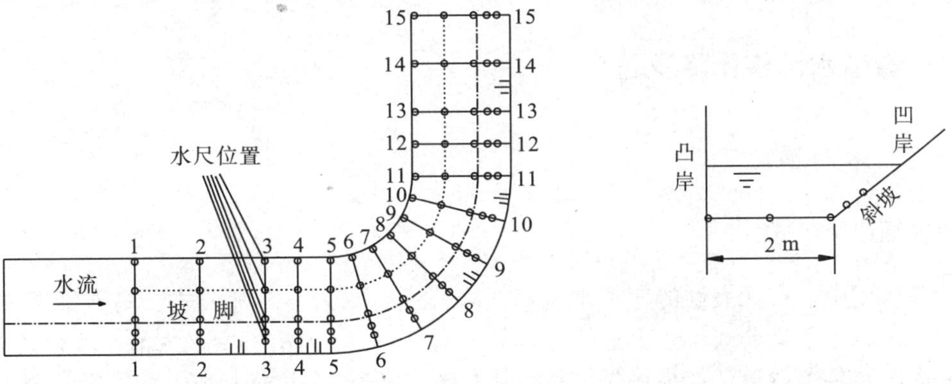

图 2-5-6　河湾坡岸水流及泥沙实验水尺布置示意

3. 测流断面控制

流速测量是实验内容的核心。本实验中测流断面与水尺断面相同。在弯道水流实验中，沿河宽方向每个测流断面均匀设置 15 个测点，间距 20 cm；垂向上采用 5 点法测量。在斜坡弯道水流实验中，横向测点间距不变，而槽底宽由 3 m 变为 2 m。边坡部分对测量点进行了加密，间距取 5 cm，垂向上仍取 5 点。

2.5.3　弯道水流运动方程

弯道水流的定义如图 2-5-7 所示。弯道水流运动方程是 Renolds 方程的简化。若采用柱坐标，其形式为

$$\frac{\partial u_\theta}{\partial t}+\frac{u_\theta}{r}\frac{\partial u_\theta}{\partial \theta}+u_r\frac{\partial u_\theta}{\partial r}+u_z\frac{\partial u_\theta}{\partial z}=\frac{u_\theta u_r}{r}+bJ_\theta+\frac{1}{\rho}\frac{\partial \tau_\theta}{\partial z} \tag{2-5-3}$$

$$\frac{\partial u_r}{\partial t}+\frac{u_\theta}{r}\frac{\partial u_r}{\partial \theta}+u_r\frac{\partial u_r}{\partial r}+u_z\frac{\partial u_r}{\partial z}=\frac{u_\theta^2}{r}-gJ_r+\frac{1}{\rho}\frac{\partial \tau_r}{\partial z} \tag{2-5-4}$$

式中，u_θ、u_r和u_z分别为纵向(切向)、横向(径向)和垂向流速；J_θ和J_r分别为水面纵向(切向)和横向(径向)比降。

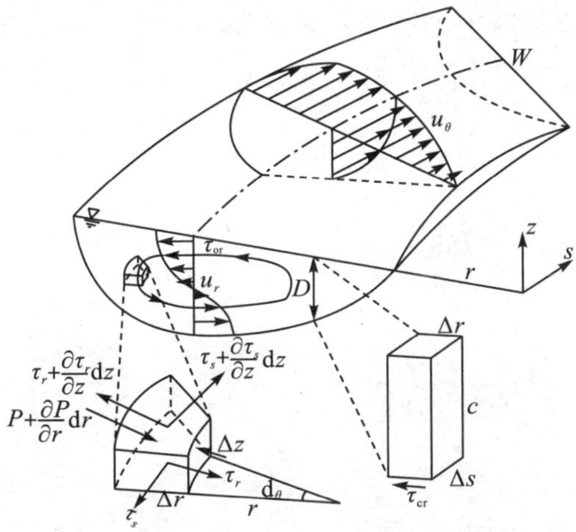

图 2-5-7　弯道水流的定义

2.5.4 弯道水面横比降及超高

2.5.4.1 水面横比降

1. 常用的横比降公式

工程运用中，有代表性的弯道水流横比降公式有罗索夫斯基公式、马卡维耶夫公式、张红武公式、王平义公式等。上述横比降公式计算的 J_r 为沿程中最大值。不足之处是不能普遍适用于整个弯道。如果用 J_{rm} 表示最大横比降(即弯顶横比降)，而以 J_r 表示随沿程变化的横比降，由图 2-5-8 实验实测资料可见，河湾横比降沿程变化非常明显。这与天然河道观测资料是一致的。φ 为弯道圆心角，θ 为所取断面与进口断面夹角。

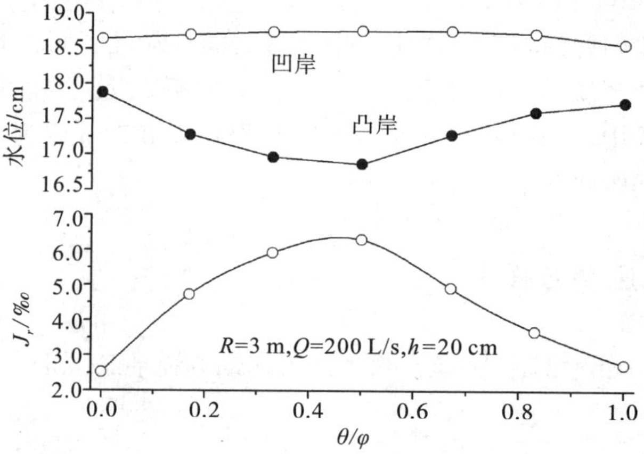

图 2-5-8 横比降的沿程变化示意

为了解横比降沿河湾的变化规律，张红武等做了有益的探讨。认为全弯段横比降可表达为以下形式：

$$J_r = f\left(\frac{\theta}{\varphi}\right)J_{rm} \tag{2-5-5}$$

由此可见公式中包含了沿程参数 θ，无疑较前面公式更为完善。刘焕芳根据多组实测资料，通过进、出口直段采用直角坐标系，弯曲段采用柱坐标系，给出了不同位置横比降的计算公式。

进口直段：

$$J_{xy} = \frac{k_b a_0 u_{cp}^2}{g(r_0 + y)}\exp\left(\frac{6x}{r_0\varphi}\right) \tag{2-5-6}$$

弯曲段：

$$J_r = \frac{6k_b a_0 u_{cp}^2}{gr}\left[\frac{1}{6} + \left(\frac{\theta}{\varphi}\right) - \left(\frac{\theta}{\varphi}\right)^2\right] \tag{2-5-7}$$

出口直段：

$$J_{xy} = \frac{k_b a_0 u_{cp}^2}{g(r_0 + y)}\exp\left(-\frac{6x}{r_0\varphi}\right) \tag{2-5-8}$$

式中，k_b 为系数，取 0.4；a_0 为纵向流速分布系数；x、y 分别为直线段内所在断面的纵、横坐标；r_0 为河湾中心线半径；u_{cp}为纵向平均流速。

2. 本书中所用横比降公式

采用弯道坐标系如图 2-5-9 所示。弯曲段采用柱坐标 r、θ 系统，进口直段和出口直段采用直角坐标系统，沿流向方向为正。其中，进口直段坐标系的原点位于弯道进口断面(O_1)，出口直段坐标系的原点位于弯道出口断面(O_3)，而弯道段的坐标原点在弯道中心(O_2)。值得注意的是，在进口直段沿流程的坐标均为负值，这是为了与整个河湾的流动系统相统一。为叙述方便与统一，对进口直段和出口直段，沿主流方向采用 x 坐标，沿河宽方向仍采用 r 表示，并约定：在凸岸，$r=r_1$；在凹岸 $r=r_2$；在其他部位，$r_1<r<r_2$。

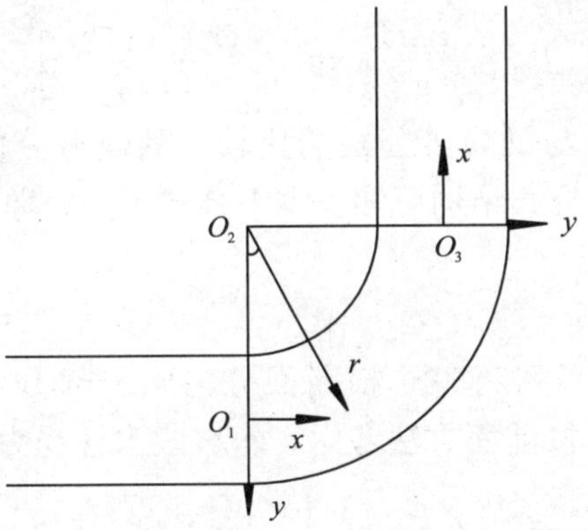

图 2-5-9　进、出口直段及弯道坐标系定义

根据实验资料，统计进、出口直段及弯道段的数据，发现任一断面横比降与弯顶横比降之比符合高斯分布，如图 2-5-10 所示。

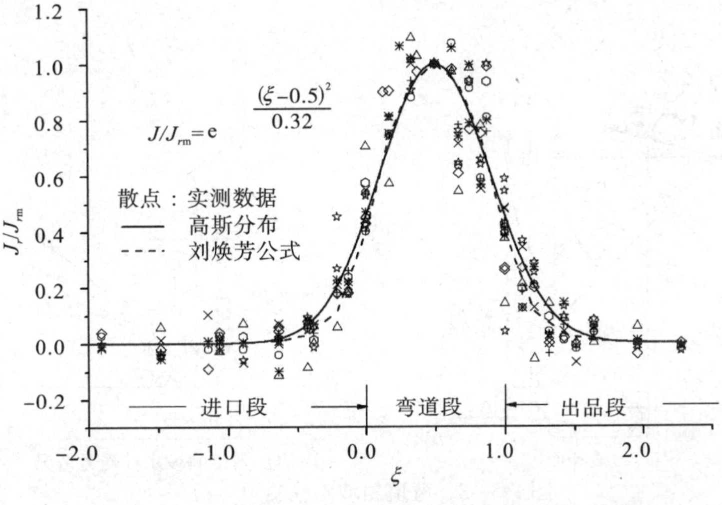

图 2-5-10　相对横比降的分布及与刘焕芳公式的比较

可知，任一断面横比降 J_r 与弯顶横比降 J_{rm}的关系为

$$J_r/J_{rm} = \exp\left[-\frac{(\xi-0.5)^2}{0.32}\right] \tag{2-5-9}$$

其中，横坐标 ξ 的取法为

$$\xi = \begin{cases} x/(r_0\varphi) & (\text{进口直段}) \\ \theta/\varphi & (\text{弯道段}) \\ 1+x/(r_0\varphi) & (\text{出口直段}) \end{cases} \tag{2-5-10}$$

式中，φ 为弯角(弧度)；r_0 为弯道中心线半径。所取资料系列为：r_0(3～5)m，Q=(80～200)L/s，h=(15～30)cm。

0≤ξ≤1 代表弯道段。将 ξ=0 或 ξ=1 带入式(2-5-9)，可以得到在弯道进、出口断面 J_r/J_{rm}。在刘焕芳的研究中近似取 J_r/J_{rm}，与本书结果基本一致。

带入弯顶横比降公式，可以得到任意位置横比降为

$$J_r = \frac{a_0 u_{cp}^2}{gr}\exp\left[-\frac{(\xi-0.5)^2}{0.32}\right] \tag{2-5-11}$$

图 2-5-10 中同时给出了与刘焕芳公式的比较。刘焕芳公式与实测资料也相当吻合。对比本书所用公式与刘焕芳公式结构可知，本书公式更为简单适用。

3. 弯道斜坡水面横比降

在弯道为斜坡的情况下，可将整个横断面分为两个部分考虑，即平底段和斜坡段，如图 2-5-11 示意。平底段可按前面方法考虑，斜坡段水柱受力如图 2-5-12 所示意。

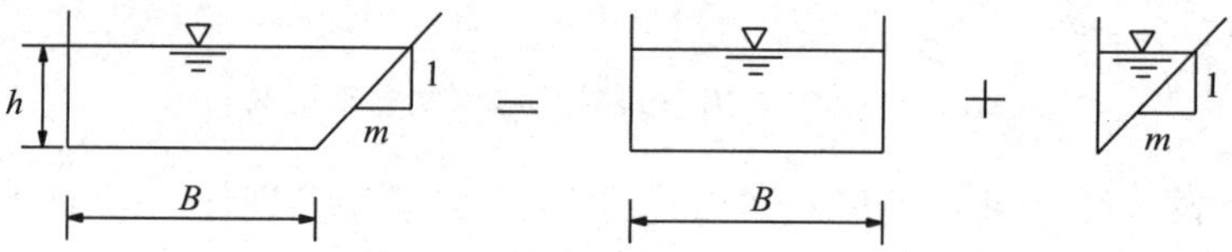

图 2-5-11 弯道斜坡分段示意

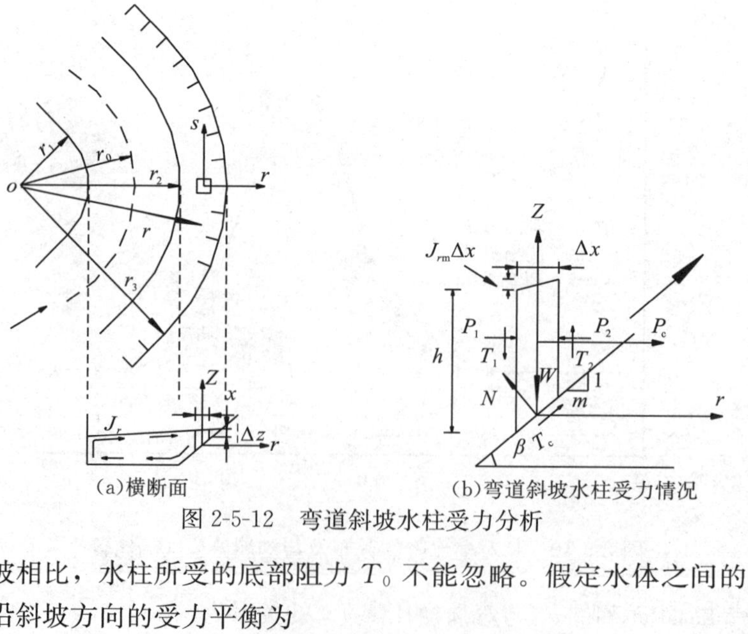

(a)横断面 (b)弯道斜坡水柱受力情况

图 2-5-12 弯道斜坡水柱受力分析

与直立边坡相比，水柱所受的底部阻力 T_0 不能忽略。假定水体之间的阻力 T_1、T_2 相互抵消，则沿斜坡方向的受力平衡为

$$(P_1 + P_c - P_2)\cos\beta - W\sin\beta + T_c = 0 \tag{2-5-12}$$

其中，

$$P_1 = \frac{1}{2}\gamma h^2 \tag{2-5-13}$$

$$P_2 = \frac{1}{2}\gamma\left(h + J_{rm}\Delta x - \frac{1}{m}\Delta x^2\right) \tag{2-5-14}$$

$$P_c = \rho\,\frac{1}{2}\left(2h + J_{rm}\Delta x - \frac{1}{m}\Delta x\right)\Delta x\,\frac{a_0 u_{cp}^2}{r} \tag{2-5-15}$$

$$W = \gamma\,\frac{1}{2}\left(2h + J_{rm}\Delta x - \frac{1}{m}\Delta x\right)\Delta x \tag{2-5-16}$$

$$T_c = \frac{\tau_c \Delta x}{\cos\beta} \tag{2-5-17}$$

式中，m 为坡率，$m=\mathrm{ctg}\beta$；τ_c为底部切应力。将以上各式代入式(2-5-12)可得

$$\left(1 + \frac{J_{rm}}{2h}\Delta x - \frac{1}{2mh\Delta x}\right)\left(\frac{a_0 u_{cp}^2}{gr - J_{rm}}\right) + \frac{\tau_c}{\gamma h\cos^2\beta} = 0 \tag{2-5-18}$$

因$\frac{J_{rm}}{2h}$很小，忽略$\frac{1}{2mh}\Delta x$，再令 $\tau_c=\gamma hJ_s$，J_s 为与底部切应力相应的特征比降，则有

$$J_{rm} = \frac{a_0 u_{cp}^2}{gr} + \left(1 + \frac{1}{m^2}\right)J_s \tag{2-5-19}$$

其中，J_s 是$\frac{a_0 u_{cp}^2}{gr}$的函数，取

$$J_s = f\left(\frac{a_0 u_{cp}^2}{gr}\right) = k_r\,\frac{a_0 u_{cp}^2}{gr} \tag{2-5-20}$$

将式(2-5-20)带入式(2-5-19)并整理有

$$J_{rm} = \frac{a_0 u_{cp}^2}{gr}\left[1 + \left(1 + \frac{1}{m^2}\right)k_r\right] \tag{2-5-21}$$

J_{rm}可通过统计弯道斜坡段水面实测资料得到，由计算相应可得出$\frac{a_0 u_{cp}^2}{gr}$值，于是可由上式率定出 k_r，其中 $a_0=1+5.75\,\frac{g}{C^2}$，率定曲线如图 2-5-13 所示。

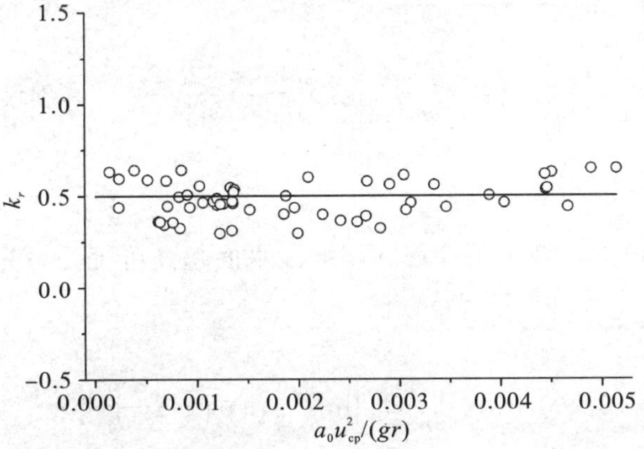

图 2-5-13　K_r 率定

可知 K_r 在 0.5 上下波动，近似可取 K_r。资料范围：r_{1c}为 3～6 m，Q 为 80～200 L/s，h 为 15～80 cm，m 为 1.25～2。

这样就得到弯道斜坡段的横比降计算公式为

$$J_{rm}=\frac{a_0u_{cp}^2}{gr}\left[1+0.5\left(1+\frac{1}{m^2}\right)\right] \tag{2-5-22}$$

当 $m=0$ 时为直立边坡，这时应按公式(2-5-11)计算；当 $m=\infty$时，$h=0$，没有物理意义。

假定任一断面斜坡段横比降与弯顶断面斜坡段横比降之比的分布与平底段一致，可以得到任一斜坡位置的横比降：

$$J_r=\frac{a_0u_{cp}^2}{gr}\left[1+0.5\left(1+\frac{1}{m^2}\right)\right]\exp\left(\frac{(\xi-0.5)^2}{0.32}\right) \tag{2-5-23}$$

根据实验实测资料统计坡岸沿程各断面横比降与弯顶横比降的比值，可对式(2-5-23)进行检验(图 2-5-14)。可知本书公式在一定程度上与实际相符。

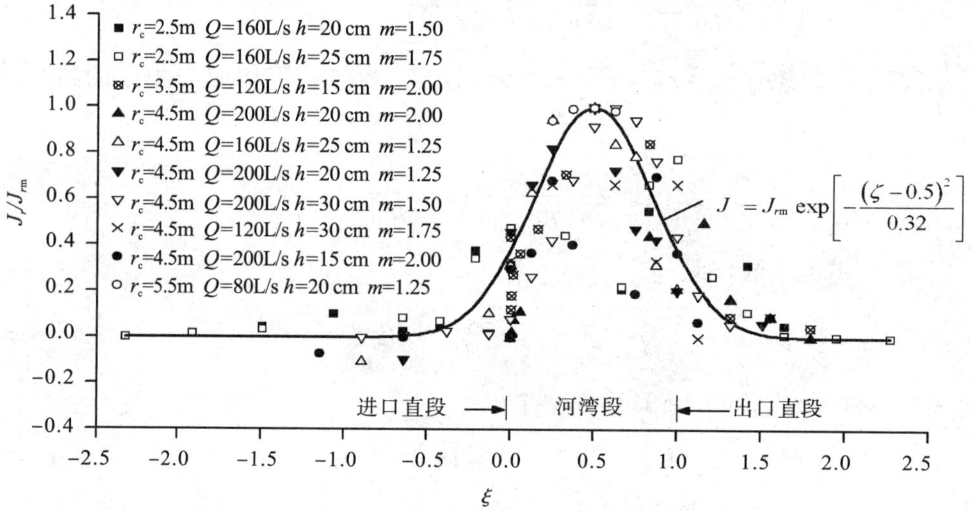

图 2-5-14　河湾坡岸水面横比降沿程分布验证

这样，任一位置处弯道平底段和斜坡段横比降公式可统一写为

$$J_r=\begin{cases}\dfrac{a_0u_{cp}^2}{gr}\exp\left(-\dfrac{(\xi-0.5)^2}{0.32}\right) & \text{(平底段)}\\[2ex] \dfrac{a_0u_{cp}^2}{gr}\left[1+0.5\left(1+\dfrac{1}{m^2}\right)\right]\exp\left(-\dfrac{(\xi-05)^2}{0.32}\right) & \text{(斜坡段)}\end{cases} \tag{2-5-24}$$

2.5.4.2　水面超高

经推导可得任一位置处弯道平底段和斜坡段水面超高可统一写为

$$\Delta z=\begin{cases}\dfrac{a_0U^2}{g}\left(\ln\dfrac{r_2}{r_1}\right)\exp\left(\dfrac{(\xi-0.5)^2}{0.32}\right) & \text{(斜坡段)}\\[2ex] \dfrac{a_0U^2}{g}\left\{\ln\dfrac{r_2}{r_1}+\left[1+0.5\left(1+\dfrac{1}{m^2}\right)\right]\ln\dfrac{r_3}{r_2}\right\}\exp\left(-\dfrac{(\xi-0.5)^2}{0.32}\right) & \text{(斜坡段)}\end{cases} \tag{2-5-25}$$

2.5.5　弯道纵向流速的分布

2.5.5.1　时均流速的分布

目前，对流速分布的讨论多限于讨论恒定、均匀、二维紊流时均流速的分布。常见的流速分布公式有对数形流速分布公式、抛物线形流速分布公式、椭圆形流速分布公式、指数型流速分布公式等。

2.5.5.2　弯道纵向流速沿水深的分布

由于弯道环流的存在，弯道纵向流速沿水深的分布(或流速剖面)沿程及沿河宽都在发生变化。本研究中对弯道纵向流速的剖面进行了测量，断面布置如图 2-5-15 所示。有关参数为：$r_0=6$ m，$B=3$m，$\varphi=\pi/2$，$Q=160$ L/s，$h_0=30$ cm。

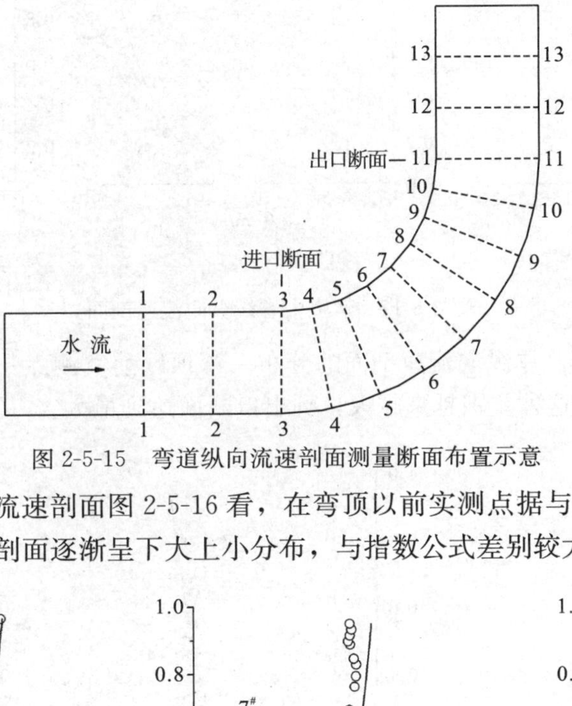

图 2-5-15　弯道纵向流速剖面测量断面布置示意

从弯道凹岸纵向流速剖面图 2-5-16 看，在弯顶以前实测点据与指数流速公式相当吻合。弯顶以后，流速剖面逐渐呈下大上小分布，与指数公式差别较大。

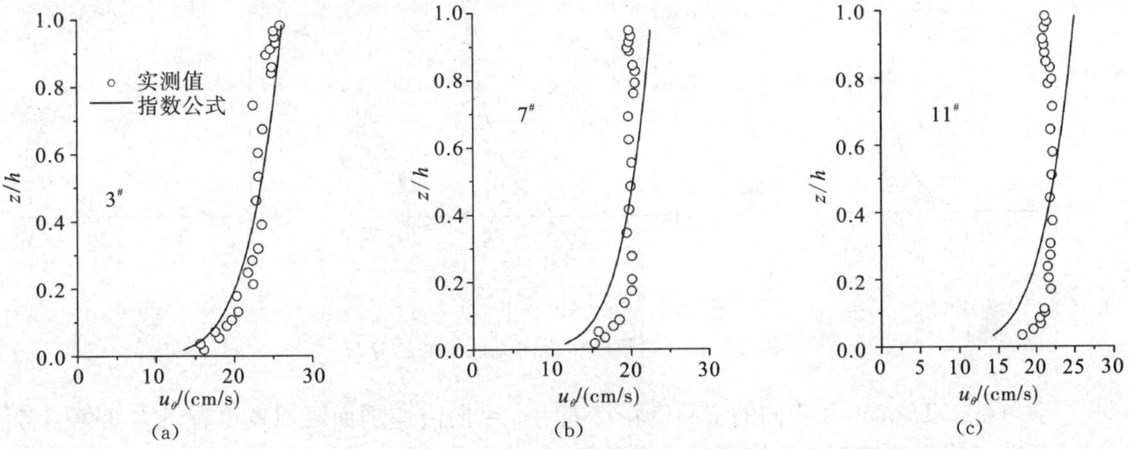

图 2-5-16　弯道凹岸纵向流速剖面

弯道中心线纵向流速剖面分布基本也显示出同样的趋势，如图 2-5-17 所示。弯顶以前，基本可采用指数公式计算流速剖面；但弯顶以后，采用指数分布公式计算则会产生较大的误差。

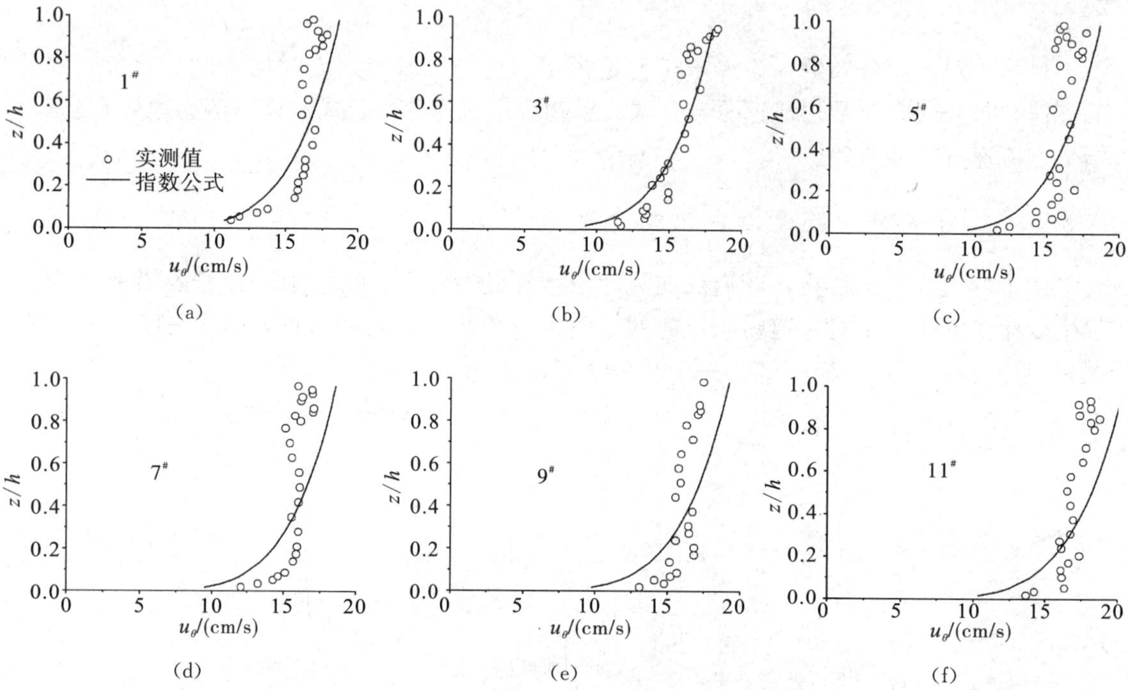

图 2-5-17　弯道中心线纵向流速剖面

图 2-5-18 是弯道凸岸纵向流速剖面的分布。弯顶以前实测点数据与指数公式已经显示出差别。弯顶之后这种差别越来越大，到出口断面达到最大。

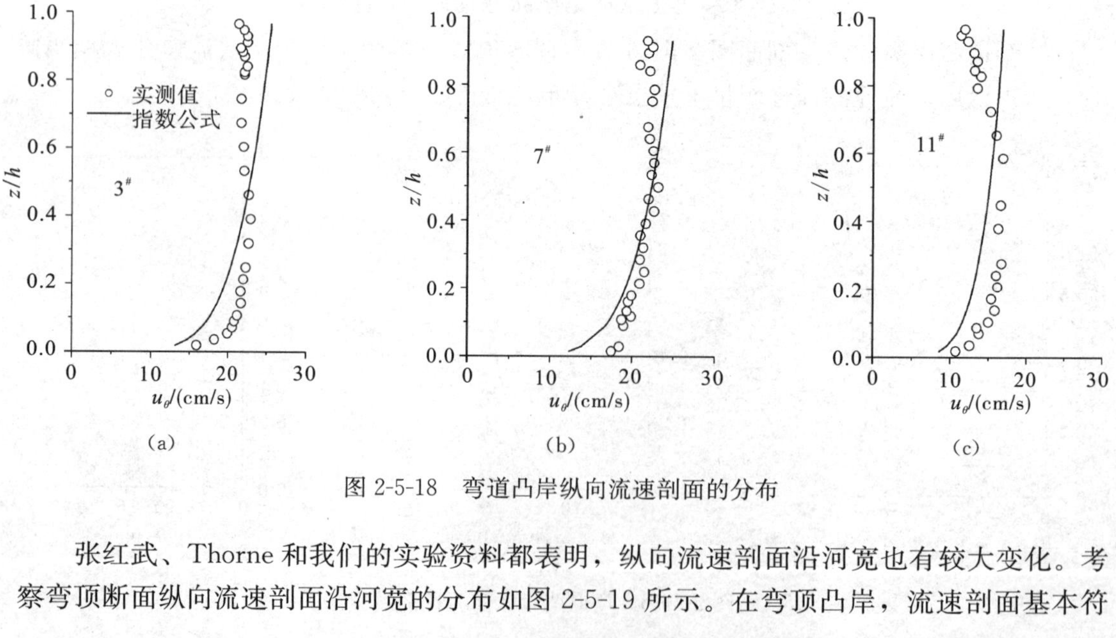

图 2-5-18　弯道凸岸纵向流速剖面的分布

张红武、Thorne 和我们的实验资料都表明，纵向流速剖面沿河宽也有较大变化。考察弯顶断面纵向流速剖面沿河宽的分布如图 2-5-19 所示。在弯顶凸岸，流速剖面基本符合指数公式下小上大的分布趋势。离开凸岸后，在流速总体减小的同时流速剖面变陡。至弯道中心断面纵向流速最小而剖面最陡，沿水深接近均匀分布。继续向凹岸接近时，沿水深纵向流速总体加大，但下部流速增大的幅度大于上部流速增大的幅度；这种趋势持续到凹岸时就形成了下大上小的分布模式。

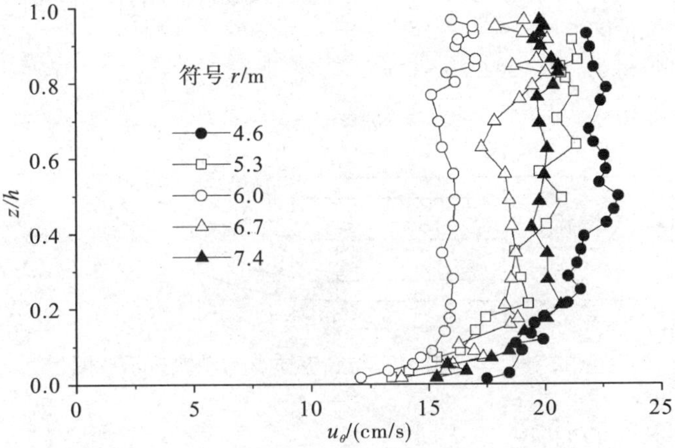

图 2-5-19　弯顶断面纵向流速剖面沿河宽的分布

Thorne 与 Rais 通过资料分析曾得出弯道凹岸纵向流速沿水深分布的经验公式为

$$\frac{u\theta}{U}=11z_{\mathrm{m}}^{-0.75}\left[z_{\mathrm{m}}^{2}-\left(\frac{z}{h}-z_{\mathrm{m}}\right)^{2}\right]\left(\frac{r}{r_0}\right)^{-m} \tag{2-5-26}$$

其中，

$$m=1500\left(\frac{r_0}{B}\right)^{-0.1}\left(\frac{H}{B}\right)^{0.3}Re^{-0.3}$$

$$z_{\mathrm{m}}=0.55(\sin\alpha)^{-0.8}$$

式中，z_{m} 为 u_{θ} 最大时相对水深；Re 为水流雷诺数；α 为凹岸倾角。

王平义以式(2-5-26)为基础从理论上导出了弯道凹岸纵向流速的分布，是颇有价值的。不过，由上面分析可知，纵向流速剖面不但在弯道凸岸与凹岸的分布规律不同，在弯顶以前与弯顶以后的分布规律也不相同。因此，采用一种流速分布模式描述弯道流速分布只是一定程度的近似。

2.5.6　弯道环流的计算与分析

2.5.6.1　弯道水流的特点

水流由直段进入弯道后，在惯性力作用下偏向凹岸。受凹岸边界制约，水流沿凹岸作曲线流动。在离心力和重力的共同作用下，凹岸水体下沉沿河底流向凸岸，再上升到水面趋向凹岸，形成弯道环流。它与弯道纵向水流汇合形成所谓的螺旋流。

弯道表流与底流质点运动轨迹示意图如图 2-5-20 所示。可见，表流与底流流向之间有一夹角存在，即所谓的弯道剪刀水。

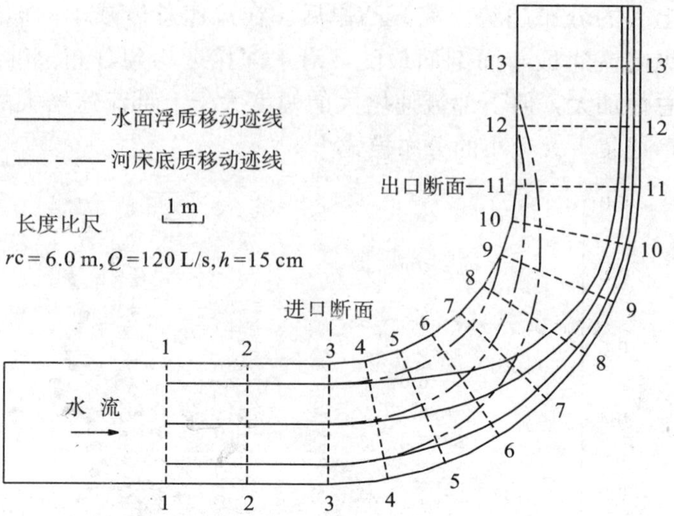

图 2-5-20 弯道表流与底流质点运动轨迹示意图

2.5.6.2 弯道环流的计算

1. 现有环流流速公式介绍

现有的环流流速计算公式主要有波达波夫公式、马卡维耶夫公式、罗辛斯基及库兹明公式、罗索夫斯基公式、张定邦公式、张红武公式、宋志尧公式以及孙东坡公式。

2. 本书所用环流流速计算公式的推导

考虑河湾足够长，水流进入弯道后迅速达到稳定，流速分布的沿程变化不大，有

$$gJ_r - \frac{u_\theta^2}{r} = \frac{1}{\rho h}\frac{\partial \tau_r}{\partial \eta} \tag{2-5-27}$$

定解条件：

①水面无剪力，则
$$\tau_r\big|_{\eta=1} = 0 \tag{2-5-28}$$

②连续条件为
$$\int_0^1 u_r \mathrm{d}\eta = 0 \tag{2-5-29}$$

为使公式不致过于复杂而失去使用价值，u_θ 选用指数流速公式，指数 $n=6$ 通过积分运算并整理有

$$\tau_r = \frac{\rho h u_{\mathrm{cp}}^2}{r}\left[\left(1+5.75\frac{g}{C^2}\right)\eta - 1.021\eta^{\frac{3}{4}} + C_1\right] \tag{2-5-30}$$

由定解条件可得到积分常数，即

$$C_1 = 0.021 - 5.75\frac{g}{C^2} \tag{2-5-31}$$

代入式(2-5-30)得

$$\tau_r = \frac{\rho h u_{\mathrm{cp}}^2}{r}\left[\left(1+5.75\frac{g}{C^2}\right)\eta - 1.021\eta^{\frac{4}{3}} + 0.021 - 5.75\frac{g}{C^2}\right] \tag{2-5-32}$$

参照 Prandtl 的掺长理论，将横向切应力表示为

$$\tau_r = \rho l^2 \frac{1}{h^2} \frac{\mathrm{d}u_\theta}{\mathrm{d}\eta} \cdot \frac{\mathrm{d}u_r}{\mathrm{d}\eta} \tag{2-5-33}$$

根据张红武的研究，可取

$$l = 0.195h\sqrt{\eta} \tag{2-5-34}$$

根据流速分布指数公式求得流速梯度，同时将式(2-5-34)代入式(2-5-33)，可得

$$\tau_r = 0.0074\rho u_{\mathrm{cp}} \eta^{\frac{1}{6}} \frac{\mathrm{d}u_r}{\mathrm{d}\eta} \tag{2-5-35}$$

联解式(2-5-32)与式(2-5-35)，有

$$\frac{\mathrm{d}u_r}{\mathrm{d}\eta} = 135.25 \frac{u_{\mathrm{cp}}h}{r}\left[\left(1 + 5.75\frac{g}{C^2}\right)\eta^{\frac{5}{6}} - 1.021\eta^{\frac{7}{6}} + \left(0.021 - 5.75\frac{g}{C^2}\right)\eta^{\frac{1}{6}}\right] \tag{2-5-36}$$

积分上式可得

$$u_r = 73.77\frac{u_{\mathrm{cp}}h}{r}\left[\left(1 + 5.75\frac{g}{C^2}\right)\eta^{\frac{11}{6}} - 0.864\eta^{\frac{13}{6}} + 2.2\left(0.021 - 5.75\frac{g}{C^2}\right)\eta^{\frac{5}{6}} + C^2\right] \tag{2-5-37}$$

由定解条件得积分常数，即

$$C_2 = 4.87\frac{g}{C^2} - 0.105 \tag{2-5-38}$$

将 C^2 代入式(2-5-37)，可整理得到河湾环流沿水深的分布公式：

$$u_r = 73.77\frac{u_{\mathrm{cp}}h}{r}\left[\left(1 + 5.75\frac{g}{C^2}\right)\eta^{1.833} - 0.864\eta^{2.167} + \left(0.046 - 12.65\frac{g}{C^2}\right)\eta^{0.833} + 4.87\frac{g}{C^2} - 0.105\right] \tag{2-5-39}$$

3. 本书环流公式的验证

利用河湾概化模型实验资料对环流公式进行了验证，如图 2-5-21 所示。结果表明，计算结果与实验实测结果比较接近。

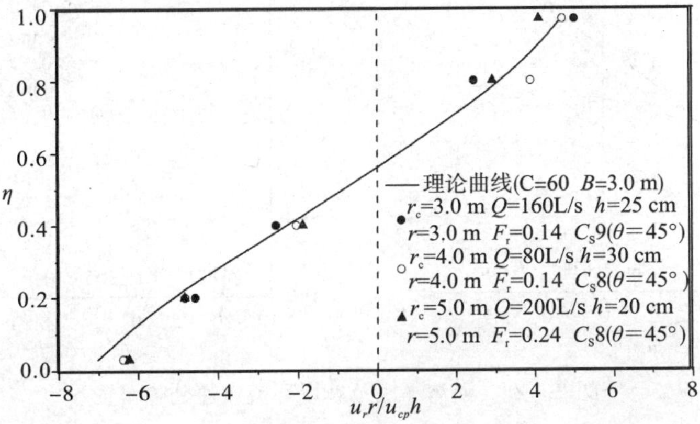

图 2-5-21　河湾环流流速公式验证

4. 环流流速计算公式的比较

图 2-5-22 为 $C=60$ 时本书环流流速公式与其他环流流速公式的比较。可见，本书公式与罗索夫斯基公式相比更符合实际值；与张红武公式较为接近，在顶部要好于张红武公式，而在底部张红武公式则要好些；宋志尧公式和孙东坡公式计算的结果十分接近，但与本书公式相比，其底部与实测资料的吻合程度要差些。

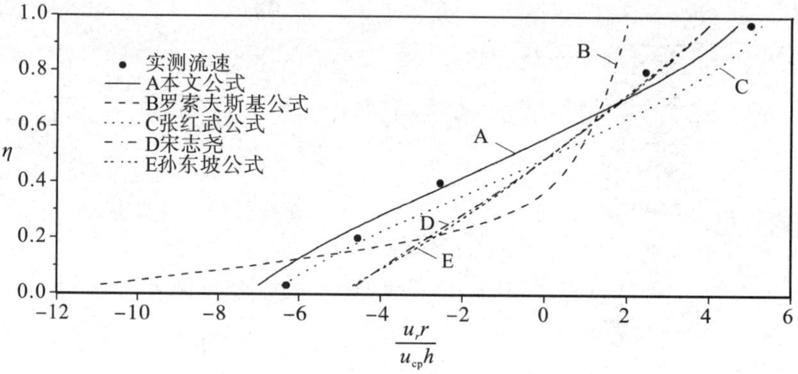

图 2-5-22　河湾环流流速公式比较

2.5.6.3　河湾斜坡环流的计算

河湾斜坡情况下，同理推导可得到河湾斜坡环流沿水深的分布公式：

$$u_r = 73.77\frac{u_{cp}h}{r}[a_0A_m\eta^{1.833} - 0.864\eta^{2.167} + (2.246 - 2.2a_0A_m)\eta^{0.833} + 0.847a_0A_m - 0.952] \tag{2-5-40}$$

采用本实验河湾斜坡实测资料对上式进行了验证，如图 2-5-23 所示。计算结果与实测数据较为接近，说明河湾斜坡环流公式较为合理。

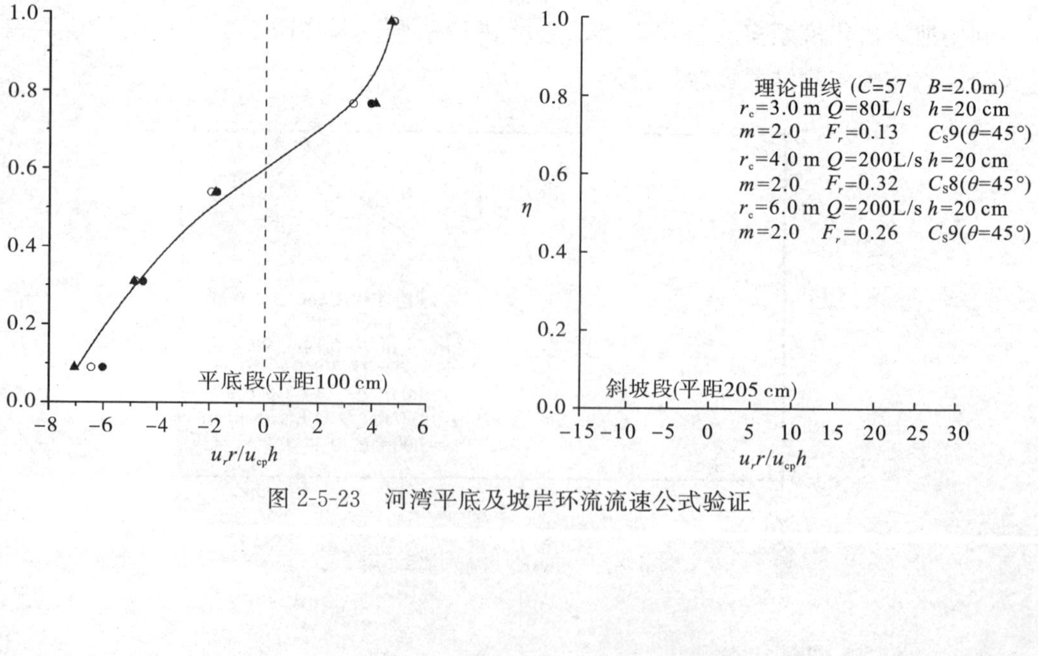

图 2-5-23　河湾平底及坡岸环流流速公式验证

主要参考文献

胡江，杨胜发. 2009. 光滑明渠均匀紊流水流结构研究. 人民黄河，31(3)：23－25.

张兆顺，崔桂香，许春晓. 2002. 走近紊流. 力学与实践，24(1)：1－8.

钟强，李丹勋，陈启刚，等. 2012. 明渠湍流中的主要相干模式. 清华大学学报(自然科学版)，52(6)：730－737.

Adrian R J，Meinhart C D，Tomkins C D. 2000. Vortex organization in the outer region of the turbulent boundary layer. J. Fluid Mech，422：1－54.

Adrian R J，Moin P. 1988. Stochastic estimation of organized turbulent structure：homogeneous shear flow. J. Fluid Mech，190：531－559.

Balakumar B J，Adrian R J. 2007. Large-and very large-scale motions in channel and boundary-layer flows. Phil. Trans. R. Soc.，365(1852)：665－681.

Blackwelder R F，Kovasznay L S G. 1972. Time scales and correlations in a turbulent boundary layer. Phys. Fluids，15：1545.

Cebeci T，Smith A M O. 1974. Analysis of Turbulent Boundary Layers，Michigan：Academic Press：289－303.

Chong M S，Perry A E，Cantwell B J. 1990. A general classification of three-dimensional flow fields. Phys. Fluids，2：765－777.

Christensen K T，Adrian R J. 2001. Statistical evidence of hairpin vortex packets in wall turbulence. J. Fluid Mech，431：433－443.

Coles D. 1956. The law of the wake in the turbulent boundary layer. J. Fluid Mech，1：191－226.

Delo C J，Kelso R M，Smits A J. 2004. Three-dimensional structure of a low Reynolds number turbulent boundary layer. J. Fluid Mech，512：47－83.

Dong Z N，Wang J J，Chen C Z，et al. 1992. Hydraulic characteristics of open channel flows over rough beds. Science in China (Series A)，35(8)：1007－1016.

Elsinga G E，Adrian R J，Van oudheusden B W，et al. 2010. Three-dimensional vortex organization in a high-Reynolds-number supersonic turbulent boundary layer. J. Fluid Mech，644：35－60.

Ganapathisubramani B，Clemens N T，Dolling D S. 2007. A effects Of upstream boundary layer on the unsteadiness of shock-induced separation. J. Fluid Mech，585：369－394.

Grant H L. 1958. The Large eddies of the turbulent. J. Fluid Mech，4：149－190.

Guala M，Hommema S E，Adrian R J. 2006. Large-scale and very-large-scale motions in turbulent pipe flow. J. Fluid Mech，554：521－542.

Guezennec Y G，Piomelli U，Kim J. 1987. Conditionally-averaged structure in wall-bounded turbulent flow. Report CTR－S87，.

Hinze J O. 1975. Turbulence. Michigan：McGraw-Hill，126－129.

Hutchins N，MarusicI. 2007. Evidence of very long meandering features in the logarithmic region of turbulent boundary layers. J. Fluid Mech，579：1－28.

Jeong J，Hussain F. 1995. On the identification of a vortex. J. Fluid Mech，285：69－94.

Jimenez J，Del Alamo J C，Flores O. 2004. The large scale dynamics of near-wall turbulence. J. Fluid Mech，505：179－199.

Kim K C，Adrian R J. 1999. Very large-scale motion in the outer layer. Phys. Fluids，11(2)：417－422.

Kline S J，Reynolds W C，Schraub F A. 1967. The structure of turbulent boundary layers. J. Fluid Mech.，30：741－773.

Liu Z C，Adrian R J，Hanratty T J. 2001. Large-scale modes of turbulent channel flow：transport and structure. J. Fluid Mech，448：53－80.

Meinhart C D, Adrian R J. 1995. On the existence of uniform momentum zones in a turbulent boundary layer. Phys. Fluids, 7: 694−696.

Nezu I, Kadota A, Nakagawa H. 1997. Turbulent structure in unsteady depth-varying open-channel flows. J. Hydr. Eng, 123(9): 752−763.

Richardson L F. 1922. Weather prediction by numerical process. Cambridge: Cambridge University Press: 187−198.

Robinson S K. 1991. Coherent motion in the turbulent boundary layer. Ann. Rev. Fluid Mech, 23: 601−639.

Rogers M M, Moin P. 1987. The structure of the vorticity field in homogeneous turbulent flows. J. Fluid Mech, 176: 33−66.

Saddoughi S G, Verrravalli. 1994 Local isotropy in turbulent boundary layers at high Reynolds number. J. Fluid Mech, 268: 333−372.

She Z S, Lévesque E. 1994. Universal scaling laws in fully developed turbulence. Phys. Rev. Lett., 72: 336−339.

Stephen B P. 2000. turbulent. Cambridge: Cambridge University Press: 585−590.

Townsend A A. 1958. The turbulent boundary layer. Boundary Layer Research. Berlin: Springer-Verlag, 1−15.

Van Dreist E R. 1956. On turbulent flow near a wall. J. Aerospace Sci, 23(11): 1007−1011.

Zhou J, Adrian R J, Balachandar S, et al. 1999. Mechanisms for generating coherent packets of hairpin vortices in channel flow. J. Fluid Mech, 387: 353−396.

第3章　卵砾石输移规律研究

3.1　卵砾石起动规律研究

山区河流遍布世界各地，其河流泥沙问题具有特殊性。山区河流的床沙多为卵砾石(中值粒径 $D_{50}>2$ mm)，卵砾石的输移与水流强度、床沙粒径和河床变形之间形成相互反馈、错综复杂的关系。研究卵砾石的起动是分析卵砾石输移的第一步，也是河流动力学研究的基础课题。

泥沙起动的研究已经有70多年的历史，现有的泥沙起动流速公式已有100个左右。对泥沙起动的研究可以分为起动拖曳力、起动流速和起动水流功率三种途径。

起动拖曳力途径研究泥沙起动中最为著名的是Shields曲线，随后，White、Mantz、Miller等研究者对该曲线进行了修正。研究认为，当沙粒雷诺数大于500时，临界拖曳力无量纲数为固定值0.06。Ashida、Aguirre-Pe、Mizuyama、Bathust研究山区河流卵砾石输移，发现山区河流比降较大(范围为0.05%～10%，甚至更大)，其临界拖曳力无量纲数不是固定值(可达0.1，甚至更高)，并建立了临界拖曳力无量纲数与相对光滑度(水深与粒径的比值)的关系。Kilgore建立了临界拖曳力无量纲数与相对光滑度和弗汝德数的关系。Maxwel和Yang建立了临界拖曳力无量纲数与弗汝德数的关系。尽管众多研究者通过起动拖曳力途径建立卵砾石起动的新关系，但到目前为止只取得部分成果。

沙莫夫从泥沙的受力情况出发，并考虑脉动流速的影响，得到起动流速与水深、粒径的关系，窦国仁也采用该方法进行研究。杨志达根据颗粒受力，采用对数流速分布推导起动流速与沉速的表达式。钱宁和万兆惠采用相同水流条件对沙莫夫、窦国仁、唐存本、沙玉清的起动流速公式进行比较，发现对于卵砾石(粒径 $D>2$ mm)，各公式结果相差较大，很难判断哪一个公式更为可靠。

Bagnold考虑推移质运动所消耗的水流功率和水流所提供功率之间的关系，将泥沙起动与水流功率联系起来，钱宁和万兆惠进一步建立粗颗粒泥沙无量纲起动功率方程，认为无量纲起动水流功率为一常数，这个常数的数值大小目前还处于设想阶段，还需做大量的研究工作。与起动水流功率研究途径近似的还有起动单宽流量方法。Sckoklitsch、Bettess和Bathurst将实验室和野外河流数据进行拟合，得到基于单宽流量的泥沙起动公式。

Marsh采用7个水槽实验数据(中值粒径 $D_{50}<2$ mm)比较了Shields公式、杨志达公式、Wiberg公式和Baker公式，发现Shields公式能很好地预测细沙的泥沙起动。而对于卵砾石起动，则还未得到像预测细沙($D_{50}>2$ mm)起动那样广泛认可的公式。

本文收集了7个研究者的50组关于均匀卵砾石起动的水槽实验数据，其比降大多在0.5%以上。为了涵盖更大的比降范围，建立了一套高精度的水槽实验系统，选取天然卵砾石和煤(研究容重的影响)作为实验沙，比降范围为0.05%～0.7%，进行多组卵砾石低强度输移实验，获得13组卵砾石起动实验数据。在分析适合表达卵砾石起动的水力要素的基础上，采用量纲分析方法，对63组卵砾石起动数据进行适线最优拟合，最终得到卵砾石起动水流功率公式。

3.1.1 水槽实验

3.1.1.1 仪器和设备

水槽实验系统主要包括高精度变坡玻璃水槽、变频器、水泵、电磁流量计、8个超声水位计以及水位流量自动测控程序(图3-1-1)。水槽长28 m，宽0.56 m，高0.7 m，坡度变化范围为±1%，沿程宽度误差小于±0.5 mm。用变速泵和电磁流量计控制流量，流量范围为0.001～0.125 m^3/s，精度为0.0001 m^3/s。

水槽进口安装推移质自动加沙机，超声水位计(测量精度0.1 mm)每隔3m安装1个。水槽槽底从上游到下游由3段组成：12 m进口段、8 m实验观测段和8 m尾水段。在进口段和出口段布置固化层，固化层由5 mm的砾石和少量混凝土组成，厚度为0.07 m。实验段铺制厚度为0.07 m的实验沙。在出口上游8.0 m处设置接沙漏斗，通过电子天平测量推移质输沙量。

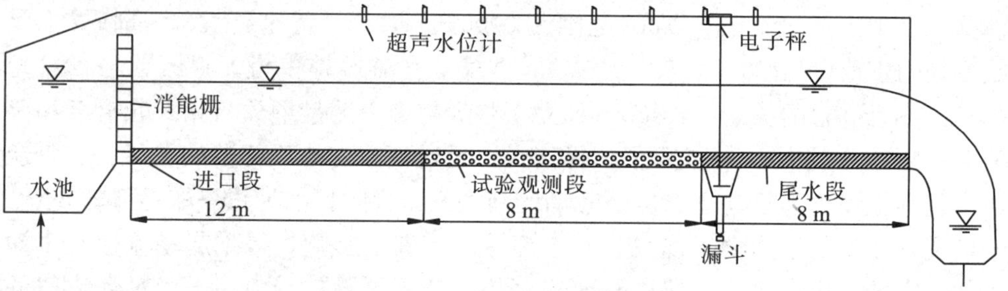

图3-1-1 实验布置示意图

3.1.1.2 实验沙

实验沙包括天然沙(D_{50}为1.8 mm、5.3 mm)和煤(D_{50}=4.8 mm)三组粒径的实验沙样，其特性见表3-1-1。非均匀系数σ表示泥沙组成的均匀程度，$\sigma=\sqrt{\sigma_{84}/\sigma_{16}}$。Dey认为均匀沙临界值$\sigma$=1.4。本次实验沙全为均匀沙。

表3-1-1 实验沙特性及实验组合

序号	沙样	容重/(t/m^3)	D_{50}/mm	σ
1	A(砾石)	2.65	1.8	1.39
2	B(砾石)	2.65	5.3	1.25
3	C(煤)	1.35	4.8	1.27

3.1.1.3　实验过程

所有组次的运行过程基本一样。运行前，将变坡水槽的底坡坡率调为零，实验沙置放在实验段内，用平板尺刮平，保持进口段、实验段和出口段为同一高程。调整水槽比降，关闭尾门，水槽慢慢充水，防止实验段泥沙运动。通过计算机调节水泵转速，达到预计的流量，观读超声水位计的水位，计算其水面比降，增加或减少尾门的开度，使水槽内的水流达到均匀流条件。调整水槽均匀流过程大概需 2 h 左右。当泥沙有明显输移时，加沙机开始加实验沙，加沙标准为保持进口段和实验段交界面处于不冲不淤的平衡状态。接沙漏斗的泥沙每隔 4 h 收集一次。一般实验过程为 8 h，在输沙率极低的情况，实验过程持续 16 h。

本次进行了 3 种粒径、5 种比降、多个流量(均匀流条件)的低强度推移质输沙实验，合计 70 组次。

3.1.1.4　起动流量

在粒径、比降相同的情况下，不同流量有不同的输沙率，到底哪一组流量作为起动的水力参数涉及泥沙起动标准问题。泥沙起动的定义和判别较为困难，Parker、Diplas、Wilcock 等研究者对不同判别方法及问题进行了详细的讨论。目前，国际上比较认可的是 Parker 无量纲非均匀沙输沙率方法。换算成无量纲均匀沙输沙率起动标准：

$$g_b^* = \frac{(\gamma_s - \gamma) g g_b}{\gamma \rho_s U_*^3} = 0.002 \tag{3-1-1}$$

式中，γ_s、γ 分别为实验沙和水的容重；ρ_s 为泥沙的密度；U_* 为摩阻流速，$U_* = \sqrt{gHJ}$，其中 H 为水深，J 为比降，g 为重力加速度($g=9.81\ \mathrm{m/s^2}$)；g_b 为单宽输沙率。

在输沙实验时，控制某级流量的 g_b^* 刚好为 0.002 是非常困难的。本次实验通过多组对比，满足 g_b^* 在 0.002 上下的流量条件皆有，内插 $g_b^*=0.002$ 对应的流量，根据水深-流量关系内插水深。如在 $D=5.3$ mm，$J=0.007$ 情况下共进行了 10 组流量实验，当流量为 15 L/s 和 20 L/s，g_b^* 分别为 0.00077 和 0.026，内插出起动流量为 16.5 L/s。根据水位-流量关系，得到该比降情况下起动水深为 0.046 m。按此方法分别得到 13 组次起动流量和起动水深，见表 3-1-2。

表 3-1-2　起动实验数据(13 组)

沙洋	D/mm	J/%	H/m	单宽流量 /[L/(s·m)]
沙样 A	5.3	0.7	0.0460	29.46
	5.3	0.5	0.0682	42.86
	5.3	0.3	0.1012	63.39
	5.3	0.1	0.2806	176.79

续表

沙洋	D/mm	J/%	H/m	单宽流量 / [L/ (s·m)]
沙样 B	1.8	0.3	0.0470	21.43
	1.8	0.2	0.0633	27.68
	1.8	0.12	0.0695	30.36
	1.8	0.1	0.1078	41.96
	1.8	0.05	0.1281	58.93
沙样 C	4.8	0.1	0.0540	18.75
	4.8	0.15	0.0389	12.14
	4.8	0.2	0.0330	9.29
	4.8	0.3	0.0237	7.50

3.1.2 其他研究者资料

除作者的研究实验资料外，本书还收集了 7 位研究者的卵砾石起动水槽实验数据，包括 EPFL(Ecole Polytechniche Fédérale de Lausanne)，Yang(2007)，Bathurst(1979)，Meyer-Peter 和 Müller(1948)，Ashida 和 Bayazit(1973)，Ikeda(1983)，Proffit 和 Sutherland(1983)等有关卵砾石起动水槽实验数据，见表 3-1-3。

表 3-1-3 其他研究者起动实验数据概况(50 组)

数据来源	粒径/mm	容重/(t/m^3)	J/%	单宽流量/ [L/(s·m)]	组数
EPFL	11.5～44.3	2.57～2.65	0.5～9	7～250	12
Yang(2007)	7.5～40	2.65	0.5～2.5	4～300	16
Bathurst(1979)	8.8～34	2.7～2.76	2～8	4～87	3
Meyer-Peter(1948)	3.3～28.6	2.68	0.27～1.77	15～4600	4
Ashida(1973)	5.0～21	2.5～2.66	1～20	1～22	10
Ikeda(1983)	6.4	2.65	0.25～1.0	75～1500	2
Proffit(1983)	2.9～4.2	2.71	0.3	43～150	3

3.1.3 与起动拖曳力公式和起动流速公式比较

本书用收集的实验数据与起动拖曳力公式和起动流速公式进行比较，以验证其精确性。

3.1.3.1 与起动拖曳力公式比较

根据泥沙颗粒的受力形式建立泥沙起动受力平衡方程(Sheilds，1936；钱宁和万兆惠，1999；杨胜发，2007)，在进行底流速处理时，根据 Keulegan(1938)关于明槽和圆管水流的垂线流速分布，取粗糙高度为粒径，即得到著名的 Shields 曲线方程，对于沙粒

雷诺数 $Re_* = U_* D/\nu$（ν 为水流黏性系数）大于 1000，主要是卵砾石，其方程为

$$\frac{\tau_c}{(\gamma_s - \gamma)D} = 0.06 \tag{3-1-2}$$

式中，τ_c 为起动拖曳力；γ_s、γ 分别为实验沙和水的容重。本书收集的卵砾石起动实验数据点绘在 Shields 曲线上，如图 3-1-2(a)所示。从图中可以看出，在沙粒雷诺数相同时，水流强度无量纲数不同，实验数据点在 Shields 曲线附近分布较分散，说明 Shields 曲线很难反映卵砾石的起动规律。

Muller 通过 45 条卵砾石河流输移资料，得到拖曳力无量纲数与比降的关系：

$$\frac{\tau_c}{(\gamma_s - \gamma)D} = 2.18J + 0.021 \tag{3-1-3}$$

图 3-1-2(b)比较了 Muller 公式和本书收集的卵砾石起动的实验数据。在比降小于 0.01 时，实验数据大于公式计算值；相反，比降大于 0.01 时，实验数据偏小。从总体趋势来看，实验数据与比降关系不大。

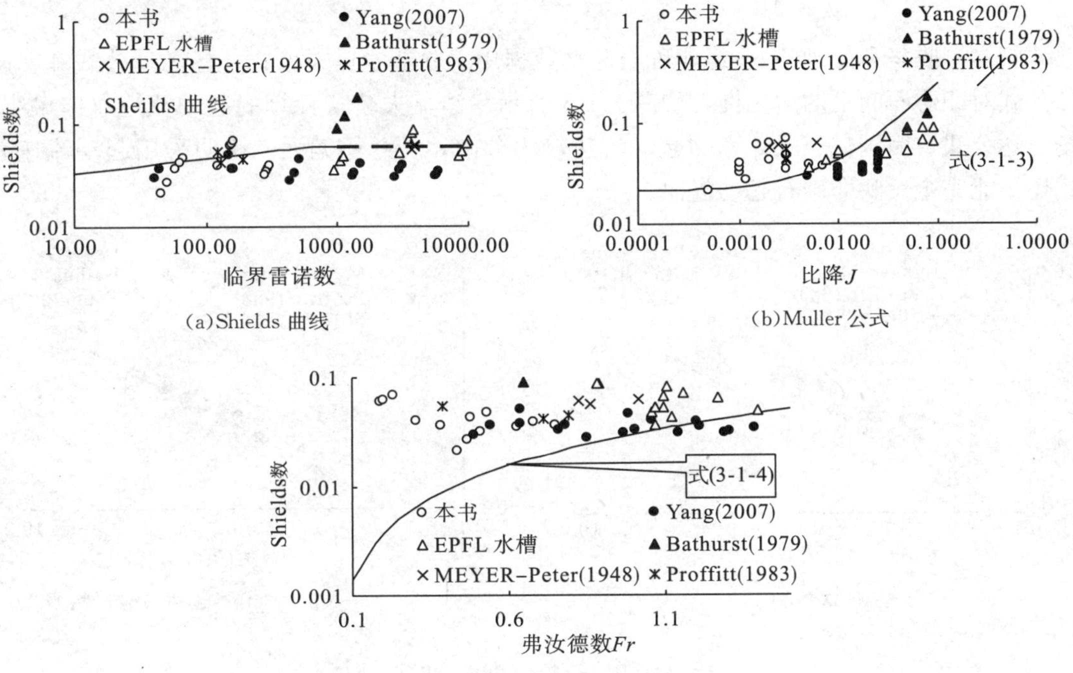

(a)Shields 曲线　(b)Muller 公式

(c)Maxwell 公式

图 3-1-2　实验资料与起动拖曳力公式比较

Maxwell 在研究大比降山区河流时，认为泥沙起动的拖曳力无量纲数决定于弗汝德数，通过实验得到下述公式：

$$\frac{\tau_c}{(\gamma_s - \gamma)D} = 0.03Fr^{1.29} \tag{3-1-4}$$

图 3-1-2(c)比较了 Maxwell 公式和本书收集的卵砾石起动的实验数据。实验数据较为分散，且与弗汝德数关系较小。通过本书收集的数据与三个拖曳力公式对比，发现拖曳力公式很难反映卵砾石起动规律。

3.1.3.2 与起动流速公式比较

沙莫夫采用指数流速分布处理受力平衡方程中的底流速，根据野外和实验数据，得到起动流速公式：

$$U = 1.14\sqrt{\frac{\gamma_s - \gamma}{\gamma}gD}\left(\frac{H}{D}\right)^{1/6} \tag{3-1-5}$$

杨志达假定上举力系数和阻力系数相当，用泥沙沉速公式处理上举力系数和阻力系数，再用实验成果拟合得到卵砾石起动的数学方程：

$$U = 2.05\omega = 3.53\sqrt{\frac{\gamma_s - \gamma}{\gamma}gD} \tag{3-1-6}$$

式中，ω 为泥沙沉速。

窦国仁关于卵砾石的起动流速公式：

$$U = 1.4\sqrt{\frac{\gamma_s - \gamma}{\gamma}gD\left(6.25 + 41.6\frac{H}{H_a}\right)} \tag{3-1-7}$$

将本书收集和处理的 63 组卵砾石起动数据用于验证沙莫夫公式、杨志达公式和窦国仁公式对卵砾石起动的适用性，如图 3-1-3 所示。沙莫夫公式计算的起动流速总体偏小；杨志达公式、窦国仁公式计算的起动流速较为分散，且总体偏大。说明采用起动流速公式还不能完全反映卵砾石起动规律。

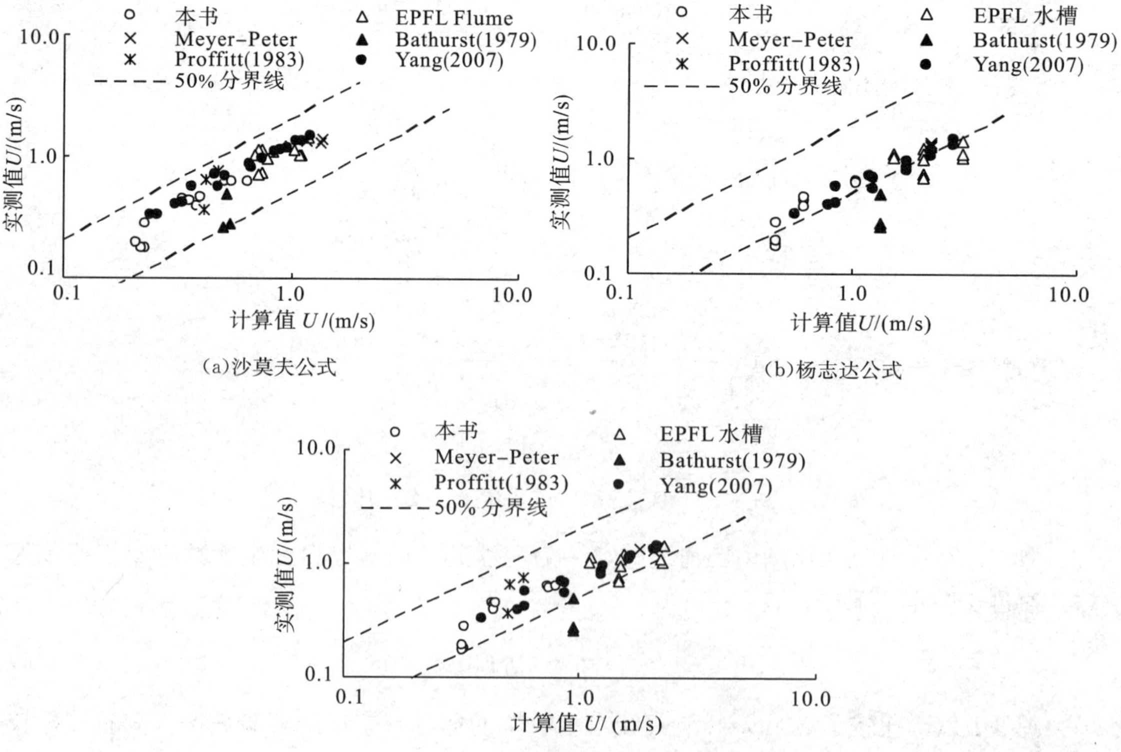

(a)沙莫夫公式　(b)杨志达公式　(c)窦国仁公式

图 3-1-3　实验资料与起动流速公式比较

3.1.3.3　误差原因分析

起动拖曳力公式和起动流速公式有两个重要的假设条件：①粗糙高度 $K_s=D$；②垂线流速分布为对数分布或指数分布。

对于卵砾石河床，床面颗粒较粗，比降较大，相对水深较小，其粗糙高度与水深往往属于同一个量级，本书收集到的 EPFL 水槽、Yang(2007)等卵砾石起动实验数据大多属于这类情况。式(3-1-3)和式(3-1-6)的两个假设条件会使卵砾石运动的实际水流情况有一定误差，具体体现在以下两个方面。

(1)卵砾石理论零点平面高度随来流条件不断变化。对于卵砾石运动，河床属于粗糙壁面，其理论零点平面在最高物平面以下。理论零点平面高度与水流平均流速、水深和比降有关，不同研究者得到的结果略有不同(Einstein，1949；Blinco，1971；Grass，1971；Tu，1988；Bayazit，1976；Dong，1991；Yang，2005)。杨斌和杨胜发在采用乒乓球模拟卵石研究理论零点平面高度中，发现在相同的比降，不同的水深和流速下，理论零点平面高度会随相对光滑度的增加而减小。由于不同的来流情况，底流速作用点位置发生变化，而直接假设粗糙高度为粒径得到式(3-1-3)和式(3-1-6)，将引起一定的误差。

(2)相对光滑度(H/D)较小影响垂线流速分布。根据本书的数据资料，图 3-1-4 绘出了沙莫夫公式、杨志达公式、窦国仁公式的偏差比($U_{计算}/U_{实测}$)与相对光滑度(H/D)的关系，当相对光滑度大于 5 时，三个公式的偏差比在 1.0 左右，当相对光滑度小于 5 时，偏差比变化较大，在 0.6～3.0 之间变化，说明在 H/D 较小时，计算的起动流速可以达到实测的起动流速的 3 倍。根据 Sheilds 曲线计算的起动拖曳力与实测拖曳力无量纲数的比较(图 3-1-5)，也呈相同的规律。在相对光滑度大于 5 时，拖曳力无量纲数为 0.04～0.07，基本上可认为固定值，与 Sheilds 曲线基本吻合；当相对光滑度小于 5，拖曳力无量纲数为 0.01～0.18 变化，与 Sheilds 曲线相差较大。

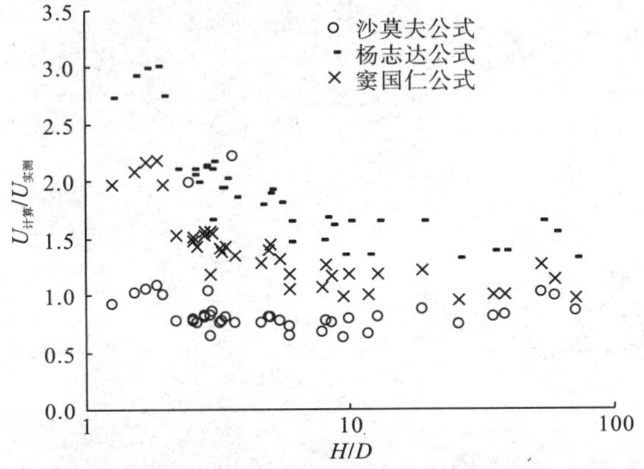

图 3-1-4　拖曳力公式偏差比与 H/D 的关系

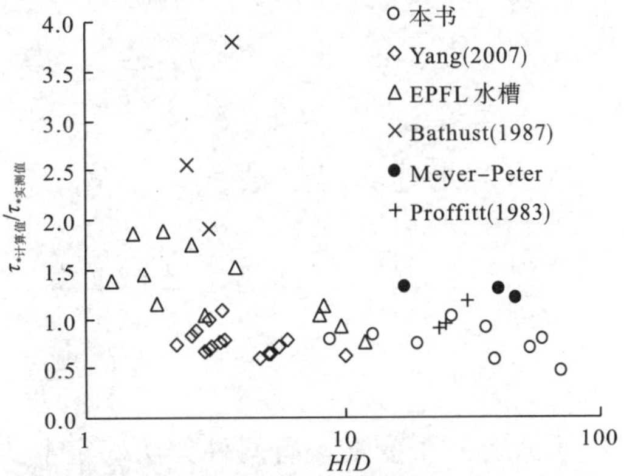

图 3-1-5　起动流速公式偏差比与 H/D 的关系

与水深相比，卵砾石颗粒较大，将影响床面附近的流速分布，甚至直接影响到水流表面。Flammer 认为 $H/D<4$，颗粒大小将影响垂线流速分布。董曾南等量测了粗糙明

渠紊流的底层流速 u、尾流强度、糙率等水流参数变化，认为当 $H/D<5$ 时，整个水流参数将会发生变化。杨胜发等研究了卵砾石河床动床阻力问题，认为相对光滑度对水流阻力影响较大。杨斌等通过测量水流垂线流速分布，发现当 $H/D<2$ 时，颗粒大小直接影响到水面，整个垂线流速分布较为散乱，既不服从对数分布，也不服从指数分布。由于卵砾石理论零点平面高度随来流条件不断变化，相对光滑度较小会影响水流的垂线流速分布，在假设水流条件服从对数分布或指数分布的基础上建立起动公式，在相对光滑度较小时会造成较大的误差。

3.1.4 卵砾石起动公式

限于当前认识水流和泥沙运动的水平，完全采用力学和数学推导的方法很难完全反映卵砾石运动的实际情况。为了解决卵砾石起动问题，不得不采用量纲分析法得到经验性公式。

3.1.4.1 主要因素的选择及无量纲分析

影响卵砾石运动的因素：

(1)水流条件：垂线平均流速 U、水深 H、比降 J、重力 g。

(2)水的物理性质：容重 γ、黏性 ν。

(3)泥沙的物理性质：粒径 D、容重 γ_s，或有效容重 $\gamma_s-\gamma$。

卵砾石的粒径较大，当颗粒运动时，水流雷诺数较大，黏性底层厚度一般小于泥沙粒径的若干倍，黏性底层的黏滞力与泥沙颗粒对水流的阻力相比，几乎可以忽略不计，卵砾石河床属于水力粗糙面。所以在考虑卵砾石起动，可不考虑黏性 ν 的影响。卵砾石运动可以写成如下函数关系：

$$f(U, H, J, D, \gamma, \gamma_s-\gamma, g)=0 \tag{3-1-8}$$

将式(3-1-8)进行无量纲分析得

$$f\left(\frac{U}{\sqrt{gD}}, \frac{H}{D}, J, \frac{\gamma_s-\gamma}{\gamma}\right)=0 \tag{3-1-9}$$

3.1.4.2 卵砾石起动公式的形式

首先不考虑 $\frac{\gamma_s-\gamma}{\gamma}$ 的影响。上式变为

$$f\left(\frac{U}{\sqrt{gD}}, \frac{H}{D}, J\right)=0 \tag{3-1-10}$$

上式有三个变量，有两种方法确定上式：

第一种是首先确定一个参数为自变量，另两个参数为因变量，再假设自变量与两个因变量为幂次关系，如

$$\frac{U}{\sqrt{gD}}=a\left(\frac{H}{D}\right)^{x_1}J^{x_2} \tag{3-1-11}$$

式中，x_1、x_2 为幂指数；a 为待定系数。

第二种是假设两个参数的乘积为自变量，另一个参数为因变量。再假设自变量与因变量为幂次关系，如

$$\frac{U}{\sqrt{gD}}\frac{H}{D}=aJ^{x_3} \tag{3-1-12}$$

第一种方法需采用双参数最小二乘法回归，产生的误差较大。第二种方法的因变量和自变量的选取有三种情况，通过对比分析，式(3-1-13)的公式形式与实验数据较为符合(图 3-1-6)，得卵砾石起动公式的形式为

$$\frac{U}{\sqrt{gD}}\frac{H}{D}=\frac{0.19}{J} \tag{3-1-13}$$

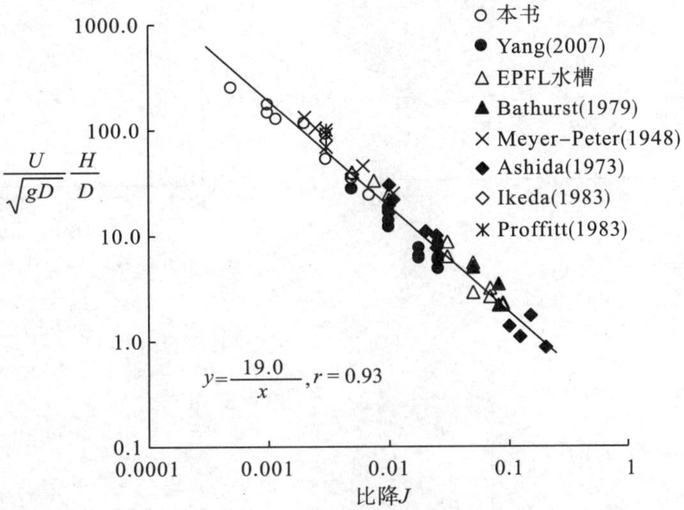

图 3-1-6　卵砾石起动公式的形式(图中数据容重：2.57～2.76)

3.1.4.3　适合不同容重的统一公式

式(3-1-13)中实验数据的容重范围为 2.57～2.76，考虑泥沙容重的影响对式(3-1-14)的公式结构形式没有改变，只需在公式左边加一项泥沙容重无量纲数，右边为待定常数，即

$$\frac{U}{\sqrt{gD}}\frac{H}{D}\left(\frac{\gamma}{\gamma_s-\gamma}\right)^{x_4}=\frac{a}{J} \tag{3-1-14}$$

式中，x_4 为容重无量纲数的幂指数。泥沙起动公式的形式不同，x_4 取值不同。流速起动公式中 $x_4=0.5$，拖曳力公式中 $x_4=1.0$，单宽流量起动公式中 $x_4=1.5$。

本次实验采用两种不同容重天然卵砾石和煤作为实验沙，根据实验结果分别按 x_4 为 0.5、1.0、1.5 点绘关系，如图 3-1-7 所示。当 x_4 为 0.5、1.0 时，卵砾石和煤的关系为两条大体平行的直线；当 $x_4=1.5$ 时，卵砾石和煤的关系基本重合。当 $x_4=1.5$ 时，式(3-1-15)为单宽流量公式：

$$q_{c*}=\frac{q_c}{\sqrt{g\left(\frac{\gamma_s-\gamma}{\gamma}D\right)^3}}=\frac{0.09}{J} \tag{3-1-15}$$

式中，q_c 为单宽流量；q_{c*} 为单宽流量无量纲数。上式可进一步转化为卵砾石起动水流功率公式：

$$W_{c*}=\frac{UHJ}{\sqrt{g\left(\frac{\gamma_s-\gamma}{\gamma}D\right)^3}}=q_{c*}J=0.09 \tag{3-1-16}$$

式(3-1-15)表明单宽流量无量纲数与比降成反比，式(3-1-16)给出了卵砾石起动水流功率的公式形式，印证了钱宁关于泥沙起动水流功率为常数的设想，并确定了常数值为0.09。

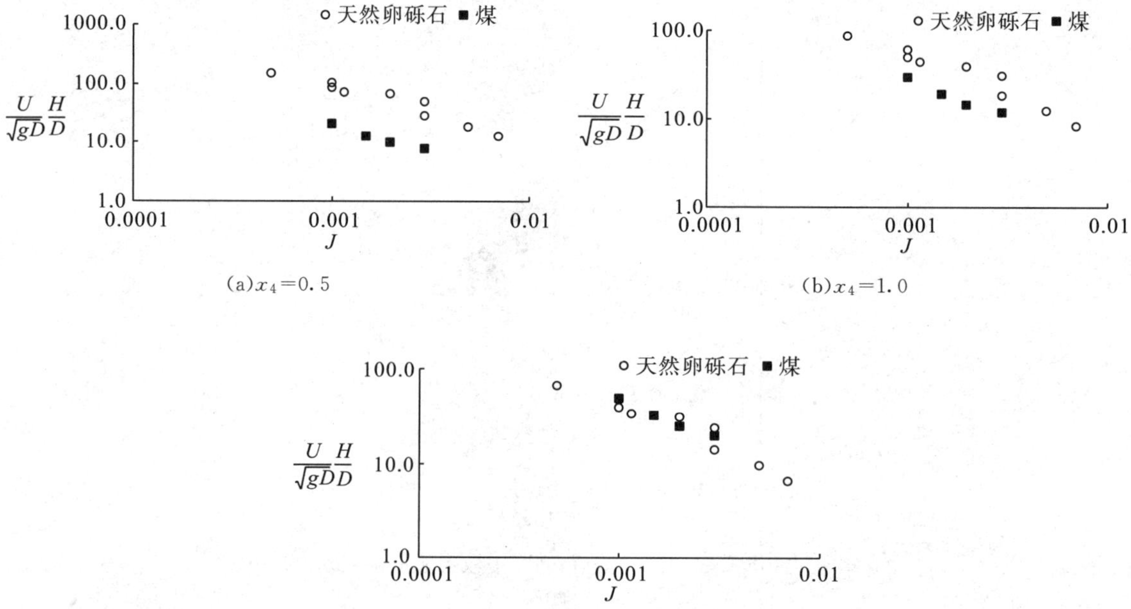

(a)$x_4=0.5$　　(b)$x_4=1.0$

(c)$x_4=1.5$

图 3-1-7　不同容重对起动的影响

3.1.4.4　与其他单宽流量起动公式比较

Sckoklitsch(1962)通过阻力方程，将 Shields(1936)方程转化为基于单宽流量的泥沙起动方程，根据实验室和野外河流数据构建泥沙起动方程：

$$\frac{q_c}{\left(\frac{\gamma_s-\gamma}{\gamma}\right)^{5/3}D^{3/2}}=\frac{0.26}{J^{7/6}} \tag{3-1-17}$$

Bettess(1984)推导了单宽流量无量纲数的泥沙起动方程：

$$\frac{q_c}{\sqrt{gD^3}}=\frac{0.134}{J}\lg\left(\frac{1.221}{J}\right) \tag{3-1-18}$$

Bathurst 等(1987)在 EPFL 水槽实验数据的基础上进行分析，获得泥沙起动方程：

$$\frac{q_c}{\sqrt{gD^3}}=\frac{0.15}{J^{1.12}} \tag{3-1-19}$$

由于本书实验中采用了轻质沙，需考虑容重对起动的影响。在式(3-1-18)和式(3-1-19)中没有有效重力项，在单宽流量无量纲数方程中，卵砾石的容重按 2.65 计算。Sckoklitsch(1962)公式转化为

$$q_{c*}=0.083\left(\frac{\gamma_s-\gamma}{\gamma}\right)^{1/6}\frac{1}{J^{7/6}} \tag{3-1-20}$$

Bettess(1984)公式为

$$q_{c*}=\frac{0.02}{J}\lg\left(\frac{1.221}{J}\right) \tag{3-1-21}$$

Bathurst(1987)公式为

$$q_{c*}=\frac{0.023}{J^{1.12}} \tag{3-1-22}$$

采用本书建立的卵砾石单宽流量起动公式以及 Sckoklitsch、Bettess 和 Bathurst 公式，对 63 组卵砾石起动的水流条件进行计算，将各公式的计算结果与实测值进行比较，见表 3-1-4 和图 3-1-8。所采用的统计参数包括：

(1)偏差比

$$DR=\frac{q_{c*C}}{q_{c*M}} \tag{3-1-23}$$

(2)平均标准化误差

$$MN=\frac{100}{N}\sum_{i=1}^{N}\left|\frac{q_{c*C}-q_{c*M}}{q_{c*M}}\right| \tag{3-1-24}$$

(3)相关系数

$$r=\frac{\sum_{i=1}^{N}(q_{c*C}-\bar{q}_{c*C})(q_{c*M}-\bar{q}_{c*M})}{\sqrt{\sum_{i=1}^{N}(q_{c*C}-\bar{q}_{c*C})\sum_{i=1}^{N}(q_{c*M}-\bar{q}_{c*M})}} \tag{3-1-25}$$

式中，下标 C 为计算值；下标 M 为实测值；上横杆为平均值；N 为资料组数。

表 3-1-4　卵砾石起动单宽无量纲数计算和实测比较

公式	不同 DR 分布/%			平均标准化误差/%	相关系数
	0.5～2.0	0.67～1.5	0.8～1.25		
Sckoklitsch 公式	52.4	33.3	20.6	110.1	0.74
Bettess 公式	38.1	22.2	4.8	58.6	0.75
Bathurst 公式	38.1	15.9	1.6	59.1	0.75
式(3-1-15)	100	81	44.4	26.1	0.93

表 3-1-4 列出的偏差比、平均标准化误差和相关系数均表明式(3-1-22)得到的计算值与实测值之间符合的程度最好。

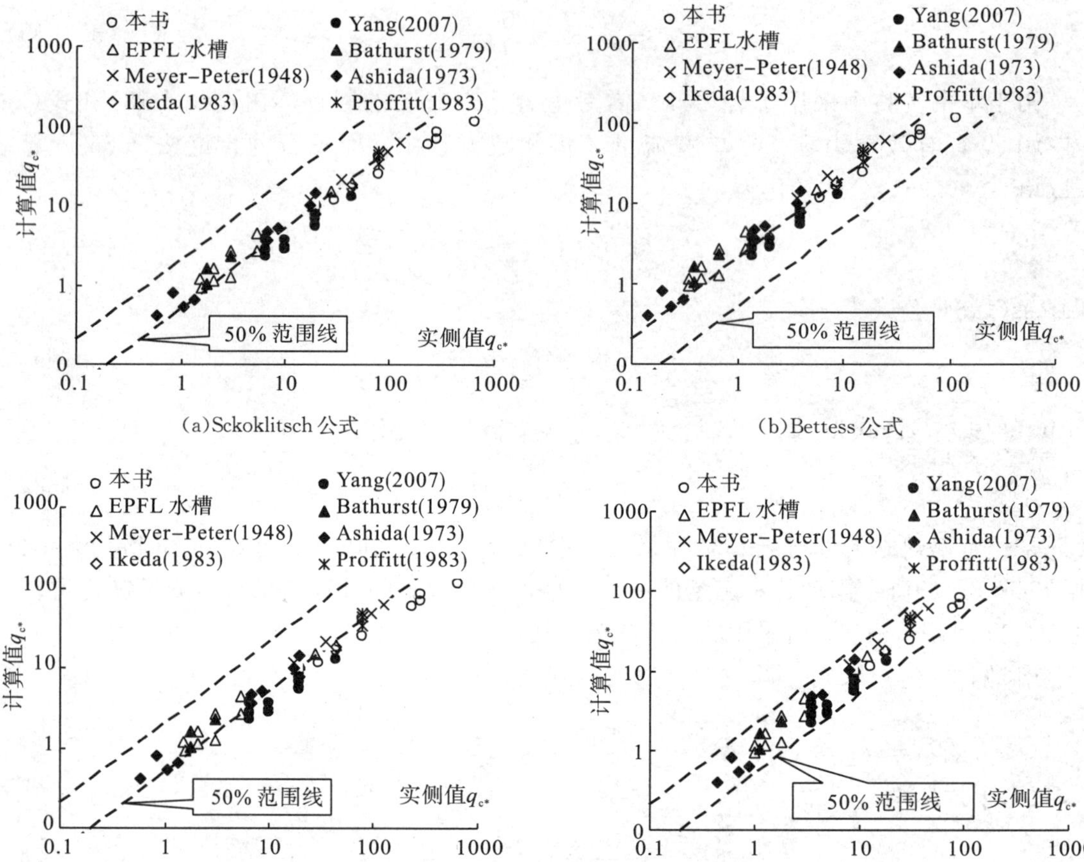

(a)Sckoklitsch 公式　(b)Bettess 公式

(c)Bathurst 公式　(d)式(3-1-15)

图 3-1-8　卵砾石单宽流量起动公式比较

3.1.5　小结

本节通过理论分析和水槽实验，对卵砾石起动进行研究，得出如下结论：

(1)通过多组卵砾石低强度输移水槽实验，按照 Parker 无量纲输沙率的泥沙起动标准，获得 13 组卵砾石起动实验数据，再收集了其他 7 个研究者的 50 组关于卵砾石起动的水槽实验数据。数据涵盖较宽的比降(J=0.05%～20%)和粒径(1.8～45 mm)范围。

(2)由于卵砾石河床的理论零点平面高度随来流条件不断变化，相对光滑度较小，对流速的垂线分布有影响，造成起动拖曳力公式和起动流速公式有较大的误差，起动拖曳力公式和起动流速公式还不能完全反映卵砾石起动规律。

(3)选取影响卵砾石运动的主要因素，通过量纲分析法、实验数据最佳适线和不同容重的影响分析，得到了单宽流量无量纲数与比降成反比的卵砾石起动公式，印证了钱宁提出的卵砾石起动水流功率无量纲数为常数的设想，并确定了这一常数值为 0.09。

(4)式(3-1-15)、Sckoklitsch 公式、Bettess 公式和 Bathurst 公式这 4 个单宽流量起动公式与实验数据比较，偏差比、平均标准化误差和相关系数均表明，式(3-1-22)得到的计算值与实测值之间符合的程度最好。

本书的实验工作主要补充了小比降河床卵砾石起动的情况，与收集的资料共同组成了较宽的比降范围(0.05%～20%)的数据。限于当前认识水流和泥沙运动的水平，采用力学和数学推导的方法很难完全反映卵砾石运动的实际情况，本书采用量纲分析和实验数据分析相结合的方法得到卵砾石起动经验性公式。本书得到了不同于起动拖曳力公式、起动流速公式的起动水流功率公式，且与实验数据吻合较好，在泥沙起动水流功率研究途径方面有新的认识，对于泥沙运动的认识及进一步研究具有重要的参考价值。

3.2　河湾坡岸泥沙研究

3.2.1　研究背景

自然界中的河流几乎都是弯曲的，河湾在大小河流中普遍存在。河湾具有主流摆动不大、航槽稳定、水深良好等特点，常常成为港口、码头、航道、取水口等布设和修建的理想场所。河湾水流形态多为由纵向水流与横向环流组成的螺旋流，这种面流指向凹岸、底流指向凸岸的螺旋流的不断侵蚀作用常常形成河湾凹岸冲刷，凸岸淤积，使船舶的航行停泊水流条件和港口航道几何条件不断恶化，最终导致碍航、断航甚至无法作业(图 3-2-1)，给国民经济和社会的发展带来重大损失。因此，河湾的坡岸防护非常重要。

图 3-2-1　河湾水流对坡岸的侵蚀

泥沙运动是河湾水流与坡岸相互作用的媒介。目前，顺直河道河床的泥沙起动条件研究已较为成熟，这也是本书研究的基本前提。顺直河道坡岸和河湾河床的泥沙起动问题的研究成果较少见，且还停滞在粗略的阶段，而对于河湾坡岸泥沙起动条件的研究成果目前几乎还是个空白，急需进行该问题的研究。

本项目主要针对河湾坡岸无黏性均匀沙起动机理进行研究，该研究成果不仅对泥沙运动力学、河流动力学、河流泥沙工程学等学科具有重要的补充作用，而且对河道治理、河湾防护设计具有重要的参考意义，将成为河湾防护设计和演变分析的重要理论基础之一。

3.2.2 研究现状

3.2.2.1 河湾河床泥沙起动研究

由于螺旋流的作用，河湾河床泥沙较顺直段河道更容易起动。河湾河床泥沙运动的特性因受到环流的影响，与顺直段泥沙有所不同，河湾水流的复杂性使得目前对河床泥沙起动方面的研究成果较少。E. W. Lane 等给出了弯曲程度对泥沙起动临界值的影响，但对弯曲程度只是定性描述，且起动条件仅是着眼于顺直段河道泥沙起动条件的修正。王平义根据 E. W. Lane 给出的河道弯曲程度对泥沙起动临界值的影响资料，通过经验和对顺直段泥沙的起动流速进行修正，近似得到河湾段泥沙起动流速公式。张红武根据滚动模式并经对近底流速的处理导出了弯道河床粗、细沙起动流速公式。姚仕明等在考虑了弯道河段横向水流的影响下导出了弯道河段河床泥沙起动流速公式，并进行了合理性分析，认为在相同的纵向流速条件下，弯道段凹岸侧泥沙的起动粒径和泥沙输移速率均较顺直段大，同时结合弯道段水流和泥沙的运动特性阐明了弯道河段的演变规律。

3.2.2.2 河湾坡岸泥沙起动研究

目前有关河湾坡岸泥沙起动的研究很少。现有研究中对河湾泥沙运动特性的研究大都局限于定性描述或公式修正，很少从力学角度对河湾泥沙颗粒运动特性进行细致分析。张麒蛰进行了河湾坡岸路基侵蚀机理研究，提出了坡岸路基的侵蚀主要是由河湾水流对路基边坡的淘刷以及路基的崩塌而引起，并通过力学分析推导得出了河湾路基泥沙起动流速计算公式。除此之外，国内很少有人对河湾坡岸泥沙起动机理进行过研究。关于河湾坡岸泥沙起动实验研究的成果和实测资料很少。目前尚未见到比较成熟的河湾坡岸泥沙起动的计算公式。因此，本书对河湾坡岸泥沙的起动机理和计算方法进行研究是非常必要的。

3.2.2.3 河湾坡岸冲刷机理研究

水流冲刷是河湾坡岸破坏的主要原因，国内学者对河湾坡岸冲刷机理进行了大量研究。利用平面二维水沙数学模型与黏性河岸冲刷模型相结合的平面二维混合模型，夏军强、王光谦模拟了弯曲河道的纵向与横向变形过程，深入分析了水流的冲刷与河岸崩塌机理。田伟平等通过实验发现，河湾中有两个位置最容易受到冲刷，一个是切应力很大的弯道凸岸湾顶附近，另一个是高剪切力区所在的河湾凹岸出口下游附近。有的学者认为河岸坡面泥沙的侵蚀取决于冲刷力与抗冲力的关系，不同的泥沙具有不同的抗冲力，于是产生了不同的起动流速。当水流流速大于泥沙起动流速时，泥沙将被冲刷挟入水流，引起坡岸泥沙的流失。

3.2.3　实验布置

河湾泥沙运动规律的实验研究在弯道模型内进行。该实验沙采用非黏性均匀沙，泥沙通过筛网进行筛分，对两筛之间($D_1<D_2<D_3$)的泥沙，取筛网的代数平均值$(D_1+D_2)/2$作为其粒径，筛分后对实验方案范围内的泥沙按照利用最大化的原则进行粒径分组，分组后取D_{50}作为泥沙代表粒径，该实验沙的代表粒径分别为 4.5 mm、3.3 mm、2.6 mm 和 0.4 mm。

泥沙起动控制是本书实验控制的重点和难点，在实验中采取了以下步骤进行实验控制：

(1)因实验主要研究岸坡泥沙起动，为确保坡岸泥沙最先起动，铺沙时在坡脚线及沿坡以上约 5 cm 范围用粗沙进行坡脚固定。

(2)抬高模型尾门，在槽首放入 1/10 的实验流量，同时在槽尾用小流量倒灌入水槽，使水位缓慢抬高，并保证河湾坡岸上的泥沙在原地不动。

(3)待河槽水位上抬到一定高度时，将流量调到预定值，并在水流稳定后通过慢慢调整模型尾门高度来控制水位。

(4)观察河湾坡岸均匀沙起动情况，当有少量泥沙开始朝坡脚运动，大部分泥沙仍处于似动未动状态时，即认为坡岸均匀沙已达到起动临界状态。

(5)观察并记录均匀沙起动位置、范围和起动后的运动轨迹，利用流速仪测出均匀沙起动位置的流速。

3.2.4　河湾坡岸泥沙起动研究

泥沙起动是河湾坡岸破坏的开端。从泥沙基本受力分析入手，探讨坡岸泥沙起动机理是建立河湾坡岸泥沙起动流速公式的基础。其成果也有助于对河湾坡岸防护的研究。

3.2.4.1　河湾坡岸泥沙颗粒受力分析

河湾斜坡上泥沙颗粒的受力条件与顺直河道斜坡上泥沙颗粒的受力并无不同。假定有一倾角为 α 的斜坡，水流沿着与斜面水平轴成 β 角的方向流动。作用在斜面上某点的泥沙颗粒受力如图 3-2-2 所示。

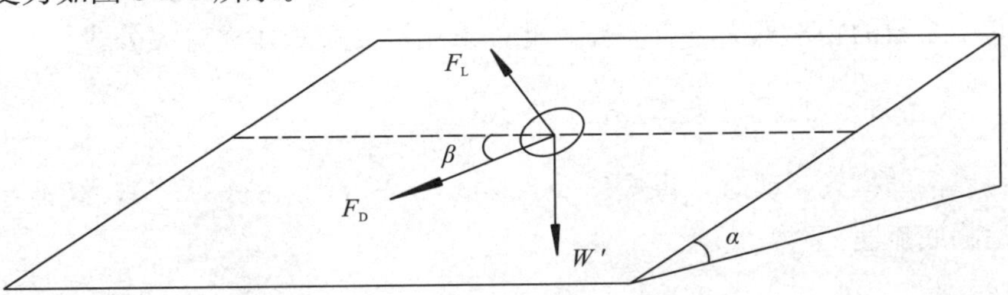

图 3-2-2　斜坡上泥沙颗粒受力示意

作用在颗粒上的力分别有下列三个：

(1)水流拖曳力 F_D，与水流方向相同，即

$$F_D = C_D a_1 D^2 \frac{\rho u_b^2}{2} \tag{3-2-1}$$

(2)上举力 F_D，与斜面垂直，即

$$F_L = C_L a_2 D^2 \frac{\rho u_b^2}{2} \tag{3-2-2}$$

(3)颗粒有效重力 W'，即

$$W' = a_3(\gamma_s - \gamma)D^3 \tag{3-2-3}$$

式中，C_D、C_L 为拖曳力与上举力系数；a_1、a_2 为面积系数，对球体，$a_1=a_2=\pi/4$；a_3 为颗粒体积系数，$a_3=\pi/6$；γ_s、γ 分别为颗粒与水的比重；u_b 为临底流速。

促使颗粒运动的力包括有效重力沿斜坡的分力以及水流拖曳力，二者的合力即是泥沙颗粒起动的动力：

$$F = \sqrt{(W'\sin\alpha + F_D\sin\beta)^2 + F_D^2\cos^2\beta} \tag{3-2-4}$$

使颗粒保持静止状态的力是垂直于斜坡的法向力 N：

$$N = W'\cos\alpha - F_L \tag{3-2-5}$$

3.2.4.2 河湾坡岸泥沙颗粒起动条件

泥沙颗粒起动形式多为滑动或滚动，目前研究对此多有争论。实验中观测到泥沙的起动并非单一的运动形式，究竟是以滑动形式还是以滚动形式起动取决于泥沙颗粒的位置与临底水流条件的关系。如果坡面较为光滑，则以滑动为主；如果坡面较为粗糙，则以滚动为主。

当颗粒以滑动模式起动时，泥沙起动条件为

$$F = f(W'\cos\alpha - F_L) \tag{3-2-6}$$

式中，f 为摩擦系数，$f=\tan\varphi$；φ 为颗粒的水下休止角。

当考虑颗粒以滚动模式起动时，各力的作用力臂如下：拖曳力的作用力臂为 k_1D，上举力的作用力臂为 k_2D，有效重力的作用力臂为 $k_3D\cos\alpha$。其中，k_1、k_2、k_3 为相应的作用力臂系数。

当颗粒由静止以滚动方式起动时，临界条件可表示为

$$k_1 d \cdot F_D + k_2 D \cdot F_L = k_3 D\cos\alpha \cdot W' \tag{3-2-7}$$

已有的研究表明，由滑动模式建立的公式结构与按滚动模式建立的公式结构基本相同，只是其中系数的物理意义略有差异。此处采用滑动模式建立有关公式。

3.2.4.3 顺直斜坡上泥沙起动流速公式

当颗粒以滑动模式起动时，将式(3-2-1)～式(3-2-4)代入式(3-2-6)，经推导可得斜坡上泥沙起动临底流速 u_b 为

$$\frac{\gamma u_b^2}{(\gamma_s - \gamma)gd} = \frac{4}{3}\frac{1}{C_D^2 - f^2C_L^2}[-(C_D\sin\alpha\sin\beta + f^2C_L\cos\alpha)$$

$$+\sqrt{-C_{\mathrm{D}}^{2}\sin^{2}\alpha\cos^{2}\beta+f^{2}(C_{\mathrm{D}}C_{\mathrm{L}}\sin2\alpha\sin\beta+C_{\mathrm{D}}^{2}\cos^{2}\alpha+C_{\mathrm{L}}^{2}\sin^{2}\alpha)}\,\Big] \tag{3-2-8}$$

若取 $z=\frac{2}{3}D$ 处流速作为作用于沙粒的临底流速，由垂线平均流速指数分布公式(取 $n=6$)可得

$$u_{\mathrm{b}}=1.09u_{\mathrm{cp}}\left(\frac{D}{h}\right)^{\frac{1}{6}} \tag{3-2-9}$$

将式(3-2-9)代入式(3-2-8)，整理后可得

$$u_{\mathrm{c}}=1.06\eta_{1}\sqrt{\frac{\gamma_{\mathrm{s}}-\gamma}{\gamma}gD}\left(\frac{h}{D}\right)^{\frac{1}{6}} \tag{3-2-10}$$

根据韩其为等、杨具瑞等的研究，任意一颗泥沙的位置是随机的，可能被其他泥沙所掩盖而增加起动的难度，即所谓的泥沙暴露度问题。这样，上式中的粒径应理解为泥沙起动的等效粒径 D_{*}，即

$$D_{*}=(1+\zeta)D \tag{3-2-11}$$

其中，D 为泥沙粒径；ζ 为暴露度。根据研究，ζ 为 0.134～1.0。因 ζ 符合均匀分布，当取 $\zeta=(0.134+1.0)/2=0.567$ 时，泥沙的起动概率应最大。此时，

$$D_{*}=1.567D \tag{3-2-12}$$

用式(3-2-12)中的 D_{*} 代替式(3-2-10)中 D 后有

$$u_{\mathrm{c}}=1.23\eta_{1}\sqrt{\frac{\gamma_{\mathrm{s}}-\gamma}{\gamma}gD}\left(\frac{h}{D}\right)^{\frac{1}{6}} \tag{3-2-13}$$

式(3-2-13)即顺直斜坡泥沙颗粒起动流速公式。其中，η_1 为与泥沙起动有关的斜坡系数，简称斜坡系数，即

$$\eta_{1}^{2}=\frac{1}{C_{\mathrm{D}}^{2}-f^{2}C_{\mathrm{L}}^{2}}\Big[-(C_{\mathrm{D}}\sin\alpha\sin\beta+f^{2}C_{\mathrm{L}}\cos\sigma)$$
$$+\sqrt{C_{\mathrm{D}}^{2}\sin^{2}\alpha\cos^{2}\beta+f^{2}(C_{\mathrm{D}}C_{\mathrm{L}}\sin2\alpha\sin\beta+C_{\mathrm{D}}^{2}\cos^{2}\alpha+C_{\mathrm{D}}^{2}\cos^{2}\alpha+C_{\mathrm{L}}^{2}\sin^{2}\alpha)}\,\Big] \tag{3-2-14}$$

根据韩其为等、何文社等的研究，可取 $C_{\mathrm{D}}=0.4$，$C_{\mathrm{L}}=0.1$，$f=\tan\varphi$。根据张红武等的研究，对于天然沙情况(D 为 0.061～9.0 mm)，可取泥沙水下休止角

$$\varphi=35.3D^{0.04} \tag{3-2-15}$$

针对河床的情况，对于较粗颗粒天然泥沙起动条件，通常采用沙莫夫公式：

$$u_{0\mathrm{c}}=1.14\sqrt{\frac{\gamma_{\mathrm{s}}-\gamma}{\gamma}gD}\left(\frac{h}{D}\right)^{\frac{1}{6}} \tag{3-2-16}$$

故又可以将顺直斜坡泥沙颗粒起动流速公式改写为

$$u_{\mathrm{c}}=1.08\eta_{1}u_{0\mathrm{c}} \tag{3-2-17}$$

其中，$u_{0\mathrm{c}}$为采用沙莫夫公式计算时所对应的起动流速。与河床泥沙起动条件式(3-2-16)相比，斜坡泥沙起动条件除与水深 h、粒径 D 有关外，还与综合体现斜坡坡度 α 和水流与斜坡倾斜方向 β 的斜坡系数 η_1 有关。

下面分别对顺直河道平底情况、顺直斜坡情况泥沙起动的关系进行讨论。

1)顺直河道河床泥沙起动流速

对于顺直河道河床，$\alpha=0°$，$\eta_1=1.0$。将 η_1 代入式(3-2-13)，整理可得顺直河床情况下泥沙颗粒起动流速为

$$u_c=1.23\sqrt{\frac{\gamma_s-\gamma}{\gamma}gD}\left(\frac{h}{D}\right)^{\frac{1}{6}} \tag{3-2-18}$$

或

$$u_c=1.08u_{0c} \tag{3-2-19}$$

可知在河床情况下，本书起动流速公式与沙莫夫公式基本一致。沙莫夫公式只是本书起动流速公式的一种特殊情况。这为进一步分析顺直斜坡上泥沙颗粒起动条件提供了基础。

2)顺直斜坡上泥沙起动流速

顺直斜坡上泥沙与河床泥沙起动条件的关系为

$$u_c=\eta_1 u_{0c} \tag{3-2-20}$$

由于不同粒径泥沙水下休止角是不同的，为便于比较，取 $D=1$ mm 的颗粒进行分析。由式(3-2-12)知，此时 $\varphi=35.3°$。

(1)当 $\beta=0°$时，即水流与斜坡倾斜方向正交，相当于渠道边坡上的泥沙起动条件，由式(3-2-14)得

$$\eta_1^2=\frac{10}{16-f^2}\left[\sqrt{f^2(15\cos^2\alpha+1)-16\sin^2\alpha}-f^2\cos\alpha\right] \tag{3-2-21}$$

由式(3-2-20)和式(3-2-21)可得到水流与斜坡倾斜方向正交时，不同斜坡坡度与河床泥沙起动条件的关系如图 3-2-3 所示。其中，$\xi=u_c/u_{0c}$。

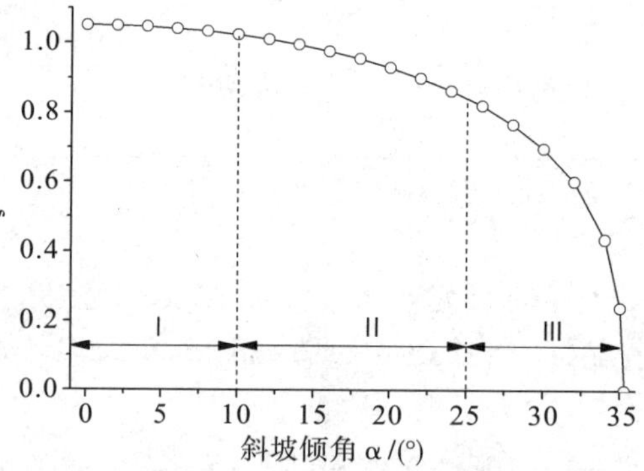

图 3-2-3　不同斜坡坡角情况下斜坡上与河床泥沙起动流速的关系
(水流方向与斜坡方向正交，$D=1$ mm)

可见，当水流方向与斜坡方向正交时，随着斜坡坡度的增加，斜坡上的起动流速逐渐减小。二者为非线性关系。曲线大致可分为如下三个区域：

Ⅰ区 $0\leqslant\alpha\leqslant10°$；Ⅱ区 $10<\alpha\leqslant25°$；Ⅲ区 $\alpha>25°$

在Ⅰ区，斜坡坡角较缓，随着斜坡坡角的增加，起动流速变化不大。在Ⅱ区，起动流速随坡度的增加已较为敏感。斜坡坡度每增加 1°，起动流速减小约 1.5%。在Ⅲ区，起动流速随坡度的增加迅速减小。斜坡坡角每增加 1°，起动流速减小约 10%。当斜坡坡

角接近泥沙水下休止角时，起动流速接近于 0。

(2)当 $\beta=90°$时，水流与斜坡倾斜方向一致，水流沿斜坡向下流动，由式(3-2-14)有

$$\eta_1^2=\frac{10}{16-f^2}\left[f\sqrt{4\sin 2\alpha+15\cos^2\alpha+1}-(4\sin\alpha+f^2\cos\alpha)\right] \tag{3-2-22}$$

由式(3-2-20)和式(3-2-22)可得，当水流与斜坡倾斜方向一致时，不同斜坡坡度情况下斜坡上与河床泥沙起动条件的关系如图 3-2-4 所示。其中，$\xi=u_c/u_{0c}$。

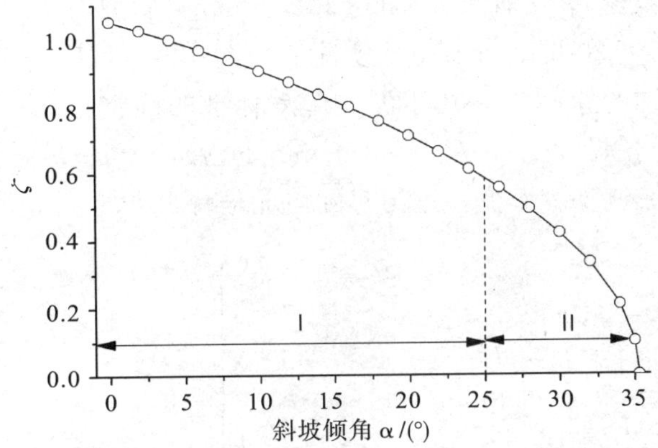

图 3-2-4　不同斜坡坡度情况下斜坡上与河床泥沙起动流速的关系
（水流方向与斜坡倾向一致，$D=1$ mm）

可见，曲线基本可分为两个区域。当 $\alpha\leqslant 25°$时为Ⅰ区，曲线接近线性关系。坡角每增加 1°，起动流速约减小 2%。当 $\alpha>25°$时为Ⅱ区，曲线随坡角的增加迅速减小。此时，坡角每增加 1°，起动流速约减少 6.5%。当斜坡坡角接近泥沙水下休止角时，起动流速接近于 0。

(3)几种典型水流方向时不同斜坡坡角情况下斜坡上与河床泥沙起动条件的关系。

上面讨论了当水流方向与斜坡倾向正交和一致的情况下，斜坡上与河床泥沙起动流速的关系。在水流方向与斜坡倾向夹角为几种典型角度时，泥沙起动流速的变化如图 3-2-5 所示。

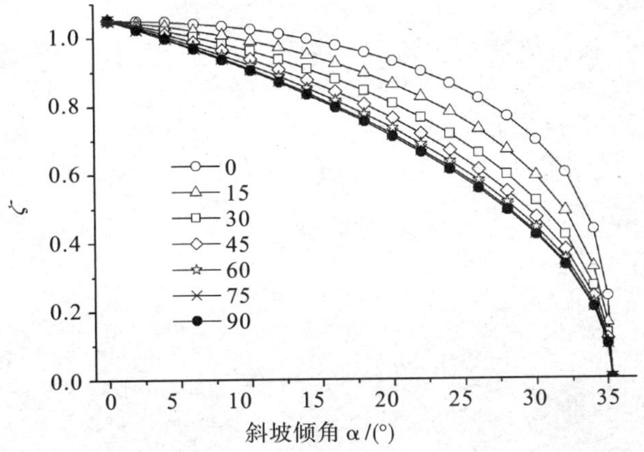

图 3-2-5　在水流方向与斜坡倾向夹角为几种典型角度时泥沙起动流速的变化($D=1$ mm)

可见，斜坡泥沙起动流速随斜坡倾角 α 的增加而减小，随水流方向与斜坡倾向夹角 $(90°-\beta)$ 的减小而减少。就是说，水流方向越是与斜坡倾向一致，泥沙起动流速就越小。水流方向与斜坡倾向小于 45°以后，在同一坡角情况下泥沙起动流速差别不大。从图中还可以看出，斜坡坡角 α 对泥沙起动流速的影响较 β 更大。

利用陈奇伯等的研究资料，对水流沿斜坡倾斜方向流动情况下 $(\beta=90°)$ 泥沙起动流速公式进行了验证，如图 3-2-6 所示。

资料内容：泥沙粒径 D 分别为 1.5 mm 和 3.5 mm，斜坡坡度 α 为 5°～30°，水深 $h=$ 15 cm。在斜坡坡度小于 20°时，计算值比实测值稍大；斜坡坡度大于 20°以后，计算值与实测值基本一致。差别的原因之一在于泥沙起动标准的确定存在一定的随意性。另外，实测点据可能也存在问题。比如，对 $D=3.5$ mm 的沙组，当斜坡坡度在 10°～20°之间变化时，实测泥沙起动流速基本不变，这与实际情况是有出入的。

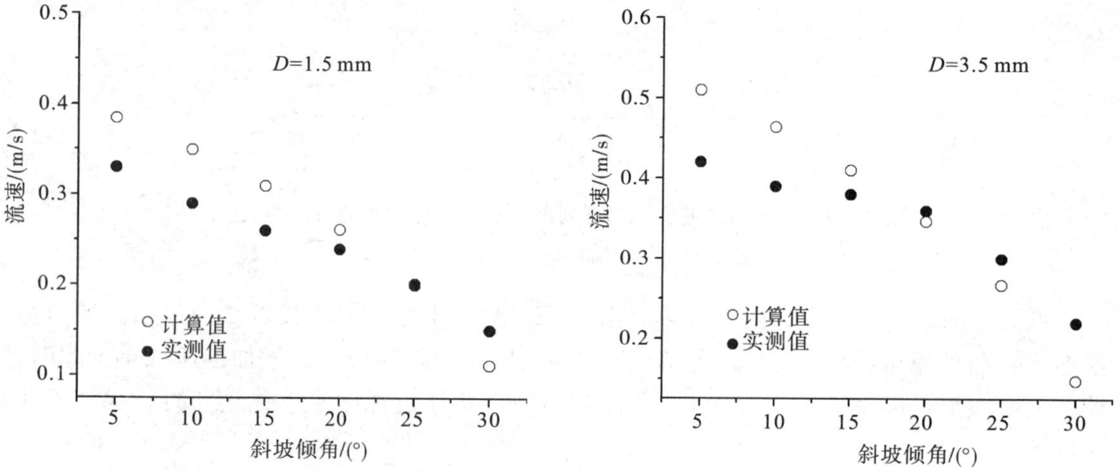

图 3-2-6 斜坡上泥沙起动流速公式的验证(资料来源：陈奇伯等)

3.2.4.4 弯道河床泥沙起动流速公式

1. 公式的理论推导

对顺直河道而言，临底流速与主流方向一致。对河湾而言，临底流速由纵、横向临底流速合成，即

$$u_{\mathrm{b}}=\sqrt{u_{\theta\mathrm{b}}^{2}+u_{r\mathrm{b}}^{2}}=u_{\theta\mathrm{b}}\sqrt{1+\left(\frac{u_{r\mathrm{b}}}{u_{\theta\mathrm{b}}}\right)^{2}}=u_{\theta\mathrm{b}}\sqrt{1+S_{\mathrm{b}}^{2}} \tag{3-2-23}$$

其中，

$$S_{\mathrm{b}}=\frac{u_{r\mathrm{b}}}{u_{\theta\mathrm{b}}} \tag{3-2-24}$$

$$u_{r\mathrm{b}}\approx\frac{u_{\mathrm{cp}}h}{r}\left(359.26\frac{g}{C^{2}}-7.75\right) \tag{3-2-25}$$

$$u_{\mathrm{b}}=1.09u_{\mathrm{cp}}\left(\frac{D}{h}\right)^{\frac{1}{6}}\sqrt{1+S_{\mathrm{b}}^{2}} \tag{3-2-26}$$

$$S_{\mathrm{b}}^{2} = 0.84\left(\frac{h}{r}\right)^{2}\left(\frac{h}{D}\right)^{\frac{1}{3}}\left(359.26\frac{g}{C^{2}} - 7.75\right)^{2} \tag{3-2-27}$$

式中，u_{b}、u_{rb}分别为纵横向临底流速；S_{b}为临底环流旋度。

河床上泥沙起动的临底流速一般可表达为

$$u_{\mathrm{b}} = \zeta\sqrt{\frac{\gamma_{\mathrm{s}} - \gamma}{\gamma}gD} \tag{3-2-28}$$

参考谢鉴衡、李保如及沙莫夫有关起动流速的大量资料，可取 $\zeta=1.30$。

将式(3-2-26)代入式(3-2-28)并考虑暴露度的作用，整理后可得

$$u_{\mathrm{c}} = 1.38\eta_{2}\sqrt{\frac{\gamma_{\mathrm{s}} - \gamma}{\gamma}gD}\left(\frac{h}{D}\right)^{\frac{1}{6}} \tag{3-2-29}$$

其中，η_2 主要与临底环流旋度有关，称为临底环流系数，即

$$\eta_{2} = \frac{1}{\sqrt{1 + S_{\mathrm{b}}^{2}}} \tag{3-2-30}$$

公式(3-2-29)即弯道河床泥沙的起动流速公式。与顺直河道河床起动条件式(3-2-16)相比，弯道河床泥沙起动条件除与水深 h、粒径 D 有关外，还与综合反映河湾形态的 h/r、摩阻条件 h/D 及 C 的临底环流系数 η_2 有关。

2. 验证

利用本研究的部分资料对弯道河床泥沙起动流速公式(3-2-29)进行了验证，如图 3-2-7 所示。其中，A、B、C、D组分别代表粒径分别为 1 mm、2 mm、4 mm、和 8 mm 泥沙颗粒的情况。验证资料如下：r 为 3～6 m，D 为 1～8 mm，h 为10.5～15.9 cm。可见实测点据基本集中在直线附近，说明起动流速的计算值与实测值比较接近。

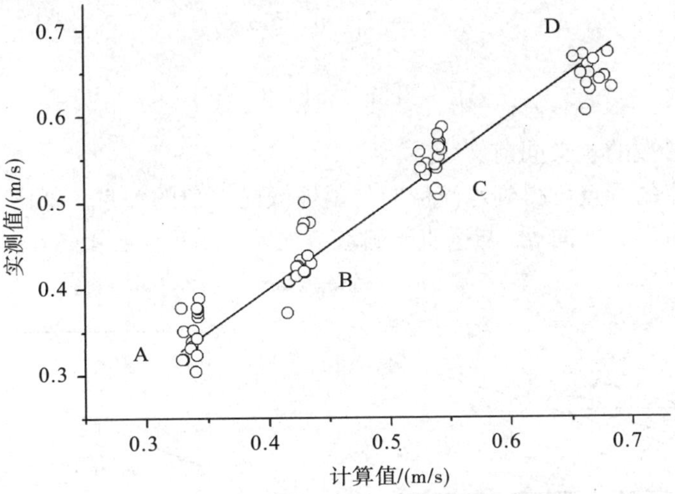

图 3-2-7　弯道河床泥沙起动流速公式的验证

3.2.4.5　河湾斜坡上泥沙起动流速公式

1. 公式的理论推导

在河湾斜坡情况下，泥沙起动不但要考虑弯道的影响，还要考虑斜坡的影响。确定临底流速 u_b 时，$u_{\theta b}$仍然可采用式(3-2-9)式。u_{rb}可由式(3-2-31)确定，即

$$u_{rb} \approx \frac{u_{cp}h}{r}(62.48a_0A_m - 70.23) \tag{3-2-31}$$

为清晰起见，再写出临底流速表达式为

$$u_b = \sqrt{u_{\theta b}^2 + u_{rb}^2} = u_{\theta b}\sqrt{1+\left(\frac{u_{rb}}{u_{\theta b}}\right)^2} = u_{\theta b}\sqrt{1+S_c^2} \tag{3-2-32}$$

$$u_b = 1.09u_{cp}\left(\frac{D}{h}\right)^{\frac{1}{6}}\sqrt{1+S_c^2} \tag{3-2-33}$$

$$S_c^2 = 0.84\left(\frac{h}{r}\right)^2\left(\frac{h}{D}\right)^{\frac{1}{3}}(62.48\alpha_0A_m - 70.23)^2 \tag{3-2-34}$$

式中，S_c为斜坡临底环流旋度。

将式(3-2-33)代入式(3-2-8)，并考虑到式(3-2-14)，经整理可得

$$u_c = 1.23\eta_1\eta_3\sqrt{\frac{\gamma_s-\gamma}{\gamma}gD}\left(\frac{h}{D}\right)^{\frac{1}{6}} \tag{3-2-35}$$

式中，η_1 为斜坡系数，按式(3-2-14)计算；η_3 为与斜坡有关的临底环流系数，可称为斜坡临底环流系数，按下式计算：

$$\eta_3 = \frac{1}{\sqrt{1+S_c^2}} \tag{3-2-36}$$

$$a_0 = 1 + 5.75\frac{g}{C^2} \tag{3-2-37}$$

$$A_m = 1 + 0.5\left(1+\frac{1}{m^2}\right) \tag{3-2-38}$$

以上各式中有关参数的意义同前文所述。

根据斜坡环流的特点可得到水流流向与斜坡倾向夹角的关系。如图 3-2-8 所示，可将斜坡环流分解为沿斜坡方向 u_{rx} 与垂直于斜坡方向 u_{ry} 的两个分量：

$$u_{rx} = u_{rb}\cos\alpha \tag{3-2-39}$$

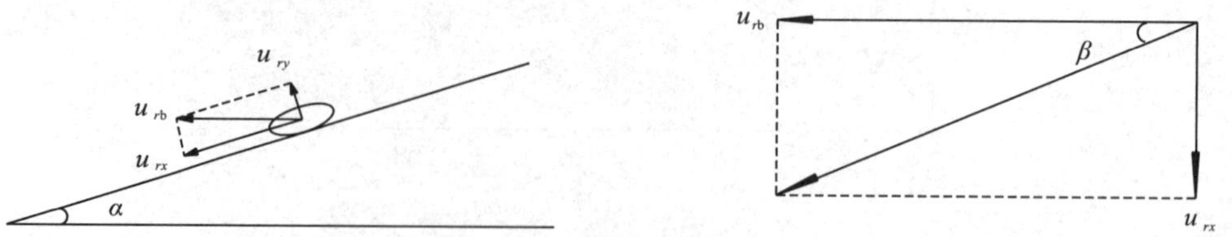

图 3-2-8　斜坡环流的分解示意

而对于水流流向与斜坡倾向的夹角 β：

$$\mathrm{tg}\beta = \frac{u_{rx}}{u_{\theta b}} = \frac{u_{rb}}{u_{\theta b}}\cos\alpha = S_c\cos\alpha \tag{3-2-40}$$

式中，S_c 由式(3-2-34)确定；斜坡倾角 α 与坡率 m 的关系为

$$\text{ctg}\alpha = m \tag{3-2-41}$$

2. 讨论

1)顺直斜坡情况($r=\infty$)

对于顺直斜坡，$r=\infty$，由式(3-2-32)知 $S_c=0$，$\eta_3=1$。此时，不存在环流作用，故 β 不能按照式(3-2-40)计算。这样，式(3-2-35)简化为

$$u_c = 1.23\eta_1\sqrt{\frac{\gamma_s-\gamma}{\gamma}gD}\left(\frac{h}{D}\right)^{\frac{1}{6}} \tag{3-2-42}$$

可见与顺直斜坡上泥沙起动流速公式(3-2-13)完全一致。

2)弯道河床情况($\alpha=0$)

对于弯道河床，$\alpha=0$。若取 $f=0.63$，由式(3-2-14)知 $\eta_1=1.36$。此时式(3-2-36)中 S_c 应取式(3-2-27)中的 S_b 计算。相应的，η_3 由 η_2 来代替。此时，式(3-2-35)简化为

$$u_c = 1.44\eta_2\sqrt{\frac{\gamma_s-\gamma}{\gamma}gD}\left(\frac{h}{D}\right)^{\frac{1}{6}} \tag{3-2-43}$$

前文弯道河床泥沙起动流速公式(3-2-29)是通过临底流速与水流泥沙条件的关系直接建立的。这里推导过程中是转化为垂线平均流速来表达的，因此式(3-2-43)与式(3-2-29)系数略有差异，但基本是一致的。

3. 验证

利用本实验部分实测资料对河湾斜坡泥沙起动流速公式(3-2-35)进行验证，如图 3-2-9所示。可见，本书起动流速公式反映了河湾坡岸泥沙起动的弱动标准条件。泥沙进入中等强度运动时，实测起动流速较计算值为大，如图 3-2-10 所示。

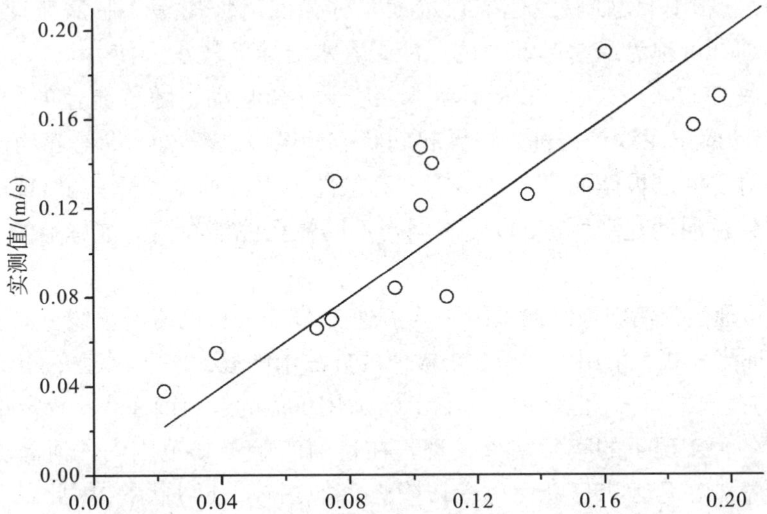

图 3-2-9　弱动标准下河湾坡岸泥沙起动流速计算值与实测值的比较

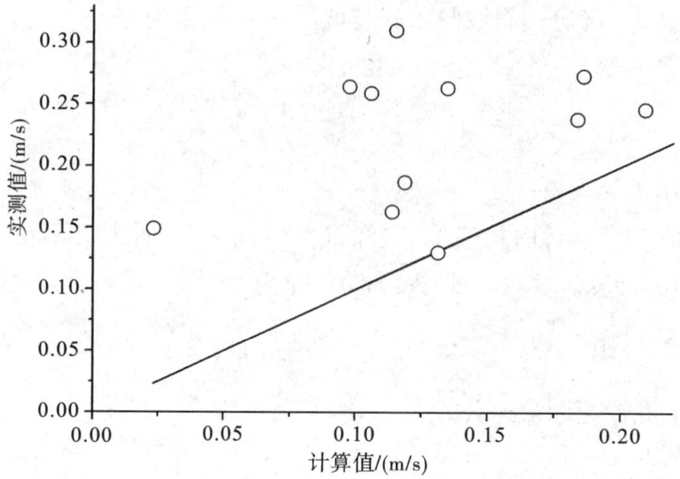

图 3-2-10 中动标准下河湾坡岸泥沙起动流速计算值与实测值的比较

3.2.5 河湾坡岸泥沙起动特性

河湾坡岸上的泥沙颗粒与直道床面泥沙颗粒相比，由于斜坡的存在需要考虑斜坡系数 η_1 的影响，由于河湾的存在同时还需要考虑斜坡临底环流系数 η_3 的影响。因此，河湾坡岸泥沙的运动特性远比直道河床泥沙复杂。

3.2.5.1 河湾坡岸泥沙最易起动部位

由前文可知，河湾坡岸水流纵向流速分布与横向环流分布在沿程与河宽方向都在变化。对于河湾坡岸泥沙起动，我们关心的是临底流速的大小。显然，由临底纵向流速与临底环流合成的临底流速在河湾坡岸不同部位其大小一般是不相等的。这样，在河湾坡岸上必然存在一点 M，使临底流速取得最大，称为河湾坡岸最大临底流速 u_{bm}。该位置的泥沙最易起动，可称为最易起动部位泥沙。若水流速度较小，使 $u_{bm}<u_{b0}$[u_{b0}为河湾坡岸泥沙起动临底流速，按式(3-2-33)计算]，泥沙不会起动；随着流速的加大，使 $u_{bm}=u_{b0}$，则最易起动部位泥沙首先进入临界起动状态；若 $u_{bm}>u_{b0}$，最易起动部位泥沙则进入运动状态。对于河湾坡岸而言，在不同来流条件与河湾情况下，u_{bm}出现的位置不尽相同。由于不同粒径泥沙起动所需的 u_{bm}不同，不同粒径泥沙在河湾坡岸上的最易起动部位也不完全一致。

理论上，可通过河湾斜坡纵向垂线平均流速分布公式和流速沿垂线分布公式联立，再结合河湾斜坡环流公式，采用多元函数求极值的方法求解最大临底流速 u_{bm}出现的沿程位置 θ 或 $x/(r_0\varphi)$与横向距离 r。但从理论上得到有适用价值的解目前还存在一定难度。

整理分析各种工况下的实验结果发现，在目前实验资料范围内，河湾坡岸泥沙起动沿程部位基本集中在弯道出口断面($\zeta=1$)附近，如图 3-2-11 所示。因此，可以将弯道出口断面作为泥沙最易起动断面。实际河湾坡岸的防护重点也理应放在出口断面附近。当然，不同来流、河湾条件和粒径情况下起动部位与坡脚的距离 r_y 自然不同。

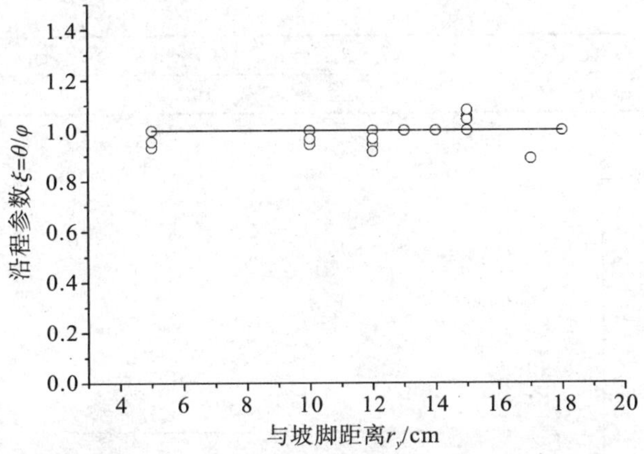

图 3-2-11　河湾坡岸泥沙起动的沿程部位

即便认为泥沙起动沿程位置在出口断面，要从理论上求解泥沙起动的横向部位 r 仍有难度。从前面章节可知，目前采用的河湾纵向流速公式与环流公式都还只是一定程度的近似。实际上，河湾坡岸泥沙起动部位与斜坡纵向流速的垂线分布、横向分布及环流公式的精度密切相关。而垂线平均流速沿横向的分布目前还缺乏深入和满足适用性的研究。如果说目前的流速公式在计算较大尺度问题时基本还能满足要求的话，在小尺度范围内的求解还难以达到需要的精度。对于像泥沙起动部位这类具体到点的计算，目前的研究水平还难以胜任。

虽然如此，目前通过研究流速公式与河湾斜坡泥沙起动的关系，仍然可以得到有价值的参数。分析表明，假定不同垂线平均流速沿河宽分布，可以得到起动部位的不同表达式。结果显示，起动部位几乎都与坡率 m、相对水深 h 有关。河湾坡岸泥沙起动实验的资料如表 3-2-1 所示。可初步认为，各种工况下河湾坡岸泥沙最易起动部位满足的条件为

$$\frac{\eta}{m}=\frac{1}{3} \tag{3-2-44}$$

利用上式可近似确定河湾坡岸泥沙的最易起动部位。实验资料与上式的关系如图 3-2-12所示。

表 3-2-1　河湾坡岸泥沙最易起动部位的确定

工况	r_0/m	Q/(m³/s)	m	D_{50}/mm	h_1/cm	h_c/cm	$\eta=h_c/h_1$	η/m
1	3	120	1.50	2.6	19.20	10.50	0.55	0.37
2	3	160	1.50	2.6	20.40	9.80	0.48	0.32
3	3	120	1.50	3.3	16.50	7.80	0.47	0.31
4	3	160	1.50	3.3	20.00	11.50	0.58	0.39
5	4	120	1.50	3.3	15.50	7.60	0.49	0.33
6	4	160	1.50	3.3	19.00	10.00	0.53	0.35
7	4	200	1.50	3.3	21.00	11.00	0.52	0.35
8	4	160	1.50	4.5	17.00	8.00	0.47	0.31
9	4	160	1.50	2.6	20.50	10.00	0.49	0.33
10	5	160	1.50	2.6	20.30	11.40	0.56	0.37
11	5	160	1.75	2.6	19.80	9.50	0.48	0.27

续表

工况	r_0/m	Q/(m^3/s)	m	D_{50}/mm	h_1/cm	h_c/cm	$\eta=h_c/h_1$	η/m
12	5	160	2.00	2.6	19.50	10.40	0.53	0.27

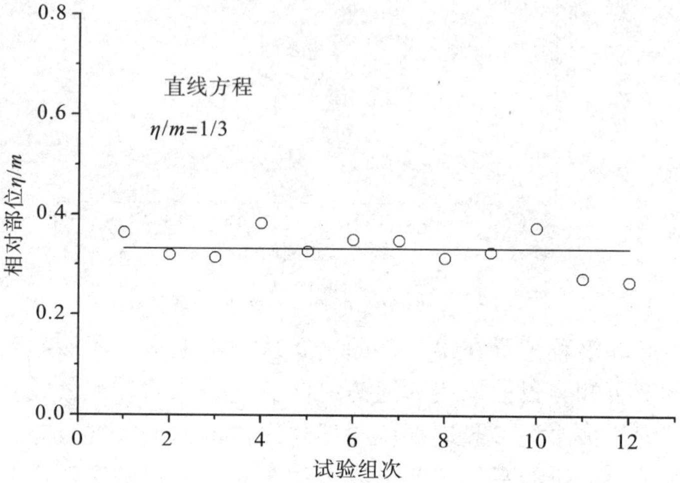

图 3-2-12　河湾坡岸泥沙最易起动部位的确定

式(3-2-44)是利用部分实验资料率定的关系，为了检验其可靠性，用其他部分实验资料进行了验证，如图 3-2-13 所示。可见各工况下实验点据基本集中在关系线附近。说明式(3-2-44)一定程度地反映了河湾坡岸泥沙起动的部位。所用资料参数：r_0 为 3～5 m，Q 为 120～200 m^3/s，m 为 1.5～2.0，D_{50}为 2.6～4.5 mm。

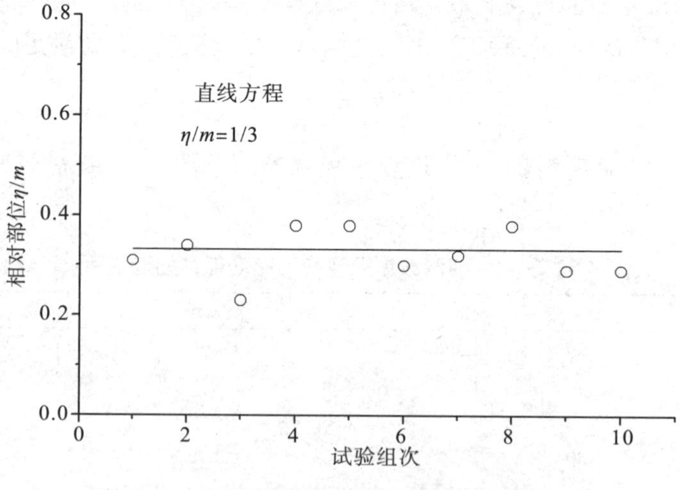

图 3-2-13　河湾坡岸泥沙最易起动部位关系验证

3.2.5.2　河湾坡岸泥沙的起动范围

河湾坡岸上最易起动部位的泥沙起动以后，如果水流流速继续加大，最易起动部位附近的泥沙也逐渐开始起动。这样，可以将最易起动部位认为是起动核，以点 N 表示；而起动区域的边界线就是河湾坡岸泥沙起动流速的等值线，如图 3-2-14 所示意。利用河湾坡岸水流特性可以解释起动流速等值线产生的机理。

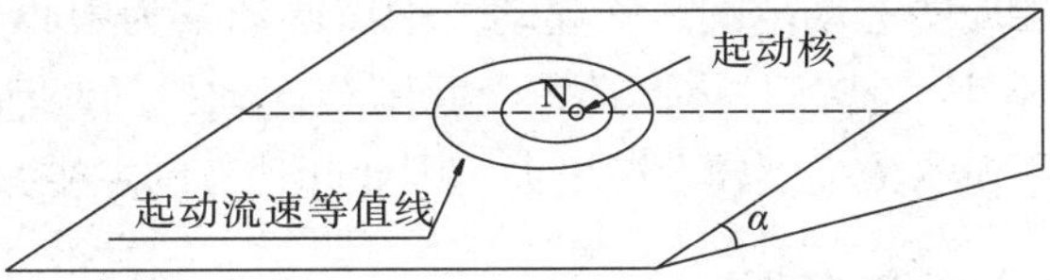

图 3-2-14　河湾坡岸泥沙起动的发展

在一定来流条件和河湾坡岸情况下，存在最大临底流速点 M。但 M 与 N 并不重合。只有当最大临底流速等于河湾坡岸上泥沙起动流速时，M 与 N 才重合。M 点的存在是由于河湾水流的主流与环流在纵向、横向和垂向上都在发生变化。同样道理，当来流条件使得最大临底流速超过起动核处流速后，由于弯道主流与环流的叠加，就会出现围绕起动核的一个区域，在这个区域内部的泥沙都处于运动状态，而在区域的边界，泥沙处于临界起动状态。这个边界图如图 3-2-15 所示。

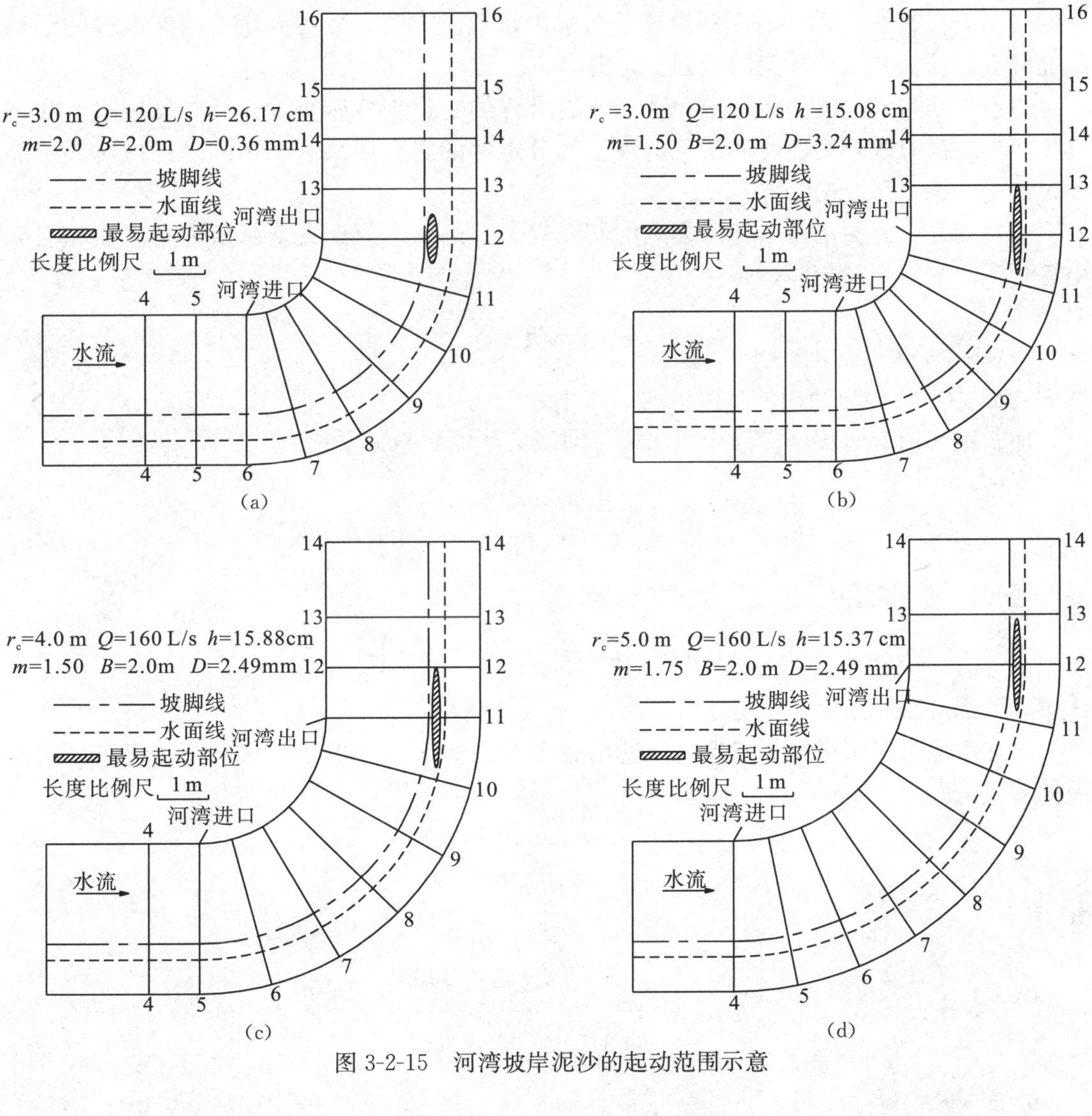

图 3-2-15　河湾坡岸泥沙的起动范围示意

可见，河湾坡岸泥沙临界起动部位都在弯道出口断面附近。随着水流条件的加强，围绕临界起动部位出现一个相应的起动范围。该起动范围以起动核为中心向沿程和河宽两个方向扩展。由于弯道水流并不完全是轴对称流动，因此围绕起动核的起动范围也并不完全对称。实验中发现，出口断面下游水流强度较上游更大，因此起动范围主要偏向出口断面下游。

3.2.5.3　弯道起动流速分布图

1. 弯道河床起动流速分布图

设想有一组均匀沙分布于整个弯道河床之上。对于每颗泥沙而言，临底起动流速都是相等的。但由于弯道水流的特性，由主流与环流叠加而成的临底流速在沿程和沿河宽方向都在发生变化。因此，河床上不同部位泥沙颗粒起动所对应的来流条件也是不同的。弯道河床上不同部位泥沙起动条件之间的关系是我们感兴趣的问题。

前文已推导得出弯道环流充分发展时河床泥沙起动条件式(3-2-26)及纵向流速分布公式(3-2-28)～式(3-2-32)，若垂线流速分布采用指数分布式，要得到弯道河床泥沙的起动流速分布，还需要知道环流的沿程变化规律。

目前，在弯道水流的研究中，针对环流沿程的变化规律研究较少且难度较大。在近几十年内还没有取得突破性的研究进展。部分定性的研究成果和初步的理论探讨还不能满足进一步深入研究的需要。

相对而言，有关出弯后环流衰减的研究较多。例如，罗索夫斯基认为在水面和河床附近环流的衰减规律相同，并且

$$u_r = u_{rc}\exp\left(-\frac{\sqrt{g}x}{Ch}\right) \tag{3-2-45}$$

式中，v_{rc}为弯道出口断面的环流流速。

而张定邦通过假定，推导得出水面与河底的环流衰减如下：

水面，

$$u_{r\pi} = u_{rc\pi}\exp\left(-23.5\frac{x}{C^2h}\right) \tag{3-2-46}$$

河底，

$$u_{rd} = u_{rcd}\exp\left(-14.8\frac{x}{C^2h}\right) \tag{3-2-47}$$

式中，下标 π 表示水面；下标 d 表示河底。

张红武通过采用纵向垂线平均流速沿程不变的假定，分析得到在水面和河底环流衰减的公式为

$$u_{r\pi} = u_{rc\pi}\exp(\beta_\pi x) \tag{3-2-48}$$

$$u_{rd} = u_{rcd}\exp(\beta_d x) \tag{3-2-49}$$

其中，

$$\beta_\pi = \frac{5.75\dfrac{g}{C^2} - 0.306}{h\left(6.572 - 200.6\dfrac{g}{C^2}\right)} \tag{3-2-50}$$

$$\beta_{\mathrm{d}} = \frac{5.75\dfrac{g}{C^2} + 0.6496}{h\left(443.86\dfrac{g}{C^2} - 8.634\right)} \tag{3-2-51}$$

以上是河湾水流出弯后环流衰减的部分研究成果。对于入弯后环流是如何发展的，目前研究还很不充分。张红武通过假定 $J_r = J_{r0}$ 及 u_θ 沿程不变，推导得出入弯后环流发展在水面及河底的公式：

$$u_{r\pi} = u_{r0\pi} - (u_{r0\pi} - u_{r\pi\mathrm{g}})\exp(\beta_\pi r\theta) \tag{3-2-52}$$

$$u_{r\mathrm{d}} = u_{r0\mathrm{d}} - (u_{r0\mathrm{d}} - u_{r\mathrm{dg}})\exp(\beta_{\mathrm{d}} r\theta) \tag{3-2-53}$$

式中，β_π、β_{d} 意义同前；下标 g 表示进口断面。

有的研究者认为环流充分发展持续相当距离后才开始衰减，比如，认为从弯顶至弯道出口断面之间环流强度沿程不变。但本实验结果并不支持这一观点。环流充分发展以后，其衰减程度与河湾情况和来流条件都有关系。鉴于目前对于环流沿程发展、变化和衰减规律的研究还不甚成熟。我们认为，环流的变化主要与水面横比降有关。实验资料也支持这一结论。已有的研究表明，环流沿程是按指数规律变化的。因此，可参照横比降变化规律将环流的沿程变化表达为

$$u_r = u_{r\mathrm{m}}\exp\left[-\frac{(\xi - 0.5)^2}{0.32}\right] \tag{3-2-54}$$

式中，$u_{r\mathrm{m}}$为弯顶处环流速度；ξ 为沿程坐标，取法同前。

弯道水流充分发展时河床上的泥沙起动流速公式为

$$u_{\mathrm{bmc}} = 1.38\eta_2 m\sqrt{\frac{\gamma_{\mathrm{s}} - \gamma}{\gamma}gD}\left(\frac{h_{\mathrm{m}}}{D}\right)^{\frac{1}{6}} \tag{3-2-55}$$

式中，下标 m 表示环流充分发展部位，可采用弯顶断面相应值。

参照式(3-2-55)可得到弯道河床上任一点泥沙的起动流速公式为

$$u_{\mathrm{bpc}} = 1.38\eta_{2\mathrm{p}}\sqrt{\frac{\gamma_{\mathrm{s}} - \gamma}{\gamma}gD}\left(\frac{h_{\mathrm{p}}}{D}\right)^{\frac{1}{6}} \tag{3-2-56}$$

$$\eta_{2\mathrm{p}} = \frac{1}{\sqrt{1 + S_{\mathrm{bp}}^2}} \tag{3-2-57}$$

$$S_{\mathrm{bp}} = \frac{u_{r\mathrm{pb}}}{u_{\theta\mathrm{pb}}} \tag{3-2-58}$$

$$S_{\mathrm{bp}}^2 = 0.84\left(\frac{h_{\mathrm{m}}}{r}\right)^2\left(\frac{h_{\mathrm{m}}}{D}\right)^{\frac{1}{3}}\left(359.26\frac{g}{C_{\mathrm{m}}^2} - 7.75\right)^2\left\{\exp\left[\frac{(\xi - 0.5)^2}{0.32}\right]\right\}^2 \tag{3-2-59}$$

对比式(3-2-56)和式(3-2-55)式知任一点起动流速与弯顶起动流速之比为

$$\frac{u_{\mathrm{bpc}}}{u_{\mathrm{bmc}}} = \frac{\eta_{2\mathrm{p}}}{\eta_{2\mathrm{m}}}\left(\frac{h_{\mathrm{p}}}{h_{\mathrm{m}}}\right)^{\frac{1}{6}} \tag{3-2-60}$$

对来流断面，泥沙起动流速为

$$u_{\mathrm{b0c}} = 1.38\sqrt{\frac{\gamma_{\mathrm{s}} - \gamma}{\gamma}gD}\left(\frac{h_0}{D}\right)^{\frac{1}{6}} \tag{3-2-61}$$

弯道任一位置与来流断面泥沙起动流速之比为

$$\frac{u_{\mathrm{bpc}}}{u_{\mathrm{b0c}}} = \eta_{2\mathrm{p}}\left(\frac{h_{\mathrm{p}}}{h_0}\right)^{\frac{1}{6}} \tag{3-2-62}$$

近似取 $h_{\mathrm{p}}=h_{\mathrm{m}}=h_0$，并为简化计，用 u_{pc}代替 u_{bpc}，$u_{0\mathrm{c}}$代替 u_{b0c}，η_{P} 代替 $\eta_{2\mathrm{p}}$，有

$$\frac{u_{\mathrm{pc}}}{u_{0\mathrm{c}}} = \eta_{\mathrm{P}} \tag{3-2-63}$$

$$\eta_{\mathrm{P}} = \frac{1}{\sqrt{1+S_{\mathrm{P}}^2}} \tag{3-2-64}$$

$$S_{\mathrm{P}}^2 = 0.84\left(\frac{h_0}{r}\right)^2\left(\frac{h_0}{D}\right)^{\frac{1}{3}}\left(359.26\frac{g}{C_0^2}-7.75\right)^2\left\{\exp\left[-\frac{(\xi-0.5)^2}{0.32}\right]\right\}^2 \tag{3-2-65}$$

式(3-2-63)即为弯道河床任一部位与来流断面泥沙起动流速关系。可见，任一点与来流断面起动流速之比与来流条件(h_0)、弯道及阻力特性(r，r_0，φ，C_0)、泥沙粒径(D)等都有关。

弯道河床任一点与进口断面泥沙起动的关系可以通过起动流速分布图来直观表达。假定 Q=160 L/s，r_0=4 m，B=3 m，D=1 mm，通过式(3-2-61)可算出进口断面泥沙起动时 h_0=15.2 cm。取 n=0.016，进口断面距弯道进口距离 L_1=(3～5)B，可以得到在给定条件下的弯道河床起动流速分布如图 3-2-16 所示。为进行分析比较，计算了几种典型表 3-2-2 所示。

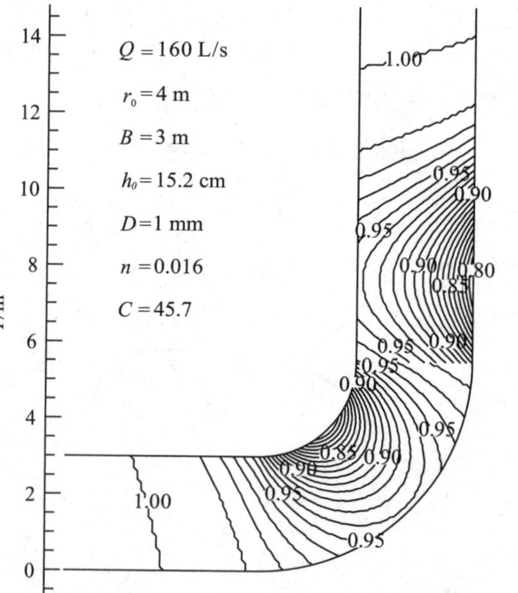

图 3-2-16 弯道河床相对起动流速分布图(工况 1)

表 3-2-2 弯道河床泥沙起动流速分布图计算选用的工况

项 目	Q/(L/s)	r_0/m	B/m	D/mm	h_0/cm	n	C/(m$^{1/2}$/s)
工况 1	160.0	4.0	3.0	1.0	15.2	0.016	45.7
工况 2	240.0	4.0	3.0	1.0	21.6	0.016	48.4
工况 3	160.0	6.0	3.0	1.0	15.2	0.016	45.7
工况 4	160.0	4.0	3.0	2.0	12.5	0.016	44.2
工况 5	160.0	4.0	3.0	1.0	15.2	0.025	29.2

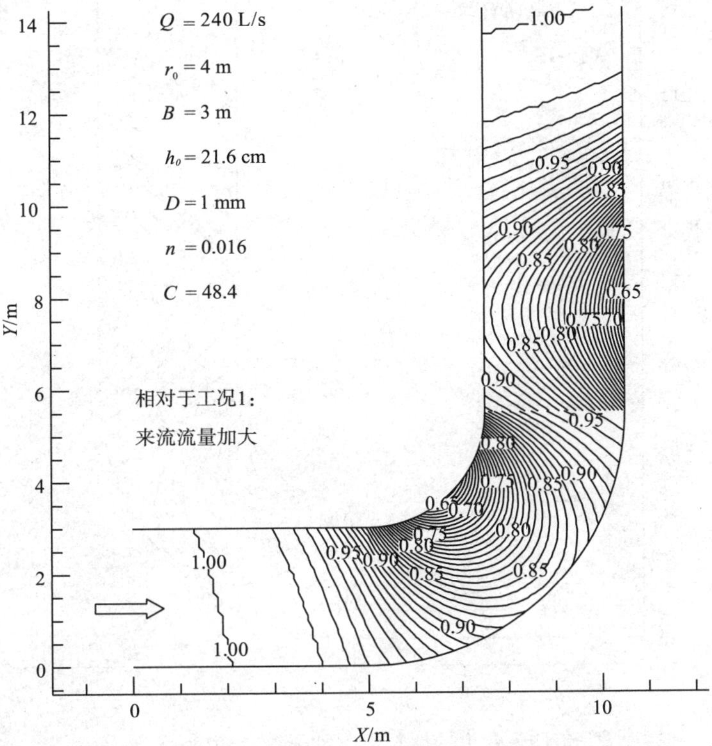

图 3-2-17　弯道河床相对起动流速分布图(工况 2)

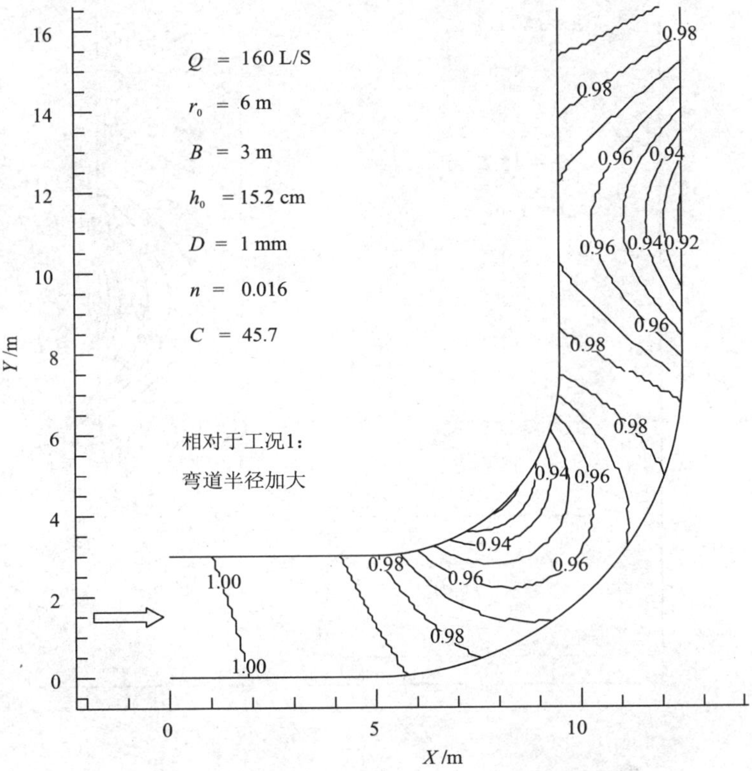

图 3-2-18　弯道河床相对起动流速分布图(工况 3)

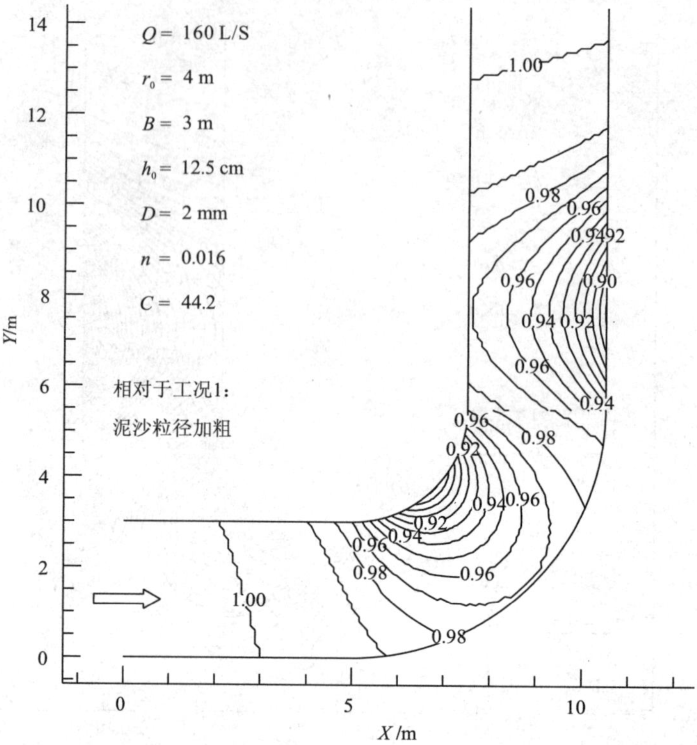

图 3-2-19　弯道河床相对起动流速分布图(工况 4)

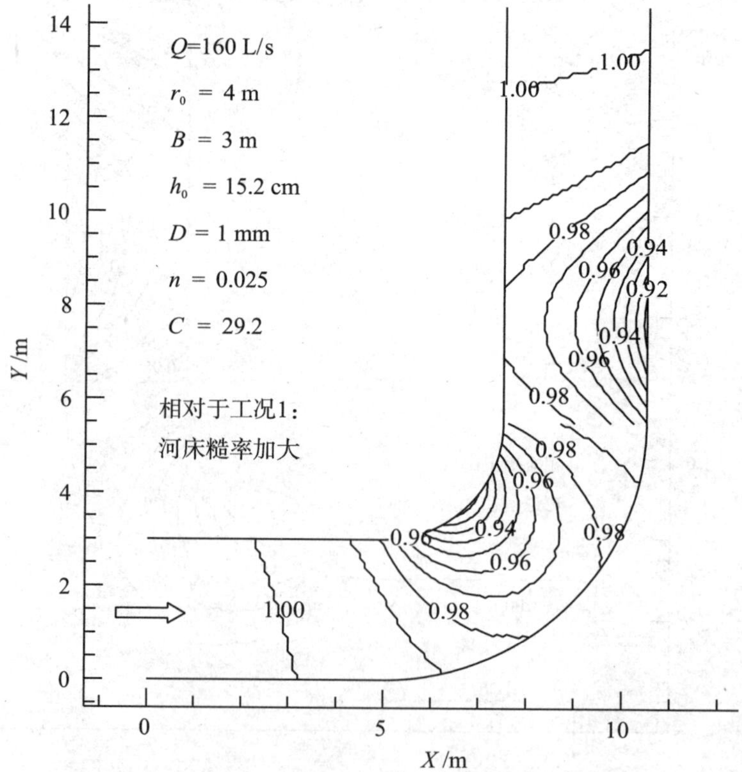

图 3-2-20　弯道河床相对起动流速分布图(工况 5)

由以上组图可以得到以下结论：

(1)在各工况下，弯道河床泥沙最易起动部位都集中在弯道进口凸岸下游附近和弯道出口的凹岸下游附近。

(2)弯道河床任一点与来流断面泥沙起动流速之比与来流流量 Q、弯道半径 r_0、泥沙粒径 D、河床阻力条件 n 等因素都有关系。

(3)其他条件不变，随着来流流量的加大，弯道水流的特性显著增强，弯道河床上的泥沙很容易起动(工况 2)。

(4)其他条件不变，随着弯道曲率半径的加大，弯道特性逐渐减弱，弯道河床上的泥沙起动流速与进口直道河床较为接近(工况 3)。

(5)其他条件不变，随着河床上泥沙粒径的加粗，弯道河床与进口断面泥沙起动的流速差别逐渐减小(工况 4)。

(6)其他条件不变，随着河床阻力的加大，弯道河床与进口断面泥沙起动流速的差别缩小(工况 5)。

(7)各种工况下，出弯以后泥沙起动流速都需要经历相当长的一段距离才能恢复到来流时的水平，这段距离大致为 $L_2=(3\sim5)B$。

以上给出了弯道河床泥沙起动流速的分布情况。由于泥沙起动流速与床面剪切力密切相关。可通过床面剪切力的分布间接体现起动流速的分布。Yen 的实验表明，在弯道上半部，高切力区往往位于凸岸的淤积区内，只是到了下游后，才逐渐向凹岸转移。张红武的部分实验也显示，在弯道进口断面，凸岸比凹岸剪切力大，而到了弯顶以下，情况又相反，直到出弯段进入直段相当长的距离后，剪切力沿河宽的分布才有明显恢复的趋势。R. L. Hooke 的实验也表明，在弯道上段，最大剪切力区靠近凸岸，到弯道中段，则向凹岸过渡。刘焕芳也得到类似的结论，并指出弯道的冲刷发展次序与上述床面剪切力分布相当。弯道严重冲刷的危险段一般发生在进口附近的凸岸和出口附近的凹岸，尤其是弯道下游出弯后的凹岸。本书在与众多学者研究结论一致的基础上，给出了弯道河床泥沙起动流速之间的定量关系。

2. 河湾坡岸泥沙起动流速分布图

参照弯道河床任一点与进口断面泥沙起动流速之间的关系，并结合河湾坡岸泥沙起动流速公式，可以得到河湾坡岸泥沙与进口直段河床上泥沙起动流速之间的关系为

$$\frac{u_{\mathrm{bkc}}}{u_{\mathrm{b0c}}}=\eta_{1\mathrm{k}}\eta_{3\mathrm{k}}\left(\frac{h_{\mathrm{k}}}{h_0}\right)^{\frac{1}{6}} \tag{3-2-66}$$

为简化计算，用 u_{sc}代替 u_{bkc}，用 $u_{0\mathrm{c}}$代替 u_{b0c}，用 η_{a} 代替 $\eta_{1\mathrm{k}}$，用 η_{b} 代替 $\eta_{3\mathrm{k}}$，用 h 代替 h_{k}，则式(3-2-66)可改写为

$$\frac{u_{\mathrm{sc}}}{u_{0\mathrm{c}}}=\eta_{\mathrm{a}}\eta_{\mathrm{b}}\left(\frac{h}{h_0}\right)^{\frac{1}{6}} \tag{3-2-67}$$

取水流方向垂直于斜坡倾向，则

$$\eta_{\mathrm{a}}^2=\frac{1}{C_{\mathrm{D}}^2-f^2C_{\mathrm{L}}^2}\left[\sqrt{f^2(C_{\mathrm{D}}^2\cos^2\alpha+C_{\mathrm{L}}^2\sin^2\alpha)-C_{\mathrm{D}}^2\sin^2\alpha}-f^2C_{\mathrm{L}}\cos\alpha\right] \tag{3-2-68}$$

$$\eta_{\mathrm{b}}=\frac{1}{\sqrt{1+S_{\mathrm{k}}^2}} \tag{3-2-69}$$

$$S_{\mathrm{k}}^{2} = 0.84\left(\frac{h}{r}\right)^{2}\left(\frac{h}{D}\right)^{\frac{1}{3}}(62.48a_{0}A_{\mathrm{m}} - 70.23)^{2}\left[\exp\left(-\frac{(\xi-0.5)^{2}}{0.32}\right)\right]^{2} \quad (3\text{-}2\text{-}70)$$

$$a_{0} = 1 + 5.75\frac{g}{C^{2}}$$

$$A_{\mathrm{m}} = 1 + 0.5\left(1+\frac{1}{m^{2}}\right)$$

其中，$C_{\mathrm{D}}=0.4$，$C_{\mathrm{L}}=0.1$，$f=\tan\varphi$，$\varphi=35.3D^{0.04}$，D 以 mm 为单位。

另外，由斜坡上任一位置水深与坡率的关系有

$$m(h_{0}-h) = r - r_{2} \quad (3\text{-}2\text{-}71)$$

故

$$h = h_{0} - \frac{r-r_{2}}{m} \quad (3\text{-}2\text{-}72)$$

式中，m 为坡率，$m=\mathrm{ctg}\alpha$。

公式(3-2-67)即是河湾坡岸与来流断面河床泥沙起动流速之间的关系。据此可画出河湾坡岸泥沙起动流速分布图。

假定 $Q=160$ L/s，$r_{0}=3.5$ m，$B=2$ m，$m=2$，$D=1.0$ mm，$n=0.016$，相应可算出进口断面泥沙起动时 $h_{0}=21.6$ cm。可得到弯道河床及河湾坡岸与来流断面泥沙起动流速之间的关系。

为便于分析比较，此处另列举了几种典型工况河湾坡岸起动流速分布如图 3-2-21～图 3-2-25 所示。各图所取工况系列如表 3-2-3 所示，其中 r_{0} 指河床中心线半径。

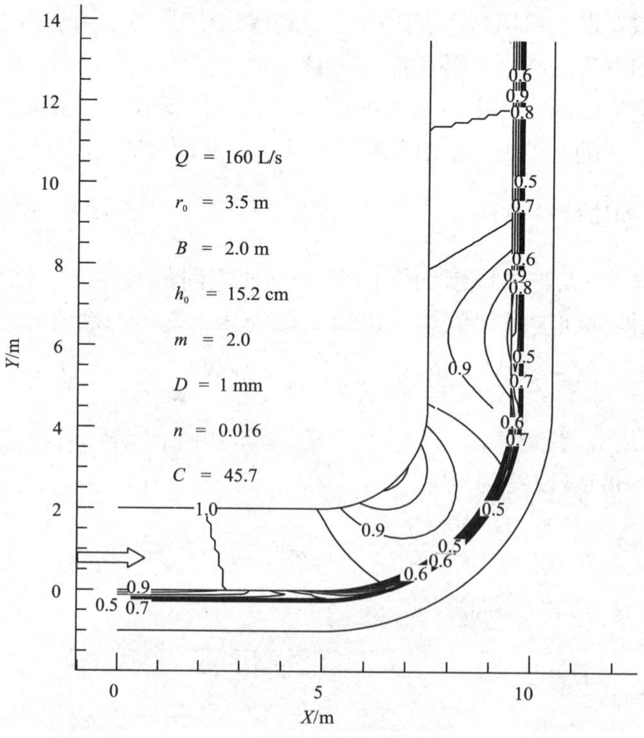

图 3-2-21　河湾坡岸相对起动流速分布示意(工况 1)

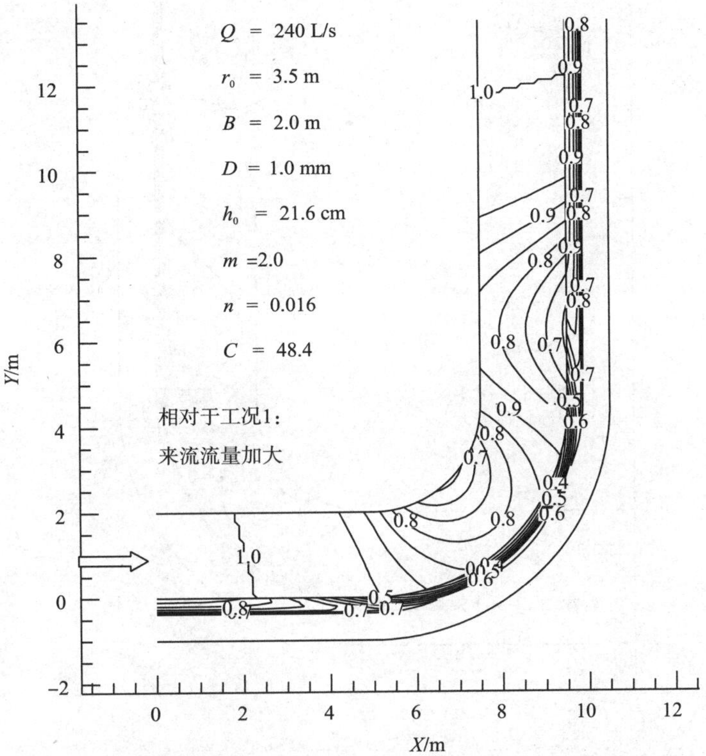

图 3-2-22　河湾坡岸相对起动流速分布示意(工况 2)

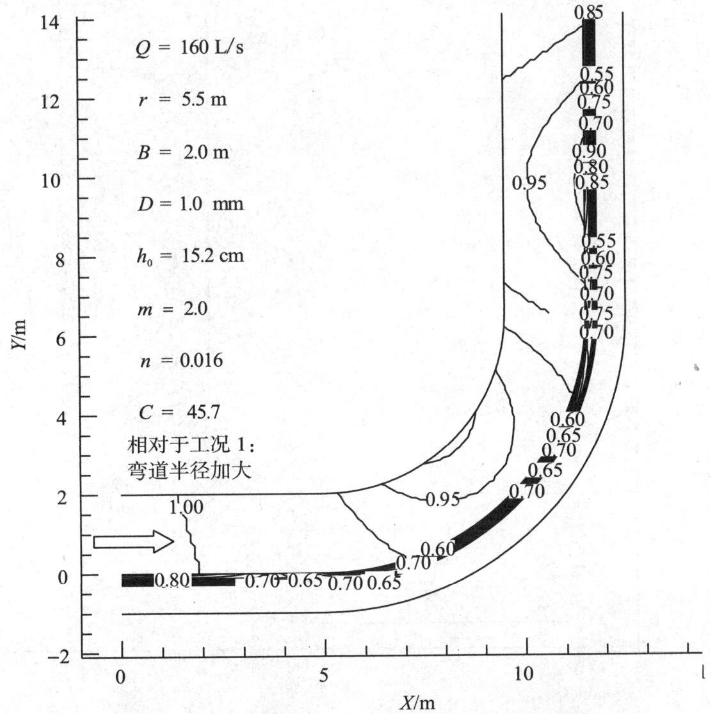

图 3-2-23　河湾坡岸相对起动流速分布示意(工况 3)

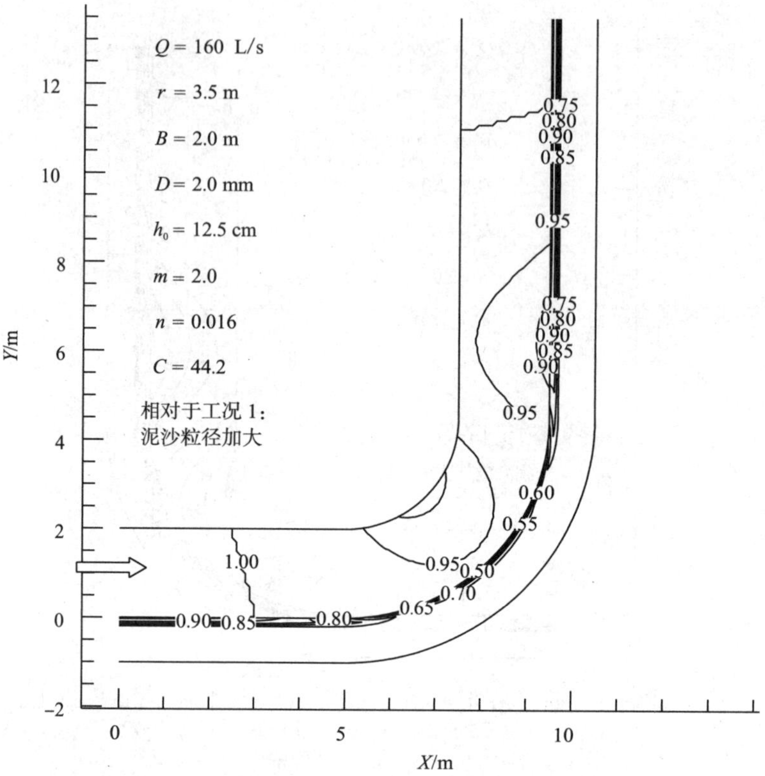

图 3-2-24 河湾坡岸相对起动流速分布示意(工况 4)

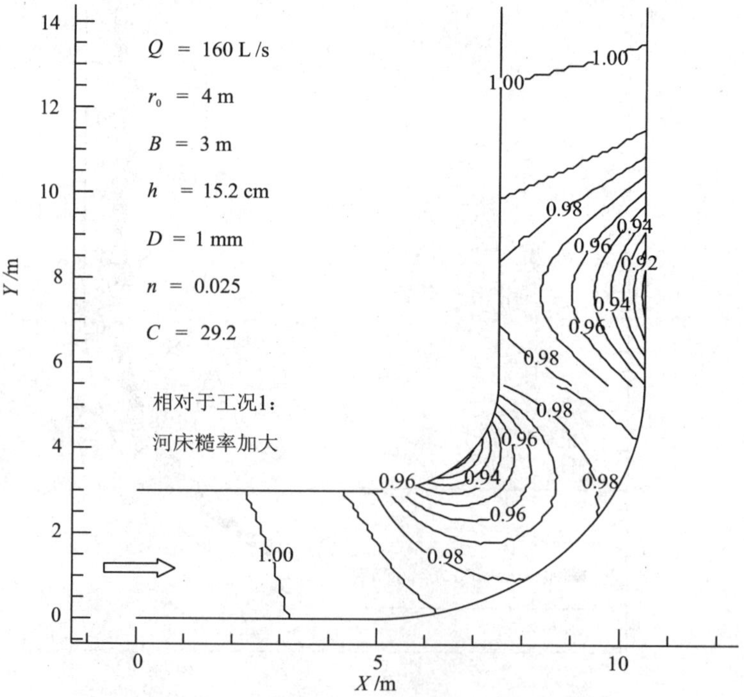

图 3-2-25 弯道河床相对起动流速分布图(工况 5)

表 3-2-3　河湾坡岸泥沙起动流速分布图计算选用的工况

项目	Q/(L/s)	r_0/m	B/m	D/mm	h_0/cm	m	n
工况 1	160.0	3.5	2.0	1.0	15.2	2.0	0.016
工况 2	240.0	3.5	2.0	1.0	21.6	2.0	0.016
工况 3	160.0	5.5	2.0	1.0	15.2	2.0	0.016
工况 4	160.0	3.5	2.0	2.0	12.5	2.0	0.016
工况 5	160.0	3.5	2.0	1.0	15.2	2.0	0.025

由以上各图可知：

(1)弯道河床部分泥沙起动流速的分布规律与前文一致。在各工况下，河湾坡岸泥沙起动流速都较河床更小，最易起动部位基本集中在弯道出口的凹岸附近。由于河湾坡岸上的流速梯度远大于河床部位的流速梯度，因此坡岸泥沙起动流速等值线远比河床更密。

(2)当来流流量加大时，弯道水流的特性增强，河湾坡岸泥沙较容易起动(工况 2)。

(3)当弯曲半径加大时，弯道特性减弱，河湾坡岸上的泥沙需要较大的起动流速(工况 3)；当泥沙粒径加大时，河湾坡岸上的泥沙起动流速增大(工况 4)。

(4)当弯道阻力加大时，河湾坡岸泥沙起动流速也较大(工况 5)。

3.2.6　河湾坡岸侵蚀机理与防护建议

河湾在水流作用下常常会引起坡岸淘刷，甚至崩塌滑坡。河湾坡岸侵蚀是港口码头、航运和沿岸路基防护需要研究的重要问题。因此，河湾坡岸的防护是河道整治的重要内容。本节将在讨论河湾坡岸侵蚀机理的基础上，进行坡岸稳定的初步计算，并提出坡岸防护的主要措施。

3.2.6.1　河湾坡岸侵蚀机理和侵蚀类型

1. 河湾坡岸侵蚀机理

河湾坡岸侵蚀破坏主要有水流淘刷和坡岸崩塌两个过程。淘刷是指河湾环流对坡岸的淘蚀冲刷作用；崩塌是指坡岸被水流淘刷后，平衡状态受到破坏，沿某一滑动面发生移动的过程(图 3-2-26)。水流淘刷坡脚是诱导坡岸崩塌的必要条件，崩塌是导致岸坡侵蚀破坏的主要原因。

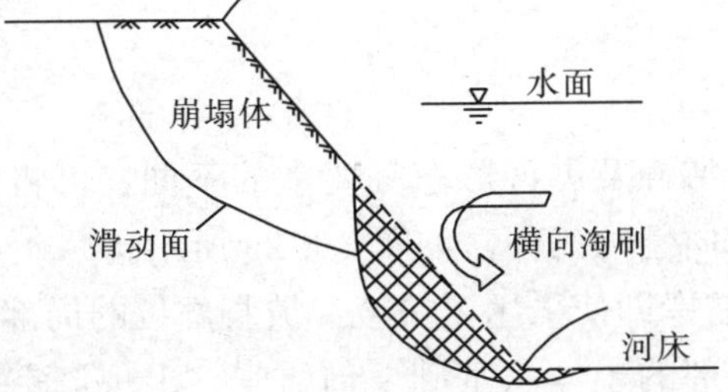

图 3-2-26　河湾坡岸的淘刷与崩塌示意

实验中发现，河湾坡岸被侵蚀主要源于坡脚的淘刷和边坡的崩塌。水流条件达到一定程度以后，在弯道纵向流速与横向环流持续作用下，坡脚出现淘刷。随着淘刷的发展，坡脚的坡度越来越陡，稳定性降低。当坡度陡至一定程度后，边坡开始出现间歇性的崩塌。随着崩塌范围的扩大，最终导致河湾坡岸被侵蚀和破坏，如图 3-2-27 所示。

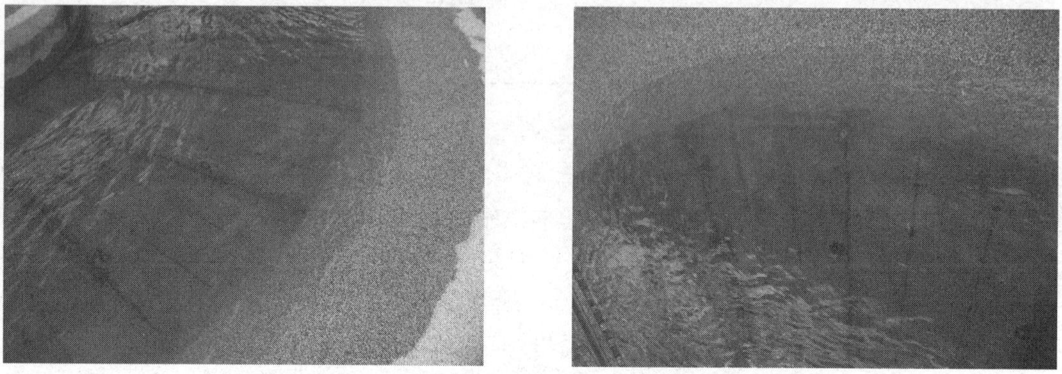

图 3-2-27　河湾坡岸坡脚淘刷与边坡崩塌(见彩图)

在坡脚得到有效防护的情况下，河湾坡岸上的侵蚀机理有所不同。坡脚抗侵蚀能力得到加强，不容易发生淘刷和冲蚀。由前文可知，河湾坡岸上存在泥沙最易起动的部位。该部位的泥沙如果起动则称起动核。如果水流条件加强，围绕起动核展开的起动泥沙范围越来越大，最终会导致边坡被侵蚀破坏，如图 3-2-28 所示。

图 3-2-28　河湾坡岸边坡的侵蚀(有护底)

一般工程中常见的是由坡脚淘刷引起边坡崩塌破坏现象。因此，这里主要针对这种情况，下文讨论也以此为主。

2. 河湾坡岸侵蚀类型

根据河道特性、坡岸特性及灾害形态等要素的不同，可将河湾坡岸的侵蚀类型分为深部侵蚀、局部侵蚀和横向侵蚀三种，如图 3-2-29 所示。

(1)深部侵蚀。河湾坡岸即使采用了护坡，坡脚部位的局部河床也将引起护坡基础埋深不足，从而导致护坡内部的土体从基础下部流失，出现淘空现象而造成崩岸。对天然河岸来说，当上部地层是固结程度较高的黏性土，而坡脚地层是较为松散的砂土时，也会造成淘空而引起岸坡的崩塌。在河床变动比较频繁的地段，深部侵蚀也多与流向变化所引起的二次流有关。

(2)局部侵蚀。主要发生在构筑物与坡岸的接触部位，比如在护坡的前后，具有河床落差的堰体下流部位、桥台与路基的接触部位等，是由水流紊动产生的侵蚀作用造成的。

(3)横向侵蚀。河湾环流的作用将使坡岸发生横向淘刷。此外，大洪水时侧向岸坡的冲刷力增大，或者当水位超出护坡之上时，都将引起横向冲刷。在河湾坡岸侵蚀中，这种形式是最主要的，也是本书的主要研究对象。

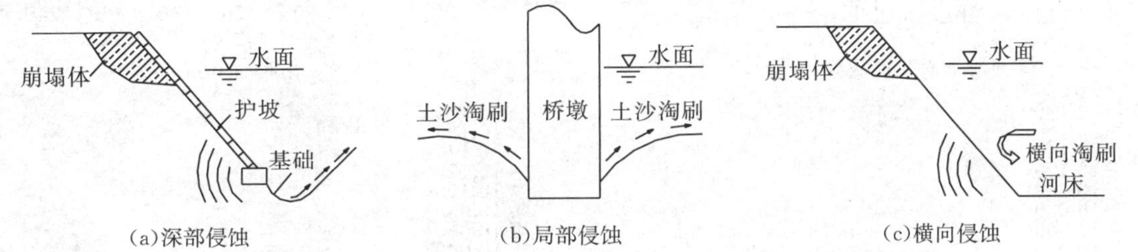

图 3-2-29　河湾坡岸的侵蚀类型

3.2.6.2　河湾坡岸侵蚀实验及成果分析

部分学者在研究河湾坡岸侵蚀机理时，常采用矩形河湾水槽。由前文分析可知，河湾坡岸上泥沙颗粒起动流速比河床面上的小。因此，河湾坡岸上的泥沙在河湾环流作用下会首先起动。采用矩形水槽模型，由于受水槽边界条件限制，因此难以真实模拟河湾坡岸水流动力特性及坡岸侵蚀情况。本书模型实验采用凸岸垂直，凹岸斜坡的断面形式。根据实验观测，在一定的水流和边界条件下，冲刷历时 6 h 后，坡岸侵蚀几乎不再发生，因此实验控制时冲刷历时取 6 h 比较合理。图 3-2-30 所示为 $r_c=6.0$ m，$Q=160$ L/s，$h=15.0$ cm，$D=2.49$ mm，$m=2.0$ 工况下，冲刷历时 6 h 的坡岸形状前后对照情况。从图 3-2-30中可以清楚地看出坡岸形状在冲刷前后发生了明显变化。图 3-2-31 所示为各断面冲刷前后的形状对比情况。

图 3-2-30　河湾坡岸侵蚀前后形态对比

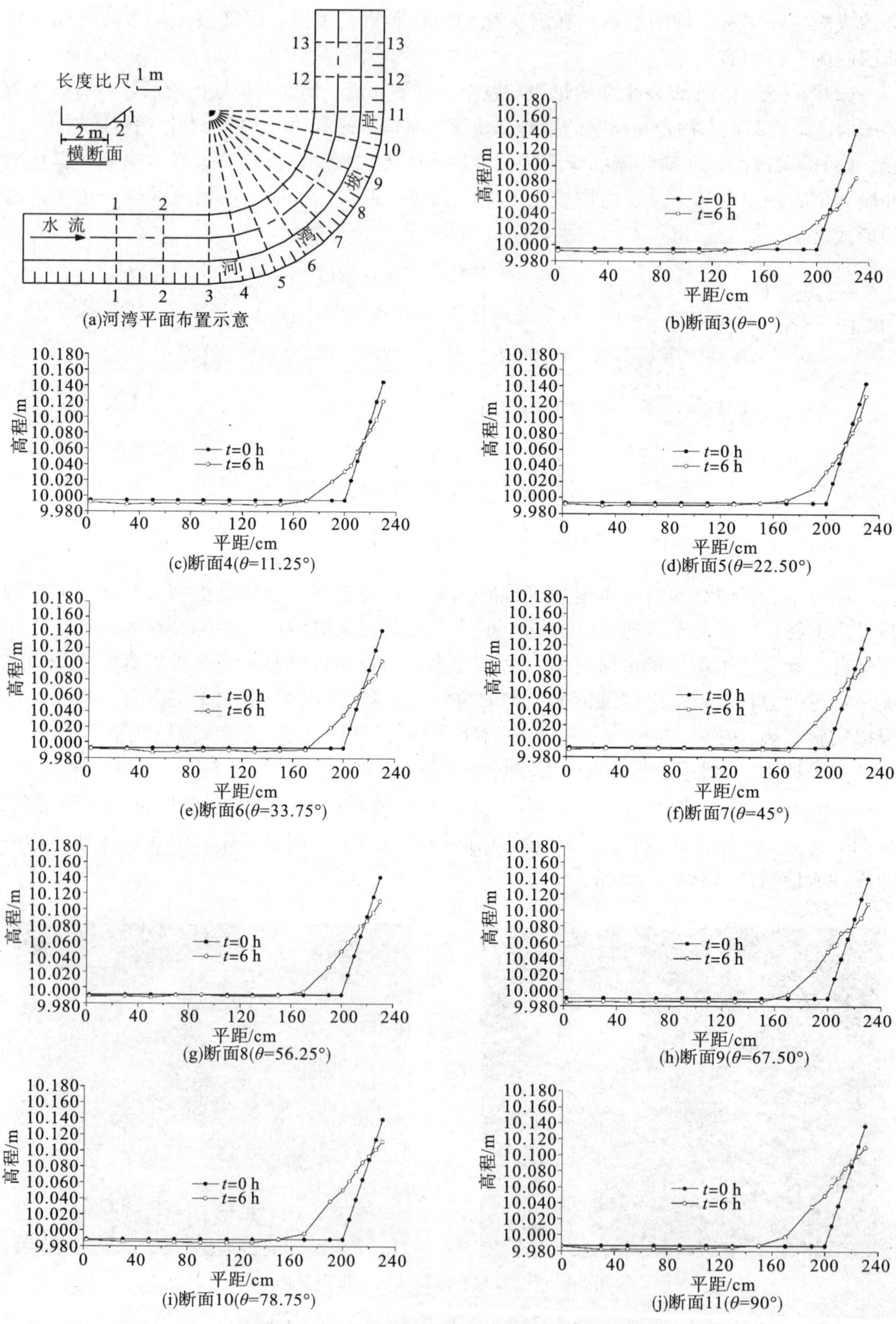

图 3-2-31　河湾坡岸冲刷前后断面形状对比

由图 3-2-31 可知，水流在河湾进口($\theta=0°$)断面至湾顶($\theta=45°$)断面，环流未能充分发展，水流对坡岸的侵蚀作用相对较小。在 θ 为 60°～90°的断面，最大流速偏向凹岸，环流得到充分发展，坡脚淘蚀较为严重，坡岸上有大量泥沙颗粒落于河床，并被水流带走。由于水下泥沙的流失，坡岸已开始发生侧向变形，而后发生间歇性崩塌，且向河湾出口处逐渐扩张，直至河湾出口下游约两倍水面宽处。

3.2.6.3　河湾坡岸防护建议

根据前文对河湾水力特征、纵向流速与环流分布、剪切力变化规律和泥沙起动等内容的研究，对河湾坡岸防护提出如下建议：

(1)由河湾坡岸侵蚀机理实验可知，坡岸的破坏一般始于坡脚的淘蚀。因此，为防患于未然，对岸坡进行护底非常重要。需要重点护底的部位一般位于湾顶顶冲至弯道出口凹岸附近区域。

(2)由河湾泥沙起动特性有关内容可知，河床与坡岸泥沙最易起动部位一般位于弯道出口断面凹岸上下游附近。这些部位泥沙较易起动，需要重点防护。

(3)由河湾河床及坡岸泥沙起动等值线图可知，在进口凸岸附近相对起动流速较小，泥沙容易起动，也需要引起重视。

(4)由弯道相对切应力分布图可知，除以上讨论外，在弯道河床与坡岸相对粗糙度较大情况下，弯道出口附近凸岸的剪切力还可能会大于凹岸附近的剪切力，也需引起注意。

综上所述，弯道严重冲刷的危险段一般发生在进口附近的凸岸和出口附近的凹岸，尤其是出弯后的凹岸下游。而河湾护底和出湾后凸岸的防护也需引起注意。

3.3　卵石沙波运动规律研究

3.3.1　西南山区河流卵石的运动形态

长江叙渝段属于典型的川江上游山区河流，水沙运动规律复杂，航道条件复杂多变，航道维护等级偏低。20 世纪 70 年代初至 90 年代中期，航道管理部门曾对叙渝段航道进行过系统整治，航道尺度曾一度达到 2.7 m×50 m×560 m(航深×航宽×曲率半径，下同)，但数年以后，部分滩险又恢复其碍航特性。以后虽又历经多次整治，但部分复杂滩险治理效果仍不理想，成为提高叙渝段航道等级的瓶颈，导致该段航道的整体实际维护尺度仅为 1.8 m×40 m×400 m，无法满足全年千吨级船舶航行的需要。

在历年的叙渝段航道整治工程中，工程技术人员以及科研人员通过年际间的现场观测资料发现，该段河道多处可能存在卵石沙波运动，但限于当时对该问题的认识水平，并未明确指出这一现象并将其作为重要问题来进行研究。时至今日，基本没有文献反映对卵石沙波的存在以及运动规律的研究。自 2003 年开展调研以及勘测工作以来，叙渝段航道多处滩险存在卵石沙波运动的现象被逐渐明确，如斗笠子、九堆子、筲箕背、漂灯碛、螃蟹碛、东溪口等滩险，它们是碍航的主要原因。2006 年，通过水槽内的几组概化实验来研究卵砾石运动规律，也证实了卵石沙波的存在。

2006 年 12 月，研究人员到筲箕背滩现场踏勘，在水位 1.0 m 左右，观察到筲箕背滩段江心的卵石沙波上下游横向较规则地排列，沙波之间沿水流方向间距为 50～80 m，横向宽度为 100～200 m；单个沙波的大致尺度为波长 50～150 m、波高 3～8 m、前坡 3～80 m，后坡 20～320 m；卵石级配较均匀，直径为 50～400 mm，没有直径小于 50 mm 的沙卵石。

斗笠子滩由于存在大量形如“斗笠”形状的卵石沙波而得名。2007 年 2 月，在斗笠子滩进行现场探勘，发现在滩唇上有大量的卵石沙波。沙波波高为 3～5 m，前坡长 30～60 m，后坡长 5～10 m，粒径范围为 50～250 mm，中值粒径为 100 mm 左右。在较为平整的床面也出现卵石沙波，其波高为 1～2 m。

卵石沙波平面形态

前坡卵石排列

滩唇卵石沙波

图 3-3-1　筲箕背卵石沙波的三维形态

由于卵石沙波运动属于河流动力学的新问题，关于其运动规律目前还没有系统的研究成果。另外，因卵石沙波碍航的滩险及其形成机理较为复杂，不易掌握水沙运动的规律，所以治理难度较大，整治效果难以维持。总的来看，卵石沙波滩险碍航严重，已经成为限制叙渝段航道等级提升的瓶颈，其治理的成败直接关系到长江上游黄金水道的建设能否成功。

同时，西南地区的山区河流特征基本相似，在乌江、澜沧江、嘉陵江以及西江等主要通航河流都存在类似的卵石沙波碍航的现象，因而研究卵石沙波的运动规律对于开展西南山区河流卵石滩险的整治意义重大。

3.3.2　卵石沙波运动规律实验布置

为了研究卵石沙波运动规律，重庆交通大学建立了一套世界领先水平的高精度明渠水沙实验自动测控系统，如图 3-3-2 所示，包括 28 m 高精度全通透自动变坡玻璃水槽，基于变频技术的、可以生成任意形状流量过程的流量自动控制测量系统，基于超声波技术的水位自动控制测量系统，基于高分辨率影像分析技术的水下激光三维沙波地形测量系统，自动加沙控制系统，以及高精度输沙率自动监测系统。整套系统全部采用电脑自动控制并采集数据，稳定性好，测量精度高，是目前唯一的真正意义上的非接触式水沙全自动测控系统。

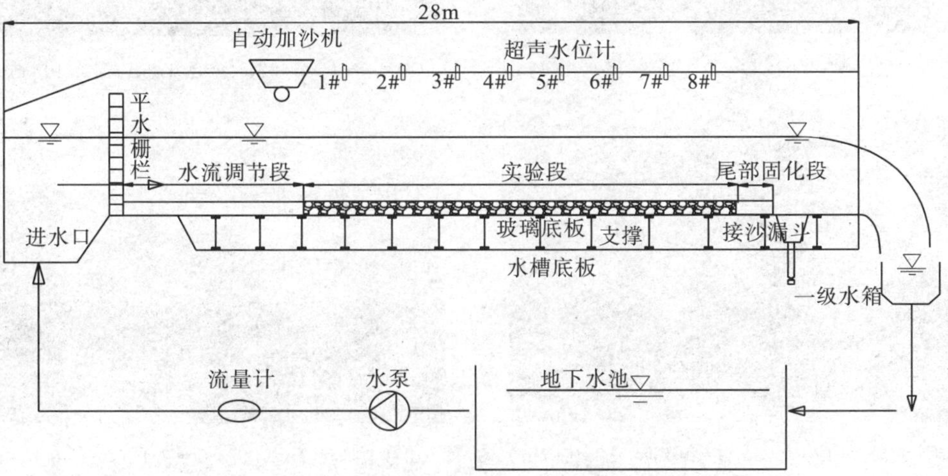

图 3-3-2　28 m 高精度变坡水槽实验布置

输沙率实验进行了 2 种容重、5 种粒径、多种水流条件推移质输沙实验，合计 87 组次。

在实验段前部布置约 10 m 长的水流调整段，水槽底部布置 7 cm 厚的固定加糙底板，使入口水流得到充分调整而不影响实验段的沙面形态。后接 15 m 长的实验段，底部铺制 7 cm 厚的实验沙。实验段后为 1 m 长的固定加糙底板和接沙漏斗，以收集输移的推移质并避免对尾部实验段的沙面形态及推移质输移条件造成影响。加沙机布置在水流调整段尾部，可通过电机频率设定来调整加沙速率。

3.3.3　细沙沙波形态

3.3.3.1　细沙沙波发展过程

细颗粒(D_{50}<0.45 mm)泥沙沙波随着水流强度的加大，其床面形态要经过平整、沙纹、沙垄、动平整、沙浪、急滩和深槽 6 个阶段。

本次实验针对粒径 D=0.3 mm 的细沙，进行了包含 8 个比降(0.0002～0.007)的 51 组实验。实验观察到以下细沙沙波发展过程(图 3-3-3)：

(1)平整：床面平整，泥沙运动。

(2)沙纹：随着水流强度的增大，由于近壁流层的不稳定，少量沙粒聚集在床面并形成小丘，徐徐向前移动加长，最后连接成形状极为规则的沙纹。沙纹的纵坡面多不对称，迎水面长而平，背水面短而陡。

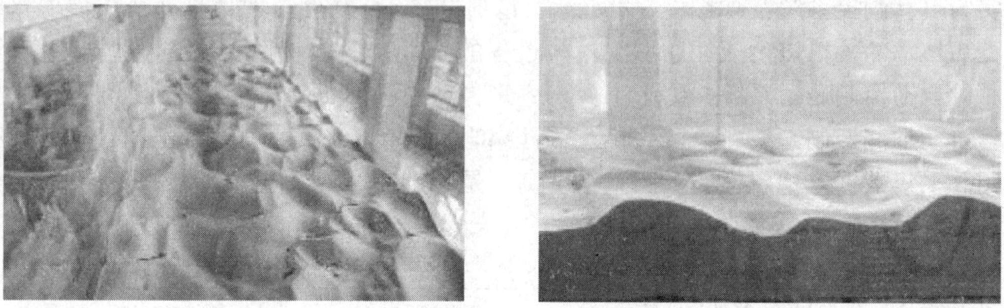

(a)沙纹阶段($J=0.0002$，$Q=29.8$ L/s，$H=0.203$ m)　(b)沙垄($J=0.002$，$Q=20$ L/s，$H=0.107$ m)

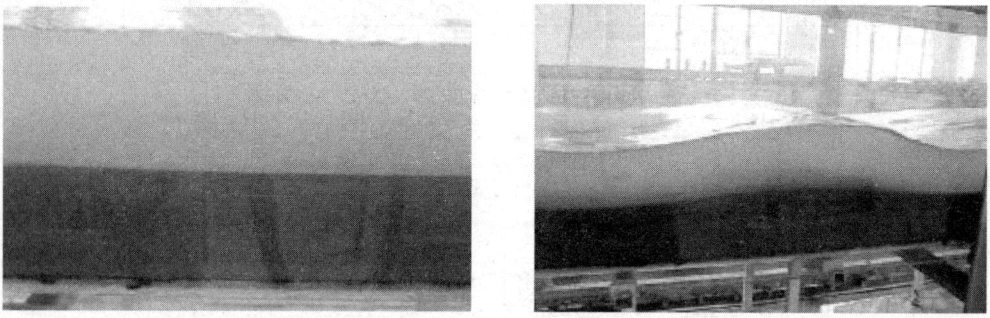

(c)动平整阶段($J=0.003$，$Q=20$ L/s，$H=0.07$ m)　(d)沙浪阶段($J=0.007$，$Q=50$ L/s，$H=0.10$ m)

图 3-3-3　细沙沙波各发展阶段

(3)沙垄：水流强度再增大，波长、波高均增加，沙纹发展为沙垄。沙垄迎水面遭受冲刷，背水面淤积，其行进速度远小于水流速度。

(4)动平整：当水流强度达到一定程度，河床重新出现平整。

(5)逆行沙浪：水流强度继续增加，床面再一次起伏，称为沙浪。沙浪纵剖面对称，水流流线基本与河床平行，水面也有相应的起伏，水面不发生明显的离析现象。

3.3.3.2　沙纹和沙垄的判别

沙纹和沙垄外形形状相似，它们都有一个上游迎水面和背水面，前坡较为平缓，后坡较为陡峻(但小于休止角)，其前坡与后坡比均较大。沙纹和沙垄逐渐移动，与水流速度相比，其移动速度较小。

沙纹与沙垄的区别在于沙波大小与水流关系不同。沙纹的形成和发展与水流条件(流速、水深、比降)无关。Richards(1980)通过一维紊流模型分析沙波的发展过程，认为沙纹是紊流的扰动对床面的影响，与床面底部紊动有关；而沙垄的大小与水流大小的关系十分密切(图 3-3-4)。

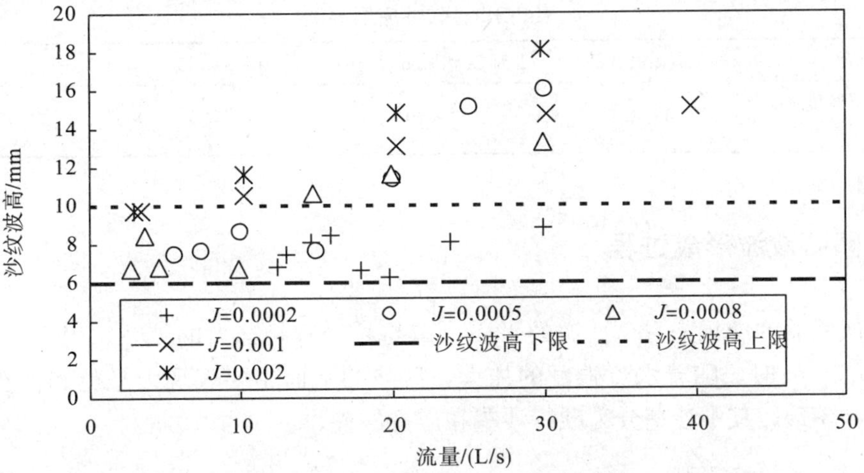

图 3-3-4 沙纹波高与流量的关系

在比降为 0.0005、流量为 7.4～30 L/s 的 7 组实验中，沙波波高不随流量的增加而增加，其波高范围为 6～10 mm。在比降为 0.0005 和 0.0008 的实验中，沙波波高的范围为 6～10 mm，且与水流强度无关，认为是沙纹状态。在本次实验组次中，沙波波高小于 10 mm的沙波为沙纹状态，大于 10 mm 的沙波为沙垄状态。

3.3.3.3 沙纹和沙垄的临界值

Engelund(1972)的研究表明，当沙粒雷诺数超过某一临界值时，沙纹即过渡到沙垄，从沙纹过渡到沙垄的临界值因粒径的增加而增加，见表 3-3-1。当粒径为 0.19～0.45 mm 时，沙纹过渡到沙垄的沙粒雷诺数为 7.3～11.7。

表 3-3-1 自沙纹过渡到沙垄的临界沙粒雷诺数[Engelund(1972)]

粒径 D/mm	0.19	0.27	0.28	0.45	0.93
$u_* D/\nu$	7.3	10.3	11	11.7	不形成沙纹

表 3-3-2 统计了本次实验的沙纹过渡到沙垄的临界沙粒雷诺数。粒径 D 为 0.3 mm，比降 J 为 0.0005～0.002，临界沙粒雷诺数为 7.4～11。

表 3-3-2 自沙纹过渡到沙垄的临界沙粒雷诺数(本次实验，D=0.3 mm)

比降 J	0.0005	0.0008	0.001	0.002
u_*/(m/s)	0.025	0.029	0.029	0.036
$u_* D/\nu$	7.4	8.7	8.5	11

沙纹过渡到沙垄的临界沙粒雷诺数与黏性底层厚度有较大的关系。不同的研究者对于黏性底层厚度确定略有不同，见表 3-3-3。黏性底层厚度 $y^+ = u_* \delta/\nu$ 一般为 5～12。对比沙纹过渡到沙垄的临界沙粒雷诺数与黏性底层厚度，当泥沙粒径约等于黏性底层厚度时($\delta \approx D$)，是沙纹过渡到沙垄的临界值。

表 3-3-3　黏性底层厚度

研究者	Nikuradse(1932)	I. Neza 和 Rodi(1986)	Kirkgoz(1989)	胡江
黏性底层厚度 $y^{+}=u_{*}\delta/\nu$	11.6	5～10	5～12	5

3.2.4　卵石沙波形成过程

从本次实验的结果来看，沙波的平面形态与粒径有相当大的关系。当 $D_{50}=1.8$ mm 和 $D_{50}=5.3$mm 时，随着水流强度的加大，沙波的平面主要表现为平整和沙垄阶段(图 3-3-5～图 3-3-7)，其中沙垄分为顺行沙垄和逆行沙垄。

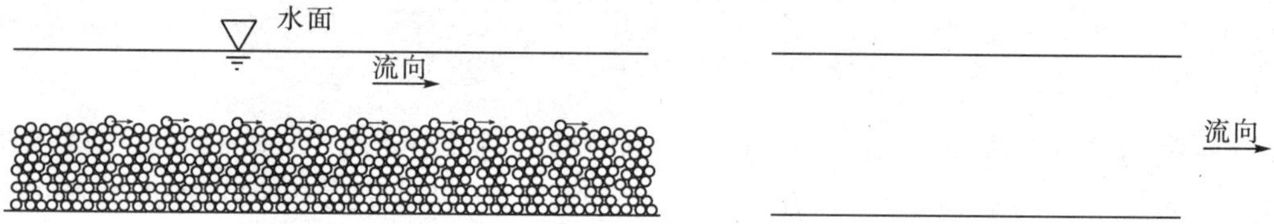

(a)水槽沙波剖面示意图　　(b)水槽沙波平面示意图

图 3-3-5　平整阶段示意图

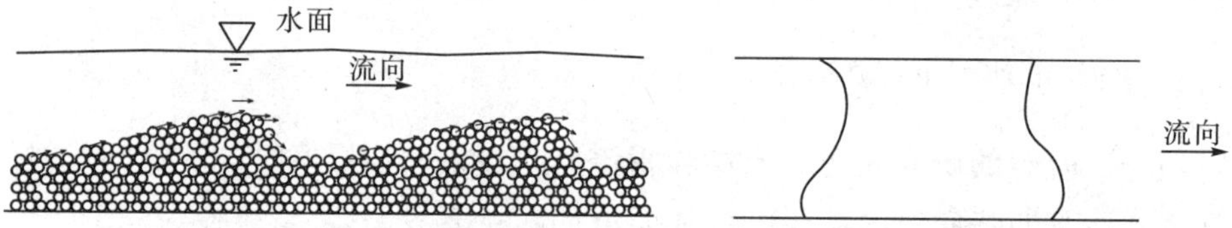

图 3-3-6　顺行沙垄阶段沙波示意图

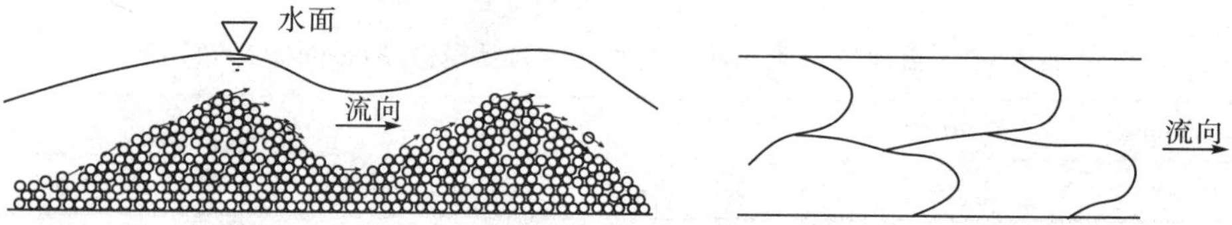

图 3-3-7　逆行沙垄阶段沙波示意图

(1)平整阶段。有少量泥沙颗粒运动，床面基本保持平整，这一阶段相当于泥沙个别起动至大量起动之间。

(2)顺行沙垄阶段。当水流强度加大，泥沙为大量起动后，有的泥沙运动快，有的泥沙运动速度慢，以致后面速度快的泥沙追赶上了速度慢的泥沙，泥沙逐渐堆积，形成沙垄，泥沙颗粒以沙垄形式作群体运动，沙垄迎水面遭受冲刷，背水面淤积。在非对称沙垄阶段，水面波动甚微($\Delta H<1$ cm)，沙面波动明显，迎水面长度约是背水面长度的 2～14 倍，沙波沿水流方向的剖面为非对称。沙垄较为规则，沙波波高较小，呈现二维特性，整体朝下游推移。

(3)逆行沙垄阶段。当水流强度进一步加大后，水面出现明显的波动($\Delta H\geqslant 1$ cm)，迎水面长度约是背水面长度的两倍，沙波沿水流方向的剖面较为对称。对称沙垄阶沙波呈现明显三维特性，水流强度较大的水面波基本与卵石波同相，波峰偶有水面波破碎发生。

3.3.5　卵石沙波运动的不规则性

1. 沙垄阶段

图 3-3-8 绘出了沙垄阶段 35 个沙波的波峰、波谷及波高变化（J＝0.0015，D_{50}＝0.0018 m，Q=80 L/s）。在沙垄阶段，床面的原始高程为 0.07 m，波峰的变化在 0.0107～0.076 m 之间，波谷变化在 0.0249～0.0545 m 之间，波高的变化在 0.030～0.0755 m 之间，说明顺行沙垄阶段的波峰、波谷及波高变化均较大。其他不同实验组次的沙垄变化规律与该组次基本一样。

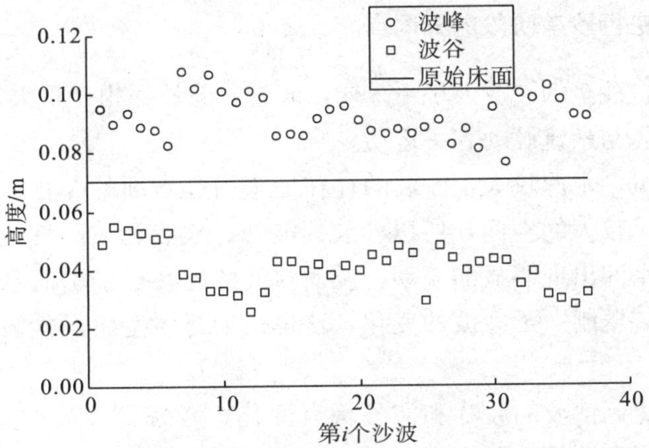

图 3-3-8　沙垄阶段波峰、波谷（J＝0.0015，D_{50}＝0.0018 m，Q=80 L/s）

2. 逆行沙垄阶段

图 3-3-9 和图 3-3-10 绘出了逆行沙垄阶段 15 个沙波的波峰、波谷及波高的变化（J＝0.007，D_{50}＝0.0053 m，Q=90 L/s）。在沙浪阶段，波峰的变化在 0.09～0.099 m 之间，波谷变化在 0.038～0.055 m 之间，波高的变化在 0.035～0.058 m 之间，说明逆行沙垄阶段的波峰变化较小，基本上趋于同一值；波谷及波高变化有一定变化，但都比顺行沙垄阶段的沙波变化值小。其他不同实验组次的沙垄变化规律与该组次基本一样。

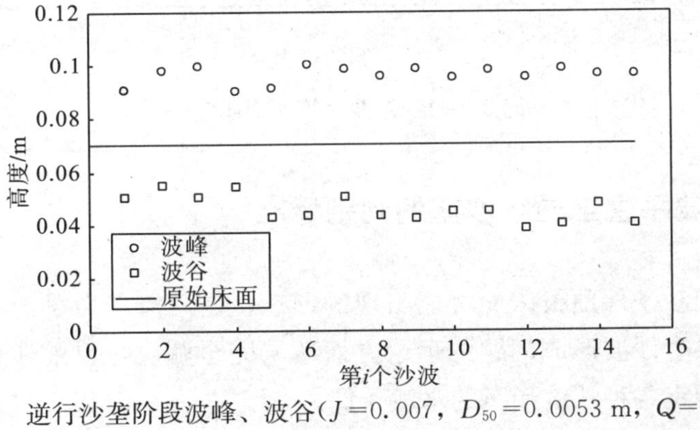

图 3-3-9　逆行沙垄阶段波峰、波谷（J＝0.007，D_{50}＝0.0053 m，Q=90 L/s）

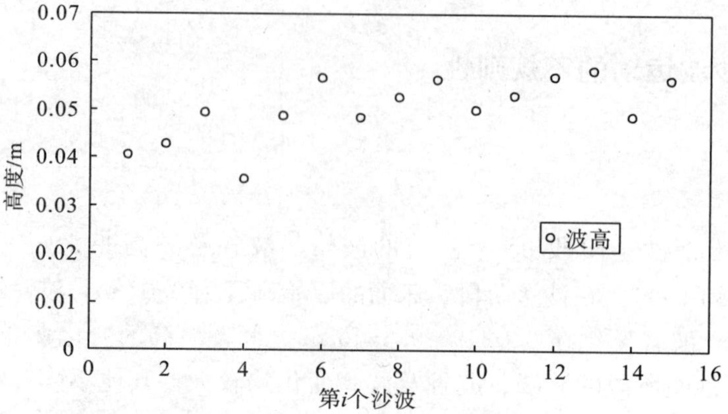

图 3-3-10 逆行沙垄阶段波高(J=0.007，D_{50}=0.0053 m，Q=90 L/s)

3. 顺行沙垄阶段和逆行沙垄阶段的异同点

顺行沙垄和逆行沙垄的沙波大小不一样，波高、波长都相差很大，表现为无规则性。沙波的无规则性主要与紊流脉动有关运动。

在顺行沙垄阶段，水深较大，沙波的存在还未引起水面的变化，该阶段在床面附近给沙波的变化提供了较大的空间，所以沙波的波峰、波谷和波高变化较大。在逆行沙垄阶段，水深较小，水面出现明显的波动，说明沙波的存在已经引起水面的变化，或者说通过水面的变化来“压制”了沙波的变化，这也是逆行沙垄阶段沙波的变化比顺行沙垄阶段小的原因。

与原始床面相比，沙波的波峰和波谷均有变化。考虑到沙波的存在对水流的影响，本次计算均采用波峰和波谷的平均值，如图 3-3-11 所示。

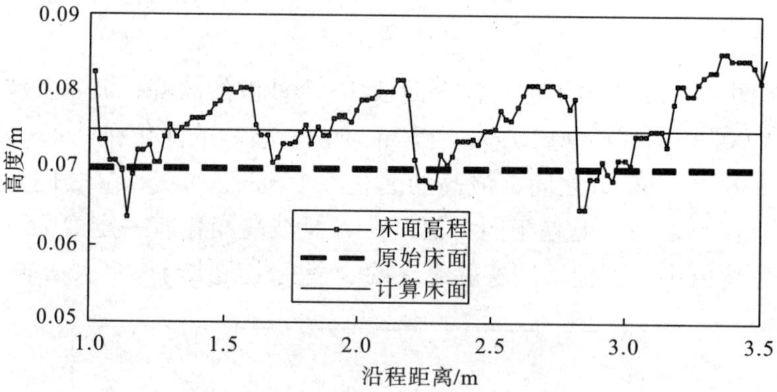

图 3-3-11 沙波计算床面示意图

3.3.6 卵石沙波平整至逆行沙垄的判别标准

根据水流及泥沙条件预报床面可能出现的形态，是河流动力学的一个重要课题。由于现有的研究成果对沙波形成问题的理论方面还未完全解决，目前还只能采用经验性点绘关系的方法来确定各种沙波形态的水沙条件。

3.3.6.1　沙波水沙参数的选取

根据现有的研究成果以及本次实验的结果分析，水沙参数一般选取无量纲数，主要有以下水沙参数。

(1)水流强度Θ：

$$\Theta = \frac{\tau_b}{(\gamma_s - \gamma)D} \tag{3-3-1}$$

式中，τ_b为水流切应力；γ_s为泥沙比重；γ为水比重；D为河床物质组成，均匀沙以中值粒径计。

(2)推移质输沙强度Φ：

$$\Phi = \frac{g_h}{\gamma_s}\sqrt{\frac{\gamma}{\gamma_s - \gamma}gD^3} \tag{3-3-2}$$

式中，g_b为单宽输沙率，kg/(s·m)；g为重力加速度，取 9.8 m/s^2。

(3)沙粒雷诺数Re_*：

$$Re_* = u_* D/\nu \tag{3-3-3}$$

式中，u_*为摩阻流速，m/s；ν为水流黏度，一般取 0.000001 m^2/s。

(4)单宽水流功率无量纲数w_*：

$$w_* = q_* J = \frac{UH}{\sqrt{gD^3}}J \tag{3-3-4}$$

式中，U为断面平均流速，m/s；H为断面平均水深，m；J为比降。

(5)相对光滑度：H/D。

(6)水力半径R：

$$R = \frac{A}{\chi} = \frac{BH}{B+2H} = \frac{H}{1+\frac{2H}{B}} \tag{3-3-5}$$

式中，A为水流断面面积，m^2；χ为湿周，m；B为水面宽度，m

3.3.6.2　有效拖曳力

28 m 高精度水槽的宽度为 0.56 m，从 66 组实验的宽深比来看(图 3-3-12)，宽深比B/H超过 5 的只有 19 组，占 25%左右。宽深比越小，边壁对水流条件的影响越大，对水流强度也有影响。

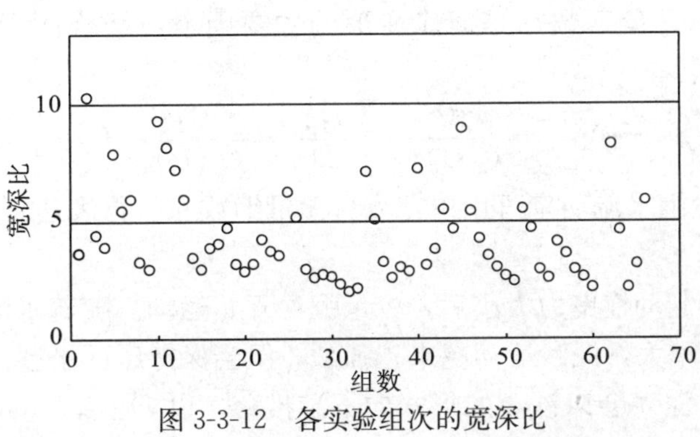

图 3-3-12　各实验组次的宽深比

本书采取 Knight(1984)的成果。Knight(1984)分析了宽深比对床面有效切应力的影响，认为

$$\frac{\tau_b}{\gamma HJ}=1-0.01e^{\alpha} \tag{3-3-6}$$

$$\alpha=-3.23\lg\left(\frac{B}{H}+3\right)+6.146 \tag{3-3-7}$$

不同宽深比的有效拖曳力如图 3-3-13 所示。

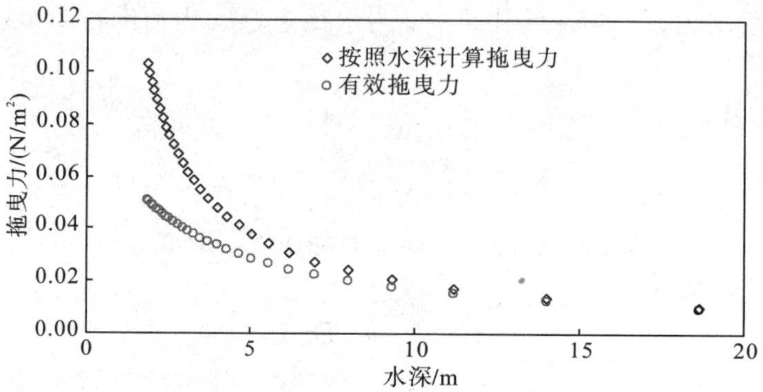

图 3-3-13 不同宽深比的有效拖曳力($J=0.003$，$D_{50}=0.0053$ m)

3.3.6.3 顺行沙垄出现分界线

对于一般的明渠水流，泥沙超过某一粒径(一般是 0.6～0.7 mm)时不会形成沙纹(即泥沙超过黏性底层的厚度，床面不再是水力光滑之后)，而是从平整床面直接过渡到沙垄。本实验采用最小粒径为 1.8 mm 的泥沙，在实验中观测床面直接从平整状态变化到顺行沙垄阶段。

1)关系的建立

水流强度 Θ 是相对光滑度 H/D 和比降 J 的函数，即可表示为

$$\Theta=\Psi(H/D, J) \tag{3-3-8}$$

河床变形一般与流速无量纲数 V_* 有关，即

$$V_*=\frac{N}{\sqrt{gD}} \tag{3-3-9}$$

式中，V_* 为流速无量纲数；V 为断面平均流速，m/s。

水流强度与流速无量纲数均是河床变形的主要因素，结合两者可得单宽功率无量纲数：

$$\omega_*=\Theta V_*=\frac{V}{(gD)^{0.5}}\times\frac{HJ}{D}=\frac{VH}{(gD^3)^{0.5}}J=q_*J \tag{3-3-10}$$

比降一定，单宽无量纲水流功率可用单宽流量无量纲数 q 进行表达。

2)实验现象

水流拖曳力达到起动拖曳力大小后，少量泥沙开始运动。随着水流强度的增大，单宽无量纲水流功率也会增大，泥沙运动越来越强烈，但会保持床面平整。当单宽无量纲水流功率达到一定程度，泥沙会以沙垄的形式向下游推移。以 $D=5.3$ mm、$J=0.005$ 实验为

例，见表 3-3-4，实验流量从 20 L/s 开始试放，单宽无量纲水流功率约为 0.15，只有为数不多的几颗泥沙运动；当流量达到 25 L/s 时，输沙强度、水流强度均增大，但是单宽输沙率仍然较小，床面平整；当流量为 30 L/s 时，单宽输沙强度为 0.0019 kg/(s·m)，单宽无量纲水流功率增长到 0.22，床面仍然保持平整；当流量达到 40 L/s 时，泥沙运动加剧，单宽输沙率增大到 0.0138 kg/(s·m)，此时单宽无量纲水流功率为 0.3，床面仍然保持平整；当流量加大到 50 L/s 后，泥沙以沙垄的形式开始运动，此时的单宽无量纲水流功率为 0.33。此后单宽无量纲功率随着流量的增大而继续增大，输沙率也增大。其他各组实验现象与上述相同。泥沙运动的形式主要取决于单宽无量纲水流功率的大小。

表 3-3-4　沙波运动形式与水流功率关系表(D=5.3 m，J=0.005)

序号	$Q/(\times10^{-3}\mathrm{m^3/s})$	B/m	J	D_{50}/m	H/m	$q/(\times10^{-3}\mathrm{m^3/s})$	q_s	ω_*
1	20.11	0.56	0.005	0.0053	0.06	29.73	2.68E−06	0.15
2	25.30	0.56	0.005	0.0053	0.07	37.40	0.00018	0.19
3	30.00	0.56	0.005	0.0053	0.08	44.36	0.00196	0.22
4	40.22	0.56	0.005	0.0053	0.09	59.47	0.01379	0.30
5	45.11	0.56	0.005	0.0053	0.11	66.69	0.02584	0.33
6	50.00	0.56	0.005	0.0053	0.12	73.92	0.03788	0.37
7	59.94	0.56	0.005	0.0053	0.14	88.61	0.04768	0.44
8	69.88	0.56	0.005	0.0053	0.15	103.30	0.07720	0.52
9	80.17	0.56	0.005	0.0053	0.16	118.52	0.09342	0.59
10	88.84	0.56	0.005	0.0053	0.18	131.34	0.10331	0.66
11	99.71	0.56	0.005	0.0053	0.19	147.42	0.12302	0.74
12	108.68	0.56	0.005	0.0053	0.20	160.68	0.14292	0.80

3)结果分析

当河床物质组成、河道比降一定时，随着流量的加大，水流强度也会变大，泥沙会从开始起动，到输沙率增大再到床面出现沙垄。

经过分析得到(图 3-3-14)

$$w_{*沙垄} = 1.6w_{*c} \tag{3-3-11}$$

进一步可得

$$\omega_{沙垄} = 0.32 \tag{3-3-12}$$

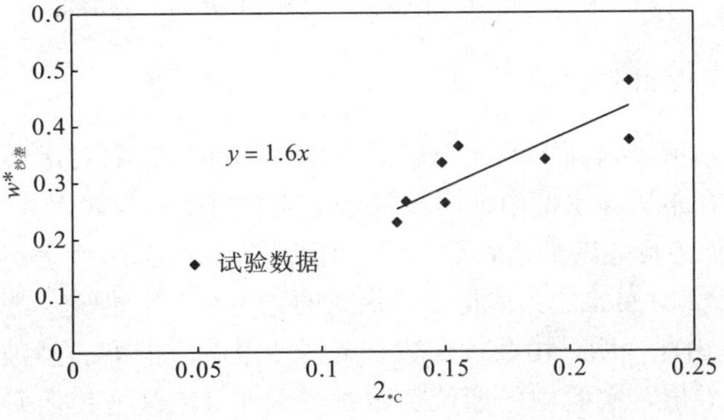

图 3-3-14　w_{*c}与$w_{*沙垄}$的关系

表 3-3-5 统计了中值粒径为 5.3 mm 和 1.8 mm 的沙垄临界水力参数，单宽无量纲水流功率在 0.23～0.48 之间，平均为 0.32，正好是式(3-3-12)的结果。

表 3-3-5 平整至沙垄分界线水力参数

序号	$Q/(\times10^{-3}m^3/s)$	B/m	J	D_{50}/m	H/m	Θ	$\omega_{沙垄}$
1	35	0.56	0.007	0.0053	0.083	0.054	0.36
2	45.1	0.56	0.005	0.0053	0.107	0.046	0.33
3	60	0.56	0.003	0.0053	0.15	0.035	0.27
4	21.4	0.56	0.003	0.0018	0.073	0.061	0.48
5	25	0.56	0.002	0.0018	0.09	0.048	0.37
6	30.2	0.56	0.0015	0.0018	0.103	0.04	0.34
7	35.1	0.56	0.001	0.0018	0.127	0.031	0.26
8	61.3	0.56	0.0005	0.0018	0.22	0.021	0.23
平均							0.32

图 3-3-15 用水流强度 Θ 和 $q_* J$ 两者的关系绘出了大比降卵砾石河流由平整床面向沙垄阶段调整的床面形态判别准则，显示结果较好。

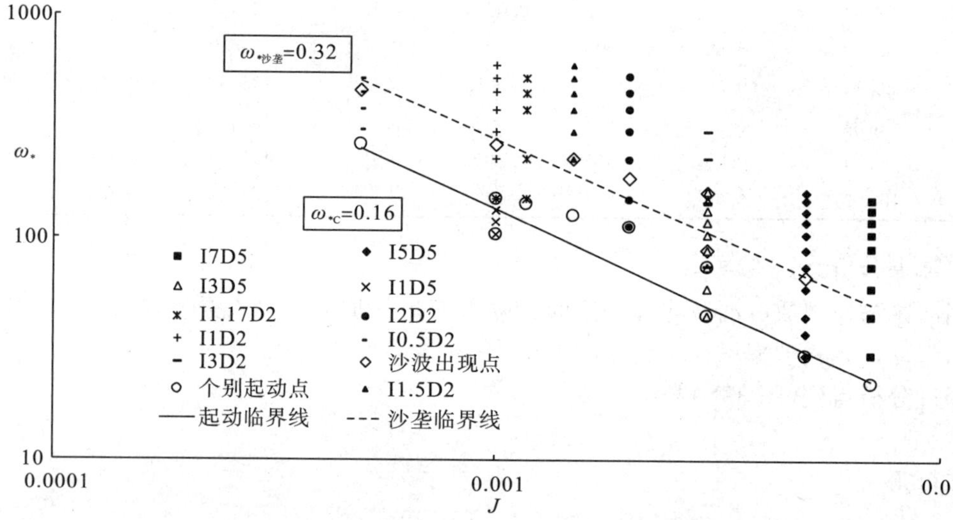

图 3-3-15 起动—平整—沙垄区床面形态判别准则

3.3.6.4 逆行沙垄出现分界线

传统方法认为水流进入高水流能态区后，水流的弗汝德数对床面的形态判别就越来越重要。但是，要在本实验水槽中证明该观点是值得商榷的。如表 3-3-6 所示，对于 D= 5.3 mm、J=0.007 实验，流量达到 50.2 L/s 后，沙波形态由沙垄进入沙浪阶段，该实验中流量为 50.2 L/s 时实验的弗汝德数是最大的，为 0.87，但进入沙浪阶段后的弗汝德数明显小于 0.87。由此说明，由弗汝德数来解释沙浪阶段的卵石沙波是值得商榷的。并且可以从表中可以看出，实验中的弗汝德数都没大于 1，这与其他研究者的观点是不同的。由此说明，应该建立新的关系对卵石沙波规律进行解释。

表 3-3-6　D=5.3 mm、J=0.007 实验结果

序号	Q/(L/m)	B/m	J	D/m	Θ	Fr
1	39.88	0.56	0.007	0.0053	0.059	0.78
2	50.20	0.56	0.007	0.0053	0.063	0.87
3	60.09	0.56	0.007	0.0053	0.073	0.75
4	69.90	0.56	0.007	0.0053	0.079	0.73
5	80.00	0.56	0.007	0.0053	0.083	0.76
6	90.40	0.56	0.007	0.0053	0.089	0.72

在 D=5.3 mm、J=0.007 实验中，水流强度随着流量的加大逐渐加大，床面形态也随其逐渐变化，当水流强度达到 0.063 后，沙波以沙浪的形式运动，水面出现明显的波动，水面波动的大小和方向与床面一样。可见，沙波在沙浪阶段应以水流强度的大小来判断。大比降卵砾石河流的沙波运动主要与河床物质组成 D 与河道比降 J 有关，即沙垄向沙浪的分界也可用这样的函数进行表达：

$$\Theta = f'(J, D_*) \tag{3-3-13}$$

用双参数最小二乘法对表 3-3-7 中的实验数据进行拟合可得到(图 3-3-16)：

$$\Theta_{沙浪} = 56.85\frac{J^{0.5}}{D_*^{2/3}} \tag{3-3-14}$$

中值粒径为 1.8 mm，比降分别为 1‰、1.5‰和 2‰都没产生沙浪；比降为 3‰时才产生沙浪。中值粒径为 5.3mm，在比降为 3‰、5‰和 7‰时都产生了沙浪(表 3-3-7)。顺行沙垄和逆行沙垄有明显分界(图 3-3-16 和图 3-3-17)。

表 3-3-7　顺行沙垄与逆行沙垄分界线水力参数

序号	Q/(l/s)	B/m	J	D_{50}/m	H/m	实测 Θ	$J^{0.5}/D_*^{2/3}$	计算 Θ
1	60.0	0.56	0.003	0.0018	0.160	0.107	0.00176	0.100
2	50.2	0.56	0.007	0.0053	0.103	0.063	0.00102	0.058
3	59.9	0.56	0.005	0.0053	0.138	0.055	0.00086	0.049
4	90.3	0.56	0.003	0.0053	0.190	0.040	0.00067	0.038

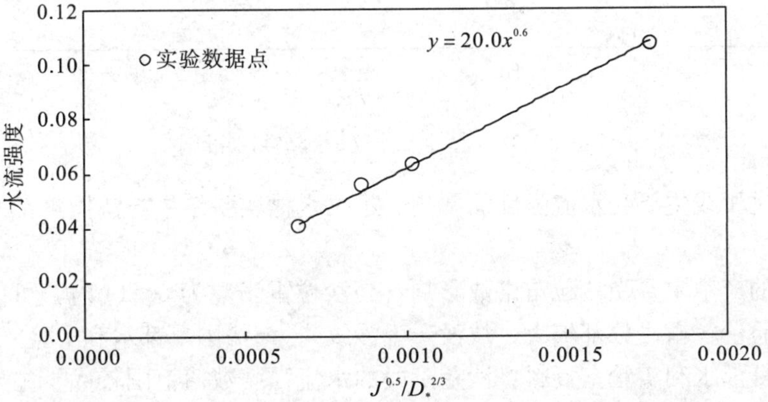

图 3-3-16　逆行沙垄出现分界线水流强度与 $J^{0.5}/D_*^{2/3}$ 的关系

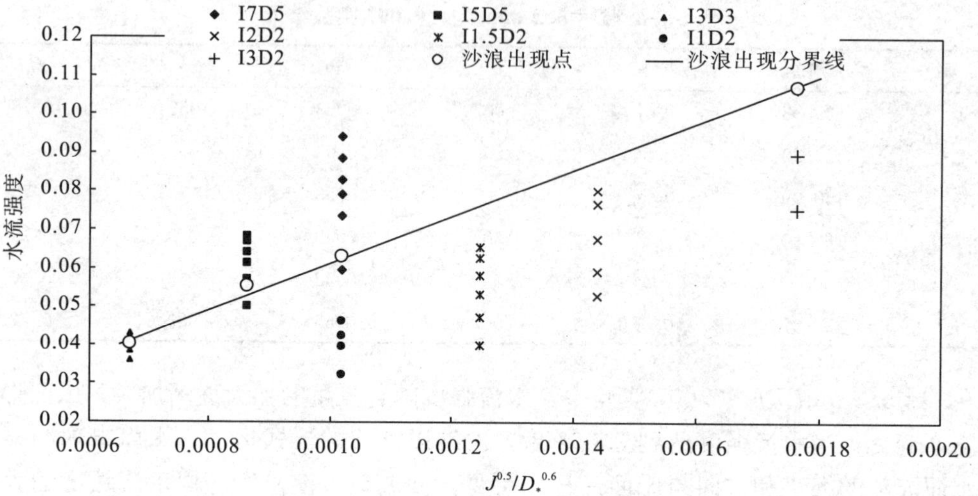

图 3-3-17 顺行沙垄与逆行沙垄分界图

3.3.6.5 与法国夏都水利实验室资料的对比

法国夏都水利实验室根据水槽实验结果，得到了无泥沙起动—平整(有泥沙起动)—沙纹—沙垄 4 个阶段的分界线(图 3-3-18)。

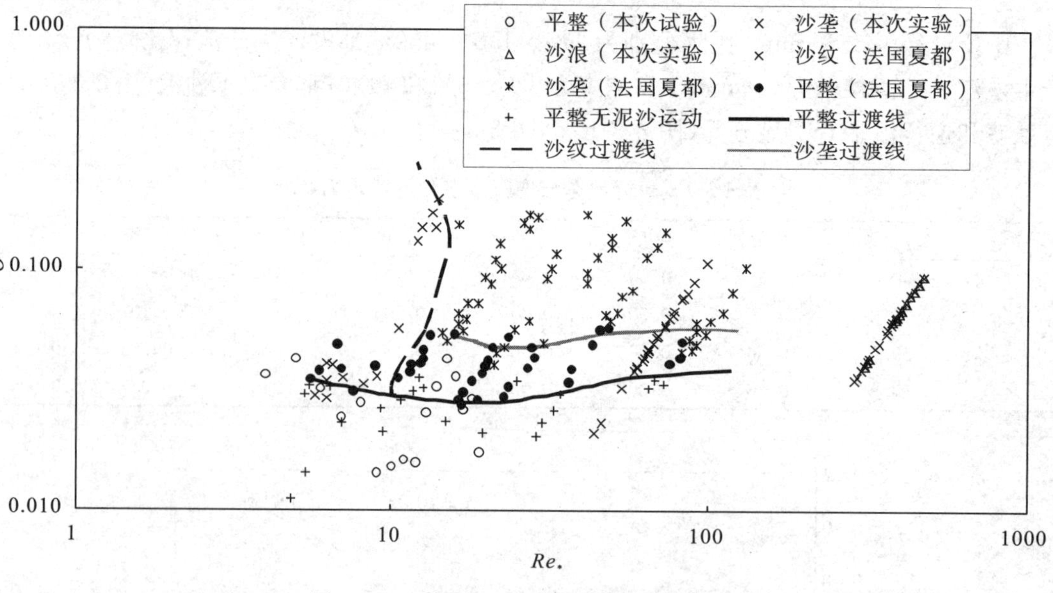

图 3-3-18 起动—沙纹—沙垄判别准则

(1)平整过渡线主要受水流强度的影响。本书水槽实验结果与法国夏都水利实验室所获结果一致。

(2)沙纹的产生主要受沙粒雷诺数影响，当沙粒雷诺数为 5～14 时，可能会产生沙纹(本书水槽实验沙粒雷诺数都较大，故没产生沙纹)。与法国夏都水利实验室的看法一致。

(3)法国夏都水利实验室资料：沙垄阶段的水流强度数值范围较大，主要受水流强度和沙粒雷诺数等变量影响，其中沙粒雷诺数的变化在 15～120 之间。本书有部分数据在此范围内，本书实验数据与法国实验室结果基本一致。

(4)对于沙粒雷诺数较大(大于 150)的泥沙运动，法国夏都实验室没有进行分析，因此仅用水流强度及沙粒雷诺数难以分辨沙垄及沙浪。

在一定范围内，本书实验数据与法国夏都水利实验室资料验证较好。但当沙粒雷诺数较大时，用此方法难以区分沙浪及沙垄。

3.3.7 三维卵石沙波运动规律

沙波几何形态的研究受实验条件、实验仪器的限制，且沙波运动本身有一定的随机性，给研究带来很大的困难，故进展不大。

3.3.7.1 沙波波高

假设沙波波高无量纲数为

$$\Delta_* = \frac{\Delta}{D} \tag{3-3-15}$$

式中，Δ 为沙波波高；D 为粒径。

1)影响因素

研究者认为，沙波波高无量纲数的主要影响因素为水流强度、相对光滑度和弗汝德数等。本书根据实验数据用单因素法对沙波影响因素进行分析。

(1)沙波波高与水流强度的关系。大部分研究者都认为沙波波高与水流强度成正比关系，只是其权数各有不同。正比关系在本实验中也得到了验证。在粒径、比降一定的条件下，沙波波高随着水流强度的增加而增加(图 3-3-19)。

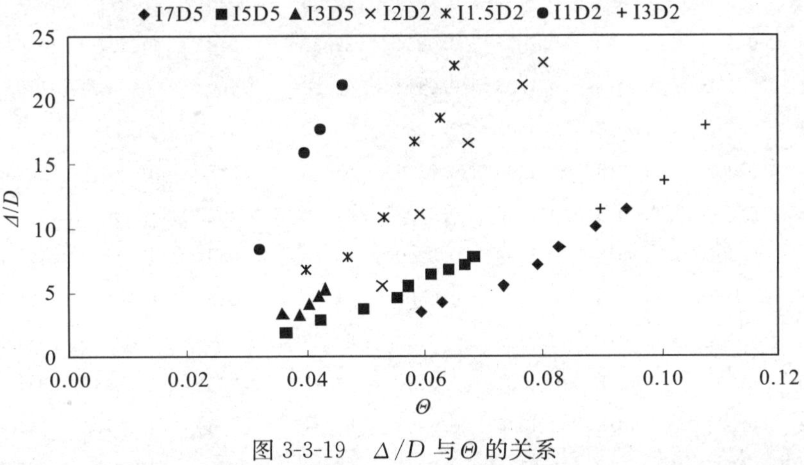

图 3-3-19　Δ/D 与 Θ 的关系

(2)沙波波高与相对光滑度的关系。相对光滑度是水深 H(或水力半径 R)与糙率尺度 K_s(均匀沙用粒径 D)的比值。根据杨胜发(2004)的实验结果，当 $R/D>8$ 时，糙率 n 趋于一个定值。实验水流相对光滑度 R/D 为 10～75，属于小尺度粗糙。

表 3-3-8 列出了沙波波高与水力参数的关系，当比降一定时，沙波波高随着相对光滑度的增加而增加。

表 3-3-8 沙波波高与水力参数的关系

序号	Q/(L/s)	J	D_{50}/m	H/m	Δ/m	R/D	Θ	实测 Δ/D	X	计算 Δ/D
1	80.00	0.0070	0.0053	0.1539	0.0448	18.74	0.0828	8.456	1431.838	6.873
2	60.09	0.0070	0.0053	0.1279	0.0289	16.56	0.0734	5.461	1110.952	5.333
3	69.90	0.0070	0.0053	0.1433	0.0377	17.89	0.0791	7.104	1304.043	6.259
4	50.20	0.0070	0.0053	0.1027	0.0224	14.18	0.0630	4.223	782.905	3.758
5	39.88	0.0070	0.0053	0.0947	0.0184	13.35	0.0594	3.472	674.946	3.240
6	90.40	0.0070	0.0053	0.1723	0.0539	20.13	0.0887	10.167	1645.398	7.898
7	100.29	0.0070	0.0053	0.1909	0.0611	21.42	0.0941	11.523	1849.930	8.880
8	30.00	0.0050	0.0053	0.0779	0.0100	11.50	0.0365	1.887	290.849	1.396
9	40.22	0.0050	0.0053	0.0947	0.0150	13.35	0.0424	2.830	524.847	2.519
10	80.17	0.0050	0.0053	0.1626	0.0337	19.41	0.0612	6.353	1393.573	6.689
11	99.71	0.0050	0.0053	0.1889	0.0377	21.28	0.0668	7.113	1691.260	8.118
12	69.88	0.0050	0.0053	0.1458	0.0290	18.09	0.0572	5.479	1191.718	5.720
13	59.94	0.0050	0.0053	0.1384	0.0243	17.48	0.0553	4.580	1099.711	5.279
14	50.00	0.0050	0.0053	0.1189	0.0197	15.75	0.0499	3.715	849.349	4.077
15	88.84	0.0050	0.0053	0.1756	0.0357	20.36	0.0641	6.736	1543.220	7.407
16	108.68	0.0050	0.0053	0.1967	0.0409	21.80	0.0684	7.713	1775.809	8.524
17	80.00	0.0030	0.0053	0.1768	0.0174	20.45	0.0386	3.285	1220.113	5.857
18	70.27	0.0030	0.0053	0.1581	0.0182	19.07	0.0361	3.425	1000.189	4.801
19	90.29	0.0030	0.0053	0.1901	0.0216	21.36	0.0402	4.083	1369.503	6.574
20	109.97	0.0030	0.0053	0.2152	0.0279	22.96	0.0431	5.271	1637.182	7.858
21	99.69	0.0030	0.0053	0.2056	0.0254	22.36	0.0420	4.787	1536.411	7.375
22	70.51	0.0020	0.0018	0.1955	0.0412	63.96	0.0803	22.870	4125.983	19.805
23	59.97	0.0020	0.0018	0.1802	0.0380	60.92	0.0766	21.111	3752.648	18.013
24	50.04	0.0020	0.0018	0.1465	0.0299	53.43	0.0675	16.625	2867.623	13.765
25	30.05	0.0020	0.0018	0.1020	0.0100	41.54	0.0527	5.556	1581.106	7.589
26	40.05	0.0020	0.0018	0.1198	0.0200	46.60	0.0591	11.111	2109.387	10.125
27	30.22	0.0015	0.0018	0.1032	0.0122	41.89	0.0399	6.794	1282.868	6.158
28	40.00	0.0015	0.0018	0.1313	0.0138	49.65	0.0471	7.690	2115.990	10.157
29	50.00	0.0015	0.0018	0.1582	0.0196	56.17	0.0531	10.911	2865.641	13.755
30	59.72	0.0015	0.0018	0.1846	0.0302	61.81	0.0583	16.778	3547.878	17.030
31	70.16	0.0015	0.0018	0.2113	0.0336	66.90	0.0628	18.650	4188.531	20.105
32	79.85	0.0015	0.0018	0.2275	0.0408	69.73	0.0653	22.667	4553.888	21.859
33	60.16	0.0010	0.0018	0.1899	0.0285	62.87	0.0395	15.833	3038.126	14.583

续表

序号	Q/(L/s)	J	D_{50}/m	H/m	Δ/m	R/D	Θ	实测Δ/D	X	计算Δ/D
34	70.15	0.0010	0.0018	0.2151	0.0320	67.58	0.0423	17.778	3640.331	17.474
35	40.09	0.0010	0.0018	0.1355	0.0150	50.73	0.0321	8.333	1575.553	7.563
36	79.92	0.0010	0.0018	0.2556	0.0380	74.24	0.0462	21.111	4524.081	21.716
37	40.03	0.0030	0.0018	0.1215	0.0207	47.06	0.0895	11.522	2480.138	11.905
38	50.00	0.0030	0.0018	0.1445	0.0246	52.96	0.1004	13.672	3125.893	15.004
39	60.00	0.0030	0.0018	0.1611	0.0325	56.80	0.1074	18.058	3564.678	17.110

注：$X=(\Theta-\Theta_c)^{0.85}(R/D)^{0.6}J^{-0.6}D_*^{0.3}$

(3)沙波波高与比降的关系。流量Q=60.9 L/s、D=5.3 mm、J=0.007时，所形成的沙波波高Δ为0.0377 m；流量Q=69.88 L/s、D=5.3 mm、J=0.005时，所形成的沙波波高Δ为0.029 m；流量Q=70.27 L/s、D=5.3 mm、J=0.003时，所形成的沙波波高Δ为0.0182 m。在流量、粒径相同的水流中，沙波波高Δ与比降J成反比关系。这与其他组实验结果一致。

(4)沙波波高与弗汝德数Fr的关系。根据谢才曼宁公式：

$$U=\frac{1}{n}R^{\frac{2}{3}}J^{\frac{1}{2}} \tag{3-3-16}$$

糙率n与粒径D有一定关系：

$$n=\frac{1}{A}D^{\frac{1}{6}} \tag{3-3-17}$$

弗汝德数为

$$Fr=\frac{\mu}{\sqrt{gR}}=A_1\left(\frac{R}{D}\right)^{\frac{1}{6}}J^{0.5}=\varphi\left(\frac{R}{D},J\right) \tag{3-3-18}$$

弗汝德数可以用相对光滑度R/D和河道比降J表示，在上述公式中不用单独列出此项。

由此可以得到：影响沙波波高的主要因素是水流强度、相对光滑度和河道比降，并与水流强度、相对光滑对H/D成正比关系，与河道比降J成反比关系。

2)关系拟合

根据上面分析，可得到沙波波高Δ的关系式：

$$\Delta/D=\alpha\Theta^x\left(\frac{R}{D}\right)^yJ^zD_*^w \tag{3-3-19}$$

有效水流强度必然发生在起动拖曳力Θ_c之后，故上式应该改写为

$$\Delta/D=\alpha(\Theta-\Theta_c)^x\left(\frac{R}{D}\right)^yJ^zD_*^w \tag{3-3-20}$$

将水槽实验数据代入上式，进行拟合，拟合结果为α=0.0048，x=0.85，y=0.6，z=−0.6，w=0.3，相关性系数为0.9，如图3-3-20所示。大比降卵砾石沙波波高表达式为

$$\Delta/D=0.0048(\Theta-\Theta_c)^{0.85}\left(\frac{R}{D}\right)^{0.6}J^{-0.6}D_*^{0.3}\quad(R/D>10) \tag{3-3-21}$$

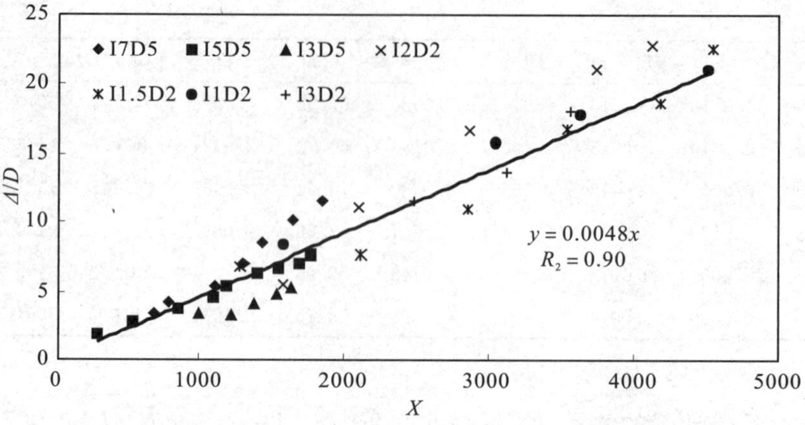

图 3-3-20 Δ/D 与 $X=(\Theta-\Theta_c)^{0.85}(R/D)^{0.6}D_*^{0.3}$ 的关系

计算值与实测值的比较如图 3-3-21 所示，结果显示计算值基本在实测值附近，拟合公式较合理。

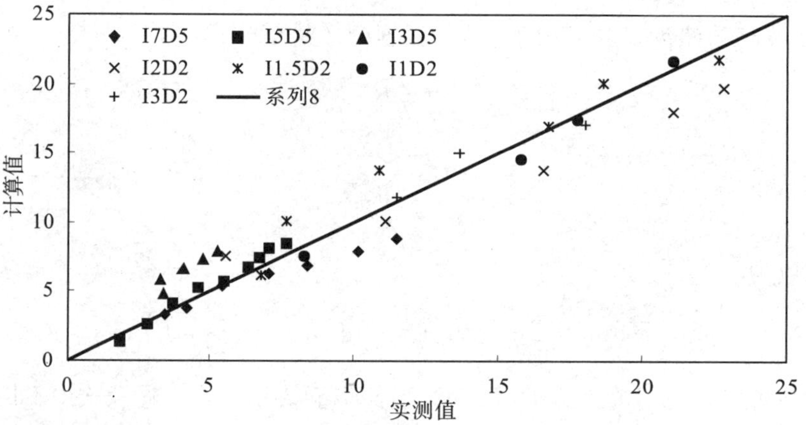

图 3-3-21 计算值与实测值的关系

3.3.7.2 沙波波长

跟波高一样，影响沙波波长的主要因数不外乎水流强度 Θ、相对光滑度 R/D、河道比降 J 及河床物质组成 D。可用下式表达：

$$\lambda/D = \beta\Theta^x\left(\frac{R}{D}\right)^y J^z D_*^w \tag{3-3-22}$$

沙波波长数据共 39 组，所测得波长为 0.58～1.39 m，有效拖曳力 Θ 为 0.032～0.107，相对光滑度 R/D 为 11.5～74。将 39 组水槽实验数据代入上式，进行拟合，拟合结果为 $\beta=31127$，$x=-1.7$，$y=1$，$z=1.2$，$w=1.2$，相关性系数为 0.917，如图 3-3-22 所示。大比降卵砾石沙波波高表达式为

$$\lambda/D = 31127\Theta^{-1.7}\left(\frac{R}{D}\right)J^{1.2}D_*^{1.2} \quad (R/D>10) \tag{3-3-23}$$

化简之后可表示为

$$\lambda/R = 31127\Theta^{-1.7}J^{1.2}D_*^{1.2} \tag{3-3-24}$$

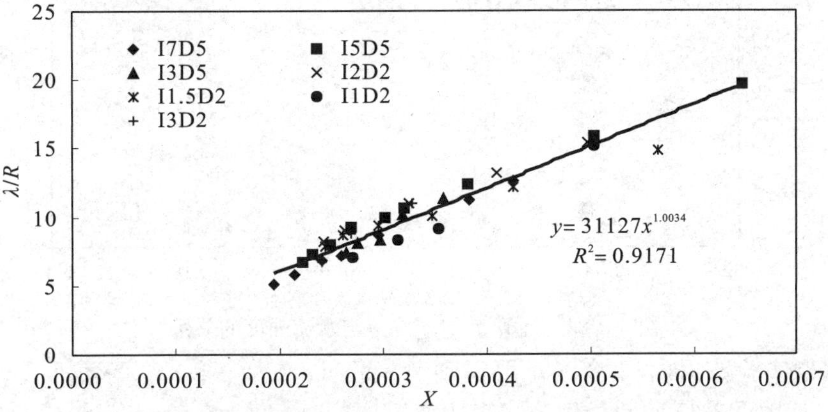

图 3-3-22　λ/R 与 $X=\Theta^{-1.7}J^{1.2}D_*^{1.2}$ 的关系

图 3-3-23 给出了计算值与实测值的比较，结果显示计算值与实测值较为接近，拟合公式较好。

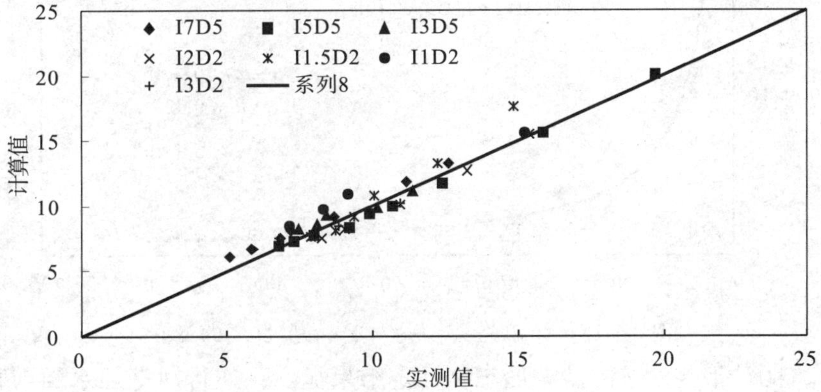

图 3-3-23　计算值与实测值比较

3.3.7.3　沙波形态

沙波形态定义为在一个卵石沙波波长内迎水面长度与背水面长度的比值：

$$\theta = \lambda_{迎水面}/\lambda_{背水面} \tag{3-3-25}$$

沙垄阶段，水流强度不大(0.036～0.1)，迎水面波长较长(0.6～1.25 m)，背水面波长相对较短(0.08～0.336 m)；沙浪阶段，水流强度有所增大(0.05～0.12)，迎水面波长变短(一般为 0.3～0.7 m)，背水面相对增长(0.2～0.5 m)。θ 与水流强度成反比关系(图 3-3-24)。经过分析，θ 还主要与床面物质组成有关，为保证量纲一致，采用粒径无量纲数 D_* 表示，即

$$\theta = A\Theta^{X}D_*^{Y} \tag{3-3-26}$$

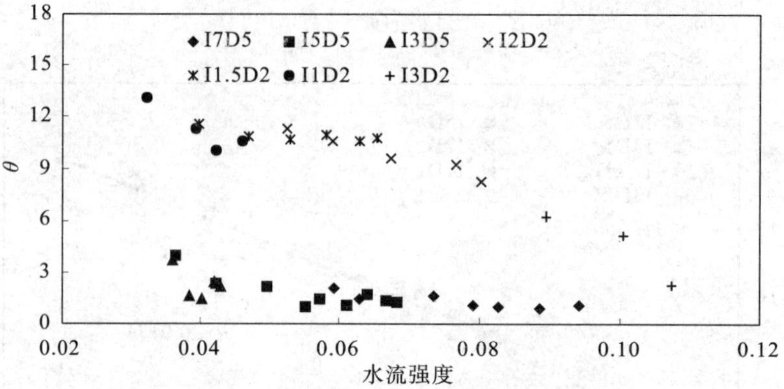

图 3-3-24　计算 $\theta=\lambda_{迎}/\lambda_{背}$ 与水流强度的关系

代入水槽实验数据(表 3-3-9)，可得到 $A=87.1$，$X=-1.3$，$Y=-1.05$，相关性系数为 0.92，如图 3-3-25 所示。用公式表达如下：

$$\theta = 87.1\Theta^{-1.3}D_*^{-1.05} \tag{3-3-27}$$

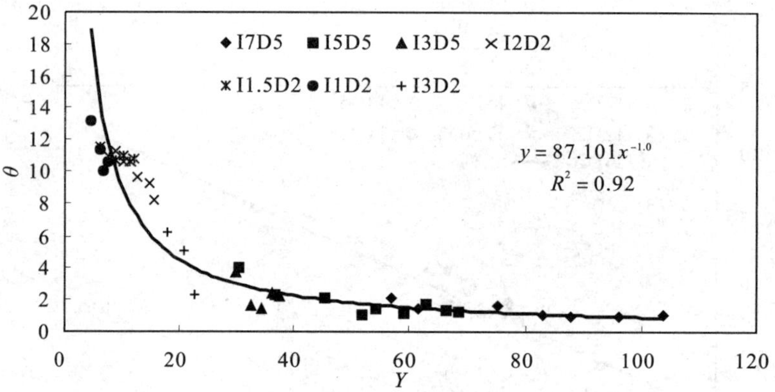

图 3-3-25　计算 $\theta=\lambda_{迎}/\lambda_{背}$ 与 $Y=\Theta^{1.3}D_*^{1.05}$ 的关系

图 3-3-26 为沙浪与沙垄的沙波形态统计。结果显示：逆行沙垄迎水面与背水面波长的比值一般都在 2 以下，顺行沙垄的迎水面波长与背水面波长的比值在 2～14 之间。从迎水面波长与背水面波长的比值可以划分沙浪与沙垄的形态，比值大于 2 的为沙垄，比值小于 2 的是沙浪。

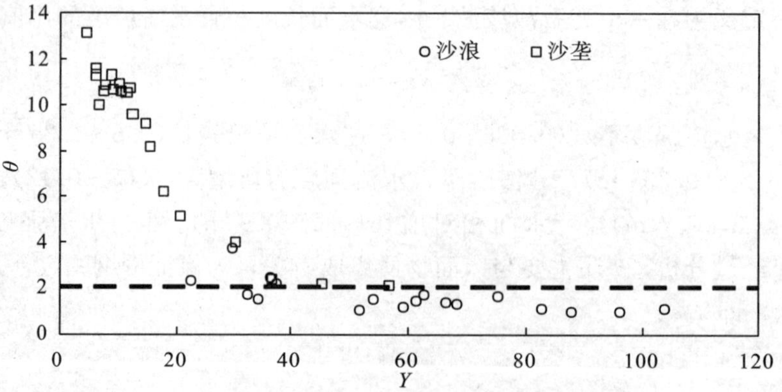

图 3-3-26　沙浪与沙垄的沙波形态统计

表 3-3-9 沙波波长与水力参数的关系

序号	Q/(L/s)	J	D_{50}/m	H/m	λ/m	$\lambda_{迎}$	$\lambda_{背}$	R	R/D_{50}	Θ	D^*	Θ_c	$\lambda_{迎}/\lambda_{背}$	Y	λ/R	X	备注
1	80.00	0.0070	0.0053	0.15	0.67	0.33	0.34	0.10	18.74	0.083	1551.56	0.034	0.979	87.82	6.79	0.00024	0.06
2	60.09	0.0070	0.0053	0.13	0.76	0.47	0.29	0.09	16.56	0.073	1551.56	0.034	1.626	75.11	8.66	0.00030	0.04
3	69.90	0.0070	0.0053	0.14	0.68	0.36	0.33	0.09	17.89	0.079	1551.56	0.034	1.098	82.81	7.20	0.00026	0.05
4	50.20	0.0070	0.0053	0.10	0.84	0.49	0.35	0.08	14.18	0.063	1551.56	0.034	1.425	61.58	11.18	0.00038	0.04
5	39.88	0.0070	0.0053	0.09	0.89	0.60	0.29	0.07	13.35	0.059	1551.56	0.034	2.100	56.99	12.58	0.00042	
6	90.40	0.0070	0.0053	0.17	0.62	0.30	0.32	0.11	20.13	0.089	1551.56	0.034	0.948	96.05	5.81	0.00021	0.09
7	100.29	0.0070	0.0053	0.19	0.58	0.30	0.28	0.11	21.42	0.094	1551.56	0.034	1.098	103.77	5.11	0.00019	0.12
8	30.00	0.0050	0.0053	0.08	1.20	0.96	0.24	0.06	11.50	0.037	1551.56	0.029	4.000	30.32	19.69	0.00065	
9	40.22	0.0050	0.0053	0.09	1.12	0.78	0.34	0.07	13.35	0.042	1551.56	0.029	2.333	36.80	15.82	0.00050	
10	80.17	0.0050	0.0053	0.16	0.95	0.50	0.45	0.10	19.41	0.061	1551.56	0.029	1.127	59.27	9.23	0.00027	0.03
11	99.71	0.0050	0.0053	0.19	0.82	0.47	0.35	0.11	21.28	0.067	1551.56	0.029	1.370	66.49	7.27	0.00023	0.04
12	69.88	0.0050	0.0053	0.15	0.95	0.57	0.38	0.10	18.09	0.057	1551.56	0.029	1.479	54.26	9.91	0.00030	0.02
13	59.94	0.0050	0.0053	0.14	0.99	0.50	0.49	0.09	17.48	0.055	1551.56	0.029	1.030	51.93	10.69	0.00032	0.02
14	50.00	0.0050	0.0053	0.12	1.03	0.70	0.33	0.08	15.75	0.050	1551.56	0.029	2.132	45.48	12.34	0.00038	
15	88.84	0.0050	0.0053	0.18	0.86	0.54	0.32	0.11	20.36	0.064	1551.56	0.029	1.697	62.93	7.97	0.00025	0.03
16	108.68	0.0050	0.0053	0.20	0.78	0.44	0.34	0.12	21.80	0.068	1551.56	0.029	1.277	68.50	6.75	0.00022	0.05
17	80.00	0.0030	0.0053	0.18	1.10	0.69	0.41	0.11	20.45	0.039	1551.56	0.024	1.665	32.56	10.15	0.00032	0.02
18	70.27	0.0030	0.0053	0.16	1.15	0.91	0.24	0.10	19.07	0.036	1551.56	0.024	3.739	29.84	11.38	0.00036	0.01
19	90.29	0.0030	0.0053	0.19	0.95	0.56	0.39	0.11	21.36	0.040	1551.56	0.024	1.461	34.38	8.39	0.00030	0.02
20	109.97	0.0030	0.0053	0.22	0.90	0.62	0.29	0.12	22.96	0.043	1551.56	0.024	2.167	37.59	7.43	0.00026	0.04
21	99.69	0.0030	0.0053	0.21	0.96	0.68	0.28	0.12	22.36	0.042	1551.56	0.024	2.415	36.39	8.08	0.00028	0.03
22	70.51	0.0020	0.0018	0.20	0.95	0.85	0.10	0.12	63.96	0.080	307.09	0.031	8.210	15.40	8.25	0.00024	
23	59.97	0.0020	0.0018	0.18	0.99	0.89	0.10	0.11	60.92	0.077	307.09	0.031	9.217	14.49	9.03	0.00026	

续表

序号	Q/(L/s)	J	D_{50}/m	H/m	λ/m	$\lambda_{迎}$	$\lambda_{背}$	R	R/D_{50}	Θ	D^*	Θ_c	$\lambda_{迎}/\lambda_{背}$	Y	λ/R	X	备注
24	50.04	0.0020	0.0018	0.15	1.05	0.95	0.10	0.10	53.43	0.068	307.09	0.031	9.620	12.30	10.96	0.00033	
25	30.05	0.0020	0.0018	0.10	1.15	1.06	0.09	0.07	41.54	0.053	307.09	0.031	11.284	8.92	15.38	0.00050	
26	40.05	0.0020	0.0018	0.12	1.11	1.01	0.10	0.08	46.60	0.059	307.09	0.031	10.588	10.34	13.24	0.00041	
27	30.22	0.0015	0.0018	0.10	1.12	1.03	0.09	0.08	41.89	0.040	307.09	0.028	11.566	6.20	14.85	0.00056	
28	40.00	0.0015	0.0018	0.13	1.09	1.00	0.09	0.09	49.65	0.047	307.09	0.028	10.897	7.71	12.20	0.00042	
29	50.00	0.0015	0.0018	0.16	1.02	0.93	0.09	0.10	56.17	0.053	307.09	0.028	10.662	9.01	10.09	0.00035	
30	59.72	0.0015	0.0018	0.18	1.04	0.95	0.09	0.11	61.81	0.058	307.09	0.028	10.941	10.15	9.35	0.00030	
31	70.16	0.0015	0.0018	0.21	1.05	0.96	0.09	0.12	66.90	0.063	307.09	0.028	10.556	11.20	8.72	0.00026	
32	79.85	0.0015	0.0018	0.23	0.99	0.91	0.08	0.13	69.73	0.065	307.09	0.028	10.766	11.78	7.89	0.00024	
33	60.16	0.0010	0.0018	0.19	1.03	0.95	0.08	0.11	62.87	0.039	307.09	0.024	11.307	6.12	9.14	0.00035	
34	70.15	0.0010	0.0018	0.22	1.01	0.92	0.09	0.12	67.58	0.042	307.09	0.024	10.020	6.69	8.32	0.00031	
35	40.09	0.0010	0.0018	0.14	1.39	1.29	0.10	0.09	50.73	0.032	307.09	0.024	13.149	4.68	15.22	0.00050	
36	79.92	0.0010	0.0018	0.26	0.95	0.87	0.08	0.13	74.24	0.046	307.09	0.024	10.588	7.51	7.11	0.00027	
37	40.03	0.0030	0.0018	0.12	0.93	0.80	0.13	0.08	47.06	0.089	307.09	0.037	6.223	17.73	10.98	0.00033	
38	50.00	0.0030	0.0018	0.14	0.84	0.70	0.14	0.10	52.96	0.100	307.09	0.037	5.120	20.60	8.81	0.00027	
39	60.00	0.003	0.0018	0.16	0.69	0.48	0.21	0.10	56.80	0.107	307.09	0.037	2.286	22.50	6.75	0.00024	0.022

注：$X=\theta^{-1.7}D_*^{-0.9}J^{1.2}$；$Y=\theta^{1.3}D^{1.05}$；备注中为水面波高，无数据的为水面较为平整

3.3.7.4　沙波运动速度

影响沙波运动速度 c 的因素，主要与水流强度 Θ、相对光滑度 R/D 等有关。在比降、粒径一定的条件下，沙波运动速度 c 与水流强度、相对光滑度成正比关系（图 3-3-27 和图 3-3-28）。可用方程式表示为

$$c = A\Theta^{x}\left(\frac{R}{D}\right)^{y}D^{z} \tag{3-3-28}$$

遵循量纲和谐的原则，可将上式改写为

$$\frac{cR}{\sqrt{\frac{\gamma}{\gamma_{s}-\gamma}gD^{3}}} = A(\Theta-\Theta_{c})^{X}\left(\frac{R}{D}\right)^{Y} \tag{3-3-29}$$

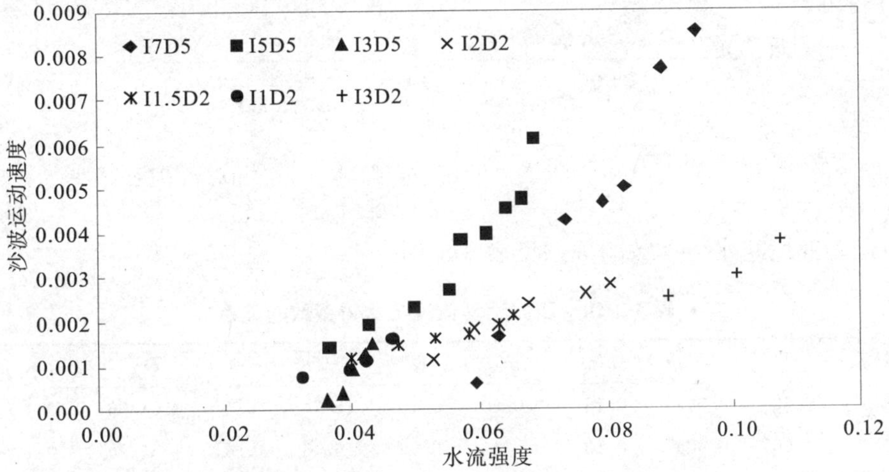

图 3-3-27　沙波运动速度与水流强度的关系

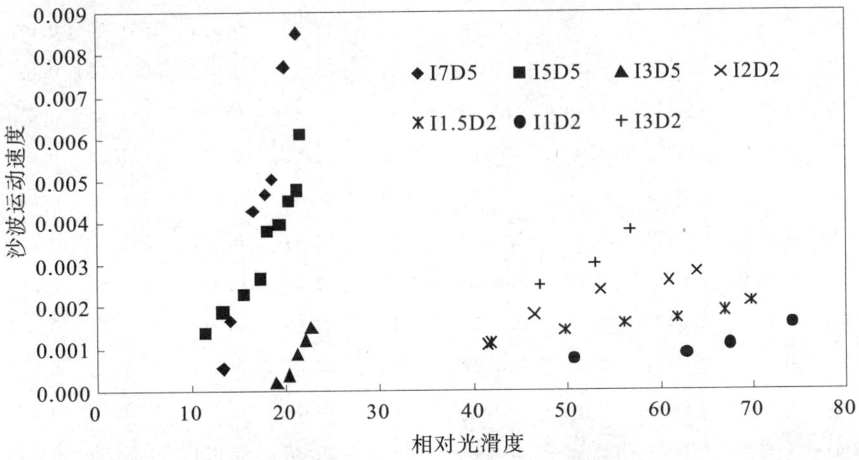

图 3-3-28　沙波运动速度与相对光滑度的关系

用实验水槽数据对其进行拟合，拟合结果为 $A=0.382$，$X=0.85$，$Y=0.85$，如图 3-3-29所示。计算沙波运动速度的公式为

$$\frac{cR}{\sqrt{\frac{\gamma}{\gamma_s-\gamma}gD^3}}=0.382(\Theta-\Theta_c)^{0.85}\left(\frac{R}{D}\right)^{0.85} \qquad (3\text{-}3\text{-}30)$$

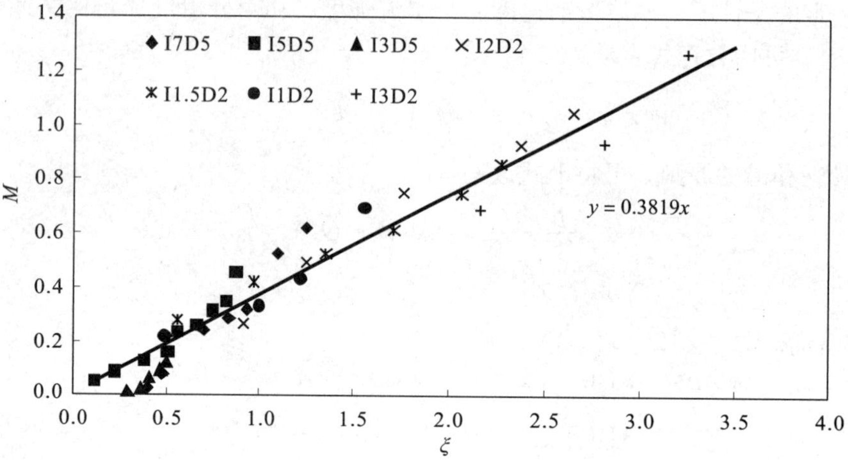

图 3-3-29 $M=cR/\sqrt{\frac{\gamma_s-\gamma}{\gamma}gD^3}$ 与 $\xi=(\Theta-\Theta_c)^{0.85}\left(\frac{R}{D}\right)^{0.85}$ 相对光滑度的关系

沙波运动速度与水力参数的关系见表 3-3-10。

表 3-3-10 沙波运动速度与水力参数的关系

序号	Q/(L/s)	J	D_{50}/m	H/m	c/(m/s)	R	R/D	Θ	D_*	Θ_c	M
1	80.00	0.007	0.0053	0.15	0.0050	0.10	18.74	0.083	1551.56	0.034	0.32
2	60.09	0.007	0.0053	0.13	0.0043	0.09	16.56	0.073	1551.56	0.034	0.24
3	69.90	0.007	0.0053	0.14	0.0047	0.09	17.89	0.079	1551.56	0.034	0.29
4	50.20	0.007	0.0053	0.10	0.0017	0.08	14.18	0.063	1551.56	0.034	0.08
5	39.88	0.007	0.0053	0.09	0.0006	0.07	13.35	0.059	1551.56	0.034	0.03
6	90.40	0.007	0.0053	0.17	0.0077	0.11	20.13	0.089	1551.56	0.034	0.53
7	100.29	0.007	0.0053	0.19	0.0085	0.11	21.42	0.094	1551.56	0.034	0.62
8	30.00	0.005	0.0053	0.08	0.0014	0.06	11.50	0.037	1551.56	0.029	0.05
9	40.22	0.005	0.0053	0.09	0.0019	0.07	13.35	0.042	1551.56	0.029	0.09
10	80.17	0.005	0.0053	0.16	0.0040	0.10	19.41	0.061	1551.56	0.029	0.26
11	99.71	0.005	0.0053	0.19	0.0048	0.11	21.28	0.067	1551.56	0.029	0.35
12	69.88	0.005	0.0053	0.15	0.0038	0.10	18.09	0.057	1551.56	0.029	0.24
13	59.94	0.005	0.0053	0.14	0.0027	0.09	17.48	0.055	1551.56	0.029	0.16
14	50.00	0.005	0.0053	0.12	0.0023	0.08	15.75	0.050	1551.56	0.029	0.12
15	88.84	0.005	0.0053	0.18	0.0045	0.11	20.36	0.064	1551.56	0.029	0.31
16	108.68	0.005	0.0053	0.20	0.0061	0.12	21.80	0.068	1551.56	0.029	0.45
17	80.00	0.003	0.0053	0.18	0.0004	0.11	20.45	0.039	1551.56	0.024	0.03
18	70.27	0.003	0.0053	0.16	0.0002	0.10	19.07	0.036	1551.56	0.024	0.01

续表

序号	$Q/(L/s)$	J	D_{50}/m	H/m	$c/(m/s)$	R	R/D	Θ	D_*	Θ_c	M
19	90.29	0.003	0.0053	0.19	0.0009	0.11	21.36	0.040	1551.56	0.024	0.07
20	109.97	0.003	0.0053	0.22	0.0015	0.12	22.96	0.043	1551.56	0.024	0.12
21	99.69	0.003	0.0053	0.21	0.0012	0.12	22.36	0.042	1551.56	0.024	0.09
22	70.51	0.002	0.0018	0.20	0.0028	0.12	63.96	0.080	307.09	0.031	1.05
23	59.97	0.002	0.0018	0.18	0.0026	0.11	60.92	0.077	307.09	0.031	0.93
24	50.04	0.002	0.0018	0.15	0.0024	0.10	53.43	0.068	307.09	0.031	0.75
25	30.05	0.002	0.0018	0.10	0.0011	0.07	41.54	0.053	307.09	0.031	0.27
26	40.05	0.002	0.0018	0.12	0.0018	0.08	46.60	0.059	307.09	0.031	0.49
27	30.22	0.0015	0.0018	0.10	0.0011	0.08	41.89	0.040	307.09	0.028	0.28
28	40.00	0.0015	0.0018	0.13	0.0014	0.09	49.65	0.047	307.09	0.028	0.42
29	50.00	0.0015	0.0018	0.16	0.0016	0.10	56.17	0.053	307.09	0.028	0.53
30	59.72	0.0015	0.0018	0.18	0.0017	0.11	61.81	0.058	307.09	0.028	0.62
31	70.16	0.0015	0.0018	0.21	0.0019	0.12	66.90	0.063	307.09	0.028	0.75
32	79.85	0.0015	0.0018	0.23	0.0021	0.13	69.73	0.065	307.09	0.028	0.86
33	60.16	0.001	0.0018	0.19	0.0009	0.11	62.87	0.039	307.09	0.024	0.33
34	70.15	0.001	0.0018	0.22	0.0011	0.12	67.58	0.042	307.09	0.024	0.44
35	40.09	0.001	0.0018	0.14	0.0008	0.09	50.73	0.032	307.09	0.024	0.22
36	79.92	0.001	0.0018	0.26	0.0016	0.13	74.24	0.046	307.09	0.024	0.70
37	40.03	0.003	0.0018	0.12	0.0025	0.08	47.06	0.089	307.09	0.037	0.69
38	50.00	0.003	0.0018	0.14	0.0030	0.10	52.96	0.100	307.09	0.037	0.93
39	60.00	0.003	0.0018	0.16	0.0038	0.10	56.80	0.107	307.09	0.037	1.27

注：$M=cR/\sqrt{\frac{\gamma_s-\gamma}{\gamma}gD^3}$

3.3.8 小结

根据 28 m 水槽的卵石沙波实验数据，对比前人的研究成果，可以得到以下结论：

(1)卵石沙波的阶段分类基本沿袭细沙沙波的分类方法，随着水流条件的增加，会经历平整、沙垄、动平整、逆行沙垄、急滩深潭等阶段，但是没有细沙沙波中的沙纹阶段。

(2)卵石沙波的运动特性表现出明显的不规则性，同一水流强度条件下沙波尺度变幅可达最大值的 50%～86%。

(3)卵石沙波各阶段的临界水流条件可以采用 q_*、J 和 Θ 等参数来判别。其中，产生沙垄的下限判别条件可以用 $\omega_{沙垄}=q_*J=0.32$ 表示，逆行沙垄的下限判别条件可以用 $\Theta_{沙浪}=56.85\frac{J^{0.5}}{D_*^{2/3}}$ 表示。其判别结果与法国夏都水利实验室的研究结果基本一致。

(4)卵石沙波的尺度，包括波高、波长、坡比等均可采用 $\Theta-\Theta_c$、$\frac{R}{D}$、J、D_* 等参

数来表示，它们的表达式如下所示。

波高表达式：

$$\Delta/D = 0.0048(\Theta - \Theta_c)^{0.85}\left(\frac{R}{D}\right)^{0.6} J^{-0.6} D_*^{0.3}$$

波长表达式：

$$\lambda/R = 31127\Theta^{-1.7} J^{1.2} D_*^{1.2}$$

坡比表达式：

$$\theta = \lambda_{迎水面}/\lambda_{背水面} = 87.1\Theta^{-1.3} D_*^{-1.05}$$

(5)卵石沙波的推进速度根据实验数据拟合，可用下式来表达：

$$\frac{cR}{\sqrt{\frac{\gamma}{\gamma_s - \gamma} g D^3}} = 0.382(\Theta - \Theta_c)^{0.85}\left(\frac{R}{D}\right)^{0.85}$$

3.4 大比降卵砾石河流输沙率研究

19世纪末，Du Boys首次提出推移质运动的拖曳力理论。20世纪30年代，Meyer-Peter开始进行系统的推移质输沙水槽实验，并逐步推导出较完整的推移质输沙公式。20世纪50年代，Einstein利用随机理论，综合分析了床沙质输移的两种形式(推移质、悬移质)，第一次建立了在力学与统计学基础上的全沙挟沙力公式。20世纪下半叶开始了百家争鸣的时代，不断有新的、影响较大的研究成果问世，如Bagnold(1966年)，Engelund和Hansen(1967)，Yalin(1972)，Ackres和White(1973)，Yang(1979，1984)，Alonso(1980)，Brownlie(1981)，Vetter(1989)，Van Rijn(1993)，窦国仁(1988)等学者建立了输沙率公式。此外，王兴奎(2007)对Einstein公式进行了修正。本书选择经典的Meyer-Peter公式、Einstein公式和Einstein修正式进行比较，选取适合三峡入库推移质输移量的计算公式。

Mayer-peter(1948)公式经钱宁(1980)改写成如下形式：

$$\Phi = \left(\frac{4}{\Psi} - 0.188\right)^{3/2} \tag{3-4-1}$$

式中，Ψ为水流参数，$\Psi=1/\Theta$，其中Θ为水流强度。

Einstein(1950)公式为

$$1 - \frac{1}{\sqrt{\pi}}\int_{-B_*\phi-1/\eta_0}^{B_*\phi-1/\eta_0} e^{-t^2}\,dt = \frac{A_*\Phi}{1 + A_*\Phi} \tag{3-4-2}$$

式中，B_*为常数项，通过实验率定为1/7；$1/\eta_0$为常数项，通过实验率定为2.0；A_*为常数项，通过实验率定为1/0.023；Φ为推移质运动强度，其计算公式为

$$\Phi = \frac{g_b}{\gamma_s}\left(\frac{\gamma}{\gamma_s - \gamma}\right)\left(\frac{1}{gD^3}\right)^{1/2} \tag{3-4-3}$$

式中，γ_s为泥沙的容重，kg/m^3；γ为水的容重，kg/m^3；g_b为推移质单宽输沙率，kg/(m·s)；D为均匀沙粒径，m。

Einstein(2007)修正公式为

$$\Phi_{*}=\frac{\Theta^{1.5}P}{16(1-P)} \tag{3-4-4}$$

式中，Θ 为水流强度；P 为泥沙运动概率。它们的计算公式为

$$P=\frac{1}{\sqrt{\pi}}\int_{0.07\Psi_{*}-2}^{\infty}\mathrm{e}^{-t^2}\mathrm{d}t \tag{3-4-5}$$

$$\Theta=\frac{\gamma R'_{\mathrm{b}}J}{(\gamma_{\mathrm{s}}-\gamma)D_{35}} \tag{3-4-6}$$

式中，J 为比降；D_{35}为总重量中 35%的沙粒小于该粒径，m；R'_{b}为沙粒阻力对应的水力半径，m。其中，R'_{b}可以通过下式计算：

$$\frac{U}{U_{*}}=5.75\lg\left(\frac{12.27\chi R'_{\mathrm{b}}}{K_{\mathrm{s}}}\right) \tag{3-4-7}$$

式中，U_{*}为摩阻流速，m/s，$U_{*}=\sqrt{gR'_{\mathrm{b}}J}$；$K_{\mathrm{s}}$为床面糙率尺度，m，Einstein 取 D_{65}；χ 为 Einstein 校正系数，与 K_{s}/δ 有关，即

$$\chi=\frac{1}{30.2}\exp(\kappa B) \tag{3-4-8}$$

式中，κ 为卡门常数，一般取 0.4；B 为常数，可根据公式(3-4-9)（Yang 公式）计算，即

$$B=8.5+(2.5\ln K_{\mathrm{s}}^{+}-3.4)\exp(-0.055\ln^3 K_{\mathrm{s}}^{+}) \tag{3-4-9}$$

式中，$K_{\mathrm{s}}^{+}=\frac{U_{*}K_{\mathrm{s}}}{v}$。

3.4.1　水槽实验数据

实验在 28 m 高精度实验水槽中进行，共进行了 2 种容重、5 种粒径、多种水流条件的推移质输沙实验，合计 87 组次，见表 3-4-1。在所有实验组次中水流参数 Ψ 为 6～25，输沙强度 Θ 为 0.003～0.16。

表 3-4-1　水槽实验结果统计

组次	密度/(kg/m³)	粒径/mm	比降	水深/m	单宽输沙率/(kg/s)	水流参数	水流强度
1	2650	5	0.003	0.114	0.0012	24.11	0.0003
2	2650	5	0.003	0.137	0.0114	20.11	0.0030
3	2650	5	0.003	0.166	0.0277	16.60	0.0074
4	2650	5	0.003	0.190	0.0565	14.50	0.0150
5	2650	5	0.003	0.209	0.0853	13.14	0.0226
6	2650	5	0.005	0.076	0.0027	21.80	0.0007
7	2650	5	0.005	0.101	0.0277	16.37	0.0074
8	2650	5	0.005	0.123	0.0572	13.41	0.0152
9	2650	5	0.005	0.148	0.0940	11.11	0.0250
10	2650	5	0.005	0.177	0.1468	9.32	0.0390
11	2650	5	0.005	0.198	0.1836	8.32	0.0487

续表

组次	密度/(kg/m³)	粒径/mm	比降	水深/m	单宽输沙率/(kg/s)	水流参数	水流强度
12	2650	5	0.007	0.071	0.0261	16.61	0.0069
13	2650	5	0.007	0.092	0.0703	12.77	0.0187
14	2650	5	0.007	0.114	0.1125	10.34	0.0298
15	2650	5	0.007	0.139	0.1662	8.45	0.0441
16	2650	2	0.005	0.037	0.0062	17.81	0.0065
17	2650	2	0.005	0.047	0.0145	13.97	0.0152
18	2650	2	0.005	0.054	0.0244	12.19	0.0256
19	2650	2	0.005	0.071	0.0487	9.32	0.0511
20	2650	2	0.005	0.081	0.0677	8.14	0.0710
21	2650	2	0.005	0.091	0.0809	7.26	0.0849
22	2650	2	0.005	0.064	0.0402	10.30	0.0422
23	2650	2	0.003	0.060	0.0063	18.35	0.0066
24	2650	2	0.003	0.079	0.0202	13.89	0.0212
25	2650	2	0.003	0.099	0.0353	11.13	0.0370
26	2650	2	0.003	0.117	0.0501	9.42	0.0525
27	2650	2	0.0015	0.132	0.0159	16.61	0.0167
28	2650	2	0.0015	0.114	0.0066	19.22	0.0069
29	2650	2	0.0015	0.174	0.0443	12.61	0.0465
30	1350	5	0.0015	0.050	0.0012	23.30	0.0013
31	1350	5	0.0015	0.066	0.0045	17.75	0.0051
32	1350	5	0.0015	0.074	0.0088	15.85	0.0099
33	1350	5	0.0015	0.082	0.0183	14.19	0.0207
34	1350	5	0.0015	0.091	0.0277	12.89	0.0313
35	1350	5	0.0015	0.093	0.0412	12.54	0.0466
36	1350	5	0.0015	0.104	0.0501	11.24	0.0567
37	1350	5	0.0015	0.110	0.0607	10.58	0.0686
38	1350	5	0.0015	0.115	0.0705	10.16	0.0797
39	1350	5	0.002	0.042	0.0008	20.88	0.0010
40	1350	5	0.002	0.050	0.0054	17.48	0.0061
41	1350	5	0.002	0.059	0.0179	14.74	0.0202
42	1350	5	0.002	0.068	0.0313	12.87	0.0354
43	1350	5	0.002	0.076	0.0434	11.52	0.0491
44	1350	5	0.002	0.082	0.0575	10.70	0.0651
45	1350	5	0.002	0.087	0.0720	10.01	0.0814
46	1350	5	0.002	0.095	0.0936	9.22	0.1059
47	1350	5	0.003	0.044	0.0144	13.28	0.0163
48	1350	5	0.003	0.054	0.0386	10.72	0.0437
49	1350	5	0.003	0.063	0.0647	9.20	0.0732

续表

组次	密度/(kg/m³)	粒径/mm	比降	水深/m	单宽输沙率/(kg/s)	水流参数	水流强度
50	1350	5	0.003	0.070	0.0846	8.32	0.0957
51	1350	5	0.003	0.077	0.1010	7.62	0.1142
52	1350	5	0.003	0.083	0.1198	7.07	0.1355
53	1350	5	0.005	0.031	0.0336	11.46	0.0381
54	1350	5	0.005	0.041	0.0697	8.51	0.0789
55	1350	5	0.005	0.050	0.1139	7.03	0.1288
56	1350	3	0.0015	0.044	0.0015	15.76	0.0037
57	1350	3	0.0015	0.055	0.0074	12.64	0.0180
58	1350	3	0.0015	0.065	0.0144	10.73	0.0351
59	1350	3	0.0015	0.075	0.0283	9.29	0.0689
60	1350	3	0.0015	0.076	0.0326	9.21	0.0794
61	1350	3	0.0015	0.086	0.0425	8.17	0.1034
62	1350	3	0.002	0.044	0.0118	11.94	0.0286
63	1350	3	0.002	0.050	0.0202	10.60	0.0492
64	1350	3	0.002	0.062	0.0384	8.47	0.0935
65	1350	3	0.002	0.068	0.0503	7.69	0.1225
66	1350	3	0.003	0.039	0.0269	9.02	0.0654
67	1350	3	0.003	0.048	0.0490	7.33	0.1192
68	1350	3	0.003	0.055	0.0688	6.34	0.1674
69	1350	7	0.0015	0.098	0.0186	16.60	0.0127
70	1350	7	0.0015	0.120	0.0501	13.58	0.0342
71	1350	7	0.0015	0.127	0.0705	12.89	0.0481
72	1350	7	0.0015	0.139	0.0872	11.78	0.0595
73	1350	7	0.0015	0.147	0.1111	11.15	0.0759
74	1350	7	0.0015	0.106	0.0225	15.44	0.0153
75	1350	7	0.0015	0.070	0.0020	23.44	0.0014
76	1350	7	0.003	0.061	0.0106	13.39	0.0072
77	1350	7	0.003	0.073	0.0549	11.18	0.0375
78	1350	7	0.003	0.065	0.0257	12.53	0.0175
79	1350	7	0.003	0.058	0.0120	14.20	0.0082
80	1350	7	0.003	0.048	0.0010	16.86	0.0007
81	1350	7	0.003	0.080	0.0724	10.25	0.0494
82	1350	7	0.003	0.085	0.0839	9.58	0.0573
83	1350	7	0.003	0.091	0.1088	8.93	0.0743
84	1350	7	0.003	0.100	0.1546	8.20	0.1055
85	1350	7	0.003	0.104	0.1792	7.82	0.1224
86	1350	7	0.003	0.111	0.2123	7.37	0.1450
87	1350	7	0.005	0.068	0.1796	7.16	0.1227

3.4.2 寸滩推移质输沙率实测资料

根据长江寸滩站推移质的输移特性，将1961～2007年实测资料按照1966～1981年、1982～2001年、2002～2007年三个时间段进行分类统计分析。通过寸滩站三个时间段实测资料分析，其水力参数主要包括水位、流量、水深、断面输沙率、输沙带、中值粒径。在卵石输沙率分析中还需得到流量-比降的关系和D_{50}-D_{35}的关系，才能研究水流参数和输沙强度的关系。

1)比降-流量的关系

通过收集寸滩站1981年、2004年、2005年实测资料以及重庆河段物理模型资料(长科院)，分析寸滩站的流量和比降关系，见表3-4-2。寸滩站流量和比降关系为

$$J = 4.687Q^{-0.89} \tag{3-4-10}$$

式中，Q为流量，m^3/s；J为比降，$\times 10^{-4}$。

表3-4-2 寸滩站比降-流量关系实测资料收集情况

序号	流量/(m^3/s)	比降/($\times 10^{-4}$)	资料来源
1	8150	2.08	2004年实测
2	10000	2.02	2005年实测
3	15500	2	2004年实测
4	25500	1.85	2005年实测
5	36500	1.85	重庆河段模型资料(长科院)
6	69100	1.76	重庆河段模型资料(长科院)
7	88100	1.66	1981年大洪水实测资料

2)D_{50}-D_{35}的关系

由于寸滩站实测推移质实测资料中某些年份未作级配分析，只给出了D_{50}和D_{max}。按照Einstein推移质输移理论，对于天然河流非均匀沙，其代表粒径为D_{35}，现根据长江上游各水文站推移质颗粒级配建立D_{50}-D_{35}的关系。

表3-4-3是三峡水库蓄水前后各站卵砾石推移质颗粒级配成果表。根据各站的推移质颗粒级配计算出D_{50}和D_{35}，建立相关关系，如图3-4-1所示。D_{50}和D_{35}相关关系为

$$D_{35} = 0.47D_{50}^{1.12} \tag{3-4-11}$$

式中，D_{50}为泥沙粒径组成中较50%小的粒径；D_{35}为泥沙粒径组成中较35%小的粒径，二者单位皆为mm。

表3-4-3 各站不同时段推移质颗粒级配成果表

站名	统计年份	小于某粒径沙重百分数								D_{50}/mm	D_{cp}/mm	D_{max}/mm
		10	20	50	75	100	150	200	>200			
朱沱	1975～2002	0	5.5	43.4	68.1	84.0	96.6	99.5	100	55.5	64.9	264
	1975～1991	0	3.9	39.9	66.5	83.2	96.0	99.3	100	58.0	67.2	264
	1992～2002	0	10.0	53.0	72.4	86.1	98.5	99.9	100	48.0	57.9	204
	2003	0	11.7	65.5	85.0	94.1	100			41.0	46.0	146

续表

站名	统计年份	小于某粒径沙重百分数								D_{50} /mm	D_{cp} /mm	D_{max} /mm
		10	20	50	75	100	150	200	>200			
寸滩	1966、1968～2002	0	13.4	53.9	77.2	89.9	98.2	99.9	100	46.5	55.1	234
	1966、1968～1981	0	9.5	47.5	71.4	85.3	97.0	99.8	100	52.3	61.3	234
	1982～2002	0	18.5	62.0	84.5	95.7	99.8	100		39.5	46.9	184
	2003	0	25.0	72.5	91.7	98.3	100			33.0	39.2	129
万县	1973～2002	0	20.4	69.5	85.3	92.9	98.9	99.9	100	35.0	45.6	301
	1973～1993	0	19.1	67.1	83.1	91.3	98.6	99.9	100	36.5	47.9	301
	1994～2002	0	24.1	76.8	91.9	97.5	99.9	100		31.3	39.0	180
	2003	0	36.5	92.5	99.9	100				23.5	27.3	77.3
奉节	1974～1978、1981～2001	0	25.3	70.6	89.0	96.5	99.6	100	100	33.0	41.7	239
	1974～1978、1981～1992	0	22.2	68.5	87.6	95.8	99.5	100		35.0	43.6	239
	1993～2001	0	39.5	80.1	94.9	99.5	100			25.0	33.9	148

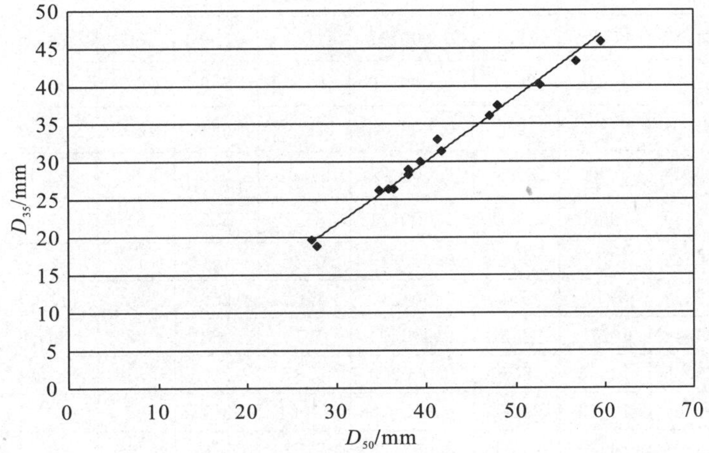

图 3-4-1 D_{50} 和 D_{35} 的关系

采用流量平均统计方法，按照三个时间段对寸滩站推移质输移水力参数和泥沙参数进行统计分析得到，1966～1981 年、1982～2001 年、2002～2007 年三个时间段的统计组数分别为 20 组、18 组、17 组，每组包括流量、水深、比降、D_{35}、单宽输沙率等水力参数和泥沙输移参数，见表 3-4-4。

表 3-4-4 寸滩站各时间段推移质输移水力参数和泥沙参数

时段	序号	水位/m	流量/(m^3/s)	水深/m	比降	单宽输沙率/(kg/s)	输沙带/m	D_{50}/mm	D_{35}/mm	水流参数	输沙强度
1966～1981 年	1	159.86	4173	4.4	0.000222	1.95	195	38	28	47.1	0.00020
	2	162.51	7577	5.8	0.000211	2.30	286	44	33	44.4	0.00013
	3	164.41	10546	7.2	0.000204	4.98	376	49	37	41.56	0.00017

续表

时段	序号	水位/m	流量/(m³/s)	水深/m	比降	单宽输沙率/(kg/s)	输沙带/m	D_{50}/mm	D_{35}/mm	水流参数	输沙强度
1966～1981年	4	166.1	13546	8.5	0.000200	13.50	448	47	35	34.36	0.00042
	5	167.62	16596	9.7	0.000196	11.64	485	48	36	31.39	0.00033
	6	169.09	19546	10.9	0.000193	19.67	500	51	39	30.33	0.00048
	7	170.56	22496	12.1	0.000191	28.78	505	52	40	28.28	0.00068
	8	171.76	25486	13.1	0.000189	36.59	535	51	39	25.85	0.00084
	9	172.95	28628	14.2	0.000187	55.28	535	52	40	24.62	0.00123
	10	174.05	31547	15.1	0.000185	63.41	532	58	45	26.39	0.00118
	11	175.15	34448	16.1	0.000184	64.90	540	56	43	23.99	0.00126
	12	176.34	37609	17.2	0.000182	76.39	542	57	44	23.08	0.00144
	13	177.5	40678	18.2	0.000181	99.57	553	65	51	25.45	0.00147
	14	179.04	44737	19.6	0.000180	94.32	555	59	46	21.38	0.00164
	15	180.35	48496	20.7	0.000178	105.13	566	58	45	20.01	0.00184
	16	181.84	53638	22.1	0.000177	112.45	560	50	38	16.01	0.00255
	17	182.83	57022	22.9	0.000176	197.37	549	67	53	21.56	0.00279
	18	184.08	61325	24	0.000175	222.92	584	59	46	17.96	0.00367
	19	185.24	65300	25.1	0.000174	84.91	576	78	62	23.61	0.00089
	20	189.46	79800	28.8	0.000171	183.28	552	51	39	13.02	0.00408
1982～2001年	1	160.45	4816	4.6	0.000219	0.38	161	18	12	19.76	0.00017
	2	162.44	7471	5.8	0.000211	1.06	206	24	17	22.49	0.00022
	3	164.43	10577	7.2	0.000204	2.15	283	28	20	22.21	0.00026
	4	166.05	13452	8.5	0.000200	4.87	330	32	23	22.32	0.00040
	5	167.64	16630	9.7	0.000196	11.61	387	36	26	22.75	0.00066
	6	169.09	19539	10.9	0.000193	9.52	376	40	30	23.11	0.00047
	7	170.57	22516	12.1	0.000191	15.97	382	39	29	20.49	0.00081
	8	171.8	25597	13.1	0.000189	18.48	415	43	32	21.36	0.00073
	9	172.95	28623	14.2	0.000187	30.36	430	45	34	20.94	0.00107
	10	174.04	31515	15.1	0.000185	38.59	446	44	33	19.37	0.00136
	11	175.17	34493	16.1	0.000184	38.19	418	46	35	19.25	0.00134
	12	176.27	37415	17.1	0.000183	30.41	493	41	30	16.05	0.00109
	13	177.49	40638	18.2	0.000181	58.55	487	47	35	17.7	0.00170
	14	179.22	45219	19.7	0.000179	61.25	463	48	36	16.9	0.00180
	15	180.43	48794	20.8	0.000178	57.90	455	40	30	13.14	0.00235
	16	181.67	53044	21.9	0.000177	62.49	488	43	32	13.63	0.00210
	17	182.84	57040	22.9	0.000176	197.57	581	55	42	17.29	0.00360
	18	184.54	62900	24.4	0.000174	150.95	582	76	61	23.51	0.00160

续表

时段	序号	水位/m	流量/(m³/s)	水深/m	比降	单宽输沙率/(kg/s)	输沙带/m	D_{50}/mm	D_{35}/mm	水流参数	输沙强度
2002~2007年	1	160.83	5218	4.8	0.000218	0.25	133	17	11	17.89	0.00010
	2	162.61	7740	5.9	0.000210	0.75	199	21	14	19.1	0.00020
	3	164.43	10582	7.2	0.000204	0.92	252	24	17	18.69	0.00020
	4	166.08	13502	8.5	0.000200	1.80	299	27	19	18.46	0.00020
	5	167.59	16541	9.7	0.000196	2.00	333	28	20	17.16	0.00020
	6	169.02	19405	10.8	0.000194	3.10	370	32	23	18.15	0.00020
	7	170.55	22480	12.1	0.000191	5.04	387	31	22	15.84	0.00030
	8	171.76	25481	13.1	0.000189	4.89	384	33	24	15.87	0.00030
	9	172.89	28476	14.1	0.000187	13.66	445	38	28	17.44	0.00060
	10	173.99	31371	15.1	0.000185	6.93	433	32	23	13.55	0.00040
	11	175.33	34930	16.3	0.000184	25.23	475	39	29	15.82	0.00100
	12	176.44	37863	17.3	0.000182	14.72	485	39	29	15.01	0.00060
	13	177.55	40800	18.2	0.000181	19.52	515	45	34	16.86	0.00060
	14	178.97	44550	19.5	0.000180	23.72	552	40	30	13.9	0.00080
	15	180.31	48375	20.7	0.000178	41.73	544	54	41	18.46	0.00090
	16	181.86	53700	22.1	0.000177	42.34	536	55	42	17.82	0.00090
	17	183.09	57900	23.2	0.000176	45.01	536	53	40	16.39	0.00100

3.4.3 卵石推移质输沙率成果分析

钱宁(1980)选取Mayer-peter(1948)、Einstein(1950)、Bagnold(1966)、Eengelund(1967)、Yalin(1972)、Ackres和White(1973)这6组学者研究所得的公式，把这些公式转化为推移质输沙强度Φ和水流强度Θ的函数进行直接比较。

在钱宁选取的6个输沙率公式中，除Einstein公式外，均需要用起动拖曳力无量纲数Θ_c。Θ_c一般为0.04~0.047，但寸滩站水力参数为0.02~0.03，就有明显的卵石推移质输移。如果采用的输沙率公式中有Θ_c来表达的，将无法比较。Einstein公式(1948)和Einstein修正式(2007)中不需要Θ_c表达。为了比较输沙率公式方便，特选取Einstein(1948)和Einstein修正式(2007)与基本资料比较进行比较。

图3-4-2点绘了水槽实验的87组次结果、寸滩站三个时间段的整理结果、Einstein(1948)以及Einstein修正式(2007)的计算结果。水槽实验的水流参数为6.34~24.11，寸滩站三个时间段整理结果的水流参数为13.55~47.10，其数据基本上包含了低强度输沙和中强度输沙。

水流参数Ψ为6~20时，Einstein修正式(2007)曲线基本上从水槽实验数据点的中间穿过，在水流参数大于20后，基本上逼近寸滩站1961~1981年的整理结果。水槽实验是严格按照输沙平衡进行控制的，寸滩站在1961~1981年期间泥沙补给充分，基本上达到输沙平衡。说明在卵石推移质达到输沙平衡时，采用Einstein修正式(2007)能得到较好的推移质输移预测结果。

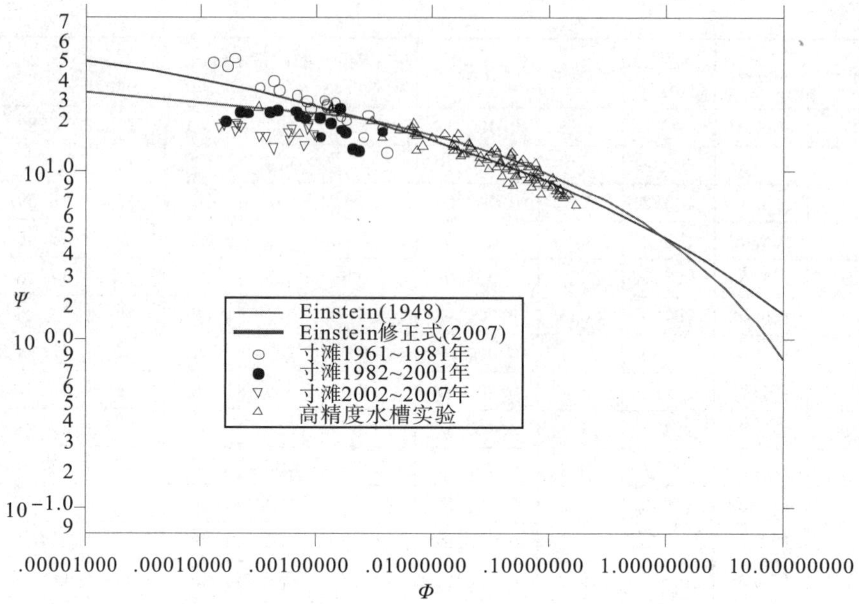

图 3-4-2　水槽实验和寸滩站整理结果与经典公式计算结果比较

当水流参数 Ψ 为 6～20 时，Einstein 公式(1948)曲线主要从水槽实验数据点的上部穿过，在水流参数大于 20 后，在寸滩站 1982～2001 年的整理结果的上部穿过。寸滩站在 1982～2001 年期间，泥沙补给比 1961～1981 年时间段少。Einstein(1948)预测曲线与水槽实验结果和寸滩站 1982～2001 年整理结果相比，在相同的水流强度情况下，预测结果比实测结果大 3～4 倍左右。

寸滩站在 2002～2007 年期间，卵石补充极不充分，与 Einstein 修正式(2007)和 Einstein(1948)的预测结果相差甚远。

3.5　卵砾石河床沙波阻力研究

西南地区山区河流多属于大比降卵砾石河流，其主要特征为：①河床比降较大，床沙粒径粗，卵砾石覆盖层较厚；②洪水期的单宽流量和水深较小，但流速很大，卵砾石运动剧烈；③对涉河建筑物(公路、桥梁)的破坏力极强，极易产生严重灾害(Yang SF, 2005)。在这类河流上进行交通、水利工程设计以及洪水预警时，水位预报是关键的问题。对于具有一定几何形态和床沙组成的河段，河道比降与流量的相关关系一般不会有剧烈的变化。在已知上游来水预报的情况下，河流阻力的计算就成为水位预报的关键因素。

对于河流阻力的研究虽然已有两百多年的历史，但只有 1775 年提出的谢才公式和 1891 年发表的曼宁公式沿用至今。1933 年 Nikuradse 在管壁粘贴均匀沙粒的实验绘制出以相对粗糙度 K_s/R_b 为参数表征阻力系数 f 与雷诺数 Re 的关系图已成为阻力研究的经典成果。Colebrook(1938)使用非均匀沙再次进行类似的实验，得出

$$\frac{1}{\sqrt{f}}=-2\lg\left(\frac{K_s}{14.83R_b}\right)+\frac{2.52}{\sqrt{f}Re} \tag{3-5-1}$$

式中，K_s为床面粗糙尺度；Re 为雷诺数；R_b为床面阻力对应的水力半径；f 为达西阻力系数。阻力系数 f 与曼宁系数 n、谢才系数 C 及平均流速 U 存在如下关系：

$$\sqrt{\frac{8}{f}}=\frac{C}{\sqrt{g}}=\frac{1}{n}\frac{R_b^{1/6}}{\sqrt{g}}=\frac{U}{u_*} \tag{3-5-2}$$

式中，U 为平均流速；u_*为摩阻流速；J 为河流比降；g 为重力加速度。

天然河流的动床阻力问题较为复杂。随着泥沙输移强度的增加，床面可能形成沙纹、沙垄、动平床及逆行沙波等各种形态，其阻力规律亦随之变化。Einstein 和 Barbarossa (1952)分析了 10 条泥沙是以细沙为主的美国河流的沙波阻力，得出了 u''_* 与 Ψ' 的图解关系，其平均线的拟合公式为

$$\frac{U}{u''_*}=\frac{8.5\Psi'}{0.2+\Psi'\lg(\Psi')},\ 0.8<\Psi' \tag{3-5-3}$$

$$u''_*=\sqrt{gR''_bJ},\ \Psi'=\frac{(\gamma_s-\gamma)D_{35}}{\gamma R'_bJ} \tag{3-5-4}$$

式中，u''_*为沙波阻力对应的摩阻流速；R'_b、R''_b 分别为沙粒阻力和沙波阻力对应的水力半径；γ_s、γ 分别为泥沙和水的比重。

Vanoni 和 Nomicos(1960)实验研究了挟沙水流的阻力特性，分别论证了泥沙输移和床面形态对阻力的影响。结果表明，悬移质泥沙减少水流阻力，而床面形态可能使阻力加大 3～6 倍。Simons 和 Richardson(1961)采用水槽实验研究天然沙的河床阻力与推移质输沙率及床面形态的关系，观测了水流强度变化时各种床面形态的形成过程，并以此解释天然河流洪水期水位－流量间的绳套关系。Shen(1962)在 Einstein 研究的基础上进行了系统的水槽实验，其实验数据点高于 Einstein 曲线，并得出 $\omega D/\nu>100$(ω 为泥沙沉速，ν 为水的运动黏度)的粗颗粒泥沙的沙波阻力表达式：

$$\frac{U}{u''_*}=\frac{1}{0.03+0.11\lg\left(\frac{\Psi'}{7.12}\right)}=\frac{9.09}{\lg(\Psi')-0.58} \tag{3-5-5}$$

Carter 和 Einstein(1963)等人全面总结了明渠阻力的研究成果，对定床阻力计算他们推荐 Colebrook(1938)的公式(3-5-1)，对动床阻力则推荐了 Einstein 的方法。Rouse (1965)经过量纲分析提出了类似于 Colebrook(1938)的一般公式，经实测资料验证后得出了计算床面阻力的公式。Brownlie(1983)以量纲分析和大量实测资料为基础，得出了适用于预报沙质河床水深的方法。Brownlie 将床面的沙波看做大尺度的泥沙颗粒，采用当量糙率 K_d 来表示，而不是将水流阻力划分为沙粒阻力和沙波阻力。根据 1100 多组实验数据和实测资料，拟合出低能态区水流的水深表达式：

$$\frac{h}{D_{50}}=0.3724q_*^{0.6539}J^{-0.2542}\sigma^{0.105} \tag{3-5-6}$$

$$q_*=q/\sqrt{gD_{50}^3}$$

式中，q 为单宽流量；σ 为泥沙非均匀系数。近二十年来，该式被大量引用。将 q_* 和谢才公式 $U=\sqrt{hJ}/C$ 代入上式整理后得出

$$\frac{h}{D_{50}}=\frac{0.1766}{C^{0.6539}}\left[\frac{h}{D_{50}}\right]^{0.981}J^{0.0727}\sigma^{0.105} \tag{3-5-7}$$

上式表明，方程两边的主要变量 h/D_{50} 的次方几乎相同，即此式为没有实际意义的自相关方程。

Yen(2002)在 Rouse(1965)研究成果的基础上，广泛收集资料，对断面和河段阻力的关系、复式断面及有植物覆盖河道的阻力以及动床阻力问题等进行了系统的研究，认为可以用边界层理论对能量和动量、阻力进行研究。Yang SQ(2005)在收集了 2210 组宽浅明渠阻力资料的基础上，取沙粒粗糙度为 2 倍粒径，以沙波长度和高度为参数建立了沙波阻力的经验公式：

$$\begin{cases}\dfrac{U}{\sqrt{gR_{\mathrm{b}}J'}}=2.5\lg\dfrac{11R_{\mathrm{b}}}{K'_{\mathrm{s}}}\\ \dfrac{U}{\sqrt{gR_{\mathrm{b}}J''}}=2.5\lg\dfrac{11R_{\mathrm{b}}}{K''_{\mathrm{s}}}\\ J'\Leftrightarrow K'_{\mathrm{s}}\\ J''\Leftrightarrow K''_{\mathrm{s}}\\ K'_{\mathrm{s}}=2D\\ K''_{\mathrm{S}}=\Delta\left(\dfrac{\Delta}{L}\right)^{0.1}\\ J=J'+(J''-J')\dfrac{\alpha\Delta}{L}\\ \alpha=\dfrac{9h}{0.2h+\Delta}\end{cases} \tag{3-5-8}$$

式中，L 为沙波长度；Δ 为沙波高度。对不同的床面形态，L 和 Δ 有不同的计算公式。根据实测资料计算出 L 和 Δ 后，就可以求出水流的总能坡 J。

总的来看，明渠定床阻力的研究结论较一致，而动床阻力的研究成果则存在较大的差异。目前，Einstein 的阻力分割方法得到普遍的应用，其沙波阻力的计算参数给动床阻力研究提供了很好的基础；Shen(1962)提出的公式对水槽实验资料有较好的代表性。但是，对于大比降、粗颗粒河流的动床阻力，还鲜有这方面的研究成果报道。本书采用实测资料和水槽实验对大比降卵砾石河流的动床阻力进行较为系统的实验研究，以期扩展这方面的成果，为研究和开发治理此类河段提供理论基础。

3.5.1 实验布置

3.5.1.1 实验条件

实验水槽全长 24 m、宽 7 m。水槽进口段长 2 m，为供加沙的光滑底板，其下 22 m 为铺设有 20 cm 厚的卵砾石床面，依次为调整段(8 m)、实验段(8 m)和出口段(6 m)。床面按实验要求铺设成不同比降的均匀底坡。实验由设计流量为 1.0 m^3/s、高 13.0 m 的平水塔供水，进口流量由电磁流量计、电动阀和计算机系统控制。实验控制系统如图 3-5-1 所示。

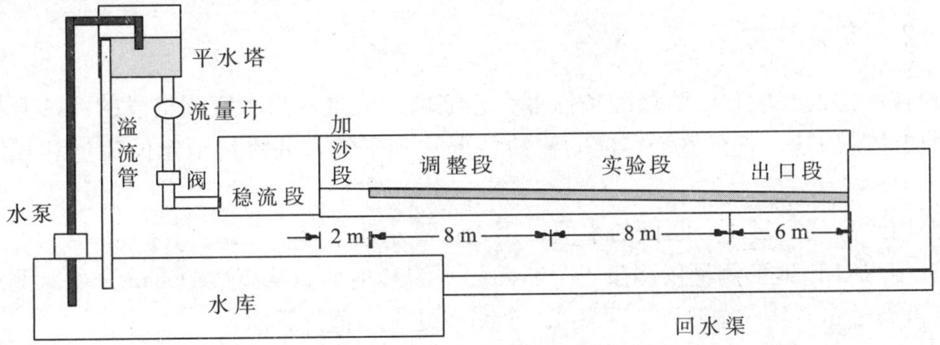

图 3-5-1　7 m 宽水槽控制系统示意图

加沙平台位于光滑平板的头部，见图 3-5-2。为减少加沙产生的水面波动影响，要求尽量接近水面加沙。加沙量以保证进口段与水流调整段河床平顺连接为前提来控制。在实验段中共布置 4 个测量断面进行水位观测。实验泥沙特性见表 3-5-1，表中的 $\sigma=\sqrt{D_{84}/D_{16}}$ 为非均匀系数，实验沙样的级配曲线见图 3-5-3。

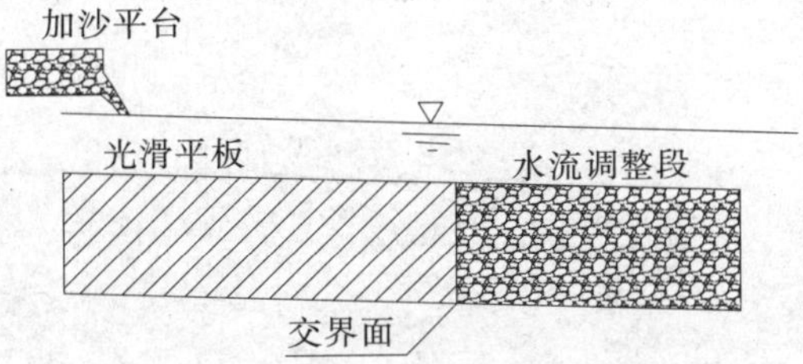

图 3-5-2　加沙段布置示意图

表 3-5-1　实验沙特性

组次	D_{35}/mm	D_{50}/mm	D_{65}/mm	σ	γ_s
沙样 A	1.70	2.30	3.30	1.19	2.65
沙样 B	0.56	0.88	1.10	1.26	2.65

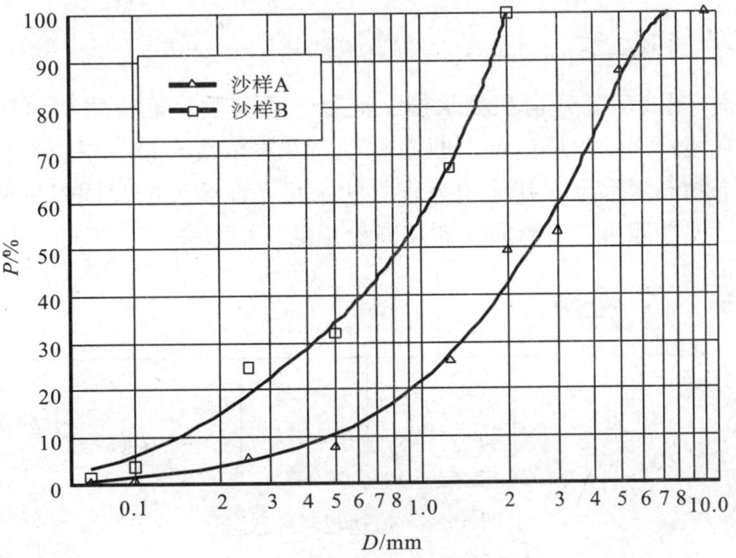

图 3-5-3　实验沙样级配曲线

3.5.1.2 实验步骤

(1)在一定的底坡和床沙级配条件下，逐渐增加流量，当水流调整段的泥沙开始起动时，在加沙段加沙，直至整个水槽的输沙情况达到平衡，并保持恒定的流量和相应的加沙率。

(2)用水准仪测量4个断面的水位，用以计算水流比降。

(3)用SALD地形测量仪测量4个断面的水深和地形。从离边壁1 m开始，测点间的横向间距为1 m，共6个测点，采用24个测点的平均值计算水深。

3.5.2 实测资料

以新疆呼图壁河为典型代表开展现场测量。呼图壁河位于新疆北部，河床比降为0.9%～1.4%，主要由卵砾石组成，属于典型大比降卵砾石河流，如图3-5-4所示。

图3-5-4 呼图壁河观测断面布置

3.5.2.1 观测内容

在测流断面(图3-5-5)分别观测水位、流量、悬移质、推移质和河床地形及床沙组成。每个水位观测断面的水尺位置沿断面右岸向左岸依次布设。岸边水尺是直接设置在人工护岸坡面上的倾斜水尺，其他均为直立式水尺。在测流断面同时用两辆水文专用桥测车进行流量及泥沙测量。悬移质在测流断面用取样桶取样。

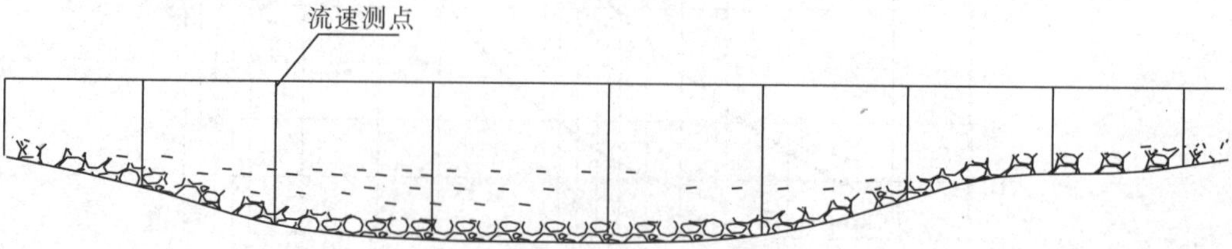

图3-5-5 流速观测示意图

3.5.2.2　实测资料处理

2002 年 7 月 31～9 月 1 日，研究人员对新疆呼图壁河进行流速和水位测量。水深测量用测深杆测量，测点间距为 2 m。由于水深很浅(0.30～0.80 m)，流速测量点在 0.4 倍水深处采用一点法测量，推移质测量采用试测法，间距为 1～2 m。共测量 26 组数据，见表 3-5-2。

表 3-5-2　呼图壁河卵砾石特性

D_{35}/mm	D_{50}/mm	D_{65}/mm	σ	γ_s
20.0	33.2	44.9	2.11	2.68

由于断面的形态不规则，将各测点的水深和流速换算成断面平均值。水深换算方法如下：

$$A_i = B_i(H_i + H_{i+1})/2 \tag{3-5-9}$$

$$B = \sum_{i=1}^{n-1} B_i \tag{3-5-10}$$

$$A = \sum_{i=1}^{n-1} A_i \tag{3-5-11}$$

$$Q = \sum_{i=1}^{n-1} A_i(V_i + V_{i+1})/2 \tag{3-5-12}$$

$$\overline{H} = A/B \tag{3-5-13}$$

$$\overline{V} = Q/A \tag{3-5-14}$$

式中，H_i、V_i 分别为测点的水深和流速；B_i、A_i 为 i 与 $i+1$ 测点的间距和过水面积；B、A、Q 分别为测流断面的宽度、过水面积和流量；$\overline{H}$、$\overline{V}$ 分别为测流断面平均水深和平均流速。

在测量流速和水深期间，共进行 9 次推移质测量，将其卵砾石级配平均值(表 3-5-2)作为呼图壁河河床组成。

3.5.3　成果分析

3.5.3.1　水槽实验资料

动床阻力实验的单宽流量为 0.006～0.025 m³/(s·m)，颗粒粒径范围为 0.88～2.21 mm，比降为 5‰～15‰，共完成 52 组实验，其中前 30 组为沙样 A 的实验数据，后 22 组为沙样 B 的实验数据。

实验中的水流强度 Θ 为 0.03～0.23，是属于低能态区的强度，河床形态大多呈舌状沙纹，如图 3-5-6 和图 3-5-7 所示。由于河床比降较大，沙纹的迎水面长约 40～60 cm，背水面长约 1～3 cm，高度约 0.5～1.5 cm。由于河床内水流较为均匀，形成的沙纹具有较对称的外形。

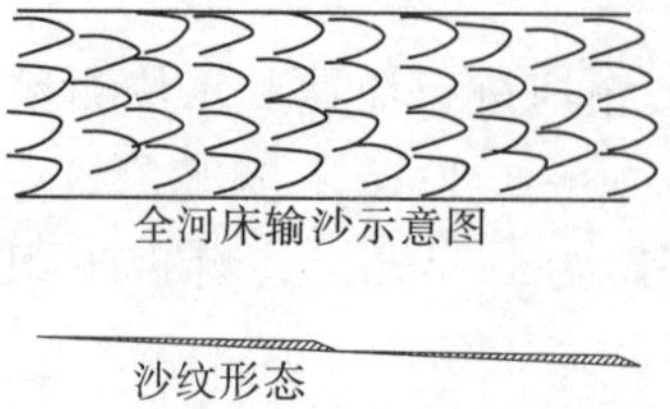

图 3-5-6 全河床输沙河床变化示意图

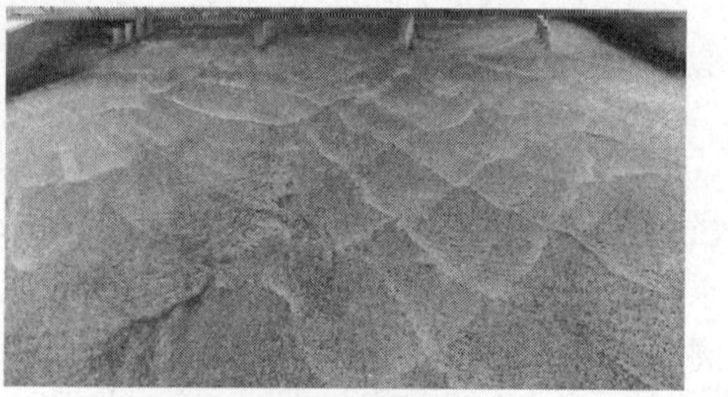

图 3-5-7 河床形态实验的照片

3.5.3.2 成果分析

根据 Einstein 的假定，边壁阻力与床面阻力可以按下式分割：

$$n^{3/2}P = n_{\mathrm{w}}^{3/2}P_{\mathrm{w}} + n_{\mathrm{b}}^{3/2}P_{\mathrm{b}} \tag{3-5-15}$$

式中，n 为曼宁系数；P 为湿周；下标 w 代表边壁；下标 b 代表床面。

综合阻力的曼宁系数 n 可由均匀流公式计算，取边壁 $n_{\mathrm{w}}=0.012$，已知水深 h 可以计算湿周，即 $P_{\mathrm{w}}=2h$，$P_{\mathrm{b}}=B$，$P=P_{\mathrm{w}}+P_{\mathrm{b}}$，则由式(3-5-15)可求出床面的曼宁系数 n_{b} 及床面水力半径：

$$n_b = \left(\frac{n^{3/2}P - n_{\mathrm{w}}^{3/2}P_{\mathrm{w}}}{P_{\mathrm{b}}}\right)^{2/3}, R_{\mathrm{b}} = \left(\frac{Un_{\mathrm{b}}}{J^{1/2}}\right)^{3/2} \tag{3-5-16}$$

Einstein 和 Barbarrosa(1952)认为，单位水体消耗的时均能量可按水力半径分割成两部分，分别为沙粒阻力对应的水力半径 R_{b}' 和沙波阻力对应的水力半径 R_{b}''：

$$R_{\mathrm{b}} = R_{\mathrm{b}}' + R_{\mathrm{b}}'' \tag{3-5-17}$$

沙粒阻力 R_{b}' 采用下式试算：

$$\frac{U}{\sqrt{gR_{\mathrm{b}}'J}} = 5.75\lg\left(\frac{12.27\chi R_{\mathrm{b}}'}{K_{\mathrm{s}}}\right) \tag{3-5-18}$$

式中，U 为平均流速；χ 为与 $K_{\mathrm{s}}/\delta(\delta=11.6\nu/u_*)$ 有关的修正系数，令 $\eta=K_{\mathrm{s}}/\delta$，则

$$\chi = \begin{cases} 1.61-(\eta-1)^2 & (\eta \leqslant 1) \\ 1.61-0.25(\eta-1)^2 & (1<\eta\leqslant 2) \\ 1.8(\eta)^{-0.5}+0.056\eta-0.001318\eta^2 & (2<\eta<10) \\ 1.0 & (10\leqslant\eta) \end{cases} \tag{3-5-19}$$

计算得出 R_{b}' 后，由式(3-5-3)可以计算实测的 R_{b}''，进而可用式(3-5-4)得出 u_*''。

按式(3-5-4)计算实测资料的 u_*'' 和 Ψ'，结果如图 3-5-8 所示。图中还点绘了 Einstein 的图解拟合公式(3-5-3)和沈学汶公式(3-5-5)，并增加了 Vanoni 和 Nomicos(1960)的 12 组沙垄充分发展的实验资料、Simons 和 Richardson(1961)和 Shen(1962)的水槽实验成果。图 3-5-8 中的结果表明，呼图壁河实测资料和水槽实验资料比 Einstein 曲线偏高，而与 Shen(1962)的公式接近。根据全部实验资料，可以采用 Shen(1962)公式的结构形式拟合成下式：

$$\frac{U}{u_*''} = \frac{14}{\lg(\Psi') - 0.15} \tag{3-5-20}$$

上式的曲线如图 3-5-8 所示，基本反映了实测资料的平均变化规律。

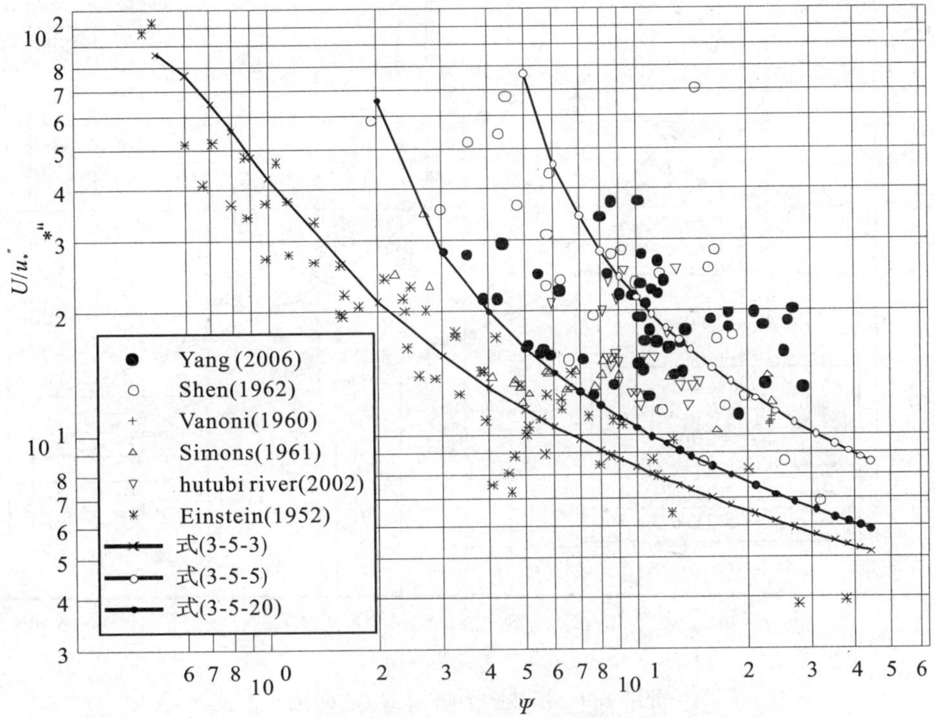

图 3-5-8　沙波阻力关系图

进一步分析实测资料发现，沙波阻力与相对光滑度 h/D_{65} 有一定的关系，对相同的 Ψ' 值，h/D_{65} 越小，点据越高，从实测资料回归可以得出：

$$\frac{U}{u''_*}=\begin{cases}\dfrac{15.4}{0.374\left(\dfrac{h}{D_{65}}\right)^{0.24}+\lg\left(\dfrac{\Psi'}{7}\right)}, & \dfrac{h}{D_{65}}\leqslant 200\\ \dfrac{15.4}{1.33+\lg\left(\dfrac{\Psi'}{7}\right)}, & \dfrac{h}{D_{65}}>200\end{cases} \tag{3-5-21}$$

将实测资料按 h/D_{65} 值分成 3 组，以每组平均的 h/D_{65} 值代入式(3-5-20)计算的曲线如图 3-5-9 所示，各曲线基本代表了各自实测资料的平均变化规律。

图 3-5-10 为按式(3-5-20)计算的 $(U/u''_*)_c$ 与实测的 $(U/u''_*)_m$ 的对比，图中的两条虚线表示 $0.5<(U/u''_*)_c/(U/u''_*)_m<2$ 的范围，有 96.3%的数据均位于此区域，说明式(3-5-20)具有很好的精度。

根据式(3-5-21)计算出 U/u''_* 后，即可计算沙波阻力对应的水力半径：

$$R''_b=\frac{U^2}{(U/u''_*)^2}\frac{1}{gJ} \tag{3-5-22}$$

上式计算结果如图 3-5-11 所示。图中同时画出了表示 $0.5<(R''_b)_c/(R''_b)_m<2$ 范围的两条虚线，实测资料有 75.6%位于此区域，说明式(3-5-22)具有较高的预报精度。

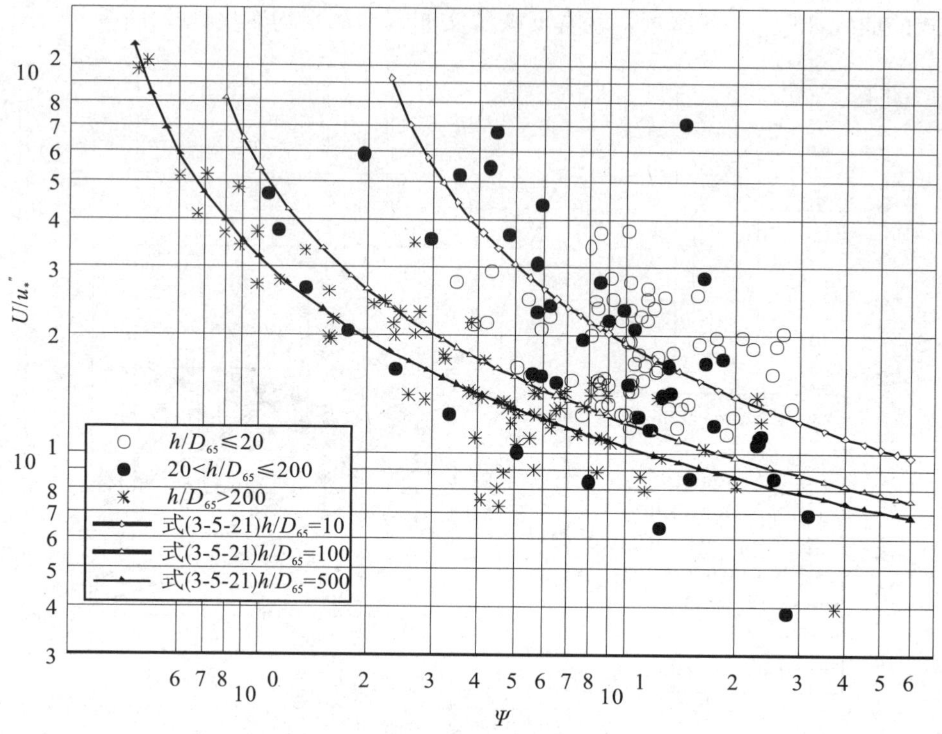

图 3-5-9 沙波阻力随 h/D_{65} 的变化

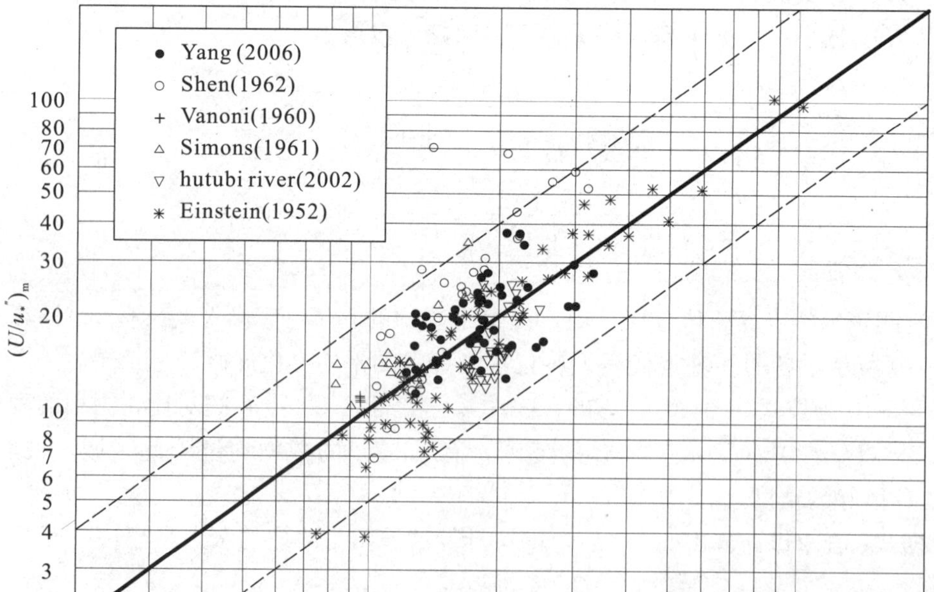

图 3-5-10 式(3-5-21)计算结果与实测资料的对比

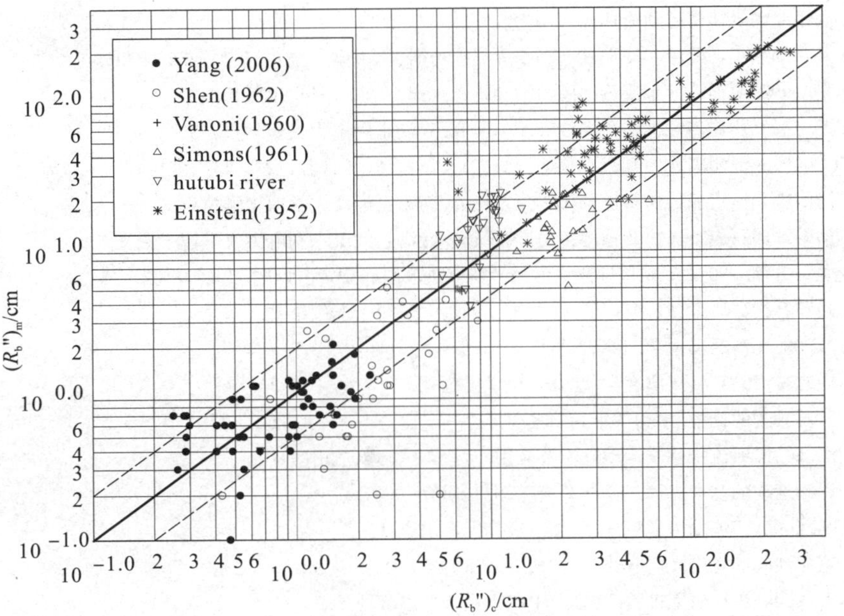

图 3-5-11　计算沙波阻力系数与实测资料的对比

作者以呼图壁河实测资料和水槽实验资料为基础，结合 Shen(1962)、Vanoni 和 Nomicos(1960)、Simons 和 Richardson(1961)、Einstein(1952)的水槽实验资料，系统分析了动床沙波阻力的计算问题。

采用 Einstein 方法分割边壁阻力与床面阻力 R_b，根据 Einstein 公式计算沙粒阻力对应的水力半径 R_b'，进一步分割出实测的沙波阻力对应的水力半径 $R_b''=R_b-R_b'$，并据此计算沙波阻力的实测值。实测的沙波阻力比 Einstein 曲线计算值偏小。

采用 Shen(1962)公式的结构形式，根据实测资料得出计算沙波阻力的表达式(3-5-20)，以此推导的沙波阻力对应的水力半径与实测值基本一致。

综合分析所有资料表明，当相对光滑度 $h/D_{65}\leqslant 200$ 时，沙波阻力与 h/D_{65} 关系较为明显。通过对所有资料的回归分析，得出了以 h/D_{65} 为参数的沙波阻力计算公式(3-5-21)和计算沙波阻力对应水力半径的公式(3-5-22)。式(3-5-21)计算的沙波阻力满足 $0.5<(U/u_*'')_c/(U/u_*'')_m<2$ 的占总资料的 96.3%，式(3-5-22)计算的沙波水力半径满足 $0.5<(R_b'')_c/(R_b'')_m<2$ 占总资料的 75.6%，说明两个公式均与实测资料符合较好，能很好地描述动床沙波阻力的变化规律。

主要参考文献

曹叔尤，刘兴年，方铎. 1998. 长江三峡卵石推移质粒径沿程分布. 水力发电学报，61(2)：50－58.

曹叔尤，刘兴年，方铎. 2000. 山区河流卵石推移质的输移特性. 泥沙研究，(4)：1－4.

窦国仁. 1960. 泥沙起动流速. 水利学报，1(2)：44－59.

窦国仁. 1999. 再论泥沙起动流速. 泥沙研究，(6)：1－9.

方红卫. 1992. 不均匀沙组成及起动. 水利学报(4)：43－49.

韩其为，何明民. 1999. 泥沙起动规律及起动流速. 北京：科学出版社.

韩其为. 1982. 泥沙起动规律及起动流速. 泥沙研究，(2)：11－25.
何文社，曹叔尤，刘兴年，等. 2003. 泥沙起动临界切应力研究. 力学学报，35(3)：326－331.
胡春宏，惠遇甲. 1995. 明渠挟沙水流运动的力学和统计规律. 北京：科学出版社.
胡海明，李义天. 1996. 非均匀沙推移质泥沙级配的研究. 武汉水利电力大学学报，30(1)：. 40－43.
胡江，杨胜发. 2009. 光滑明渠均匀紊流水流结构研究. 人民黄河，31(3)：23－25.
胡江. 2008. 光滑明渠非恒定流传播特性及流速分布研究. 南京：河海大学博士学位论文.
冷魁. 1993. 非均匀沙卵石起动流速及输沙率的试验研究. 武汉：武汉水利电力大学博士论文.
刘兴年，曹叔尤，方铎. 1999. 90 年代四川大学泥沙研究进展与瞻望. 泥沙研究，(6)：33－36.
刘兴年. 2004. 砂卵石推移质运动及模拟研究. 成都：四川大学博士学位论文.
钱宁，万兆惠. 2003. 泥沙运动力学. 北京：科学出版社.
钱宁，张仁，周志得. 1987. 河床演变学. 北京：科学出版社.
钱宁. 1980. 推移质公式的比较. 水利学报，(4)：1－11.
秦荣昱，王崇浩. 1996. 河流推移质运动理论及应用. 北京：中国铁道出版社.
沙玉清. 1956. 泥沙运动的基本规律——开动流速. 泥沙研究，1(2).
邵学军，王兴奎. 2005. 河流动力学概论. 北京：清华大学出版社.
唐存本. 1963. 论泥沙起动规律. 水利学报，(2)：1－12.
王光谦，胡春宏. 2006. 泥沙研究进展. 北京：中国水利水电出版社.
武汉水利电力学院. 1960. 流动力学. 北京：工业出版社.
杨胜发，王涵，周华君. 2009. 卵砾石边坡坡脚泥沙起动试验研究. 重庆交通大学学报(自然科学版)，28(2)：241－245.
张晓峰，谢葆玲. 1995. 泥沙起动概率与起动流速. 水利学报，(10)：53－59.
张之湘. 2005. 卵石推移质输移随机性研究. 成都：四川大学博士学位论文.
钟强，李丹勋，陈启刚，等. 2012. 明渠湍流中的主要相干模式. 清华大学学报(自然科学版)，6.
Abdel-Fattah，S A Amin，et al. 2004. Sand Transport in Nile River，Egypt. Journal of Hydraulic Engineering. 130(6)：488－500.
Adrian R J，Meinhart C D，Tomkins C D. 2000. Vortex organization in the outer region of the turbulent boundary layer. J. Fluid Mech，422：1－54.
Adrian R J，Moin P. 1988. Stochastic estimation of organized turbulent structure：homogeneous shear flow. J. Fluid Mech，190：531－559 .
Adrian R J. 2010. Closing In on Models of Wall Turbulence. Science，329：155－156.
Aguirre-Pe J. 1975. Incipient motion in high gradient open channel flow with artificial roughness elements. Brazil：16th Congress，Int. Assoc. Hydraul. Res.
Alonso C V. 1980. Selecting a formula to estimate sediment transport capacity in nonvegetated channels. CREAMS，U. S. Department of Agriculture Conservation Research Report No. 26，Ch. 5：426－439.
ASCE Task Committee on Flow and Transport over Dunes. 2002. Flow and Transport over Dunes. J. Hydraul. Eng.，128(8)：726－728.
Bagnold R A. 1960. Sediment Discharge and Stream Power. U. S. Geologic Survey Circular 421：23.
Bagnold R A. 1966. An Approach to the Sediment Transport Problem From General Physics. U. S. Geol. Survey. Prof. No. 422－I P. 37.
Balakumar B J，Adrian R J. 2007. Large-and very large-scale motions in channel and boundary-layer flows. Phil. Trans. R. Soc. A 365：665－681.
Barry J J，J M Buffington，et al. 2008. Performance of Be-Load Transport Equations Relative to Geomorphic Significance：Predicting Effective Discharge and Its Transport Rate. Journal of Hydraulic Engineering，134(5)：601－615.
Bathurst J C，Graf W H，Cao H H. 1987. Bed load discharge equations for steep mountain rivers. Sediment transport in

gravelbed rivers：453－477.

Bathurst J C，Graf W H，Cao H H. 1983. Initiation of sediment transport in steep channels with coarse bed material. Rotterdam：in Mechanics of Sediment Transport. pp. 207－213.

Bettess R. 1984. nitiation of sediment transport in gravel streams. Proc.，Instn. Civ. Engg.，77，Part 2，Tech. Note 407，pp. 79－88.

Blackwelder R F，Kovasznay L S G. 1972. ime scales and correlations in a turbulent oundary layer. Phys. Fluids，15：1545.

Bravo-Espinosa M，Osterkamp W R，et al. 2003. Bedload Transport in Alluvial Channels. ournal of Hydraulic Engineering，129(10)：783－795.

Bridge J S，J L Best. 1988. Flow，Sediment Transport and Bedform Dynamics over the Transition from dunes to upper-stage plane beds：Implications for the formation of planar laminae. Sedimentology 35：753－763.

Brownlie W R. 1981. Prediction of flow depth and sediment discharge in open channels. W. M. Keck Laboratory of Hydraulics and Water Resources，Report No. KH－R－43 A，California Institute of Technology，Pasadena，California.

Brownlie W R. 1983. Flow Depth in Sand-bed Channels. J. Hyd. Div，ASCE，109(HY6)：959－990.

Buffington J M，D R Montgomery. 1997. A systematic analysis of eight decades of incipient motion studies，with special reference to gravel-bedded rivers. Water Resources Research，33(8)：1993－2029.

Carson M A. 1987. Measures Of Flow Intensity As Predictors of Bed Load. Ournal of Hydraulic Engineering 113(11)：1402－1421.

Carter R W，Einstein H A，Hinds J，et al. 1963. Friction factors in open channels. J. Hyd. Div.，ASCE，89(HY2)：97－143.

Cebeci T，Smith A M O. 1974. Analysis of Turbulent Boundary Layers，Academic Press.

Chabert J，Chauvin T L. 1963. Formation des dunes et des Rids dans des models fluriaux. Bull. Du Centre de Recerches et d' Essais de Chatou，(4).

Cheng N S，Chiew Y M. 1998. Modified logarithmic law for velocity distribution subjected to upward seepage. J. Hydraul. Eng.，124(12)：1235－1241.

Cheng N S，Chua L H C. 2005. Comparisons of sidewall correction of bed shear stress in open-channel flows. J. Hydraul. Eng.，131(7)：605－609.

Chien N，Wan Z H. 1999. Mechanics of sediment transport. New York：ASCE Press.

Chong M S，Perry A E，Cantwell B J. 1990. A general classification of three-dimensional flow fields. Phys. Fluids，2：765－777.

Christensen K T，Adrian R J. 2001. Statistical evidence of hairpin vortex packets in wall turbulence. J. Fluid Mech，431：433－443.

Clauser F. 1956. The turbulent boundary layer. Adv. Appl. Mech，4：1－51.

Colebrook V F. 1938. Turbulent flow in pipes with particular reference to the transition region between the smooth and rough pipe laws. J. Inst of Civ. Engrs，11：133－156.

Coleman S E，B W Melville. 1994. Bed-Form Development. Journal Of Hydraulic Engineering，120(4)：544－560.

Coleman S E，J J Fedele，et al. 2003. Closed-Conduit Bed-Form Initiation and Development. Journal of Hydraulic Engineering，129：956－965.

Coleman S E，M H Zhang，et al. 2005. Sediment-Wave Development in Subcritical Water Flow. Journal of Hydraulic Engineering，131(2)：106－111.

Coles D. 1956. The law of the wake in the turbulent boundary layer. J. Fluid Mech，1：191－226.

Delo C J，Kelso R M，Smits A J. 2004. Three-dimensional structure of a low Reynolds number turbulent boundary layer. J. Fluid Mech，512：47－83.

Diez J C，Alvera B，Puigdefabregas J，et al. 1988. Assessing sediment sources in a small drainage basin above the timberland in the Pyrenees. In：Sediment Budgets，197—205. IAHS Publ. no. 174.

Dong Z N，Wang J，Chen，et al. 1989. Hydraulic characteristics of open channel flows over rough beds. Science in China (Series A)，11：1208—1218.

Einstein H A，Barbarossa N L. 1952. River channel roughness. Trans. ASCE，117：1121—1146.

Einstein H A. 1942. Formulas for the Transportation of Bed Load. Trans. ASCE，107：561—597.

Einstein H A. 1950. The bed load function for sediment transportation in open channel flows. US. Department AgricultureTech. Bulletin 1026，P. 71.

Elsinga G E，Adrian R J，Van oudheusden B W，et al. 2010. Three—dimensional vortex organization in a high-Reynolds-number supersonic turbulent boundary layer. J. Fluid Mech，644：35—60.

Engelund F，E Hansen. 1967. A monograph on sediment transport in alluvial streams. Teknisk Forlag，Copenhagen，Denmark.

Engelund F，Hansen E. 1972. A Monograph on Sediment Transport in Alluvial Streams. Teknisk Forlag，Copenhagen.

Engelund F，Fredsoe J. 1982. Sediment Ripples and Dunes. Annual Review of Fluid Mechanics，14：13—37.

Fedele J J，Garcia M H. 2000. Alluvial Resistance and Sediment Transport for Flows over Dunes. Proceedings of Joint Conference on Water Resource Engineering and Water Resources Planning and Management.

Ganapathisubramani B，Clemens N T，Dolling D S. 2007. A effects Of upstream boundary layer on the unsteadiness of shock-induced separation. J. Fluid Mech，585：369—394.

Garde R J，Albertson M L. 1959. Characteristics of bed forms and regimes of flow in alluvial channel" s. Rep. CER 59 RJG 9，Colorado State Univ.，18.

Gibert G K. 1914. The transportation of debiris by running water. Geological Survey，Professional Paper 86.

Graf W H，Suszka L. 1987. Sediment transport in steep channels. Journal of Hydroscience and Hydraulic Engineering，Vol. 5 No. 1，pp11—26.

Graf W H. 1971. Hydraulics of Sediment Transport. New York：McGraw-Hill Book Co .

Grant H L. 1958. The Large eddies of the turbulent. J Fluid Mech，4：149.

Guala M，Hommema S E，Adrian R J. 2006. Large-scale and very-large-scale motions in turbulent pipe flow. J. Fluid Mech，554：521—542.

Guezennec Y G，Piomelli U，Kim J. 1987. Conditionally-averaged structure in wall-bounded turbulent flow. Proc. 1987 Summer Program，Report CTR-S87，Center for Turbulence Research，Stanford University，Stanford，CA. 1987，263—272.

Hill H M.，Robinson A J，Srinivassa V S. 1971. On the occurrence of bed forms in alluvial channels. In：Proc.，14th Cong. IAHR，3：91—100.

Hinze J O. 1975. Turbulence. McGraw-Hill.

Hutchins N，Marusic I. 2007. Evidence of very long meandering features in the logarithmic region of turbulent boundary layers. J. Fluid Mech，579：1—28.

Jeong J，Hussain F. 1995. On the identification of a vortex. J. Fluid Mech，285：69—94.

Jimenez J，del Alamo J C，Flores O. 2004. The large scale dynamics of near-wall turbulence. J. Fluid Mech，505：179—199.

Julien P Y，Klaassen G J. 1995. Sand-Dune Geometry of Large Rivers during Floods. Journal of Hydraulic Engineering，121(9)：657—663.

Julien P Y，Raslan Y. 1998. UPPER-REGIME PLANE BED. Journal of Hydraulic Engineering，124(11)：1086—1096.

Ashida K，Bayazit M. 1973. Initiation of motion and roughness of flows in steep channels. 15th Congress，IAHR Conference，Istanbul.

Karim F. 1998. Bed Material Discharge Prediction For Nonuniform Bed Sediments. Journal of Hydraulic Engineering，124(6)：597—604.

Karim F. 1999. Bed-Form Geometry In Sand-Bed Flows. Journal of Hydraulic Engineering，125(12)：1253—1261.

Karim M F，Kennedy J F. 1990. Menu of Coupled Velocity And Sedimentdischarge Relations For Rivers. Journal of Hydraulic Engineering，116(8)：978－996.

Kennedy J F. 1963. The mechanics of dunes and antidunes in erodible-bed channels. Journal of Fluid Mechanics，16(4)：521－544.

Kennedy J F. 1964. The Formation of Sediment Ripples in closed rectangular conduits and in the desert. Journal of Geophysical Research，69：1517－1524.

Kennedy J F. 1969. The Formation of Sediment Ripples，Dunes，and Antidunes. Annual Review of Fluid Mechanics，1：147－168.

Kilgore R T，Young G K. 1993. Riprap Incipient Motion and Shields' Parameter. Proc. Nat' l Conf. on Hyd. Engrg.，ASCE，New York，NY，1552－1557.

Kim K C，Adrian R J. 1999. Very large-scale motion in the outer layer. Phys. Fluids，11：417－422.

Kirkgoz M S. 1989. Turbulent Velocity Profiles for smooth and rough open channel Flow. Journal of Hydraulic Engineering，ASCE，115：1543－1561.

Kleinhans M G，Rijn L C v. 2002. Stochastic Prediction of Sediment Transport in Sand－Gravel Bed Rivers. Journal of Hydraulic Engineering，128(4)：412－425.

Kline S J，Reynolds W C，Schraub F A. 1967. The structure of turbulent boundary layers. J. Fluid Mech，30：741－773.

Liu H K. 1957. Mechanics of sediment ripple formation. Journal Hydr. Div.，Proc. ASCE，83(2).

Liu Z C，Adrian R J，Hanratty T J. 2001. Large-scale modes of turbulent channel flow：transport and structure. J. Fluid Mech，448：53－80.

Lyn D A. 1993. Turbulence measurements in open-channel flows over artificial bed forms. J. Hydraul. Eng，119(3)：306－326.

M A Lenzi，L Mao，Comiti F. 2003. Interannual variation of suspended sediment load and sediment yield in an alpine catchment. 15－38. Hydrological Sciences Journal，48(6)：899－915.

M S Yalin. 1982. Mechanics of Sediment Transport. 北京：科学出版社。

Makse H A. 2000. Grain Segregation Mechanism in Aeolian Sand Ripples. Eur. Phys. J.

Marusic I，Mathis R，Hutchins N. 2010. Predictive model for wall-bounded turbulent flow. Science，329：193－196.

Maxwell A R，Papanicolaou A N. 2001. Step-pool morphology in highgradient streams. International Journal of Sediment Research，16(3)，380－390.

McLean S R，Nelson J M，Wolfe S R. 1994. Turbulence structure over two-dimensional bed forms. J. Geophys. Res.，99(C6)：12729－12747.

McLean S R，Nikora V I. 2006. Characteristics of turbulent unidirectional flow over rough beds：Double-averaging perspective with particular focus on sand dunes and gravel beds. Water Resour. Res.，42，W10409，doi：10.1029/2005WR004708.

McLean S R，Wolfe S R，Nelson J M. 1999. Predicting boundary shear stress and sediment transport over two-dimensional bedforms. J. Hydraul. Eng，125(7)：725－736.

McLean S R. 1990. The stability of ripples and dunes. Earth-Science Reviews，29(1－4)：131－144.

Meinhart C D，Adrian R J. 1995. On the existence of uniform momentum zones in a turbulent boundary layer. Phys. Fluids，7：694－696.

Mizuyama T. 1977. Bedload transport in steep channels"，Ph. D. Dissertation，Kyoto University，1－118.

Murphy P J，et al. 1985. Bed Load Or Suspended Load. Journal of Hydraulic Engineering，111(1)：93－107.

Nezu I，Kadota A，Nakagawa H. 1997. Turbulent structure in unsteady depth-varying open-channel flows. J. Hydr. Eng，123(9)：752－763.

Nezu I，Rodi W. 1986. Open channel flow measurements with a laser Doppler anemometer. Journal of Hydraulic Engineering，ASCE，112(5)，335－355.

Nikuradse J. 1932. Laws of Turbulent Flow in Smooth Pipes. NASA TT F—10，359(Translation of VDI—Forsch. 356).

Nnadi F N，Wilson K C. 1992. Motion Of Contact—Load Particles At High Shear Stress. Journal of Hydraulic Engineering，118(12)：1670—1684.

Odgaard A J. 1984. Grain—Size Distribution Of River—Bed Armor Layers. Journal of Hydraulic Engineering，110(10)：1479—1484.

Peakall J，Ashworth P，Best J L. 1996. Physical modelling in fluvial geomorphology：principles. applications and unresolved issues，In：Rhoads；L，B；Thorn；E，C(Ed) The Scientific Nature of Geomorphology，Wiley & Sons，Chichester，pp. 221—253.

Raudkivi A J，Witte H H. 1990. Development Of Bed Features. Journal of Hydraulic Engineering，116(9)：1063—1079.

Raudkivi A J. 1983. Thoughts On Ripples And Dunes. Journal of Hydraulic Research，21(4)：315—321.

Raudkivil A J. 1997. Ripples On Stream Bed. Journal of Hydraulic Engineering 123(1)：58—64.

Richardson L F. 1922. Weather prediction by numerical process. Cambridge：Cambridge University Press.

Rijn L C v，Walstra D J R，et al. 2007. Unified View of Sediment Transport by Currents and Waves. IV：Application of Morphodynamic Model. Journal of Hydraulic Engineering，133(7)：776—793.

Rijn L C v. 1984. Sediment Pick—Up Functions. Journal of Hydraulic Engineering，110(10)：1494—1502.

Rijn L C v. 1984. Sediment Transport，Part I：Bed Load Transport. Journal of Hydraulic Engineering，110(10)：1431—1456.

Rijn L C v. 2007. Unified View of Sediment Transport by Currents and Waves. I：Initiation of Motion，Bed Roughness，and Bed—Load Transport. Journal of Hydraulic Engineering，133(6)：649—667.

Rijn L C v. 2007. Unified View of Sediment Transport by Currents and Waves. II：Suspended Transport. Journal of Hydraulic Engineering，133(6)：668—689.

Rijn L C v. 2007. Unified View of Sediment Transport by Currents and Waves. III：Graded Beds. Journal of Hydraulic Engineering，133(7)：761—775.

Robinson S K. 1991. Coherent motion in the turbulent boundary layer. Ann. Rev. Fluid Mech.，23：601—639.

Rogers M M，Moin P. 1987. The structure of the vorticity field in homogeneous turbulent flows. J. Fluid Mech，176：33—66.

Rouse H. 1965. Critical analysis of open—channel resistance. J. Hyd. Div.，ASCE.，91(HY4)：1—25.

Dey S，Bose S K，Sastry G L N. 1995. Clear water scour at circular piers：a model"，J. Hydr. Eng. ASCE，121(12)，869—876.

Saddoughi S G，Verrravalli. 1994. Local isotropy in turbulent boundary layers at high Reynolds number. J. Fluid Mech，268：333—372.

Schoklitch A. 1962. Handbuch des wasserbaues. Springer—Verlag，Vienna.

She Z S，Lévesque E. 1994. Universal scaling laws in fully developed turbulence. Phys. Rev. Lett，72：336—339.

Sheilds A. 1936. Anwendung der Ahnlichkeitsmechanik und Turbulenzforschung auf Geschiebebewegung. Mitteilungen der Preuss. Versuchsanst. f. Wasserbau u. Schiffbau，Heft 26，Berli.

Shen H W. 1962. Development of bed roughness in alluvial channels. J. Hyd. Div. ASCE.，88(HY3)：45—58.

Simons D B，Richardson E V. 1961. Forms of bed roughness in in alluvial channels. J. Hyd. Div.，ASCE.，87(HY3)：87—105.

Simons D B，Senturk F. 1977. Sediment Transport Technology. Colorado：Water Resources Publications.

Stephen B P. 2000. turbulent. Cambridge：Cambridge University Press.

Swamee P K，POjha C S. 1991. Bed—Load And Suspended—Load Transport Of Nonuniform Sediments. Journal of Hydraulic Engineering 117(6)：774—787.

Tang X，Knight D W. 2006. Sediment Transport in River Models with Overbank Flows. Journal of Hydraulic Engineering 132(1)：77—86.

Townsend A A. 1958. The turbulent boundary layer in Boundary Layer Research. Berlin：Springer—Verlag，Vol. 1.

V A Vanoni. 1981. 泥沙工程. 黄河水利委员会水利科学研究所，长江水利水电科学研究院，等译. 北京：水利出版社，1981.

Van Dreist E R. 1956. On turbulent flow near a wall. J. Aerospace Sci，23：1007—1011.

Van Rijn L C. 1982. The prediction of bed forms. Alluvial roughness and sediment transport. Res. Rep. S 487 part III，Delft Hydraulics Laboratory，Emmeloord，The Netherlands.

Vanoni V A，Nomicos G N. 1960. Resistance properties of sediment—laden streams. Transactions，ASCE，125：1140—1175.

Vanoni V A. 1975. Sedimentation Engineering，New York：the ASCE Task Committee.

Vanoni V A. 1984. Fifty Years of Sedimentation" Journal of Hydraulic Engineering，110(8)：1022—1057.

Vetter M. 1989. Total sediment transport in open channels，Report No. 26，Institute of Hydrology，University of the German Federal Army，Munich，Germany(Translated from "Gesamttransport von sedimenten in offenen Gerinnen" into English by the U. S. Bureau of Reclamation，Denver，Colorado).

Wang S y，Shen H W. 1985. Incipient Sediment Motion And Riprap Design. Journal of Hydraulic Engineering，111(3)：520—538.

Wang，Xing K，Li D，et. al. 2001. Verification and Comparison of Bed Load Transport Formulas. Journal of Hydrodynamics，Vol. 13(B1)：8：11.

Wilson K C. 1966. Bed Load Transport at High Shear Stress. J. Hud. Div. Proc.，Amer. Soc. Civil Engrs.，92(6)：49—59.

Fu X H，Li Y T，Yang S F，et al. 2010. Comparisons of Bed—load Transport Rate Formulas by Flume Experiments And field measured data. The 11th International Symposium on River Sedimentation，Stellenbosch，South Africa，6—9 September 2010，193—193.

Yadav S M，Samtani B K. 2008. Bed Load Equation Evaluation based on Alluvial River Data，India. KSCE Journal of Civil Engineering 12(6)：427—433.

Yalin M S. 1992. River Mechanics. Oxford：Pergamon Press，Inc.

Yang C T，Huang C. 2001. Application of sediment transport formulas. International Journal of Sediment Research，16(3)，335—353.

Yang C T，Wan S. 1991. Comparisons Of Selected Bed—Material Load Formulas. Journal of Hydraulic Engineering，117(8)：973—989.

Yang C T，Yang H，et al. 1997. Self—organization Mechanism during the Bed Form Process. Journal of Tsinghua Science and Technology，2(3)：646—650.

Yang C T. 1979. Unit stream power equations for total load，Journal of the Hydrology，(40)：123—138.

Yang S F，Hu J，Wang X K. 2006. Incipient motion of coarse particles in high gradient rivers. International Journal of Sediment Research，21(3)：220—229.

Yang S Q，Tan S K，Lim S Y. 2005. Flow resistance and bed form geometry in a wide alluvial channel. Water resources research，41(9)：Art. No. W09419.

Yen B C. 2002. Open Channel Flow Resistance. J. Hydraul. Eng.，128(1)：20—39.

Zhou J，Adrian R J，Balachandar S，et al. 1999. Mechanisms for generating coherent packets of hairpin vortices in channel flow. J. Fluid Mech，387：353—396.

第 4 章　山区航道整治通航指标研究

4.1　水力指标研究

通航水力指标是山区河流船舶航行和航道整治的重要依据之一。包括长江上游在内的多条河流的卵石滩经过多次整治，仍然碍航，水力指标的不确定性也是卵石急滩整治不成功的重要原因之一。本项目采用实船实验、理论计算和船模实验方法，对澜沧江和长江上游卵石滩的通航水力指标做了研究，得到了各标准船型的消滩水力指标。

4.1.1　研究船型的选择

西南山区河流的通航船型中，嘉陵江、澜沧江、乌江等一般河流的代表船型多为300～500 t级；长江上游重庆以上河段目前航道等级为Ⅲ级，代表船型为1000 t级；重庆以下河段在三峡成库后航道建设标准为Ⅰ级航道，船舶大型化的趋势非常明显，目前的主力船型为3000 t。因而本研究主要基于这几类船型在上滩时的实测资料分析，通过理论计算公式确定其自航上滩水力指标。

4.1.2　航行阻力计算与研究

4.1.2.1　概述

船舶上滩能力取决于船舶推力和航行阻力的相对大小，功率越大，船舶推力越大；流速越急，水面比降越陡，则航行阻力越大，当船舶推力小于航行阻力时船舶则不能上滩。本章基于此基本理论，应用推力与阻力平衡的方法对通航水力指标进行研究，是急流滩通航水力指标研究的理论基础。

4.1.2.2　船舶阻力的分类

1. 船舶阻力的初步划分

船舶阻力是指船舶航行时所受到的水和空气的反作用力。空气阻力作用于船体水上部分，水阻力作用于船体水下部分。水阻力进一步可分为在静水中航行时的静水阻力与在波浪中航行阻力的增加值(汹涛阻力)两部分。静水阻力通常分为裸船体阻力和附体阻力。所谓附体阻力是指突出于裸船体之外的附属体，如舵、舭龙骨等所增加的阻力。按照这种处理方式得到的阻力分类如下：

- 船舶阻力
  - 水阻力
    - 静水阻力
      - 裸船体阻力
      - 附体阻力
    - 汹涛阻力
  - 空气阻力

通常将除裸船体阻力以外的阻力部分称为附加阻力。船舶航行的总阻力实际上就是按照裸船体阻力和附加阻力两部分分别进行研究的。

与水阻力相比，空气阻力要小得多，因而船舶阻力实际上主要是水阻力。由于附加阻力的复杂性，且裸船体阻力是船舶阻力的主要部分，因此裸船体阻力是船舶阻力研究的重点，通常将其简称为船体阻力。

1)按作用在船体表面力的方向划分

按照力在船体表面的作用方向，可将阻力划分为沿船体表面切线方向的摩擦阻力 R_f 和法线方向的压阻力 R_p。压阻力包括黏压阻力 $R_{p\nu}$ 和兴波阻力 R_w 两部分，即

$$R = R_f + R_p = R_f + (R_{p\nu} + R_w) \tag{4-1-1}$$

2)按流体性质划分

船舶压阻力中含有黏压阻力 $R_{p\nu}$ 和兴波阻力 R_w 两种不同性质的力。黏压阻力 $R_{p\nu}$ 只存在于黏性流体中，而兴波阻力 R_w 即使在理想流体中也仍然存在。由于黏压阻力 $R_{p\nu}$ 和摩擦阻力 R_f 都是由于水的黏性而产生的，因此习惯上将二者合称为黏性阻力 R_ν。这样，总阻力 R 可认为是由黏性阻力 R_ν 与兴波阻力 R_w 两部分组成，即

$$R = R_\nu + R_w = (R_f + R_{p\nu}) + R_w \tag{4-1-2}$$

2. 船舶阻力的成因

1)摩擦阻力的成因

实际水流具有一定的黏性，由于黏滞力的作用，总有一层水体黏附在船体表面，并随船体运动。根据水力学和流体力学的知识，黏附在船体表面上的流体速度为零，随着与船体表面距离的增加，流速逐渐增大，当距离增大到一定程度后，流速不再受船体影响，与来流保持一致。受黏性作用影响的这一薄层水流称为边界层。光滑平板在流水中速度的分布情况如图 4-1-1 所示。

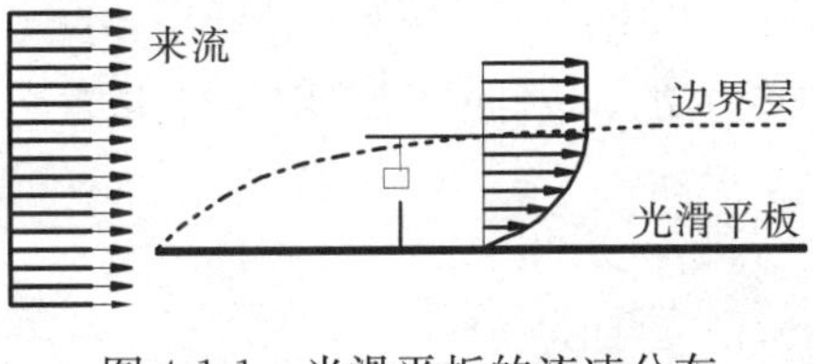

图 4-1-1　光滑平板的流速分布

由牛顿定律可知，速度梯度的存在会产生切应力，即摩擦阻力。船舶摩擦阻力产生的机理与此相同。虽然边界层厚度 δ 很小，但由于速度梯度很大，所以摩擦阻力不能忽略。

2)黏压阻力的成因

船舶在水中航行时由于水流黏滞力的作用而存在边界层(图 4-1-2)。由流体力学理论可知，水流质点从 A 点到 C 点为减压加速区，在 C 点速度达到最大而压力最低，C 点后进入增压减速区。在黏滞力及增压区的正压力差作用下，其速度迅速降低，质点具有的动能已不能使它到达 B 点。当到达 D 点时，水质点速度已降为零，动能全部耗尽。D 点过后在增压区压差作用下使流体具有回流趋势，边界层外移，出现边界层分离现象。边界层分离后，船艉形成很多不稳定的旋涡，使船艉的压力下降，如图 4-1-2 中的曲线Ⅱ，理想流体的情况则如曲线Ⅰ所示。这样，在船艏与船艉就形成了一个压力差，由这种压差而产生的阻力称为黏压阻力。

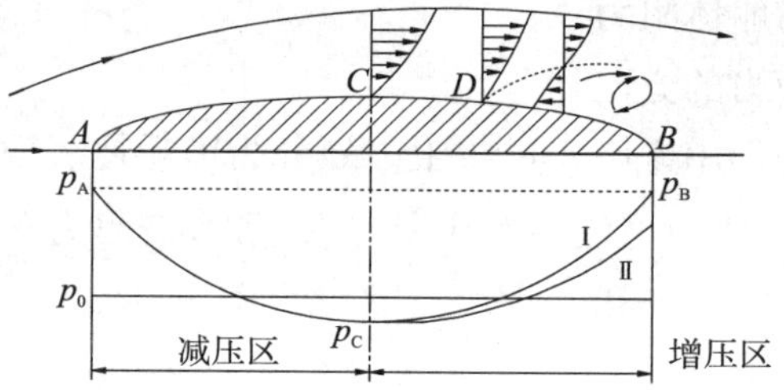

图 4-1-2 黏压阻力的成因

黏压阻力的产生通常伴随有明显的边界层分离状况和旋涡的出现，通常又称为旋涡阻力。另外，由于黏压阻力与船体形状(主要是艉部形状)密切相关，尾部横剖面急剧收缩的船舶黏压阻力较为严重，因此黏压阻力又称为形状阻力。

3. 兴波阻力的成因

船舶航行时，由于水面激起波浪，改变了船体表面压力分布而造成的阻力称为兴波阻力。艏部流速低而水面升高，中部流速高而水面降低，水面起伏为波浪兴起创造了条件。船行波对产生船体压力，其分布的改变如图 4-1-3 所示。船艏的波峰使首部压力增加，船艉的波谷使尾部压力降低，于是出现艏艉压力差，从而产生了兴波阻力。

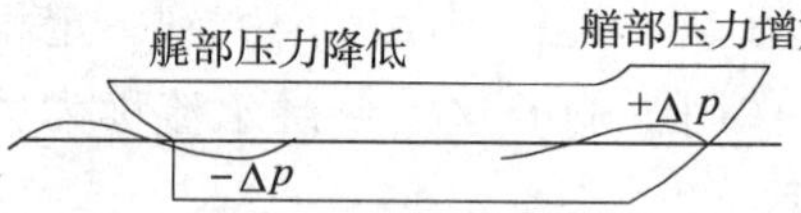

图 4-1-3 兴波阻力的成因

由于波浪是在重力场中产生的，因而兴波阻力与重力密切相关，而与流体的黏性无关。

4. 船舶阻力的分类

根据不同观点，静水中船舶阻力的分类大致有以下几种：

1)按照物理现象分类

这种方法即是根据船舶阻力的成因和机理进行分类，如前所述。按照这种分类，船舶阻力由摩擦阻力 R_f、黏压阻力 R_{pv} 和兴波阻力 R_w 三部分组成。

2)按照应力观点分类

这种方法即是根据船体表面受力方向进行分类，如前所述。按照这种方式，船舶阻力由切向阻力 R_τ 与压差阻力 R_p 两部分组成。

3)弗汝德分类法

由于缺乏单独确定黏压阻力的方法，19 世纪 60 年代，弗汝德将黏压阻力与兴波阻力合并在一起统称为剩余阻力 R_r。虽然这种分类法既不完善，又不完全合理。但近百年来，弗汝德分类法及阻力换算法在世界各国仍然被广泛采用。这是因为一般情况下，黏压阻力 R_{pv} 在总阻力中所占比重较小，归并入剩余阻力不致引起明显误差，因此尚能较为可靠地满足工程实际的需要。

4)休斯分类法

休斯法即是按照流体的性质进行分类。与黏性有关的部分称为黏性阻力 $R_{\nu 0}$，无关的部分为兴波阻力 R_w。这样，静水中船舶总阻力与各阻力成分间关系如图 4-1-4 所示。

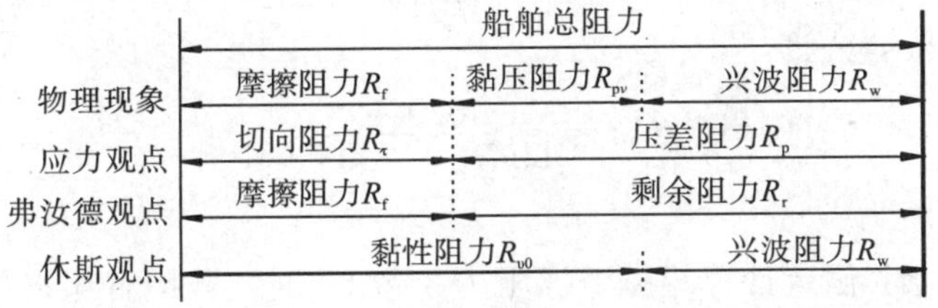

图 4-1-4　船舶阻力的分类

此外，对于航速较高的丰满船型，尚有破波阻力。在浅水航道和狭窄航道航行的船舶需要考虑水深与航宽的影响。对于航行于内河的船舶，尤其在具有较大水面坡降的水域航行时，必须考虑坡降阻力，这部分内容在后文中有详细讨论。

4.1.2.3　船舶阻力单元的确定

所谓船舶阻力单元是指组成船舶阻力的各阻力成分，本章主要讨论摩擦阻力、黏压阻力与兴波阻力的确定。

1. 摩擦阻力的确定

1)光滑平板的摩擦阻力

实际船舶外形复杂，当其运动时不仅有摩擦阻力出现，还会出现其他阻力。通常研究摩擦阻力从对光滑平板的研究入手，采用“相当平板”的近似计算方法。该法认为船体的摩擦阻力与同速度、同长度、同湿表面积的光滑平板摩擦阻力相等，然后再考虑船体表面的曲度及不光滑程度对阻力的影响并加以修正。

光滑平板摩擦阻力的产生机理如图 4-1-1 所示，摩擦阻力是由边界层内存在流速梯度引起的。根据光滑平板实验和理论分析，摩擦阻力可表达为

$$R_f = C_f \frac{\rho V^2}{2} A_s \tag{4-1-3}$$

式中，R_f 为摩擦阻力，N；ρ 为水的密度，kg/m^3；V 为水流速度，m/s；A_s 为湿表面

积，m^2；C_f 为摩擦阻力系数。

对平板摩擦阻力的研究实际是围绕摩擦阻力系数 C_f 展开的。根据多家研究的结果，C_f 主要与雷诺数 Re 有关。

$$Re = \frac{VL}{\nu} \tag{4-1-4}$$

式中，V 为水流速度，m/s；L 为平板长度，m；ν 为水的运动黏滞系数，m^2/s。

一般船舶的雷诺数在 $10^6 \sim 10^9$ 量级，对应的流动状态为紊流边界层。针对紊流摩擦阻力系数的研究，较著名的有以下几个公式。

(1)桑海(Schoenherr)公式：

$$C_f = \frac{0.4631}{(\lg Re)^{2.6}} \tag{4-1-5}$$

(2)柏兰特−许立汀(Prandtl-Schlichting)公式：

$$C_f = \frac{0.455}{(\lg Re)^{2.58}} \tag{4-1-6}$$

(3)休斯(Hughes)公式：

$$C_f = \frac{0.066}{(\lg Re - 2.03)^2} \tag{4-1-7}$$

2)船舶的摩擦阻力

采用“相当平板”假定计算船舶摩擦阻力系数 C_f 时，我国普遍采用“1957 年国际船模实验池实船−船模换算”(1957ITTC)公式确定，即

$$C_f = \frac{0.075}{(\lg Re - 2)^2} \tag{4-1-8}$$

船舶表面的弯曲程度和粗糙度对摩擦阻力的影响总是存在的。各方面研究结果一致认为，由于船舶表面的弯曲程度和粗糙度所增加的摩擦阻力系数与雷诺数无关。根据不同的实验结果，目前均采用“粗糙度补贴系数”的方式进行处理。所谓“粗糙度补贴系数”法，就是指在实际计算中，总摩擦阻力系数可取为光滑平板摩擦阻力系数 C_f 再加上一个与雷诺数无关的粗糙度补贴系数 ΔC_f，我国钢质新船通常采用 $\Delta C_f = 0.4 \times 10^{-3}$。因此，包括表面粗糙度影响的船体摩擦阻力为

$$R_f = (C_f + \Delta C_f)\frac{1}{2}\rho V^2 A_s \tag{4-1-9}$$

利用上式计算船体摩擦力时，还需确定湿面积 A_s。我国长江船型的湿面积通常采用下式计算：

$$A_s = L_w(1.8T + C_b B) \tag{4-1-10}$$

交通运输部船舶运输科学研究所给出的计算式为

$$A_s = \frac{59L_{wl}}{64 - \dfrac{B}{T}}(1.8T + C_b B) \tag{4-1-11}$$

式中，L_w 为船舶水线长度，m；B、T 分别为船宽和吃水，m；C_b 为方形系数。

船舶摩擦阻力计算的一般步骤：由式(4-1-10)或式(4-1-11)计算船体湿面积 A_s→计算船舶雷诺数 $Re = \frac{V_s L_{wl}}{\nu}$→由式(4-1-8)计算摩擦阻力系数→确定粗糙度补贴系数 ΔC_f，

我国一般取 $\Delta C_f=0.4\times10^{-3}$→据式(4-1-9)计算船舶的摩擦阻力。

3)黏压阻力的确定

到目前为止，黏压阻力仍没有一个单独的计算方法。其处理方式通常有两种：一种是 19 世纪 60 年代的弗汝德法，将黏压阻力归并入兴波阻力而统称为剩余阻力，如前所述；另一种是 20 世纪 50 年代提出的换算方法，将黏压阻力以形状因子的形式与摩擦阻力联系在一起而统称黏性阻力。

近年来，黏性阻力的确定出现了两种途径，一种是实验法，一种是理论计算法。实验法采用所谓的“尾流测量法”实测得到。理论计算法又分为两种：一种是按照边界层理论计算，但各家计算的结果尚有很大出入，还不能应用于实际；另一种是按照 N-S 方程理论计算，但总体来说还处于发展阶段，还不能正确给出船体的总阻力。

由此看来，目前通过理论方法还不能正确计算船舶阻力，以致仍采用传统的实用方法。

4)兴波阻力的确定

根据模型实验和理论分析，兴波阻力可表达为如下形式：

$$R_w = C_w \frac{\rho V_0^2}{2} A_s \tag{4-1-12}$$

其中，C_w为兴波阻力系数。根据研究，C_w与船舶弗汝德数 Fr 有关。

$$Fr = \frac{V_0}{\sqrt{gL}} \tag{4-1-13}$$

式中，V_0为静水航速，m/s；L 为船长，m；g 为重力加速度，m/s^2。

根据弗汝德的观点，对给定船型，兴波阻力仅是 Fr 的函数。C_w与 Fr 的 4 次方成比例，因此 R_w与 Fr 的 6 次方成比例。可见，随着船速的增加，兴波阻力将很快增大；对于低速船而言，兴波阻力在总阻力中所占比例很小。

4.1.2.4　船舶阻力的近似计算

在船舶设计初始阶段，由于船舶线型尚未确定，因而还不能应用船模实验或其他方法来确定阻力，只能用近似方法进行估算。为选择主机，需求出船舶有效功率；在给定主机时，则需要估算阻力，以确定船舶的航速。此外，对于某些不准备做船模的小型船舶，在设计过程中只需要用近似方法来确定其阻力。因此，寻求船舶阻力的近似计算方法具有重要的实用价值。

近似估算阻力的方法很多，但这些方法几乎都是根据船模系列实验结果或在总结、分析大量船模实验或实船实验的基础上得出的。由此，应用某一方法时一定要首先明确该方法适用的船舶类型及有关参数的适用范围。

所有的近似估算方法都是把阻力(或功率)表达为船型系数和速度的函数。函数的具体表达在早期通常采用图谱形式，随着计算机应用的发展，近期多采用回归曲线形式或直接列出计算公式。

4.1.2.5　内河船舶航行阻力的计算

内河航道与海洋和深水航道相比差别很大，其航行阻力的研究更为复杂，成果相对较少。由于川江航运的开发程度较高，针对川江河段航行阻力的研究也相对成熟，计算结果与实际情况比较接近。我国其他内河航道航行阻力的计算大都借鉴川江河段航行阻力的确定方法，并根据本河段特性作适当修正得到。

川江河段航行阻力计算采用苏联兹万科夫公式结构形式，并结合川江特点和船型情况进行适当修正。

内河船舶航行阻力通常是指船舶在上驶航行过程中受到的水流阻力和坡降阻力。前文主要讨论了水流阻力。坡降阻力是船舶在有水面坡降的航道中航行时受到自重沿航行方向的分力。船舶上驶时，坡降阻力与航行方向相反，为航行阻力。由于坡降阻力物理意义明确，易于理论表达，因此研究人员将水流阻力作为航行阻力的主要研究内容。

1. 水流阻力的计算

内河船舶航行阻力常采用的兹万科夫法，实际上是根据弗汝德对阻力处理的方式，即将水流阻力分为摩擦阻力 R_f 与剩余阻力 R_r 两部分分别考虑。根据理论分析和实验研究，摩擦阻力 R_f 主要与雷诺数 Re 有关，而剩余阻力 R_r主要与弗汝德数 Fr 有关，即

$$R_V = R_f + R_r = R_f(Re) + R_r(Fr) \tag{4-1-14}$$

1)机动船水流阻力

$$R_{V1} = f_1 A_s V_s^{1.83} + \xi_1 \delta A_m V_s^{1.7+4Fr} \tag{4-1-15}$$

$$A_s = L_w(C_1 T + \delta B) \tag{4-1-16}$$

$$V_s = (1.15 \sim 1.3)V_{cp} + V_a \tag{4-1-17}$$

$$\xi_1 = \frac{17.7\delta^{2.5}}{\left(\frac{L_w}{6B}\right)^3 + 2} \tag{4-1-18}$$

$$A_m = \beta BT \tag{4-1-19}$$

$$Fr = \frac{V_s}{\sqrt{gL_w}} \tag{4-1-20}$$

式中，f_1为机动船摩擦阻力系数，对钢质船，f_1=0.17，对木质船，f_1=0.23；A_s为船舶浸水面积，m^2；L_w为船舶水线长度，m；C_1 为系数(对机动船 C_1=1.8)；T 为船舶吃水；δ 为船舶方形系数(对机动船 δ=0.58～0.60)；B 为船舶型宽，m；V_s为船与水相对速度，m/s，考虑到浅水、狭航道、紊流等影响，式(4-1-17)中的流速进行 1.15～1.30 的系数修正；V_{cp}为船舶(船队)长度内纵向表面平均流速，m/s；V_a 为船舶上滩应保持的对岸航速，m/s，一般取 V_a=0.3～0.5 m/s；ξ_1 为剩余阻力系数；A_m为船舶浸水部分舯剖面积，m^2；β 为船舶横断面系数，对机动船，β=0.93；Fr 为船舶弗汝德数。

2)驳船水流阻力

$$R_{V2} = f_2 A_s V_s^{1.83} + \xi_2 \delta A_m V_s^{1.7+0.15V_s} \tag{4-1-21}$$

式中，f_2 为驳船摩擦阻力系数，钢质船取 0.17，木质船取 0.23～0.25；A_s为船舶浸水面积，m^2；C_1 为系数(对驳船取 2.0)；驳船方形系数常取 δ=0.75～0.80，分节驳常取 δ=0.90 左右；A_m按式(4-1-19)计算，驳船可取 β=0.95～0.99；ξ_2 为驳船剩余阻力系数，对川江，一般取 ξ_2=6.0。

根据实船和船模实验结果，川江驳船水流阻力按下式计算：

$$R_{V2}=f_2A_sV_s^{1.83}+\xi_2\delta A_mV_s^{1.7+0.03V_s} \tag{4-1-22}$$

其中，摩擦阻力系数为

$$f_2=K_0\left(0.137+\frac{0.258}{2.68+L_w}\right) \tag{4-1-23}$$

式中，$K_0=1+0.0043(15-t)$，t 为水温，℃。

综合以上内容，以川江河段航行阻力确定为基础，水流阻力计算各参数的取法可统一如表 4-1-1 所示。

表 4-1-1　内河航道水流阻力计算中有关参数的参考取值

项目	机动船	驳船
计算公式	$R_{V1}=f_1A_sV_s^{1.83}+\xi_1\delta A_mV_s^{1.7+4Fr}$	$R_{V2}=f_2A_sV_s^{1.83}+\xi_2\delta A_mV_s^{1.7+0.03V_s}$
摩擦阻力系数 f	钢质船 $f_1=0.17$ 木质船 $f_1=0.23$	$f_2=K_0\left(0.137+\frac{0.258}{2.68+L_w}\right)$ $K_0=1+0.0043(15-t)$
船舶浸水面积 A_s/m^2	$A_s=L_w(C_1T+\delta B)$ $C_1=1.8$ $\delta=0.58\sim0.60$	$A_s=L_w(C_1T+\delta B)$ $C_1=2.0$ $\delta=0.75\sim0.80$(普通驳) $\delta=0.90$(分节驳)
船水相对速度 $V_s/(\mathrm{m/s})$	$V_s=(1.15\sim1.3)V_{cp}+V_a$	$V_s=(1.15\sim1.3)V_{cp}+V_a$
剩余阻力系数 ξ	$\xi_1=\dfrac{17.7\delta^{2.5}}{\left(\frac{L_w}{6B}\right)^3+2}$	$\xi_2=6.0$
船舯剖面面积 A_m/m^2	$A_m=\beta BT$ $\beta=0.93$	$A_m=\beta BT$ $\beta=0.95\sim0.99$
船舶弗汝德数 Fr	$Fr=\dfrac{V_s}{\sqrt{gL_w}}$	$Fr=\dfrac{V_s}{\sqrt{gL_w}}$

2. 坡降阻力的计算

与水流阻力的计算不同，坡降阻力的计算物理概念明确，纯粹是一个力学问题，因此其计算较为简便。一般采用下式计算：

$$R_J=\alpha WJ \tag{4-1-24}$$

式中，W 为船(队)总排水重量，kg；J 为船(队)长度范围内平均水面比降；α 为考虑船舶上滩时水面比降局部增大的修正系数，一般取 α 为 1.1～1.2。

3. 航行阻力的计算

船舶航行阻力计算可由式(4-1-15)、式(4-1-22)和式(4-1-24)并考虑船舶的编队情况确定。

$$R=R_J+\sigma(R_{V1}+R_2)=R_J+\sigma\left(R_{V1}+\sum_{i=1}^{n}R_{V2i}\right) \tag{4-1-25}$$

式中，R 为船舶航行阻力，kg；R_J 为坡降阻力，kg；R_{V1} 为机动船的航行阻力，kg；R_{V2i} 为驳船航行阻力，kg；σ 为船舶编队系数；n 为驳船数量。

4. 内河船舶航行阻力计算方法的讨论

兹万科夫法在我国山区航道整治设计中发挥了良好的作用，但由于公式本身的结构不完善，且大都采用川江河段和船型的有关参数，当将其用于其他河流或河段的计算时，难免会出现与实际不尽相符的情况。比如，当船舶航行在槽窄、水浅的浅滩时，其阻力计算结果偏小(曹民雄等，2005)。在对红水河航行阻力的研究中，兹万科夫法的计算结果与实际非常接近；而在漓江航行阻力的计算中，兹万科夫法的结果又偏小(李一兵，2002)。

因此，以兹万科夫法为基础得到的川江船舶航行阻力计算公式对有的河流适用，对有的河流则偏差较大。科学合理的途径应该是根据不同河流及相应船型情况，建立适合于自身特点的计算公式，这样才能满足实际工程的需要。

4.1.2.6 急流滩航行阻力及通航水力指标研究

1. 研究船型

研究选用船型仍采用实船操作性能实验的船舶，即 300 t 级机动驳“华平号”，其相关基本参数见第 3 章。通过静水力曲线，查取相关参数见表 4-1-2。

表 4-1-2 实船实验有关参数统计

参照水位 Z/WL	250	500	750	1000	1250	1500	1750	2000
吃水 T/m	0.25	0.50	0.75	1.00	1.25	1.50	1.75	2.00
排水量Δ/t	33.87	80.35	132.57	190.81	256.09	328.57	404.68	483.87
水线长度 L_w/m	25.20 31.00	28.91 34.30	31.95 35.72	35.15 40.73	38.08 39.90 41.93	43.12	44.00	44.72
型宽 B/m	7.60	7.60	7.60	7.60	7.60	7.60	7.60	7.60
水线面积系数 α	0.519	0.618	0.690	0.791	0.907	0.947	0.974	0.997
方形系数 δ	0.424	0.496	0.546	0.596	0.64	0.686	0.724	0.757
棱形系数 ζ	0.51	0.56	0.60	0.64	0.68	0.72	0.75	0.78
船舶浸水面积 A_s/m^2	113.84	160.17	196.45	257.80	298.29	341.23	381.48	418.28
剩余阻力系数 ξ	0.90	1.26	1.57	1.79	2.09	2.42	2.72	3.00
船肿剖面系数 β	0.83	0.88	0.91	0.93	0.95	0.95	0.96	0.97
船肿剖面面积 A_m/m^2	1.58	3.34	5.19	7.07	9.03	10.83	12.77	14.74

2. 船舶推力计算

船舶推力是船舶航行的动力，当推力大于或等于航行阻力时，船舶才能向前行驶。由于实船实验中螺旋桨有关参数为已知，可通过螺旋桨工作参数计算出船舶推力。

为清晰起见，将船舶推力有关计算公式列举如下。

船舶推力计算公式：

$$T = T_0(1-t) \tag{4-1-26}$$

式中，T 为船舶推力；T_0为螺旋桨推力；t 为考虑螺旋桨对船体影响的推力减额分数。而 t 与 T_0的计算方法分别为：

①推力减额分数 t 的计算。对于双螺旋桨船，采用霍尔特洛泼公式计算推力减额分数 t(盛振邦等，2004)：

$$t = 0.325\delta - 0.1885D/\sqrt{BT} \quad (4\text{-}1\text{-}27)$$

式中，δ 为方形系数；D 为螺旋桨直径，m；B 为船宽，m；T 为吃水，m。

②螺旋桨推力 T_0的计算。螺旋桨推力可按下式计算：

$$T_0 = K_T\rho n^2 D^4 \quad (4\text{-}1\text{-}28)$$

式中，ρ 为水的密度，kg/m³；n 为螺旋桨的转速，r/s；D 为螺旋桨直径，m；K_T为推力系数。推力系数 K_T可通过查阅螺旋桨设计图谱获取(图 4-1-5)。

本研究船型螺旋桨型号为 MAU4-47，其 K_T值可通过查阅 MAU4-40 和 MAU4-55 相应的 K_T值再进行内插得到。查阅该系列图谱时，首先需确定横坐标即进速系数 J_V的大小。进速系数 J_V的计算方法为

$$J_V = \frac{V_A}{nD} \quad (4\text{-}1\text{-}29)$$

式中，V_A为螺旋桨进速，m/s，其计算式为

$$V_A = V_s(1 - \omega) \quad (4\text{-}1\text{-}30)$$

式中，V_s为船水相对速度，m/s；ω 为考虑船体对螺旋桨影响的伴流分数。

当船以速度 V_s航行时，船身附近的水体受到船体影响而产生运动，伴随船体运动的这股水流称为伴流。由于伴流的存在，使螺旋桨及其附近水流的相对速度与船速有所不同，因此用伴流分数 ω 进行描述。

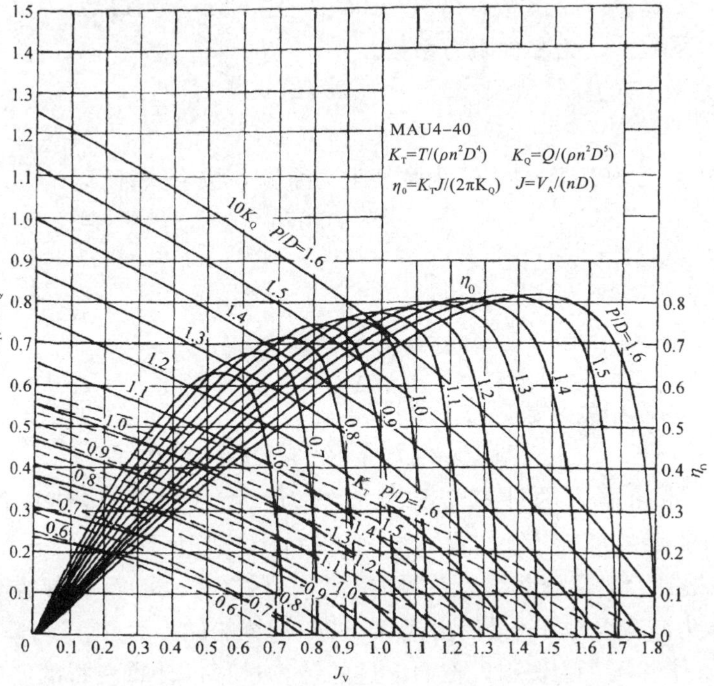

(a)MAU4-40：K_T，K_Q-J_V图

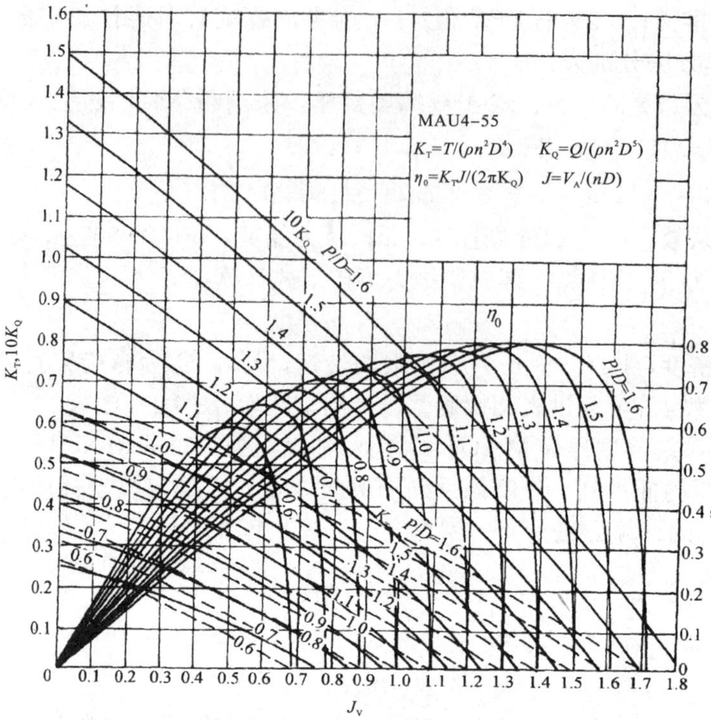

(b)MAU4-55：K_T，K_Q-J_V图

图 4-1-5　螺旋桨设计图谱

对于双螺旋桨船，采用霍尔特洛泼公式计算伴流分数 ω(盛振邦等，2004)：

$$\omega = 0.3095\delta + 10C_{\nu}\delta - 0.23D/\sqrt{BT} \tag{4-1-31}$$

式中，δ 为方形系数；C_{ν}为黏性阻力系数。

黏性阻力系数 C_{ν}的计算式为

$$C_{\nu} = (1+k)C_{f} + C_{A} \tag{4-1-32}$$

式中，钢质船的 k 常取 0.0004；C_{f}为摩擦阻力系数，按下式计算：

$$C_{f} = \frac{0.075}{(\lg Re - 2)^2} \tag{4-1-33}$$

式中，Re 为船舶雷诺数，用下式计算：

$$Re = \frac{V_{s}L}{\nu} \tag{4-1-34}$$

C_{A}为实船一船模相关系数，按下式计算：

$$C_{A} = 0.006\,(L+100)^{-0.16} - 0.00205 \tag{4-1-35}$$

综上所述，船舶推力的计算步骤可归纳为：由式(4-1-31)计算伴流分数 ω→由式(4-1-30)计算螺旋桨进速 V_{A}→由式(4-1-29)计算进速系数 J_{V}→由进速系数 J_{V}查图 4-1-5并内插得到实船螺旋桨推力系数 K_{T}值→由式(4-1-28)计算螺旋桨推力 T_{0}→由式(4-1-27)计算推力减额分数 t→最后由式(4-1-26)计算船舶推力 T。

根据实船操作性能实验资料，按照上述的计算过程，计算获得的实船推力如表 4-1-3所示。

表 4-1-3　实船推力计算表

载重/排水量/t	平均吃水/m	螺旋桨转速 n/(r/min)	轴功率 P/kW	静水航速 V_0/(m/s)	方形系数 δ_B	伴流分数 ω	推力减额分数 t	进速 V_A/(m/s)	进速系数 J_V	推力系数 K_T			双桨推力 T_2/kg	船舶推力 T_0/kg
										MAU 4-40	MAU 4-55	MAU 4-47		
157/282	1.255	250.4	63.0	3.71	0.640	0.127	0.136	3.24	0.66	0.113	0.103	0.109	746.1	644.6
		373.4	216.9	5.15	0.640	0.126	0.136	4.50	0.61	0.134	0.122	0.128	1962.3	1695.4
		453.7	388.5	6.18	0.640	0.126	0.136	5.40	0.61	0.135	0.127	0.131	2963.2	2560.1
		483.5	469.9	6.56	0.640	0.126	0.136	5.73	0.60	0.137	0.128	0.133	3405.9	2942.6
265/390	1.703	250.4	63.0	2.84	0.717	0.166	0.171	2.37	0.48	0.183	0.177	0.180	1237.2	1025.3
		373.4	216.9	4.21	0.717	0.165	0.171	3.52	0.48	0.183	0.178	0.181	2759.8	2287.3
		453.7	388.5	5.12	0.717	0.165	0.171	4.28	0.48	0.183	0.178	0.181	4074.3	3376.6
		483.5	469.9	5.41	0.717	0.165	0.171	4.52	0.48	0.185	0.179	0.182	4672.3	3872.3
320/445	1.750	250.4	63.0	2.84	0.724	0.169	0.174	2.36	0.48	0.183	0.178	0.181	1242.1	1025.5
		373.4	216.9	4.08	0.724	0.168	0.174	3.39	0.46	0.189	0.184	0.187	2852.8	2355.5
		453.7	388.5	4.99	0.724	0.168	0.174	4.15	0.47	0.188	0.183	0.185	4184.1	3454.7
		483.5	469.9	5.23	0.724	0.168	0.174	4.35	0.46	0.190	0.186	0.188	4809.8	3971.3

3. 航行阻力计算

1)航行阻力计算公式的选取

艾亚法主要用于船舶设计中确定静水航速与有效功率之间的关系，难以计算船舶在航行过程中的综合阻力。其他方法多用到图表，应用较不方便。兹万科夫阻力计算公式(4-1-25)在我国内河研究中普遍使用，且在川江等山区河流得到成功应用，所以本研究选用了兹万科夫法作为航行阻力计算的基础。同时，在澜沧江航行的船舶几乎都是单船，船队几乎没有，加之实船实验也为单船，并具有较强的代表性。所以，航行阻力以及所有研究过程均以 300 t 级船舶“华平号”为基础进行。

本章根据澜沧江的实际情况及实船实验成果，选定的基本计算参数和思路见表 4-1-4，并给出了本书阻力计算法与兹万科夫法的比较。

表 4-1-4　本研究阻力计算法与兹万科夫法的比较

项目	兹万科夫法	本书阻力计算
水流阻力计算公式	$R_{V1}=f_1A_sV_s^{1.83}+\xi_1\delta A_mV_s^{1.7+4Fr}$	以此公式为基础，根据实船实验成果进行修正以适用于澜沧江
摩擦阻力系数 f	钢质船取 0.17，木质船取 0.23	钢质船取 0.17
船舶浸水面积 A_s/m²	$A_s=L_w(C_1T+\delta B)$，$C_1=1.8$，$\delta=0.58\sim0.60$	一致，但 δ 取自实船实验资料
对水航速 V_s/m/s	$V=kV_{cp}+V_a$，$k=1.15\sim1.30$	取 $k=1.15$；考虑本急流滩特性，取 $V_a=0.3$ m/s

续表

项目	兹万科夫法	本书阻力计算
剩余阻力系数 ξ	$\xi_1=\dfrac{17.7\delta^{2.5}}{\left(\dfrac{L_w}{6B}\right)^3+2}$	一致，但 δ 取自实船实验资料
船肿剖面面积 A_m/m^2	$A_m=\beta BT$，$\beta=0.93$	一致，但 β 取自实船实验资料
船舶弗汝德数 Fr	$Fr=V_s/\sqrt{gL_w}$	一致
坡降阻力计算公式	$R_J=\alpha WJ$，$\alpha=1.1\sim1.2$	一致，α 取平均值 1.15

由于代表船型是U形双艉船，船艉形状极不规则，根据实船型线图可知，不同吃水时水线长 L_w 具有多值，计算中选用最大水线长。由于型线图中只有典型吃水对应的水线长，计算实际吃水的水线长时按内插推求。

2)实船坡降阻力的计算

由于在动水域进行的实验，水面并非完全水平，而是具有一定的比降 J，约 0.4‰。经分析，其坡降阻力，特别是在低航速的情况不容忽视。根据实船实验成果，考虑船舶上滩时水面比降局部增大的修正系数 α，取 $\alpha=1.15$，计算获得的坡降阻力如表 4-1-5 所示。

表 4-1-5 实船坡降阻力计算

载重/t	排水量/m³	水面比降/‰	修正系数 α	坡降阻力 R_J/kg
157	282.0	0.4	1.15	129.72
265	390.0	0.4	1.15	179.40
320	445.0	0.4	1.15	204.70

3)兹万科夫法计算实船水流阻力

依据实船静水航速实验的成果及相关船型等资料，按照兹万科夫法计算获得的实船水流阻力见表 4-1-6。

表 4-1-6 实船水流阻力计算

载重 G/t	平均吃水 T/cm	水线长 L_w/m	方形系数 δ	船舶浸水面积 A_s/m^2	剩余阻力系数 ξ	肿剖面系数 β	肿剖面积 A_m/m²	轴功率 P/kW	静水航速 V_0/(m/s)	船舶弗汝德数 Fr	摩擦阻力 R_f/kg	剩余阻力 R_r/kg	水流阻力 R_V/kg
157	125.5	41.95	0.64	298.84	2.09	0.95	9.03	63.00	3.71	0.18	559.55	292.40	851.96
								216.91	5.15	0.25	1019.75	1033.74	2053.48
								388.46	6.18	0.30	1423.62	2455.03	3878.65
								469.91	6.56	0.32	1587.89	3364.32	4952.20
265	170.2	43.29	0.72	368.48	2.70	0.96	12.42	63.00	2.84	0.14	423.09	251.90	674.99
								216.91	4.21	0.20	869.55	895.65	1765.20
								388.46	5.12	0.25	1244.01	1955.96	3199.97
								469.91	5.41	0.26	1375.97	2495.11	3871.09

续表

载重 G/t	平均吃水 T/cm	水线长 L_w/m	方形系数 δ	船舶浸水面积 A_s/m^2	剩余阻力系数 ξ	肿剖面系数 β	肿剖面积 A_m/m^2	轴功率 P/kW	静水航速 V_0/(m/s)	船舶弗汝德数 Fr	摩擦阻力 R_f/kg	剩余阻力 R_r/kg	水流阻力 R_V/kg
320	175.0	44.00	0.72	380.71	2.72	0.96	12.78	63.00	2.84	0.14	437.13	263.02	700.15
								216.91	4.08	0.20	848.29	830.40	1678.69
								388.46	4.99	0.24	1226.20	1815.23	3041.43
								469.91	5.23	0.25	1336.28	2220.31	3556.58

4)兹万科夫水流阻力计算公式的修正

依据表 4-1-3、表 4-1-5 和表 4-1-6 的计算成果，表 4-1-7 对兹万科夫水流阻力计算公式的结果进行了对比。由表可见，由兹万科夫法计算的航行阻力与船舶推力有较大误差(图 4-1-6 中的 Δ)，特别是在低载重情况下，个别误差达到了 50%以上。总体表现为，低载重时航行阻力偏大，而高载重情况下航行阻力偏小，与其他现有研究成果基本一致。

表 4-1-7　船舶推力与兹万科夫法计算航行阻力的对比

载重/排水量/t	轴功率 P/kW	静水航速 V_0/(m/s)	船舶推力 T_0/kg	水流阻力 R_{V0}/kg	坡降阻力 R_J/kg	航行阻力 R/kg	$(R-T)/T$ /%
157/282	63.0	3.71	644.6	852.0	129.7	981.7	52.29
	216.9	5.15	1695.4	2053.5	129.7	2183.2	28.77
	388.5	6.18	2560.1	3878.7	129.7	4008.4	56.57
	469.9	6.56	2942.6	4952.2	129.7	5081.9	72.70
265/390	63.0	2.84	1025.3	675.0	179.4	854.4	−16.67
	216.9	4.21	2287.3	1765.2	179.4	1944.6	−14.98
	388.5	5.12	3376.6	3200.0	179.4	3379.4	0.08
	469.9	5.41	3872.3	3871.1	179.4	4050.5	4.60
320/445	63.0	2.84	1025.5	700.2	204.7	904.9	−11.76
	216.9	4.08	2355.5	1678.7	204.7	1883.4	−20.04
	388.5	4.99	3454.7	3041.4	204.7	3246.1	−6.04
	469.9	5.23	3971.3	3556.6	204.7	3761.3	−5.29

鉴于兹万科夫法计算的船舶水流阻力与船舶推力误差较大，不满足受力平衡条件，说明兹万科夫法不完全适用于澜沧江的实际船舶，如果直接移用兹万科夫法来研究澜沧江通航水力指标，会造成较大误差。为此，需对其进行修正。

修正方法是仅修正水流阻力，而坡降阻力仍沿用式(4-1-24)。水流阻力的修正仍以兹万科夫法计算公式为基础，在其公式前加上一个与航速和船型有关的系数。

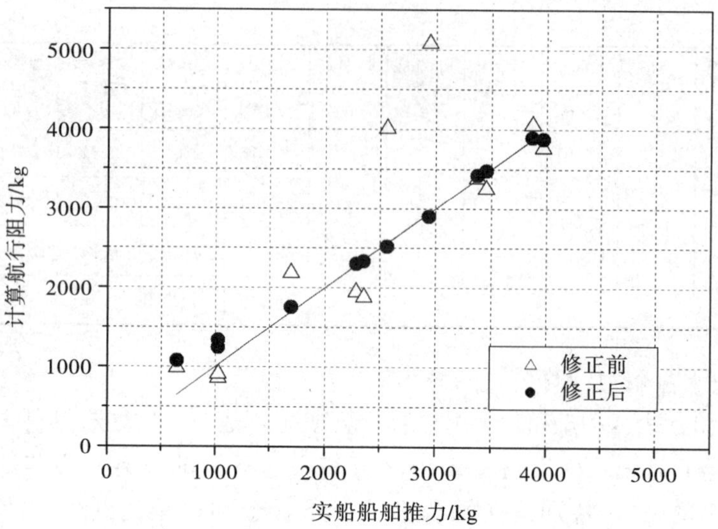

图 4-1-6　修正后航行阻力与实船推力的比较

由以上计算过程可知，实船推力 T 可分为两个部分，一部分推力与坡降阻力平衡，设为 T_1；另一部分推力与水流阻力平衡，设为 T_2。按受力平衡的原则，原兹万科夫法计算的水流阻力 R_{V0} 应与 T_2 平衡。据此，经过详细的综合数值分析，获得适用于澜沧江的修正后的兹万科夫公式：

$$R_V = R_{V0}\left[0.9593\ln\left(\frac{F_A}{Fr}\right)-0.2922\right]$$

$$=\left[0.9593\ln\left(\frac{F_A}{Fr}\right)-0.2922\right](f_1A_sV_s^{1.83}+\xi_1\delta A_mV_s^{1.7+4Fr}) \tag{4-1-36}$$

式中，R_V为修正的水流阻力；R_{V0}为修正前原兹万科夫法计算的水流阻力，按式(4-1-25)计算；F_A为船舶浸水面积比(浸水面积/标准吃水的浸水面积)；Fr 为船舶弗汝德数。

这样，船舶航行的总阻力则按下式计算：

$$R = R_V + R_J$$

$$=\left[0.9593\ln\left(\frac{F_A}{Fr}\right)-0.2922\right](f_1A_sV_s^{1.83}+\xi_1\delta A_mV_s^{1.7+4Fr})+\alpha WJ \tag{4-1-37}$$

根据修正后的航行阻力计算方法，其计算结果与船舶推力的对比如图 4-1-6 所示。由图可见，除在小功率(功率比仅 12.3%的三个点)的情况下，其余各点均吻合较好(图 4-1-6中的●)，相关性非常高，其相对误差均在±3.5%以内。由于小功率情况，不是本项目研究的重点，对通航水力指标的研究基本没有影响。

4.1.3　澜沧江 300 t 级船舶上滩水力指标研究

4.1.3.1　实船操纵性能实验

实验目的是为代表船舶自航船模实验、航行阻力理论研究提供基本的验证资料，也为澜沧江及国内其他航道在动水域进行静水航速、“Z” 实验积累经验。

1. 实验内容

根据项目研究的需要，需进行以下两部分的实船操纵性能实验。

(1)静水航速实验：选定代表船舶，进行 3～5 级排水量在 2～4 级主机功率下的静水航速实验，获取静水航速－排水量－主机功率－螺旋桨转速之间的关系。

(2)“Z”形实验：选定代表船舶，在标准载重和额定功率下，多次实测船舶运行过程中的舵角、艏向角等随时间的变化过程，继而获取评价船舶对舵的响应性，测定船舶的回转性指数 K'和应舵性指数 T'。

2. 实验要求和方法

1)静水航速实验

(1)实验装载。船舶按 50%(半载)、90%、100%(满载)三种工况的排水量装载，且做到艏艉吃水均衡，浮态正确。

(2)实验螺旋桨转速。船舶按额定转速的 50%、75%、90%、100%四级工况(车挡)进行实验。最后需完成 3 种装载和 4 种转速等工况的组合成果，共获取排水量－转速－主机功率－静水航速的 3×4＝12 组数据。

(3)实验过程。在水深不小于 6 倍实验船舶的吃水深度、足够宽和足够长的水域，测量出船舶各个车挡的静水航速，并记录相对应的左右螺旋桨转速和主机功率。为了消除风等外界条件，最好进行来回两个航次以上的航速测试，用其平均值表示船舶的航速。如果实在不能满足静水条件，也可在流速平缓的水域进行航速实验，用其上下行航速的平均值或对水航速代表船舶静水航速。

2)“Z”形实验

(1)实验装载。船舶可仅需 90%或 100%(满载)一级排水量装载，且做到艏艉吃水均衡，浮态正确。更为重要的是，船舶装载应均匀分布在船艏、船舯和船艉，不允许有船艏艉吃水虽然正确但载荷集中在船舯或集中在艏艉的现象，否则会影响实验结果的准确性。

(2)实验转速。船舶按额定转速的 75%、90%或 100%二级转速(车挡)进行实验。

(3)实验水域。“Z”形实验需在开阔的静水水域中进行，实验水域的长度和宽度应不妨碍实验船舶进行“Z”形实验的正常航行并留有一定余地，实验水域水深应不小于 6 倍实验船舶的吃水深度。满足以上条件可认为，船舶是在无限宽和无限深的水域进行实验，水域的宽度和水深不会影响“Z”形实验的结果。要尽量减小风对实验的干扰，实验时要求水面风力不大于二级。

(4)实验过程。进行“Z”形实验时，首先将船舶保持匀速直线运动。实验开始的瞬间(取时间 t＝0、艏向角 u 为 0°)，立即将舵转至规定舵角，例如右 10°，并保持不变。这时船舶将开始向右舷回转。当船的艏向角回转到右舷 10°的瞬间，立即将舵转至左 10°，并保持不变。此时船舶由于惯性会继续向右偏转一段后再反过来向左回转。当船艏向角达到左 10°的瞬间，又立即将舵转至右 10°。如此反复进行，当操舵达 5 次后(或操舵 4 次、艏向角再次经过 0 并超越数度后)，可结束实验。完整的“Z”形实验资料要记录下

从 $t=0$ 开始到实验结束时的舵角、艏向角、侧向位移、航速以及螺旋桨转速等随时间的变化过程。在"Z"形实验过程中船舶主机工作状态应保持不变。

除上述+10°/+10°(分子表示按规定进行的首次操舵角，分母表示执行首次反向操舵时的艏向角，在船舶实验中规定向右为正，向左为负)"Z"形实验外，根据需要还可进行−10°/−10°以及±15°/±15°、±5°/±5°"Z"形实验，它们分别表示较强的机动和较弱的机动时的操纵性能。还可以进行舵角与执行反转艏向角不等的变形"Z"形实验，如+10°/+5°等。

图中，$t_1 \sim t_7$ 为操舵起止时刻；e、t_e 为最大艏向角及相应时刻；t_0 为艏向角过零时刻。

除记录实验条件初始数据外，需要测量记录的参数有回转过程中船舶的操舵起止时刻、实际舵角、艏向角、航迹、航速的变化过程。通过测试有关参数可绘出"Z"形实验记录曲线(图 4-1-7)。

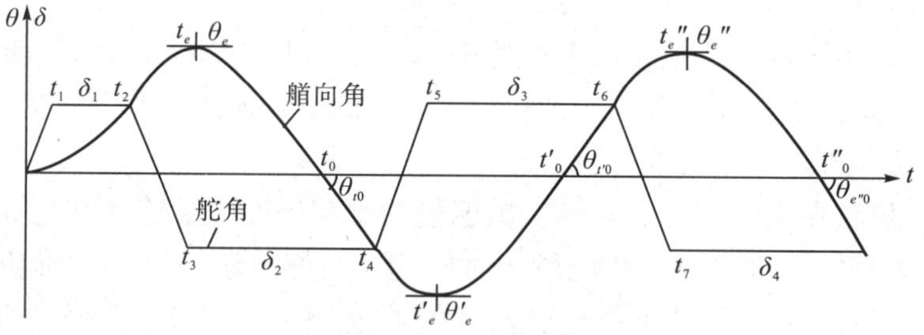

图 4-1-7 "Z"形实验曲线

(5)实验舵角的选取。"Z"形实验代表的船舶小舵角机动的性能，鉴于实验复杂，要求较高，一般做±10°/±10°或±15°/±15°"Z"形实验即可。

3. 实验组织

澜沧江Ⅴ级航道一期工程自 2004 年初开工以来，经多年整治主体工程已基本完成，该段航道的航道尺度已达 2 m×40 m×300 m，最低通航水位保证率 95%，符合国家Ⅴ级航道尺度标准和相关技术要求。为进一步验证整治效果，计划在竣工验收前选用该航线典型主力船型进行实船实验，对工程项目质量进行评估，评价工程项目整治效果，并通过适航性能实验收集有关技术数据以检验航道尺度等是否达到标准和满足船舶适航性能的要求。实验船型选择的代表船型：纵流艏艉 U 形双艉船型；实验船载重吨位应按Ⅴ级航道尺度和设计要求选择 300 t 级机动驳；实验实船可在已建的 300 t 级机动驳"华平号"、"佛怡号"、"嘉恒号"中选择。经比较，最后确定"华平号"作为实验船舶。

1)实验船型参数

华平号的主要参数如下：

(1)船舶主尺度

总长	46.2 m	型宽	7.6 m
型深	2.35 m	设计吃水	1.75 m

续表

总长	46.2 m	型宽	7.6 m
标准及满载排水量	405 t	空载排水量	125 t
舯剖面积	12.7 m^2	设计航速	22 km/h

(2)主机参数

型号	6160A-13GD	额定功率	2×255=510 kW
额定转速	2×500 r/min	齿轮箱型号	300
齿轮箱速比	2∶1		

(3)螺旋桨参数

形式	MAU4	盘面比	0.47
平均螺距	933	叶数	4
直径	1124 mm(左车叶)、1235 mm(右车叶)		

(4)其他参数

船壳材料：CCS 认可的 A 级钢。

方形系数：0.724。

2)排水量与吃水关系

根据 2006 年 10 月 4~7 日对澜沧江华平号的具体载重与吃水测量，获得排水量一载重一吃水关系见表 4-1-8。

表 4-1-8　澜沧江 300 t 级机动驳“华平号”实船性能实验船舶吃水及装载表

序号	吃水/cm				排水量/m^3	排水量/标准排水量/%	载重量/t	载重量/标准载重量/%	实测时间
	船艏	船舯	船艉	平均					
1	47	70	118	78.3	125	30.9	0	0.0	
2	130		121	125.5	282	69.6	157	56.1	06.10.29
3	174		176	175.0	445	109.9	320	114.3	06.10.30
4	171	171	169	170.3	390	96.3	265	94.6	06.11.3

4.1.3.2　通航水力指标的确定

1. 计算过程

为系统研究澜沧江急流滩船舶上滩水力指标，针对本河段滩性及船型特点，分别对代表船型在载重 50%(140 t)、75%(210 t)、100%(280 t)，功率 50%(255 kW)、75%(383 kW)、90%(459 kW)、100%(510 kW)等共 12 种工况下的流速一比降组合进行了计算。比降选取了 0‰~8‰等 8 种情况。

计算的方法和过程(图 4-1-7)为：根据载重和船型确定吃水、水线长、浸水面积、舯剖面积等→给定比降(0‰~8‰)→计算坡降阻力→给定上滩流速→计算对水航速→计算水流阻力→确定航行阻力 R→根据功率、转速及相关参数计算船舶推力 T→判定航行阻力 R 是否等于船舶推力 T，如相等则给定的比降和流速即为该载重、该功率情况下的急滩通航水力指标，否则需重新假定流速，直到阻力和推力平衡为止。

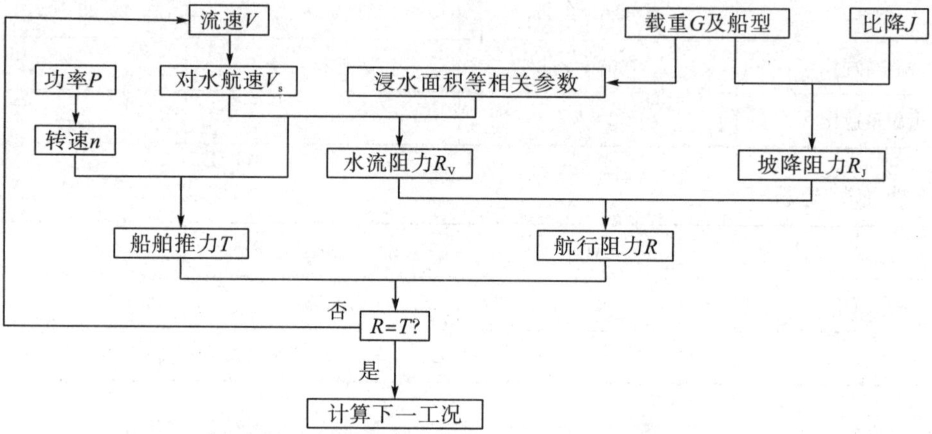

图 4-1-7　航行阻力法计算通航水力指标过程简图

根据上述计算过程，对拟定的各种工况进行细致计算，获取了代表船舶在多种载重、功率情况下能自航上滩的临界流速－比降组合，即急流滩通航水力指标，见表 4-1-8，同时列出了航行阻力和船舶推力进行对比。

表 4-1-8　各工况通航水力指标(流速－比降组合)计算

G/t	P/kW	n/(r/min)	J/‰	V/(m/s)	V_s/(m/s)	R_V/kg	R_J/kg	R/kg	T/kg
140	255	395	0	4.44	5.41	1940.8	0.0	1939.8	1940.0
	383	451		5.07	6.13	2567.9		2567.9	2568.0
	459	479		5.35	6.46	2931.6		2931.6	2931.9
	510	496		5.52	6.65	3170.0		3170.0	3170.4
210	255	395		3.99	4.89	2308.1	0.0	2308.1	2308.8
	383	451		4.55	5.53	3049.2		3049.2	3049.1
	459	479		4.80	5.82	3471.2		3471.2	3470.8
	510	496		4.95	5.99	3744.6		3744.6	3745.3
280	255	395		3.64	4.49	2547.4	0.0	2547.4	2547.9
	383	451		4.15	5.07	3351.9		3351.9	3352.9
	459	479		4.40	5.34	3804.9		3804.9	3805.6
	510	496		4.50	5.49	4097.4		4097.4	4098.3

续表

G/t	P/kW	n/(r/min)	J/‰	V/(m/s)	V_s/(m/s)	R_V/kg	R_J/kg	R/kg	T/kg
140	255	395	1	4.25	5.19	1785.3	304.5	2089.9	2089.3
	383	451		4.92	5.95	2398.6		2703.1	2703.7
	459	479		5.22	6.30	2756.0		3060.5	3059.6
	510	496		5.40	6.51	2990.1		3294.7	3293.8
210	255	395		3.78	4.64	2071.7	385.0	2456.7	2456.4
	383	451		4.38	5.33	2796.2		3181.2	3181.7
	459	479		4.65	5.65	3210.4		3595.4	3595.3
	510	496		4.81	5.83	3480.2		3865.2	3864.6
280	255	395		3.39	4.20	2230.3	465.4	2695.7	2695.3
	383	451		3.96	4.85	3019.0		3484.4	3485.3
	459	479		4.20	5.14	3464.6		3930.1	3930.1
	510	496		4.40	5.31	3753.3		4218.7	4217.8
140	255	395	2	4.05	4.96	1634.4	609.1	2243.4	2243.2
	383	451		4.76	5.77	2233.7		2842.7	2843.1
	459	479		5.08	6.14	2583.2		3192.3	3191.7
	510	496		5.27	6.35	2812.5		3421.6	3421.6
210	255	395		3.54	4.37	1840.6	770.0	2610.6	2610.2
	383	451		4.19	5.12	2549.3		3319.3	3319.9
	459	479		4.49	5.46	2954.7		3724.6	3725.4
	510	496		4.65	5.65	3218.6		3988.6	3990.0
280	255	395		3.12	3.89	1919.7	930.9	2850.6	2850.3
	383	451		3.74	4.61	2694.2		3625.0	3624.5
	459	479		4.00	4.93	3131.1		4062.0	4061.2
	510	496		4.20	5.11	3414.2		4345.1	4344.0
140	255	395	3	3.84	4.71	1487.2	913.6	2400.8	2401.1
	383	451		4.59	5.58	2073.0		2986.6	2986.5
	459	479		4.93	5.97	2414.0		3327.7	3327.9
	510	496		5.13	6.2	2639.4		3553.0	3552.5
210	255	395		3.28	4.07	1614.6	1155.0	2769.5	2770.2
	383	451		4.00	4.89	2309.3		3464.2	3463.5
	459	479		4.31	5.26	2704.8		3859.8	3861.0
	510	496		4.49	5.47	2965.2		4120.1	4119.4
280	255	395		2.81	3.54	1616.6	1396.3	3012.8	3011.9
	383	451		3.51	4.34	2374.9		3771.2	3771.8
	459	479		3.80	4.69	2803.7		4199.9	4199.6
	510	496		4.00	4.89	3080.9		4477.1	4477.4

续表

G/t	P/kW	n/(r/min)	J/‰	V/(m/s)	V_s/(m/s)	R_V/kg	R_J/kg	R/kg	T/kg
140	255	395	4	3.61	4.45	1343.6	1218.2	2561.8	2562.7
	383	451		4.42	5.38	1916.5		3134.7	3134.1
	459	479		4.78	5.79	2249.8		3467.9	3467.4
	510	496		4.98	6.03	2469.2		3687.4	3688.0
210	255	395		3.00	3.74	1394.1	1539.9	2934.1	2935.0
	383	451		3.78	4.65	2073.8		3613.7	3614.1
	459	479		4.12	5.04	2461.6		4001.5	4002.0
	510	496		4.32	5.27	2715.7		4255.6	4255.3
280	255	395		2.47	3.14	1318.4	1861.7	3180.1	3180.1
	383	451		3.25	4.04	2064.3		3926.0	3926.0
	459	479		3.60	4.43	2483.7		4345.4	4345.3
	510	496		3.80	4.65	2755.8		4617.5	4617.4
140	255	395	5	3.36	4.17	1203.7	1522.7	2726.4	2726.9
	383	451		4.23	5.16	1763.3		3286.0	3286.6
	459	479		4.61	5.6	2089.7		3612.4	3611.0
	510	496		4.83	5.85	2304.0		3826.8	3826.6
210	255	395		2.68	3.38	1179.0	1924.9	3103.9	3103.3
	383	451		3.55	4.38	1845.3		3770.2	3770.0
	459	479		3.92	4.81	2224.6		4149.5	4148.9
	510	496		4.13	5.05	2472.7		4397.6	4396.7
280	255	395		2.08	2.69	1025.4	2327.1	3352.5	3352.5
	383	451		2.97	3.71	1761.0		4088.1	4087.5
	459	479		3.30	4.15	2171.7		4498.8	4498.4
	510	496		3.60	4.39	2437.3		4764.4	4765.2
140	255	395	6	3.10	3.86	1066.5	1827.3	2893.8	2893.3
	383	451		4.03	4.93	1615.1		3442.4	3442.3
	459	479		4.43	5.40	1932.7		3759.9	3759.7
	510	496		4.67	5.67	2142.5		3969.8	3969.6
210	255	395		2.33	2.98	965.2	2309.9	3275.1	3275.7
	383	451		3.29	4.08	1622.8		3932.7	3931.4
	459	479		3.70	4.56	1993.8		4303.7	4301.8
	510	496		3.93	4.82	2235.7		4545.6	4544.1
280	255	395		1.62	2.16	734.0	2792.6	3526.6	3527.2
	383	451		2.64	3.34	1464.8		4257.3	4255.5
	459	479		3.00	3.83	1867.3		4659.9	4658.8
	510	496		3.30	4.1	2128.4		4920.9	4919.5

续表

G/t	P/kW	n/(r/min)	J/‰	V/(m/s)	V_s/(m/s)	R_V/kg	R_J/kg	R/kg	T/kg
140	255	395	7	2.81	3.53	930.5	2131.8	3062.3	3062.1
	383	451		3.81	4.68	1470.3		3602.1	3602.4
	459	479		4.25	5.19	1780.5		3912.3	3911.9
	510	496		4.50	5.47	1985.6		4117.4	4116.5
210	255	395		1.94	2.53	753.8	2694.9	3448.7	3448.2
	383	451		3.01	3.76	1403.6		4098.5	4099.7
	459	479		3.46	4.28	1766.5		4461.4	4462.3
	510	496		3.71	4.57	2003.7		4698.6	4698.4
280	255	395		1.08	1.54	442.8	3258.0	3700.8	3699.9
	383	451		2.28	2.92	1171.3		4429.3	4430.9
	459	479		2.70	3.48	1569.0		4827.0	4826.9
	510	496		3.00	3.78	1826.2		5082.5	5081.7
140	255	395	8	2.50	3.18	795.6	2436.3	3232.0	3231.1
	383	451		3.58	4.42	1329.4		3765.7	3765.7
	459	479		4.05	4.96	1632.2		4068.5	4068.5
	510	496		4.31	5.26	1831.3		4267.7	4268.9
210	255	395		1.50	2.02	539.9	3079.9	3619.7	3620.4
	383	451		2.7	3.41	1190.7		4270.5	4271.1
	459	479		3.2	3.97	1546.2		4626.1	4627.6
	510	496		3.47	4.29	1778.1		4857.9	4858.5
280	255	395		0.37	0.73	145.6	3723.4	3869.0	3869.6
	383	451		1.87	2.44	885.2		4608.6	4608.1
	459	479		2.40	3.08	1277.1		5000.5	5001.2
	510	496		2.70	3.43	1529.5		5252.9	5251.8
备注	G 为载重；P 为主机功率；N 为螺旋桨转速；J 为滩口水面比降；V 为滩口流速；V_s为对水航速；R_V为水流阻力；R_J为坡降阻力；T 为船舶推力								

2)通航水力指标汇总

依据表 4-1-8 的计算结果，将各种工况下的通航水力指标汇总于表 4-1-9。可直接看出，在一定载重、功率情况下，在某一比降条件下代表船舶能自航上滩的最大流速。

表 4-1-9　急流滩通航水力指标成果汇总

载重 G/t	载重比 /%	主机功率 P/kW	功率比 /%	滩口流速 V_0/(m/s)								
				J=0	J=1‰	J=2‰	J=3‰	J=4‰	J=5‰	J=6‰	J=7‰	J=8‰
140	50	255	50	4.44	4.25	4.05	3.84	3.61	3.36	3.10	2.81	2.50
		383	75	5.07	4.92	4.76	4.59	4.42	4.23	4.03	3.81	3.58
		459	90	5.35	5.22	5.08	4.93	4.78	4.61	4.43	4.25	4.05
		510	100	5.52	5.40	5.27	5.13	4.98	4.83	4.67	4.50	4.31
210	75	255	50	3.99	3.78	3.54	3.28	3.00	2.68	2.33	1.94	1.50
		383	75	4.55	4.38	4.19	4.00	3.78	3.55	3.29	3.01	2.70
		459	90	4.80	4.65	4.49	4.31	4.12	3.92	3.70	3.46	3.20
		510	100	4.95	4.81	4.65	4.49	4.32	4.13	3.93	3.71	3.47

续表

载重 G/t	载重比 /%	主机功率 P/kW	功率比 /%	滩口流速 V_0/(m/s)								
				$J=0$	$J=1‰$	$J=2‰$	$J=3‰$	$J=4‰$	$J=5‰$	$J=6‰$	$J=7‰$	$J=8‰$
280	100	255	50	3.64	3.39	3.12	2.81	2.47	2.08	1.62	1.08	0.37
		383	75	4.15	3.96	3.74	3.51	3.25	2.97	2.64	2.28	1.87
		459	90	4.40	4.20	4.00	3.80	3.60	3.30	3.00	2.70	2.40
		510	100	4.50	4.40	4.20	4.00	3.80	3.60	3.30	3.00	2.70

3)额定通航水力指标

在没有特别指定的情况下，通常所说的急流滩通航水力指标或消滩指标是指在额定功率、载重情况下，船舶能自航上滩的最大流速－比降组合，为了与其他情况区别，此处称之为额定通航水力指标。

鉴于：①航行阻力的计算及修正是基于实船静水航速实验成果进行的，而实船实验实测的功率为轴功率，是主机功率有一定传动等损耗后的功率，它所代表的主机功率应比实测值轴功率大；②在主机功率的使用上考虑一定的安全储备。为此，建议将在额定载重(280 t)、90%额定功率(459 kW)工况下的流速－比降组合作为额定通航水力指标，见表 4-1-10，流速－比降之间的变化如图 4-1-8 所示。

表 4-1-10 澜沧江代表船型额定通航水力指标

比降/‰	0	1	2	3	4	5	6	7	8	10.4
流速/(m/s)	4.4	4.2	4.0	3.8	3.6	3.3	3.0	2.7	2.4	0.0

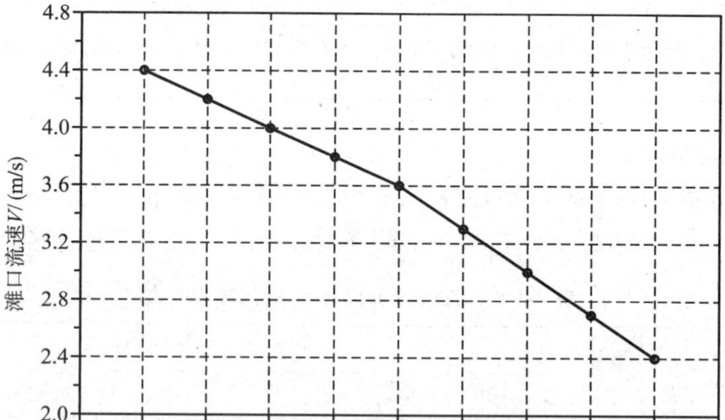

图 4-1-8 额定通航水力指标相关关系

从表 4-1-10 可以看出，流速－比降组合具有较强的规律性，$0\leqslant J\leqslant 4‰$时，每增加 1‰比降的流速减幅为 0.2 m/s；$4\leqslant J\leqslant 8‰$时，每增加 1‰比降的流速减幅为 0.3 m/s。可用一个简单的表达式进行描述，即

$$\begin{cases} V = 4.4 - 0.2J & (0\%o \leqslant J \leqslant 4‰) \\ V = 4.8 - 0.3J & (4‰ \leqslant J \leqslant 8‰) \end{cases} \tag{4-1-38}$$

式中，V 为滩口流速，m/s；J 是滩口比降，‰。

4.1.3.3　自航船模实验研究

1. 船模设计与制作

1)实验船型

为了保持研究成果的一致性和比较性，本次船模实验采用的船型与实船操纵性能实验和实船上滩实验一致，即已建的 300 t 级机动驳"华平号"，属于纵流艏艉 U 形双艉船型，主机额定功率 510 kW，额定载重 280 t，额定排水量 405 t。

2)船模设计

首先建立澜沧江三道拐滩航道工程河工模型实验，为几何比尺 1∶65 正态定床模型。为此，船模采用了与河工模型一致的比尺进行设计，主要比尺如下。

几何比尺：$\lambda_L=\lambda_H=65$。

时间比尺：$\lambda_t=\lambda_L^{1/2}=8.062$。

速度比尺：$\lambda_V=\lambda_L/\lambda_t=\lambda_L^{1/2}=8.062$。

排水量比尺：$\lambda_\Delta=\lambda_L^3=274625$。

力的比尺：$\lambda_F=\lambda_L^3=274625$。

3)船模制作

依据设计的各项比尺，经精心制作，建成自航船体模型如图 4-1-9 所示。船体由玻璃钢制作，舵采用航空有机玻璃制作，螺旋桨采用整块黄铜制作。船体的几何形态，包括浸水体形、重心位置等与原型完全相似，船模具体船型参数见表 4-1-11。

图 4-1-9　300 t 机动驳"华平号"1/65 船模图片

表 4-1-11　船模主要船型参数

项目	实船	船模
船型尺度(型长×型宽×型深)	46.2 m×7.6 m×2.35 m	71.1 cm×11.7 cm×3.6 cm
船型尺度(型长×型宽×标准吃水)	46.2 m×7.6 m×1.75 m	71.1 cm×11.7 cm×2.7 cm
标准载重	280 t	1020 g

续表

项目	实船	船模
标准排水量	405 t	1475 g
静水航速	22 km/h(6.11 m/s)	0.758 m/s
舵角	左 35°～右 35° 无极比例操舵	左 35°～右 35° 无极比例操舵

2. 船模操纵性能实验

通航船模的操纵性能实验主要进行静水航速的率定实验和“Z”形实验。这是因为静水航速代表船舶的车档情况、“Z”形实验反映了实船小舵角机动的能力，来求取船模操纵性能指数。这对在曲折多变的内河(如澜沧江)航行的船舶，更能代表船舶航行的真实情况。

1)船模静水航速和车挡

为了保证船舶动力和航行阻力相似，首先需进行静水航速的率定。经专用船模实验水池的率定实验，通过车挡的反复调整，在装载平衡情况下，按照“Z”形实验和上滩实验等研究的需要，依据第 3 章实船静水航速和“Z”形实验成果，共进行了三个挡位的率定实验。

(1)挡位Ⅰ：90%载重、75%转速工况下的静水航速 5.12 m/s，相应船模吃水 2.6 cm、航速 0.635 m/s，主要用于 90%载重、75%转速工况下的“Z”形实验。

(2)挡位Ⅱ：90%载重、90%转速工况下的静水航速 5.41 m/s，相应船模吃水 2.6 cm、航速 0.671 m/s，主要用于 90%载重、90%转速工况下的“Z”形实验。

(3)挡位Ⅲ：额定载重、额定功率工况下的额定静水航速 5.36 m/s，相应船模吃水 2.7 cm、航速 0.665 m/s，主要用于上滩实验，即通航水力指标实验研究。

2)船模“Z”形实验成果

为了与实船“Z”形实验一致，经尺度效应修正后，应用车挡Ⅰ、车挡Ⅱ进行了船模 ±10°/±10°共 4 种工况达 20 个航次的“Z”形实验(图 4-1-10)，根据实验成果，获得各操纵指标见表 4-1-12。

图 4-1-10 专用水池船模“Z”形实验图片

表 4-1-12　船模与实船 10°“Z”形实验 K'、T'值比较

载重比/转速比	K'			T'			P		
	实船	船模	偏差/%	实船	船模	偏差/%	实船	船模	偏差/%
90%/75%	0.901	0.815	−10.0	0.531	0.537	1.13	0.495	0.450	−9.15
90%/90%	0.932	0.841	−9.76	0.540	0.545	0.92	0.508	0.457	−10.0

注：$P=K'\left[1-T'+T'\exp(-1/T')\right]$

4.1.3.4　水槽船模航行实验

通过水槽调整不同流速和比降的组合，应用已建的船模可进行上滩实验，依据实验成果便可获得相应的通航水力指标。

1. 实验条件

(1)测控设备：与操纵性能实验相同。

(2)实验水槽：重庆交通大学水利水运交通部重点实验室的长 25 m、宽 2 m、高 1 m 的实验水槽，实验最大流量可达 200 L/s，实验水深不小于 6 cm，测控精度流速原型±0.7 cm/s，水位±0.7 cm，流量±3%。

(3)船模参数：装载平衡，标准吃水 2.7 cm，静水航速 0.665 m/s(档位Ⅲ)。

(4)上滩满足的最小航速 V_a：0.3 m/s。

2. 水槽水流条件设计

以通航水力指标为基础，固定比降，在相应流速附近确定 2～3 个流速在水槽内分别进行实验，以寻求上滩困难时的流速－比降组合。

水流条件依据明渠均匀流公式(谢才公式)设计，流速和比降通过调整槽底坡度和糙率来适应。当遇到比降 $J\geqslant3‰$、流速 $V\leqslant3.8$ m/s 等高比降、低流速组合的情况或工况，水槽内即使通过加糙已难以实现。为此，船模在水槽内主要进行了 3 个比降组合的上滩实验，即 $J=1‰$、$V=4.2$ m/s(实际实验分别取 V 为 3.89m/s、4.09m/s、4.31 m/s)；$J=1.5‰$、$V=4.1$ m/s(实际实验分别取 V 为 3.77m/s、3.84m/s、4.19m/s)；$J=2‰$、$V=4.0$ m/s(实际实验分别取V为 3.75 实际、4.06 m/s)。

5. 船模上滩实验成果及分析

对确定的 3 个比降共 8 组流速－比降组合进行了船模水槽上滩实验，每组组合进行了 3～6 个航次，共进行 39 个航次实验。实验成果汇总于表 4-1-13。

在比降为 1.5‰，流速分别为 3.77 m/s、3.84 m/s 和 4.19 m/s 时，上滩平均航程分别为106 m、107 m 和 107 m，最大舵角分别为 6.39°、8.02°和 8.40°，平均航速分别为 0.99 m/s、0.87 m/s和 0.51 m/s，航行时间分别为 1.80 min、2.06 min 和 3.15 min。

在比降为 2‰，流速分别为 3.75 m/s 和 4.06 m/s 时，上滩平均航程分别为 104 m 和 105 m，最大舵角分别为 5.75°和 6.78°，平均航速分别为 0.86 m/s 和 0.55 m/s，航行时间分别为 2.02 min 和 3.20 min。

表 4-1-13 水槽船模上滩实验成果汇总

比降/‰	平均流速/(m/s)	最大舵角/(°)		最大漂角/(°)		航速/(m/s)		航程/m	航行时间/min	平均航速/(m/s)	实验次数(平均)	成滩流速/(m/s)
		右	左	右	左	最大	最小					
1.0	3.89	8.85	7.38	10.37	6.61	1.13	0.64	207	3.61	0.96	5次	4.55
	4.09	9.23	8.59	12.27	11.25	0.86	0.40	209	4.56	0.73	5次	4.52
	4.31	7.05	10.25	12.66	12.79	0.66	0.22	209	6.78	0.51	5次	4.52
1.5	3.77	6.39	5.89	7.75	5.34	1.17	0.91	106	1.80	0.99	5次	4.46
	3.84	8.02	7.06	8.17	6.10	0.98	0.74	107	2.06	0.87	5次	4.41
	4.19	8.40	5.72	9.56	8.41	0.73	0.45	107	3.15	0.51	3次	4.40
2.0	3.75	5.04	5.75	5.91	5.57	0.90	0.76	104	2.02	0.86	6次	4.31
	4.06	6.78	4.97	9.76	6.49	0.66	0.44	105	3.20	0.55	5次	4.31

注：①表中数据均已换算为原型值；②成滩流速是指将航速换算为 0.3 m/s 的相应流速

在比降为 1‰，流速分别为 3.89 m/s、4.09 m/s 和 4.31 m/s 时，上滩平均航程分别为 207 m、207 m 和 209 m，最大舵角分别为 8.85°、9.23°和 10.25°，平均航速分别为 0.96 m/s、0.73 m/s和 0.51 m/s、航行时间分别为 3.61 min、4.56 min 和 6.78 min。

最大舵角和航行时间均随流速增大而增大，平均航速均随流速增大而减小，航行难度随流速的增大而增大。最大舵角随流速增大，是因为流速增高，300 t 机动驳小舵角操舵，保持船模直线上行的操纵变难所致，符合一般规律。

从表 4-1-13 可知，各级组合的航速在 0.51～0.96 m/s 范围内，均比上滩满足的最小航速 0.3 m/s 大。说明在此相应比降条件下，航速还有一定富余，流速还可以有一定程度的增大，直接将其作为通航水力指标不太合适，需进行修正。

水槽和下面需提到的河工模型内，很难寻求到一组比降－流速使得船模上滩的航速刚好满足 0.3 m/s 的要求。为此，研究人员采用成滩流速的方法对实验成果进行局部修正，从而获得通航水力指标。所谓成滩流速，是指在一定的水面比降条件下，船舶刚好以航速 0.3 m/s 上滩航行的最大水流速度，成滩流速≈实验流速＋实际平均航速－0.3 m/s(由于水槽为规则边界，沿程水流条件基本没有差异，上滩航速应基本稳定，具体实验出现航速波动是由流速脉动等情况引起，具有随机性，所以，实际航速选用了沿程平均航速而不选用最小航速)。经换算，各航次的成滩流速列于表 4-1-13 中，取其平均值再与相应比降组合，从而获得船模水槽实验的通航水力指标 J-V 为 1‰-4.53 m/s、1.5‰-4.42 m/s、2‰-4.31 m/s。

4.1.3.5 河工模型船模航行实验

通过已建三道拐河工模型，根据河工模型相似原理施放不同流量，可调整不同流速和比降的组合，应用已建的船模在其滩段进行上滩实验，依据实验成果便可获得相应通航水力指标。

1. 实验条件

(1)测控设备：与操纵性能实验和水槽上滩实验相同。

(2)实验模型：重庆交通大学水利水运交通部重点实验室 1∶65 三道拐正态河工模型，该河工模型的验证和航道整治工程实验已通过鉴定和验收。

(3)船模参数：船模装载平衡，标准吃水 2.7 cm，静水航速 0.665 m/s(前述经率定的档位Ⅲ)。

(4)上滩满足的最小航速 V_a：0.3 m/s。

2. 模型水流条件

根据三道拐模型具体情况，实验航段选取了滩段比降和流速相对较大的一拐河段，航段总长 260 m。根据模型实测资料，以第 4 章通航水力指标研究结果为基础，选取了 3 个流量级、2 种滩段水位共 6 个工况进行船模上滩实验，各工况的流量、水位、流速、比降等组合如下。

工况 A：流量 720 m^3/s，水位 515.49 m，比降 $J=0.93‰$，流速 $V=3.24$ m/s。

工况 B：流量 720 m^3/s，水位 515.07 m，比降 $J=3.01‰$，流速 $V=3.29$ m/s。

工况 C：流量 1200 m^3/s，水位 516.88 m，比降 $J=1.72‰$，流速 $V=3.05$ m/s。

工况 D：流量 1200 m^3/s，水位 516.53 m，比降 $J=1.21‰$，流速 $V=3.30$ m/s。

工况 E：流量 1800 m^3/s，水位 518.29 m，比降 $J=2.91‰$，流速 $V=3.58$ m/s

工况 F：流量 1800 m^3/s，水位 517.95 m，比降 $J=1.54‰$，流速 $V=4.02$ m/s。

3. 船模上滩实验成果及分析

对确定的 3 级流量 6 个比降—流速组合进行船模河工模型上滩实验，每组组合进行了 6~7 个航次，共进行 37 个航次实验，图 4-1-11 为其中一张实验图片。实验成果汇总于表 4-1-14。

图 4-1-11　三道拐模型船模上滩实验图片(工况 B)

表 4-1-14 三道拐模型船模上滩实验成果汇总

滩段比降/‰	滩段流速/(m/s)	最大舵角/(°)		最大漂角/(°)		航速/(m/s)		航程/m	航行时间/min	平均航速/(m/s)	实验次数	成滩流速/(m/s)
		右	左	右	左	最大	最小					
0.93	3.24	11.57	10.47	2.57	8.02	3.69	1.91	267	1.63	2..33	6次平均	4.85
3.01	3.29	12.79	13.86	2.10	12.49	3.28	0.98	271	2.08	2.17	6次平均	3.97
1.72	3.05	12.09	13.20	1.60	9.52	3.20	1.65	267	1.83	2.42	6次平均	4.40
1.21	3.30	14.46	13.66	4.29	10.21	2.91	1.47	265	2.08	2.12	6次平均	4.47
2.91	3.58	14.89	14.36	6.05	14.62	2.81	0.85	268	2.74	1.64	6次平均	4.13
1.54	4.02	17.61	17.58	10.05	15.57	2.47	0.70	271	3.53	1.48	7次平均	4.42

注：①表中数据均已换算为原型值；②成滩流速是指将航速换算为 0.3m/s 的相应流速

经换算，各航次的成滩流速列于表 4-1-14 中，从而获得船模水槽实验的通航水力指标 J-V 为 0.93‰-4.85 m/s、3.01‰-3.97 m/s、1.72‰-4.40 m/s、1.21‰-4.47 m/s、2.91‰-4.13 m/s、1.54‰-4.42 m/s。

4.1.3.6 通航水力指标汇总

通过水槽和三道拐河工模型船模上滩实验，从船模角度研究获得了急流滩通航水力指标，现汇总于表 4-1-15。水槽和河工模型实验成果基本一致。

表 4-1-15 船模实验研究的通航水力指标汇总

项目	水槽船模实验			河工模型船模实验					
比降/‰	1	1.5	2	0.93	1.21	1.54	1.72	2.91	3.01
流速/(m/s)	4.53	4.42	4.31	4.85	4.47	4.42	4.40	4.13	3.97
比降/‰	比降取整内插值			1	1.5	2	2.5	3	
流速/(m/s)				4.76	4.43	4.34	4.22	3.99	

4.1.3.7 实船上滩实验研究

为获取澜沧江代表船舶在一定载重、一定功率条件下，船舶能自航上滩的临界流速－比降组合标准，并检验和验证理论研究成果的正确性，本项目采用阻力计算法、船模实验法和实船实验法相结合的手段，对澜沧江急滩通航水力指标进行研究。虽实船上滩实验组织困难，且需花费较大的人力、物力和财力，重复实验难以实施，但该实验是整个项目的研究中至关重要的环节之一，其成果的准确性和代表性是保证整个项目高质量完成的基础条件。所以，本课题克服困难，于 2007 年 2～4 月，租用 300 t 级机动驳“华平号”进行了实船上滩实验。

1. 实验内容和方法

(1)实验船型。为了保持研究成果的一致性和比较性，本次实船上滩实验采用的船型与实船操纵性能实验一致，即已建的 300 t 级机动驳“华平号”，属于纵流艏舯 U 形双艉船型，主机额定功率 510 kW，额定载重 280 t，标准及满载排水量 405 t。

(2)实验内容。测试在一定载重、主机功率情况下，船舶航行急流滩段的航速、功率等航行参数和流速、比降等水流参数，并据此分析获得船舶上滩的通航水力指标，即在一定载重、主机功率情况下，船舶能自航上滩的临界流速－比降组合。

(3)实验方法。首先选定滩段，根据当地水流条件选定恰当的载重，然后于滩下 200～400 m 起航上行，通过急流滩段至滩上 200～400 m 结束。采用本项目研发的局部网络航行同步观测系统，同步施测整个航行过程中的航迹线、航速、轴功率、舵角等航线参数和水深、水位、流速等水流参数，最后根据施测的系列资料再进行相关分析。

(4)实验河段。澜沧江景洪至 243＃界碑段不仅是澜沧江主要通航河段，而且滩险密、种类多，急流滩达 20 余处，为获得多种水流条件下的实船上滩实验成果提供了良好的天然条件。实船上滩实验过程中，从界碑滩至一溜子滩段，共进行了 12 个滩段的实验。

2. 测试成果分析

根据上述分析和整理方法，对各航次进行了细致分析。共获得功率－航速－流速－比降($P-V_a-V-J$)成对数据 29 组，为项目其他研究提供了检验基础。各组数据中，功率变化范围较大，为 150～500 kW；航速大多小于 0.5 m/s，个别滩险上滩不困难，航速 1.00～2.37 m/s；流速变化范围也较大，为 1.70～4.44 m/s；比降变化范围达到 1.36‰～13.68‰，各参数覆盖面较广，具有较强代表性。

4.1.3.8　众研究成果相互检验

通过以上急流滩水流特性研究经验法、航行阻力理论计算、自航船模实验、实船上滩实验 4 种研究手段，从不同角度获得了澜沧江急流滩通航水力指标。本章就以上众多指标进行对比、检验和验证，从而获得最终通航水力指标。

为了叙述和比较方便，将水流特性研究经验法、航行阻力理论计算、自航船模实验、实船上滩实验 4 种研究手段获得的通航水力指标分别简称为经验值、理论值、船模值和实船值。另外，理论值通过严密的理论推导和实船实验资料的率定、安全储备等考虑全面，应作为各研究成果比较的基础。

1. 静水航速的修正

(1)修正原因。静水航速是在动水域实船实验条件下获得的，实验水面存在约 0.4‰ 的水面比降，仍有部分船舶推力用于克服坡降阻力，特别是低功率、低航速的情况，用于克服坡降阻力的功率占有比例不小，所以实测的静水航速比真实的静水航速有一定程度的偏小。为了更准确地了解静水航速，需进行修正。

(2)修正方法。修正采用水流阻力补偿法，即增大静水航速以加大水流阻力，用增加的那部分水流阻力来补偿坡降阻力。其思路为：假定修正前静水航速 V_{01} 对应水流阻力为 $R_V(V_{01})$，坡降阻力为 R_{J1}；而修正后的静水流速为 $V_{02}=V_{01}+DV_0$，对应的水流阻力为 $R_V(V_{02})=R_V(V_0+DV_0)$，坡降阻力则变为 $R_{J2}=0$，即静水；那应满足 $R_V(V_{01})+R_{J1}=R_V(V_{02})=R_V(V_{01}+DV_0)$，$V_0$ 则为修正后静水航速的增加值。

(3)修正结果。采用第 4 章研究获得的修正后的兹万科夫航行阻力计算公式，依据上述的修正思路，获得修正的静水航速结果见表 4-1-16。额定工况下的静水航速为 5.46 m/s，即 19.66 km/h，比修正前增加了 0.1 m/s。

表 4-1-16　静水航速实验成果及修正汇总

载重/t	排水量/m³	主机功率 P/kW	修正前静水航速 V_{01}/(m/s)	修正后静水航速 V_{02}/(m/s)	偏差/%	修正后静水航速近似计算式	备注
157	282	63.00	3.71	4.02	8.36	$V_{02}=1.1450P^{0.2503}$	
		216.91	5.15	5.34	3.69		
		388.46	6.18	6.30	1.94		
		469.91	6.56	6.67	1.68		
265	390	63.00	2.84	3.36	18.31	$V_{02}=1.2012P^{0.2457}$	
		216.91	4.21	4.38	4.04		
		388.46	5.12	5.23	2.15		
		469.91	5.41	5.51	1.85		
320	445	63.00	2.84	3.11	9.51	$V_{02}=1.0152P^{0.2692}$	
		216.91	4.08	4.25	4.17		
		388.46	4.99	5.10	2.20		
		469.91	5.23	5.33	1.91		
280	405	63.00	2.84	3.29	15.85	$V_{02}=1.1490P^{0.2519}$	额定载重内插值
		216.91	4.17	4.35	4.32		
		388.46	5.08	5.20	2.36		
		469.91	5.36	5.46	1.87		

从修正结果前后的静水航速对比可见，修正后航速增加了 0.1～0.5 m/s，偏差为 1.68%～18.31%。其中偏差较大主要出现在低功率 63 kW 的情况，这主要是因为：①功率低时航速较小，那坡降阻力占的比例偏大；②第 4 章修正后的兹万科夫法在低功率时本身误差偏大，但这不是研究的主要内容，对研究成果影响不大。对于其他功率情况，静水航速修正后的偏差均较小，最大仅 4.32%，特别是对于额定工况下，其偏差仅 1.87%。

由此说明，在澜沧江橄榄坝等流速沿程变化不大，水面平缓的动水域内实船实验所得的静水航速具有较高的精度。

2. 通航水力指标理论值与经验值的对比

1)成果比较

研究获得的通航水力指标经验值和理论值见表 4-1-17，并绘制为比较图如图 4-1-12 所示。由图可见，经验值除比降－流速（J-V）为 4.0‰-3.6 m/s 组合与理论值统一外，其余各组合均比理论值偏大，但 J-V 关系趋势与理论情况仍较为一致。

表 4-1-17　通航水力指标理论值和经验值的对比

理论值	比降/‰	0	1	2	3	4	5	6	7	8
	流速/(m/s)	4.4	4.2	4.0	3.8	3.6	3.3	3.0	2.7	2.4
经验值	比降/‰	3.7～5.4	3.7～6.3	4.0～5.8	5.0	<7.8	8.8			
	流速/m/s	4.1～4.2	3.9～4.2	3.5～3.6	3.6	<5.1	2.9			
船模值	比降/‰	1	1.5	2	0.93	1.21	1.54	1.72	2.91	3.01
	流速/(m/s)	4.53	4.42	4.31	4.85	4.47	4.42	4.40	4.13	3.97
备注		水槽实验			河工模型实验					

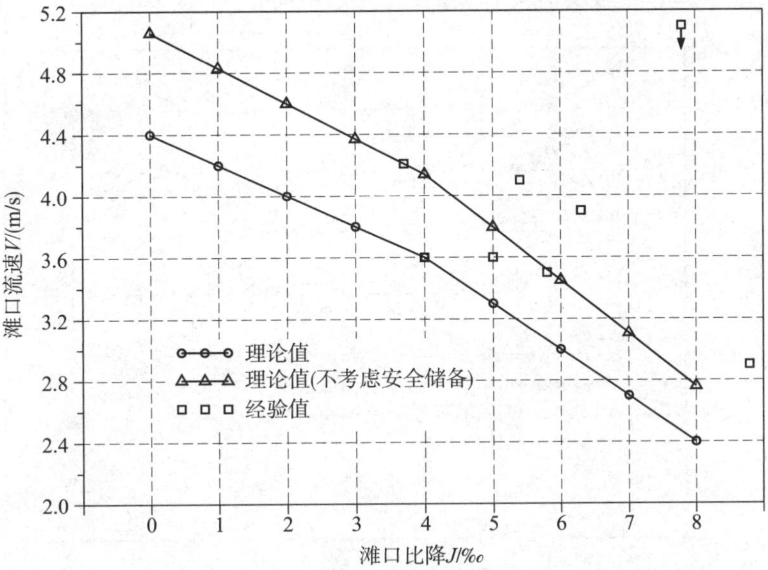

图 4-1-12　通航水力指标理论值与经验值对比

2)偏差分析

经比较，经验值相对于理论值偏大，分析其原因主要有：

(1)比较的基础不同。理论值是指代表船舶在 90%功率和 280 t 额定载重情况下的上滩指标，而经验值是根据船长和工程技术人员在船舶上滩时的感觉定性估计，当时各滩段上滩的载重和功率不完全一致，所以比较的基础难以统一。

(2)经验方法的成滩水流条件难以估计准确。经验值是根据上滩困难时的水期(如枯水、中枯水、中水、中洪水、洪水等)定性估计的，各水期的范围较大，究竟具体到某个水位、流量成滩则难以准确界定。所以，成滩流速－比降只能估计大概，难以估计准确。

(3)浅水、狭窄阻力及安全储备是否呈现。理论值考虑了浅水、狭窄阻力及安全储备，水航速 V_s 不是流速 V 直接加上对岸航速 V_a，即 $V_s \neq V+V_a$；而是考虑了浅水、狭窄阻力和安全储备，流速系数 b 为 1.15，即 $V_s=1.15V+V_a$。当未出现浅水、狭窄阻力和安全储备时，相同流速下航行阻力会减小，或相同上滩阻力下上滩流速可增大，所以经验值流速－比降组合会偏大。

从图 4-1-12 可见，当未考虑安全储备，即流速系数 b 为 1.00 时，经验值已趋于理论值附近，且二者的曲线变化趋势较为一致。由此说明，经验值与理论仍有一定的一致性。

3. 通航水力指标理论值与船模值的对比

研究获得通航水力指标理论值和船模值见表 4-1-17，对比见图 4-1-13。从图中可见，船模值较理论值普遍偏高，偏差为 5.0%～13.3%。船模值普遍偏高的主要原因是船模航行的浅水、狭窄阻力基本未体现，从图 4-1-13 中可以看出，船模值介于理论值与未考虑安全储备的理论值之间，特别是船模值的 V-J 曲线与理论值几乎平行，二者的变化趋势几乎完全一致，这说明当比降增加 1%，理论值和船模值上滩流速减小幅度是一样的。所以，分析认为理论值与船模值具有较高的一致性。

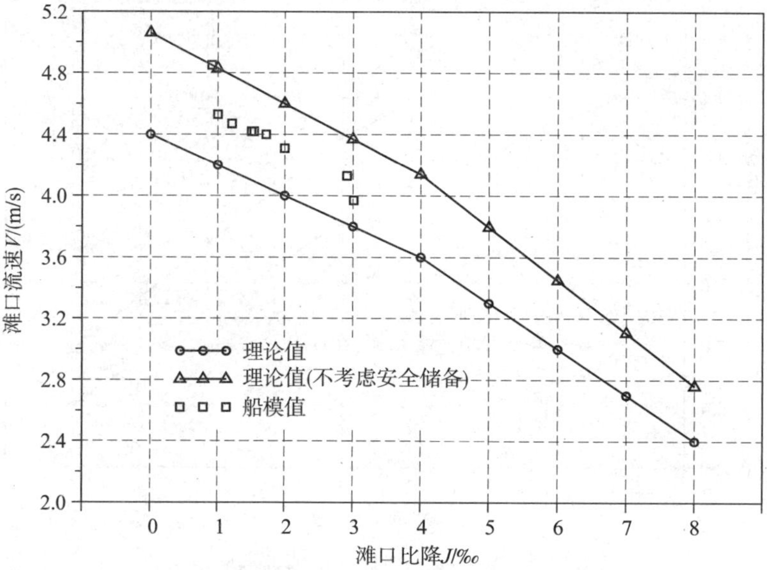

图 4-1-13 通航水力指标理论值与船模值对比

4. 通航水力指标理论值与实船值的对比

1)比较方法

由于澜沧江各急流滩船舶上滩难度各异，实船上滩实验中，船舶在各滩险上滩时的载重和使用的功率均不一致，且难以换算为与理论值相同工况下的流速－比降值，所以不能采用二者的通航水力指标进行直接比较。

理论值是通过船舶推力与修正后计算的航行阻力达到平衡而获得，如果实船实验时，船舶在一定功率下的船舶推力与相应载重、流速、比降形成的航行阻力达到平衡，则可认为实船值与理论值一致，因为二者计算船舶推力和航行阻力的方法是完全相同的。

2)比较分析

依据实船实验研究成果，基于各航次对应的载重、功率、航速、流速、比降，采用第 4 章修正后的兹万科夫法对 29 个航次的船舶推力和航行阻力进行了计算，分析结果和偏差见表 4-1-18 及图 4-1-14。

表 4-1-18　实船上滩实验船舶推力与航行阻力对比

滩名	航次	功率/kW	航速/(m/s)	流速/(m/s)	比降/‰	坡降阻力 R_J/kgf	水流阻力 R_V/kgf	航行阻力 R/kgf	船舶推力 T/kgf	$(R-T)/T$/%
界碑滩	004	484	0.07	3.02	12.64	4084.6	1007.2	5091.8	5101.8	−0.20
	007	484	0.50	2.76	12.89	4165.4	1065.7	5231.1	5033.7	3.92
	012	484	0.53	2.74	13.06	4220.3	1068.9	5289.2	5030.0	5.15
小哈滩	005	150	0.93	1.70	4.72	1525.3	741.2	2266.5	2193.9	3.31
	018	185	2.37	1.75	1.36	439.5	1425.6	1865.1	1871.9	−0.36
	020	180	1.81	1.74	4.68	1512.3	1129.3	2641.6	2123.4	24.40
勐宋滩	023	459	0.70	2.76	10.93	3532.0	1159.4	4691.4	4721.8	−0.64
	025	490	0.09	3.32	12.54	4052.3	1175.9	5228.2	4955.8	5.50
无名滩	002	450	0.76	3.56	5.92	2124.1	2029.4	4153.5	4053.2	2.48
	004	440	0.60	3.52	6.52	2339.4	1861.8	4201.2	4099.7	2.48
	006	468	0.36	4.44	4.73	1697.1	2626.0	4323.1	3790.2	14.06
西瓜摊	002	386	0.99	2.90	8.33	2988.8	1625.7	4614.5	3837.1	20.26
	004	465	0.46	4.27	8.20	2942.2	2521.6	5463.8	3832.6	42.56
	006	392	0.36	3.97	9.29	3333.3	2091.0	5424.3	3526.0	53.84
梭罗滩	004	327	1.10	2.87	5.16	1851.4	1678.2	3529.6	3273.0	7.84
	006	333	0.87	2.77	6.48	2325.0	1449.6	3774.6	3519.1	7.26
南班河口滩	007	321	0.36	2.96	6.04	2167.2	1277.0	3444.2	3561.7	−3.30
	009	472	0.47	3.42	8.18	2935.0	1680.0	4615.0	4506.5	2.41
贺宽下滩	011	471	0.20	4.10	5.64	2023.6	2081.9	4105.5	4183.7	−1.87
	015	493	0.21	3.45	9.07	3254.3	1527.2	4781.5	4804.6	−0.48
	017	468	0.14	3.50	8.83	3168.2	1519.1	4687.3	4611.2	1.65
贺宽上滩	002	500	0.08	3.20	13.68	4153.2	1013.3	5166.5	5134.7	0.62
	004	485	0.29	2.71	13.62	4135.0	873.1	5008.1	5199.3	−3.68
官木上滩	006	194	1.43	2.92	2.06	625.4	1513.3	2138.7	1721.4	24.24
三道拐滩	002	463	0.06	3.81	9.82	2981.4	1325.7	4307.1	4435.8	−2.90
	004	472	0.31	3.77	9.88	2999.6	1433.3	4432.9	4380.7	1.19
一溜子滩	013	302	0.50	2.54	3.05	1550.3	1682.0	3232.3	3493.9	−7.49
	015	275	0.37	2.31	4.41	2241.6	1363.2	3604.8	3403.0	5.93
	017	212	0.56	1.87	3.54	1799.4	1138.0	2937.4	2894.5	1.48

从图 4-1-14 可知，绝大多数航次的推力和阻力偏差不大，二者基本一致。从偏差统计看，偏差大于 40%的出现 2 个航次，占整个航次的 6.9%，且均出现在西瓜滩，这主要是因为西瓜滩水流条件复杂，流态不稳，水流参数测试设备受到一定干扰；偏差大于 20%的出现 5 个航次，占整个航次的 17.2%；偏差小于±10%的航次为绝大多数，出现 23 次，占整个航次的 79.3%；偏差小于±5%的航次达到 17 次，比例为 58.6%。

由此分析，实船值与理论具有较高的一致性。相对而言，计算的阻力较推力偏大出现的航次偏多，为 20 次，占 69.0%，这可能仍然是有些滩险的浅水、狭窄阻力未体现的原因。

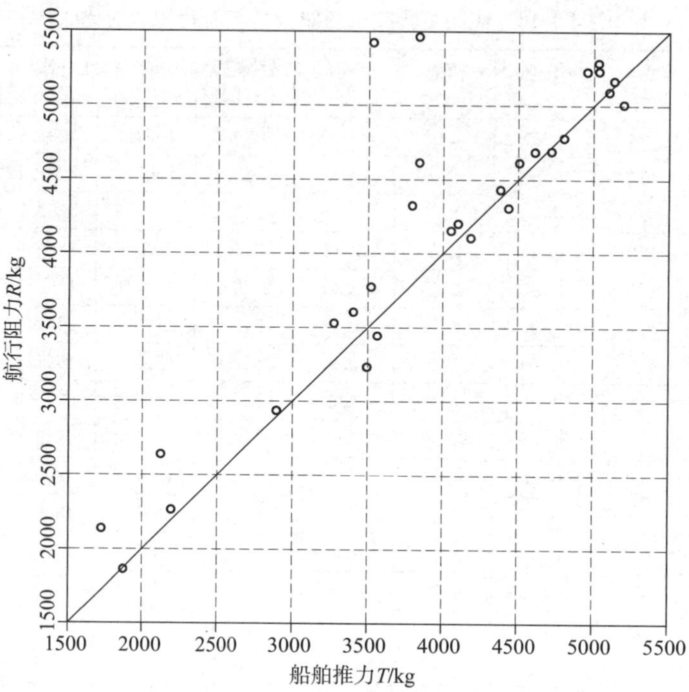

图 4-1-14 实船上滩实验船舶推力与航行阻力对比

5. 极限流速比较

所谓极限流速 V_{max}，是指当比降 $J=0‰$时，船舶在额定工况下能自航上滩的最大流速。应用相对速度概念，极限流速 V_{max}可认为是静水航速 V_0减去上滩满足的最小航速 0.3 m/s，再考虑安全储备，即 $V_{max}=(V_0-0.3)/1.15$。

根据修正后的静水航速，与理论值相同条件下(载重 280 t，功率 459 kW)的静水航速为 5.43 m/s，算出极限流速 $V_{max}=4.46$ m/s，与 $J=0‰$时通航水力指标的理论值流速 4.4 m/s 是十分接近的。

4.1.3.9 澜沧江急流滩通航水力指标的最终确定

根据上述急流滩通航水力指标的经验值、船模值、实船值、极限流速等与理论值的对比分析，除经验值与理论值的一致性稍差以外，其余各项与理论值均具有较高的一致性，加之理论值具有可靠的、系统的理论基础和丰富的实船资料验证以及必要的安全储备，所以可直接将理论值作为澜沧江急流滩的最终通航水力指标，如表 4-1-19 所示。

表 4-1-19 最终通航水力指标

比降/‰	1	2	3	4	5	6	7	8
流速/(m/s)	4.2	4.0	3.8	3.6	3.3	3.0	2.7	2.4

流速－比降(V-J)的关系为

$$\begin{cases} V = 4.4 - 0.2J & (0‰ < J \leqslant 4‰) \\ V = 4.8 - 0.3J & (4‰ \leqslant J \leqslant 8‰) \end{cases} \tag{4-1-39}$$

4.1.4　长江上游 1000 t 级船舶上滩水力指标研究

4.1.4.1　航道及船型标准

叙渝段按Ⅲ级航道标准维护，航道尺度 2.7 m×50 m×560 m，常年可通 1000 t 级船舶。

据交通运输部发布的川江船型标准，标准船队为由 881 kW 推轮顶 2 艘 500 t 或 1 艘 1000 t 驳组成的 1000 t 级船队。

4.1.4.2　川江水力指标理论计算

川江水力指标理论计算方法通过建立有效推力和航行阻力的表达式，计算不同比降下所对应的流速值，得到船舶自航上滩允许的比降和流速组合值。川江水力指标理论计算方法经过川江一些大型船舶的检验，基本符合实际。

1. 计算方法

仍然采用阻力计算分析方法确定川江 1000 t 级船舶的自航上滩水力指标。

急滩的跌水段碍航最为严重，船舶经跌水段上行时，一方面要克服水流对船舶的阻力，即水流阻力 R_V；另一方面要克服与航向相反的船舶自重分力 $W\sin\alpha$，即坡降阻力 R_J，两种阻力之和称为航行阻力。船舶上行的动力源于船舶的推轮推力 T_0，推力大于阻力 R 时，船舶才可自航上滩(图 4-1-15)，否则需借助绞滩或经整治后船舶才能过滩。

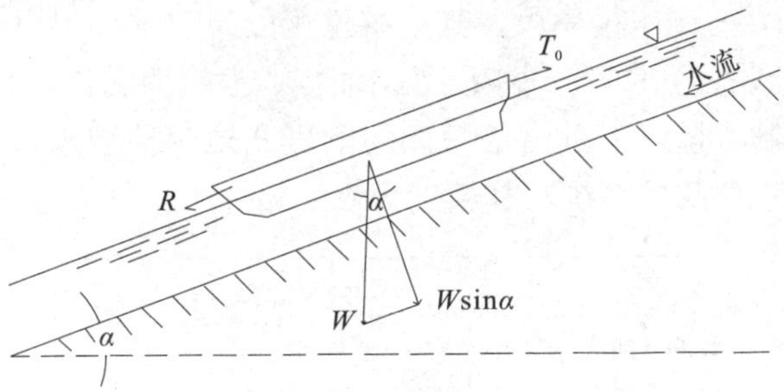

图 4-1-15　船舶上滩受力示意图

当推船有效的推力与标准船队上水航行的航行阻力相等时，船队处于自航上滩的临界状态，相应的滩口段水面流速、比降、水深就是自航上滩的水力指标。

2. 水力指标初步计算

长江叙渝段的标准船队由 881 kW 推轮顶 2 艘 500 t 或 1 艘 1000 t 驳组成的 1000 t 级船队，船队总排水量为 1162 t，计算该船队自航上滩的水力指标。计算时，选择标准船队为 881 kW 推轮顶 1 艘 1000 t 级驳船组成的 1000 t 级船队。

根据船型资料，计算与水流阻力有关的要素见表 4-1-20。

表 4-1-20　船型水流阻力要素计算表

船型	L/m	B/m	T/m	Δ	β	C_1	Ω/m^2	A_m	ξ_1	$f\Omega$	$\delta Am\xi_1$	$6\times\delta Am$
推船	46	10	2.9	0.58	0.93	1.80	506.9	26.97	1.85	86.2	28.95	
1000t 驳船	75	10.5	2.4	0.80	0.99	2.00	990.0	24.95		168.3		119.8

首先确定比降，试算不同流速时的有效推力和航行阻力，当有效推力略大于航行阻力时，即为该比降对应的流速。在初步计算过程中，发现流速修正系数 η 对计算结果影响较大。在修正系数取值为 1.15 时，初步计算结果见表 4-1-21。

表 4-1-21　叙渝段标准船队水力指标初步计算结果

序号	比降/‰	流速/(m/s)	船舶对岸流速/(m/s)	流速修正系数 η	有效推力系数 e	船队编队系数 σ	有效推力/kN	航行阻力/kN
1	1.0	4.0	0.5	1.15	0.48	1.0	92.12	92.12
2	2.0	3.7	0.5	1.15	0.48	1.0	98.70	94.24
3	3.0	3.4	0.5	1.15	0.48	1.0	106.29	96.99

4.1.4.3　船模实验

为研究船舶自航上滩的动水特性与船舶阻力计算，合理地确定消滩的水力指标，在概化水槽进行了船模自航上滩实验。

1. 概化水槽布置

根据实验场地和流量供给条件，选定实验水槽的尺寸为 22 m×2.3 m×0.5 m(长×宽×高)。实验段长 2 m，置于水槽中段，其上游过渡段为 10 m。为了保证模型水流平稳和水流分布合理，在模型的进口处分别布设了消能栅、溢流堰和格墙。尾门采用全宽过流。上游由电磁流量计控制流量，下游由带微调的翻板式尾门控制水位。水位的量测采用量筒和游标卡尺组成的水位测量系统，其精度为 0.1 mm。

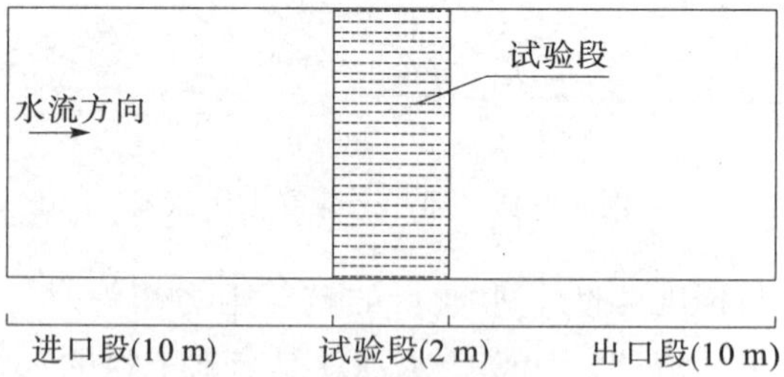

图 4-1-16　实验水槽布置图

2. 船模概况

船舶几何比尺为 1∶100 正态，船队为 881 kW+1000 t 顶推船队，船队静水航速：船模实验航速设定为 0.55 m/s(相当于实船 5.5 m/s 或 19.8 km/h)，舵角为左 35°～右 35°无级比例操舵。通过“Z”形实验对船模操纵性能进行了率定，并进行了尺度效应修正，修正后的船模与实船操纵性指数比较见表 4-1-22。率定结果较好，符合船模实验要求。

表 4-1-22　0 修正后的船模与实船 10°舵角 K'、T'值比较

船别	K'		T'		P	
	数值	误差/%	数值	误差/%	数值	误差/%
实 船	1.662		0.725		1.146	
1/100 船模	1.515	−8.84	0.731	+0.83	1.034	−9.17

注：$P\approx(K'/T')/2$。

3. 实验方法

(1)按实验要求制作船模。

(2)在实验水池中对船模进行率定。

(3)用 CMZ-3B 船模自动实验系统进行船模通航实验。具体操作为：用船模遥控设备操纵船模在水工模型实验航段航行。船模的航迹、航速、船位、漂角等航行要素由激光快速扫描遥测，船模的用车、用舵等操纵要素由 CMJ-3 无线电接口遥测，数据自动输入计算机进行数据处理、实时计算和绘图。

4. 实验结果

原计划对表 4-1-21 的初步计算成果中 1‰×4.0 m/s、2‰×3.5 m/s 和 3‰×3.0 m/s 三种组合进行船模实验的检验，但 3‰×3.0 m/s 的比降流速组合在水槽中和原型通航航道中都是难以出现的，因为此时的水深往往已难以满足通航的要求了。故船模实验的水流条件中增加一级比降 1.5‰的组合，水流条件及实验成果见表 4-1-23。

表 4-1-23　长江叙渝段整治通航指标船模实验成果汇总

比降/‰	水深/m	平均流速/(m/s)	最大左舵角/(°)	最大右舵角/(°)	最大左漂角/(°)	最大右漂角/(°)	实验次数	平均航速/(m/s)
1.0	12.8	3.87	9.45	9.39	12.38	6.61	5	0.94
	13.0	4.11	10.23	9.59	17.07	16.05	5	0.70
	13.0	4.30	7.05	12.85	19.26	18.39	5	0.49
1.5	9.0	3.56	5.59	3.69	7.75	2.34	5	0.98
	9.5	3.66	8.62	8.06	9.17	3.10	5	0.86
	10.2	3.99	9.07	4.06	15.56	10.74	3	0.51
2.0	6.5	3.31	4.71	6.56	5.29	3.94	6	0.85
	7.0	3.60	7.38	0.77	12.96	5.49	5	0.55

注：所有数据均已换算为原型值

4.1.4.4　水力指标的确定

保持有效推力系数、船队编对系数不变(表 4-1-20)，稍微改变流速、修正系数，根据船模实验结果(表 4-1-23)可得到有效推力和航行阻力，具体结果见表 4-1-24。实验各组次的有效推力和航行阻力基本相等，说明理论计算采用的各系数基本合理。

表 4-1-24　根据船模实验结果率定的流速修正系数

比降/‰	水深/m	滩面流速/(m/s)	对岸流速/(m/s)	流速修正系数 η	有效推力/kN	航行阻力/kN
1.0	12.8	3.87	0.94	1.00	86.18	81.72
	13.0	4.11	0.70	1.00	86.18	81.74
	13.0	4.30	0.49	1.00	86.53	81.20
1.5	9.0	3.56	0.98	1.08	91.31	90.28
	9.5	3.66	0.86	1.12	91.71	88.84
	10.2	3.99	0.51	1.12	91.71	89.68
2.0	6.5	3.31	0.85	1.18	99.65	96.40
	7	3.60	0.55	1.18	99.88	96.09

在不同比降情况下，流速修正系数略有不同。在1‰、1.5‰、2‰时，流速修正系数分别为1.0、1.12、1.18左右。在概化水槽中，各组次的水深较大，而斗笠子滩的实际水深为4～5 m，考虑到浅水对船舶航行的影响，在斗笠子滩水力指标时，适当加大流速修正参数。

根据船舶实验结果率定出的计算参数，选取1‰、2‰、3‰时的流速修正参数分别为1.15、1.25、1.30，计算斗笠子滩的消滩水力指标，其结果见表4-1-25。

表 4-1-25　卵石急滩滩消滩水力指标

序号	比降/‰	流速/(m/s)	船舶对岸流速/(m/s)	流速修正系数 η	有效推力系数 e	船队编队系数 σ	有效推力/kN	航行阻力/kN
1	1.0	3.9	0.5	1.15	0.38	1.0	94.2074	88.788
2	2.0	3.5	0.5	1.25	0.38	1.0	103.635	98.9996
3	3.0	3.1	0.5	1.30	0.38	1.0	115.15	102.0866

本次研究确定的水力指标为1‰×3.9 m/s、2‰×3.5 m/s和3‰×3.1 m/s。其结果与2003年5月长江航道勘察设计研究院确定的水力指标较为接近。

4.1.4.5　小结

根据交通运输部发布的长江上游的标准船型，结合长江上游急滩的实际情况，研究人员采用理论计算方法和船模实验方法，对长江上游卵石急滩的水力指标做了研究。按照川江水力指标理论计算方法得到叙渝段标准船队水力指标初步计算结果，通过概化水槽的船模实验结果率定理论计算方法的计算参数(主要是流速修正系数 η)，得到叙渝段标准船队消滩水力指标为1‰×3.9 m/s、2‰×3.5 m/s和3‰×3.1 m/s。

4.1.5　长江三峡库区3000 t级船舶上滩水力指标研究

4.1.5.1　代表船型选择及参数的确定

2008年8月，相关人员调查了渝申2505和三峡816两艘3000 t级船舶在观音滩、和尚滩、黄草峡、铜锣峡自航上滩的情况。根据上滩能力调查情况，选取三峡 816 为代表船型进行计算。具体船舶参数见表 4-1-26。

表 4-1-26　重庆三峡 816 船舶参数

船名	总长/m	型宽/m	型深/m	货舱长/m	货舱宽/m	货舱高/m	空船吃水/m	满载吃水/m	总吨/t	净吨/t	载重吨/t	主机功率/kW
重庆三峡 816	92.6	16.0	4.8	66.0	12.8	3.10	0.91	4.1	2319	1333	3500	600

根据 2008 年 3000 t 级船舶上滩能力调查情况，在上滩时航速最小时航行阻力与有效推力相等的情况下，利用 4.1 节中的方法得到各参数。其中，比降修正系数 β_1 取 1.05；摩阻系数 f 取 0.17；相对流速修正系数 η 取 1.15；方形系数 δ 取 0.58；横断面系数 β 取 0.93。结果见表 4-1-27。

表 4-1-27　三峡 816 水力指标要素表

船长 L/m	船宽 B/m	载重 /kg	比降 /‰	船舶吃水 T/m	船舶浸水面积 Ω/m^2	舯剖面面积 A_m/m^2
92.6	16	2319	0.43	3.05	1367.70	45.38
水流速度 V_f(m/s)	**对岸航速 U_w/(m/s)**	**静水航速 V_s/(m/s)**	**轴功率 P/kW**	**弗汝德数 Fr**	**航行阻力 /kgf**	**有效推力 /kgf**
2.85	0.5	4.05	600	0.14	5600	5600

4.1.5.2　水力指标的确定

为系统研究长江上游急流滩船舶上滩水力指标，分别对代表船型(三峡 816)在载重 50%(1750 t)、75%(2625 t)、100%(3500 t)，功率 100%(600 kW)等共 3 种工况下的流速－比降组合进行了计算。比降选取了 0.01%～2‰等 5 种情况。

计算的方法和过程(图 4-1-17)为：根据载重和船型确定吃水、水线长、浸水面积、舯剖面积等→给定比降→计算坡降阻力→给定上滩流速→计算对水航速→计算水流阻力→确定航行阻力 R→根据功率及相关参数计算船舶推力 T→判定航行阻力 R 是否等于船舶推力 T，如相等则给定的比降和流速即为该载重、该功率情况下的急滩通航水力指标，否则需重新假定流速，直到阻力和推力平衡为止。

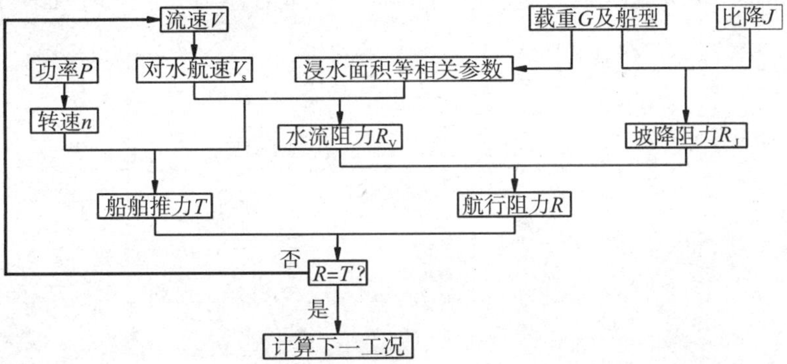

图 4-1-17　航行阻力法计算通航水力指标过程简图

根据上述计算过程，对拟定的各种工况进行细致计算，获取了代表船舶在多种载重、额定功率情况下能自航上滩的临界流速－比降组合，即急流滩通航水力指标，见表4-1-28，同时列出了航行阻力和船舶推力的对比。

表4-1-28 各工况通航水力指标(流速－比降组合)计算

载重/t	比降/‰	水流速度/(m/s)	对岸航速/(m/s)	流速修正系数	航行阻力/kgf			水流推力/kgf
					水流阻力	坡降阻力	总阻力	
1750	0.01	3.61	0.5	1.15	4805	32	4837	4874
	0.20	3.45	0.5	1.15	4402	647	5050	5075
	0.50	3.19	0.5	1.15	3800	1619	5418	5439
	1.00	2.75	0.5	1.15	2910	3237	6148	6191
	1.50	2.34	0.5	1.15	2210	4856	7066	7105
	2.00	1.98	0.5	1.15	1686	6474	8160	8165
2625	0.01	3.43	0.5	1.15	5030	42	5072	5101
	0.20	3.24	0.5	1.15	4509	831	5340	5365
	0.50	2.93	0.5	1.15	3742	2078	5819	5859
	1.00	2.43	0.5	1.15	2693	4156	6849	6882
	1.50	1.98	0.5	1.15	1922	6234	8156	8165
	2.00	1.59	0.5	1.15	1369	8312	9681	9737
3500	0.01	3.28	0.5	1.15	5229	51	5280	5307
	0.20	3.07	0.5	1.15	4610	1015	5625	5625
	0.50	2.72	0.5	1.15	3694	2537	6231	6249
	1.00	2.16	0.5	1.15	2487	5075	7562	7598
	1.50	1.68	0.5	1.15	1668	7612	9280	9323
	2.00	1.3	0.5	1.15	1143	10149	11293	11365

通常所说的急流滩通航水力指标或消滩指标是指在额定功率、半载情况下，船舶能自航上滩的最大流速－比降组合。故选用半载情况下(1750 t)的水力指标，细化计算，作为库尾急流滩3000 t级船队额定通航水力指标，具体内容见图4-1-18和表4-1-29。

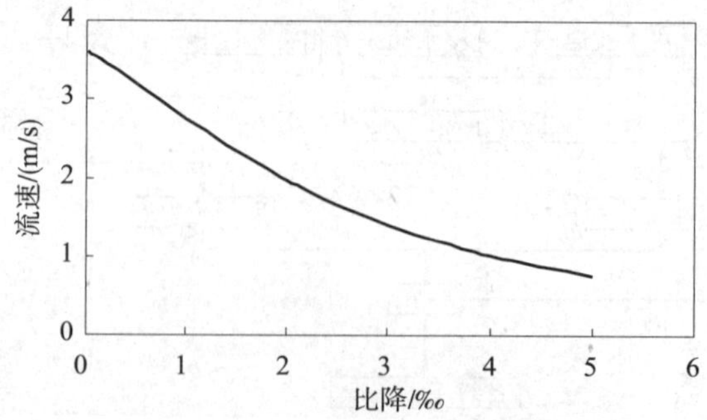

图4-1-18 3000 t级船舶自航上滩水力指标图示

表 4-1-29　库尾急流滩 3000 t 级船舶额定通航水力指标

编号	1	2	3	4	5	6	7	8	9	10
比降/%	0.01	0.05	0.10	0.20	0.30	0.40	0.50	0.60	0.70	0.80
流速/(m/s)	3.61	3.58	3.54	3.45	3.37	3.28	3.19	3.10	3.02	2.93
编号	12	13	14	15	16	17	18	19	20	21
比降/%	1.00	1.10	1.20	1.30	1.40	1.50	1.60	1.70	1.80	1.90
流速/(m/s)	2.75	2.67	2.59	2.51	2.42	2.34	2.27	2.19	2.12	2.05

4.2　水库下游非恒定流条件下设计水位的研究

西南山区河流是我国大型水利枢纽最为集中的地区。水力水电枢纽运行以后，下泄的非恒定流在传播过程中，相对于同一水位，涨水段的比降与落水段的比降及水流流速均不一样，因而会造成通航水流条件改变。同时，非恒定流随着沿程距离的增加将会发生波的变形，这种变形将增加水流条件的变化程度。非恒定流的这种传播特性，给沿程设计水位的确定带来较大困难。

本项目在前述水槽实验对非恒定流船舶规律及阻力特性研究的基础上，对一维非恒定流数学模型进行改进，用以计算西南通航河流上非恒定流条件下的设计水位。

4.2.1　非恒定流条件下设计水位的计算方法

4.2.1.1　一维数学模型的建立

1. 基本方程

圣维南建立了缓变非恒定流方程(即圣维南水力方程组)，其中连续方程为

$$\frac{\partial z}{\partial t}+\frac{1}{B}\frac{\partial Q}{\partial x}=0 \tag{4-2-1}$$

动量方程

$$\frac{\partial Q}{\partial t}-\frac{QB}{A}\frac{\partial z}{\partial t}+\frac{\alpha Q}{A}\frac{\partial Q}{\partial x}-\frac{\alpha Q^2 B}{A^2}\frac{\partial z}{\partial x}+gA\frac{\partial z}{\partial x}+\frac{Q^2}{2A}\frac{\partial \alpha}{\partial x}+gA\frac{Q\mid Q\mid}{K^2}=0 \tag{4-2-2}$$

式中，x、t 分别为空间和时间坐标；A 为过水面积；Q 为断面流量；z 为水位；g 为重力加速度，取值 9.81 m^2/s；B 为河面宽度；K 为流量模数；α 为非均匀流的流速分布校正系数(动能修正系数)。

2. 方程离散

根据 Preissmann 提出的方法，参考图 4-2-1，函数和导数的离散形式为

$$f(x,t)=\frac{\theta}{2}(f_{i+1}^{n+1}+f_i^{n+1})+\frac{1-\theta}{2}(f_{i+1}^n+f_i^n) \tag{4-2-3}$$

$$\frac{\partial f}{\partial x}=\theta\frac{f_{i+1}^{n+1}-f_i^{n+1}}{\Delta x}+(1-\theta)\frac{f_{i+1}^n-f_i^n}{\Delta x} \tag{4-2-4}$$

$$\frac{\partial f}{\partial t}=\frac{f_{i+1}^{n+1}+f_i^{n+1}-f_i^n-f_{i+1}^n}{\Delta t} \tag{4-2-5}$$

式中，θ 为权系数，$0\leqslant\theta\leqslant1$。

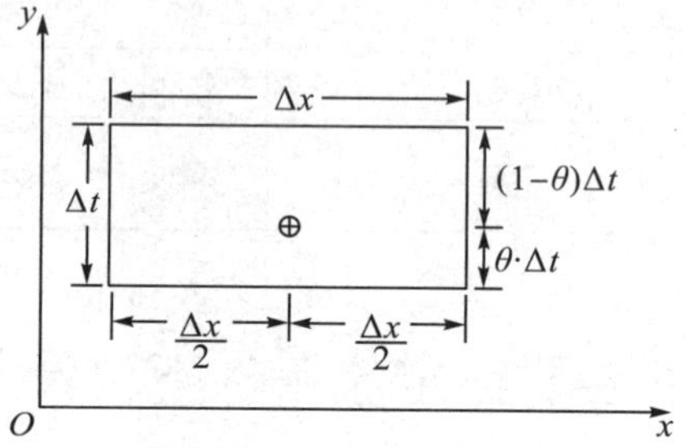

图 4-2-1　离散点示意图

为了将上述方程变成差分方程，采用如下方法，令 $f^{n+1}=f^n+\Delta f$，则式(4-2-3)～式(4-2-5)变成如下形式：

$$f(x,t)=\frac{\theta}{2}(\Delta f_{i+1}+\Delta f_i)+\frac{1}{2}(f_{i+1}^n+f_i^n) \tag{4-2-6}$$

$$\frac{\partial f}{\partial x}=\theta\frac{\Delta f_{i+1}-\Delta f_i}{\Delta x}+\frac{f_{i+1}^n-f_i^n}{\Delta x} \tag{4-2-7}$$

$$\frac{\partial f}{\partial t}=\frac{\Delta f_{i+1}+\Delta f_i}{\Delta t} \tag{4-2-8}$$

将式(4-2-6)～式(4-2-8)带入连续方程式(4-2-1)和动量方程式(4-2-2)，并经线性化处理后，可得连续方程和动量方程的线性方程分别为

$$AP_i^1\Delta Z_{i+1}+BP_i^1\Delta Q_{i+1}=CP_i^1\Delta Z_i+DP_i^1\Delta Q_i+GP_i^1 \tag{4-2-9}$$

$$AP_i^2\Delta Z_{i+1}+BP_i^2\Delta Q_{i+1}=CP_i^2\Delta Z_i+DP_i^2\Delta Q_i+GP_i^2 \tag{4-2-10}$$

其中，连续方程中各系数分别为

$$AP_i^1=\frac{1}{2\Delta t}$$

$$BP_i^1=\frac{2\theta}{(B_{i+1}+B_i)\Delta x}$$

$$CP_i^1=\frac{1}{2\Delta t}$$

$$DP_i^1=\frac{2\theta}{(B_{i+1}+B_i)\Delta x}$$

$$GP_i^1=\frac{2(1-\theta)(Q_{i+1}-Q_i)}{(B_{i+1}+B_i)\Delta x}$$

动量方程中各系数分别为

$$AP_i^2=\frac{1}{4\Delta t}\left(\frac{Q_{i+1}B_{i+1}}{A_{i+1}}+\frac{Q_iB_i}{A_i}\right)+\frac{\theta}{2\Delta x}\left[g(A_{i+1}+A_i)-\left(\frac{\alpha_{i+1}Q_{i+1}^2B_{i+1}}{A_{i+1}^2}+\frac{\alpha_iQ_i^2B_i}{A_i^2}\right)\right]$$

$$BP_i^2=\frac{1}{2\Delta t}+\frac{\theta}{2\Delta x}\left(\frac{\alpha_{i+1}Q_{i+1}}{A_{i+1}}+\frac{\alpha_iQ_i}{A_i}\right)$$

$$CP_i^2 = \frac{1}{4\Delta t}\left(\frac{Q_{i+1}B_{i+1}}{A_{i+1}} + \frac{Q_iB_i}{A_i}\right) + \frac{\theta}{2\Delta x}\left[g(A_{i+1} + A_i) - \left(\frac{\alpha_{i+1}Q_{i+1}^2B_{i+1}}{A_{i+1}^2} + \frac{\alpha_iQ_i^2B_i}{A_i^2}\right)\right]$$

$$DP_i^2 = \frac{1}{2\Delta t} + \frac{\theta}{2\Delta x}\left(\frac{\alpha_{i+1}Q_{i+1}}{A_{i+1}} + \frac{\alpha_iQ_i}{A_i}\right)$$

$$GP_i^2 = \frac{(1-\theta)}{2}\left(\frac{\alpha_{i+1}Q_{i+q}}{A_{i+1}} + \frac{\alpha_iQ_i}{A_i}\right)\left(\frac{Q_{i+1} - Q_i}{\Delta x}\right) + \frac{(1-\theta)}{2\Delta x}(z_{i+1} - z_i)\cdot$$
$$\left[g(A_{i+1} + A_i) - \left(\frac{\alpha_{i+1}Q_{i+1}^2B_{i+1}}{A_{i+1}^2} + \frac{\alpha_iQ_i^2B_i}{A_i^2}\right)\right] + \frac{g}{2}\left(\frac{A_{i+1}Q_{i+1}|Q_{i+1}|}{K_{i+1}^2} + \frac{A_iQ_i|Q_i|}{K_i^2}\right)$$

由于 z_i^n、Q_i^n、z_{i+1}^n、Q_{i+1}^n 为已知量，上述系数 AP_i^1、BP_i^1、CP_i^1、DP_i^1、GP_i^1 和 AP_i^2、BP_i^2、CP_i^2、DP_i^2、GP_i^2 均可由已知量获得。因此，式(4-2-9)和式(4-2-10)实际上是由 Δz_i、ΔQ_i、Δz_{i+1} 和 ΔQ_{i+1} 等未知量组成的线性方程组。为了求解此方程组，可设如下线性关系式成立：

$$\Delta Q_i = E_i\Delta z_i + F_i \tag{4-2-11}$$

将式(4-2-11)代入式(4-2-9)和式(4-2-10)，可得

$$AP_i^1\Delta z_{i+1} + BP_i^1\Delta Q_{i+1} = (CP_i^1 + DP_i^1E_i)\Delta z_i + GP_i^1 + DP_i^1F_i \tag{4-2-12}$$

$$AP_i^2\Delta z_{i+1} + BP_i^2\Delta Q_{i+1} = (CP_i^2 + DP_i^2E_i)\Delta z_i + GP_i^2 + DP_i^2F_i \tag{4-2-13}$$

将以上二式整理，得

$$\Delta z_i = \frac{AP_i^1}{CP_i^1 + DP_i^1E_i}\Delta z_{i+1} + \frac{BP_i^1}{CP_i^1 + DP_i^1}\Delta Q_{i+1} + \frac{GP_i^2 + GP_i^1 + DP_i^1F_i}{CP_i^1 + DP_i^1E_i} \tag{4-2-14}$$

$$\Delta z_i = \frac{AP_i^2}{CP_i^2 + DP_i^2E_i}\Delta z_{i+1} + \frac{BP_i^2}{Cp_i^2 + DP_i^2}\Delta Q_{i+1} + \frac{GP_i^2 + DP_i^2F_i}{CP_i^2 + DP_i^2E_i} \tag{4-2-15}$$

将式(4-2-14)改写成

$$\Delta z_i = H_i\Delta z_{i+1} + K_i\Delta Q_{i+1} + M_i \tag{4-2-16}$$

式中，$H_i = \frac{AP_i^1}{CP_i^1 + DP_i^1E_i}$，$K_i = \frac{BP_i^1}{CP_i^1 + DP_i^1E_i}$，$M_i = -\frac{GP_i^1 + DP_i^1F_i}{CP_i^1 + DP_i^1E_i}$，从式(4-2-14)和式(4-2-15)中消去 Δz_i，则

$$\Delta Q_{i+1} = \frac{AP_i^1(CP_i^2 + DP_i^2E_i) - AP_i^2(CP_i^1 + DP_i^1E_i)}{BP_i^2(CP_i^1 + DP_i^1E_i) - BP_i^1(CP_i^2 + DP_i^2E_i)}\Delta z_{i+1}$$
$$+ \frac{(GP_i^1 + DP_i^1F_i)(CP_i^2 + DP_i^2E_i) - (GP_i^2 + DP_i^1F_i)(CP_i^1 + DP_i^1E_i)}{BP_i^2(CP_i^1 + DP_i^1E_i) - BP_i^1(CP_i^2 + DP_i^2E_i)} \tag{4-2-17}$$

上式可写成

$$\Delta Q_{i+1} = E_{i+1}\Delta z_{i+1} + F_{i+1} \tag{4-2-18}$$

$$E_{i+1} = \frac{AP_i^1(CP_i^2 + DP_i^2E_i) - AP_i^2(CP_i^1 + DP_i^1E_i)}{BP_i^2(CP_i^1 + DP_i^1E_i) - BP_i^1(CP_i^2 + DP_i^2E_i)} \tag{4-2-19}$$

$$F_{i+1} = \frac{(CP_i^1 + DP_i^1F_i)(CP_i^2 + DP_i^2E_i) - (GP_i^2 + DP_i^1F_i)(CP_i^1 + DP_i^1E_i)}{BP_i^2(CP_i^1 + DP_i^1E_i) - BP_i^1(CP_i^2 + DP_i^2E_i)} \tag{4-2-20}$$

通过以上推导，得到式(4-2-19)和式(4-2-20)的循环系数递推公式，以及式(4-2-11)和

式(4-2-18)的 Δz、ΔQ 的递推公式，只要有了起始断面的边界条件，即可利用上述各式求出各断面的 Δz^{n+1} 和 ΔQ^{n+1}。通常起始边界条件会给出 E_i 和 F_i，尾端则会给出水位具体数值。

3. 边界条件

(1)已知水位过程 $z=z(t)$。

起始边界：根据 $\Delta Q_1=E_1\Delta z_1+F_1$，$\Delta z_1=(\Delta Q-F_1)/E_1$。为了保证 Δz_1 按 $z=z(t)$的条件变化而不受 ΔQ_1 的影响，可令 $E_1=10^4\sim10^6$，$F_1=-E_1\times\Delta z_1$。

尾端边界：可从 $z=z(t)$给出的具体数值。

(2)已知流量过程 $Q=Q(t)$。

起始边界：根据 $\Delta Q_1=E_1\Delta z_1+F_1$，令 $E_1=0$ 及 $F_1=\Delta Q_1$。

尾端边界：可从流量过程得 ΔQ_{wei} 的具体数值，即 $\Delta Q_{\mathrm{wei}}=Q_{\mathrm{wei}}^{n+1}$，由此得 $\Delta z_{\mathrm{wei}}=(\Delta Q_{\mathrm{wei}}-F_{\mathrm{wei}})/E_{\mathrm{wei}}$。

(3)已知水位−流量关系 $Q=Q(z)$。

起始边界：$E_1=\mathrm{d}Qz/\mathrm{d}z$；$F_1=Q(z_1^n)-Q_1^n\approx0$。

尾端边界：由 $Q_{\mathrm{wei}}^n=Q(z_{\mathrm{wei}}^n)$和 $\Delta Q_{\mathrm{wei}}=E_{\mathrm{wei}}\Delta z_{\mathrm{wei}}+F_{\mathrm{wei}}$，得

$$\Delta z_{\mathrm{wei}}=\frac{Q_{(z_{\mathrm{wei}}^n)}-F_{\mathrm{wei}}-Q_{\mathrm{wei}}^n}{E_{\mathrm{wei}}-\dfrac{\mathrm{d}Q}{\mathrm{d}z}}$$

4.2.2　非恒定流条件下河道糙率的确定方法

4.2.2.1　非恒定流与恒定流的阻力特性对比

从明渠非恒定流研究成果可知床面剪切力的计算式如下：

$$\frac{B}{\rho}\tau_0=gAJ-\frac{\partial Q}{\partial t}+\frac{2Q}{A}\frac{\partial A}{\partial t}+\frac{Q^2}{A^2}\left(1-\frac{gA^3}{Q^2B}\right)\frac{\partial A}{\partial x}$$

$\dfrac{\partial Q}{\partial t}$、$\dfrac{\partial A}{\partial t}$、$\dfrac{\partial A}{\partial x}$这三项中的前两项刚好是表征非恒定流的非恒定性，第三项表征由非恒定性引起的非均匀性，当这三项为 0 时，则刚好是恒定均匀流的情况，有 $\dfrac{B}{\rho}\tau_0=gAJ$。

如图 4-2-2 所示，与恒定流公式计算结果对比可知，明渠非恒定流传播过程中，床面剪切力表现出与恒定流不同的规律。用恒定流公式计算的床面剪切力 τ_0 的最大值出现在波峰处，最小值出现在波谷处，而且在涨水段和落水段，床面剪切力分别呈单边上涨和单边下降。而在非恒定流情况下，床面剪切力 τ_0 在涨水阶段要大于恒定流公式计算值，落水阶段要比恒定流公式计算值小；而且最大值并不出现在波峰处，而是要较波峰更早，最小值也比落水段的波谷稍早一些，因而在涨水段和落水段都不是单增或者单减的变化趋势。可见，在非恒定流条件下，河道糙率的计算方法与恒定流条件下不同。

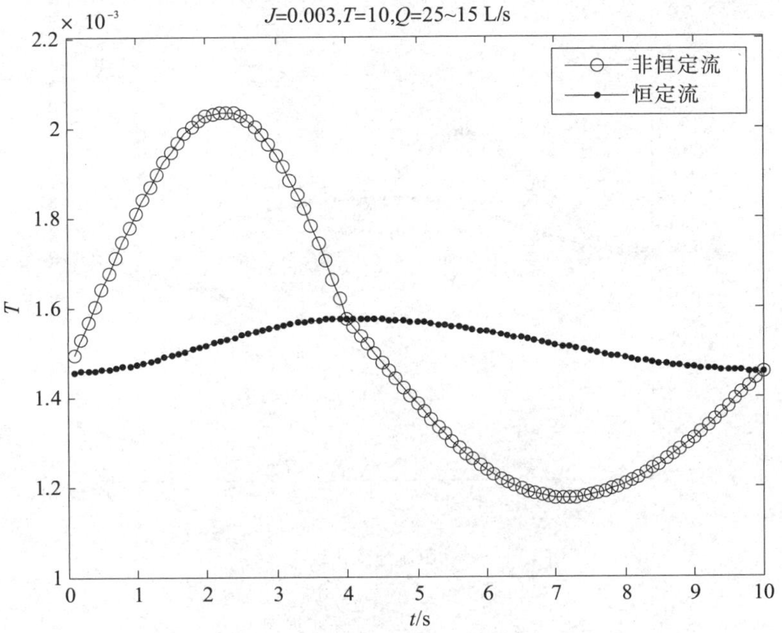

图 4-2-2　非恒定流床面切应力和恒定流公式计算结果对比

4.2.2.2　非恒定流河床糙率的确定方法

天然河道水流的阻力常常通过周界的阻力系数来反映。阻力系数可以有不同表达方式，其中包括谢才系数 C、曼宁系数 n 以及达西－韦伯系数 f。不同的学者根据自己的习惯不同或阻力特性不同，采取不同的系数表达阻力特性。它们之间可以相互转换：

$$\frac{C}{\sqrt{g}}=\frac{1}{n}\frac{R^{1/6}}{\sqrt{g}}=\sqrt{\frac{8}{f}}=\frac{U}{U_*} \tag{4-2-21}$$

由于这些阻力系数的表达形式为平均流速与摩阻流速的比值，而该比值又能通过流速分布积分得到，因而阻力问题就是垂线流速分布问题。

由式(4-2-21)可以推导出曼宁系数的表达式为

$$n=\frac{U_*}{U}\frac{R^{1/6}}{\sqrt{g}}=\frac{U_*}{(Q/A)}\frac{R^{1/6}}{\sqrt{g}} \tag{4-2-22}$$

利用 PIV 在高精度水槽内测得的非恒定流流速分布过程，即可以计算非恒定流的曼宁系数变化过程。图 4-2-3 即为其中一组非恒定流($T=10$ s，$Q=1.35\sim3.45$ L/s，$J=0.003$)摩阻流速和曼宁系数的变化过程及其与恒定流公式计算结果的对比，但是非恒定流计算过程中仍然使用了实测的水深及流速分布。

可见，非恒定流在传播过程中的河床综合糙率系数(曼宁系数)与恒定流计算公式的变化趋势相差较大、因而在采用数学模型模拟非恒定流时，糙率采用本书的计算方法更合适。

在实际的应用过程中，虽不知道平均流速的变化过程，但可以采用第 2 章的非恒定流传播特性研究成果，根据上游非恒定流的流量过程确定糙率变化过程。

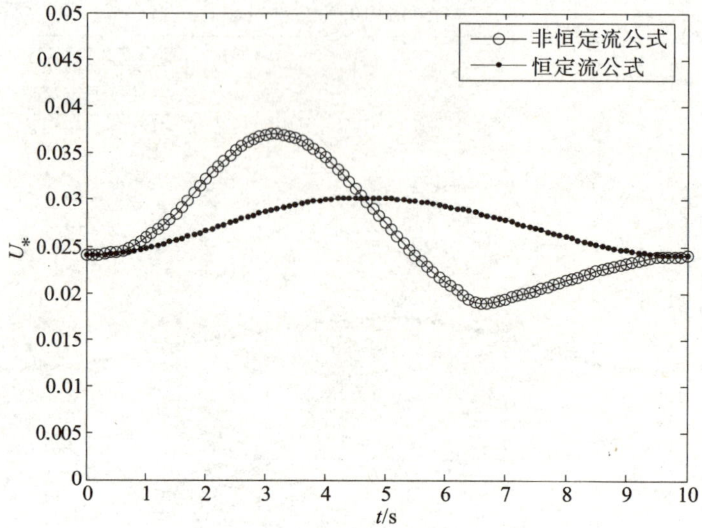

(a)摩阻流速变化过程

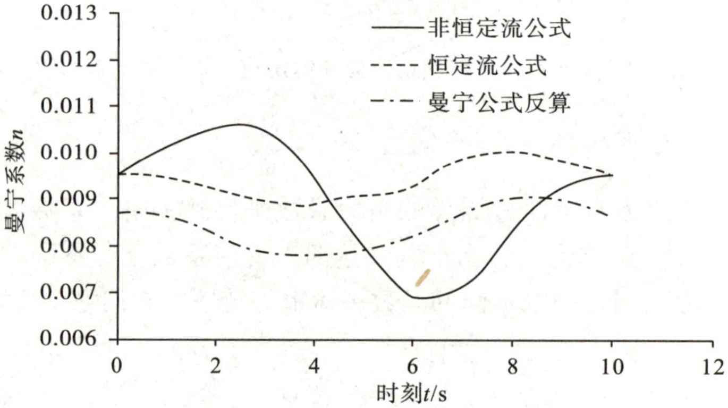

(b)曼宁系数变化过程

图 4-2-3　非恒定流阻力和恒定流公式糙率计算结果对比

4.2.3　澜沧江景洪—关累河段航道设计水位的计算

日调节非恒定流的流量变幅较大，水位的变化也较大。目前，澜沧江景洪水文站—关累河段的设计最低通航共有三种，即 2003 年设计的最低通航水位、2007 年设计最低通航水位和橄榄坝建库后设计的最低通航水位。

目前拟建橄榄坝反调节电站，电站最小下泄流量为 632 m^3/s。本次计算采用橄榄坝反调节电站的推荐下泄工况，计算出各断面最低水位及相应流量，相当于每天的水位变化过程相同，从最不利角度考虑，把各断面的最低水位看做设计最低通航水位，并与 2003 年和 2007 年的设计最低通航水位比较。

表 4-2-1 统计了各滩险 2003 年和 2007 年设计的最低通航水位。总的来看，2007 年各滩设计最低通航水位比 2003 年低 10～30 cm，这主要是由于澜沧江Ⅴ级航道整治工程中的大部分已经完成，这些整治方案主要采取炸礁、切除突嘴、清淤河槽等方式，扩大

了泄水断面，故引起水位降低。

表 4-2-1　景洪水文站—关累段各水尺及碍航滩险设计最低通航水位

序号	水尺号	碍航滩名	距离/km	2003 年		2007 年	
				流量/(m^3/s)	设计最低通航水位/m	流量/(m^3/s)	设计最低通航水位/m
1	29		0.00	504	534.78	504	534.78
2	28		2.15	504		504	533.42
3		景洪大沙坝	2.30	504	533.70	504	533.40
4	27		5.89	504		504	528.10
5		阿克寨滩	9.47	504	526.95	504	526.91
6	26		9.87	504		504	526.61
7		团山寨滩	11.67	504	526.93	504	526.70
8	25	小翻水滩	12.53	504	526.53	504	526.41
9	24		14.95	504		504	526.16
10		二溜子	18.45	504	525.50	504	525.30
11	23		19.05	504		504	525.00
12		大旋水滩	19.55	504	525.47	504	524.95
13	22		21.57	504		504	524.30
14		一溜子	24.16	504	524.10	504	523.80
15	21		25.36	504		504	523.47
16	20		28.18	504		504	523.16
17	19		30.95	504		504	521.09
18	18		33.77	504		504	518.21
19		三道拐(头)	37.25	504	514.23	504	513.90
20	17		38.75	504		504	511.50
21	16		42.02	504		504	509.19
22	15		44.51	504		504	507.49
23	14		47.99	504		504	506.15
24		官木上滩	50.00	504	505.65	504	505.55
25	13		51.07	504		504	505.06
26	12		54.83	504		504	503.48
27		贺宽上滩	55.30	504	503.11	504	503.05
28		贺宽下滩	58.12	504	500.08	504	499.68
29	11		58.92	504		504	498.29
30		南班河口滩	60.81	504	497.47	504	497.30
31	10			504		504	496.38
32	9	梭罗滩	63.24	504	495.79	504	495.46
33		西瓜滩	67.28	504	494.75	504	494.95

续表

序号	水尺号	碍航滩名	距离/km	2003 年		2007 年	
				流量/(m^3/s)	设计最低通航水位/m	流量/(m^3/s)	设计最低通航水位/m
34	8		67.89	504		504	494.85
35		无名滩	68.30	504	494.28	504	494.08
36		绣花滩	69.29	504	492.12	504	491.76
37	7	勐宋滩	69.79	504	491.68	504	491.36
38	6	大翻水滩	71.50	504	490.43	504	490.28
39		小哈滩	72.00	504	489.83	504	489.63
41		界碑滩	73.40	504	489.13	504	489.02
42	4		76.43	504		504	488.08
43	3		79.01	504		504	487.42
44	2		83.10	504		504	486.46
45	1		85.78	504		504	484.75

阿克寨滩的水位降落较大，达到 1 m 左右。2003 年确定的设计最低通航水位为 527.95 m(景洪水文站流量为 504 m^3/s)；在 2006 年一次测图中，绘图水位为 527.15 m，相应的景洪水文站流量为 600 m^3/s 左右。这说明在 2003 年确定的阿克寨滩的设计最低通航水位偏高。

西瓜滩的水位不落反升。西瓜滩水流湍急，相同流量下同一位置的水位变幅可达 30 cm，2003 年和 2007 年实测的各滩水尺位置不一样，水位变幅较大，是引起西瓜滩的水位不落反升的主要原因。

表 4-2-2 和表 4-2-3 统计了橄榄坝建库前后各滩和各水尺的最低通航水位。橄榄坝建库后，最小下泄流量比景洪站 20 年一遇的枯水流量大 129 m^3/s。加之非恒定流在传播过程中，沿程流量逐渐坦化，橄榄坝下游各水尺和各滩的流量逐渐增加，在最下游的界牌滩，最小流量达到 702 m^3/s，沿程最低通航水位有所增加，增加值为 3～68 cm。

由于贺宽上滩、梭罗滩、绣花滩、界牌滩属于枯水浅滩，在当时整治时，是以 2003 年确定的最低通航水位作为标准，2007 年全河道整治后，枯水浅滩的设计最低通航水位降落了 10～30 cm，橄榄坝建库后在推荐运行工况下，下游各滩最低水位比 2003 年最低通航水位高出 3～68 cm。说明橄榄坝建库后在推荐运行工况的最小下泄流量能满足各滩最低通航水位要求，下泄最小流量为 632 m^3/s 是合理的。

表 4-2-2 修建橄榄坝前后各水尺及碍航滩险设计最低通航水位比较

序号	水尺号	滩名	距离/m	流量/(m^3/s)	2003 年设计水位/m	2007 年设计水位/m	建坝后通航流量/(m^3/s)	建坝后最低水位/m	水位差/m
1	22		21.57	504		524.30	632	524.7	0.40
2		一溜子	24.16	504	524.10	523.80	634.00	524.13	0.33
3	21		25.36	504		523.47	635	523.73	0.26

续表

序号	水尺号	滩名	距离/m	流量/(m^3/s)	2003 年设计水位/m	2007 年设计水位/m	建坝后通航流量/(m^3/s)	建坝后最低水位/m	水位差/m
4	20		28.18	504		523.16	637	523.42	0.26
5	19		30.95	504		521.09	645	521.37	0.28
6	18		33.77	504		518.21	655	518.57	0.36
7		三道拐(头)	37.25	504	514.23	513.90	657.00	514.47	0.57
8	17		38.75	504		511.50	659	512.39	0.89
9	16		42.02	504		509.19	664	510.4	1.21
10	15		44.51	504		507.49	666	508.51	1.02
11	14		47.99	504		506.15	669	506.92	0.77
12		官木上滩	50.00	504	505.65	505.55	671.00	506.15	0.60
13	13		51.07	504		505.06	672	505.7	0.64
14	12		54.83	504		503.48	678	504.1	0.62
15		贺宽上滩	55.30	504	503.11	503.05	679.00	503.48	0.43
16		贺宽下滩	58.12	504	500.08	499.68	679.00	500.15	0.47
17	11		58.92	504		498.29	680.77	499	0.71
18		南班河口滩	60.81	504	497.47	497.30	681.00	498.15	0.85
19	10			504		496.38	681.81	497.2	0.82
20	9	梭罗滩	63.24	504	495.79	495.46	683	496.25	0.79
21		西瓜滩	67.28	504	494.75	494.95	683.00	495.26	0.31
22	8		67.89	504		494.85	684	495.25	0.40
23		无名滩	68.30	504	494.28	494.08	684.00	494.48	0.40
24		绣花滩	69.29	504	492.12	491.76	685.00	492.22	0.46
25	7	勐宋滩	69.79	504	491.68	491.36	685.57	492.16	0.80
26	6	大翻水滩	71.50	504	490.43	490.28	687	490.84	0.56
27		小哈滩	72.00	504	489.83	489.63	687.00	490.23	0.60
28		界碑滩	73.40	504	489.13	489.02	687.00	489.72	0.70
29	4		76.43	504		488.08	687	490.84	2.76
30	3		79.01	504		487.42	691.9	488.75	1.33
31	2		83.10	504		486.46	695	488.15	1.69
32	1		85.78	504		484.75	702	485.39	0.64

注：第 2 列中的距离指距景洪水文站的距离，第 5 列中的流量指 2003 年和 2007 年各滩和水尺最低通航水位对应的景洪站的最低通航流量，最后一列的水位差指修建橄榄坝前后的最低通航水位差

表 4-2-3 橄榄坝下游各碍航滩险设计最低通航水位比较

序号	滩名	距景洪距离/km	流量/(m^3/s)	2003 年设计水位/m	2007 年设计水位/m	建坝后最低流量/(m^3/s)	建坝后最低水位/m	2007 年与 2003 年水位差/m	建橄榄坝后与 2003 年水位差/m
1	景洪大砂坝(头)	2.30	504	533.70	533.40			−0.30	
2	阿克寨滩	9.47	504	527.95	526.91			−1.04	
3	团山寨滩	11.67	504	526.93	526.70			−0.23	
4	小翻水滩	12.53	504	526.53	526.41			−0.12	
5	二溜子	18.45	504	525.50	525.30			−0.20	
6	大旋水滩	19.55	504	525.47	524.95			−0.52	
7	一溜子	24.16	504	524.10	523.80	634	524.13	−0.30	0.03
8	三道拐(头)	37.25	504	514.23	513.90	657	514.47	−0.33	0.24
9	官木上滩	50.00	504	505.65	505.55	671	506.15	−0.10	0.50
10	贺宽上滩	55.30	504	503.11	503.05	679	503.48	−0.06	0.37
11	贺宽下滩	58.12	504	500.08	499.68	679	500.15	−0.40	0.07
12	南班河口滩	60.81	504	497.47	497.30	681	498.15	−0.17	0.68
13	梭罗滩	63.24	504	495.79	495.46	683	496.25	−0.33	0.46
14	西瓜滩	67.28	504	494.75	494.95	683	495.26	0.20	0.51
15	无名滩	67.89	504	494.28	494.08	684	494.48	−0.20	0.20
16	绣花滩	69.29	504	492.12	491.76	685	492.22	−0.36	0.10
17	勐宋滩	69.79	504	491.68	491.36	686	492.16	−0.32	0.48
18	大翻水滩	71.50	504	490.43	490.28	687	490.84	−0.15	0.41
19	小哈滩	72.00	504	489.83	489.63	687	490.23	−0.20	0.40
20	界碑滩	73.40	504	489.13	489.02	687	489.72	−0.11	0.59

注：第 4 列中的流量指 2003 年和 2007 年各滩和水尺最低通航水位对应的景洪站的最低通航流量

4.2.4 金沙江向家坝电站下游河段设计水位的确定

4.2.4.1 下闸蓄水期水位变化

向家坝水电站是金沙江梯级开发规划中的最末一级电站，工程坝址位于四川省宜宾县和云南省水富县交界处的金沙江干流下游，距水富港 2.5 km，距宜宾市 33 km。

2012 年 10 月 10 日 9 时，向家坝水电站正式开始第一次下闸蓄水，10 月 16 日完成第一次下闸蓄水。向家坝地下电站 8 号、7 号、6 号机组均为世界上最大的水轮发电机组，分别于 2012 年 11 月 16 日、11 月 2 日和 12 月 18 日完成全部调试项目并进入运行。通过收集向家坝水电站第一次下闸蓄水期及发电期下游沿程主要站相关水位资料，分析了向家坝修建后对下游水位的影响。

向家坝水电站于 2012 年 10 月 10 日 9 点开始下闸蓄水，16 日 20 时完成初步下闸方案。开始下闸时，向家坝站流量为 9100 m^3/s，8.5 h 后变为 3110 m^3/s，然后在 2500 m^3/s 左右运行，下闸期最小流量 2110 m^3/s(图 4-2-4)。

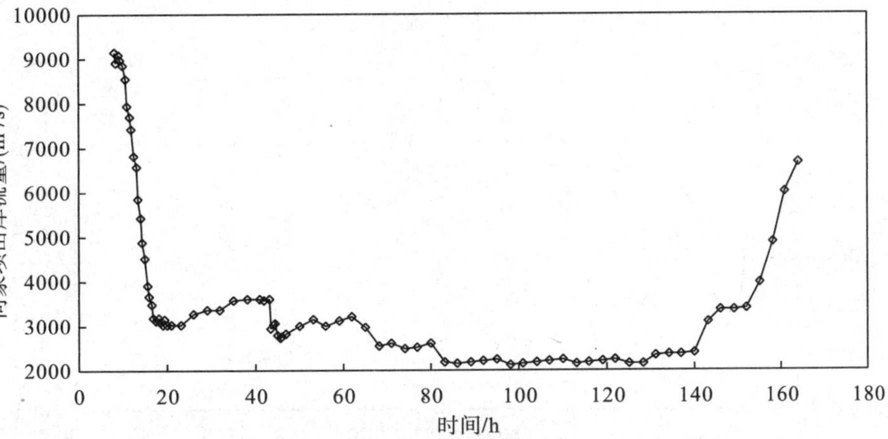

图 4-2-4　向家坝下闸期间出库流量变化

向家坝—宜宾段受岷江回流影响，水位日变幅较为明显；但宜宾以下水位日变幅较为稳定，无明显坦化。

下闸第一天，向家坝流量从 9100 m^3/s 变为 3200 m^3/s 左右，支流横江横江站流量为 500 m^3/s 左右，岷江高场站流量为 4800 m^3/s 左右，沱江富顺站流量为 500 m^3/s 左右，合江赤水站流量在 350 m^3/s 左右，支流变化不大。向家坝下游水位变化主要是由向家坝蓄水所引起。

通过对向家坝下闸蓄水期间下游主要水位站的水位收集，分析得到了向家坝下游主要水位站的水位变化(表 4-2-4)。

表 4-2-4　向家坝下闸期间主要参数统计

位置	坝下	马马石	二郎滩	上渡口	宜宾	李庄	泸州	合江	朱沱
距坝里程/km	2.5	4.8	16	31	33	51	160	230	253
最大日变幅/m	4.98	4.75	5.3	3.49	3.33	2.64	2.57	2.28	2.52
持续时间/h	155	155	155	155	155	154	152	152	152

注：持续时间从水位时变幅为 0.1 m 开始，至下闸结束后时变幅为−0.1 m 时结束

向家坝—宜宾段水位变幅逐渐减小，水位日变幅减小了 1.65 m，主要变化区间位于宜宾—二郎滩段之间。这可能主要是因为岷江流量较金沙江流量大，岷江流量回流至金沙江，导致水流势能减小。李庄—朱沱段无较大支流汇入，日变幅变化不大，至朱沱的水位日变幅仍有 2.52 m。李庄—朱沱河段长约 202 km，水位日变幅仅坦化 0.12 m；江津—朱沱段长约 80 km，向家坝下闸蓄水可以影响至江津。

向家坝—朱沱段，沿程受向家坝水电站下闸蓄水影响，持续时间变化不大。

表 4-2-4 统计了向家坝在下闸期，其下游主要水位站持续时间的变化。向家坝坝下 2.5 km 处从蓄水开始至结束，持续时间为 155 h，宜宾持续时间为 155 h，李庄连续时间为154 h，泸州持续时间为 152 h，合江持续时间为 152 h，朱沱持续时间为 152 h。可见，总持续时间较为稳定，如图 4-2-5 所示。

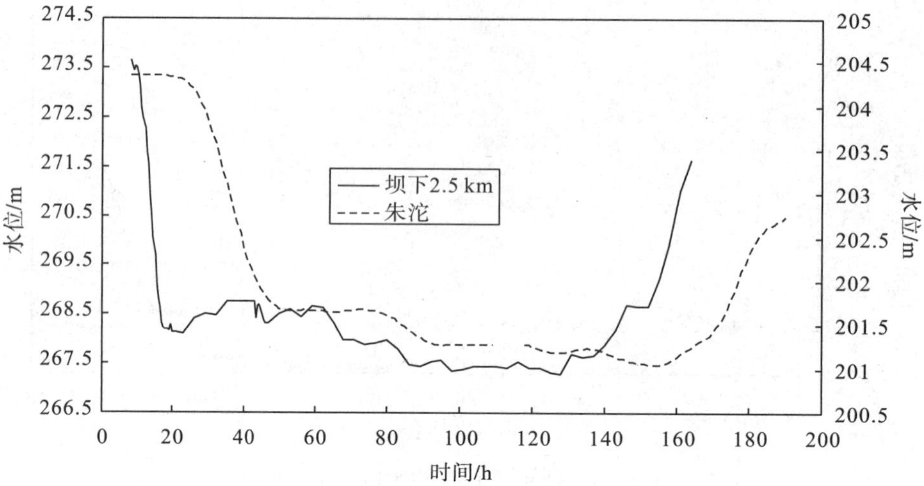

图 4-2-5　向家坝下闸期坝下 2.5 km 处与朱沱站水位变化过程

4.2.4.2　运行期水位变化

向家坝水电站首批 2 台机组已于 2012 年 11 月 19 日正式发电，2014 年 7 月实现 8 台机组全部正常运行发电。

本书收集了 2013 年 2 月 16 日 0 时至 20 日 23 时向家坝坝下、宜宾水位站、李庄水位站、泸州水位站、合江水位站及朱沱水文站等站的水位数据，用来对向家坝水电站调节对坝下水位的影响进行分析，其中向家坝坝下的水位数据每 6 h 记录一次；其余各站每小时记录一次。通过沿程各站水位资料的分析，受向家坝电站调节的影响，坝下下游沿程水位存在明显波动，非恒定流运动明显。

2013 年 2 月 17 日 0 时至 21 日 23 时，向家坝水电站出库流量为 1400～1500 m^3/s；朱沱水文站的流量为 2810～2990 m^3/s。支流入汇流量较大，与干流流量基本相当。

期间，向家坝水电站出库流量日变幅为 70 m^3/s 左右，水位日变幅为 0.5 m 左右。在支流流量与长江干线流量相当的条件下，向家坝水电站调节产生 0.5 m 的日变幅的非恒定流可以传到朱沱水文站，甚至更远(图 4-2-6)。

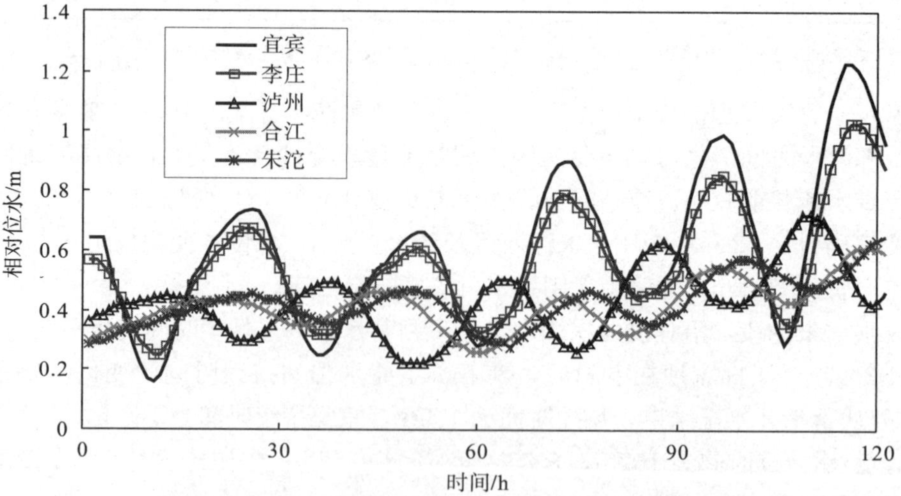

图 4-2-6　长江宜宾至重庆段主要水位站水位变化

通过以上分析可以得到：向家坝水电站蓄水后，非恒定流运动较为明显，且沿程坦化不显著，距离影响至江津。

4.2.4.3 向家坝至江津段设计水位计算条件

1. 按向家坝最小下泄流量确定

向家坝建库前，根据水文站多年的水文资料，取 98%保证率流量，得到向家坝—江津段主要站的设计最低通航流量，屏山站为 1245 m^3/s，横江汇合后宜宾站为1329 m^3/s，岷江汇合后李庄站 2071 m^3/s，沱江汇合后 2135 m^3/s，合江汇合后朱沱站 2230 m^3/s(表 4-2-5)。

表 4-2-5 长江向家坝—江津段主要站保证率流量(P=98%)

主要站	屏山	宜宾	李庄	泸州	朱沱
流量/(m^3/s)	1245	1329	2071	2135	2230

向家坝建库后，最小下泄流量为 1200 m^3/s，比屏山站天然保证率(P=98%)流量小 45 m^3/s。故向家坝建库后，江津至向家坝段入口流量为向家坝最小出库流量，各个水位站流量依次减少。

表 4-2-6 长江江津至向家坝段设计最低通航水位计算组合

主要站	向家坝	宜宾	李庄	泸州	朱沱
流量/(m^3/s)	1200	1284	2026	2090	2185

2. 按水库联合调度运行方案确定

根据第 4 章向家坝下游通航流量研究，以 1990～2010 年系列年屏山站逐日平均流量作为入流条件，溪洛渡、向家坝建成投产后，向家坝保证率为 98%出库流量为 1818 m^3/s。对向家坝—江津段沿程各站设计通航流量进行修正，最终确定各站设计流量见表 4-2-7。

表 4-2-7 长江向家坝至江津段设计通航流量

主要站	向家坝	宜宾	李庄	泸州	朱沱
流量/(m^3/s)	1818	1902	2644	2708	2803

4.2.4.4 计算结果比较

水富—江津段采用综合历时曲线的方法对设计最低通航水位进行了计算。

由于联合调度方案 98%的出库流量较向家坝最小下泄流量大 618 m^3/s，导致两种计算结果差别较大。江津—朱沱段水位相差 0.5～0.68 m，其中，朱沱站相差 0.66 m；朱沱—合江段水位相差 0.62～0.79 m；合江—泸州段相差 0.65～0.82 m；泸州—宜宾段相差 0.68～0.88 m，其中李庄站相差 0.73 m；宜宾—水富段相差 0.76～0.96 m。

4.2.4.5 计算条件合理性分析

江津—水富段设计最低通航水位计算的来流条件主要从两个方面考虑，一是按最小下泄流量，二是上游水库联合调度情况下向家坝保证率为98%的流量。三峡库区设计水位计算条件合理性分析中对来流条件的选择进行了详细分析，为保障长江航道畅通，也应按照最小下泄流量来确定向家坝的出库边界。

4.2.4.6 计算成果与其他研究成果比较

长江航道局于1981年根据频率统计方法推算出了宜宾—宜昌段主要水位站的设计最低通航水位数据。通过比较，按向家坝最小出库流量(1200 m^3/s)计算主要站水位略有减小(图4-2-5)，主要是由于向家坝流量减小所致。

2009年9月南京水利科学研究院采用一维数学模型对水富—宜宾段设计水位进行了计算，当采用向家坝出库流量为1200 m^3/s时，计算得到宜宾的设计最低通航水位为258.67 m，比本次算得的宜宾水位低0.08 m(向家坝出库流量Q=1200 m^3/s)，偏差不大(表4-2-8)。综上所述，应选择向家坝最小下泄流量对应的计算值作为江津至水富河段的设计最低通航水位。

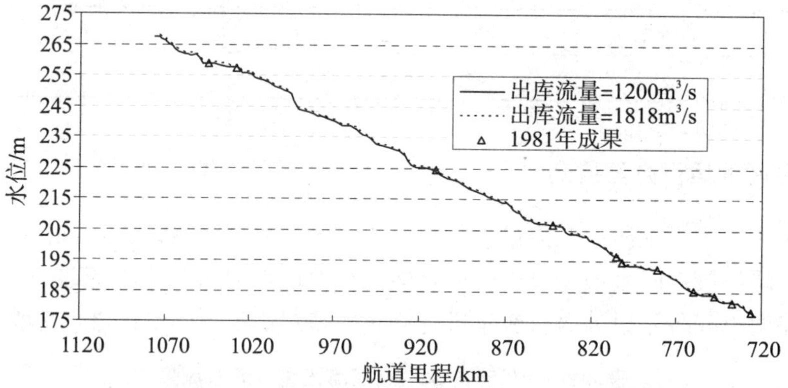

图4-2-5 向家坝至江津段此次计算结果与1981年计算成果比较

表4-2-8 本次计算值(按最小出库流量Q=1200 m^3/s)与1981年成果差值

水位站	上游航道里程/km	1981年成果/m	计算值/m	差值/m
宜宾	1044.1	258.79	258.75	−0.04
李庄	1024.4	255.89	255.83	−0.06
二郎滩	913.5	224.92	224.85	−0.07
手扒岩	899.1	221.11	221.08	−0.03
小竹桃	869.6	213.84	213.76	−0.08
合江	842.3	206.60	206.56	−0.04

续表

水位站	上游航道里程/km	1981 年成果/m	计算值/m	差值/m
老鹰岩	826.5	203.46	203.39	−0.07
朱沱	805.0	196.58	196.51	−0.07
羊角滩	801.5	194.78	194.72	−0.06
石门	781.5	192.37	192.35	−0.02
狗爬岩	759.6	185.02	184.99	−0.03

4.3　卵石航槽稳定判别技术

4.3.1　技术背景

西南地区的山区河流特征基本相似，水沙运动规律复杂，航道条件复杂多变，航道维护等级偏低。在长江、乌江、澜沧江、嘉陵江及西江等主要通航河流都存在类似的卵石沙波碍航的现象。例如，长江叙渝段航道部分重点滩险具有明显的卵石沙波运动，如九堆子、筲箕背滩、漂灯碛滩、螃蟹子滩、东溪口滩。

图 4-3-1 是卵石沙波形态对通航尺度的影响的示意图。从图 4-3-1 可以看出，通常情况下，当航道尺度恰好满足通航标准的要求时，会因为卵石沙波形态而造成新的碍航。以长江上游航道为例，重庆以上河段航道等级为Ⅲ级，航道维护水深为 2.7 m，航宽为 100 m，而在长江上游筲箕背、九堆子河段实测的卵石沙波波高为 1～3 m。因此，若在航道维护尺度范围内产生卵石沙波形态，将严重缩窄原有的通航尺度，造成新的碍航。

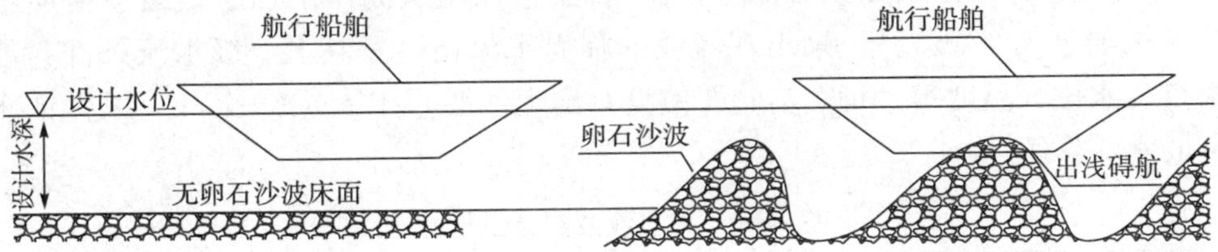

图 4-3-1　卵石沙波形态对通航尺度的影响的示意图

卵石沙波滩险的形成机理较为复杂，水沙运动规律不易掌握，治理难度较大，整治效果难以维持，碍航相当严重。总的来看，卵石沙波滩险碍航严重，已经成为限制航道等级提升的瓶颈，其治理的成败直接关系到长江上游黄金水道的建设能否成功。

考虑到西南山区河流本身水流动力条件较强，卵砾石的运动输移不可避免。因而理想的稳定航槽应该既能满足航槽的输沙，又不至于在航槽中产生大规模的卵石沙波运动碍航。在实施航道整治过程中，其效果的检验也应以此作为判别的标准。

本项目在实验的基础上提出了一套西南山区河流上航道整治工程实施后航槽的稳定性判别技术，以此指导整治工程方案的研究和设计。

4.3.2　研究情况

实验控制条件主要包括水流条件控制和输沙平衡条件控制。

水流条件控制是指实验过程中水槽内的水流保证为恒定均匀流，流量控制系统采用的是变频器控制的水泵，流量误差范围在 0.2 L/s 内。水位由活页式尾门控制，由沿程 16 台超声水位计监控，保证沿程水位基本相等。

输沙平衡条件是指水槽内的加沙系统的加沙量与水流从水槽内带走的冲刷量基本相等，即冲刷量等于淤积量(加沙机补给量)，水槽内的动床泥沙基本处于冲淤平衡状态。水槽总长 28 m，由上游向下游分别为 3 m 入口段、10 m 固化床面水流调整段、12 m 动床实验段、3 m 尾部集沙段。

实验用沙采用筛分粒径分别为 1～3 mm 和 3～6 mm 的天然卵砾石，作为数据对比同时选择4～6 mm的轻质沙(荣昌精煤)，实验沙参数见表 4-3-1，其非均匀系数 σ_g<1.3，为均匀沙。

表 4-3-1　水槽实验用沙特征统计

实验沙		比重	筛分粒径/mm		特征粒径/mm			非均匀
			D_{min}	D_{max}	D_{35}	D_{50}	D_{65}	系数 σ_g
沙样 1	天然沙	2.65	1	3	1.5	1.8	2.3	1.24
沙样 2	天然沙	2.65	3	6	4.6	5.3	6.4	1.18
沙样 3	荣昌精煤	1.35	4	6	4.6	4.8	5.0	1.04

沙波实验采用 0.15%～0.70%的底坡，3 组实验沙每组变换 4～6 组比降，每组比降变化 3～5 组流量，共完成 69 个组次的实验。流量控制从泥沙个别起动逐步增加至可见明显床面规则起伏(沙波)，记录出现沙波的临界水流条件及其上一级水流条件，包括比降、流量、水位、温度等。每次实验即使没有出现沙波，亦持续 6～12 h，以保证床面经历充分的水流作用(表 4-3-2)。

表 4-3-2　卵石沙波实验组数统计

实验沙	比重	D_{50}/mm	比降	流量/(m^3/s)	组次
长江天然沙	2.65	1.8	0.15%～0.50%	0.007～0.044	27
长江天然沙	2.65	5.3	0.30%～0.70%	0.010～0.055	20
荣昌精煤	1.35	4.8	0.08%～0.30%	0.005～0.042	22

根据肉眼分辨及超声地形仪在实验下游段进行观测，若在床面生成可识别的、成片的、有规律的起伏，则判定发生沙波。将发生沙波的水流条件，以及略小于该水流条件且不发生沙波的水流条件统计出来，则可以归纳出沙波的临界水流条件，其结果统计见表 4-3-3。

表 4-3-3　卵石沙波实验结果统计

比重 γ_s	D_{50}/m	比降 J	流量/(L/s)	水深/m	平均流速 U/(m/s)	水力半径 R/m	判别
1.35	0.0048	0.08%	30.2	0.142	0.378	0.094	有沙波
1.35	0.0048	0.10%	25.0	0.114	0.392	0.081	
1.35	0.0048	0.15%	25.0	0.117	0.383	0.082	
1.35	0.0048	0.20%	29.9	0.110	0.483	0.079	
1.35	0.0048	0.30%	19.0	0.078	0.435	0.061	
2.65	0.0053	0.70%	39.9	0.095	0.752	0.071	
2.65	0.0053	0.50%	50.0	0.119	0.751	0.083	
2.65	0.0053	0.30%	70.0	0.162	0.774	0.102	
2.65	0.0018	0.10%	37.2	0.139	0.479	0.093	
2.65	0.0018	0.20%	30.0	0.102	0.526	0.075	
2.65	0.0018	0.30%	30.1	0.095	0.565	0.071	
2.65	0.0018	0.40%	25.2	0.081	0.554	0.063	
1.35	0.0048	0.08%	24.7	0.132	0.332	0.090	无沙波
1.35	0.0048	0.10%	22.0	0.107	0.367	0.077	
1.35	0.0048	0.15%	15.2	0.073	0.373	0.058	
1.35	0.0048	0.20%	15.1	0.076	0.354	0.060	
1.35	0.0048	0.30%	16.1	0.066	0.435	0.054	
2.65	0.0053	0.70%	30.1	0.071	0.756	0.057	
2.65	0.0053	0.50%	40.2	0.095	0.758	0.071	
2.65	0.0053	0.30%	60.6	0.149	0.725	0.097	
2.65	0.0018	0.10%	30.0	0.119	0.451	0.083	
2.65	0.0018	0.20%	19.9	0.077	0.460	0.061	
2.65	0.0018	0.30%	19.2	0.068	0.506	0.055	
2.65	0.0018	0.40%	15.9	0.057	0.499	0.047	

推移质运动的能量来自于水流损失的势能 $w_0=\gamma hSU$，其中，γ 为水流的比重，h 为水深，U 为断面平均流速，S 为表面能坡，实验过程中水流为恒定均匀流，表面能坡与水槽比降 J 相等。将其无量纲化，则为无量纲输沙功率 w_*：

$$w_* = hSU/\sqrt{\frac{\gamma_s-\gamma}{\gamma}gD^3} \tag{4-3-1}$$

将水槽实验结果用无量纲输沙功率 w_* 表示，并与多个水流条件相关参数相比较。发现当卵砾石沙波出现临界值时，w_* 与 $D'=(R/D)S$ 有较好相关性(其中，D'为无量纲参数，是相对光滑度与比降的乘积)(图 4-3-2)。

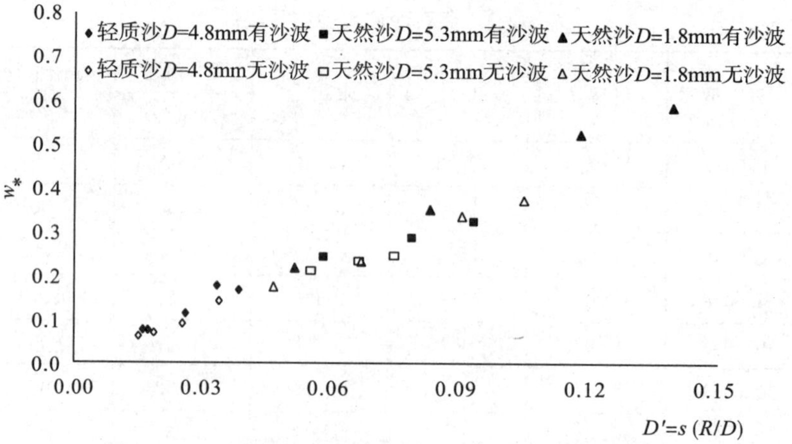

图 4-3-2 无量纲输沙功率 w_* 与 D' 的关系(实验数据)

将实验数据分类(有沙波、无沙波)，对 w_* 与 D' 的关系进行拟合，得到卵砾石沙波出现的临界条件(图 4-3-3)表达式：

$$w_* = 4D' \tag{4-3-2}$$

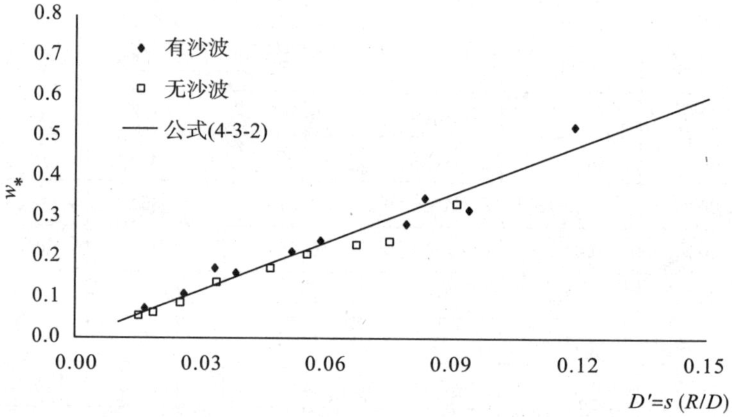

图 4-3-3 卵砾石沙波产生的临界条件

对式(4-3-1)进行整理，得到卵砾石沙波的临界条件判别系数，定义为 G_{Dcr}。将实验数据整理后，将临界条件判别系数 G_{Dcr} 与弗汝德数 Fr 的关系点绘于图 4-3-4 中。

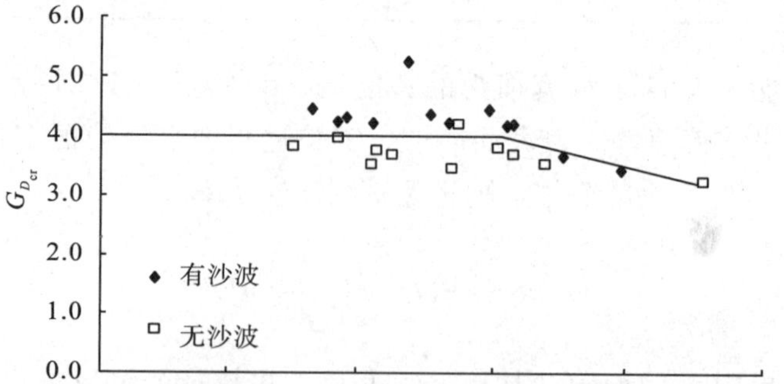

图 4-3-4 卵砾石沙波临界条件判别系数与 Fr 数的关系

$$G_{D_{cr}}=\frac{UH}{R\sqrt{\frac{\gamma_s-\gamma}{\gamma}gD}}=\begin{cases}4 & (Fr\leqslant 0.6)\\ 5.6-\frac{8}{3}Fr & (Fr>0.6)\end{cases} \tag{4-3-3}$$

可以看出，出现沙波的实验组次，其判别系数 $G_{D_{ur}}$ 基本分布在 4.0 范围以上；未出现波的实验组次，其判别系数 G_{Dcr} 基本分布在 4.0 范围以下。当 $Fr>0.6$ 时，判别系数落至 3.5~4.0 的范围，略有减小。

卵石沙波产生的判别方法：卵砾石沙波产生的临界条件可以用 $w_*=4D'$ 表示，或者用判别系数 $G_{D_{cr}}=\frac{UH}{R\sqrt{\frac{\gamma_s-\gamma}{\gamma}gD}}$ 在 Fr 数小于 0.6 时是否大于 4 来判别。当无量纲输沙功率 w_* 或者判别系数 $G_{D_{cr}}$ 大于临界条件时，经过足够时间的水流作用，卵砾石床面会出现沙波现象。

4.3.3　卵石航槽稳定的判别

根据上述实验结果及前述“泥沙起动”部分的研究成果综合分析，以无量纲单宽流量和水面比降作为参数，可以获得从卵石运动至出现卵石沙波运动间的临界条件，如图 4-3-5所示，图中的绿色区域即为航槽稳定区域。

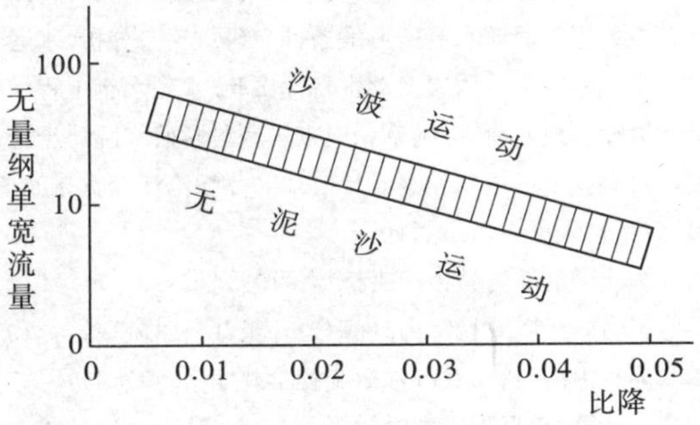

图 4-3-5　水流条件、沙波运动与航槽稳定性的关系

整治工程实施后，判别航槽是否稳定的方法的主要内容和步骤如下：

(1)首先按照下述方法判别在各种水流条件下航槽是否会产生卵石沙波运动。

①对拟实施整治的航道进行基础资料的实测，包括航槽中的河床组成(推移质粒径 D、比重 γ_s)，河道形态(河床地形、断面)，水流条件(水位 H、比降 J 和流速 U)三个方面的基础资料，若没有水流条件的实测资料，可以建立该河段的物理模型或者二维数学模型来计算获得。

②根据实测资料计算航槽中的水流平均水深和平均流速，以及弗汝德数 Fr，确定本河段水流所属的范围。

③采用以下公式计算航道范围的推移质输移判别系数 $G_{D_{cr}}$：

$$G_{D_{cr}}=\frac{UH}{R\sqrt{\frac{\gamma_s-\gamma}{\gamma}gD}}=\begin{cases}4 & (Fr\leqslant 0.6)\\ 5.6-\frac{8}{3}Fr & (Fr>0.6)\end{cases} \tag{4-3-4}$$

④根据计算结果判断工程河段范围内航道是否会产生卵石沙波。

当 $Fr \leqslant 0.6$ 时，若 $G_{D_{cr}} \geqslant 6$，则航道内将会产生卵石沙波运动，否则不发生卵石沙波运动；当 $Fr > 0.6$ 时，若 $G_{D_{cr}} \geqslant 5.6 - \frac{8}{3}Fr$，则航道内将会产生卵石沙波运动，否则不发生卵石沙波运动。

(2)根据卵砾石起动公式，计算高于设计水位以上流量时卵石起动参数，判别卵石的运动状态。整治后水流条件应确保高于设计水位的流量时卵石能够起动。

(3)若整治方案实施后，航槽内在各级水位下均不产生卵石沙波，且在设计水位以上流量时满足卵砾石起动条件，即无量纲单宽流量位于图 4-3-5 所示的绿色区域内，则表明航槽稳定，工程方案可行；若二者之中有一个不能满足，则说明工程方案需要调整，直至二者均满足为止。

主要参考文献

鲍毅，许定生. 1996. 船舶阻力的相关系数及其应用. 船舶工程，6：27－31.

曹民雄，蔡国正，唐存本，等. 2004. 石质急流滩水力特性概化试验研究. 水利水运工程学报，4：26－31.

曹民雄，费德明，李花白，等. 2004. 石质急流滩航道整治的原则与方法. 水运工程，11：75－79.

曹民雄，姜继红，唐存本，等. 2005. 船舶上滩阻力计算方法对比与分析. 水利水运工程学报，2：41－45.

曹民雄，李花白，陆宏健. 2004. 消滩水力指标的确定方法讨论. 人民长江，35(11)：35－37.

曹民雄，唐存本，蔡国正. 2003. 石质急流滩碍航水流的形成条件与碍航流态分析. 水运工程，10：43－46.

曹民雄，唐存本，蔡国正. 2004. 船舶上滩的影响因素及动水特性试验. 水利水运工程学报，2：16－22.

曹民雄. 2005. 山区河流急流滩险航道整治技术研究. 南京：南京水利科学研究院博士论文.

长江航道工程局，重庆交通学院，云南省水运规划勘察设计院. 2004. 澜沧江贺宽滩航道整治数值模拟研究报告.

长江航道局. 1998. 川江航道整治. 北京：人民交通出版社.

长江重庆航道工程局. 2004. 澜沧江绣花滩群航道整治河工模型试验报告.

陈永奎. 1993. 三峡工程导流明渠施工通航船队航行阻力计算分析. 长江科学院院报，10(4)：1－9.

丁伟，赵润元. 1993. 浅水中船舶摩擦阻力的研究. 武汉水运工程学院学报，17(4)：425－431.

高高，夏琼. 2006. 船舶波形阻力数值计算. 武汉理工大学学报，4：8－11.

广东省航运学校，武汉河运专科学校. 1991. 船舶概论. 北京：人民交通出版社.

金仲达. 2002. 船舶概论. 哈尔滨：哈尔滨工程大学出版社.

李云波，陈康，黄德波. 2005. 三体船粘性阻力计算与计算方法比较. 水动力学研究与进展，20(4)：452－457.

潘小强，沈庆，等. 2005. 漕渡门桥航行水阻力和绕流场的数值预报. 解放军理工大学学报，6(4)：363－368.

彭如海. 2003. 船舶工程中的力学问题. 力学与实践，25(5)：4－10.

钱徐淘. 1993. 船舶实用浅水阻力计算及发展前景. 江苏船舶，10(2)：1－7.

邱磊. 2003. 船舶操纵相关粘性流及水动力计算. 武汉：武汉理工大学博士论文.

劭世明，周旭芳，王云才. 1994. 双体船的静水阻力估算. 中国造船，1(124)：13－21.

盛振邦，刘应中. 2004. 船舶原理(上、下). 上海：上海交通大学出版社.

宋永军，等. 2005. 浅窄航道非线性兴波阻力数值计算. 船舶工程，27(4)：33－36.

宋永军. 2005. 浅窄航道船舶兴波阻力数值计算. 武汉：武汉理工大学博士论文.

隋秀凤. 2005. 船舶阻力模拟仿真系统. 大连：大连理工大学硕士论文.

汤通生，韩海林. 1992. 内河运输船舶的阻力计算公式. 船舶工程，5：21－23.

王家楣，蔡成法. 2003. 船模摩擦阻力的一种测试方法及结果. 武汉理工大学学报，27(1)：4－6.

吴曦晖，郭国平. 2003. 内河船舶安全航速分析与探讨. 船海工程，2：45－46.

许一兵. 2002. 内河船舶航行阻力计算方法讨论. 水道港口，23(1)：7－11.
许志刚，卢晓平，石仲堃. 1997. 中型内河机动驳阻力预报方法. 武汉造船，1：48－51.
杨盐生. 1995. 船舶阻力系数和推力系数计算的数据库方法. 大连海事大学学报，21(4)：14－17.
伊绍琳. 船舶阻力. 1985. 北京：国防工业出版社.
张红玲，李波. 2000. 船舶阻力 CFD 发展现状及应用前景. 江南集团技术，(3)：9－11.
中华人民共和国交通部. 1991. 中华人民共和国国家标准：内河航道标准(GBJ139－90).
中交第二航务工程勘察设计院，云南水运规划勘察设计院. 2003. 澜沧江思茅港—中缅边境 243 号界碑段五级航道建设工程第一期工程施工图设计报告.
重庆交通大学. 2008. 澜沧江贺宽上滩航道整治改善工程措施数学模型研究报告.
重庆交通学院. 1999. 云南省“九五”重点攻关课题：澜沧江曼厅大沙坝河工模型试验研究报告.
重庆交通学院. 2002. 交通部“九五”重点课题：山区卡口型河道水沙运行规律及治理措施.
重庆西南水运工程科学研究所. 2002. 澜沧江国际边境河流航运开发研究：小橄榄坝浅滩整治河工模型试验研究报告.
朱珉虎. 1990. 内河小船实用设计九：阻力、功率、航速估算方法. 江苏船舶，7(2)：45－67.
邹早建，等. 2002. SWATH 船型及其阻力特性计算. 武汉理工大学学报，26(3)：300－302.

第 5 章　航道整治建筑物新型结构研究

5.1　岸坡稳定技术

山区河流航道岸坡的稳定问题是关系航道安全的主要问题之一。岸坡失稳对航道安全的影响主要集中在如下几个方面：①岸坡失稳岩土体方量很大时可能阻断或改变航道；②岸坡失稳岩土体高速滑(或落)入航道时形成的涌浪威胁行船安全；③岸坡失稳岩土体堆积于航道底部减小航道水深甚至碍航；④岸坡失稳岩土体成为航道淤积泥沙的新来源。可见，航道岸坡的稳定对确保航道安全具有重要意义，开展航道岸坡稳定技术研究是具有现实意义的。

鉴于此，结合本领域的现有研究水平和已取得研究成果，从如下几个方面开展库岸稳定技术研究：①岸坡失稳机理；②岸坡岩土体参数确定方法；③岸坡稳定性分析方法；④静动土压力计算方法。

5.1.1　岸坡失稳机理

5.1.1.1　水库初次蓄水中均质库岸塌岸现象实验研究

众所周知，在水库初次蓄水过程中，最易发生塌岸现象，但人们对水库初次蓄水过程中塌岸现象的研究并不多。本章将通过室内物理模拟实验，研究土质均质岸坡在水库初次蓄水过程中的塌岸现象及浸润线变化问题，以期获得对塌岸研究有益的认识。

1. 实验模型建设及实验方案

1)实验设备

模型槽是进行水库塌岸物理模型实验的关键设备，实验采用重庆交通大学水利水运工程教育部重点实验室的宽 2 m、长 25.6 m、高 1.0 m 的玻璃水槽为实验模型槽。由于水槽玻璃侧墙的强度和变形可能不能满足本实验要求，因此，需要对该玻璃水槽进行改造，以满足本物理模型实验需要。改造的方法是：①依据本模型实验需要，将水槽内分成不同区域(建设模型区域和实验观测区域)，各区域相间分布，同时在水槽内侧加固水槽侧墙(图 5-1-1)。水槽改造用砌筑砖墙的形式完成；②在模型槽两端分别增加水位、水量控制系统；③在改造后模型槽内增加水位调节系统等。

为便于研究岸坡浸润线随库水位上升的变化情况，采用测压管法在观测井中观测模型坡体内的浸润线。由于模型的长、宽、高等尺寸相差不大，用于浸润线观测的测压管布置应该考虑模型边界的影响。为了消除模型边界的影响，所有测压管进水口均布置于模型的纵向对称面上，且距离模型底面 6.0 cm，水平间距 20 cm [如图 5-1-2 所示，图中"P1－n"（n=1，…，5)为测压管编号，表示 1＃模型的第 n 个测压管]。测压管采用内径 3 mm、外径 4 mm 的 PVC 管制作。

图 5-1-1 改造的模型实验槽

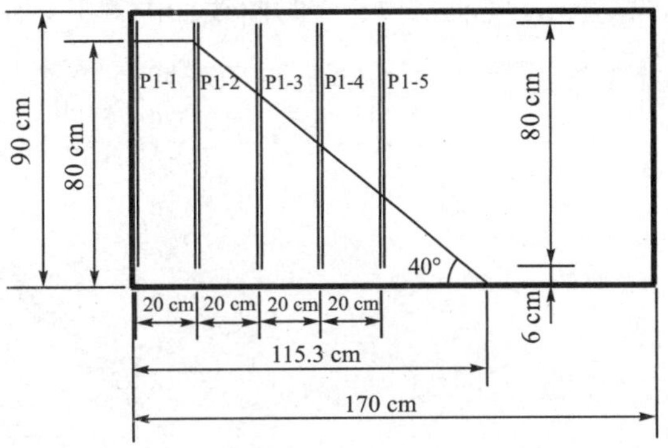

图 5-1-2 测压管布置设计图

2)实验土料

实际的水库岸坡的土体种类很多，很难在室内条件下对其进行全面、真实的模拟。依据模型实验的目的，以取自三峡库区的含黏粒粉砂为主要实验土料。由于含黏粒粉砂是最主要的实验土料，对其进行室内实验测得土粒比重为 2.69，最大干密度和最优含水率分别为 1.54 g/cm^{3}和 16.8%，渗透系数介于 1.08×10^{-4}m/s 和 2.90×10^{-4}m/s，平均为 1.99×10^{-4}m/s。

3)实验模型

在实验模型中，共设计 4 类 9 个物理模型，分别用于研究岸坡坡角、土体渗透性、岸边坡坡面形态和下伏基岩界线等对塌岸的影响。其中第一类模型的结构特点：该类模型共 3 个，均采用含黏粒粉砂制备，各模型的高度均为 80 cm，顶宽均为 20 cm，厚度均为 80 cm。1＃模型的坡角为 40°，底宽为 115.3 cm；2＃模型的坡角为 35°，底宽为 134.3 cm；3＃模型的坡角为 30°，底宽为 158.6 cm。模型结构设计如图 5-1-3 所示。以图中坡角 30°的模型(即 3＃模型)作为基本模型，其他模型设计以此为参考。

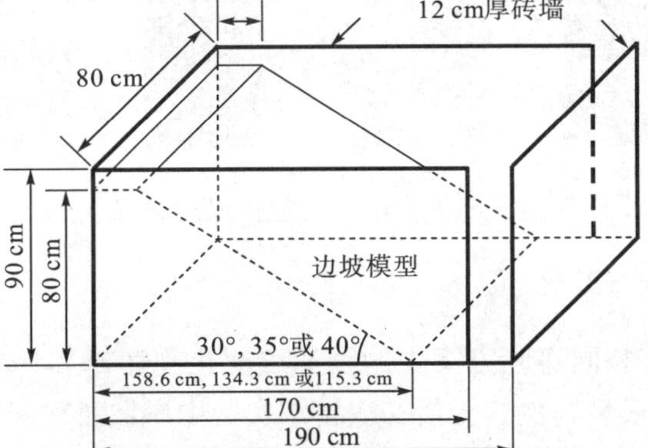

图 5-1-3 第一类模型结构设计图

4)实验方案

实验模型建成后，在库水位上升过程中可能会发生一些塌岸现象，为了便于观测塌岸现象，实验选取的实验水位上升速率为 1.0 cm/h。实验水位从 6.0 cm(以模型底面为高程零点)起开始上升，每天上升 10.0 cm，然后保持水位不变 14 h，直至实验水位达到 76.0 cm。实验水位－历时曲线如图 5-1-4 所示。

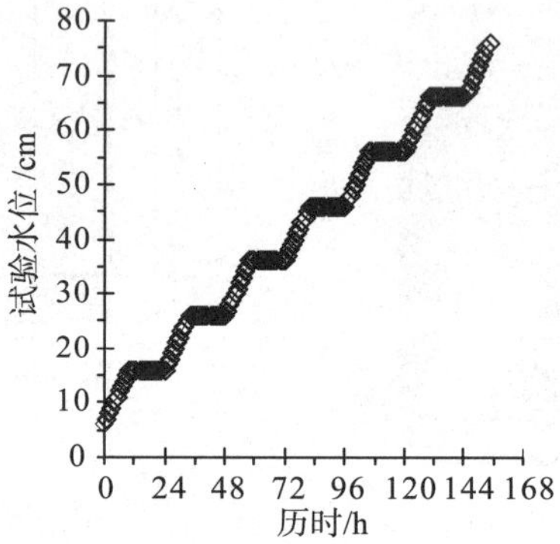

图 5-1-4　实验水位－历时曲线

2. 实验中观测到的塌岸现象

通常认为，在水库初次蓄水过程中，岸坡塌岸现象频发。实验中，也观察到了模型边坡在初次库水位上升实验过程中容易发生塌岸现象。这里仅给出第一类模型在初次蓄水实验中的塌岸现象及其特点。

图 5-1-5 给出了第一类模型在初次库水位上升实验中观察到的部分塌岸现象。由图可知，尽管库水位上升速率仅为 1.0 cm/h，但是不同坡角的岸坡模型均观察到了不同程度塌岸现象。相比之下，坡角为 40°的模型边坡的塌岸现象最为严重，坡角为 30°的模型边坡的塌岸程度最弱。由于各模型的主要区别是岸坡坡角的不同，可以认为，在其他条件相同的情况下，岸坡坡角越大，越易发生塌岸现象。

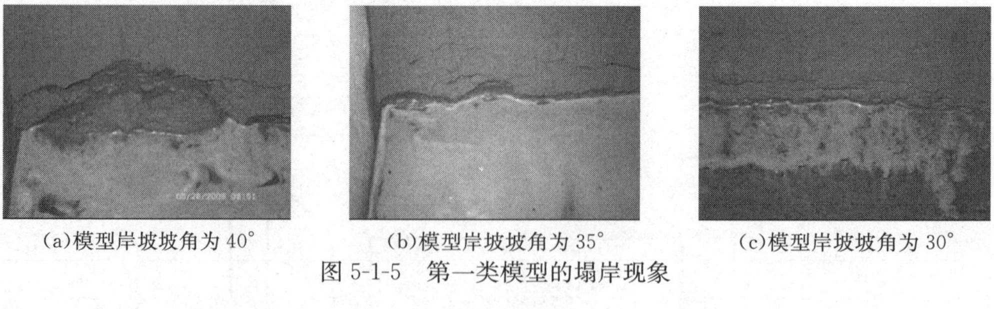

(a)模型岸坡坡角为 40°　(b)模型岸坡坡角为 35°　(c)模型岸坡坡角为 30°

图 5-1-5　第一类模型的塌岸现象

3. 实验中观测到的浸润线变化

由于各均质模型在相同实验方案中的浸润线变化规律基本一致，仅以第一类模型中坡角为 40°的均质岸坡模型为例，分析初次蓄水实验中岸坡浸润线的变化情况。

1)实验中观测到的测压管水位变化

图 5-1-6 中展示了实验中各测压管水位的变化，为便于比较，图中也给出了实验水位

随时间的变化(图中“WL”线)。

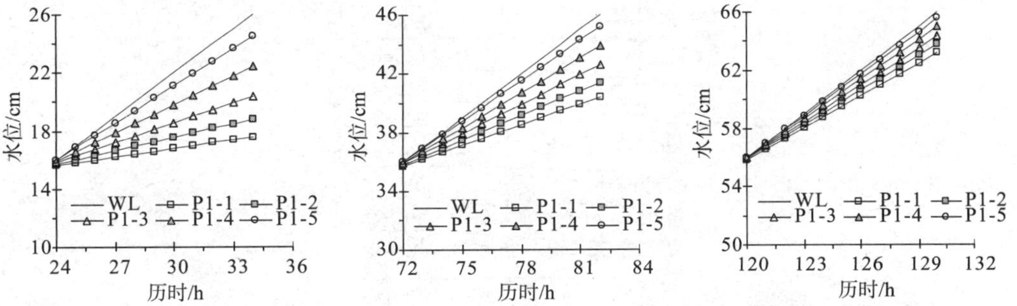

(a)水位从 16 cm 升到 26 cm　(b)水位从 36 cm 升到 46 cm　(c)水位从 56 cm 升到 66 cm

图 5-1-6　实验测得的水位－历时关系

WL. 实验水位；$P_{1\text{-}1}$. 测压管 1-1 水位；$P_{1\text{-}2}$. 测压管 1-2 水位；

$P_{1\text{-}3}$. 测压管 1-3 水位；$P_{1\text{-}4}$. 测压管 1-4 水位；$P_{1\text{-}5}$. 测压管 1-5 水位

由图可知，当实验水位以 1.0 cm/h 的速率等速上升变化时，各测压管水位也基本呈等速上升变化，但是，测压管水位的变化速率总是小于库水位的变化速率；不同测压管的水位及其上升变化速率也不相同，测压管距离模型坡体坡面的水平距离越短，测压管内的水位越高，且变化速率越大。

2)浸润线计算的理论解

在假定含水层均质、各向同性、侧向无限延伸且具有水平不透水层，库水位上升前原始潜水面水平，潜水流为一维流，库水位等速上升，不考虑降雨入渗等条件时，库水位上升时浸润线计算的简化公式为

$$h(x,t)=\begin{cases}h(0,0)+v_0t(0.1091\lambda^4-0.7501\lambda^3+1.9283\lambda^2-2.2319\lambda+1)(0\leqslant\lambda<2)\\ h(0,0)\qquad(0\leqslant\lambda<2)\end{cases}\tag{5-1-1}$$

式中，$h(x,\ t)$为 t 时刻距离岸坡 x 处的地下水位；$h(0,\ 0)$为初始时刻岸坡处的地下水位；v_0为库水位上升速率；λ 依下式计算：

$$\lambda=\frac{x}{2\sqrt{at}}\tag{5-1-2}$$

其中，

$$a=\frac{kh_{\mathrm{m}}}{\mu}\tag{5-1-3}$$

式中，k 为岸坡土体的渗透系数 m/天；μ 岸坡土体的为给水度或输水率；h_{m}为含水层平均厚度，m。

3)实验结果与计算结果的对比分析

由于本实验模型的边界条件和上述理论计算的边界条件基本相同，对两者进行对比分析，可以检验库水位上升过程中浸润线理论计算方法的可靠性，为实际工程中合理计算浸润线提供依据。

图 5-1-7 给出了实验测得的不同库水位(WL)时的浸润线，为便于比较，图中同时给出了模型边坡的边界线和通过上述理论公式计算得到的浸润线。

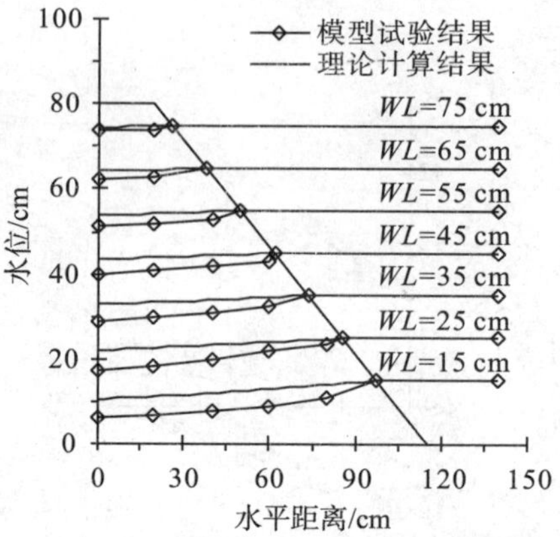

图 5-1-7　典型实验结果与理论计算值的对比分析

图中显示，模型实验测得的浸润线位置明显低于理论计算结果。这表明，若利用前述理论计算公式或方法计算水库初次蓄水时岸坡的浸润线，将过高地估计浸润线的位置。其主要原因是前述理论计算方法没有考虑岸坡土体的非饱和状态。

另外，图中还显示，实验观测结果与理论计算结果的差异随距离岸坡坡面的水平距离的增大而增大，也就是说，当用前述理论公式计算近岸坡坡面位置的浸润线时引起的误差相对要较小一些，计算远离岸坡面位置的浸润线时引起的误差要较大一些。

5.1.1.2　库水位等速上升中均质库岸塌岸现象实验研究

在实验模型中，共建设了 4 类 9 个均质岸坡物理模型。仅以第一类模型中坡面倾角 40°模型为例，研究库水位等速上升过程(不包括模型建设后的初次蓄水实验过程)中的塌岸现象及坡体内浸润线的变化特点。为了便于观测和分析不同水位上升速率时的塌岸现象，实验选取了如图 5-1-8 所示的 4 种实验水位上升速率进行实验，表中水位以模型底面为零点计算。

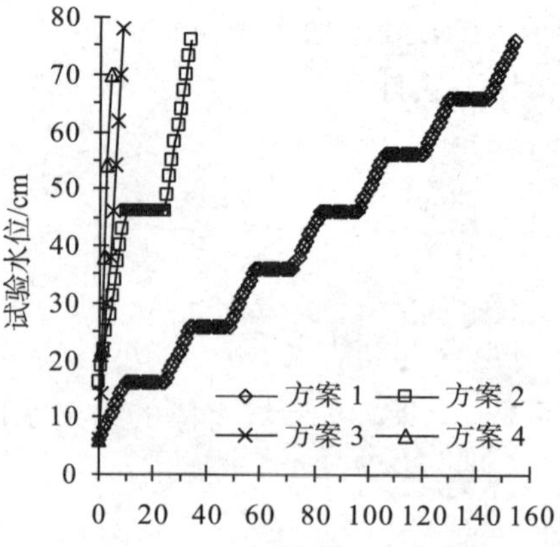

图 5-1-8　实验水位－历时曲线

图 5-1-9 给出了模型实验中的部分塌岸现象。由图可知，尽管同一模型在不同水位上升速率的实验中出现的塌岸程度不同，但总体而言，水位上升速率越快，塌岸现象越容易发生，塌岸现象也越严重。

(a)水位上升速率为 1.0 cm/h

(b)水位上升速率为 3.0 cm/h

(c)水位上升速率为 8.0 cm/h

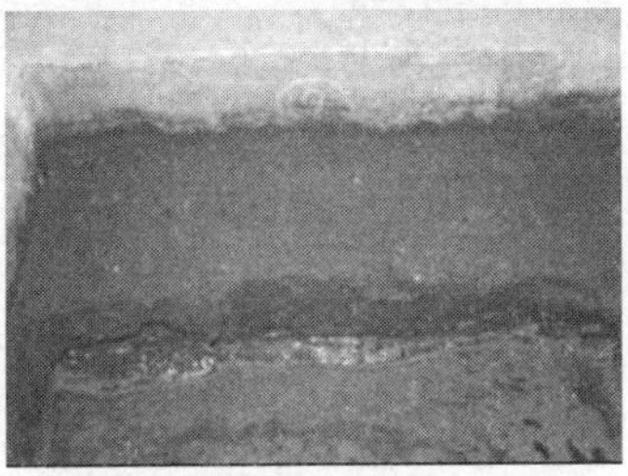

(d)水位上升速率为 16.0 cm/h

图 5-1-9　实验中的塌岸现象

通常人们认为，塌岸现象主要发生在库水位快速下降过程中，因此对库水位上升过程中的塌岸现象的研究较少。对于库水位上升速率和塌岸现象的关系，一般认为，在库水位上升过程(不包括初次蓄水过程)中，作用于坡面的水压力和指向坡内的渗透力均是有利于岸坡稳定的，由此得出库水位上升速率的增大并不一定会促使塌岸现象发生的结论。从上述三个不同模型在相同水位上升速率中的塌岸现象可知，库水位上升速率越大，水库塌岸现象越显著。

由于各均质模型在相同实验方案中的测压管水位变化特点基本一致，这里仅给出实验方案 2，如图 5-1-10 所示。由图可知，当库水位等速上升变化时，各测压管内的水位呈增高变化，但并不是每个测压管的水位均呈等速上升变化。实验方案 2 与实验方案 1 的主要区别是库水位上升速率不同，因此，可以认为实验方案 2 中测压管水位的非线性变化很可能是由于蓄水速率的不同引起的，下文实验方案 3 的实验结果也证明了这点。

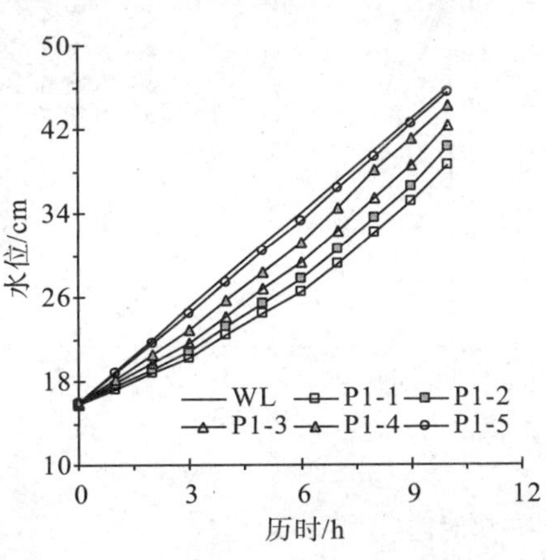

(a)库水位从 16 cm 升到 46 cm

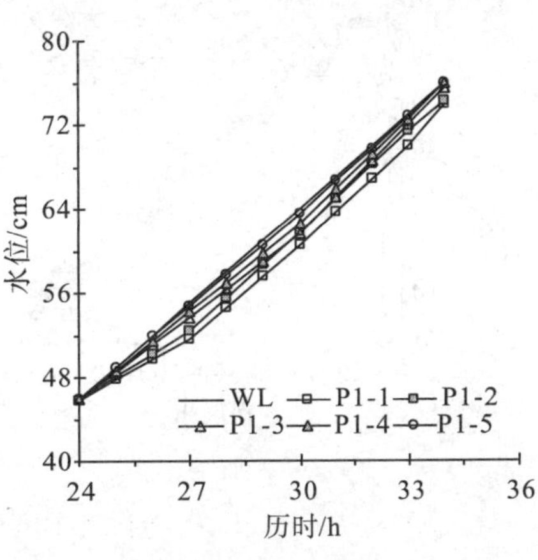

(b)库水位从 46 cm 升到 76 cm

图 5-1-10　方案 2 实验测得的水位—历时关系曲线

图 5-1-11 给出了不同实验方案中测得的不同库水位时的浸润线，为便于比较，图中同时给出了模型边坡的边界线和通过上述理论公式计算得到的浸润线，也给出了实验水位随时间的变化(即图中“*WL*”线)。

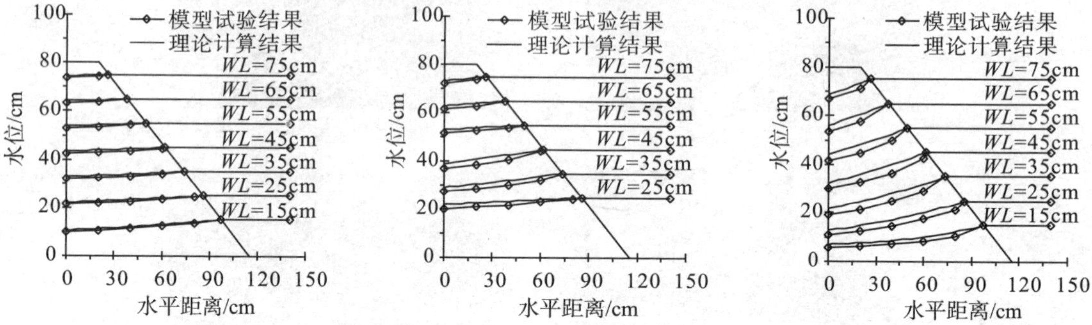

(a)水位上升速率为 1.0 cm/h　(b)水位上升速率为 3.0 cm/h　(c)水位上升速率为 8.0 cm/h

图 5-1-11　典型实验结果与理论计算值的对比分析(模型 1)

图中显示，模型实验测得的浸润线位置总低于理论计算结果。当水位上升速率较小时，实测浸润线的位置与理论计算值的差别较小；当水位上升速率较大时，实测浸润线的位置与理论计算值的差别较大。这表明，前述理论计算公式或方法得到浸润线将过高地估计实际浸润线的位置，且这种差异随库水位上升速率的增大而增大。

5.1.1.3　库水位等速下降中均质库岸塌岸现象实验研究

在实验模型中，共建设了 4 类 10 个物理模型。仅以第一类模型中坡面倾角 40°模型为例，研究库水位等速下降过程中的塌岸现象及浸润线变化特点。在实验前，缓慢升高水位达到实验起始水位，并保持该水位不变 24 h 以上。然后按拟定的速率下降实验水位，观测实验水位下降过程中的塌岸现象及浸润线的变化特点。共选取了如图 5-1-12 所示的 7 种实验水位下降速率进行实验，水位以模型底面为零点计算。

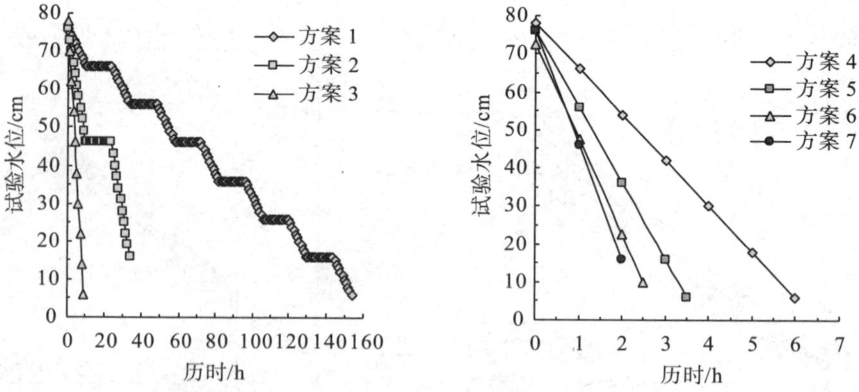

(a)方案 1～方案 3　(b)方案 4～方案 7

图 5-1-12　实验水位－历时曲线

图 5-1-13 给出了模型在水位下降过程中的部分塌岸现象。由图可知，当水位下降速率较小［如图(a)为 1.0 cm/h］时，几乎没有出现塌岸现象；而当水位下降速率较大

[如图(d)为 20.0 cm/h] 时，塌岸现象明显。总体而言，水位下降速率越快，塌岸现象越易发生，但塌岸现象的严重程度并不一定与水位下降速率成正相关关系。比如，图(b)、图(c)和图(d)相比，随水位下降速率的增大，塌岸现象的严重程度也在增加；但是，图(d)和图(e)相比，或者图(d)和图(f)相比，塌岸现象的严重程度并没有随水位下降速率的增大而增加。

(a)水位下降速率 1.0 cm/h

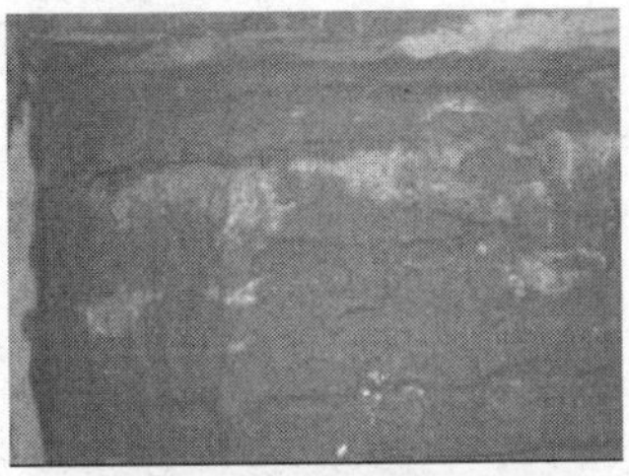
(b)水位下降速率 8.0 cm/h

(c)水位下降速率 12.0 cm/h

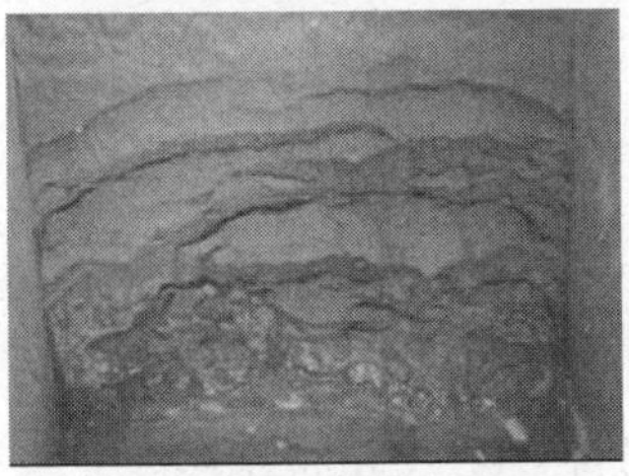
(d)水位下降速率 20.0 cm/h

(e)水位下降速率 25.0 cm/h

(f)水位下降速率 30.0 cm/h

图 5-1-13　模型塌岸现象

实验方案 2 中，模型坡体外水位从 76.0 cm 开始以 3.0 cm/h 的速率等速下降，每天下降 30.0 cm 后保持水位 14.0 h，直到水位达到 16.0 cm 结束实验，实验历时 34.0 h。图 5-1-14 给出了实验方案 2 中观测到的模型边坡内水位与实验历时间的关系。

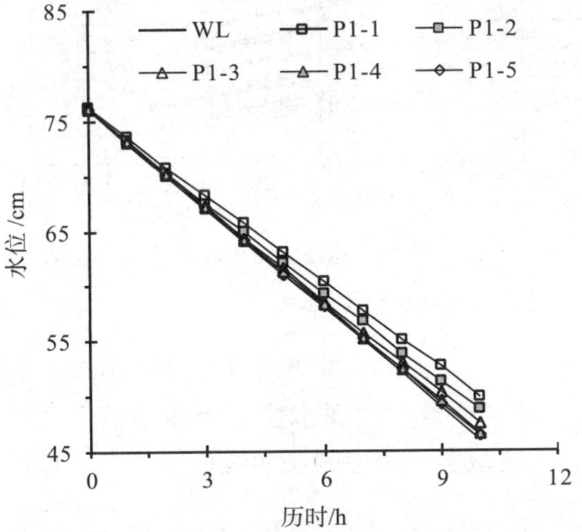

(a)库水位从 76 cm 下降到 46 cm

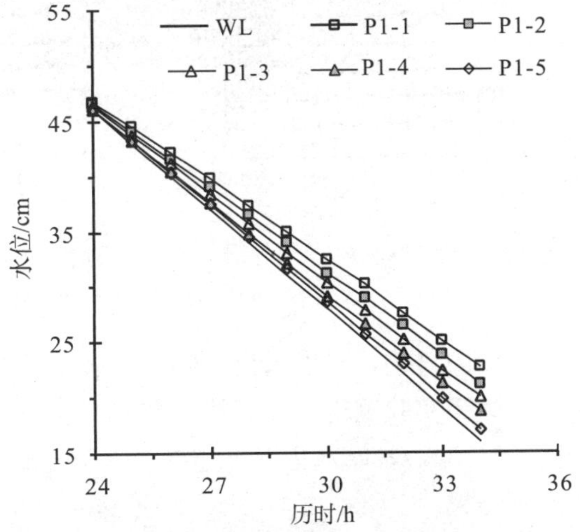

(b)库水位从 46 cm 下降到 16 cm

图 5-1-14　方案 2 实验测得的水位－历时关系曲线

由该图可知，当库水位等速下降变化时，各测压管内的水位也基本呈现等速降低变化的情况。

在假定含水层均质、各向同性、侧向无限延伸且具有水平不透水层，库水下降前原始潜水面水平，潜水流为一维流，库水位等速下降，不考虑降雨入渗等条件时，库水位下降时浸润线计算的简化公式为

$$h(x,t)=\begin{cases}h(0,0)-v_0t(0.1091\lambda^4-0.7501\lambda^3+1.9283\lambda^2-2.2319\lambda+1) & (0\leqslant\lambda<2)\\ h(0,0) & (0\leqslant\lambda<2)\end{cases} \tag{5-1-4}$$

式中，$h(x, t)$为t时刻距离岸坡x处的地下水位；$h(0, 0)$为初始时刻岸坡处的地下水位；v_0为库水位下降速率；λ依下式计算：

$$\lambda=\frac{x}{2\sqrt{at}} \tag{5-1-5}$$

其中，

$$a=\frac{kh_{\mathrm{m}}}{\mu} \tag{5-1-6}$$

式中，k为岸坡土体的渗透系数，m/天；μ岸坡土体的为给水度或输水率；h_{m}为含水均匀厚度。

图 5-1-15 给出了部分实验测得的不同库水位时的浸润线，为便于比较，图中同时给出了模型边坡的边界线和通过上述理论公式计算得到的浸润线，也给出了实验水位随时间的变化(即图中“*WL*”线)。

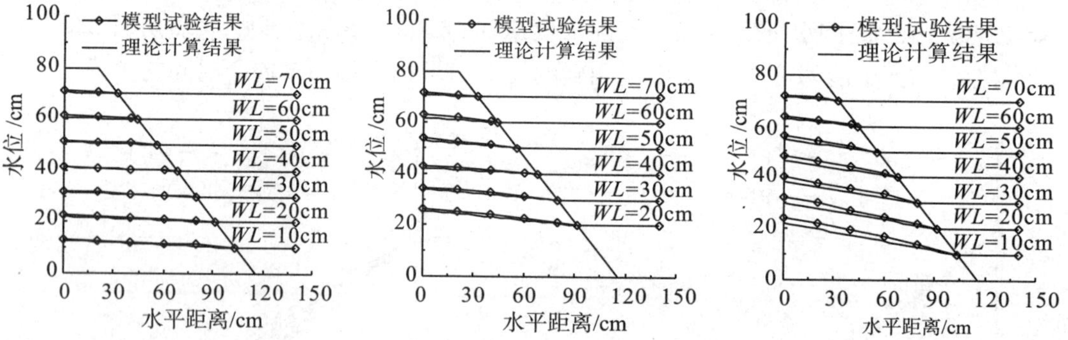

(a)水位下降速率为 1.0 cm/h (b)水位下降速率为 3.0 cm/h (c)水位下降速率为 8.0 cm/h

图 5-1-15 典型实验结果与理论计算值的对比分析

图中显示，当库水位下降速率较小［如图 5-1-15(a)，库水位下降速率为 1.0c m/h］时，模型实验测得的浸润线位置与理论计算结果基本一致；当库水位下降速率较大［如图 5-1-15(c)，库水位下降速率为 8.0 cm/h］时，模型实验测得的浸润线位置略高于理论计算结果。

这表明，若利用前述理论计算公式或方法计算水库等速下降时岸坡的浸润线位置，当库水位下降速率减小时，计算结果与实际值基本一致；而当库水位下降速率较大时，可能会过低的估计浸润线的位置。

5.1.2　岸坡稳定技术

5.1.2.1　岸坡岩土体参数确定方法

1. 岩土体剪强度参数反演计算方法

本书提出基于复变量求导法(CVDM)的岩土体强度参数反演分析法。对于任一具有实变量 x 的实函数 $f(x)$，将实变量 x 施加一个很小的虚部 h(通常 $h=10^{-30}$)，即用复数表示为 $x+ih$，对于非常小的 $f(x+ih)$，可以按泰勒级数展开为

$$f(x+ih)=f(x)+ih\frac{\mathrm{d}f}{\mathrm{d}x}-\frac{h^2}{2}\frac{\mathrm{d}^2f}{\mathrm{d}x^2}-i\frac{h^3}{6}\frac{\mathrm{d}^3f}{\mathrm{d}x^3}+\frac{h^4}{24}\frac{\mathrm{d}^4f}{\mathrm{d}x^4}+\cdots \tag{5-1-17}$$

上式的一阶导数和二阶导数可以表示为

$$\frac{\mathrm{d}f}{\mathrm{d}x}=\frac{\mathrm{Im}(f(x+ih))}{h}+0(h^2) \tag{5-1-18}$$

$$\frac{\mathrm{d}^2f}{\mathrm{d}x^2}=\frac{2[f(x)-\mathrm{Re}(f(x+ih))]}{h^2}+0(h^2) \tag{5-1-19}$$

式中，Im 和 Re 分别为取 $f(x+ih)$的虚部和实部。由以上两式可知，函数的导数仅仅通过函数计算即可求得，这就避免了复杂的求导运算，特别是对于那些函数非常复杂，求导特别困难的情况，该方法更具优点，而且利用该方法能用正算有限元程序进行反分析计算。

2. 基于复变量求导法(CVDM)反演岩土物理力学参数

1)基本思路

提出基于复变量求导法(CVDM)反演岩土物理力学参数的方法。该方法通过弹塑性有限元法，在给定初始参数的情况下，求取岩土体待求测点的位移(复数形式)，基于复变量求导思想，即可以计算灵敏度矩阵$\left[\frac{\partial u}{\partial x}\right]$，然后采用 Newton-Raphson 迭代优化方法，完成变量更新，重新计算，直至最终得到符合要求的解。本方法是弹塑性有限元法、复变量求导法、优化计算方法三者的结合。利用弹塑性有限元方法正演计算测点处位移，采用复变量求导法求解位移参量对各待求物理力学参数的偏导数，即求取灵敏度矩阵，采用 Newton-Raphson 法完成变量更新和搜索最优解。

2)岩土体强度参数反演分析算例

(1)计算模型及参数。

一厚圆柱筒如图 5-1-16 所示，沿轴向为平面应变状态，承受逐渐增加内压。压力 $P=20$ MPa/m，其基本物理力学参数理论值设定为：弹性模量 $E=21000$ MPa，泊松比 $\nu=0.3$，黏聚力 $c=26.5$ MPa，内摩擦角 $\varphi=31$。问题的有限元剖分网格如图所示，测点为图中网格节点 45、46、47、48、49、50、51 七个点。通过测点位移，反算其物理力学参数 E、ν、C、φ。

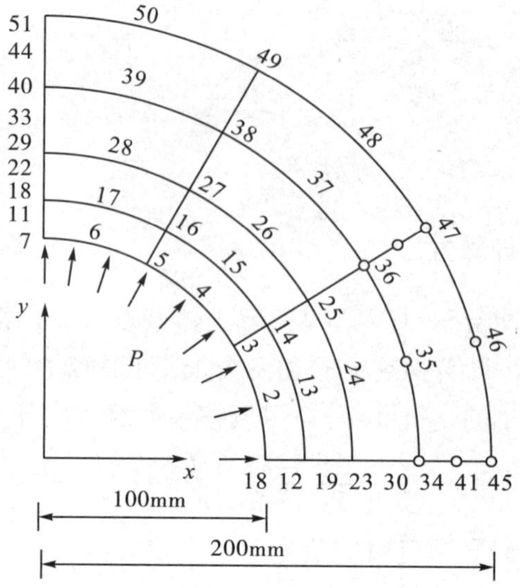

图 5-1-16　有限元剖分网格

为了研究基于复变量求导法(CVDM)反演岩土物理力学参数方法，以有限元计算得到测点处理论计算位移值作为实际量测值，测点处的位移值如表 5-1-1 所示。

表 5-1-1　测点位移(理论值)

测点号	45	46	47	48	49	50	51
x 向位移/mm	0.122143	0.117962	0.105781	0.0863559	0.0610722	0.0316076	0.0
y 向位移/mm	0.0	0.0316075	0.0610721	0.086356	0.105782	0.117962	0.122144

首先确定每个参数的范围，弹性模量 E 为 15000～27000 MPa，泊松比 ν 为 0.15～0.45；黏聚力 c：20.5～32.5 MPa；内摩擦角为 12°～45°。程序反演计算的终止条件为残差 $\sum_{i=1}^{m} R_i^2(X) < 1\times10^{-10}$。

为了检验本方法反演计算岩土体材料物理力学参数的有效性，以下分别进行单变量反演分析和两个变量的反演分析。

(2)单变量反演分析。

①弹性模量 E 的反演计算。在已知 ν、c、φ 的前提下，反算弹性模量 E 值。分别给定两个初始值，$E_0=15000$ MPa 和 $E_0=27000$ MPa。经反演计算，结果如图 5-1-17 所示。由表图可以看出，经过 5 次迭代计算，程序即可优化反演出弹性模量 $E=21000$ MPa，此时残差小于 1×10^{-10}。说明本方法在反演弹性模量时的精确度和效率都非常高。

②泊松比 ν 的反演计算。在已知 E、c、φ 的前提下，反算泊松比 ν 值。分别给定两个初始值，$\nu_0=0.15$ 和 $\nu_0=0.45$。经反演计算，结果如图 5-1-18 所示。由表图可以看出，初始值 $\nu_0=0.15$ 时经过 5 次迭代计算，程序即可优化反演出泊松比 $\nu=0.3000077$，此时残差为 5.6×10^{-12}；当初始值 $\nu_0=0.45$ 时仅需 3 次迭代，即可反演出泊松比 $\nu=0.2999564$，此时残差为 8.7×10^{-11}；说明本方法在反演泊松比时非常有效，效率特别高。

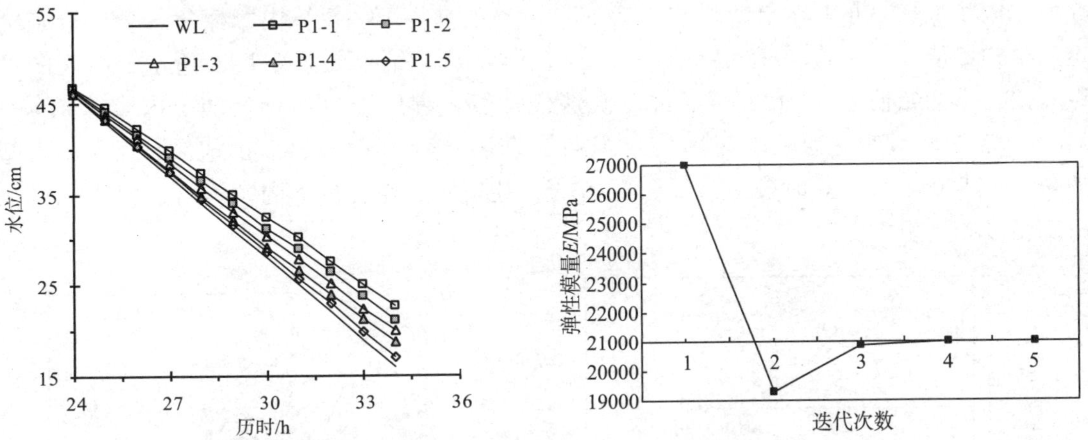

(a)E_0=15000 MPa　　(b)E_0=27000 MPa

图 5-1-17　迭代次数与弹性模量 E 的关系

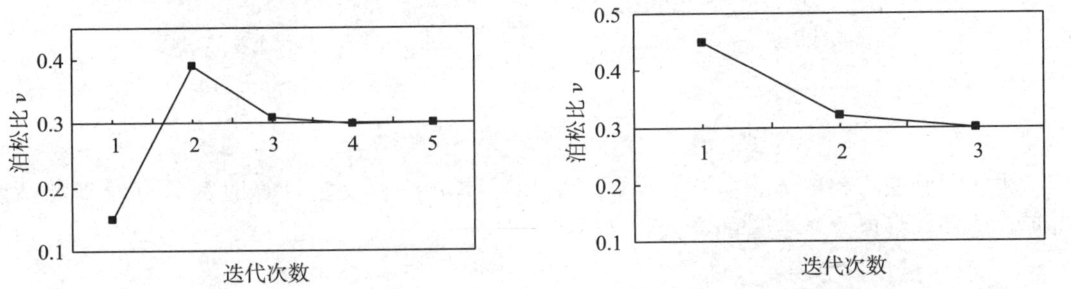

(a)ν_0=0.15　　(b)ν_0=0.45

图 5-1-18　迭代次数与泊松比的关系

②黏聚力 c 的反演计算。在已知 E、ν、φ 的前提下，反算黏聚力 c 值。分别给定两个初始值，c_0=20.5 MPa 和 c_0=32.5 MPa。经反演计算，结果如图 5-1-19 所示。由图可以看出，当初始值 c_0=20.5 MPa 时经过 6 次迭代计算，程序即可优化反演出黏聚力 c=26.49992 MPa，此时残差为 1.33×10^{-12}；当初始值 c_0=32.5 MPa 时仅需 5 次迭代，即可反演出黏聚力 c=26.49982MPa，此时残差为 2.08×10^{-12}；说明本方法在反演黏聚力 c 时也具有较高的精度和搜索效率。

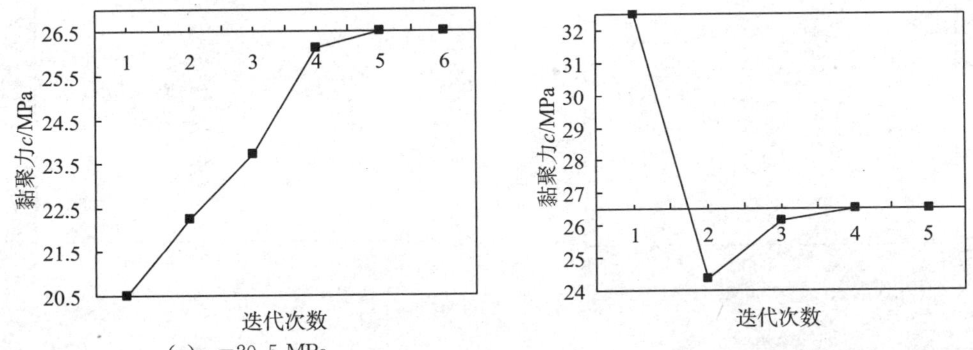

(a)c_0=20.5 MPa　　(b)c_0=32.5 MPa

图 5-1-19　迭代次数与黏聚力 c 的关系

④内摩擦角 φ 的反演计算。在已知 E、ν、c 的前提下，反算内摩擦角 φ 值。分别给定两个初始值，$\varphi_0=21.0°$和 $\varphi_0=41.0°$。经反演计算，结果如图 5-1-20 所示。由表图可以看出，当初始值 $\varphi_0=21.0°$时经过 5 次迭代计算，程序即可优化反演出内摩擦角 $\varphi=31.00031°$，此时残差为 1.37×10^{-12}；当初始值 $\varphi_0=41.0°$时经过 5 次迭代，反演出内摩擦角 $\varphi=31.00032°$，此时残差为 1.51×10^{-12}；说明本方法在反演内摩擦角 φ 时也同样保持高精度和高效率。

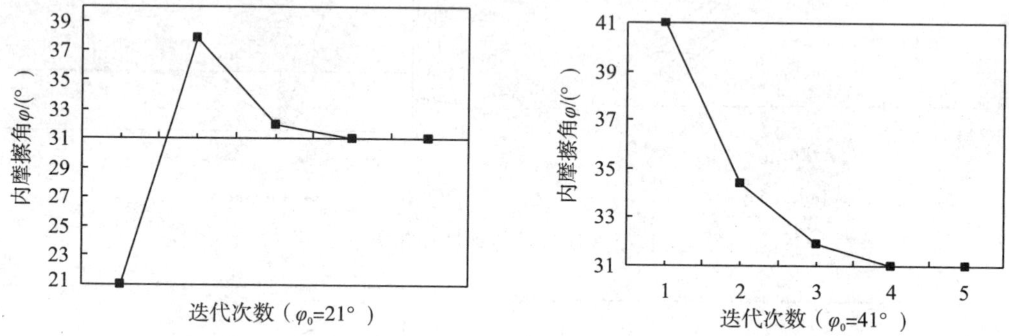

(a) $\varphi_0=21°$　　(b) $\varphi_0=41°$

图 5-1-20　迭代次数与内摩擦角 φ 的关系

从分别反演材料的 E、ν、c、φ 可以看出，本方法在反演计算时都具有较高的精度和搜索效率，是反演单变量的有效方法。

(3)双变量反演分析。

在已知 E、ν 的前提下，反算黏聚力 c、和内摩擦角 φ 值。本算例分别给定两组初始值，即 $c_0=23.0$ MPa、$\varphi_0=12.0°$，以及 $c_0=29.0$ MPa、$\varphi_0=45.0°$。

经反演计算，结果如图 5-1-21 所示。由图可以看出，当初始值 $c_0=23.0$ MPa、$\varphi_0=12.0°$时经过 7 次迭代计算，程序即可优化反演出 $c=26.4999$ MPa、$\varphi=30.9997°$，此时残差为 3.61×10^{-12}；当初始值 $c_0=29.0$ MPa、$\varphi_0=45.0°$时经过 8 次迭代计算，程序即可优化反演出 $c=26.5003$ MPa、$\varphi=31.0007°$，此时残差为 2.61×10^{-12}；说明本方法在进行黏聚力 c、内摩擦角 φ 值双变量反演时也具有较高的计算精度和计算效率。

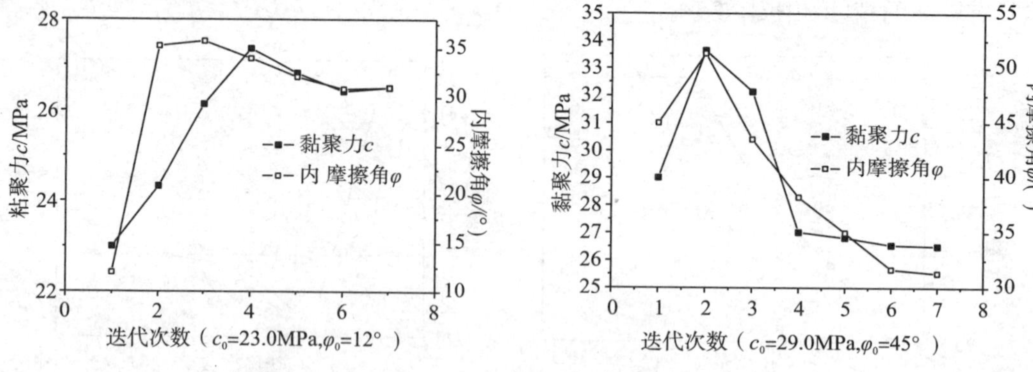

(a)关系(1)　　(b)关系(2)

图 5-1-21　迭代次数与黏聚力 c、摩擦角 φ 的关系

5.1.2.2　岸坡稳定性分析方法

1. 有限元强度折减法确定岩质边坡滑动面方法

1)有限元强度折减法

所谓有限元强度折减，就是在理想弹塑性有限元计算中将边坡(或滑坡)岩土体(含结构面)抗剪强度参数(黏聚力 c 和内摩擦角 φ)逐渐降低直到其达到极限破坏状态为止，此时程序可以自动根据其弹塑性有限元计算结果得到边坡的破坏滑动面，同时得到边坡的强度储备安全系数 F。

在计算过程中将坡体和滑动面(或结构面)的强度参数(黏聚力 c 和内摩擦角 φ)逐步折减，即按公式 $c'=\dfrac{c}{F}$、$\varphi'=\arctan\left(\dfrac{\tan\varphi}{F}\right)$将折减后所得参数作为输入，进行有限元计算，若程序收敛，则坡体仍处于稳定状态，继续折减，直到不收敛为止，此时土体(或结构面)出现大幅度塑性滑移，最终的折减系数即为此边(滑)坡的稳定安全系数。

2)有限元强度折减法确定岩质边坡滑动面方法

由于实际岩体中含有大量不同构造、产状和特性的不连续结构面(如层面、节理、裂隙、软弱夹层、岩脉和断层破碎带等)，而结构面的强度往往低于岩块强度，因此结构面是岩质边坡稳定性控制因素。传统的用于土质边坡稳定分析的滑动面搜索方法不适用于岩质边坡。

就目前的研究水平来看，如何求出复杂岩质边坡滑动面及稳定安全系数，远远没有获得圆满的解决。

目前确定滑(边)坡滑动面位置和形状的传统方法主要是在现场勘探的基础上，通过技术人员的分析判断提出滑带位置。这种判断方法存在如下问题：一是当只有少量钻孔发现滑带特征时，依据少量滑带位置来判定整个滑带有时可能出现差错；二是当坡体处于蠕变阶段，滑面尚未形成，更无法通过勘查找出滑面；三是即使查明了滑带和剪出口，还可能存在次级滑面和潜在剪出口，有时还不止一个，容易造成遗漏滑面。尤其是后者，人们已经有了多次教训，因为次生滑面的遗漏常常导致工程失败。为此，一些有经验的工程师常会依据他们的经验在一些可能产生次生滑面的地方布置一些人为滑面，通过稳定分析来判断它们是否是次生滑面。或者采用商业程序，在一些可能滑动的范围内布点，通过搜索判定是否有次生滑面。这些方法不仅烦琐，而且还要求工程人员有足够的工程经验。

为了使滑(边)坡工程的治理达到安全、经济的效果，弄清滑动面的位置和形状至为重要，特别是可能存在多个潜在剪出口和滑动面的复杂滑(边)坡，如图 5-1-22 所示。

为了准确设置支挡结构，就必须弄清图中有几条次生滑面，它们潜在剪出口的位置究竟在什么地方，以及各条滑面发生滑动的次序。我们不仅要找出最先滑动的滑面，还必须找出安全系数小于设定的稳定安全系数的所有滑面。因为对最先滑动的滑面进行支护后，后滑的次生滑面仍然可能滑动，只有当所有滑面都进行支挡后，才能确保滑(边)坡稳定。

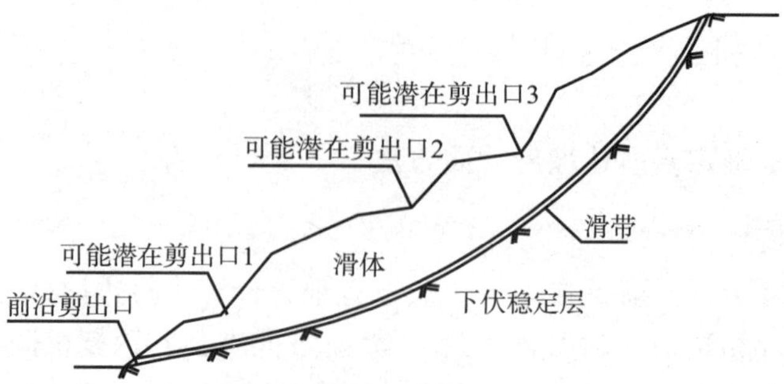

图 5-1-22　典型滑坡示意图

为了找出滑(边)坡的所有滑面及各条滑面的滑动次序，有限元强度折减系数法是一个极佳手段，因为它可以自动找出准确的滑面及滑面的稳定安全系数，由此也可知各条滑面的滑动次序。稳定安全系数最小的滑面最早出现滑动。应当指出，采用有限元强度折减法要求对滑(边)坡有详细勘察资料，即知道坡体及其结构面(含滑面)的位置、形状与强度值。只有在这种情况下，才能获得准确的多个滑面。

对于复杂滑(边)坡，必须考虑多个次生滑动面的出现，只有所有潜在次生滑动面的稳定安全系数都达到规范规定等级的稳定安全系数，该滑(边)坡从工程意义上来说才是安全的。滑(边)坡治理的过程实际上是滑动面变化与稳定安全系数提高的动态过程，是剪出口直接或间接受到约束的过程。本研究将针对两个复杂滑(边)坡算例，采用有限元强度折减法，通过依次约束已知滑面剪出口的方式，搜索出低于设定稳定安全系数的所有滑动面。

屈服准则采用的是平面应变条件下与 Mohr-Coulomb 准则精确相匹配的 Drucker-Prager 准则(DP_4)，该准则计算滑坡稳定安全系数有非常高的精度，其在 π 平面上表现为圆，它是 Mohr-Coulomb 准则在平面应变下的特殊形式。

采用关联流动准则时，

$$\alpha = \frac{\sin\varphi}{\sqrt{3(3+\sin^2\varphi)}}$$

$$k = \frac{3c\cos\varphi}{\sqrt{3(3+\sin^2\varphi)}}$$

采用非关联流动准则且膨胀角为 0 时，

$$\alpha = \frac{\sin\varphi}{3}$$

$$k = c\cos\varphi$$

本研究采用关联流动法则，平面应变摩尔—库仑匹配 DP 准则(DP_4)(关联流动法则)条件下的安全系数 ω_2 和外接圆 D-P 准则(DP_1)(关联流动法则)条件下的安全系数 ω_1 之间的转换关系式如下。

$$\omega_2 = \sqrt{\frac{\left(3\sqrt{\cos^2\varphi\omega_1^2+\sin^2\varphi}-\sin\varphi\right)^2-16\sin^2\varphi}{12\cos^2\varphi}}$$

弹塑性有限元分析中采用 6 结点二次三角形平面单元，搜索滑(边)坡多滑面和计算滑(边)坡稳定安全系数的具体过程如下：

(1)首先进行系统建模、加载。

(2)滑体、滑带及下伏稳定岩层的初始强度参数选用土体本身的黏聚力和内摩擦角，进行弹塑性有限元求解，直至收敛。

(3)对 DP_1 屈服准则下的 c、φ 值进行折减，折减系数 ω_1，采用二分法进行折减。

(4)经计算如果收敛，则继续折减，进行计算；如果不收敛，则在所取最后两个折减系数间继续折减，以求得满足精度要求的折减系数。直至最后有限元计算不收敛，则取此前的折减系数值为 DP_1 屈服准则下达到滑(边)坡破坏的折减系数值 ω_1；同时滑(边)坡中自动出现最先滑动的一条滑面。它既可能是勘查出来的滑面，也可能是一条次生滑面。

(5)将 DP_1 屈服准则下的折减系数 ω_1 换算为 ω_2，即可得到平面应变条件下 DP_4 的关联流动准则的折减系数，即为滑(边)坡的稳定安全系数值。

(6)如果滑(边)坡的稳定安全系数大于规范规定稳定安全系数，则说明滑(边)坡稳定，不需进行治理。否则说明滑(边)坡不稳定，同时还需要考察是否存在多滑面的情况。为此可以约束最先滑出的剪出口，重新进行有限元强度折减运算，再搜索出一条新的滑面，得出相应的安全系数，如果安全系数仍然小于规范规定安全系数，则搜索出的滑面，也是需要进行治理的。重复上述约束剪出口—搜索滑面过程，直到搜索出所有低于规范规定稳定安全系数的滑面。

2. 基于极限平衡理论和应力分析的临界滑面理论

临界滑面的合理确定是土坡稳定性评价的关键所在，前人对此给予了大量关注，但时至今日，临界滑面的确定问题仍没有得到很好解决，对此开展深入研究是必要的，也是有意义的，这也是本课题选题的原因。本课题拟以极限平衡理论、朗肯土压力理论、土力学基本理论和 Sarma-Tan 法等为理论基础，提出临界滑面的合理确定方法，开发相应的土坡临界滑面计算分析程序。

1)临界滑面理论的建立

(1)基本思路。

现有的土坡稳定极限平衡分析方法都需要不断假设临界滑裂面，然后计算安全系数，选择安全系数最小的滑裂面作为临界滑裂面，这种做法很难搜索到实际的滑裂面。为了克服上述缺点，提出了一种较为新颖的土坡稳定性分析方法，以期比较准确的寻找到真正的临界滑裂面，这种方法搜索临界滑裂面的基本思路是：

①把坡底或坡面上任一可能为滑裂面剪出口的位置预设为滑裂面的剪出口，并预设滑裂面的安全系数和土条宽度，通过计算求得滑裂面的理论安全系数，判断理论安全系数和假设安全系数的差值是否在误差范围内。如果是，所得到的滑裂面即为过预设滑裂面剪出口位置的临界滑裂面(但不一定是整个土坡的临界滑裂面)；如果不是，重新设定滑裂面的安全系数并计算其理论安全系数，直至理论安全系数和假设安全系数的差值在误差范围内。

②把坡底或坡面上另一可能为滑裂面剪出口的位置预设为滑裂面的剪出口，重复①。

③用 0.618 法在坡底或坡面上多次预设新的滑裂面剪出口位置，对每个滑裂面剪出

口位置重复①。

④在①、②和③中计算得到的所有临界滑裂面中，选取安全系数最小的临界滑裂面作为整个土坡的临界滑裂面，将其对应的安全系数作为整个土坡的稳定安全系数。

(2)基本假定。

基于极限平衡理论的任何方法都必须引入一些假定，才可能使得其理论方程可解，本方法也不例外。本方法的基本假定包括如下两点：①滑裂面可用连续线段(即折线)表示；②土条间界面与竖直线的夹角为

$$\delta=\frac{\pi}{4}-\frac{\varphi}{2} \tag{5-1-20}$$

式中，δ 为土条边界与竖直线的夹角；φ 为边坡土体的内摩擦角。

2)土条划分方法

(1)土条划分思路。

图 5-1-23 为某一假定滑裂面剪出口位置的临界滑裂面及土条划分示意图(图中“1”表示第 1 土条；“i”表示第 i 土条)。

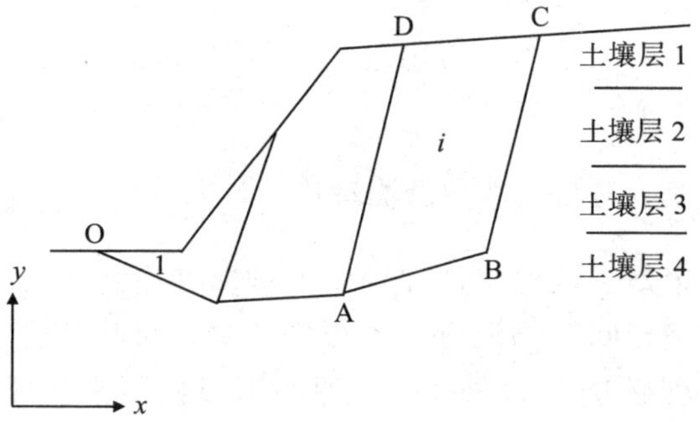

图 5-1-23 临界滑裂面及土条示意图

本方法并不需要预先假设临界滑裂面，也不需要预先划分土条。只需要假设滑裂面的剪出口位置，以及最后一块土条之前的各个土条的土条宽度。通过计算逐一划分各个土条，临界滑裂面及最后土条的土条宽度也由计算获得。由于对任意土条来说，土条的左边界(即图 5-1-23 中的 AD 边)是已知的，所以只需求解土条的右边界(即图 5-1-23 中的 BC 边)即可完成一个土条的划分。

任意假设剪出口位置的滑裂面的土条划分及滑裂面求解思路为：①假设条块宽度；通过计算求得第一土条的右边界(即图 5-1-23 中的 BC 边)；③第一土条的 BC 边即第二土条的 AD 边，通过计算求得第二土条的 BC 边，第二土条的 BC 边即第三土条的 AD 边；④通过计算求得第 i 土条的 BC 边，第 i 土条的 BC 边即第 $i+1$ 土条的 AD 边；⑤通过计算求得最后土条的 B(C)点(最后土条的 B、C 点重合)。

至此，便将一个假设剪出口位置的临界滑裂面求出来了，在求解临界滑裂面的同时完成了土条的划分工作。

(2)土条具体划分方法。

以图 5-1-24 所示的简单条块作为计算简图，说明土条的具体划分方法。

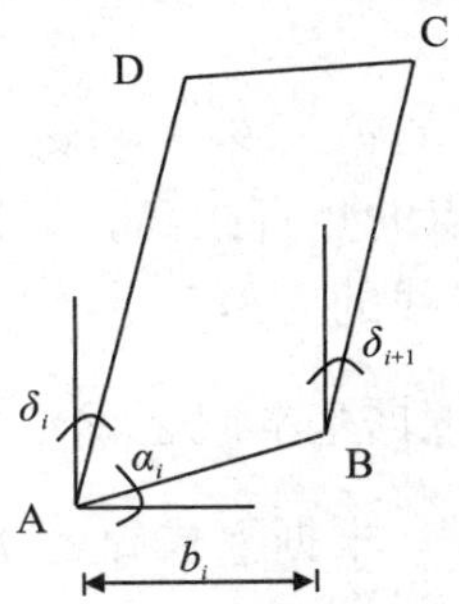

图 5-1-24　任意简单条块示意图

注：δ_i 为 AD 边与竖直线之间的夹角；δ_{i+1} 为 BC 边与竖直线之间的夹角；α_i 为 AB 边与水平线之间的夹角；b_i 为 AB 边的水平距离，即土条宽度。

①第 1 土条的划分。

A. 第一土条的 A、D 点重合。

B. 根据下式确定 B 点位置：

$$Y_{AB1} = b_1 \cdot \tan\alpha_1 \tag{5-1-21}$$

式中，Y_{AB1} 为第 1 土条中 B 点与 A 点的竖直距离；b_1 为第 1 土条中 B 点与 A 点的水平距离；α_1 为第 1 土条中直线 AB 与水平线的夹角。

C. C 点位置由如下方法确定：依基本假定(2)，土条右边界 BC 的斜率为$\tan\left(\frac{\pi}{2}-\delta_2\right)$，可唯一确定 BC 段与边坡自然界面的交点 C；土条右界面 BC 与竖直线的夹角 δ_2 为

$$\delta_2 = \frac{\pi}{4} - \frac{\overline{\varphi_2}}{2} \tag{5-1-22}$$

式中，$\overline{\varphi_2}$ 为第 1 土条与第 2 土条的条间界面 BC 段范围内的各土层有效内摩擦角的加权平均值；δ_2 为第 1 土条与第 2 土条的条间界面 BC 段与竖直线的夹角。

第 1 土条 BC 段即为第 2 土条 AD 段，由此便使前后土条间建立了联系。

②第二土条的划分。

A. 根据下式确定 B 点的位置：

$$Y_{AB2} = b_2 \cdot \tan\alpha_2 \tag{5-1-23}$$

式中，Y_{AB2} 为第 2 土条中 B 点与 A 点的竖直距离；b_2 为第 2 土条中 B 点与 A 点的水平距离；α_2 为第 2 土条中直线 AB 与水平线的夹角。

B. C 点位置由如下方法确定：依据基本假定(2)，BC 斜率为 $\tan\left(\frac{\pi}{2}-\delta_3\right)$，可唯一确定 BC 段与边坡自然界面的交点 C。根据下式确定 δ_3：

$$\delta_3 = \frac{\pi}{4} - \frac{\overline{\varphi_3}}{2} \tag{5-1-24}$$

式中，$\overline{\varphi_3}$ 为第 2 土条与第 3 土条的条间界面 BC 段范围内各土层有效内摩擦角的加权平均值；δ_3 为第 2 土条与第 3 土条的条间界面 BC 段与竖直线的夹角。

第 2 土条 BC 段即为第 3 土条 AD 段，以此类推。

③第 i 土条的划分。

A. 根据下式确定 B 点的位置：

$$Y_{ABi} = b_i \cdot \tan\alpha_i \tag{5-1-25}$$

式中，Y_{ABi} 为第 i 土条中 B 点与 A 点的竖直距离；b_i 为第 i 土条中 B 点与 A 点的水平距离；α_i 为第 i 土条中直线 AB 与水平线的夹角。

B. C 点位置由如下方法确定：依据基本假定(2)，BC 斜率为 $\tan\left(\frac{\pi}{2}-\delta_{i+1}\right)$，可唯一确定 BC 段与边坡自然界面的交点 C。根据下式确定 δ_{i+1}：

$$\delta_{i+1} = \frac{\pi}{4} - \frac{\overline{\varphi'_{i+1}}}{2} \tag{5-1-26}$$

式中，$\overline{\varphi'_{i+1}}$ 为第 i 土条与第 $i+1$ 土条的条间界面 BC 段范围内各土层有效内摩擦角的加权平均值；δ_{i+1} 为第 i 土条与第 i+1 土条的条间界面 BC 段与竖直线的夹角。第 i 土条 BC 段即为第 $i+1$ 土条 AD 段。

④最后土条的划分。

假设第 n 土条为最后土条。

A. 最后土条的 B、C 点重合。

B. B(C)点位置由如下方法确定：BC 斜率为 $\tan\alpha_n$(假定最后土条底面与水平线之间的夹角为 α_n)，可唯一确定 AB(C)段与边坡自然界面的交点 B(C)。

将所有土条的 A、B 点用直线连接起来，就得到了此假设滑面剪出口位置的临界滑裂面。在求解滑裂面的同时通过计算逐步划分土条。

3)总应力法临界滑面理论的建立

(1)基本原则。

①Mohr-Coulomb 强度准则。

假设土体的某一部分沿着某一滑裂面滑动，在这个滑裂面上，土体处处达到极限平衡状态，即总正应力 σ 和总剪应力 τ，以及总法向力 N 和总切向力 T 都服从 Mohr-Coulomb 强度准则。

本方法认为土条底面和土条间界面达到临界状态的时候，它们的总正应力和总剪应力以及总法向力和总切向力都服从 Mohr-Coulomb 强度准则，并可以据此来定义安全系数。

②安全系数的定义。

图 5-1-25 分析了总应力法分析时任一土条的受力，从图可以看出，总应力法分析的时候，任一条块受到的力有：条块底面的总法向反力 N_i 和总切向反力 T_i；条块界面间的总法向作用力 E_i 和 E_{i+1}，以及条间总切向作用力 X_i 和 X_{i+1}；土条自重 4；水平地震力 Q_i；土条顶面所受的水平荷载 H_i 及竖向荷载 V_i。

A. 土条底面安全系数的定义。由图 5-1-26 可知，土条底面长度为 $b_i \cdot \sec\alpha_i$，依据 Mohr-Coulomb 强度准则可得土条底面上的最大总抗剪力 T_f 为

$$T_f = N_i \cdot \tan\varphi_i + c_i b_i \cdot \sec\alpha_i \tag{5-1-27}$$

式中，c_i 为第 i 个土条 AB 段范围内各土层总黏聚力的加权平均值；φ_i 为第 i 个土条 AB 段范围内各土层总内摩擦角的加权平均值。则滑动面的安全系数可以表示为

$$F_s = \frac{T_f}{T_i} \tag{5-1-28}$$

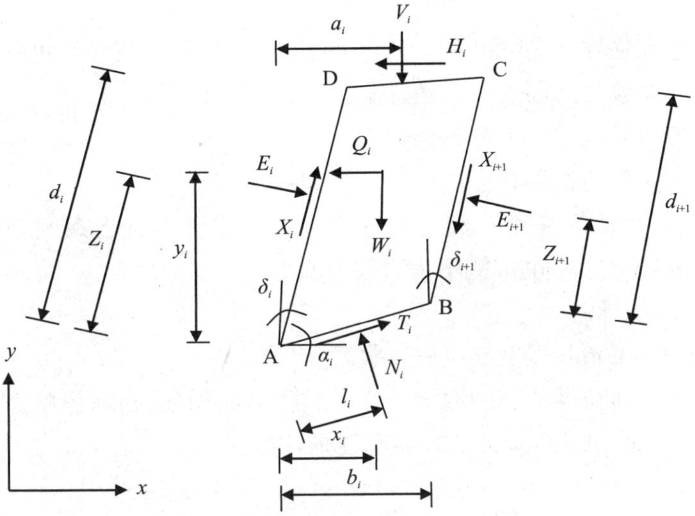

图 5-1-25　总应力法受力分析图

图中：x_i为土条重心到 A 点的水平距离；y_i为土条重心到 A 点的竖直距离；Z_i 为 E_i 作用点到 A 点的距离；Z_{i+1}为 E_{i+1}作用点到 B 点的距离；a_i 为坡顶竖向荷载 V_i 到 A 点的水平距离；l_i 为土条底面总法向力 N_i 到 A 点的距离；d_i为 AD 的长度；d_{i+1}为 BC 的长度。

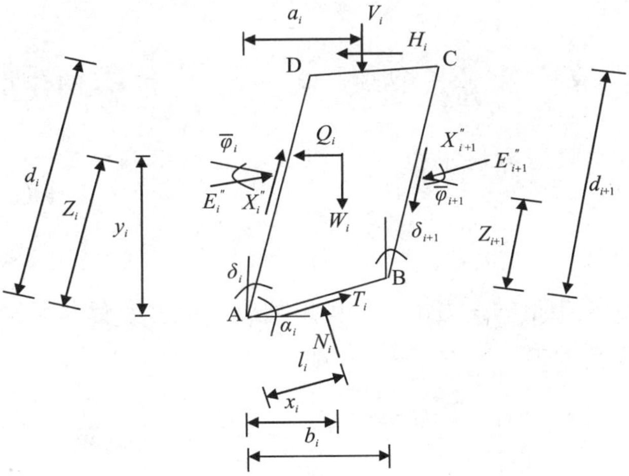

图 5-1-26　总应力法条块受力分析示意图

图中：$\overline{\varphi}_i$ 为E''_i 与垂直于 AD 边的直线的夹角；$\overline{\varphi}_{i+1}$为 E''_{i+1}与垂直于 BC 边的直线的夹角。

B. 条间界面安全系数的定义。前人研究表明，土条间界面和滑动面很可能不同时达到极限平衡状态，因此可以假定土条间界面安全系数与滑面安全系数不同。假设土条间界面的安全系数为 F_s^*。条块界面依据 Mohr-Coulomb 强度准则可得土条间界面的最大总抗剪力 X_f(以左侧界面为例)为

$$X_f = E_i \cdot \tan\overline{\varphi}'_i + \bar{c}_i d_i \tag{5-1-29}$$

式中，$\bar{c}_i$ 为第 i 个土条 AD 段范围内各土层总黏聚力的加权平均值；$\bar{\varphi}_i'$ 为第 i 个土条 AD 段范围内各土层总内摩擦角的加权平均值。则，土条间界面的安全系数 F_s^* 可表示为

$$F_s^* = \frac{X_f}{X_i} \tag{5-1-30}$$

当滑动土体达到临界状态的时候，土条间界面的应力状态恰好也达到临界状态，此时土条间界面安全系数与滑面安全系数在数值上相等，即 $F_s^* = F_s$。

③滑面及土条间界面的应力分布函数。

假定当滑动土体达到临界状态的时候，滑动面上和土条界面上的总正应力分布函数为 $f(s)$，其中 s 为沿着条块底面从左至右的长度；或者沿着土条间界面从下至上的长度。$f(s)$可能为直线分布，也可能不为直线分布。

(2)理论方程的推导。

①根据 Mohr-Coulomb 强度准则进行整理。

假设条块底面达到临界状态的时候，条块间并不一定达到临界状态，此时条块间的安全系数为 F_s^*，根据 Mohr-Coulomb 强度准则，此时，

$$T_i = \frac{N_i \cdot \tan\varphi_i + c_i b_i \sec\alpha_i}{F_s} \tag{5-1-31}$$

$$F_s^* = \frac{E_i \cdot \tan\bar{\varphi}_i + \bar{c}_i \cdot d_i}{X_i} \tag{5-1-32}$$

即

$$X_i = \frac{E_i \cdot \tan\bar{\varphi}_i}{F_s^*} + \frac{\bar{c}_i \cdot d_i}{F_s^*} \tag{5-1-33}$$

将 X_i 分解为$\frac{E_i \cdot \tan\bar{\varphi}_i}{F_s^*}$和$\frac{\bar{c}_i \cdot d_i}{F_s^*}$两项，求$\frac{E_i \cdot \tan\bar{\varphi}_i}{F_s^*}$和 E_i 的合力，用 E_i'' 表示合力，将$\frac{\bar{c}_i \cdot d_i}{F_s^*}$用 X_i'' 表示，同样方法求得 E_{i+1}'' 和 X_{i+1}''。可得新的受力分析图，如图 5-1-26 所示。

②推求理论方程。

分析图 5-1-26 所示土条的受力情况，可以列出两个力平衡方程和一个力矩平衡方程。

水平方向静力平衡方程：$\sum F_x = 0$，即

$$\begin{aligned} &-N_i\sin\alpha_i + T_i\cos\alpha_i + E_i''\cos(\bar{\varphi}_i - \delta_i) + X_i''\sin\delta_i \\ &-E_{i+1}''\cos(\bar{\varphi}_{i+1} - \delta_{i+1}) - X_{i+1}''\sin\delta_{i+1} - Q_i - H_i = 0 \end{aligned} \tag{5-1-34}$$

式中，N_i 和 T_i 分别为作用于滑裂面上的总法向力和总切向力；E_i'' 为 X_i 分解项$\frac{E_i \cdot \tan\bar{\varphi}_i}{F_s^*}$与土条左侧界面总法向力 E_i 的合力；X_i'' 为 X_i 分解项$\frac{\bar{c}_i \cdot d_i}{F_s^*}$；$E_{i+1}''$为 X_{i+1}分解项 $\frac{E_{i+1} \cdot \tan\bar{\varphi}_{i+1}}{F_s^*}$ 与土条右侧界面总法向力 E_{i+1} 的合力；X_{i+1}'' 为 X_{i+1} 分解项$\frac{\bar{c}_{i+1} \cdot d_{i+1}}{F_s^*}$；$Q_i$ 为水平地震力；H_i 为坡顶水平荷载；$\bar{\varphi}_i$ 为 E_i'' 与垂直于土条左侧边界 AD 的直线的夹角，即第 i 个土条 AD 段范围内各土层总内摩擦角的加权平均值；$\bar{\varphi}_{i+1}$为

E''_{i+1}与垂直于土条右侧边界 BC 的直线的夹角，即第 i 个土条 BC 段范围内各土层总内摩擦角的加权平均值。

竖直方向静力平衡方程：$\sum F_y = 0$，即

$$\begin{aligned} &N_i\cos\alpha_i + T_i\sin\alpha_i + E''_i\sin(\bar{\varphi}_i - \delta_i) + X''_i\cos\delta_i \\ &- E''_{i+1}\sin(\bar{\varphi}_{i+1} - \delta_{i+1}) - X''_{i+1}\cos\delta_{i+1} - W_i - V_i = 0 \end{aligned} \tag{5-1-35}$$

式中，W_i 为土条自重；V_i 为坡顶竖向荷载。

A 点的力矩平衡方程为 $\sum M_A = 0$，即

$$\begin{aligned} &N_i l_i - X''_{i+1} b_i \sec\alpha_i \sin(90° - \alpha_i - \delta_{i+1}) \\ &- E''_{i+1}\sin\bar{\varphi}_{i+1} b_i \sec\alpha_i \sin(90° - \alpha_i - \delta_{i+1}) \\ &+ E''_{i+1}\cos\bar{\varphi}_{i+1}[z_{i+1} + b_i\sec\alpha_i\cos(90° - \alpha_i - \delta_{i+1})] \\ &+ H_i d_i \cos\delta_i + Q_i y_i - W_i x_i - V_i a_i - E''_i\cos\bar{\varphi}_i z_i = 0 \end{aligned} \tag{5-1-36}$$

式中，x_i为土条重心到 A 点的水平距离；y_i为土条重心到 A 点的竖直距离；Z_i 为土条左侧合力 E''_i 作用点到 A 点的距离；Z_{i+1}为土条右侧的合力 E''_{i+1}作用点到 B 点的距离；a_i 为坡顶竖向荷载 V_i 到 A 点的水平距离；l_i 为土条底面总法向力 N_i 到 A 点的距离。

(3)理论方程的应力表示。

假定土条间界面和滑面公共点的总正应力相等，即图 5-1-26 中 A 点的总正应力在滑面 AB 面上的大小等于其在土条间界面 AD 面上的大小，均可用 σ_i 表示。同样，土条各角边界点的总正应力表示如下：

A 点：σ_i；B 点：σ_{i+1}；C 点：σ^0_{i+1}；D 点：σ^0_i

假定土条间界面、滑面上的总正应力为二次曲线分布，分布函数为

$$f(s) = as^2 + bs + c \tag{5-1-37}$$

式中，$f(s)$为土条间界面及滑面上的总正应力分布函数；s 为沿滑裂面 AB 距离 A 点的距离，或者是沿着土条间界面 AD 距离 A 点的距离，或者是沿着土条间界面 BC 距离 B 点的距离。

假设总正应力分布函数 $f(s)$为曲线分布。

对于土条间界面 AD：当 $s=0$ 时，即 $f(s)$的值为 A 点的总正应力，将 $s=0$ 代入分布函数 $f(s)$可得

$$c = \sigma_i \tag{5-1-38}$$

同理，当 $s=d_i$ 时，

$$f(d_i) = \sigma^0_i \tag{5-1-39}$$

即

$$\sigma^0_i = a{d_i}^2 + bd_i + \sigma_i \tag{5-1-40}$$

此时，

$$E''_i\cos\bar{\varphi}_i = \int_0^{d_i} f(s)\mathrm{d}s = \int_0^{d_i}(as^2 + bs + \sigma_i)\mathrm{d}s \tag{5-1-41}$$

即

$$E''_i = \frac{\frac{a}{3}{d_i}^3 + \frac{b}{2}{d_i}^2 + \sigma_i d_i}{\cos\bar{\varphi}_i} \tag{5-1-42}$$

A 点的力矩方程为

$$E_i'' z_i = \int_0^{d_i} s f(s) \mathrm{d}s = \int_0^{d_i} s(as^2 + bs + \sigma_i) \mathrm{d}s = \frac{a}{4} d_i^4 + \frac{b}{3} d_i^3 + \frac{\sigma_i}{2} d_i^2 \quad (5\text{-}1\text{-}43)$$

整理上式可得

$$z_i = \frac{\int_0^{d_i} s \cdot f(s) \mathrm{d}s}{\int_0^{d_i} f(s) \mathrm{d}s} = \frac{\frac{a}{4} d_i^4 + \frac{b}{3} d_i^3 + \frac{\sigma_i}{2} d_i^2}{\frac{a}{3} d_i^3 + \frac{b}{2} d_i^2 + \sigma_i d_i} \cos\bar{\varphi}_i \quad (5\text{-}1\text{-}44)$$

依照求 E_i'' 及 z_i 的方法可得

$$N_i = \frac{a}{3} (b_i \sec\alpha_i)^3 + \frac{b}{2} (b_i \sec\alpha_i)^2 + \sigma_i (b_i \sec\alpha_i) \quad (5\text{-}1\text{-}45)$$

$$l_i = \frac{\int_0^{b_i \sec\alpha_i} s f(s) \mathrm{d}s}{\int_0^{b_i \sec\alpha_i} f(s) \mathrm{d}s} = \frac{\frac{a}{4} (b_i \sec\alpha_i)^4 + \frac{b}{3} (b_i \sec\alpha_i)^3 + \frac{\sigma_i}{2} (b_i \sec\alpha_i)^2}{\frac{a}{3} (b_i \sec\alpha_i)^3 + \frac{b}{2} (b_i \sec\alpha_i)^2 + \sigma_i (b_i \sec\alpha_i)} \quad (5\text{-}1\text{-}46)$$

$$E_{i+1}'' = \frac{\frac{a}{3} d_{i+1}^3 + \frac{b}{2} d_{i+1}^2 + \sigma_{i+1} d_{i+1}}{\cos\bar{\varphi}_{i+1}} \quad (5\text{-}1\text{-}47)$$

$$z_{i+1} = \frac{\int_0^{d_{i+1}} s \cdot f(s) \mathrm{d}s}{\int_0^{d_{i+}} f(s) \mathrm{d}s} = \frac{\frac{a}{4} d_{i+1}^4 + \frac{b}{3} d_{i+1}^3 + \frac{\sigma_{i+1}}{2} d_{i+1}^2}{\frac{a}{3} d_{i+1}^3 + \frac{b}{2} d_{i+1}^2 + \sigma_{i+1} d_{i+1}} \cos\bar{\varphi}_{i+1} \quad (5\text{-}1\text{-}48)$$

同时，由 Mohr-Coulomb 强度准则可得

$$T_i = \frac{\left[\frac{a}{3} (b_i \sec\alpha_i)^3 + \frac{b}{2} (b_i \sec\alpha_i)^2 + \sigma_i (b_i \sec\alpha_i)\right] \cdot \tan\varphi_i + c_i b_i \sec\alpha_i}{F_s} \quad (5\text{-}1\text{-}49)$$

将式(5-1-42)，式(5-1-44)～式(5-1-49)分别代入式(5-1-34)、式(5-1-35)和式(5-1-36)得：水平方向静力平衡方程为

$$\begin{aligned}
&-\left[\frac{a}{3} (b_i \sec\alpha_i)^3 + \frac{b}{2} (b_i \sec\alpha_i)^2 + \sigma_i (b_i \sec\alpha_i)\right] \sin\alpha_i \\
&+\left\{\frac{\left[\frac{a}{3} (b_i \sec\alpha_i)^3 + \frac{b}{2} (b_i \sec\alpha_i)^2 + \sigma_i (b_i \sec\alpha_i)\right] \cdot \tan\varphi_i + c_i b_i \sec\alpha_i}{F_s}\right\} \cos\alpha_i \\
&+\left(\frac{a}{3} d_i^3 + \frac{b}{2} d_i^2 + \sigma_i d_i\right) \frac{\cos(\bar{\varphi}_i - \delta_i)}{\cos\bar{\varphi}_i} + \frac{\bar{c}_i \cdot d_i}{F_s^*} \sin\delta_i \\
&-\left(\frac{a}{3} d_{i+1}^3 + \frac{b}{2} d_{i+1}^2 + \sigma_{i+1} d_{i+1}\right) \frac{\cos(\bar{\varphi}_{i+1} - \delta_{i+1})}{\cos\bar{\varphi}_{i+1}} \\
&-\frac{\bar{c}_{i+1} \cdot d_{i+1}}{F_s^*} \sin\delta_{i+1} - Q_i - H_i = 0
\end{aligned} \quad (5\text{-}1\text{-}50)$$

竖直方向静力平衡方程为

$$\left[\frac{a}{3} (b_i \sec\alpha_i)^3 + \frac{b}{2} (b_i \sec\alpha_i)^2 + \sigma_i (b_i \sec\alpha_i)\right] \cos\alpha_i$$

$$+\left\{\frac{\left[\frac{a}{3}(b_i\sec\alpha_i)^3+\frac{b}{2}(b_i\sec\alpha_i)^2+\sigma_i(b_i\sec\alpha_i)\right]\cdot\tan\varphi_i+c_ib_i\sec\alpha_i}{F_s}\right\}\sin\alpha_i$$

$$+\left(\frac{a}{3}d_i^{\ 3}+\frac{b}{2}d_i^{\ 2}+\sigma_id_i\right)\frac{\sin(\bar{\varphi}_i-\delta_i)}{\cos\bar{\varphi}_i}+\frac{\bar{c}_i\cdot d_i}{F_s^*}\cos\delta_i$$

$$-\left(\frac{a}{3}d_{i+1}^{\ 3}+\frac{b}{2}d_{i+1}^{\ 2}+\sigma_{i+1}d_{i+1}\right)\frac{\sin(\bar{\varphi}_{i+1}-\delta_{i+1})}{\cos\bar{\varphi}_{i+1}}-\frac{\bar{c}_{i+1}\cdot d_{i+1}}{F_s^*}\cos\delta_{i+1}-W_i-V_i=0$$

(5-1-51)

A 点的力矩平衡方程为

$$\left[\frac{a}{4}(b_i\sec\alpha_i)^4+\frac{b}{3}(b_i5\alpha_i)^3+\frac{\sigma_i}{2}({}_i\sec\alpha_i)^2\right]$$

$$-\frac{\bar{c}_{i+1}\cdot d_{i+1}}{F_s^*}b_i\sec\alpha_i\sin(90^\circ-\alpha_i-\delta_{i+1})$$

$$-\left(\frac{a}{3}d_{i+1}^{\ 3}+\frac{b}{2}d_{i+1}^{\ 2}+\sigma_{i+1}d_{i+1}\right)\tan\bar{\varphi}_{i+1}b_i\sec\alpha_i\sin(90^\circ-\alpha_i-\delta_{i+1})$$

$$+\left(\frac{a}{4}d_{i+1}^{\ 4}+\frac{b}{3}d_{i+1}^{\ 3}+\frac{\sigma_{i+1}}{2}d_{i+1}^{\ 2}\right)$$

$$+\left(\frac{a}{3}d_{i+1}^{\ 3}+\frac{b}{2}d_{i+1}^{\ 2}+\sigma_{i+1}d_{i+1}\right)b_i\sec\alpha_i\cos(90^\circ-\alpha_i-\delta_{i+1})$$

$$+H_id_i\cos\delta_i+Q_iy_i-W_ix_i-V_ia_i-\left(\frac{a}{4}d_i^{\ 4}+\frac{b}{3}d_i^{\ 3}+\frac{\sigma_i}{2}d_i^{\ 2}\right)=0 \quad (5\text{-}1\text{-}52)$$

（注：上式中的 a、b 均为已知量，不同于式中的 a_i 和 b_i）

4)有效应力法临界滑面理论的建立

受力分析如图 5-1-27，推导过程略，理论方程如下：

$$-\left[\frac{a}{3}(b_i\sec\alpha_i)^3+\frac{b}{2}(b_i\sec\alpha_i)^2+\sigma_i'(b_i\sec\alpha_i)\right]\sin\alpha_i-U_i\sin\alpha_i$$

$$+\frac{\left[\frac{a}{3}(b_i\sec\alpha_i)^3+\frac{b}{2}(b_i\sec\alpha_i)^2+\sigma_i'(b_i\sec\alpha_i)\right]\cdot\tan\varphi_i'+c_i'b_i\sec\alpha_i}{F_s}\cos\alpha_i$$

$$+\left(\frac{a}{3}d_i^{\ 3}+\frac{b}{2}d_i^{\ 2}+\sigma_i'd_i\right)\frac{\cos(\bar{\varphi}_i-\delta_i)}{\cos\bar{\varphi}_i}+\frac{\bar{c_i'}\cdot d_i}{F_s^*}\sin\delta_i$$

$$-\left(\frac{a}{3}d_{i+1}^{\ 3}+\frac{b}{2}d_{i+1}^{\ 2}+\sigma_{i+1}'d_{i+1}\right)\frac{\cos(\bar{\varphi}_{i+1}-\delta_{i+1})}{\cos\bar{\varphi}_{i+1}}-\frac{\bar{c_{i+1}'}\cdot d_{i+1}}{F_s^*}\sin\delta_{i+1}+PW_i\cos\delta_i$$

$$-PW_{i+1}\cos\delta_{i+1}-Q_i-H_i=0 \quad (5\text{-}1\text{-}53)$$

$$\left[\frac{a}{3}(b_i\sec\alpha_i)^3+\frac{b}{2}(b_i\sec\alpha_i)^2+\sigma_i'(b_i\sec\alpha_i)\right]\cos\alpha_i+U_i\cos\alpha_i$$

$$+\frac{\left[\frac{a}{3}(b_i\sec\alpha_i)^3+\frac{b}{2}(b_i\sec\alpha_i)^2+\sigma_i'(b_i\sec\alpha_i)\right]\cdot\tan(\varphi_i')+\bar{c'}_ib_i\sec(\alpha_i)}{F_s}\sin\alpha_i$$

$$+\left(\frac{a}{3}d_i^{\ 3}+\frac{b}{2}d_i^{\ 2}+\sigma_i'd_i\right)\frac{\sin(\bar{\varphi}_i-\delta_i)}{\cos\bar{\varphi}_i}+\frac{\bar{c_i'}\cdot d_i}{F_s^*}\cos\delta_i$$

$$-\left(\frac{a}{3}d_{i+1}^{\ 3}+\frac{b}{2}d_{i+1}^{\ 2}+\sigma_{i+1}'d_{i+1}\right)\frac{\sin(\bar{\varphi}_{i+1}-\delta_{i+1})}{\cos\bar{\varphi}_{i+1}}-\frac{\bar{c_{i+1}'}\cdot d_{i+1}}{F_s^*}\cos\delta_{i+1}-PW_i\sin\delta_i$$

$$+PW_{i+1}\sin\delta_{i+1}-W_i-V_i=0 \tag{5-1-54}$$

$$\left[\frac{a}{4}(b_i\sec\alpha_i)^4+\frac{b}{3}(b_i\sec\alpha_i)^3+\frac{\sigma'_i}{2}(b_i\sec\alpha_i)^2\right]+U_i l'_i$$
$$-\frac{\bar{c}'_{i+1}\cdot d_{i+1}}{F_s^*}b_i\sec\alpha_i\sin(90°-\alpha_i-\delta_{i+1})$$
$$-\left(\frac{a}{3}d_{i+1}{}^3+\frac{b}{2}d_{i+1}{}^2+\sigma'_{i+1}d_{i+1}\right)\tan\bar{\varphi}_{i+1}b_i\sec\alpha_i\sin(90°-\alpha_i-\delta_{i+1})$$
$$+\left(\frac{a}{4}d_{i+1}{}^4+\frac{b}{3}d_{i+1}{}^3+\frac{\sigma'_{i+1}}{2}d_{i+1}{}^2\right)$$
$$+\left(\frac{a}{3}d_{i+1}{}^3+\frac{b}{2}d_{i+1}{}^2+\sigma'_{i+1}d_{i+1}\right)b_i\sec\alpha_i\cos(90°-\alpha_i-\delta_{i+1})$$
$$+PW_{i+1}[z'_{i+1}+b_i\sec\alpha_i\cos(90°-\alpha_i-\delta_{i+1})]+H_i d_i\cos\delta_i+Q_i y_i$$
$$-W_i x_i-V_i a_i-\left(\frac{a}{4}d_i{}^4+\frac{b}{3}d_i{}^3+\frac{\sigma'_i}{2}d_i{}^2\right)-PW_i z'_i=0 \tag{5-1-55}$$

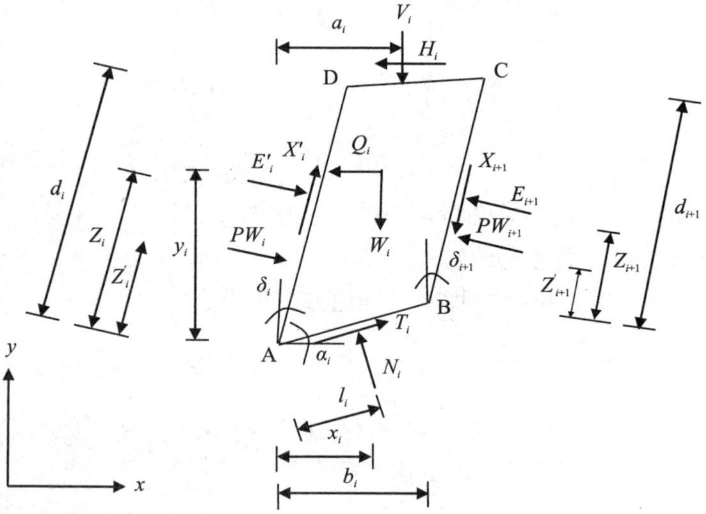

图 5-1-27　有效应力法受力分析图

图中：Z_i 为E'_i 作用点到A点的距离；Z_{i+1}为E'_{i+1}作用点到B点的距离；a_i 为V_i 到A点的水平距离；l_i 为N'_i 作用点到A点的距离；Z'_i 为PW_i作用点到A点的距离；Z'_{i+1}为PW_{i+1}作用点到B的距离。

5)临界滑面理论的求解方法

临界滑面理论涉及一个包含三个方程的方程组，通过求解方程组来求土坡的临界滑裂面。在滑面剪出口位置已经假设的前提下，共有 F_s、σ'_{i+1}、σ'^0_{i+1}和 α_i 四个未知数，使用常规的方法求解比较困难，提出如下的求解思路：

首先，假定安全系数 F_s，对于最后土条之前的任一土条，方程组变为一个包含三个方程的、含有三个未知量(σ'_{i+1}、σ'^0_{i+1}和 α_i)的方程组；此时可以求解出这三个未知量。

其次，对于最后土条，F_s 作为未知量(为区别起见用 FF_s 表示)，此时的未知量为 FF_s、σ'_{n+1}、α_n，通过解方程组可以唯一求出这三个未知量。

最后，比较 FF_s 与 F_s 的差值是否在误差范围内，如果是，则停止计算，已经算出了一个假设滑面剪出口位置的临界滑裂面和安全系数；如果不是，重新假设安全系数 F_s，从第一步开始计算。

5.1.2.3　静动土压力计算方法

1. 饱和填土静动孔隙水压力计算理论

1)地下水稳定渗流状态下的孔隙水压力计算方法

在大量调研的基础上，结合现有研究水平，将江河、水库沿岸结构物及附近区域地下水的渗流情况简化为 4 种模型，分别是：①地下水处于相对静止状态，即地下水位以下部分填土为饱和状态，地下水没有渗流［图 5-1-28(a)］；②地下水处于稳定渗流状态，地下水的渗流方向为竖直向下［图 5-1-28(b)］；③地下水处于稳定渗流状态，地下水的渗流方向为竖直向上［图 5-1-28(c)］；④地下水处于稳定渗流状态，地下水的渗流方向为曲线，地下水从设在墙背的排水系统排出［图 5-1-28(d)］。

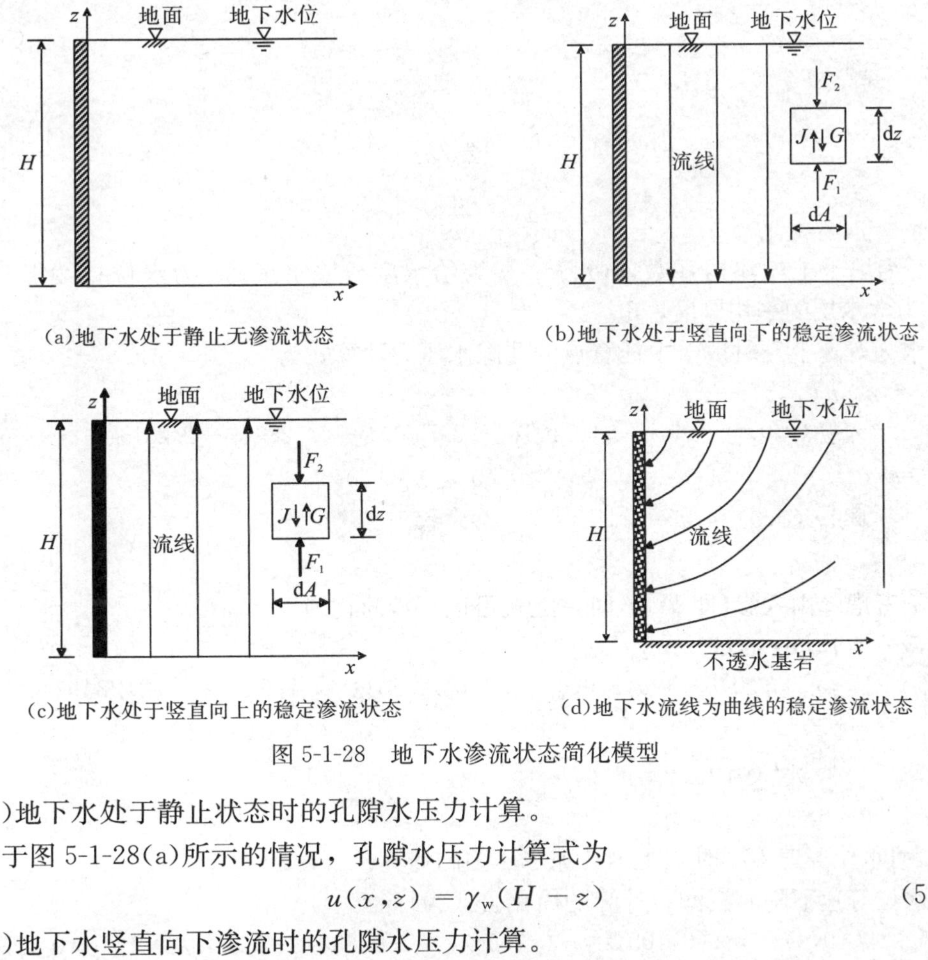

(a)地下水处于静止无渗流状态

(b)地下水处于竖直向下的稳定渗流状态

(c)地下水处于竖直向上的稳定渗流状态

(d)地下水流线为曲线的稳定渗流状态

图 5-1-28　地下水渗流状态简化模型

(1)地下水处于静止状态时的孔隙水压力计算。

对于图 5-1-28(a)所示的情况，孔隙水压力计算式为

$$u(x,z)=\gamma_w(H-z) \tag{5-1-56}$$

(2)地下水竖直向下渗流时的孔隙水压力计算。

图 5-1-28(b)所示填土中任意点的孔隙水压力为

$$u(z)=\gamma_w[h(z)-z]=\gamma_w(H-z)(1-i) \tag{5-1-57}$$

(3)地下水竖直向上渗流时的孔隙水压力计算。

图 5-1-28(c)所示填土中任意点的孔隙水压力为

$$u(z)=\gamma_{\mathrm{w}}[h(z)-z]=\gamma_{\mathrm{w}}(H-z)(1+i) \tag{5-1-58}$$

(4)地下水沿墙土界面排水系统排出时的孔隙水压力计算。

图 5-1-28(d)所示填土中任意点的孔隙水压力计算式为

$$u(x,z)=\gamma_{\mathrm{w}}\left[H\left(1-\sum_{m=0}^{\infty}\frac{2}{M^2}\mathrm{e}^{-\frac{Mx}{H}}\cos\frac{Mz}{H}\right)-z\right] \tag{5-1-59}$$

式中，$M=\dfrac{(2m+1)\pi}{2}$。

2)填土内非稳定渗流孔隙水压力的计算方法

(1)河水位等速上升时填土内孔隙水压力的计算。

河水位上升时浸润线计算的简化公式为

$$h(x,t)=\begin{cases}h(0,0)+(v_0-b)t(0.1091\lambda^4-0.7504\lambda^3+1.9283\lambda^2-2.2319\lambda+1)+bt\\ \qquad\qquad (0\leqslant\lambda<2)\\ h(0,0)+bt \qquad (\lambda\geqslant 2)\end{cases} \tag{5-1-60}$$

式中，

$$\left.\begin{aligned}\lambda&=\frac{x}{2\sqrt{at}}\\ a&=\frac{kh_{\mathrm{m}}}{v}\end{aligned}\right\} \tag{5-1-61}$$

式中，k 为填土土的渗透系数，m/天；v 为给水度或输水率；t 为水位持续上升时间，天；h_{m}为含水层的平均厚度，m。

河水为等速上升时填土中任意点的孔隙水压力计算式为

$$\begin{aligned}u(x,z)&=\gamma_{\mathrm{w}}[h(x,t)-z]\\ &=\begin{cases}\gamma_{\mathrm{w}}[h(0,0)+(v_0+b)t(0.109\lambda^4-0.7501\lambda^3+1.9283\lambda^2-2.2319\lambda+1)+bt-z]\\ \qquad\qquad (0\leqslant\lambda<2)\\ \gamma_{\mathrm{w}}[h(0,0)+bt-z] \qquad (\lambda\geqslant 2)\end{cases}\end{aligned} \tag{5-1-62}$$

当不考虑降雨入渗(即 $b=0$)时，上式可进一步简化为

$$\begin{aligned}u(x,z)&=\gamma_{\mathrm{w}}[h(x,t)-z]\\ &=\begin{cases}\gamma_{w}[h(0,0)+v_0t(0.1091\lambda^4-0.7501\lambda^3+1.9283\lambda^2-2.2319\lambda+1)-z]\\ \qquad\qquad (0\leqslant\lambda<2)\\ \gamma_{\mathrm{w}}[h(0,0)-z] \qquad (\lambda\geqslant 2)\end{cases}\end{aligned} \tag{5-1-63}$$

(2)河水位等速下降时填土内孔隙水压力的计算。

河水位等速下降时浸润线计算的简化公式为

$$h(x,t)=\begin{cases}h(0,0)-v_0t(0.1091\lambda^4-0.7501\lambda^3+1.9283\lambda^2-2.2319\lambda+1) & (0\leqslant\lambda<2)\\ h(0,0) & (\lambda\geqslant 2)\end{cases} \tag{5-1-64}$$

河水为等速下降时填土中任意点的孔隙水压力计算式为

$$u(x,z)=\gamma_w[h(x,t)-z]$$
$$=\begin{cases}\gamma_w[h(0,0)-v_0t(0.1091\lambda^4-0.7501\lambda^3+1.9283\lambda^3-2.2319\lambda+1)-z] & (0\leqslant\lambda<2)\\ \gamma_w[h(0,0)-z] & (\lambda\geqslant 2)\end{cases} \tag{5-1-65}$$

3)填土内地震孔隙水压力的计算方法

(1)动孔隙水压力的传统计算方法。

Ebeling 和 Morrison 建议了两种方法计算动孔隙水压力，简述如下。

①方法一。动孔隙水压力按下式计算：

$$r_u=\frac{\Delta u}{\sigma_v'} \tag{5-1-66}$$

式中，r_u为超孔隙水压力比；Δu 为孔隙水压力增量；σ_v' 为地震前土体中某点的竖向有效应力。

②方法二。动孔隙水压力按下式计算：

$$\Delta u=\frac{7}{8}k_h\gamma_w\sqrt{(H-z)H} \tag{5-1-67}$$

式中，k_h 为水平地震加速度系数。

由式(5-1-57)可知，动孔隙水压力仅与水平地震力有关，而与竖向地震力无关。

(2)动孔隙水压力的新计算方法。

对于平面应变状态，可以利用拟静力法得到动孔隙水压力的计算方法。地震条件下，饱和土体中因地震力的作用引起的土体应力状态的变化为

$$\begin{cases}\Delta\sigma_1=\Delta\sigma_x=k_h\gamma_{sat}\\ \Delta\sigma_3=\Delta\sigma_z=k_v\gamma_{sat}\\ \Delta\sigma_2=\nu(\Delta\sigma_1+\Delta\sigma_3)=\nu(k_h+k_v)\gamma_{sat}\end{cases} \tag{5-1-68}$$

式中，$\Delta\sigma_1$、$\Delta\sigma_2$ 和 $\Delta\sigma_3$ 分别为地震力引起的土体主应力的增量；$\Delta\sigma_x$、$\Delta\sigma_y$ 和 $\nu\Delta\sigma_z$ 分别为地震力引起的土体 x、y 和 z 方向正应力的增量；γ_{sat}为填土土体的饱和重度；ν 为填土土体的泊松比，对饱和土体可近似取 0.5；k_h和 k_v分别水平地震加速度系数和竖直地震加速度系数，假定 $k_h\geqslant k_v$。

地震作用引起的孔隙水压力可按下式计算得到：

$$\Delta u=\beta\frac{\Delta\sigma_1+\Delta\sigma_2+\Delta\sigma_3}{3}+\alpha\sqrt{(\Delta\sigma_1-\Delta\sigma_2)^2+(\Delta\sigma_2-\Delta\sigma_3)^2+(\Delta\sigma_3-\Delta\sigma_1)^2} \tag{5-1-69}$$

式中，α 为 β 为孔隙水压力系数，根据 Henkel 的建议，对于饱和土，可取 $\beta=1$。

将式(5-1-2－68)代入式(5-1-2－69)，可得动孔隙水压力的计算公式为

$$\Delta u=\gamma_{sat}\left[\beta\frac{(k_h+k_v)(1+v)}{3}+\sqrt{2}a\sqrt{(k_h+k_v)^2(\nu^2-\nu+1)-3k_hk_v}\right] \tag{5-1-70}$$

上式显示，动孔隙水压力的大小同时与水平地震力和垂直地震力有关。

2. 饱和填土静止土压力计算理论

1)地下水处于静止状态时静止土压力计算

状态 1 为填土处于完全饱和状态，地下水位与路基顶面平齐，地下水处于静止状态。墙背任意点 A(0，z)处的竖向总应力、孔隙水压力和有效应力分别为

$$\left.\begin{aligned} \sigma_z &= \gamma_{sat}(H-z) \\ u &= \gamma_w(H-z) \\ \sigma_z' &= \gamma'(H-z) \end{aligned}\right\} \tag{5-1-71}$$

式中，σ_z、σ_z' 和 u 分别为墙背任意点 A(0，z)处的竖向总应力、有效应力和孔隙水压力；γ_{sat}、γ'和 γ_w 分别为墙后填土的饱和重度、有效重度和水的重度。

则墙背任意点 A(0，z)处的静止土压力、水压力分别为

$$\left.\begin{aligned} e_0 &= K_0\gamma'(H-z) \\ u &= \gamma_w(H-z) \end{aligned}\right\} \tag{5-1-72}$$

式中，e_0 为墙背任意点 A(0，z)处的静止土压力；K_0为静止土压力系数，通常可由下式得到：

$$K_0 = 1-\sin\varphi' \tag{5-1-73}$$

式中，φ'为墙后填土的有效内摩擦角。

2)地下水竖直向下稳定渗流时静止土压力计算

状态 2 为填土处于完全饱和状态，地下水位与路基顶面平齐，地下水竖直向下稳定渗流。当路基排水系统布设在路基填土底面时，可发生类似于此的渗流状态。

墙背任意点 A(0，z)处的竖向总应力、孔隙水压力和有效应力分别为

$$\left.\begin{aligned} \sigma_z &= \gamma_{sat}(H-z) \\ u &= \gamma_w(H-z)(1-i) \\ \sigma_z' &= (\gamma'+i\gamma_w)(H-z) \end{aligned}\right\} \tag{5-1-74}$$

则，墙背任意点 A(0，z)处的静止土压力和水压力之和为

$$e_{021} = [K_0\gamma'+\gamma_w(1-i+iK_0)](H-z) \tag{5-1-75}$$

式中，e_{031}为状态 2 墙背任意点 A(0，z)处的静止土压力和水压力的合力。

3)地下水竖直向上稳定渗流时静止土压力计算

状态 3 为填土处于完全饱和状态，地下水位与路基顶面平齐，地下水竖直向上稳定渗流。当路基排水系统布设在填土底面且挡墙为不透水条件，河水位上升时可发生类似于此的渗流状态。

墙背任意点 A(0，z)处的竖向总应力、孔隙水压力和有效应力分别为

$$\left.\begin{aligned} \sigma_z &= \gamma_{sat}(H-z) \\ u &= \gamma_w(H-z)(1+i) \\ \sigma_z' &= (\gamma'-i\gamma_w)(H-z) \end{aligned}\right\} \tag{5-1-76}$$

则，墙背任意点 A(0，z)处的静止土压力和水压力之和为

$$e_{031} = [K_0\gamma'+\gamma_w(1+i-iK_0)](H-z) \tag{5-1-77}$$

式中，e_{031}为状态 3 墙背任意点 A(0，z)处的静止土压力和水压力的合力。

4)地下水沿墙土界面排水系统排出时静止土压力计算

状态 4 为填土处于完全饱和状态，地下水位与地面顶面平齐，地下水渗流为沿墙土界面排出的稳定渗流。当排水系统沿墙土界面布设(或挡墙本身就是透水的，比如石笼挡墙)，填土底面为不透水边界时可发生类似于此的渗流状态。墙背任意点 A(0，z)处的竖向总应力、孔隙水压力和有效应力分别为

$$\left.\begin{aligned}\sigma_z &= \gamma_{sat}(H-z)\\ u &= 0\\ \sigma_z' &= \gamma_{sat}(H-z)\end{aligned}\right\} \tag{5-1-78}$$

则，墙背任意点 A(0，4)处的静止土压力和水压力之和为

$$e_{041} = K_0\gamma_{sat}(H-z) \tag{5-1-79}$$

式中，e_{041}为状态 4 墙背任意点 A(0，z)处的静止土压力和水压力的合力。

3. 饱和填土主动土压力计算理论

1)Rankine 主动土压力计算

(1)地下水处于静止状态时主动土压力计算。

当单元体 A 处于主动极限平衡状态时，作用于墙背任意点 A(0，z)处的主动土压力和水压力之和为

$$e_{a11} = (K_a\gamma' + \gamma_w)(H-z) - 2c\sqrt{K_a} \tag{5-1-80}$$

式中，e_{a11}为墙背任意点 A(0，z)处的 Rankine 主动土压力与水压力的合力；c 为墙后填土的黏聚力。

当单元体 A 处于主动极限平衡状态时，水平向的有效应力为

$$\sigma_x' = \gamma'(H-z)K_a - 2c\sqrt{K_a} \tag{5-1-81}$$

K_a为主动土压力系数，可由下式得到：

$$K_a = \tan^2\left(\frac{\pi}{4} - \frac{\varphi'}{2}\right) \tag{5-1-82}$$

式中，φ'为墙后填土的有效内摩擦角。

(2)地下水竖直向下稳定渗流时主动土压力计算。

墙背任意点 A(0，z)处的 Rankine 主动土压力和水压力之和为

$$e_{a21} = [K_a\gamma' + \gamma_w(1-i+iK_a)](H-z) - 2c\sqrt{K_a} \tag{5-1-83}$$

式中，e_{a21}为墙背任意点 A(0，z)处的 Rankine 主动土压力和水压力的合力。

(3)地下水竖直向上稳定渗流时主动土压力计算。

墙背任意点 A(0，z)处的 Rankine 主动土压力和水压力之和为

$$e_{a31} = [K_a\gamma' + \gamma_w)(1+i-iK_a)](H-z) - 2c\sqrt{K_a} \tag{5-1-84}$$

式中，e_{a31}为墙背任意点 A(0，z)处的 Rankine 主动土压力和水压力的合力。

(4)地下水沿墙土界面排水系统排出时主动土压力计算。

墙背任意点 A(0，z)处的 Rankine 主动土压力和水压力之和为

$$\begin{cases} e_a = \gamma_{sat}(H-xz)K_a - 2c\sqrt{K_a}\\ p_w = 0\end{cases} \tag{5-1-85}$$

$$e_{a41} = K_a \gamma_{sat}(H - z) - 2c\sqrt{K_a} \tag{5-1-86}$$

式中，e_{a41}为墙背任意点A(0，z)处的Rankine主动土压力和水压力的合力；K_a为主动土压力系数，其表达式为

$$K_a = \tan^2\left(\frac{\pi}{4} - \frac{\varphi'}{2}\right) \tag{5-1-87}$$

2)Coulomb主动土压力计算。

(1)地下水处于静止状态时主动土压力计算

总主动土压力E_{a11}的计算式为

$$E_{a11} = \frac{1}{2}\gamma_{sat}H^2K_{a11} \tag{5-1-88}$$

式(5-1-88)中，K_{a11}为主动土压力系数，按下式计算：

$$K_{a11} = \max_{\cot\theta>0}\frac{\cot\theta(\sin\theta - \cos\theta\tan\varphi') + g\csc\theta\tan\varphi'}{\cos(\theta - \delta)\tan\varphi} \tag{5-1-89}$$

(2)地下水竖直向下稳定渗流时主动土压力计算。

总主动土压力E_{a21}的计算式为

$$K_{a21} = \frac{1}{2}\gamma_{sat}H^2K_{a21} \tag{5-1-90}$$

式中，E_{a21}为作用于路基挡墙上的总主动土压力。

K_{a21}为主动土压力系数，按下式计算：

$$K_{a11} = \max_{\cot\theta>0}\frac{\cot\theta(\sin\theta - \cos\theta\tan\varphi') + g(1-i)\csc\theta\tan\varphi'}{\cos(\theta - \delta)\sin(\theta - \delta)\tan\varphi'} \tag{5-1-91}$$

(3)地下水竖直向上稳定渗流时主动土压力计算。

总主动土压力E_{a31}的计算式为

$$E_{a31} = \frac{1}{2}\gamma_{sat}H^2K_{a31} \tag{5-1-92}$$

式中，E_{a31}为作用于路基挡墙上的总主动土压力：K_{a31}为主动土压力系数，按下式计算：

$$K_{a31} = \max_{\cot\theta>0}\frac{\cot\theta(\sin\theta - \cos\theta\tan\varphi') + g(1+i)\csc\theta\tan\varphi'}{\cos(\theta - \delta) + \sin(\theta - \delta)\tan\varphi'} \tag{5-1-93}$$

(4)地下水沿墙土界面排水系统排出时主动土压力计算。

总主动土压力E_{a41}的计算式为

$$E_{a41} = \frac{1}{2}\gamma_{sat}H^2K_{a41} \tag{5-1-94}$$

式中，E_{a41}为作用于路基挡墙上的总主动土压力：K_{a41}为主动土压力系数，按下式计算：

$$K_{a41} = \max_{\cot\theta>0}\frac{\cot\theta(\sin\theta - \cos\theta\tan\varphi') + g\csc\theta U'\tan\varphi'}{\cos(\theta - \delta) + \sin(\theta - \delta)\tan\varphi'} \tag{5-1-95}$$

4. 饱和填土被动土压力计算理论

1)Rankine被动土压力计算

(1)地下水处于静止状态时被动土压力计算。

当单元体A处于被动极限平衡状态时，作用于墙背任意点A(0，z)处的被动土压力

和水压力之和为

$$e_{p11}=(K_p\gamma'+\gamma_w)(H-z)+2c\sqrt{K_p} \tag{5-1-96}$$

其中，被动土压力与水压力分别为

$$\begin{cases}e_p=\gamma'(H-z)K_p+2c'\sqrt{K_p}\\P_w=\gamma_w(H-z)\end{cases} \tag{5-1-97}$$

式中，e_{p11}为墙背任意点A(0，z)处的Rankine被动土压力与水压力的合力；c为墙后填土的黏聚力。

K_p为被动土压力系数，可由下式得到：

$$K_p=\tan^2\left(\frac{\pi}{4}+\frac{\varphi'}{2}\right) \tag{5-1-98}$$

(2)地下水竖直向下稳定渗流时被动土压力计算。

墙背任意点A(0，z)处的Rankine被动土压力和水压力之和为

$$e_{p21}=[K_p\gamma'+\gamma_w(1-i+iK_p)](H-z)+2cK_p \tag{5-1-99}$$

式中，e_{p21}为墙背任意点A(0，z)处的Rankine被动土压力和水压力的合力。

(3)地下水竖直向上稳定渗流时被动土压力计算。

墙背任意点A(0，z)处的Rankine被动土压力和水压力之和为

$$e_p31=[K_p\gamma'+\gamma_w(1+i-iK_p)](H-z)+2c\sqrt{K_p} \tag{5-1-100}$$

式中，e_{p31}为墙背任意点A(0，z)处的Rankine被动土压力和水压力的合力。

(4)地下水沿墙土界面排水系统排出时被动土压力计算。

墙背任意点A(0，z)处的Rankine被动土压力和水压力之和为

$$e_{p41}=K_p\gamma_{sat}(H-z)+2c\sqrt{K_p} \tag{5-1-101}$$

其中，被动土压力与水压力分别为

$$\begin{cases}e_p=\gamma_{sat}(H-z)K_p+2c'\sqrt{K_p}\\p_w=0\end{cases} \tag{5-1-102}$$

式中，e_{p41}为墙背任意点A(0，z)处的Rankine被动土压力和水压力的合力。

2)Coulomb被动土压力计算

(1)地下水处于静止状态时被动土压力计算。

总被动土压力E_{p1}的计算式为

$$E_{p1}=\frac{1}{2}\gamma_{sat}H^2K_{p1} \tag{5-1-103}$$

式中，被动土压力系数K_{p1}的计算式为

$$K_{p1}=\min_{0<\theta<\theta^*}\frac{\cot\theta(\sin\theta-\cos\theta\tan\varphi')-g\csc\theta\tan\varphi'}{\cos(\theta+\delta)-\sin(\theta+\delta)\tan\varphi'} \tag{5-1-104}$$

(2)地下水竖直向下稳定渗流时被动土压力计算。

总被动土压力E_{p2}的计算式为

$$E_{p2}=\frac{1}{2}\gamma_{sat}H^2K_{P2} \tag{5-1-105}$$

式中，K_{p2}为被动土压力系数，按下式计算：

$$K_{p2} = \min_{0<\theta<\theta^*} \frac{\cot\theta(\sin\theta + \cos\theta\tan\varphi') - g(1-i)\csc\theta\tan\varphi'}{\cos(\theta+\delta) - \sin(\theta+\delta)\tan\varphi'} \tag{5-1-106}$$

(3)地下水竖直向上稳定渗流时被动土压力计算。

总被动土压力 E_{p3} 的计算式为

$$E_{p3} = \frac{1}{2}\gamma_{sat}H^2K_{p3} \tag{5-1-107}$$

式中，K_{p3} 为被动土压力系数，按下式计算

$$K_{p3} = \min^{0<\theta<\theta^*} \frac{\cot\theta(\sin\theta + \cos\theta\tan\theta') - g(1+i)\csc\theta\tan\theta'}{\cos(\theta+\delta) - \sin(\theta+\delta)\tan\varphi'} \tag{5-1-108}$$

(4)地下水沿墙土界面排水系统排出时被动土压力计算。

总被动土压力 E_{p4} 的计算式为

$$E_{p4} = \frac{1}{2}\gamma_{sat}H^2K_{p4} \tag{5-1-109}$$

式中，K_{p4} 为被动土压力系数，按下式计算：

$$K_{p4} = \min^{0<\theta<\theta^*} = \frac{\cot\theta(\sin\theta + \cos\theta\tan\theta') - gU'\csc\theta\tan\varphi'}{\cos(\theta+\delta) - \sin(\theta+\delta)\tan\varphi'} \tag{5-1-110}$$

5. 饱和填土动土压力计算理论

1)动主动土压力计算

(1)地下水处于静止状态时动主动土压力计算。

动主动土压力的计算式为

$$P_{a1} = \frac{1}{2}\gamma_{sat}H^2K_{a11} + \gamma_{sat}HK_{a12} \tag{5-1-111}$$

式中，P_{a1} 为动主动土压力；K_{a11} 和 K_{a12} 为动主动土压力系数，依下式计算：

$$\left.\begin{aligned} K_{a11} &= \frac{1}{\cos(\theta-\delta)+\sin(\theta-\delta)\tan\varphi'}\cdot[\cot\theta(\sin\theta-\cos\theta\tan\varphi')(1-k_v) \\ &\quad + k_h\cot\theta(\cos\theta+\sin\theta\tan\varphi') + g\csc\theta\tan\varphi'] \\ K_{a12} &= \frac{U'\csc\theta\tan\varphi'}{\cos(\theta-\delta)+\sin(\theta-\delta)\tan\varphi'} \end{aligned}\right\} \tag{5-1-112}$$

(2)地下水竖直向下稳定渗流时动主动土压力计算。

动主动土压力的计算式为

$$P_{a2} = \frac{1}{2}\gamma_{sat}H^2K_{a21} + \gamma_{sat}HK_{a22} \tag{5-1-113}$$

式中，P_{a2} 为动主动土压力；K_{a21} 和 K_{a22} 为动主动土压力系数，依下式计算：

$$\left.\begin{aligned} K_{a21} &= \frac{1}{\cos(\theta-\delta)+\sin(\theta-\delta)\tan\varphi'}\cdot[\cot\theta(\sin\theta-\cos\theta\tan\varphi')(1-k_v) \\ &\quad + k_h\cot\theta(\cos\theta+\sin\theta\tan\varphi') + g(1-i)\csc\theta\tan\varphi'] \\ K_{a22} &= \frac{U'\csc\theta\tan\varphi'}{\cos(\theta-\delta)+\sin(\theta-\delta)\tan\varphi'} \end{aligned}\right\} \tag{5-1-114}$$

(3)地下水竖直向上稳定渗流时动主动土压力计算。

动主动土压力的计算式为

$$P_{a3}=\frac{1}{2}\gamma_{sat}H^2K_{a31}+\gamma_{sat}HK_{a32} \tag{5-1-115}$$

式中，P_{a3}为动主动土压力；K_{a31}和K_{a32}为动主动土压力系数，依下式计算：

$$\left.\begin{aligned}K_{a31}&=\frac{1}{\cos(\theta-\delta)+\sin(\theta-\delta)\tan\varphi'}\cdot[\cot\theta(\sin\theta-\cos\theta\tan\varphi')(1-k_v)\\&\quad+k_h\cot\theta(\cos\theta+\sin\theta\tan\varphi')+g(1+i)\csc\theta\tan\varphi']\\K_{a32}&=\frac{U'\csc\theta\tan\varphi'}{\cos(\theta-\delta)+\sin(\theta-\delta)\tan\varphi'}\end{aligned}\right\} \tag{5-1-116}$$

(4)地下水沿墙土界面排水系统排出时动主动土压力计算。

动主动土压力的计算式为

$$P_{a4}=\frac{1}{2}\gamma_{sat}H^2K_{a41}+\gamma_{sat}HK_{a42} \tag{5-1-117}$$

式中，P_{a4}为动主动土压力；K_{a41}和K_{a42}为动主动土压力系数，依下式计算：

$$\left.\begin{aligned}K_{a41}&=\frac{1}{\cos(\theta-\delta)+\sin(\theta-\delta)\tan\varphi'}\cdot[\cot\theta(\sin\theta-\cos\theta\tan\varphi')(1-k_v)\\&\quad+k_h\cot\theta(\cos\theta+\sin\theta\tan\varphi')+gU''\csc\theta\tan\varphi']\\K_{a42}&=\frac{U'\csc\theta\tan\varphi'}{\cos(\theta-\delta)+\sin(\theta-\delta)\tan\varphi'}\end{aligned}\right\} \tag{5-1-118}$$

2)动被动土压力计算

(1)地下水处于静止状态时动被动土压力计算。

动被动土压力的计算式为

$$P_{p1}=\frac{1}{2}\gamma_{sat}H^2K_{p11}-\gamma_{sat}HK_{p12} \tag{5-1-119}$$

式中，P_{p1}为动被动土压力；K_{p11}和K_{p12}为动被动土压力系数，依下式计算：

$$\left.\begin{aligned}K_{p11}&=\frac{1}{\cos(\theta+\delta)-\sin(\theta+\delta)\tan\varphi'}[\cot\theta(\sin\theta+\cos\theta\tan\varphi')(1-k_v)\\&\quad-k_h\cot\theta(\cos\theta-\sin\theta\tan\varphi')-g\csc\theta\tan\varphi']\\K_{p12}&=\frac{U'\csc\theta\tan\varphi'}{\cos(\theta+\delta)-\sin(\theta+\delta)\tan\varphi'}\end{aligned}\right\} \tag{5-1-120}$$

(2)地下水竖直向下稳定渗流时动被动土压力计算。

动被动土压力的计算式为

$$P_{p2}=\frac{1}{2}\gamma_{sat}H^2K_{p21}-\gamma_{sat}HK_{p22} \tag{5-1-121}$$

式中，P_{p2}为动被动土压力；K_{p21}和K_{p22}为动被动土压力系数，依下式计算：

$$\left.\begin{aligned}K_{p21}&=\frac{1}{\cos(\theta+\delta)-\sin(\theta+\delta)\tan\varphi'}[\cot\theta(\sin\theta+\cos\theta\tan\varphi')(1-k_v)\\&\quad-k_h\cot\theta(\cos\theta-\sin\theta\tan\varphi')-g(1-i)\csc\theta\tan\varphi']\\K_{p22}&=\frac{U'\csc\theta\tan\varphi'}{\cos(\theta+\delta)-\sin(\theta+\delta)\tan\varphi'}\end{aligned}\right\} \tag{5-1-122}$$

(3)地下水竖直向上稳定渗流时动被动土压力计算。

动被动土压力的计算式为

$$P_{p3} = \frac{1}{2}\gamma_{sat} H^2 K_{p31} - \gamma_{sat} H K_{p32} \tag{5-1-123}$$

式中，P_{p3}为动被动土压力；K_{p31}和K_{p32}为动被动土压力系数，依下式计算：

$$\left.\begin{aligned} K_{p31} &= \frac{1}{\cos(\theta+\delta)-\sin(\theta+\delta)\tan\varphi}[\cot\theta(\sin\theta+\cos\theta\tan\varphi')(1-k_v) \\ &\quad -k_h\cot\theta(\cos\theta-\sin\theta\tan\varphi')-g(1+i)\csc\theta\tan\varphi'] \\ K_{p32} &= \frac{U'\csc\theta\tan\varphi'}{\cos(\theta+\delta)-\sin(\theta+\delta)\tan\varphi} \end{aligned}\right\} \tag{5-1-124}$$

(4)地下水沿墙土界面排水系统排出时动被动土压力计算。

动被动土压力的计算式为

$$P_{p4} = \frac{1}{2}\gamma_{sat} H^2 K_{p41} - \gamma_{sat} H K_{p42} \tag{5-1-125}$$

式中，P_{p4}为动被动土压力；K_{p41}和K_{p42}为动被动土压力系数，依下式计算：

$$\left.\begin{aligned} K_{p41} &= \frac{1}{\cos(\theta+\delta)-\sin(\theta+\delta)\tan\varphi}[\cot\theta(\sin\theta+\cos\theta\tan\varphi')(1-k_v) \\ &\quad -k_h\cot\theta(\cos\theta-\sin\theta\tan\varphi')-gU''\csc\theta\tan\varphi'] \\ K_{p42} &= \frac{U'\csc\theta\tan\varphi'}{\cos(\theta+\delta)-\sin(\theta+\delta)\tan\varphi} \end{aligned}\right\} \tag{5-1-126}$$

5.2 航道整治建筑物稳定性及新结构研究

模型实验在重庆交通大学国家内河航道整治工程技术研究中心航道整治实验大厅进行。根据山区河流最常见的航道整治建筑物——丁坝建立正态水槽概化模型，分别进行恒定流及非恒定流作用下航道整治建筑物稳定性方面的研究。

5.2.1 恒定流作用下丁坝附近紊动特性及水毁机理

5.2.1.1 实验方案

1. 清水定床实验方案

根据各种因素的变化，进行实验设计，定床实验组合情况如表 5-2-1 所示。各种坝体的结构见图 5-2-1 和图 5-2-2。

表 5-2-1 定床实验组合表

实验工况	坝长/cm	挑角/(°)	坝身横断面形式	坝头形状	流量/(L/s)	水深/cm
1	50	90	梯形	圆弧直头	65	11
2	50	90	梯形	圆弧直头	95	14

续表

实验工况	坝长/cm	挑角/(°)	坝身横断面形式	坝头形状	流量/(L/s)	水深/cm
3	50	90	梯形	圆弧直头	135	17
4	50	90	梯形	圆弧勾头	65	11
5	50	90	梯形	圆弧勾头	95	14
6	50	90	梯形	圆弧勾头	135	17
7	50	90	梯形	扇形直头	65	11
8	50	90	梯形	扇形直头	95	14
9	50	90	梯形	扇形直头	135	17
10	50	90	梯形	扇形勾头	65	11
11	50	90	梯形	扇形勾头	95	14
12	50	90	梯形	扇形勾头	135	17
13	50	120	梯形	圆弧直头	65	11
14	50	120	梯形	圆弧直头	95	14
15	50	120	梯形	圆弧直头	135	17
16	50	120	梯形	扇形直头	65	11
17	50	120	梯形	扇形直头	95	14
18	50	120	梯形	扇形直头	135	17
19	50	120	梯形	圆弧勾头	65	11
20	50	120	梯形	圆弧勾头	95	14
21	50	120	梯形	圆弧勾头	135	17
22	50	120	梯形	扇形勾头	65	11
23	50	120	梯形	扇形勾头	95	14
24	50	120	梯形	扇形勾头	135	17
25	70	90	梯形	圆弧直头	65	11
26	70	90	梯形	圆弧直头	95	14
27	70	90	梯形	圆弧直头	135	17
28	70	90	梯形	圆弧勾头	65	11
29	70	90	梯形	圆弧勾头	95	14
30	70	90	梯形	圆弧勾头	135	17
31	70	90	梯形	扇形直头	65	11
32	70	90	梯形	扇形直头	95	14
33	70	90	梯形	扇形直头	135	17
34	70	90	梯形	扇形勾头	65	11
35	70	90	梯形	扇形勾头	95	14
36	70	90	梯形	扇形勾头	135	17
37	70	120	梯形	圆弧直头	65	11
38	70	120	梯形	圆弧直头	95	14
39	70	120	梯形	圆弧直头	135	17

续表

实验工况	坝长/cm	挑角/(°)	坝身横断面形式	坝头形状	流量/(L/s)	水深/cm
40	70	120	梯形	圆弧勾头	65	11
41	70	120	梯形	圆弧勾头	95	14
42	70	120	梯形	圆弧勾头	135	17
43	70	120	梯形	扇形直头	65	11
44	70	120	梯形	扇形直头	95	14
45	70	120	梯形	扇形直头	135	17
46	70	120	梯形	扇形勾头	65	11
47	70	120	梯形	扇形勾头	95	14
48	70	120	梯形	扇形勾头	135	17
49	50	90	圆弧	圆弧直头	95	14
50	70	90	圆弧	圆弧直头	95	14
51	50	120	圆弧	圆弧直头	95	14
52	70	120	圆弧	圆弧直头	95	14

注：表中水深为坝顶水面高程与水槽底部高程之差。

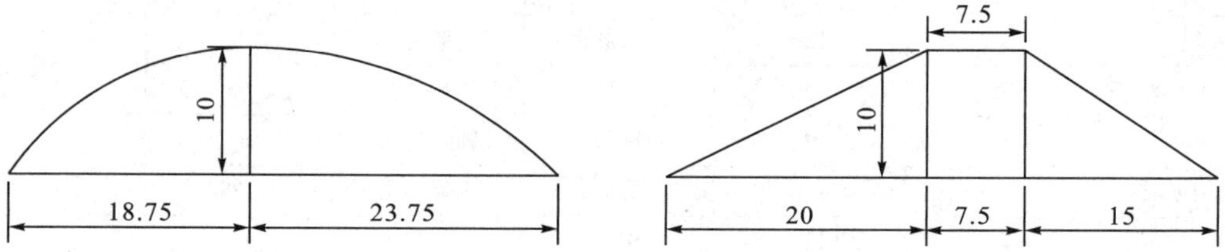

(a)圆弧断面 (b)梯形断面

图 5-2-1 坝身横断面图

2. 清水动床冲刷实验方案

清水冲刷实验与前面的定床水槽实验一致。模型布置如图 5-2-2 所示。

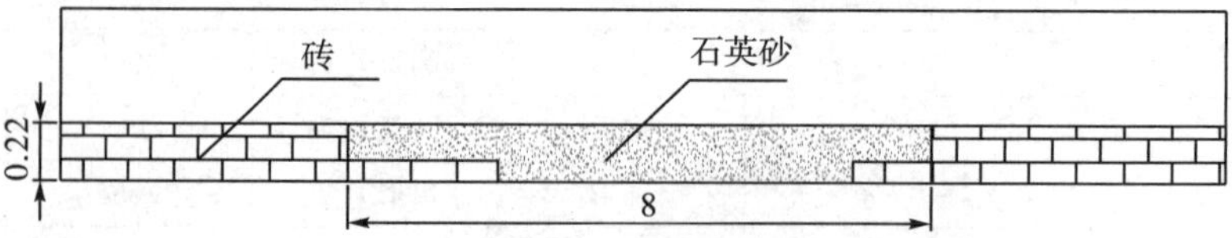

图 5-2-2 动床实验模型布置图

实验模型沙选用天然石英砂，经筛分按选用级配配比制成，一共选用两个级配，分别为 1 mm 和 2 mm，实验工况组合见表 5-2-2。

表 5-2-2 清水冲刷实验工况组合

工况	流量/(L/s)	水深/cm	河床中值粒径/mm	坝体粒径/mm	坝长/cm	挑角/(°)	坝型	有无护底	备注
M1	95	14	2	6～12	50	90	梯形断面圆弧直头	无	

续表

工况	流量/(L/s)	水深/cm	河床中值粒径/mm	坝体粒径/mm	坝长/cm	挑角/(°)	坝型	有无护底	备注
M2	95	14	2	6～12	50	90	圆弧断面圆弧直头	无	
M3	95	14	2	6～12	50	90	梯形断面圆弧勾头	无	
M4	95	14	1	6～12	50	90	梯形断面圆弧直头	无	
M5	95	14	1	6～12	50	90	圆弧断面圆弧直头	无	
M6	95	14	1	6～12	50	90	梯形断面圆弧直头	有	
M7	95	14	1	6～12	50	90	圆弧断面圆弧直头	有	
M8	95	14	1	6～12	50	90	梯形断面圆弧勾头	有	
M9	95	14	1	6～12	50	90	梯形断面圆弧勾头	无	
M10	95	14	1	6～12	70	90	梯形断面圆弧勾头	无	
M11	95	14	1	6～12	50	120	梯形断面圆弧勾头	无	
M12	95	14	1	6～12	70	120	梯形断面圆弧勾头	无	
M13	38		1	6～12	200	90	坝体局部放大	无	混凝土铰链排压载
M14	38		1	6～12	200	90	坝体局部放大	无	混凝土与浆砌条石压载
M15	95	14	1	6～12	50	90	梯形断面圆弧勾头	无	混凝土与浆砌条石压载
M16	95	14	1	6～12	70	90	梯形断面圆弧直头	无	
M17	95	12	1	6～12	70	120	梯形断面圆弧直头	无	
M18	95	14	1	6～12	50	120	梯形断面圆弧直头	无	
M19	95	14	2	6～12	50	120	梯形断面圆弧直头	无	
M20	95	14	2	6～12	50	120	圆弧断面圆弧直头	无	
M21	95	14	2	6～12	50	120	梯形断面圆弧勾头	无	
M22	65	11	2	6～12	50	120	梯形断面圆弧直头	无	

5.2.1.2　紊动强度分析

1. 紊动强度的分布

1)三维紊动强度在整个测区的变化

经实验得知：紊动强度值较大和比较集中的区域都主要分布在坝身周围和坝头下游区域。由于丁坝挡水，造成坝前壅水和坝前水流绕行，到坝顶断面开始产生跌水，水位下降，纵向流速和横向流速都增大；再加上坝头挑流的作用，在整个测区的 0～3 m 区域，坝头和右岸收缩段的纵向紊动强度和横向紊动强度都较大。而坝后左岸位于回流区，纵向和横向流速小，紊动强度也较小。垂向的紊动强度在坝前分布较少，主要产生在坝轴线断面，也就是跌水产生的地方；而在坝后区域则在左岸回流区分布较广，在右岸收缩段分布较小，如图 5-2-3 所示。

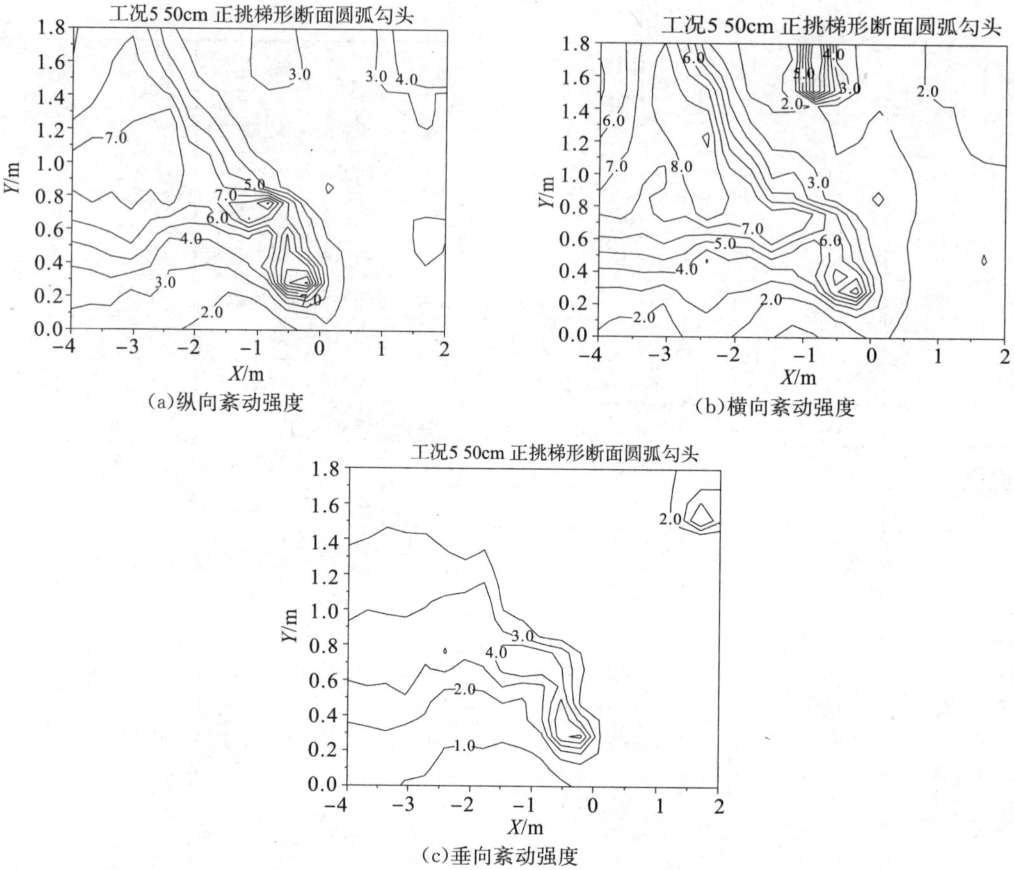

(a)纵向紊动强度

(b)横向紊动强度

(c)垂向紊动强度

图 5-2-3 三维紊动强度在整个测区的分布

2)挑角不同时紊动强度变化

紊动强度较大和分布较广的区域仍然集中在坝身和坝头下游区域。正挑丁坝的挡水作用和跌水更明显，在坝身和坝头的强紊动区域，正挑丁坝的紊动较大，且正挑丁坝的挑流作用较明显，所以正挑丁坝的强紊动区域更靠向右岸收缩段；下挑丁坝头更靠近下游和左岸，因此其坝头后强紊动区域更靠近下游和左岸(图 5-2-4)。

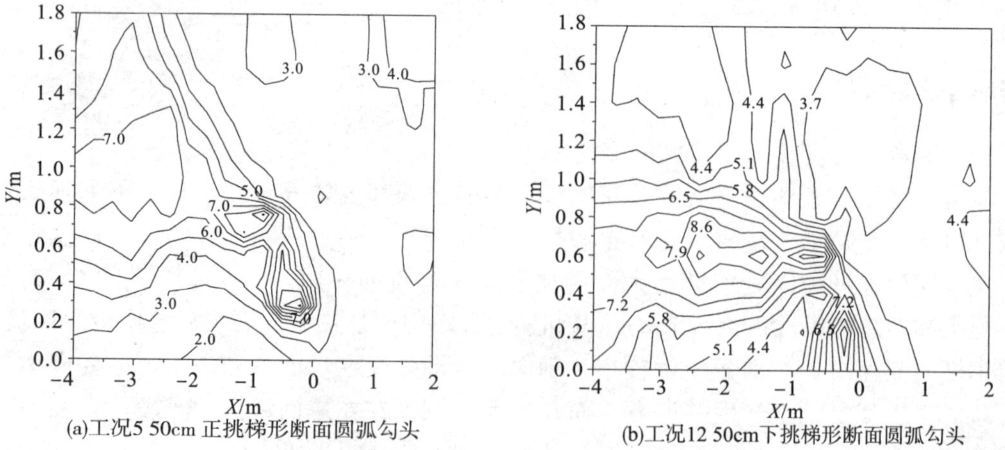

(a)工况5 50cm 正挑梯形断面圆弧勾头

(b)工况12 50cm下挑梯形断面圆弧勾头

图 5-2-4 挑角不同时紊动强度变化情况

2)坝型不同时紊动强度变化

选取流量为 95 L/s，控制水深为 14 cm 时 $L=70$ cm 的坝，分析工况 26(梯形断面圆弧形直头)、工况 29(梯形断面圆弧形勾头)、工况 32(梯形断面扇形直头)、工况 35(梯形断面扇形勾头)和工况 50(圆弧断面圆弧形直头)，做 5 个工况 0.8 H(水深)纵向紊动强度对比分析(图 5-2-5)。

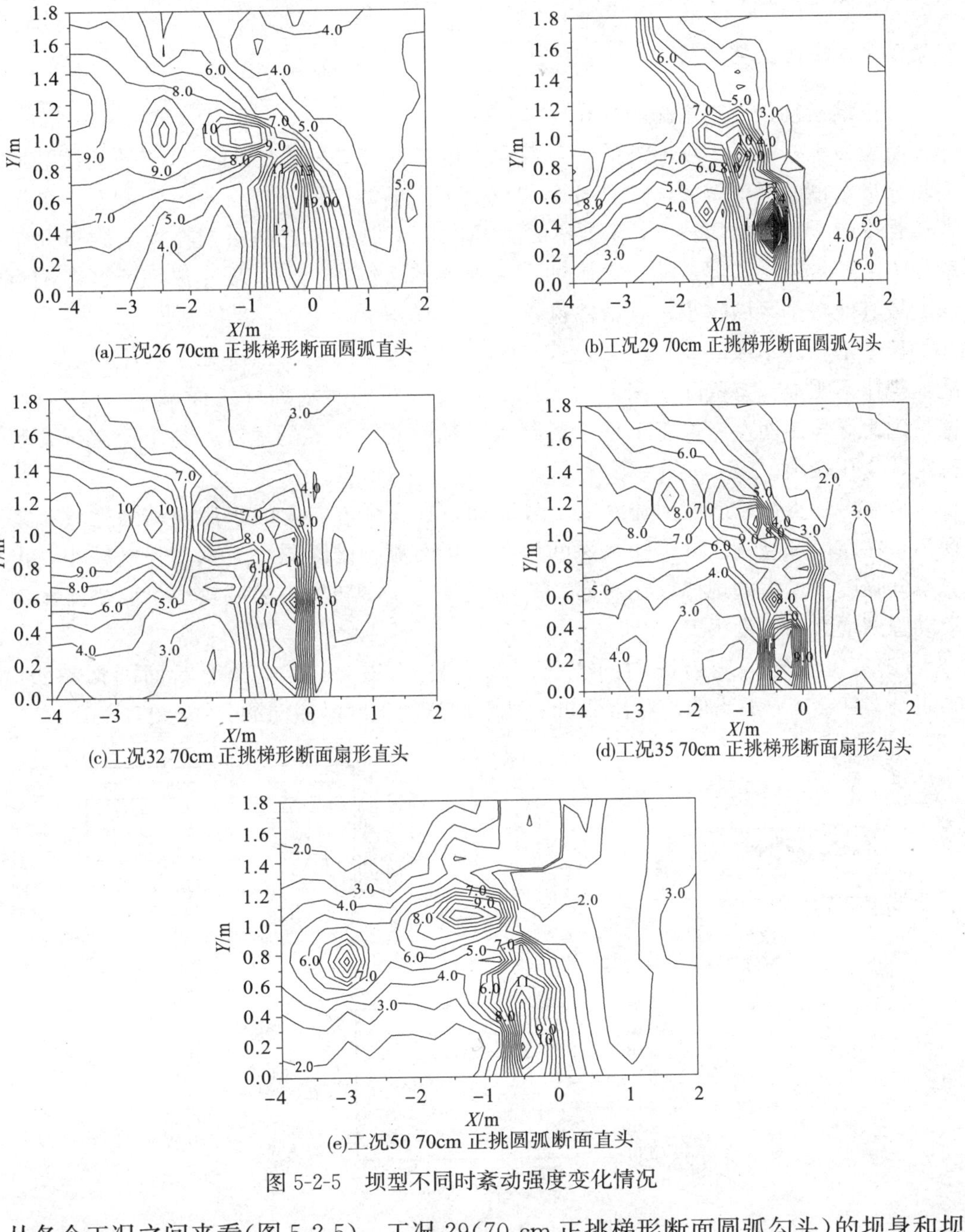

(a)工况26 70cm 正挑梯形断面圆弧直头

(b)工况29 70cm 正挑梯形断面圆弧勾头

(c)工况32 70cm 正挑梯形断面扇形直头

(d)工况35 70cm 正挑梯形断面扇形勾头

(e)工况50 70cm 正挑圆弧断面直头

图 5-2-5　坝型不同时紊动强度变化情况

从各个工况之间来看(图 5-2-5)，工况 29(70 cm 正挑梯形断面圆弧勾头)的坝身和坝头附近紊动强度值较大，其他 4 个工况的情况基本相同。工况 50(70 cm 正挑圆弧断面直头)对坝前和坝后收缩段的影响较小，工况 50 这些区域紊动强度值较小，且区域范围较小。而工况 32(70 cm 正挑梯形断面扇形直头)和工况 35(70 cm 正挑梯形断面扇形勾头)则由于其坝头挑流作用最明显，对下游收缩段的影响较大。工况 26(70 cm 正挑梯形断面圆弧直头)和工况 29(70 cm 正挑梯形断面圆弧勾头)的影响介于前两者之间。而关于坝后回流区，由于 5 种工况都是 70 cm 长，其坝后回流区强紊动区域范围相差不多，但是直头坝的区域较大且紊动强度值稍大，勾头坝稍小，最小的为圆弧断面坝。

2. 紊动强度沿程变化趋势

1)三维紊动强度随水深的变化

实验显示，位于丁坝上游的 3 号断面上的各测点在三个方向上水流的紊动强度基本上越靠近水槽底部就越大，并且各个测点上增大的幅度不一样。靠近丁坝左岸各测点的紊动强度较大，且增幅较大，3 号断面刚好位于丁坝迎水坡前沿，在坝头附近几个点的紊动强度相对较小，但是随水深增加紊动强度的增幅较大。丁坝左岸回流区各测点紊动强度较其他两个区域较小，且增幅也较小。

位于丁坝迎水坡的 5 号断面，其三个方向上水流的紊动强度在丁坝坝头和左岸较紊乱，规律不明显，有些随水深增大而增大，另一些则随水深增大而减小，且趋势不一。这是因为 5 号断面左岸位于丁坝坝后跌水区和回流区交界的地方，整个流态很紊乱且不稳定，变化较大。

再靠后一点位于下游回流区的 7 号断面，在三个方向上的水流紊动强度分布情况呈现为：在左岸和坝头区域，随水深的增大，从面流到中间层水流紊动强度减小，再到底流紊动强度又增大的规律；在右岸，紊动强度较左岸和坝头区域较小，但是随水深增大紊动强度增大的幅度很大。

(2)三维紊动强度沿横向的变化。以工况 5(50 cm 正挑梯形断面圆弧勾头，$Q=95$ L/s，$H=14$ cm)为例，对比分析三维平均紊动强度沿横向的分布(图 5-2-6)。

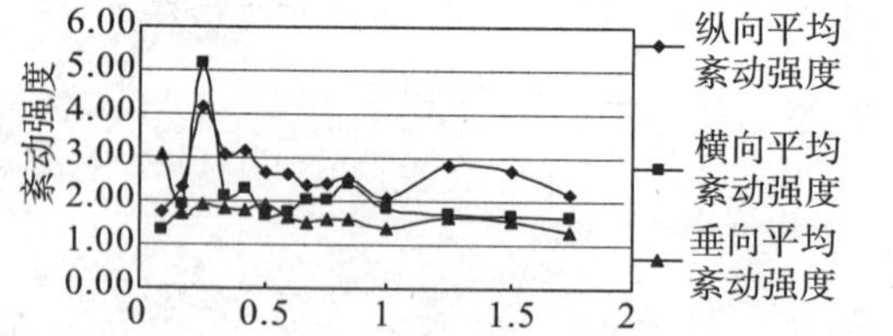

(a)3 号三维平均紊动强度

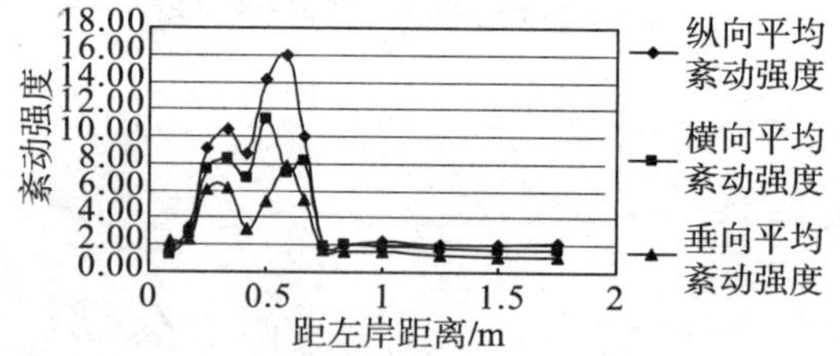

(b)5 号三维平均紊动强度

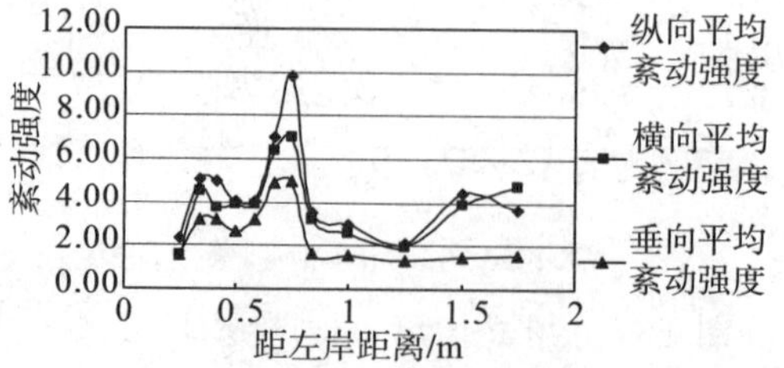

(c)7 号三维平均紊动强度

图 5-2-6 三维垂线平均紊动强度沿横向的分布

位于丁坝上游的 3 号断面在三个方向上的紊动强度基本都呈现在左岸较大，到坝头处较小，再到右岸又略有增大的规律。

位于坝后跌水区和回流区交界处的 5 号断面在三个方向上紊动强度分布规律基本一致：在左岸起始点都较小，随着向坝头靠近，紊动强度越来越大，到坝头处又急速减小，到再靠近右岸，分布区域均匀，变化不大。

完全处于坝后回流区的 7 号断面在三个方向上的紊动强度从起始点开始较小，随着距离向水槽中部靠拢，3 个方向上的紊动强度都增大，到坝头处急速减小。而纵向和横向紊动强度在从坝头向右岸靠拢的过程中，又略有增大，而垂向紊动强度从坝头到右岸基本分布均匀，变化很小。

3)三维紊动强度沿纵向的变化

以工况 5(50 cm 正挑梯形断面圆弧勾头，Q=95 L/s，H=14 cm)为例，绘出三维平均紊动强度沿纵向的分布，见图 5-2-7 所示。

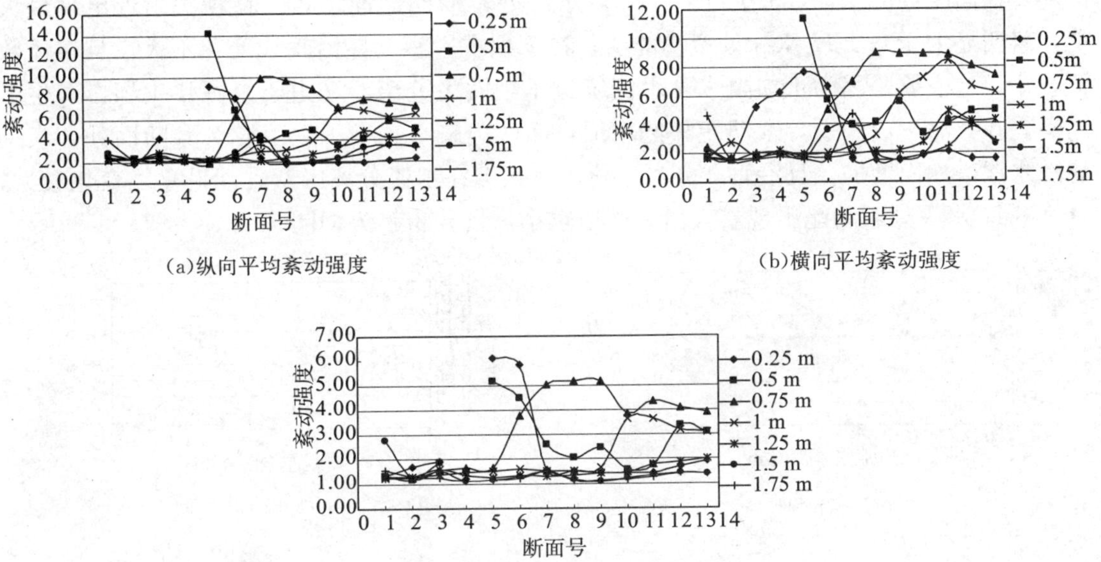

(a)纵向平均紊动强度

(b)横向平均紊动强度

(c)垂向平均紊动中强度

图 5-2-7　紊动强度沿纵向的分布

三个方向上的紊动强度在坝前断面都较小，在靠近坝身之前略有波动，但是变化不大；在靠近坝轴线断面之后，紊动强度开始剧烈波动，增大幅度较大；到坝后回流区，三个方向上的紊动强度在 4～7 号断面增大到最大值，过了 7 号断面之后开始下降，再到下游 11 号断面处又略有回升。坝后所有断面来在三个方向上的紊动强度平均值较大，但波动也较大，呈明显的陡涨陡落规律。而从横向断面上来看，由于左岸是回流区，流态紊乱，水流结构复杂，各个方向上的流速变化较大，在 0.25 m、0.5 m、0.75 m 和 1 m 处三个方向上的紊动强度值较大且波动幅度也更大。右岸流态相对稳定，所以紊动强度值较小且波动幅度也较小。

5.2.1.2　紊动能分析

1. 水流紊动能在整个测区的分布

以工况 5(50 cm 正挑梯形断面圆弧勾头，Q=95 L/s，H=14 cm)为例，分析相对水深(测点距水面的深度于总水深的比值)为 0.2 H、0.6 H、0.8 H 时紊动能的分布情况。选择 2 号、6 号、7 号断面分析水流紊动能在各测点的变化规律。

从水流紊动能在断面的分布(图 5-2-8)可知，在丁坝上游 2 号断面处，0.2 H 水深处的紊动能较小，0.6 H 水深处的紊动能较大，0.8 H 水深处的紊动能最大，它们的大小分布比较明显，但其整体数值都较小；在断面中部，0.6 H、0.8 H 水深处紊动能值有交叉，说明其底部紊动能分布相同。在丁坝下游坝头附近 6 号断面处，丁坝左岸一段 0.6 H、0.8 H 水深处紊动能分布曲线基本相同，紊动能较小，0.2 H 水深处紊动能较大，但随着横向距离的增加，0.6 H、0.8 H 水深处紊动能逐渐增大，在坝头附近出现最大值，且明显大于 0.2 H 水深处紊动能值；在丁坝右岸紊动能沿垂线变化不大，且整体数值较小，这主要是因为丁坝阻水，水流绕过丁坝发生分离，又由于是圆弧头坝，产生卡门涡，在其后形成涡街，紊动能骤然增加，而两边较小。在丁坝下游 7 号断面处，紊动能随水深增加而增加，且沿垂线方向变化不大，但在水流分离区紊动能沿垂线变化较大，且 0.8 H 水深处紊动能出现最大值，两边较小，且分布趋势相同。

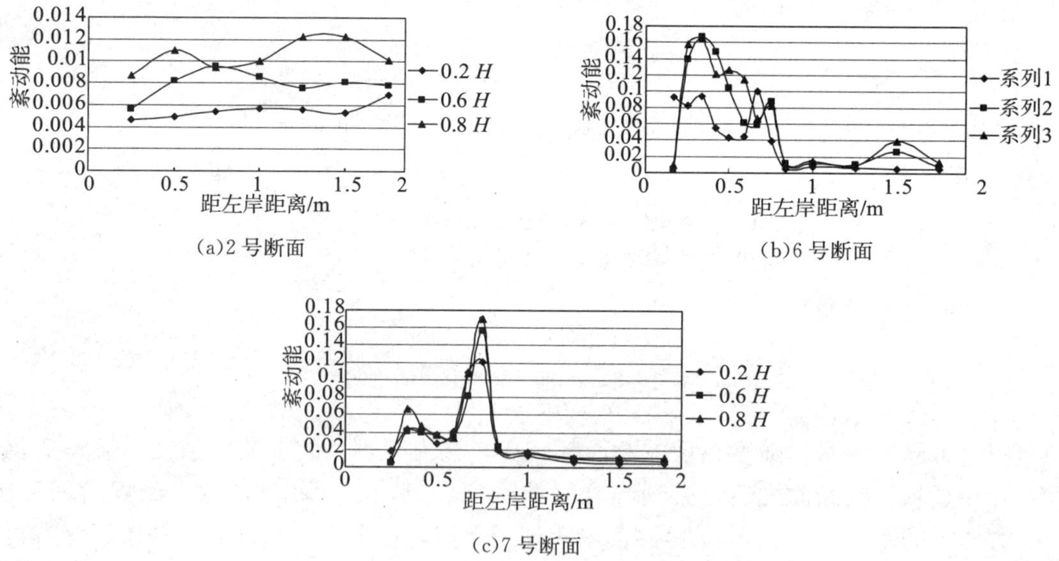

(a)2 号断面　　(b)6 号断面　　(c)7 号断面

图 5-2-8　水流紊动能沿横断面分布

2. 不同流量时水流紊动能变化

研究紊动能随流量的变化关系，选取工况 4、工况 5、工况 6 进行对比，流量分别为 Q=65 L/s、Q=95 L/s、Q=135 L/s 时，0.8 H 水深处紊动能等值线图的分布情况进行分析，如图 5-2-9 所示。

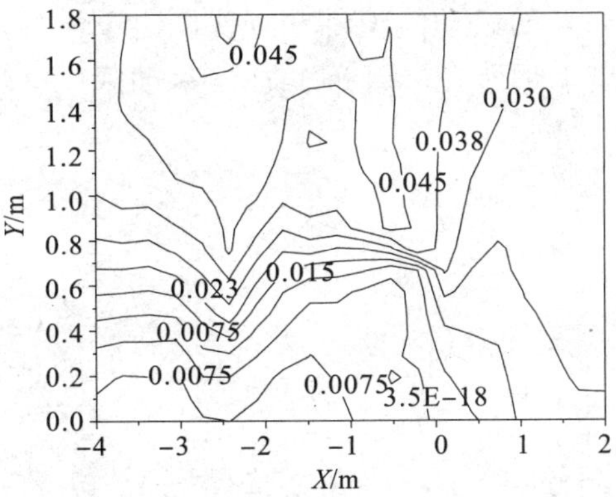

(a)工况 4　50 cm 正挑梯形断面圆弧勾头

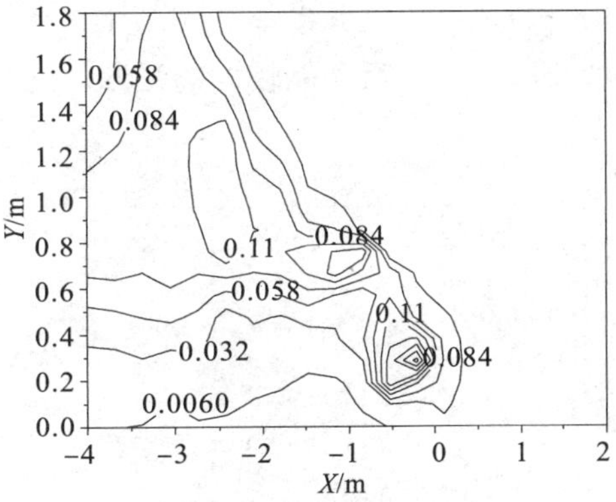

(b)工况 5　50 cm 正挑梯形断面圆弧勾头

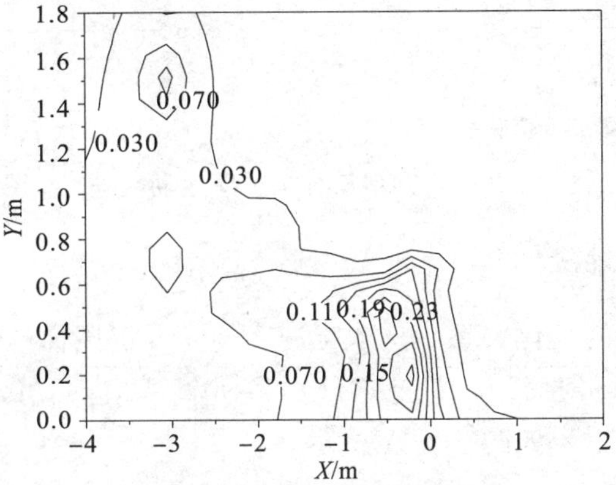

(c)工况 6　50 cm 正挑梯形断面圆弧勾头

图 5-2-9　不同流量时 0.8 H 紊动能等值线图

当 Q=65 L/s 时，0.8 H 水深处紊动能等值线较稀且其值较小，紊动能最强的地方在丁坝下游强紊动区(D)和对岸区(B)交界处附近，强紊动区分布范围较小；随着流量的增大紊动能也逐渐增大，当 Q=135 L/s 时，紊动能等值线图较密，紊动能值最大，最大值出现在坝头下游附近，且强紊动区(D)分布范围也较大；当 Q=95 L/s 时，紊动能等值线图最密，紊动能值较 Q=135 L/s 小，最大值也出现在坝头下游附近，且强紊动区(D)分布范围最大。出现这种情况的原因是，当流量较小时，流速较小，紊动不剧烈，等值线分布较稀疏，且各个分区不是很明显；随着流量的增加，流速较大，紊动加强，等值线较密；但当流量增加到一定程度时，等值线又慢慢变稀疏，但坝头紊动值较大。

3. 不同坝长时水流紊动能变化

研究紊动能随坝长的变化关系，选取工况 5(50 cm 正挑梯形断面圆弧勾头)、工况 29(70 cm 正挑梯形断面圆弧勾头)于 0.8 H 水深处紊动能等值线图的分布情况进行分析。

从图 5-2-10 中可以看到，当坝长为 70 cm 时，紊动能等值线较密，且数值较大。坝长为 50 cm 时，等值线较稀疏，数值较小。这是因为丁坝越长，丁坝对水流的阻水作用越强，水流绕过丁坝紊动越强烈，且紊动能越大，分布范围也越大。同一数值的等值线，在坝长为 70 cm 时紊动能分布范围较大。两种坝长的紊动能值都在坝头附近下游处，随着坝长的增长，紊动能较大的强紊动区（D 区）离丁坝所在岸越远，且强紊动区（D 区）也较大。

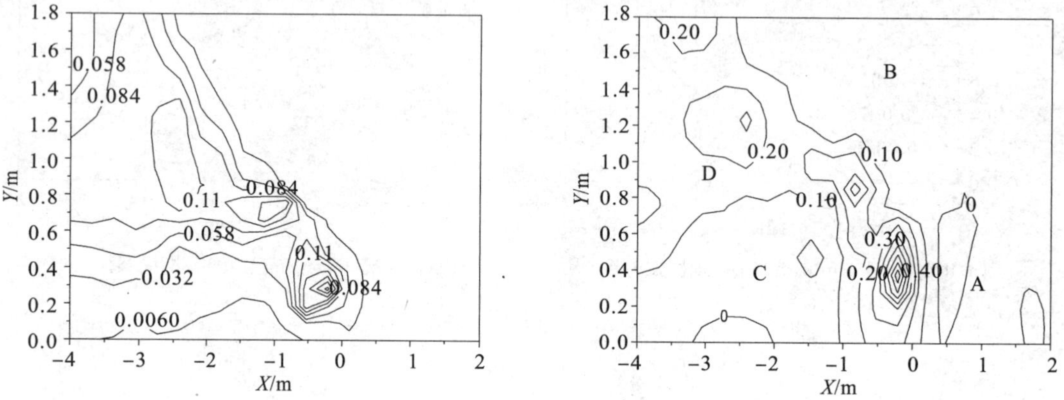

(a)工况 5　50 cm 正挑梯形断面圆弧勾头　　(b)工况 29　70 cm 正挑梯形断面圆弧勾头

图 5-2-10　不同坝长时 0.8 H 紊动能等值线图

4. 不同挑角时水流紊动能变化

研究紊动能随挑角的变化关系，选取工况 2(50 cm 正挑梯形断面圆弧直头）和工况 14（50 cm 下挑梯形断面圆弧直头），对挑角分别为 90°、120°时，0.8 H 水深处紊动能等值线图的分布情况进行分析，如图 5-2-11 所示。

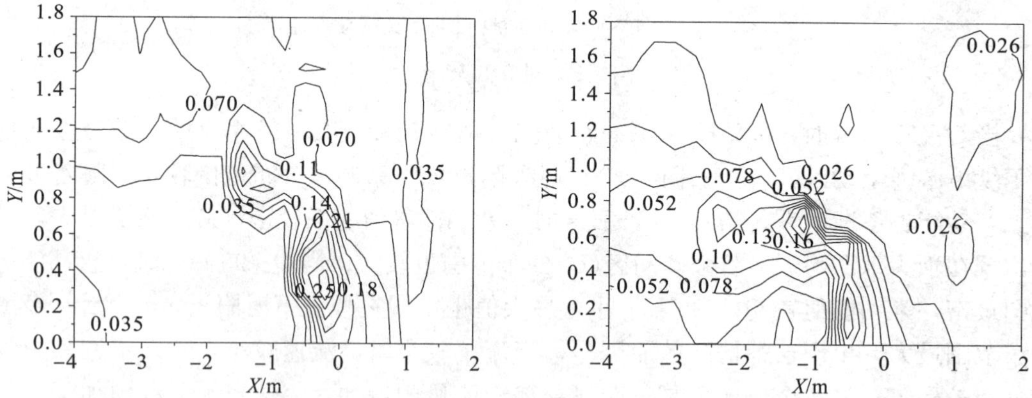

(a)工况 2　50 cm 正挑梯形断面圆弧直头　　(b)工况 14　50 cm 下挑梯形断面圆弧直头

图 5-2-11　不同挑角时 0.8 h 紊动能等值线图

当挑角为 90°时，在坝头下游附近紊动等值线较密，且其值较大，最大值出现在坝头前一段距离，在坝头附近紊动能变化较大，在其他区域变化较小；当挑角为 120°时，在坝头下游附近紊动能等值线较密，且其值较工况 2 小，最大值离坝头较正挑近，在坝头附近紊动能变化较大。对比两个工况，在丁坝上游靠坝头附近正挑紊动能较下挑大；在坝身背部，两者都出现较大值，且正挑紊动能值较下挑大，这是由于正挑丁坝壅水较高，下潜水流流速较大，紊动能较大；由于正挑丁坝阻水面积较下挑丁坝大，将对岸区压缩较小，强紊动区(D 区)分布范围大，主要靠近丁坝右岸，紊动能变化较大的密集区主要在坝头附近；而下挑丁坝阻水面积较小，将强紊动区(D 区)压缩，分布范围较正挑丁坝小，但紊动能变化较大的密集区较正挑丁坝大。因此，挑角对 4 个区域的分布影响较为明显。

5. 不同坝型时水流紊动能变化

研究不同坝体结构形式的紊动能变化情况，选取工况 26(70 cm 正挑梯形断面圆弧直头)、工况 29(70 cm 正挑梯形断面圆弧勾头)、工况 35(70 cm 正挑梯形断面扇形勾头)和工况 50(70 cm 正挑圆弧断面直头)紊动能等值线图的分布情况进行分析，如图 5-2-12 所示。

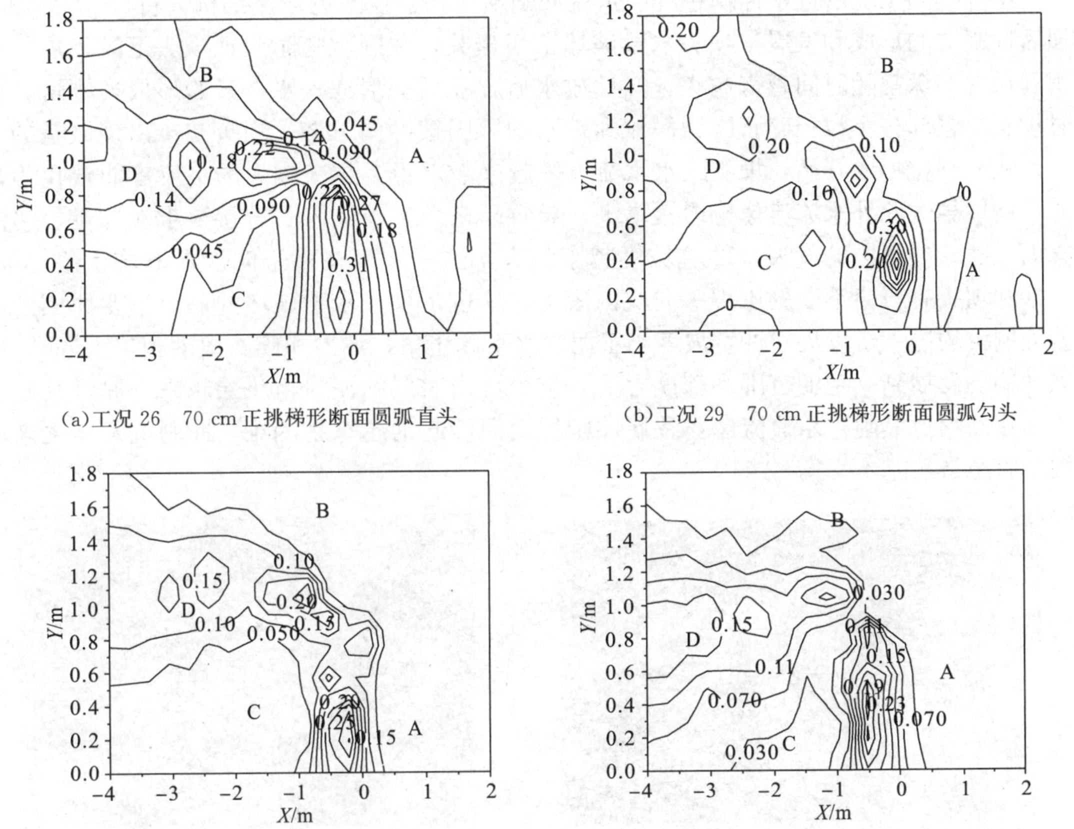

(a)工况 26　70 cm 正挑梯形断面圆弧直头　　(b)工况 29　70 cm 正挑梯形断面圆弧勾头

(c)工况 35　70 cm 正挑梯形断面扇形勾头　　(d)工况 50　70 cm 正挑圆弧断面直头

图 5-2-12　不同坝型时 0.8 h 水深处紊动能等值线图

总体来看，在坝头下游附近紊动能等值线较密，且其值较大，最大值出现在坝头前一段距离，在坝头附近紊动变化较大，在坝身背水坡也有一较大值出现。坝头附近紊动能值最大为工况 26(70 cm 正挑梯形断面圆弧直头)，最小为工况 50(70 cm 正挑圆弧断面直头)，工况 29(70 cm 正挑梯形断面圆弧勾头)和工况 35(70 cm 正挑梯形断面扇形勾头)处于中间。从坝头结构形式看，勾头丁坝紊动能等值线密集区离坝头较近，直头丁坝紊动能等值线密集区离坝头较远，且扇形丁坝紊动能最大值较圆弧形大；直头丁坝强紊动区(D 区)分布范围较直头丁坝大，紊动能密集区主要靠近丁坝右岸，且扇形勾头丁坝强紊动区(D 区)分布范围较圆弧头大，紊动能变化较大的密集区主要在坝头附近。从坝体结构形式看，圆弧断面直头丁坝强紊动区(D区)分布范围较梯形断面小，且紊动能等值线较梯形断面稀疏，但坝身背水坡紊动能等值线较梯形断面大，这是由于圆弧断面坝身较光滑，下潜流速较梯形断面大，紊动较强。

5.2.1.3 水毁机理分析

1. 丁坝水毁过程分析

1)不同坝型丁坝水毁过程

结合不同工况的放水冲刷过程、水流冲刷现象和丁坝附近水流结构分析(图 5-2-13)，坝后冲刷坑的形成和发展与坝头水毁破坏密切相关，冲刷坑随时间在坝头下游发展，面积和最大冲深都随时间越来越大。开始放水后，在坝头形成跌水，开始形成冲刷坑，此时坝头位置部分小粒径碎石因为涡流和跌水的原因被冲向下游，坝头初步出现微量的水毁。从冲刷坑形成开始，坝头跌水水流下跌越来越严重，越来越大的水流势能转化为动能，所以导致此处水流流速也缓慢增大，导致越来越多坝头碎石直接被水流冲走。另一方面，随着冲刷坑的发展，冲坑坡度越来越大，这一坡度在小于泥沙水下休止角之前，床沙和坝头碎石会不断的垮塌，向坑内滚动，这也是坝头水毁破坏的一个重要原因。随着冲刷坑的进一步发展，冲坑坡度小于泥沙水下休止角，泥沙和碎石滚落现象大幅减少。当冲刷坑发展到一定的范围和深度之后，整个坑内表层的泥沙粗化层越来越厚，其起动流速逐渐超过其附近水流流速，致使冲刷坑内泥沙起动越来越困难，冲刷坑发展逐渐放缓，直至最后基本平衡。

(a)工况 M4 梯形断面圆弧直头丁坝冲刷前

(b)工况 M4 梯形断面圆弧直头丁坝冲刷后

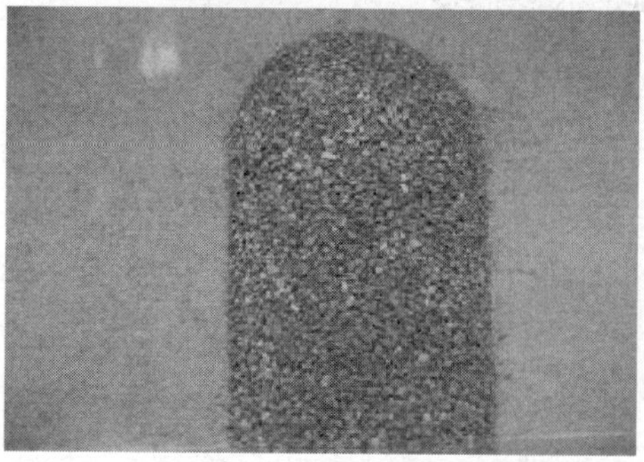

(c)工况 M5 圆弧断面圆弧直头丁坝冲刷前

(d)工况 M5 圆弧断面圆弧直头丁坝冲刷后

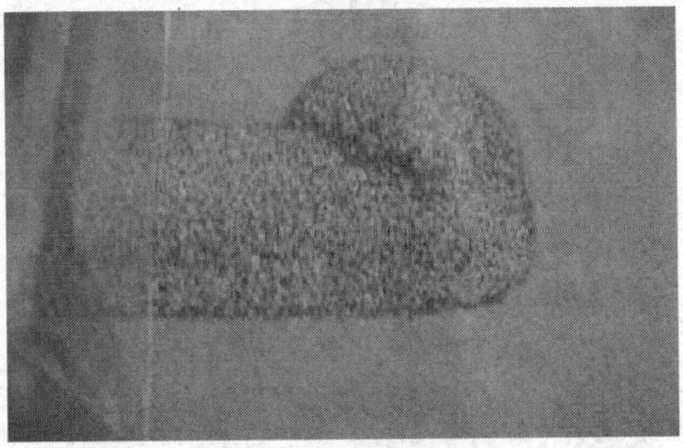
(e)工况 M9 梯形断面圆弧勾头丁坝冲刷前

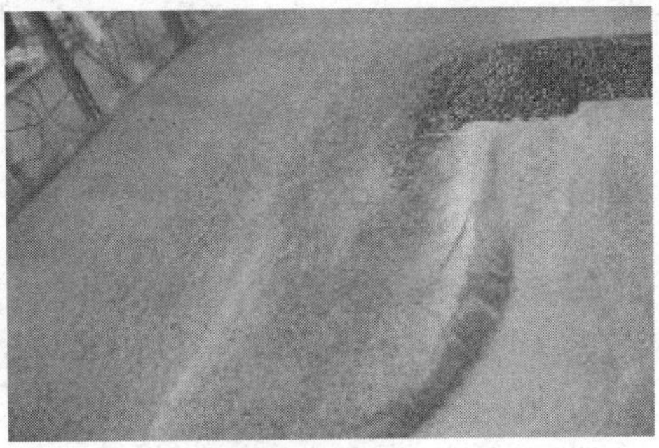
(f)工况 M9 梯形断面圆弧勾头丁坝冲刷后

图 5-2-13　丁坝冲刷前后照片

先分析工况 M4 水毁破坏过程。水流稳定后，坝头出现跌水，流速最大，导致工况 M4 坝头位置出现少量碎石被冲离坝体，碎石启动最早出现在坝头下沿圆弧段上游位置处，即坝身直线与坝头圆弧段相交的位置，此处也就是所谓的拐点位置，拐点位置是冲刷坑的起冲点，也是坝体最先受到水流冲击的部分，水流由于丁坝的阻碍，坝前水位升高，成壅水状态。此时一部分高于丁坝的水流，翻坝而过，形成翻坝水，另外一部分下层水流受到丁坝的阻碍，流向改变，转向右岸。这部分水流不仅方向改变了，而且受到上层水流的压制，成为压缩流，流速增大，此时这部分底流贴近丁坝坝面流动，与丁坝坝面作用强烈，是丁坝的薄弱点。

冲刷坑起冲点从拐点开始，但破坏最严重的却是坝头后沿，坝头后沿泥沙起动较多，初步形成冲刷坑，此时坝头出现少量水毁。坝身上，除了坝顶跌水区域有少量碎石被冲走之外，坝前和坝后都基本稳定，几乎没有水毁现象。随着冲刷过程的进行，坝头冲刷坑在第一个小时内发展迅速，冲刷坑范围和最大冲深都在不断增大，随着最大冲深的增大，坝头跌水加强，坝头水毁程度加剧，更多的碎石被冲离坝体和顺着冲刷坑形成的沙坡滚落坑内，此时坝头部分水毁。在此过程中，坝顶持续有少量碎石被冲走，形成几个缺口，但是整体来讲，坝体基本稳定，只有少量水毁现象。第一个小时过后，由于粗化层的累积，冲刷坑范围和最大冲深发展减缓，这个时候在冲刷坑的外围已经形成了大范围的沙垄和淤积，且沙垄淤积在这个时间段迅速发展，逐渐抬高下游回流区水位，坝前坝后跌水和比降逐渐减小，此时坝头和坝体水毁基本达到最大限。放水 2 h 后，冲刷坑发展十分缓慢，坝头和坝身水毁程度增长缓慢，直至放水结束前基本保持平衡。

圆弧断面，水流接触坝体表面后受坝体阻力较梯形断面要小；反之，坝体对水流的作用力也较小。圆弧断面坝身阻力较小，致使过坝流量较梯形断面坝大，绕过丁坝向下游行进的水流量较小，水流对坝头的破坏作用较轻，因此整个坝体的稳定性也较强。实验中也发现坝体基本没有水毁破坏，只有微量小粒径碎石被冲离坝体［图 5-2-13(d)］。工况 M9(梯形断面圆弧勾头丁坝)损坏的部分是沿水流一侧，其他部分基本完好，这是由于工况 M9 的勾头部分使绕过丁坝的水流较平顺，一定程度上对坝头起着保护作用，在相同的水流条件下坝头抵抗水流冲击的能力更强，丁坝稳定性也较强。

2)不同坝长丁坝破坏过程

控制条件为 Q=95 L/s、H=14 cm、D_{50}=1 mm、挑角 90°、无护底梯形断面圆弧勾

头丁坝。选取动床工况 M9(L=50 cm)和工况 M10(L=70 cm)对比并综合分析其水毁过程的特点，如图 5-2-14 所示。

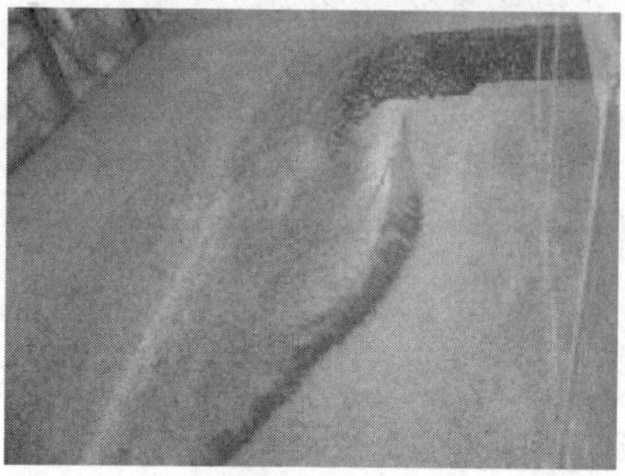

(a)工况 M9 最终冲刷照片

(b)工况 M10 最终冲刷照片

图 5-2-14　不同坝长最终冲刷地形

由前面分析的冲刷过程可知，丁坝的存在使丁坝附近的水流结构和压力场都随之变化。当来水遇到丁坝受阻后，一部分水流被迫沿坝头绕流而下，另外一部分水流翻坝后流向下游。坝前水位壅高，由于丁坝的束水作用，水流大部分集中到右岸，水流平均速度明显增大。分析工况 M9、M10 最终冲刷地形图可以看出，在相同条件下 70 cm 丁坝的冲刷坑面积、坝后淤积面积、最大坑深明显大于 50 cm 长的丁坝；丁坝越长其束窄水流的能力越强，对丁坝附近的水流结构影响越大，平均流速和单宽流量增大幅度越大，坝头附近流速的增加导致更为激烈的大尺度紊动发生。底部流速的增大和床面漩涡扰动较剧烈是造成丁坝附近冲刷较大的主要原因。此外，在实验中还可以看到，70 cm 丁坝坝头附近比 50 cm 丁坝的卡门涡要剧烈，这也是工况 M10 比工况 M9 冲刷严重的原因。

3)丁坝坝面及背水坡水毁机理

在前期调研中，发现丁坝坝身(小米滩丁坝)某一段出现严重水毁，甚至出现整段被冲走或垮塌的情况(图 5-2-15 和图 5-2-16)。

分析其原因不难发现，这种现象是由特定的水流条件所造成的。这一段航道弯曲，上段左岸杨公背、猫石盘及望滩石梁伸入江中与右岸毛线碛相对，坝体为抛石结构，退水期坝前泥沙受到水流不断冲刷淘蚀，坝脚出现冲刷坑，导致局部坝脚块石处于悬空状态，从而出现坝体松动，加上次年洪水期主流归顺，此时丁坝处于主流顶冲位置，受洪水顶冲，如此反复造成局部坝体及坝面块石被冲垮或被水流带向下游。

图 5-2-15　小米滩上丁坝水毁照片

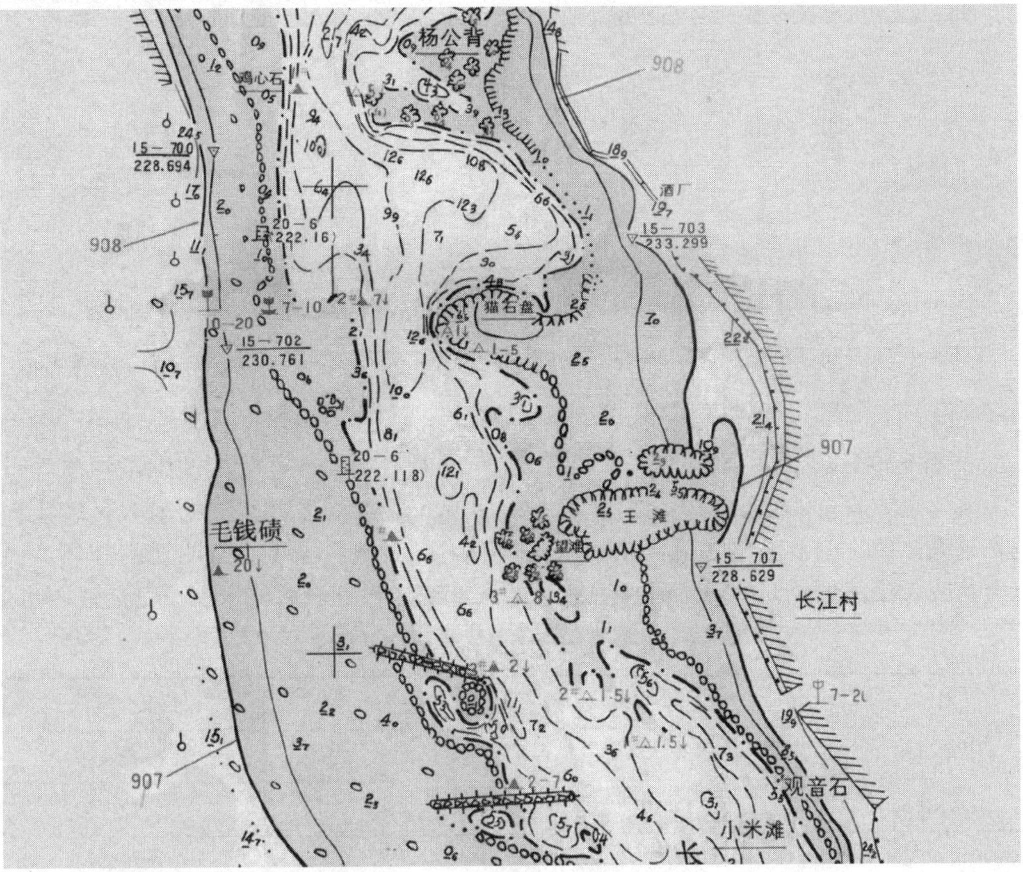

图 5-2-16　小米滩河段河势图

本次实验是在顺直平底水槽中进行的，没有塑造河床地形，不会出现主流顶冲坝根或坝身的水流条件，所以很难模拟出坝身及坝后的冲刷水毁现象。因此，实验中采取将坝体局部放大的方式(取坝身长为 2 m，将整个水槽拦断)，造成主流顶冲坝体的水流条件出现，研究丁坝坝面及背水坡的水毁机理。

根据实际观察，当水流刚好漫坝至坝上水深约为 2 m 时，水流对坝体破坏作用最明显，控制漫坝水流平均流速约为 3 m/s，坝上水深与前述实验工况一致(H=14 cm)，则控制流量为 0.038 m^3/s，以此边界条件作为初始边界，通过调节下游水位观察坝体的水毁破坏情况，并记录其对应的水流条件。

坝体采用 6～12 mm 混合碎石，坝顶宽 7.5 cm，迎水坡坡度为 1∶1.5，背水坡坡度为 1∶2，迎水坡坡顶所在横断面设置隔水层，控制坝身透水率约为 3%。平面布置如图 5-2-17所示。

由放水过程中得记录情况可以看出，流量不变的情况下，随着下游水位的下降，上游水位变化不大，造成上下游落差逐渐增大，翻坝水流流速特别是坝顶背水坡处流速很大，对坝面及下游河床形成冲刷，当这一落差达到一定程度之后，坝面及下游河床承受不了水流的冲击力，最终造成坝面及背水坡的水毁。

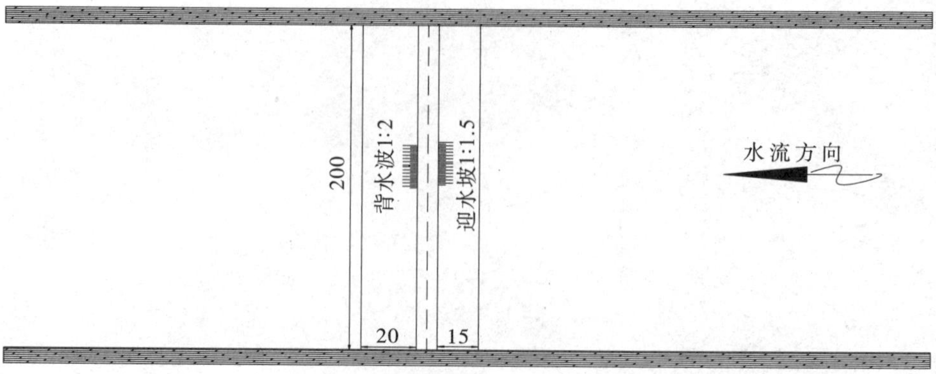

图 5-2-17　正挑坝体局部放大水槽模型布置图

从表 5-2-3 可以看出，刚开始跌水只有 3.1 cm 时，坝面流速只能使少量坝顶碎石起动并滚落，造成少量的水毁破坏。而随着水位下降，坝前坝后跌水逐渐增大，破坏程度也越来越大。每次调节水位之后，在流速刚刚变大的时候，坝顶会有明显的破坏，而等碎石滑落或者滚落形成新的坡度时，坝体又会逐渐稳定直到最后整个坝顶完全破坏。

表 5-2-3　坝体破坏程度与跌水关系

时间	坝前水位/cm	跌水/cm	水毁程度
放水开始	14.40	3.1	少量破坏
放水 10 min	14.30	3.8	一般破坏
放水 40 min	14.25	4.5	大量破坏
放水 60 min	13.75	5.0	完全破坏

图 5-2-18是散抛石坝体局部放大冲刷前后对比图，从中可以看出，坝体的破坏主要从坝顶开始，集中在坝顶和坝的背水坡，且破坏方式主要是垮塌和碎石滚落，由于透水率低，在背水坡形成了少量淤积，现场调研中也发现有这种现象的出现。

(a)冲刷前

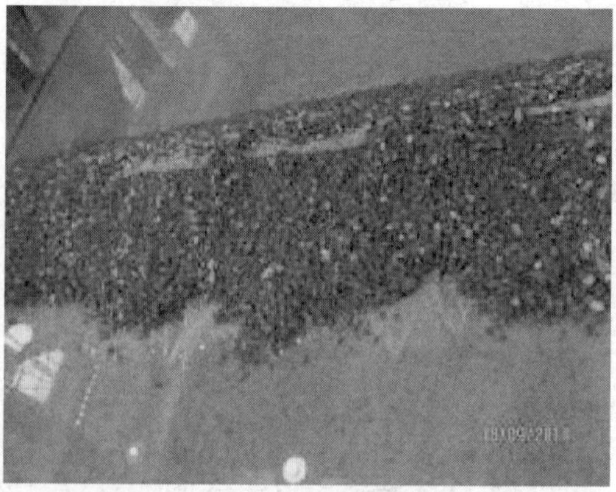

(b)冲刷后

图 5-2-18　散抛石坝体局部放大冲刷前后对比图

2. 丁坝冲刷坑的计算公式

1)冲刷坑的范围及确定方法

根据实验中的观察和对坝后冲刷坑数据的分析，冲刷坑的范围大致可以用椭圆来表示，以冲刷坑的最深点为椭圆圆心，以平行于河岸方向为椭圆的长轴，以垂直于河岸方向为椭圆的短轴，使椭圆大致和冲刷深度为零的等高线重合。如图 5-2-19 所示此图为某一工况的最终冲刷地形图，从图中观察可知，用椭圆基本上可以表示冲刷坑的范围。

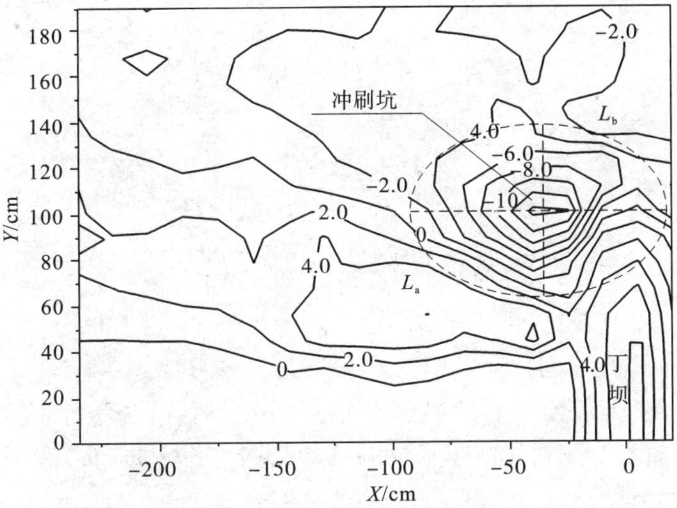

图 5-2-19　冲刷坑的范围的确定

冲刷坑的范围可以用椭圆面积来表示：

$$S_{坑} = \pi L_a L_b \tag{5-2-10}$$

冲刷坑的体积可以近似用椭圆锥的体积来表示：

$$V_{坑} = \frac{1}{3}\pi L_a L_b h_{深} \tag{5-2-11}$$

式中，L_a 为冲刷坑的长轴长度；L_b 为冲刷坑的短轴长度；$h_{深}$ 为冲刷坑的极限冲深(冲刷坑的竖轴)。

2)冲刷坑的计算公式

采用量纲分析方法来研究丁坝头部冲深、冲刷坑的长度及宽度的基本公式如下：

$$\begin{cases} \dfrac{h_s}{H_0} = f_1\left(\dfrac{b_0}{B},\dfrac{b_0}{H},\dfrac{u_{\max}}{\sqrt{gH_0}},\dfrac{u_c}{\sqrt{gH_0}},\alpha\right) \\ \dfrac{L_a}{B} = f_2\left(\dfrac{b_0}{B},\dfrac{b_0}{H},\dfrac{u_{\max}}{\sqrt{gH_0}},\dfrac{u_c}{\sqrt{gH_0}},\alpha\right) \\ \dfrac{L_b}{B} = f_3\left(\dfrac{b_0}{B},\dfrac{b_0}{H},\dfrac{u_{\max}}{\sqrt{gH_0}},\dfrac{u_c}{\sqrt{gH_0}},\alpha\right) \end{cases} \tag{5-2-12}$$

式中，h_s 为丁坝头部冲深；b_0/B 表示丁坝压缩水流的影响；b_0/H_0 表示丁坝对水深的影响；$u_{\max}/\sqrt{gH_0}$ 表示坝头水流弗汝德数的影响；$u_c/\sqrt{gH_0}$ 表示泥沙起动弗汝德数的影响；α 表示挑角的影响。$u_{\max}$与 u_c 是水流与泥沙相互间作用的一对流速，不妨将两者合并在一起表示为$(u_{\max}-u_c)/\sqrt{gH_0}$，同时认为 b_0/B 项对水流的影响已经在 $u_{\max}$中得到了反映，在丁坝正交时挑角的影响系数可视为 1，非正交时对其进行修正。丁坝正交时，上式(5-2-12)可表示为

$$\begin{cases}\dfrac{h_s}{H_0}=f_1\left(\dfrac{b_0}{H},\dfrac{u_{\max}-u_c}{\sqrt{gH_0}}\right)\\[2ex]\dfrac{L_a}{B}=f_2\left(\dfrac{b_0}{H},\dfrac{u_{\max}-u_c}{\sqrt{gH_0}}\right)\\[2ex]\dfrac{L_b}{B}=f_3\left(\dfrac{b_0}{H},\dfrac{u_{\max}-u_c}{\sqrt{gH_0}}\right)\end{cases}\tag{5-2-13}$$

现将式(5-2-13)写成指数形式为

$$\begin{cases}\dfrac{h_s}{H_0}=A_1\left(\dfrac{u_{\max}-u_c}{\sqrt{gH_0}}\right)^{A_2}\cdot\left(\dfrac{b_0}{H_0}\right)^{A_3}\\[2ex]\dfrac{L_a}{B}=A_4\left(\dfrac{u_{\max}-u_c}{\sqrt{gH_0}}\right)^{A_5}\cdot\left(\dfrac{b_0}{H_0}\right)^{A_6}\\[2ex]\dfrac{L_b}{B}=A_7\left(\dfrac{u_{\max}-u_c}{\sqrt{gH_0}}\right)^{A_8}\cdot\left(\dfrac{b_0}{H_0}\right)^{A_9}\end{cases}\tag{5-2-14}$$

式中，A_1、A_4 和 A_7 为常数；A_2、A_3、A_5、A_6、A_8 和 A_9 为指数。

下面通过实测资料分别对影响丁坝冲刷坑的结构(直头与勾头)和平面布置(挑角)形式等因素进行分析和计算。

(1)坝头形式系数。坝头形式对坝头附近的流速和水位都有明显影响，进而影响冲刷坑的范围和深度。图 5-2-20～图 5-2-22 分别给出了不同坝头形式(直头与勾头)的丁坝冲刷深度、长度、宽度的相关关系图。从图中可以明显地看出，直头坝的冲刷范围较勾头

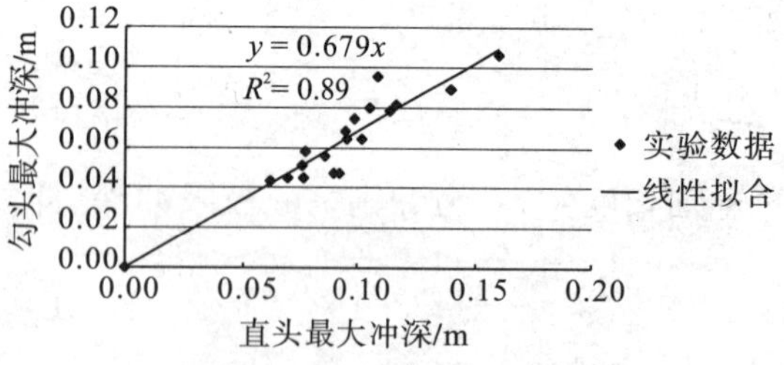

图 5-2-20 直勾头最大冲深关系

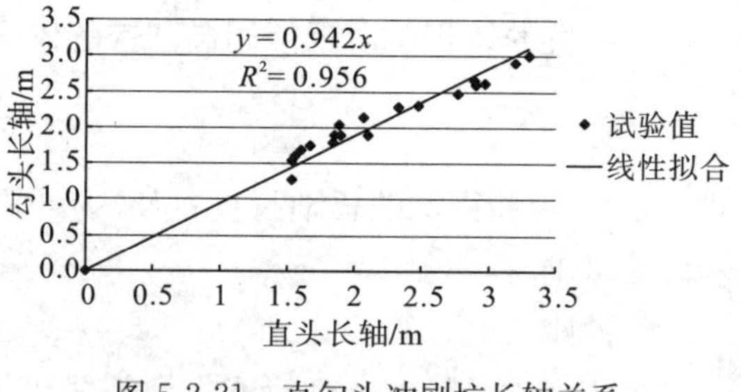

图 5-2-21 直勾头冲刷坑长轴关系

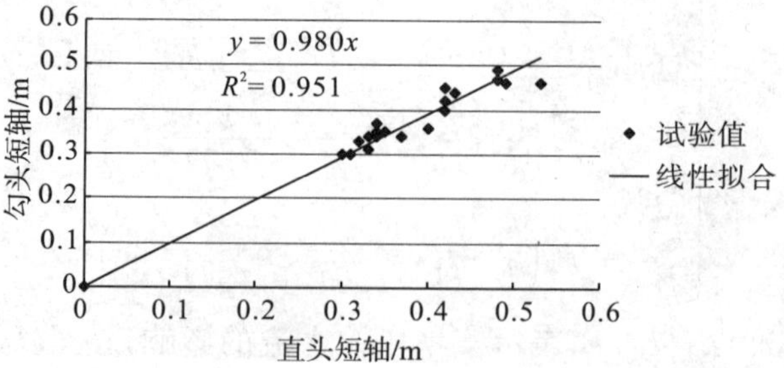

图 5-2-22 直勾头冲刷坑短轴关系

坝为大，且两者之间具有较好的线性关系，如直头坝冲坑深度、长度、宽度影响系数为 1，则勾头坝冲坑深度、长度、宽度影响系数分别为 0.679、0.942 和 0.980。

(2)丁坝挑角系数。结合以前所做实验资料，将不同挑角的丁坝平衡冲刷实验资料点绘在图 5-2-21 中，经分析可得下列关系式：

$$C_\alpha = \left(\frac{180-\alpha}{90}\right)^{0.2} \tag{5-2-15}$$

式中，C_α 为丁坝冲深挑角系数；α 为丁坝的挑角。

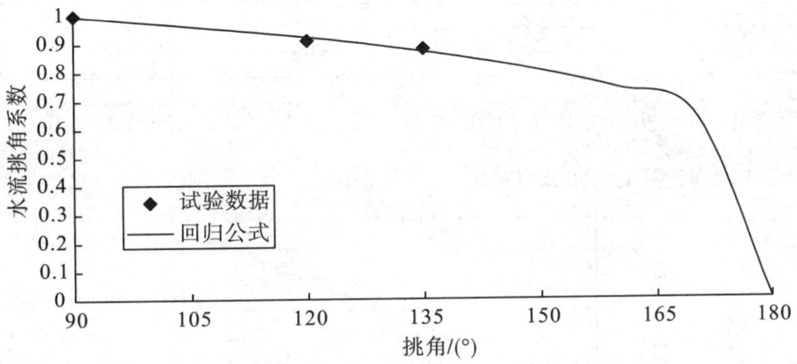

图 5-2-21　水流挑角系数和丁坝挑角关系

采用最小二乘法对实验数据进行多元回归分析。当丁坝为散抛石正挑直头丁坝时，得出各参数值见表 5-2-4。

表 5-2-4　冲刷坑三轴各参数值表

拟合公式	参数值	散体正挑直头坝
冲刷坑竖轴 H_s	A_1	0.1805
	A_2	0.2968
	A_3	0.8854
冲刷坑长轴 L_a	A_4	0.8687
	A_5	0.4156
	A_6	0.3623
冲刷坑短轴 L_b	A_7	0.2083
	A_8	0.2200
	A_9	0.1431

因此，丁坝冲刷坑的计算公式为

$$\begin{cases} \dfrac{h_s}{H_0} = 0.1805\varepsilon C_\alpha \left(\dfrac{u_{\max}-u_c}{\sqrt{gH_0}}\right)^{0.2968} \cdot \left(\dfrac{b_0}{H_0}\right)^{0.8854} \\ \dfrac{L_a}{B} = 0.8687\varepsilon C_\alpha \left(\dfrac{u_{\max}-u_c}{\sqrt{gH_0}}\right)^{0.4156} \cdot \left(\dfrac{b_0}{H_0}\right)^{0.3623} \\ \dfrac{L_b}{B} = 0.2083\varepsilon C_\alpha \left(\dfrac{u_{\max}-u_c}{\sqrt{gH_0}}\right)^{0.22} \cdot \left(\dfrac{b_0}{H_0}\right)^{0.1431} \end{cases} \tag{5-2-16}$$

式中，ε 为坝头形式系数，直头丁坝 $\varepsilon=1$，勾头丁坝 $\varepsilon=0.679$；C_α 为丁坝挑角系数，C_α

$=\left(\frac{180-\alpha}{90}\right)^{0.2}$。

根据上面拟合回归分析得出的系数，计算出对应实验中各工况时，丁坝下游最大冲刷深度及范围和实验中的实验值进行比较。从图 5-2-22～图 5-2-24 可见，各点均匀分布在两侧，实验值和计算值吻合较好。

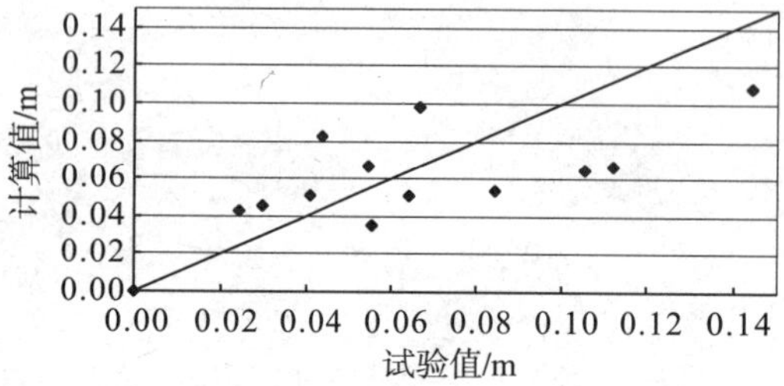

图 5-2-22　最大冲深计算值与实验值对比

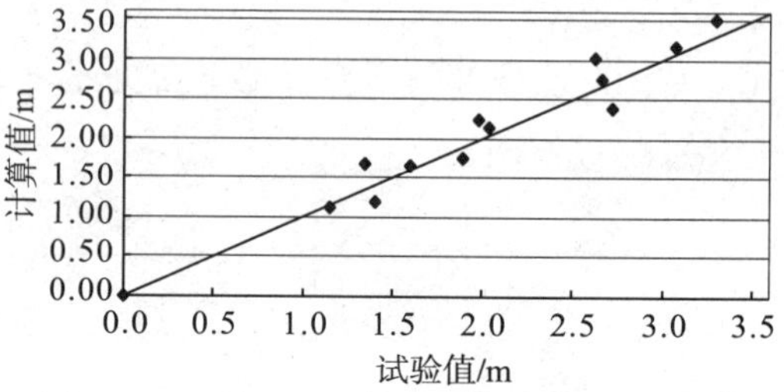

图 5-2-23　冲刷坑长轴计算值与实验值对比

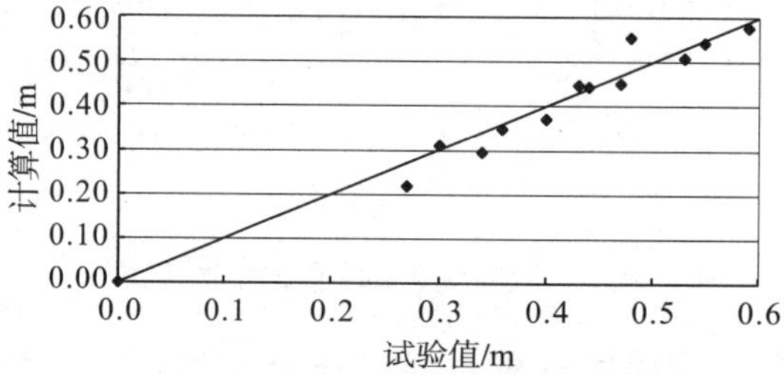

图 5-2-24　冲刷坑短轴计算值与实验值对比

3)丁坝冲刷坑计算实例

为了验证冲刷坑计算公式，采用金钟碛航道整治丁坝周围实测地形资料对式(5-2-16)，即丁坝冲深公式进行检验。

由于式(5-2-16)是在恒定流条件下得到的，而天然河道水流总是非恒定的，因此，在验证式(5-2-16)时将 2007 年 4 月 1 日至 9 月 30 日的流量和水位取平均值作为计算冲刷坑的水流条件，则得到流量 $Q=10366\ m^3/s$、平均水深 $H_0=8.2\ m$。采用沙莫夫起动流速公式计算该水流条件下泥沙颗粒($D_{50}=81\ mm$)起动流速；坝头附近最大流速采用该河段河工模型实验实测数据，选取与计算冲深对应水流条件相当的长江流量为 10200 m^3/s、沱江流量为 280 m^3/s 的流量组合下的实测数据得到 $u_{max}=2.97\ m/s$。由 2007 年 4 月～9 月实测地形资料得到实测冲深约为 1.2 m。

由表 5-2-5 知，根据式(5-2-16)计算冲刷坑深度较实测冲刷坑深度要小，这是由于实测数据是在天然河道非恒定流条件下得到的，洪水的陡涨陡落对丁坝周围的冲刷更加剧烈，加之计算对应长江与沱江流量只有一个组合，实际在 2007 年 4 月～9 月有多个流量组合(汇流比)，不同的流量组合对丁坝的冲刷作用也不同，因此造成计算值比实测值偏小，但其可为航道整治建筑物工程设计及管理与维护提供参考。

表 5-2-5　计算冲刷坑深度数据表

H_0/m	b_0/m	U_{max}/(m/s)	u_c/(m/s)	h_s/m
7.6	270	2.97	2.84	0.77

5.2.1.4　坝体结构形式稳定性及防冲措施研究

1. 坝体结构形式的稳定性

1)散抛石丁坝的稳定性

选取工况 M4(50 cm 正挑梯形断面圆弧直头、Q=95 L/s、H=14 cm)和工况 M5(50 cm正挑圆弧断面圆弧直头、Q=95 L/s、H=14 cm)对比分析不同坝身断面形式散抛石坝的稳定性。

由图 5-2-25 可以看出，在同样的水流条件下坝身横断面为圆弧形时河床的冲刷范围及深度较坝身横断面为梯形时小；由图 5-2-26 可以看出，同样的水流条件下坝身横断面为圆弧形时丁坝的水毁程度较轻(坝身横断面为梯形时水毁程度较圆弧形断面严重约20%)，由此可见圆弧形断面的坝体结构形式的稳定性较好。这是由于当坝身横断面为圆弧形时，坝体对水流的干扰程度较轻，坝头附近及其下游漩涡能量较小，导致对床面和坝体的破坏作用较小，而其与梯形断面的坝体的阻水程度相差不大(梯形与圆弧形的面积相等)，不会对整治效果产生大的影响。因此，坝身采用圆弧形横断面的结构形式具有较好的稳定性。

(a)工况 M4 冲刷后照片　(b)工况 M5 冲刷后照片

图 5-2-25　不同坝型散抛石坝床面冲刷对比

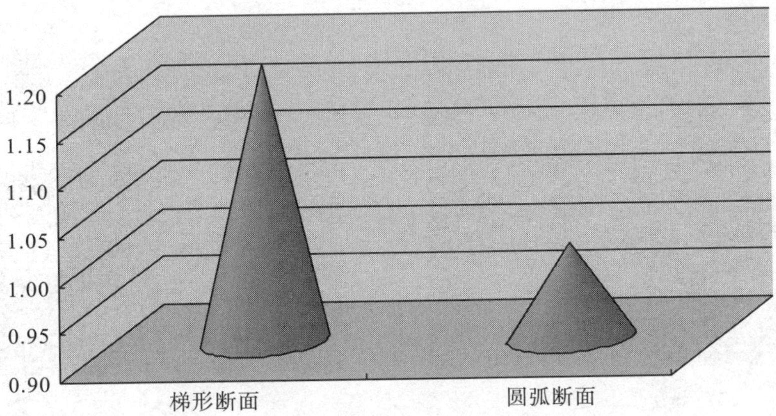

图 5-2-26　不同坝型散抛石坝水毁程度对比

2)混凝土与浆砌条石压载丁坝的稳定性

进行川江整治时，在坝体 1 m 左右面层和坝头用水泥浆砌，其下用块石抛筑(图 5-2-27)。模型散抛石坝体坝高 10 cm、坝顶宽 7.5 cm、迎水坡坡度 1∶1.5、背水坡坡度 1∶2。因此，为了对分析两种结构的稳定性，局部放大后混凝土与浆砌条石压载坝体坝高10 cm、坝顶宽 7.5 cm、迎水坡坡度 1∶1.5、背水坡坡度 1∶2，不同之处在于混凝土与浆砌条石压载坝体上部 2.5 cm 为水泥砂浆浆砌结构，下部 7.5 cm 高的坝体仍为散抛石(图 5-2-28)。床沙级配中值粒径为 1 mm。

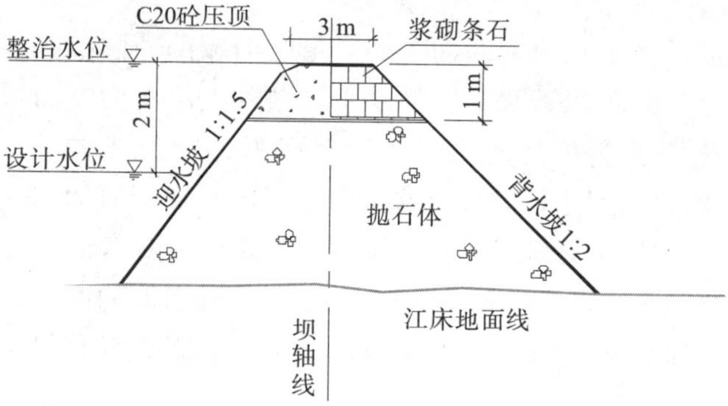

图 5-2-27 混凝土与浆砌条石压载示意图

图 5-2-28 混凝土与浆砌条石压载模型照片

从放水冲刷过程可知，混凝土与浆砌条石压载丁坝稳定性研究的初始时刻坝体前后跌水即为散抛石坝体大量破坏时对应跌水高度(4.5 cm)，这是由于浆砌条石压载坝体的稳定性必将得到一定程度的提高，由图 5-2-29(a)可以看出，坝面基本没有被毁坏，只是背水坡及其坡脚遭到一定程度的冲刷，丁坝的功能仍在，说明采用混凝土与浆砌条石压载后丁坝的稳定性得到明显提高。

随着下游水位的不断下降，跌水逐渐增大，坝后冲刷坑内涡流剧烈，不断淘蚀浆砌条石压载以下的背水坡部分(散抛石结构)的碎石和基础泥沙，随着时间的发展，使整个坝顶后半部分处于悬空状态，[图 5-2-29(b)～(d)]；当跌水达到 7.1 cm 时，翻坝水流速很大且探底趋势更加明显，对背水坡及其坡脚的冲刷越来越严重，随着冲刷过程的不断

(a)跌水为 4.5 cm

(b)跌水为 5.5 cm

图 5-2-29 混凝土与浆砌条石压载坝体水毁过程照片

(c)跌水为 6.1 cm

(d)跌水为 7.1 cm

图 5-2-29　续

发展，局部区域透水率较大，孔隙内的流速较大，冲刷发展到一定程度之后压载条石下的基础基本上被掏空，加上翻坝水流对坝顶及背水坡的垂向流速越来越大(水流对坝顶有一个向下的作用力)，致使坝体(或坝根)最先从某些透水率较大的地方发生破坏，如图 5-2-30(a)所示，并最终导致整个坝体(或坝体的某一段)发生坍塌［图 5-2-30(b)］，造成丁坝的整治功能失效。

(a)透水率较大部分首先破坏

(b)整个坝体破坏

图 5-2-30　混凝土与浆砌条石压载坝体坍塌照片

3)混凝土块铰链排护面丁坝的稳定性

模型混凝土块铰链排护面丁坝的坝体仍然为散抛碎石(6～12 mm)，坝的表面用预先制作好的模型排体(图 5-2-31)覆盖压载，并在坝的迎水坡和背水坡坡角预埋 7～8 cm 的排体至床面以下，如图 5-2-32 所示。

由放水过程可知，混凝土块铰链排体对坝身的防冲保护作用是很明显的。随着尾门的降低，坝前后跌水越来越大，越过坝顶的水流流速也逐渐增大，但是在对铰链排体覆盖保护下的坝身碎石的冲刷效果较小，铰链排体和坝体之间有一部分空间，水流进入这部分空间之后，受各种因素影响，能量损失比较大，到接触坝体碎石时，已经不能对坝体造成明显的水毁破坏。放水过程中出现的丁坝背水坡泥沙沉积及铰链排体鼓包现象是由于铰链排体内外压力差造成的水流扬压力所导致的(图 5-2-33)。随着跌水越来越大，在坝身背水坡坡脚处逐渐增多的淤积泥沙对丁坝坝身的稳定性也起到了一定的积极作用(图 5-2-34)。坝前后跌水达到 5 cm 时，散抛坝体已经完全破坏(图 5-2-35)，而混凝土块铰链排护面后坝体基本完好，说明这种结构形式具有较好的稳定性，可以在实际工程中加以推广和应用。

图 5-2-31 模型混凝土块铰链排

图 5-2-32 模型混凝土块铰链排护面坝体

图 5-2-33 背水坡泥沙沉积及排体鼓包

图 5-2-34 坝下游冲坑

图 5-2-35 坝前后跌水 5 cm 状态下冲刷后照片

2. 丁坝护底防冲措施研究

工况 M4 与 M6、工况 M5 与 M7、工况 M9 与 M8 分别是同一种坝型下无护底和有护底时的清水冲刷实验工况(图 5-2-36 和图 5-2-37)。

从工况 M4 和 M6 照片中可以明显看出，无护底工况坝头破坏严重，坝头块石走失较多，冲刷坑深度及范围较大，对比无护底工况来看，有护底工况在坝头位置及附近基本上无冲刷，坝头块石基本没动，只是在坝下游较远位置没有护底部分有轻微冲刷。经放水之后测得的最后冲刷地形图，也可以客观地体现冲刷所得到的现象。从工况 M4 最后冲刷地形图可以看出最大冲深可以达到 10 cm，最大沙垄高度有 5 cm，并且冲刷坑起冲点是从坝头(横坐标为 0)位置开始，而有护底的工况 6 最大冲深只有 6 cm，最大沙垄高度有 3 cm，冲刷坑起冲点是从护底范围之外开始的，在护底范围内几乎没有冲刷。

(a)工况 M6 护底照片

(b)工况 M7 护底照片

(c)工况 M8 护底照片

图 5-2-36　有护底工况照片

(a)工况 M4 最后冲刷地形

(b)工况 M6 最后冲刷地形

(c)工况 M5 最后冲刷地形

(d)工况 M7 最后冲刷地形

(e)工况 M8 最后冲刷地形

(f)工况 M9 最后冲刷地形

图 5-2-37 有无护底冲刷情况对比

进一步对比工况 M5 和 M7、工况 M9 和 M8 可以看出，整体情况与从工况 M4 和 M6 对比分析中得到的信息基本相同。对于无护底工况 M4、M5、M9，出现此种冲刷现象的机理在前面已经介绍，在此不再赘述；对于有护底的几种工况，其现象的出现是因为有护底的存在。由于护底下部河床不能被冲刷，首先使护底范围外的河床被冲刷，形成冲刷坑，而靠近坝体部位的河床受到了护底的保护，限制了冲刷向坝基的发展，起到了把坝前冲刷坑外移到不影响或少影响坝体安全的外围区域，从而解决了丁坝因河床基础变形而导致坝体水毁的问题，使得坝体附近基本无冲刷，加强了丁坝的稳定性。在丁坝的下游，由于有护底的作用，在护底范围之外虽有冲刷，但冲刷范围较小，沙垄高度较低，由河床冲刷引起的水流紊动下移，并且在大范围内扩散，还可以发现，护底之后，丁坝的调流效果有了较大的提高。

由上面的对比分析可知，无护底时，冲刷坑在丁坝附近，不仅威胁丁坝稳定性，而且沙垄的高度会影响航道的通航；有护底时，冲刷坑下移且冲刷量明显较小，沙垄紧接着护底边缘形成且高度较小，不但丁坝稳定性能够得到保证，而且不会对通航造成影响。此外，护底材料采用河床粗化层，可以实现就地取材，这就省去了大量的材料费和运输费用，而且在很大程度上可以减轻丁坝的水毁程度，能够达到护底预期目的。因此，采用河床粗化层对丁坝进行护底是一种既经济又合理的措施。

5.2.2 非恒定流作用下丁坝附近水流特性及水毁机理

5.2.2.1 实验方案

1. 清水定床实验方案

1)来流过程

在统计分析长江上游 26 年非恒定流的特征的基础上，结合丁坝水毁的研究目标，定床实验的来流过程共做了 8 个过程(图 5-2-38)，其中 6 个非恒定流过程，2 级对应恒定流过程以对比分析。非恒定流过程有重现期为 20 年一遇、50 年一遇及多年平均非恒定流过程共3个。同时，为了研究具体丰水年的丁坝水毁情况，针对不同峰值特征，对峰值个数不同的丰水年进行了3个非恒定流过程：1966年单峰极大值过程、1973年双峰极大值过程和1974年多峰极大值年；为了与恒定流对比分析，在径流总量相同的情况下，对重现期分别为20年和50年的2个非恒定流过程对应的2级恒定流过程(流量分别为Q=38.8 L/s，Q=42.3 L/s)进行相关实验研究。

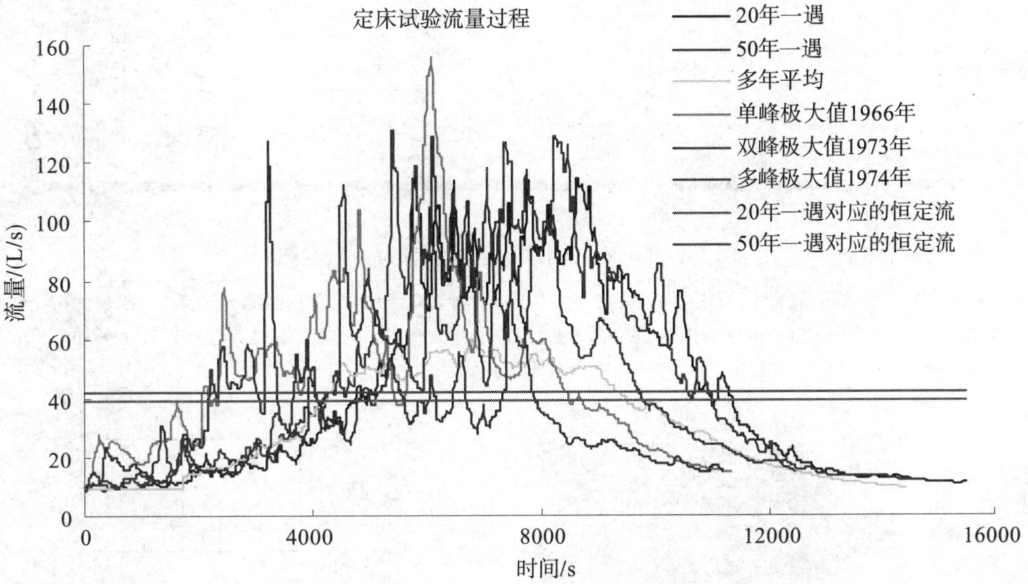

图5-2-38　定床实验流量过程(见彩图)

2)丁坝形式

定床实验过程中保持模型丁坝为整体坝，尺寸不变，丁坝为正交丁坝，坝身为梯形断面，坝头为圆弧形。

3)实验观测内容

在定床实验过程中观测了非恒定流过程中的水位、流速过程变化，以及丁坝周围及上下游水流的流态。在坝体上下游选择7个横断面和7个纵断面分别进行流速和水位的全过程跟踪(图5-2-39)。围绕坝体上下游，共布置了7个横断面监测流速变化(坝轴线横断面x=18.8 cm)，每个横断面上有8个流速测点，前7个测点在一个横断面上，且均匀分布，相互间隔25 cm，各断面8号测点向下游移动了20 cm(主要目的是测量迎水坡与坝顶面交界处流速)，横向距离离左岸12.5 cm，所有流速测点在坝高的一半位置，即5 cm水深处；沿纵向平均分成7个纵断面，每个纵断面上与1、2、4、5、6、7横断面的交点上有6个水位探头进行水位的全过程跟踪［根据实验观察，坝前坝轴线断面(3号断面，x=18.8 cm)处水面下降，水位并非最低，所以此断面没有布置水位探头］(测点与断面位置见图5-2-39)。

为了弄清翻越丁坝水流的特性，实验还对翻坝水进行了单独实验跟踪，跟踪方案如图5-2-40和图5-2-41所示。

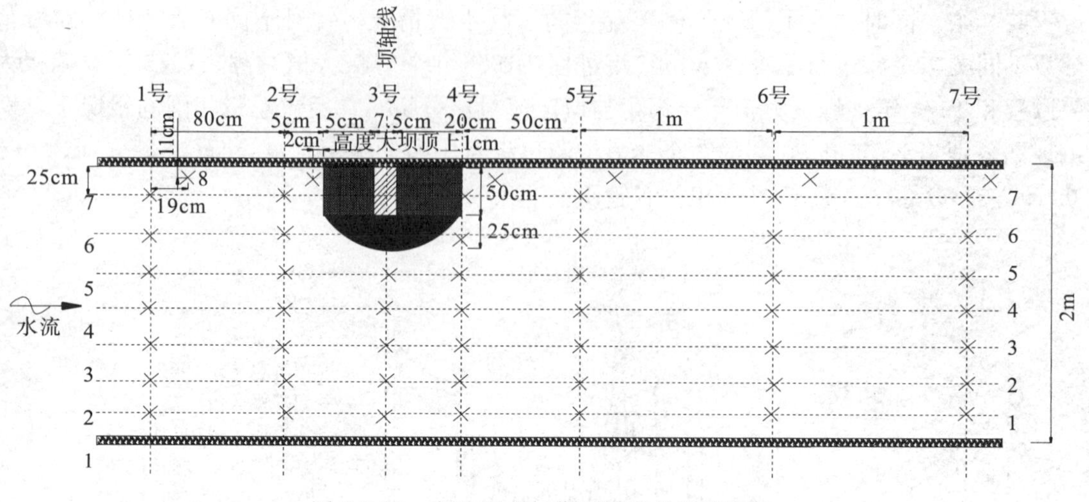

图 5-2-39　实验测点与断面测量布置示意图

注：流速测 7 个横断面(1 号，2 号，3 号，4 号，5 号，6 号，7 号)，每个断面测 8 个点*。水位测 7 个纵断面(1，2，3，4，5，6，7)，每个纵断面间隔 25 cm，每个纵断面测 6 个点，即对应 1，2，4，5，6，6 断面。

图 5-2-40　丁坝周围流速监测

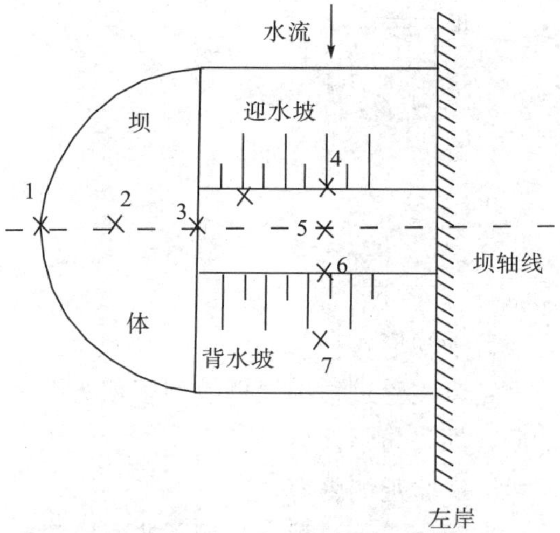

图 5-2-41　丁坝周围流速测点布置

2. 清水动床冲刷实验

1)来流过程

来流过程共有 7 个非恒定流过程和 2 个恒定流过程(图 5-2-42)。为了找出丁坝水毁原因和水毁特征与来流过程之间的关系，非恒定流过程选择了重现期为 20 年、50 年及 100 年一遇对应的 3 个非恒定流过程，26 年的非恒定流的平均过程(即图中“多年平均”)，以及 1966 年单峰、1973 年双峰和 1974 年多峰等 3 个非恒定流过程。为了对比分析恒定流作用下的丁坝水毁与非恒定流之间的区别，对 20 年一遇和 50 一遇的径流总量相等对应的恒定流过程进行了动床冲刷实验。

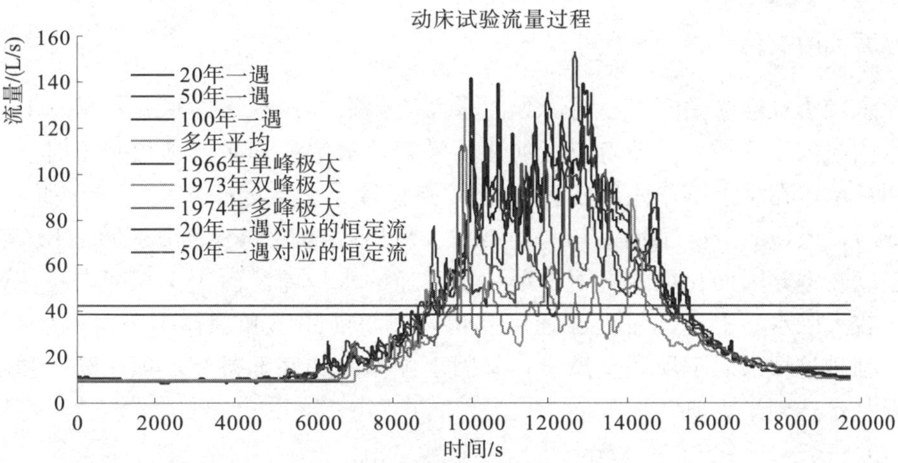

图 5-2-42　动床实验流量过程(见彩图)

2)丁坝形式

丁坝结构形式与定床相同，即坝身为梯形，坝头为圆弧形的正交丁坝，但坝身材料为散抛石，散抛石粒径 6～12 mm。

3)实验观测内容

在每个非恒定流实验过程中，工作人员对坝体周围地形变化和坝身随来流过程的变化过程都进行了肉眼和摄像观测；对丁坝前缘冲刷坝形态随来流及时间的变化进行了人工跟踪记录；对丁坝周围的冲刷地形和丁坝坝身水毁情况都进行了勘测和记录，以便后续分析。

为了更准确地掌握水面比降对丁坝水毁的影响，动床实验还对坝身和坝头上下游水面比降进行了即时跟踪。

5.2.2.2　水面线变化

1. 横向水面线的变化

(1)坝上游($x=-85$ cm)的横向水面线沿横向变化相对均匀，仅随流量的变化而出现数值的增减，在丁坝的上游，受丁坝影响相对较小。

(2)坝上游近坝断面($x=-5$ cm)横向水面线变化受流量过程的影响较明显流量小且涨幅平缓时，该断面横向水面线沿横向变化相对均匀，但当流量较大和流量大幅上涨时(即洪峰阶段和洪峰的陡涨陡降阶段)，出现了左高、中低、右较高的横向变化形态。这是由于左岸有丁坝挡水，流速减缓水位升高；中部则是受丁坝挑流、流速较大、水位下降的影响；而右岸远离丁坝，受丁坝的影响较小。

(3)横向水面线变化幅度最大处为坝下游近坝断面($x=42.5$ cm)，当流量小时，横向水面线变化相对均匀；随着流量的增大，图中横向水面线左低右高的变化趋势越来越明显。该断面左端正是丁坝坝头下边缘，此处水流最为湍急，特别是洪峰来临时，由于丁坝纵向挑流，导致翻坝水流在坝头稍下游出现较大的跌水，造成此处水位很低。

(4)同一过程相同流量不同时刻的横向水面线变化不大。当流量 Q 几乎都是 65.5 L/s，一个处在流量陡涨阶段，一个处在流量陡降阶段，但当流量相同时，各个横断面的横向水面线变化不大。

2. 纵向水面线的变化

当流量较小且涨跌幅度很小时，纵向水面变化沿程较平缓，基本上呈现上高下低的形态，水面纵向比降较小。随着流量的逐步攀升，水位涨到接近坝顶水位时，由于丁坝阻水作用，水流在坝上游首先形成壅水(跟踪点位置 $y=75$ cm、$x=-5$ cm 和 $y=25$ cm、$x=-5$ cm)，但坝的下游(跟踪点 $y=75$ cm、$x=42.5$ cm 和 $y=25$ cm、$x=42.5$ cm)的水位上涨速度较慢，因而在坝的上下游形成了明显的水位差。由于丁坝横向挑流，在坝头前形成了较大跌水。上游流量上涨速度越快，坝头前跌水和坝体上下游水位差也越大。当洪峰来临越过坝顶时丁坝完全淹没，又因丁坝横向和底部挑流，坝头跌水和坝身上下游水位差基本达到最大值。

5.2.2.3 流速变化

1. 横向流速分布变化

横断面流速横向分布受流量影响：流量越大，靠左岸的横向流速分布梯度越大，右岸流速梯度相对较小，变化也较小；坝上游断面($x=-5$ cm)的横向流速分布出现左低右高，原因是左岸有丁坝阻水，主流被挑向右岸。坝轴线断面($x=18.8$ cm)的流速横向分布受流量影响明显，当流量小且丁坝处于非淹没状态时，由于丁坝阻水挑流，将左岸水流挑向右岸，右岸流速分布较均匀，从坝头向右岸流速呈弱递减的趋势；当流量增大到坝体淹没不深时，左岸坝上流速接近右岸主流流速，但最大流速还是出现在坝头附近；随着流量继续增大，坝顶淹没水深增加，坝顶流速大于右岸主流流速，以至出现左高右低的形态。坝下游断面($x=42.5$ cm)横向流速分布随流量的变化而变化：流量小时，流速分布出现左低右高，原因是枯水时丁坝处于非淹没状态，主流被挑向右岸，左岸是回流区；流量大时，流速分布出现中间($y=75\sim100$ cm)比右边高，右边比左边高，原因是流量大且丁坝处于淹没状态时，坝头底部有绕流，主流取直。左岸有坝后回流区，底部流速较小。

丁坝坝头处($y=75$ cm、$x=18.8$ cm)点流速最大，且相同条件下，随流量增加变幅也最大。坝头下游(跟踪点 $y=75$ cm，$x=42.5$ cm)小流量时处在卡门涡带上，流速较小，当流量较大时，该处流速迅速大幅上涨，变幅在该断面为最大，且与其他断面比也是最大的。

2. 纵向流速分布变化

丁坝的存在对非恒定流过程的流速变化特征有一定影响，其影响程度与丁坝的距离有关，当然，流速过程的变化特征还与流量的大小及与水流的涨跌水过程有关。

1)不同时刻不同流量的流速纵向变化

单峰(1966 年)型时右岸($y=100\sim175$ cm)流速纵向变化总体较平缓，受流量影响较小，即使洪峰来临时($Q=161.75$ L/s)，流速纵向梯度也不大。但靠近左岸($y=25\sim75$ cm)，特别是在坝体上下游断面($x=-5\sim50$ cm)区域：当流量较小时，丁坝处于非淹没状态，$y=75$ cm处即沿坝头流速纵向变化最大，其他处纵向变化相对较小；随着流量增大，水流越坝，丁坝处于淹没状态($Q=102.01\sim161.75$ L/s)，丁坝底部挑流，过坝顶($x=18.8$ cm，y

=25～50 cm)的水流流速突出，是上下点流速的 3～4 倍，所以流速纵向梯度较大。

2)相同涨跌水时期相同流量不同非恒定流量典型过程的流速纵向变化

流速纵向变化大体相似，右岸流速纵向变化平缓，左岸丁坝阻水出现较大的局部比降。但在坝身附近(y=50 cm、x=18.8 cm 处)的流速不同，图 5-2-41 和图 5-2-42 中的流量相差不到 0.2 L/s，但该点流速却相差 2 倍。

重现期为 20 年和 50 年的洪峰陡涨时，不同过程相同涨水期，纵向分布情况基本相似，但在坝身附近(y=50 cm，x=18.8 cm 处)的流速大小明显不同。在流量相差 0.12 L/s 的情况下，流速相差近 2 倍。说明该处流速随流量响应速度相对其他处要快且幅度大。

5.2.2.4　水毁机理分析

实验表明，非恒定流作用下的丁坝水毁部位主要有坝头和坝身，坝身主要水毁部位是迎水坡、坝顶、背水坡。以下结合第 4 章丁坝周围水流结构，以及本章坝头冲刷坑与坝体水毁过程特征，分析丁坝不同部位的水毁机理。

1)坝头水毁机理

影响坝头水毁的因素复杂，坝头附近的下潜水流和绕过坝头的水流相互作用所生产的漩涡系(卡门涡)是形成丁坝冲刷坑的主要因素，坝头水毁是周围河床变形与汛期流量增大的适应性反应。当流量小且丁坝处于非淹没状态时，由于丁坝阻水，坝头水流收缩，流速较大，当床面流速大于坝头床沙起动流速时，在坝头前沿形成冲刷坑。随着流量增大，冲刷坑不断扩展，导致坝头前沿基础逐渐被淘刷，坝头块石失稳滑落，在汛期坝头出现突发性坍塌水毁；同时，坝头螺旋流、绕坝水流和主流的综合作用，使坝头松动的块石直接被水流带走，形成坝头溃缺。当洪峰来临前后，水流越坝，一方面，由于坝头流速增大，冲刷坑扩展迅速，导致坝头基础被掏空，坝头出现不均匀沉降；另一方面，坝头三流的交汇处随着水位上涨沿坝面上移，坝头坝面正好处于该交汇处的下方，坝头涡体随着下潜水流传递到坝头与坝面，然后破碎、撞击、分离形成很大的能量，脉动流速很大，再加上流速大的绕坝水流和主流的共同作用，使坝头坝面块石容易瞬时松动、突发性坍塌水毁。

2)坝身水毁机理

实验观测表明，坝身发生水毁都出现在丁坝处于淹没状态时。坝身水毁相对严重部位首先是丁坝坝顶面、背水坡面，其次是迎水坡面。随着流量增加、水位上涨，丁坝逐渐处于淹没状态。从坝体流速变化分析可知，坝顶流速一般较大，特别是坝顶以及坝顶与背水坡的交界处。当坝顶水深 3 cm 左右时，坝顶流速就已达到主流区流速；当流量继续增加，坝顶最大流速可以超过坝前主流速约 20%。由坝体周围水面比降变化分析可知，最大纵向比降出现在坝体上，该处比降随流量的增减变化速度很快，特别是当最大洪峰来临时，流量陡增，坝下游水位还较低，与坝上游陡涨的水位形成瞬时大比降，该处比降最大值是主流比降的 3～4 倍。由于坝顶处流速大比降大，坝顶面块石往往容易失稳，特别是第一次大洪峰来临，坝体形状阻力相对较大，失稳的块石更易被水流卷走而形成缺口，导致更多块石失稳剥离原位。被水流破坏的块石继续撞击下游背水坡上的块石，而背水坡的流速也较大，加上背水坡坡脚有顺时针环流，综合作用导致背水坡发生坍塌水毁，由于整个过程需要一定的流量大小和流量变率，坝身发生水毁的时期不长，往往一发生就非常严重。

5.2.3 航道整治建筑物新结构研究

目前，川江航道整治建筑物主要为散抛石坝体，干砌条石和浆砌条石坝面结构。丁坝和顺坝的顶宽为2～3 m，潜坝顶宽为3～5 m，迎水边坡坡度为1∶1.5～1∶2.0，背水边坡坡度为1∶1.5～1∶2.5。由于川江具有河床地质较好的特点，这种结构在一般情况下是稳定的，但在水流流速较大(超过3 m/s)的滩段，这种坝体结构的坝头和坝体顶冲部位仍将会出现毁坏。为了进一步增强川江航道整治建筑物(特别是丁坝)的稳定性和耐久性，减少工程建成后的维护工作量，维持整治效果，研究人员在长江上游泸渝段及叙泸段实验性性使用了一些新型材料结构，较好地保持了整治建筑物的稳定。

5.2.3.1 坝体结构1：钢筋混凝土箱体坝面+混凝土块铰链排护背水坡+抛石坝体

如图5-2-43所示。当水位淹没坝顶2～3 m左右时，水流的最大垂线流速在坝体表面，对坝面的冲刷作用最强；当水位更高时，水流挟带的泥沙明显增多，此时悬移质或推移质对建筑物的冲击、磨损较厉害，其作用部位主要是坝面，因而加强坝体上部特别是坝面的强度和整体性就特别重要，为此拟在坝体上部采用钢筋混凝土箱体结构以达到加强坝面强度的目的。另一方面，在水流的拖拽作用下，坝体背水坡的块石常以滑动和滚动的形态脱离原位，从而导致坝体破坏。针对这种情况，可考虑将抛石坝体的背水坡采用混凝土铰链排保护起来，增加坝体的整体性。

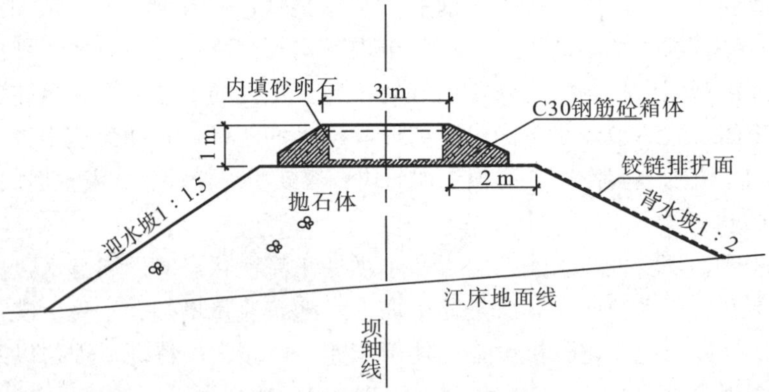

图5-2-43 坝体结构1断面图

该结构用于水流对坝体的作用力度较大、对坝体强度及稳定性要求较高的滩险，如水流直接顶冲的杨柳碛滩上丁坝。

5.2.3.2 坝体结构2：块石混凝土坝面+混凝土块铰链排护背水坡+抛石坝体

泸渝段混凝土块铰链排是对坝体迎水坡、背水坡及坝顶均进行护面，但未进行压排易被掀开；从泸渝段坝体实施的情况来看，坝体背水坡块石易被淘刷。针对上述现象，将铰链排护面结构优化为只对背水坡进行守护，即坝体下部采用块石结构，在距坝顶高程差 0.6 m 处坝轴线的下游一侧和背水坡铺混凝土块铰链排，然后在之上浇块石混凝土坝面压住混凝土块铰链排(图 5-2-44)。这样，坝体的顶面由块石混凝土保护，整体性较强，背水坡又用混凝土块铰链排进行袒护，合理地增加了建筑物整体的稳定性和耐久性。

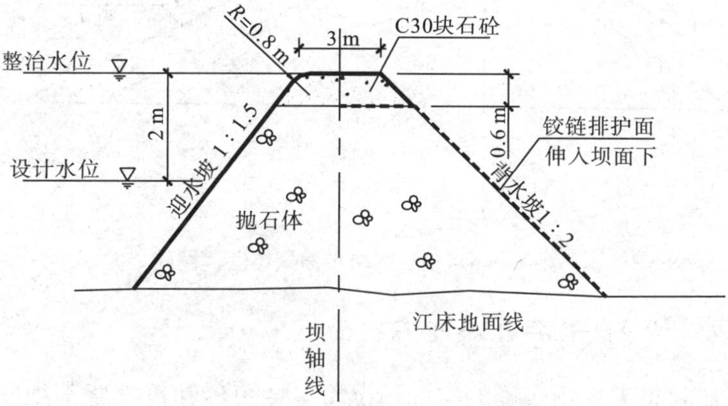

图 5-2-44　坝体结构 2 断面图

这种结构的坝面块石混凝土厚度可在 0.3～0.6 m 间适当调节，用于水流对坝面的冲击力相对较小，以及不便于在坝面建钢筋混凝土箱体的坝体，如吊鱼嘴滩的丁坝加高、筲箕背滩的坝体修复、杨柳碛滩的下丁坝等。

5.2.3.3　坝体结构 3：扭王字块护面＋抛石坝体

在山区河流中，整治建筑物的坝头由于处在水流顶冲的关键部位，毁坏相当严重，特别是坝头水流流态较乱，采用铰链排等片状护面结构易于被水流冲翻，失去保护功能。因此，拟将海港工程中防波堤护面结构中常用的扭王字块首次用于长江上游整治建筑物的坝面结构，坝心仍采用块石，在迎、背水坡及坝顶约 1 m 厚的坝面抛一层扭王字块进行护面(图 5-2-45 和图 5-2-46)，扭王字块的高度为 1.094 m，单块重 0.8 t，混凝土的标号为 C30。扭王字块可从坝体坡脚至坝面随机抛放，其预制、堆放、安装施工均为成熟工艺。该结构主要用在丁坝坝头 20 m 长范围内的坝体护面。

扭王字块的安放采用定点随机安放，从坝体坡脚至坝顶方向进行，抛放网点排距和间距为 0.85 m，但排与排间应按 0.42 m 错位进行抛放。

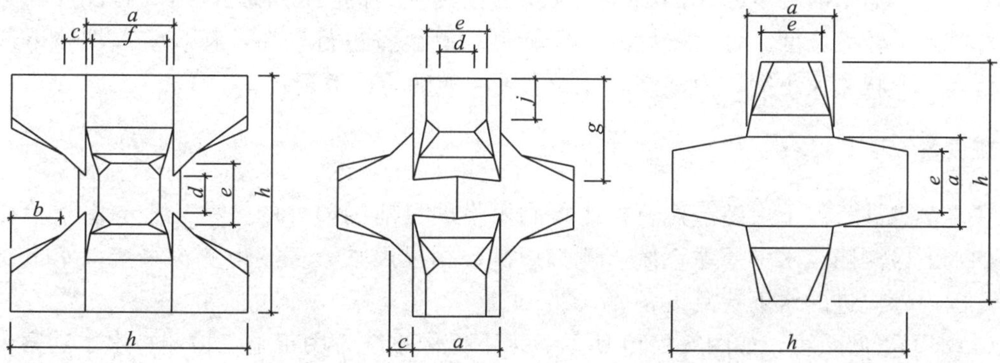

图 5-2-45　扭王字块立面、侧视、俯视图

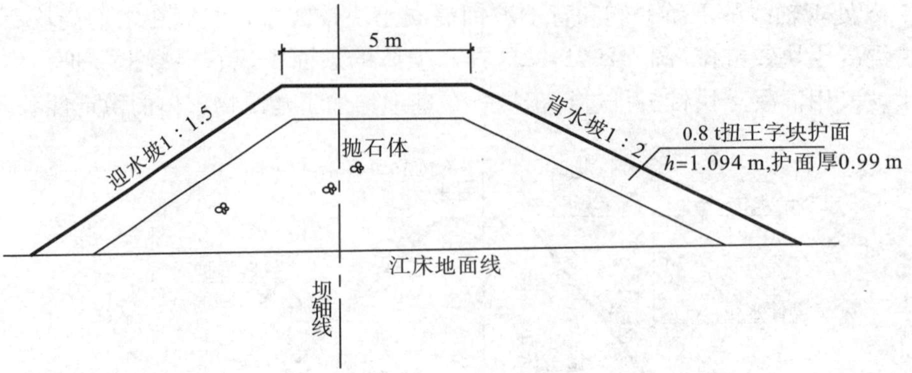

图 5-2-46 扭王字块护面坝体断面图

5.2.3.4 坝体结构 4：混凝土嵌卵石护面

在工程实践中，根据现场实施的实际情况看，金鱼碛和筲箕背丁坝段位于卵石输移带，对坝面及迎水坡有较大的磨损，由此，为提高坝面的耐磨能力，增加一种新的坝面结构进行实验：即 C30 混凝土坝面嵌入直径为 12～18 cm 的大卵石，卵石外露 2～3 cm，以进行坝面的耐磨结构实验图 5-2-47 和图 5-2-48。该结构主要是用于卵石输移带的坝体表面，增强坝面的卵石耐磨性能。

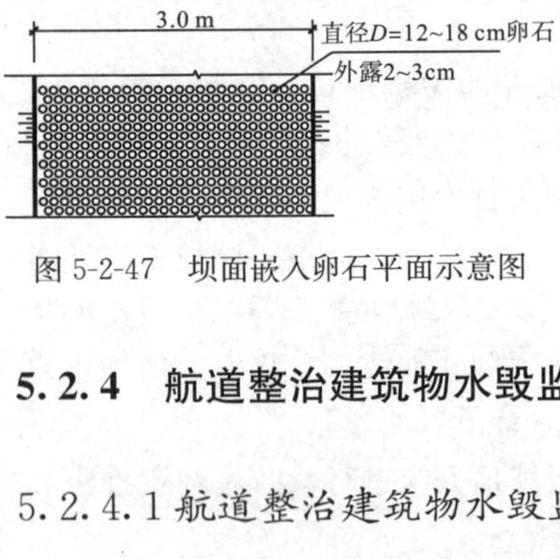

图 5-2-47 坝面嵌入卵石平面示意图

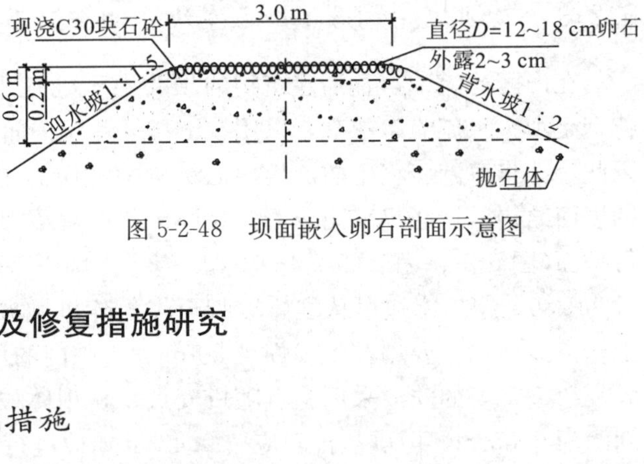

图 5-2-48 坝面嵌入卵石剖面示意图

5.2.4 航道整治建筑物水毁监测及修复措施研究

5.2.4.1 航道整治建筑物水毁监测措施

采用传统的平面测量方式很难准确反映建筑物损毁的实际情况，给维修设计和工程量计算带来了较大难度。可实验性的运用新型探测设备进行勘探，初步掌握坝体下部空洞的位置、形状和大小等，为维修设计提供更为准确的技术资料。

1. 检测设备

在复杂水沙条件下，整治建筑物的检测可借助目前国内外的一些先进的水下检测设备。如水下检测船、水下摄像系统、侧扫声呐、扫描声呐、多波束测深系统、水下定位系统等国内外先进的水下检测设备。

(1)水下摄像系统，如图 5-2-49 所示。水下摄像系统，用于施工检测、水下观察，可实现水下录像，已广泛用于航道整治工程水下护底检测。

图 5-2-49　SXD-ⅢBFKR 型水下摄像系统

(2)侧扫声呐，如图 5-2-50 所示。侧扫声呐，用于探测水下地貌和水下物体，如礁石、沉船、管道、电缆等，可用于对水下工程进行大范围的扫测。

(3)扫描声呐，如图 5-2-51 所示。扫描声呐，具有高分辨率、水下工程检测 2D 成像的技术特点，适用于水下工程的小范围精细观测。

(4)多波束测深系统。浅水多波束测深仪性能稳定、数据质量高，能精确快速测出水下目标的大小、形状和高低变化，用于对水下地形地貌进行大范围全覆盖测量及实时的声呐 3D 图像显示(图 5-2-52)。

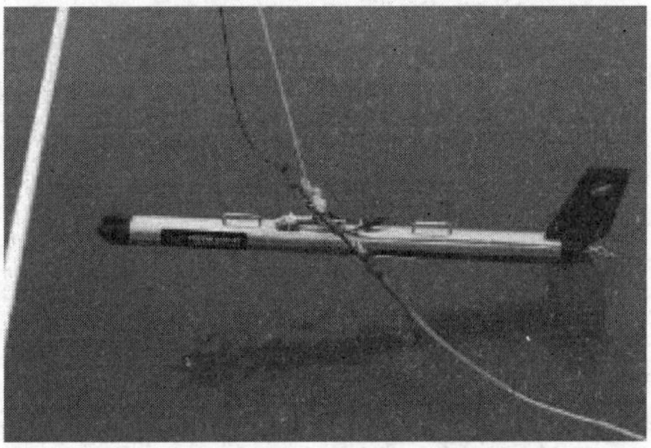

图 5-2-50　侧扫声呐图

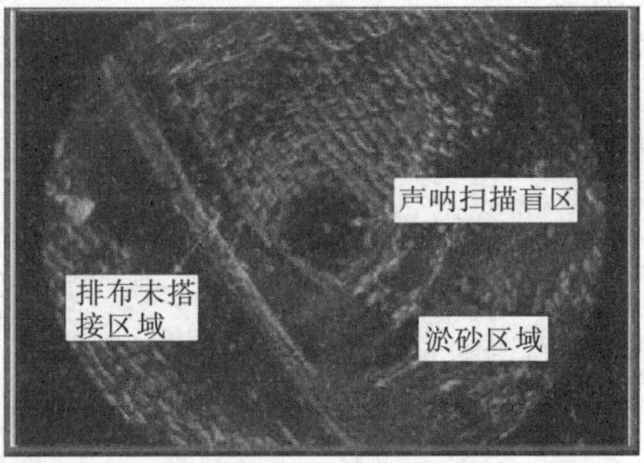

图 5-2-51　扫描声呐

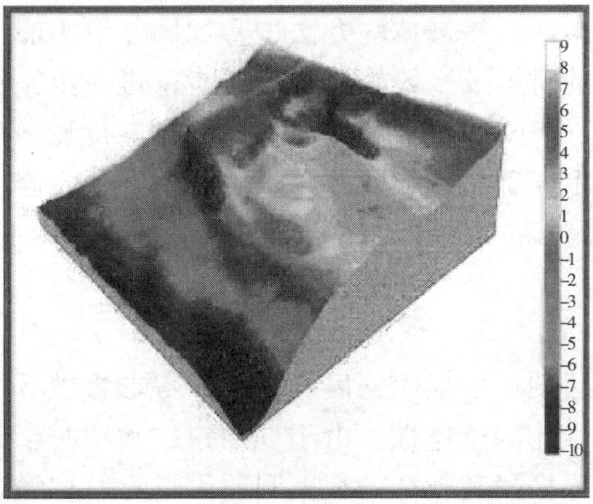

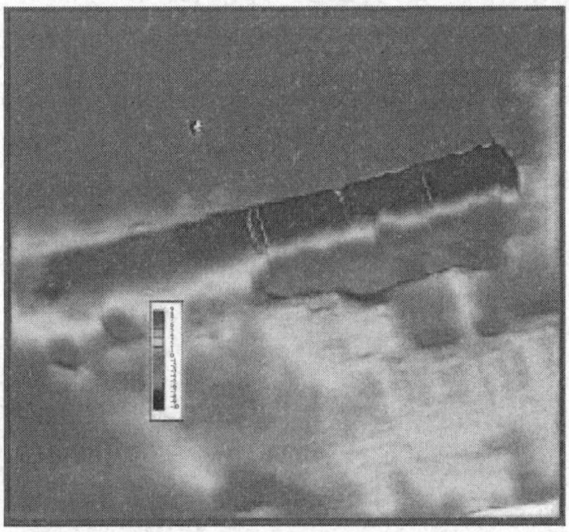

图 5-2-52　多波束测深图(见彩图)

(5)水下定位系统。超短基线水下定位系统，具有水面跟踪和水下响应自动化定位两大主要功能，常规水下定位精度可达到亚米级。可用于对水下目标、工程范围进行精确定位。

2. 检测效果

近几年，长江航道救助打捞局多次进行长江航道整治工程水下检测，完成了长江瓦口子水道、武穴水道、戴家洲水道等二十多个航道整治工程水下护底检测任务。检测结论能真实反映工程质量状况，为工程质量评定提供了依据。为克服江水的浑浊度对探测成像的影响，采用了清水罩技术，使水下成像更清晰。

以上检测设备已广泛用于长江中下游航道整治建筑物的水下检测，检测效果甚佳。目前长江航道部门也正试着将这些设备用于长江上游航道整治建筑物的水下检测，特别是对于水下潜坝及坝下空洞的检测，能较准确地掌握其水毁状况。

5.2.4.2 航道整治建筑物修复措施研究

1. 航道整治建筑物修复原则

(1)根据各类建筑物所处滩段的航道条件、水文、边界条件和整治功能等差异确定相应的原则及标准。

(2)根据整治建筑物各部位的破坏原因、受力情况和损毁程度等因素，采取不同的维修结构形式。

(3)重点对坝体损毁薄弱部位进行加固处理，确保整治建筑物整体稳定和功能的正常发挥。

2. 航道整治建筑物维修结构选型

山区河流整治建筑物类型主要包括丁坝、顺坝、潜坝、锁坝，以及丁顺坝、顺坝+齿丁坝等组合型坝体。航道整治建筑物的损毁主要受河段的水流特性、自身结构、整治功能及床沙运动强度等因素的影响而有所差异。对于水毁建筑物的修复措施，一般采用原样修复使其恢复原设计尺度，或采用加宽坝头、放缓边坡的办法进行加固，但不能根本改变水毁频繁出现的状况，因此整治建筑物的防护及水毁修复技术还有待进一步完善和创新。由于整治建筑物类型不同、部位不同，损毁的原因和程度各异，在进行整治建筑物维修结构设计时，应深入剖析整治建筑物不同部位的损毁原因、水流特性及维修工程的自身特点，在近期航道整治工程和维修工程中取得的成功经验和失败教训的基础上，有针对性地进行结构选型和设计。

1)坝面维修结构

拟在坝体上部采用钢筋混凝土箱体结构以达到加强坝面强度的目的，考虑将抛石坝体的背水坡采用混凝土铰链排保护起来，增加坝体的整体性。由于坝面在枯水期时会露出水面成为周围生态环境的组成部分，维修时除根据其破坏的程度和原因进行结构形式的选择外还应充分考虑与周边生态环境的协调性。

(1)对于主要受水流顶冲和漂浮物的撞击造成破坏的坝面可选择抗冲能力较强的钢筋混凝土现浇坝面，通过锚固钢筋与坝体连接成一个整体(图 5-2-53)。当整治建筑物处于城镇或者对整治建筑物外观要求较高的河段还可考虑用钢丝网箱坝面或预制混凝土箱体等坝面结构形式。

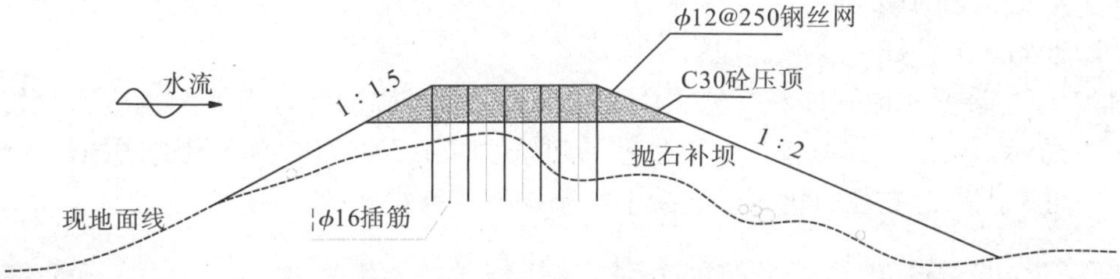

图 5-2-53　钢筋混凝土坝面结构图

(2)对于主要是由于卵石推移质磨损造成的坝面破坏在维修时可考虑采用高强度混凝土外加纤维材料或在混凝土坝顶中嵌埋坚硬石材(如鹅卵石)等方式，增强坝面的耐磨性。坝体下部仍为抛块石，距离坝顶高程 0.6 m 时的坝面为块石混凝土，只是在面层 20 cm 厚范围内嵌入卵石，呈梅花状布置(即 C30 混凝土坝面嵌入直径为 12～18 cm 的大卵石，卵石外露 2～3 cm)，该结构主要是用于卵石输移带的坝体表面，增强坝面的卵石耐磨性能(图 5-2-54)。

图 5-2-54　金鱼碛混凝土嵌卵石护坝面

(3)对于主要受河床变形影响而引起的坝面破坏，维修时应首先加强对基础淘刷严重部位的护底和加固，选用适应变形能力更强的大块石压顶坝面和人工混凝土构件压载等，如扭王字块坝面(图 5-2-55)。

图 5-2-55　扭王字块坝面

此外，在维修工程设计时，必须对整治建筑物损毁机理进行认真分析，有针对性地对各损毁部位采取不同结构形式进行加固处理。

2)坝体(坝芯)维修结构

造成坝体的破坏因素众多，主要受水流顶冲、河床沉降、翻坝水流淘刷侵蚀及近坝流等次生不良流态的影响等。因此，在进行坝体维修时应认真分析其破坏原因和待整治建筑物附近的水流特征，选取合理的结构形式。

(1)对于主要受水流顶冲破坏的坝体可选择整体性较强的钢丝石笼结构进行维修，如图 5-2-56 所示。但对于卵石输移带上的整治建筑物，由于卵石对钢丝网的磨损较为严重，在维修时可考虑用大粒径的块石或混凝土预制构件进行护面(图 5-2-57)。

图 5-2-56 钢丝石笼结构坝体

图 5-2-57 扭王字块坡面

(2)对于水流作用特别强烈的坝体损毁段除采用整体性强的结构外，还应根据受力分析结果，采用加大断面尺寸、减缓边坡等方式进行处理。此外对于边坡破坏严重的整治建筑物还应采用预制混凝土构件对边坡进行加糙、消能，减小下切水流对坡脚外侧河床的淘刷而引起上部坝体失稳破坏。

(3)对于河床淘刷严重、冲刷坑较大的整治建筑物，在对损毁部位进行修复时，还应在坡脚外加抛菱体以增强其稳定性或采用柔性材料或散抛块石进行护底处理。

(4)抛筑坝垛，增强坝体稳定性。对于一些碛头顺坝，由于顺坝、近坝岩体流等次生流态发育造成其坡脚破坏，以及在不同水位期顺坝两侧主流流向不一致，容易造成坡脚反复淘刷，引起坡脚块石失稳、滑落，进而造成坝体失稳、塌落。为减弱岩体流等次生不良流态对顺坝坡脚的破坏，可在顺坝主流一侧增设抛石垛本，以增强整治建筑物的稳定性。如神背嘴秤杆碛碛头顺坝迎水坡侧坡脚淘蚀严重，坝体出现悬空，在 2011 年维修时，在顺坝上段迎水坡一侧间隔 50 m 布置一道抛厂垛体，坝垛顶高低于顺坝 0.5 m，坝垛顶面为半径 2 m 的半圆，边坡坡度 1∶2。通过修筑坝垛，较好地保持了顺坝的稳定。

3)坝根维修结构

为了防止中、洪水位时卵石河段的坝根被水流冲刷，导致丁坝损毁或岸坡垮塌，进行坝根设计时要做好坝根的处理。坝根处理总体思路基本可分为三种情况：

(1)坝根处为抗冲性能较好的滩岸。坝根处为密实稳定的卵石碛，可将坝根嵌入卵石碛内，嵌入长度一般 5～10 m，一般不需要护坡。

(2)坝根处为抗冲性能一般的滩岸。坝根处为较松散的沙卵石滩岸时，不仅要将坝根嵌入岸坡，而且要进行护坡。护坡前要对岸坡进行处理，岸坡坡度不宜陡于 1∶1.5(坡度越大越陡)，若陡于此值，则应进行削坡。护坡高度应视地质及地形而定，护坡高出坝根顶部不宜少于 1.0 m，上游护坡长度可取 5～10 m，下游护坡长度可取 10～20 m，护坡一般采用干砌块石结构，厚度不宜小于 40 cm。

(3)坝根处为抗冲性能较差的滩岸。当坝根布置在抗冲性较差的滩岸时，在嵌入河岸坝根的基槽底部应铺设一层无纺土工布，然后再抛筑块石。岸坡坡度不宜陡于 1∶2.5，若陡于此值，则应进行削坡处理，在处理后的河岸应先铺设一层土工织物作反滤层，防止沙土流失，然后铺设 2～3 cm 厚的碎石垫层，护坡可采用干砌块石或干砌混凝土块，干砌块石厚度不宜小于 40 cm。护坡高出坝根顶部不宜少于 1.0 m，上游护坡长度可取 10～20 m，下游护坡长度可取 20～30 m。如岸坡地质条件较差，护坡长度可适当延长。

整治建筑物与岸相连的坝根部分常因回流、绕流等不良流态的影响造成坝根段破坏，或由于整治建筑物所处岸坡部分地质条件较差而引起岸坡失稳破坏。在整治建筑物坝根维修时，可以考虑从以下几个方面进行加固处理：①加大坝根纵坡；②增加坝体埋入岸坡深度；③加强坝根守护；④新建坝根。

4)坝头维修结构

(1)增强坝头结构。在对损毁坝头进行维修时，首先应从维修设计上考虑增强坝头结构，以提高坝头抵御水流剧烈顶冲的能力。可采取加宽坝头、放缓坝头边坡、采用圆弧倒角减小对水流的扰动等措施进行处理的办法对坝头结构进行加固。

(2)扭王字块守护坝头。在山区河流中，整治建筑物的坝头由于处在水流顶冲的关键部位，毁坏相当严重，特别是坝头水流流态较乱；采用铰链排等片状护面结构易于被水流冲翻，失去保护功能。因此，可借鉴海港工程中防波堤护面结构中常用的扭王字块对坝头进行守护，以减小水流对坡面的破坏。

(3)坝头河床护底。在复杂情况下，当坝头冲刷坑发育，靠近原有坝头一段的坝身坍塌较多，任其发展将影响设计功能时，应根据水流的冲刷强度采用散抛石或强度更高的扭王字块对外侧河床进行护底或在坡脚加抛棱体增强其稳定性。

5)潜坝维修结构

在进行潜坝维修时，在分析其损毁原因的基础上，还需充分考虑其施工难度及特点，科学、合理地选定潜坝的维修结构形式。

长江泸州航道局辖区瓦窑滩潜坝修建于 2006 年，位于瓦窑滩深槽内，其主要目的是减弱深槽吸流，消除不良流态，改善航行条件。2011 年，通过现场观测和最新测图反映，坝体整体损毁十分严重。分析其损毁原因主要有以下几个方面：一是该滩所处的深槽位于卵石输移带上，卵石波的运动是造成该坝顶部破坏较严重的主要原因；二是在一定水位下，坝体上下游的水位差容易形成跌水、回流、泡漩等不良流态，坝体背水坡坡脚容易出现冲刷坑，坡脚块石失稳，出现松动、塌陷，进而引起坝体的破坏。针对这一类坝体，若采用传统的抛石结构进行修复，将不能抵御卵石推移质的磨损及水流的冲淘，故应采用大型抗冲的坝体结构形式进行修复，大型块石不能满足维修需要时，可以考虑采用混凝土预制件，如混凝土四面体、扭王字块等。混凝土扭王字块具有较强的咬合力及较好耐磨性，且具有一定的消能作用，可以增强坝体抗御水流冲击的能力及卵石推移质的磨损，提高整治建筑物的稳定性。但是，施工难度较大，需配备起吊设备，并由专业施工队伍承担施工任务。

6)锁坝(堵坝)维修结构

锁坝从一岸到另一岸横跨河槽或串沟，拦截水流，改善流态，集中水流冲刷通航汊道。因此，锁坝承受着强大的水流冲击力，受破坏现象相当严重。在进行锁坝维修时，应考虑较强的加固处理措施。

神背嘴小罐口锁坝，最初建于2006年上半年枯水期，当时采用的是条石结构，在当年(2006年)洪期，整个坝体全部被洪水掀开。2007年上半年(枯期)不得不重新建设，在坝底基岩下面置入铆杆，通过铆杆将坝体与基岩相连，坝体仍采用抛石结构，坝面采用钢筋混凝土坝面，形成了一个整体结构。通过近几年的观测，坝体完好，维修效果甚佳。

神背嘴大罐口堵坝始建于1958年，2008年以前每年背水坡部位均有不同程度的损毁。在2008年度维修工程设计时，采用了钢筋混凝土护坡和坡脚挡墙支护的结构形式对其进行加固处理。经过三个水文年后，该坝原损毁部位经修复后未出现破坏，取得了很好的效果(图5-2-58和图5-2-59)。

图5-2-58 大罐口锁坝损毁图片

图5-2-59 大罐口锁坝修复后图片

主要参考文献

长江航道规划设计研究院. 2006. 长江中游航道整治护滩带稳定性关键技术研究报告.

长江航道规划设计研究院. 2010. 护心滩建筑物平面布置及结构型式研究报告.

长江航道局. 2004. 航道工程手册. 北京：人民交通出版社.

长江重庆航运工程勘察设计院. 2006. 长江干线宜宾合江门至泸州纳溪航道建设二期工程工程可行性研究报告.

常福田. 1995. 航道整治. 北京：人民交通出版社.

陈洪凯. 1993. 岷江航道水毁与新构应力场的关系探讨. 重庆交通学院学报，12(2)：58－63.

陈建华，刘星，唐银安. 2005. 山区河流非恒定流航道沙卵石浅滩整治. 水运工程，(6)：65－68.

陈锦璐，王俊杰，唐胜传. 2011. 有限元网格和边界条件对土坡稳定性计算的影响. 水电能源科学，29(11)：135－137，216.

陈小莉. 2007. 竖轴漩涡对丁坝坝头块石颗粒起动的影响. 水力发电学报，(10)：98－101.

范杰. 2006. 渠道非恒定流水力学响应研究. 水科学进展，(1)：55－60.

方达宪，王军. 1989. 丁坝涡流冲刷机理与冲深研究. 华东公路，(4)：40－42.

方达宪，王军. 1989. 漫水丁坝上游面边坡陡度对冲深影响的试验研究. 华东公路，(5)：57－59.

方达宪，王军. 1991. 漫水丁坝边坡系数对坝头局部冲深的探讨. 华东公路，(6)：64－67.

方达宪，王军. 1992. 丁坝坝头床沙起冲流速及最大冲深计算模式的探讨. 泥沙研究，(4)：77－84.

高东光. 2002. 公路与桥梁水毁防治. 北京：人民交通出版社.

何凤华. 1995. 丁坝导流堤基础冲刷防护措施研究. 公路交通科技，12(4)：9－19.

胡江，杨胜发，周华君. 2009. 光滑明渠非恒定流传播速度实验研究. 水运工程，(3)：15－17.

蒋焕章. 1985 丁坝局部冲深计算. 交通部公路科研所.

交通部. 1999. 航道整治工程技术规范(JTJ312－99)：47－48.

金忠青. 1989. N－S 方程的数值解和紊流模型. 南京：河海大学出版社.

李洪. 2003. 丁坝水力学特性研究. 成都：四川大学博士论文.

李玲，王薇宇. 2008. 系统仿真技术在河道非恒定流研究中的应用. 水力发电学报，(12)：106－110.

林秉南. 2000. 明渠不恒定流研究的现状和发展//林秉南. 林秉南论文选集. 北京：中国水利水电出版社：340－351.

林炳尧. 1996. 丁坝坝头冲刷坑的终极深度过程. 河口海岸工程，(1)：32－38.

林桂宾，张佰战，戴荣尧. 2005. 桥渡非恒定流水工模型试验研究. 泥沙研究，(12)：70－75.

林新，张慧萍，阎宗岭，等. 2010. 水平强透水层对岸坡浸润线下降的影响. 水电能源科学，28(2)：54－57.

刘春晶，等. 2006. 明渠非恒定流推移质输沙试验研究. 水力发电学报，(4)：31－37.

刘春晶. 2004. 明渠非恒定流运动规律及推移质输沙特性的试验研究. 北京：清华大学博士学位论文.

刘明维，何平，钱志雄，郑颖人. 2007. 岩质边坡结构面实用分类方法研究. 地下空间与工程学报，3(5)：811－817.

刘明维，黄世武，尹健. 2008. 膨胀土斜坡地基路堤失稳破坏有限元极限分析. 岩土力学，(29)11：426－430.

刘明维，李忠芳，李建辉. 2012. 板桩结构加固病害库岸挡墙稳定性研究. 水运工程，465(4)：51－56.

刘明维，王姣，李忠芳. 2012. 顺层岩质岸坡板桩支护结构土压力计算，水运工程，468(7)：166－170：48－52.

刘明维，杨浩，江德飞，等. 2010. 框架墩式码头结构受力性能有限元分析. 水运工程，455(9)：51－56.

刘明维，郑颖人，张玉芳. 2009. 一种基于复变量求导法的岩土体抗剪强度参数反演新方法. 计算力学学报，2(5)：676－683.

刘明维，郑颖人. 2006. 基于有限元强度折减法确定滑坡多滑面方法研究. 岩石力学与工程学报，25(8)：1544－1549.

刘明维，郑颖人. 2007. 边坡岩体结构面抗剪强度参数确定方法探讨，重庆交通大学学报(自然科学版)，(26)5：98－102.

刘涛，王俊杰. 2010. 基于正交设计的土坡稳定影响因素敏感性分析. 水电能源科学，28(3)：88－90，107.

卢无疆. 2001. 长江口深水航道整治一期工程南导堤群坝头局部冲刷试验研究. 海洋工程，19(2)：29－33.

罗景. 2004. 明渠非恒定流的有关特性及应用. 武汉：武汉大学硕士学位论文.

茅锡华，何凤华. 1992. 应用漫水丁坝防治公路路基水毁的研究. 公路交通科技，9(1)：25－33.

南京水利科学研究院. 2006. 长江中游航道整治建筑物稳定性二、三维数学模型研究报告.

潘庆桑. 抛石护岸工程中的水流结构所进行的观测和分析.

荣学文. 2003. 丁坝的水毁机理及其平面二维水流数值模拟. 重庆：重庆交通学院硕士论文.

沙玉清. 1965. 泥沙运动学引论. 北京：中国工业出版社.

沈焕荣. 2001. 丁坝局部冲刷深度计算问题探讨. 四川大学学报，33(2)：3－8.

谭维炎. 1997. 计算浅水动力学——有限体积法的应用. 北京：清华大学出版社.

唐银安，吴安江. 1997. 山区冲积性河流整治建筑物水毁原因及防治初探. 水运工程：(4)37－40.

童第科，陈铭，王俊杰. 2010. 土质库岸路基内孔隙水压力的计算方法. 公路交通技术，(2)：1－4.

汪拥赤. 2007. 通航工程模型试验中非恒定流量测技术的研究. 水运工程. (1)：38－41.

王建军. 2007. 一种有限体积法三维水流悬沙数学模型研究. 天津：天津大学硕士学位论文.

王军. 1998. 漫水丁坝坝头床沙起动流速研究. 合肥工业大学学报(自然科学版)，21(6)：88－92.

王军. 1999. 丁坝局部冲刷计算的理论探讨. 合肥工业大学学报(自然科学版)，22(14)：81－84.

王军. 1998. 丁坝冲深极限值的探讨. 合肥工业大学学报(自然科学版)，21(4)：967－99.

王俊杰，柴贺军. 2008. 饱和填土 Rankine 被动土压力计算. 重庆交通大学学报(自然科学版)，27(2)：259－263.

王俊杰，陈亮，梁越. 2013. 地下水渗流力学. 北京：中国水利水电出版社.

王俊杰，邓文杰. 2013. 相对密实度对松散堆积土体强度变形特性的影响. 重庆交通大学学报(自然科学版)，32(6)：

1186—1189，1241.
王俊杰，郝建云. 2013. 土体静止侧压力系数定义及其确定方法综述. 水电能源科学，31(7)：111—114.
王俊杰，刘元雪. 2011. 库水位等速上升中均质库岸塌岸现象及浸润线试验研究. 岩土力学，32(11)：3231—3236.
王俊杰，卢孝志，邱珍锋，梁越. 2013. 粗粒土渗透系数影响因素试验研究. 水利水运工程学报，(6)：16—20.
王俊杰，马伟，张慧萍. 2013. 基于强度折减有限元的非均质土坡失稳判据分析. 河南理工大学学报(自然科学版)，32(1)：89—92.
王俊杰，邱珍锋. 2013. 金佛山水利工程左岸岩质高边坡稳定性分析. 重庆交通大学学报(自然科学版)，32(3)：485—488.
王俊杰，唐彤芝，彭劼. 2013. 地基处理新技术. 北京：中国水利水电出版社.
王俊杰，吴洋，刘良军. 2013. 金佛山水库左岸岩质高边坡稳定性分析. 水电能源科学，31(6)：163—166.
王俊杰，张梁，阎宗岭. 2011. 水库初次蓄水中均质库岸塌岸现象试验研究. 岩土工程学报，33(8)：1284—1289.
王俊杰. 2009. 土质沿河路基失稳机理及稳定性分析方法. 重庆大学博士后研究工作报告.
王俊杰. 2011. 土质库岸塌岸现象试验研究. 岩土工程总后优秀人才科研工作站博士后研究工作报告.
王平义，贺晓春，等. 2001. 山区河流航道整治建筑物遭受异相耦合破坏作用的特征及仿真探讨. 重庆交通学院学报，20(B11). 109—111，115.
王平义，荣学文，程昌华，贺晓春. 2003. 山区冲积性河流整治建筑物水毁机理及防御系统研究报告. 重庆：重庆交通学院.
王平义，张继生，程昌华. 2003. 航道整治建筑物安全稳定性的模糊综合评定. 水动力学研究与进展，(19)：383. 388.
王平义. 2004. 航道整治建筑物水毁理论及模拟技术. 北京：人民交通出版社.
魏松，王慧，王俊杰，陈艳. 2012. 水利水电工程导论. 北京：中国水利水电出版社.
吴持恭. 1979. 水力学. 北京：高等教育出版社.
吴宋仁，陈永宽. 1993. 港口及航道工程模型试验. 北京：人民交通出版社.
吴望一. 1992. 流体力学. 北京：北京大学出版社.
应强，焦志斌. 2004. 丁坝水力学. 北京：海洋出版社.
应强，孔祥柏. 1995 淹没丁坝群壅水试验研究. 水利水运科学研究，1：13—21.
余文畴. 1979. 国外丁坝研究综述. 人民长江，3.
张华庆，1998. 河道及河口海岸水流泥沙数学模型研究与应用. 南京：河海大学博士论文.
张家善，王军. 1998. 群坝局部冲刷有关问题试验研究. 合肥工业大学学报(自然科学版)，21(3)：99—105.
张俊华，等. 1998. 河道整治及堤防管理. 郑州：黄河水利出版社.
张丽娟，王俊杰，柴贺军，张昌林. 2007. 库水动态对沿河路基应力的影响. 岩土力学，28(增刊)：863—867.
张梁，王俊杰，阎宗岭. 2010. 山区库岸塌岸预测方法综述. 重庆交通大学学报(自然科学版)，29(2)：227—232.
赵世强. 1989. 丁坝的冲刷机理和局部冲刷计算. 重庆交通学院学报，28(1)：13—21.
中华人民共和国水利部. 1998. 堤防工程设计规范(GB50286—1998).
重庆交通大学. 2006. 长江中游航道整治丁坝稳定性关键技术研究报告.
重庆交通学院. 2003. 神背嘴滩险航道整治定床模型试验报告.
重庆西南水运工程科学研究所. 2003 金钟碛滩险航道整治定床模型试验报告.
周宜林. 2001. 淹没丁抽附近三维水流运动大涡数值模拟. 长江科学院院报，(5)：28—31.
朱位秋. 1992. 随机振动. 北京：科学出版社.
Chai He-Jun，Wang Jun-Jie，Tang Sheng-chuan. 2009. Study on Three-dimensional Visualization for Rock Structure. Geotechnical and Geological Engineering，27(3)：315—323.
Hu Yuan-Xin，Wang Jun-Jie，Chai He-Jun，Li-Juan Zhang. A model equipment used to investigate mechanism of dynamic instability for riverside roadbed. Proceeding of the First International Conference on Transportation Engineering，Edited by Peng Qiyuan，Wang K C P，QiuYanjun，Pu Yuun，Luo Xia，Shuai Bin. Published by the American Society of Civil Engineerings，July 22—24，2007，Chengdu，P. R. China，704—710.
Iehisa Nezu，Hiroji Nakagawa. 1997. Turbulent structure in unsteady depth-warying open-channel flows [J]. Journal of

Hydraulic Engineering，ASCE，(9)：752—763.

Iehisa Nezul，Akihiro Kadota，Hiroji Nakagawa. 1997. Turabulent structure in unsteady depth-varing open-channel flows [J]. Journal of Hydraulic Engineering，ASCE，(9)：752—763.

J J Leendertse. 1967. Aspects of the Computation Model for Long Period Wave Propagation，Memo. RM－5294－pr. Monica：Then Rand Corp. Snata.

Liang Yue，Wang Jun-Jie，Liu Ming-Wei. 2013. Two-Flow Model for piping erosion based on liquid-solid coupling. Changsha：Journal of Central South University，20(8)：2299—2306.

Lim Siow-Yong. 1993. Clear water scour in long contraction. In：Proc. Instn Civ. Engrs Wat.，Maritime. &Energy，Vol. 101.

Liu Mingwei，Chen Yu，Zhang Xiaolong. 2012. Research On The Calculation Methods Of New Wharf Structure，Applied，Mechanics And Materials，12：240—243.

M W Liu，Y R Zheng. 2011. Application of the Complex Variable Differential Method in the Back Analysis of Geotechnical Engineering，Advanced Materials Research. 1：2439—2444.

Marchuk G I，Shaudurou V V. 1992. Difference Methods and its Extrapation. Berlin：springer-Verlag.

Mathematical Model. 1997. Management of Landscapes Disturbed by Channel Incision. Oxford：The University of Mississippi.

N N Yanenko. 1971. The Method of Franctional Steps. English Trans. Berlin：Springer-Verlag.

Qu Z. 2003. Unsteady open-channel flow over a mobile bed. [PhD Thesis]，Lausance，Switzerland：EPFL.

S A S Ibrahim. Flow Patterns In The Vicinity of a New Hydraulic Structure Using 2—D.

Sam S Y Wang. 1997. Numerical Simulation Of Free Overfall. Management of Landscapes. Disturbed by Channel Incision. Oxford：The University of Mississippi.

Siow-Yong Lim，Yee-Meng Chiew. 1994. 泥沙级配对丁坝附近冲刷的影响. 人民长江，(1).

Suzuki K，Michue M，Hinokidani O. 1987. Local bed form around spur-dikes in alluvial channels. proceedings of 22th I-AHR，Lausanne.

Tingsanchali，T Machesworan’s. 1990. 2—D depth averaged flow computation near groyne，ASCE.

Tu H. 1991. Velocity distribution in unsteady flow over gravel beds. [PhD Thesis]，Lausanne，Switzerland：EPFL.

Vrengedenil J，Wijbenga H A. 1982. Computation of Flow Patterns in Rivers，ASCE HY11.

Wang J J. 2010. Behaviour of an over-length pile in layered soils. Geotechnical Engineering，163(5)：257—266.

Wang Jun-Jie，Chai He-Jun，Hu Yuan-Xin，Zhang Li-Juan. 2007. Mechanism of dynamic instability for riverside subgrade. Proceeding of the First International Conference on Transportation Engineering，Edited by Peng Qiyuan，Wang K C P，QiuYanjun，Pu Yuun，Luo Xia，Shuai Bin. Published by the American Society of Civil Engineerings，July 22—24，2007，Chengdu，P. R. China，Vol. 2：1933—1939.

Wang Jun-Jie，Liang Yue，Zhang Hui-Ping，Wu Yang，Lin Xin. 2014. A loess landslide induced by excavation and rainfall. Landslides，，11(1)：141—152.

Wang Jun-jie，Lin Xin. 2007. Discussion on Determination of critical slip surface in slope analysis. Géotechnique，57(5)：481—482.

Wang Jun-Jie，Liu Fu-Chen，Ji Chun-Lou. 2008. Influence of drainage condition on Coulomb-type active earth pressure. Soil Mechanics and Foundation Engineering，45(5)：161—167.

Wang Jun-Jie，Zhang Hui-Ping，Chai He-Jun，Zhu Jun-Gao. 2008. Seismic passive resistance with vertical seepage and surcharge. Soil Dynamics and Earthquake Engineering，28(9)：728—737.

Wang Jun-Jie，Zhang Hui-Ping，Deng Di-Ping，Liu Ming-Wei. 2013. Effects of mudstone particle content on compaction behavior and particle crushing of a crushed sandstone-mudstone particle mixture. Engineering Geology，167：1—5.

Wang Jun-Jie，Zhang Hui-Ping，Deng Di-Ping. 2014. Effects of compaction effort on compaction behavior and particle crushing of a crushed sandstone-mudstone particle mixture. Soil Mechanics and Foundation Engineering，51(2)：67—71.

Wang Jun-Jie, Zhang Hui-Ping, Liu Ming-wei, Chen Ye-ying. 2012. Seismic Passive Earth Pressure with Seepage for Cohesionless Soil. Marine Georesources and Geotechnology, 30(1): 86—101.

Wang Jun-Jie, Zhang Hui-Ping, Liu Ming-Wei, Deng Di-Ping. 2014. Compaction behaviour and particle crushing of a crushed sandstone particle mixture. European Journal of Environmental and Civil Engineering, 18(5): 567—583.

Wang Jun-Jie, Zhang Hui-Ping, Liu Tao. 2011. A new method to analyze seismic stability of cut soil slope. Applied Mechanics and Materials: 48—51, 90—93.

Wang Jun-Jie, Zhang Hui-Ping, Liu Tao. 2012. Determine to slip surface in waterfront soil slope analysis. Advanced Materials Research: 378—379, 466—469.

Wang Jun-Jie, Zhang Hui-Ping, Tang Sheng-Chuan, Liang Yue. 2013. Effects of particle size distribution on shear strength of accumulation soil. Journal of Geotechnical and Geoenvironmental Engineering, ASCE, 139(11): 1994—1997.

Wang Jun-Jie, Zhang Hui-Ping, Zhang Liang, Liang Yue. 2012. Experimental study on heterogeneous slope responses to drawdown. Engineering Geology, 147—148: 52—56.

Wang Jun-Jie, Zhang Hui-Ping, Zhang Liang, Liang Yue. 2013. Experimental study on self-healing of crack in clay seepage barrier. Engineering Geology, 159: 31—35.

Wang Jun-Jie, Zhu Jun-Gao, Chiu C F, Chai He-Jun. 2007. Experimental Study on Fracture Behavior of a Silty Clay. Geotechnical Testing Journal, 30(4): 303—311.

Wang Jun-Jie, Zhu Jun-Gao, Chiu C F, Zhang Hui. 2007. Experimental study on fracture toughness and tensile strength of a clay. Engineering geology, 94(1—2): 65—75.

WangJunjie, Zhao Di, Liang Yue, Wen Hui-Bo. 2013. Angle of repose of landslide debris deposits induced by 2008 Sichuan Earthquake. Engineering Geology, 156: 103—110.

WangJunjie. 2012. Hydraulic fracturing in earth-rock fill dam. 北京：中国水利水电出版社.

WangJunjie. 2014. Hydraulic fracturing in earth-rock fill dams. Singapore: John Wiley & Sons Singapore Pte. Ltd. and Beijing: China Water & Power Press.

Weiming Wu, Dalmo A Vieira, sam S Y Wang. 2004. One-dimensional numerical model for nonuniform sediment transport under unsteady flows in channel networks. Journal of hydraulic engineering, 130(9): 914—923.

Xiping Dou, Tilai Li. Application of Boundary-Fitted Grids to Model 3D Unsteady Flow.

Yan Ding, Mustsuto Kawahara. 1997. Simulation of Unsteady River Flow Modified Depth-Averaged Turbulence Model in Orthogonal Coordinates. Management of Landscapes Disturbed by Channel Incision. Oxford: The University of Mississippi.

Yan Zong-Ling, Wang Jun-Jie, Chai He-Jun. 2010. Influence of water level fluctuation on phreatic line in silty soil model slope. Engineering Geology, 113(1—4): 90—98.

第 6 章　复杂滩险航道治理技术及应用

6.1　复杂滩险航道治理技术

根据前文的研究内容，提炼出 5 个整治技术如下：

1)山区河流通航水力指标体系

采用实船实验和船模实验两种手段，提出了 300 t、1000 t 及 3000 t 级代表船型的急滩通航指标。

其中，300 t 级代表船型的消滩指标为 1‰×4.2 m/s、3‰×3.8 m/s 和 5‰×3.3 m/s；1000 t 级代表船型的消滩指标为 1‰×3.9 m/s、2‰×3.5 m/s 和 3‰×3.1 m/s；3000 t级代表船型的消滩指标为 0.5‰×3.19 m/s、1‰×2.75 m/s 和 1.5‰×2.34 m/s，如图 6-1-1 所示。

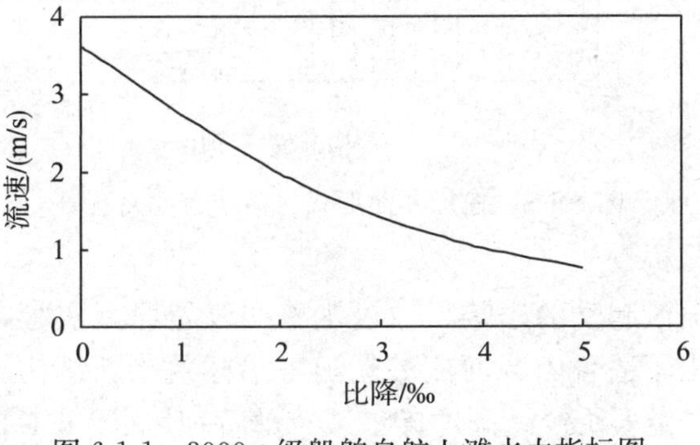

图 6-1-1　3000 t 级般舶自航上滩水力指标图

基于非恒定流的传播特性，研究人员分析了周期对非恒定流水深和流量的影响，确定了非恒定流水深计算方法，当周期变大时，波峰水深更接近最大流量对应水深，波谷水深更接近最小流量对应水深。

基于上述情况，研究人员提出了山区河流日调节条件下坝下游设计最低通航水位计算及确定方法。

2)卵石沙波滩险治理技术

本书首次系统研究了卵石沙波发展过程，并提出了卵石起动和沙垄出现临界判数；基于航槽水力参数与卵石沙波形态变化关系，构建了航槽稳定性综合评价指标(图 6-1-2)；以控制卵石沙波发展为核心，研发了顺坝导流、岛尾坝减弱环流、疏浚拓展缓流区的卵石沙波滩险治理技术。

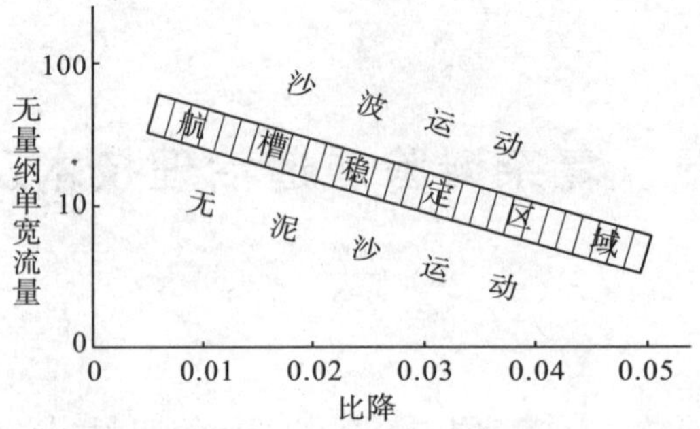

图 6-1-2 水流条件、沙坡运动与航槽稳定性的关系

3)弯曲分汊卵石浅滩直槽通航技术

基于弯曲放宽河道水沙运动规律及汊道形成机理，研究了挖槽断面水流紊动结构与输沙强度的关系(图 6-1-3)，构建了最佳挖槽断面形式的评价体系，提出了疏浚与筑坝相结合、调整汊道分流比、束水攻沙等弯曲分汊卵石浅滩的整治技术，实现了原有技术无法达到的直槽通航目标。

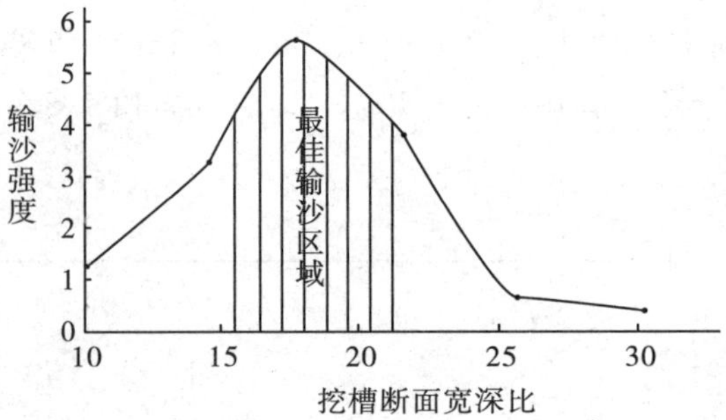

图 6-1-3 挖槽断面形式与输沙强度关系图

4)整治建筑物新结构

基于坡岸变化对泥沙起动的影响，通过水槽实验及原型实验，揭示了原有航道整治建筑物水毁机理，提出了适合山区河流的航道整治建筑物新结构。主要新结构有：①钢筋混凝土箱体坝面＋混凝土块铰链排护背水坡＋抛石坝体(图 6-1-4)；②块石混凝土坝面＋混凝土块铰链排护背水坡＋抛石坝体(图 6-1-5)；③扭王字块护面＋抛石坝体；④混凝土嵌卵石护面。

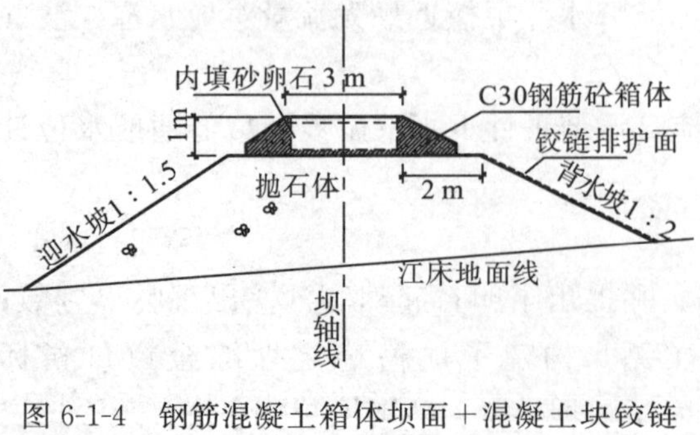

图 6-1-4 钢筋混凝土箱体坝面＋混凝土块铰链排护背水坡＋抛石坝体结构断面图

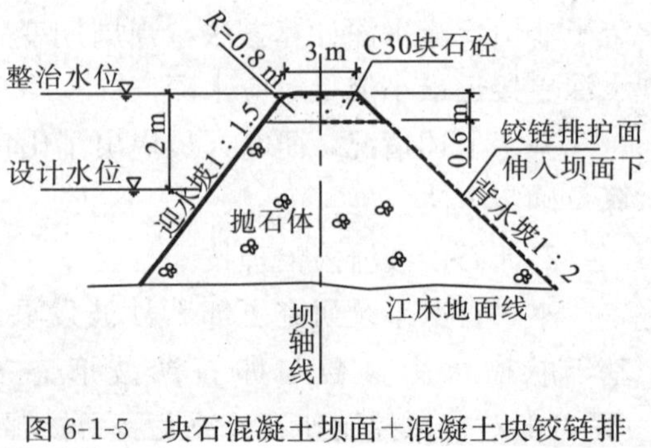

图 6-1-5 块石混凝土坝面＋混凝土块铰链排护背水坡＋抛石坝体结构断面图

5)岩质滩险水下施工技术

(1)激流河段碇泊硬式扫床。通过对原有扫床施工方法的总结，研究人员提出了一种针对山区河流的坡陡流急的扫床技术，将扫床船的主缆锚固在扫床区域上游，可利用边缆的收放左右移动扫床，在 GPS 系统监控下，便于控制船位，扫床面覆盖率可达 100%(图 6-1-6 和图 6-1-7)。

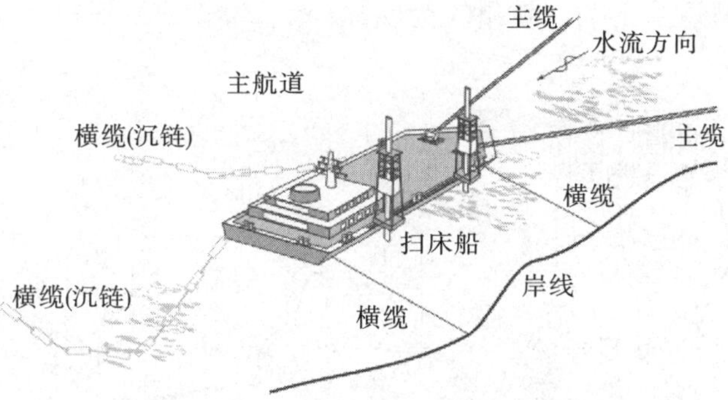

图 6-1-6　扫床船锚缆设置方式

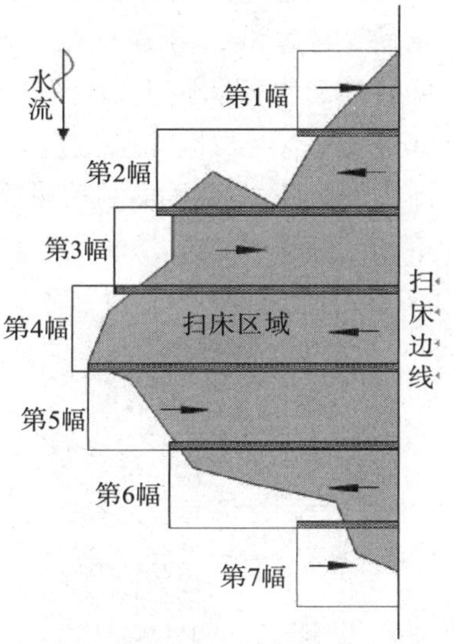

图 6-1-7　扫床顺序

(2)岩质滩险水下爆破。基于岩质滩险特征和爆破岩块在水中的运动特性，提出了岩质钻孔布设方法和多参数的控制爆破计算方法，率先提出毫秒微差水下控制爆破技术，实现了爆破后河床平整且达到设计高程(图 6-1-8 和图 6-1-9)。

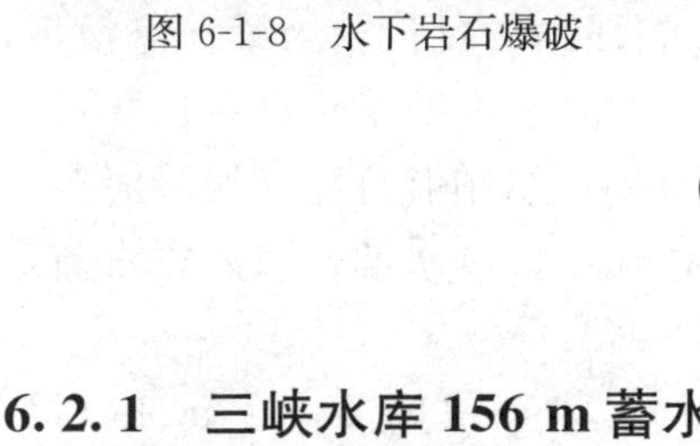

图 6-1-8　水下岩石爆破

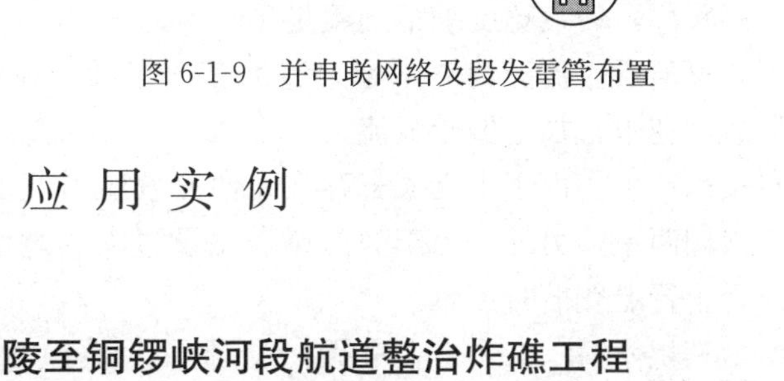

图 6-1-9　并串联网络及段发雷管布置

6.2　应用实例

6.2.1　三峡水库 156 m 蓄水前涪陵至铜锣峡河段航道整治炸礁工程

三峡工程采用分期蓄水的方式将坝前水位抬高到 175 m 的正常蓄水位，库区航道条件的改善逐步上延。要实现三峡工程的航运效益目标，航道安全畅通是最根本的要求。

只有通过采用航道整治措施来解决各蓄水期的一些局部碍航问题，才能更好地提高航运效益。

为确保三峡水库156 m航运安全及175 m实验性蓄水阶段万吨级船队到达重庆的目的得以实现，实施了三峡水库156 m蓄水前涪陵至铜锣峡河段航道整治炸礁工程，对三峡库区涪陵——铜锣峡河段(全长107 km)的15个滩险实施炸礁，即剪刀峡、中堆、黄草峡、王家滩、洛碛、黄果梁、五台梁、炉子梁、断头梁、搬针梁、大箭滩、马铃子、明月峡、水葬、野土地(图6-2-1)。工程总投资为1.29亿元，工程实施时间为2005年～2006年，在设计、施工过程中，剪刀峡、中堆、黄草峡、王家滩、洛碛、搬针梁、大箭滩、马铃子、明月峡、水葬等滩险运用了山区河流急滩通航水力指标体系及岩质滩险水下施工技术等成果，节约了投资，且缩短了工期，效果较为明显。

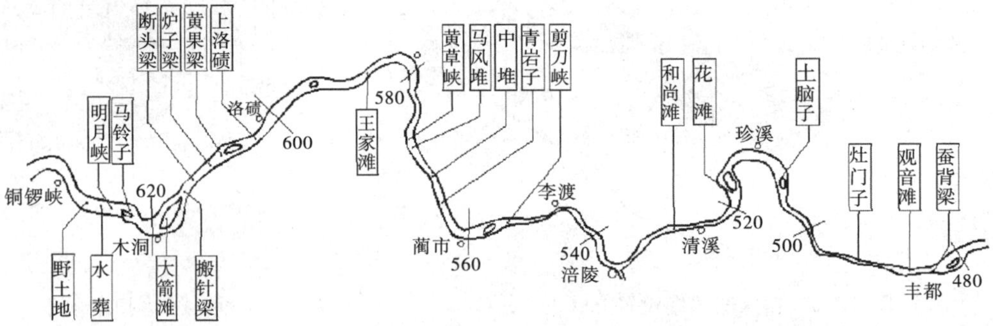

图6-2-1 丰都至铜锣峡河段滩险位置分布图

6.2.1.1 剪刀峡

1. 滩险概况及碍航特征

剪刀峡河段较为顺直，左岸剪刀梁斜向下游伸入江中，在石梁后侧形成倒套。右岸碓窝石等石梁及江中长条形的扁担梁与剪刀梁正对。剪刀梁伸入江中长度为750 m，高度在枯水期水面上17 m左右，梁顶高程为149.7～155.4 m，平均宽度为100 m左右。剪刀峡河段河槽窄深，枯水期水深在30 m以上，上游河宽300 m，下游河宽250 m，在剪刀梁头部，河道宽度缩窄到不足150 m。

该河段主流沿河心下泄，直冲剪刀梁后，在梁尾形成强劲的挑流。当梁顶淹没后，形成泡花水，加之倒套吸流，产生强烈的滑向左岸的滑梁水，右岸石梁淹没后也同样有滑梁水产生。由于不良流态存在，使有效航道宽度大大减小。船舶航行至该河段时容易被滑困两岸。另外，由于剪刀梁占据了过大的过水断面，在中、洪水期，该河段水流湍急，上行船舶航行困难。

三峡水库175 m蓄水后，设计最低通航水位由天然状态下的138.7 m抬高到148.37 m，与剪刀梁头部段梁顶基本齐平，后半段仍然高出水面5 m以上，正是滑梁水危害最大的水位。同时由于剪刀梁两岸岸壁陡峭，随着水位上升，河面宽度增加甚微。因剪刀梁石梁矗立于江中，滑梁水、泡漩水、挑流、急流等不良流态在蓄水后无明显改善，仍然危及船舶的航行安全。

2. 整治方案

针对本滩碍航特征及碍航成因，确定炸礁方案为：切除剪刀梁伸入河中的突嘴，由于下半段河宽狭窄，石梁位于航槽内，将伸入航槽内的剪刀梁下段礁石炸除至设计最低通航水位下 4.0 m，将航槽外的部分礁石炸除至设计最低通航水位下 3.7 m。从而拓宽航槽，改善流态，满足万吨级船队通航要求。

3. 整治效果

实施整治后，通过实测资料分析，剪刀峡上滩水流条件有所改善，航道宽度增加，其尺度可达到 3.5 m×100 m×1000 m。

6.2.1.2　王家滩

1. 滩险概况及碍航特征

王家滩河段上游航道顺直宽敞，航行条件较好。下游为一浅滩河段，是川江的“瓶子口”河段。忠水碛纵卧河心，分漕为二：北漕为柴盘子；南漕为王家滩，是川江著名的浅窄、弯曲、流急航道。左侧有白鹭嘴、田家滩、骑马桥石梁挑流，右侧有担子石、灶门子、肖家石盘等石梁夹击水流。肖家石盘、饿狗堆、鳗鱼石位于忠水碛头部的右岸，为三个近邻的礁石堆，横卧于江边，礁石顶部高程 158.5 m，伸出岸边长度达 280 m，使该处航道弯曲半径仅 820 m。磨盘石至碓石子沿岸礁石与左边忠水碛相对，航道狭窄，礁石顶高程 153.5 m 左右。

该河段上游主流偏向南岸，经灶门子石梁挑流偏向北岸，受北岸骑马桥等礁石阻碍挑向肖家石盘，受其顶冲夹击产生挑流、强烈泡漩。当饿狗堆、磨盘石等石梁淹没时会产生较强的滑梁水等不良流态，妨碍上下行船舶顺利进出南北槽航行。

三峡水库 175 m 蓄水后，饿狗堆、鳗鱼石和肖家石盘处设计最低通航水位为吴淞高程 151.69 m，石梁仍高出设计最低通航水位 6.3 m，航道弯曲半径不能得到加大。磨盘石至碓石子处设计最低通航水位为 151.62 m，礁石高出设计水位 1.4 m。有关模型实验研究揭示，175 m 蓄水后忠水碛北槽将发生淤积，主要依靠南槽通航，忠水碛因累积性淤积而向右伸展挤占南槽航宽，迫使南槽右移，导致进口段肖家石盘、饿狗堆、磨盘石和出口段的磨盘石、横板石、碓石子等礁石突嘴进入南槽航道中，不能达到要求的航道宽度，对船舶航行安全威胁也更大，碍航状况甚为严重。

2. 整治方案

针对本滩碍航特征及碍航成因，炸礁方案为：炸除江中的饿狗堆和鳗鱼石孤礁至设计最低通航水位下 4.0 m，切除肖家石盘的部分突嘴至设计最低通航水位下 3.7 m，以减弱挑流强度，扩宽航槽，满足船舶顺利进出汊道的需要。炸礁右边线距规划航槽边线 40 m 左右，炸礁区总长度 513 m，切除突嘴最大宽度 70 m。切除磨盘石、横板石、碓石子的部分突嘴至设计最低通航水位下 3.7 m，达到平顺岸线、改善流态、拓宽航槽的目的。

3. 整治效果

实施整治后，通过实测资料分析，王家滩上滩水流条件有所改善，航道宽度增加，其尺度可达到 3.5 m×100 m×1000 m，在谨慎操作的情况下，万吨级船队可以自航通过王家滩河段。

6.2.2 长江干线泸渝段航道建设工程

长江上游泸州纳溪至重庆娄溪沟航道建设工程建设范围从泸州纳溪(距宜昌 944.0 km)至重庆娄溪沟(距宜昌 674.2 km)，全长 269.8 km。该工程共整治 10 处(滩险分布如图 6-2-2 所示)碍航滩险。工程总投资约 1.2 亿元人民币。工程建设标准为通航 1000 t 级船舶的Ⅲ级航道，航道尺度 2.7 m×50 m×560 m，保证率为 98%。该工程航道整治 10 处滩险包括苦竹碛、螃蟹碛、浅碛子、鲤鱼碛、关刀碛、斗笠子、莲石滩、神背嘴、瓦窑滩、金钟碛等(表 6-2-2)。

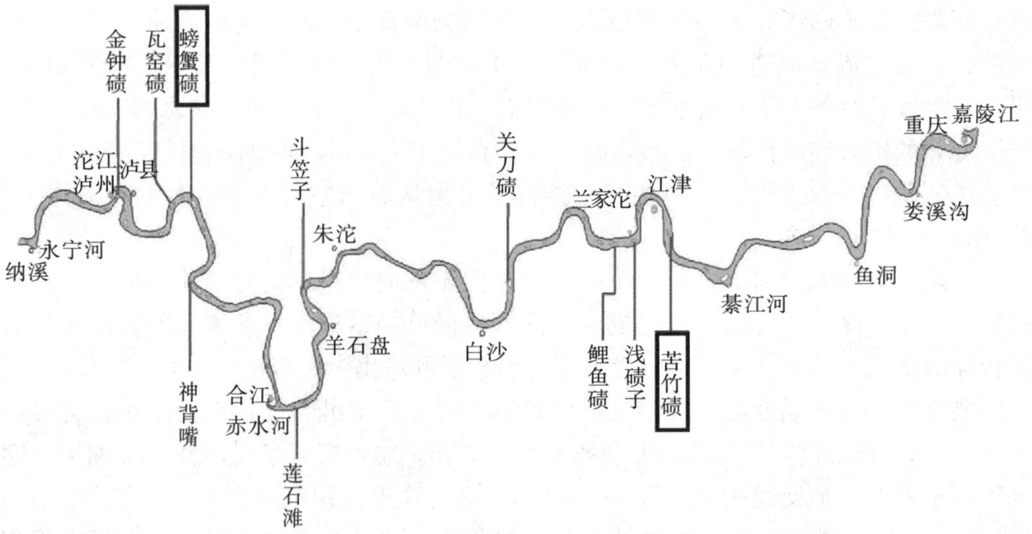

图 6-2-2 泸渝段滩险整治分布图

表 6-2-2 长江干线泸渝段航道建设工程滩险整治效果分析表

序号	滩名	里程/km	工程措施	整治的效果
1	苦竹碛	729.5	1. 炸除瘟牛石突出石梁，拓宽航道 2. 疏浚苦竹碛碛脑浅区	碛脑航道拓宽，瘟牛石流态改善，滩段流速减缓
2	浅碛子	741.5	1. 疏浚碍航浅区	浅埂清除，航槽稳定，航道尺度达到要求
3	鲤鱼碛	743.5	1. 鲤鱼碛尾建顺坝 1 座 2. 在鲤鱼碛下游建潜坝 1 座	碛尾水深满足航道要求，碛尾水流归顺，冲向右深槽的横流消失

续表

序号	滩名	里程/km	工程措施	整治的效果
4	关刀碛	762.7	1. 疏浚航槽浅区 2. 左岸建丁坝 2 座	关刀碛碛头航道拓宽，水深满足要求，并且航槽稳定，碛翅不再发展；碛头水流归顺，横流消失
5	笠子	811.0	1. 疏炸滩口及滩段下段河床 2. 左岸的兔儿梁顺坝向左岸旋转 10°左右 3. 在庙角碛尾修筑岛尾坝 1 座	枯水期流速减小，流态改善，船舶基本能够自航上滩
6	莲石滩	836.0	1. 部分炸除头莲花、全部炸除二、三莲花石梁 2. 疏浚芙蓉坝碛翅浅区	航道宽度拓宽到 110 多 m，航道尺度达到要求；但顺坝归顺航槽的水流较多，滩段流速稍大，同时头莲花未炸，对流态有影响
7	神背嘴	873.0	1. 北槽筑潜坝 3 座，对潜坝与称杆碛顺坝区域护底 2. 开辟南槽，按宽 80 m、深 3.5 m 开挖新槽 3. 在南槽中部的左侧增建短丁坝 3 座 4. 南槽右岸筑丁坝 1 座，在小罐口筑顺坝 1 座	船舶改走右槽，航道弯曲半径达到 560 m，宽度达到 70 m，流态较好，满足航道要求，原来浅、险问题得到根治
8	螃蟹碛	887.0	1. 炸除江中暗礁	胡溪口一带航道有较大拓宽，流态有所改善
9	瓦窑滩	895.5	1. 在右侧深槽建潜坝 2 座，采用不同高程和坝顶坡	滩段泡漩和扫湾水减弱，并下移，船舶进滩条件有好的改善
10	金钟碛	912.5	1. 在北槽左岸的港区护底 2. 在南槽右岸建 2 座丁坝	右槽稳定，尺度达到设计要求，过往船舶与进出泸州港的船舶航路不再交叉，滩段航道条件有好的改善

6.2.2.1　斗笠子

1. 滩险概况及碍航特征

斗笠子滩曾是泸渝段航道中唯一配有绞滩设施的滩险(图 6-2-3)。滩内左岸有兔脑壳石梁与零乱基岩夹卵石组成的金堆子，右岸是庙角碛江心洲。

中、洪水期，水流漫过庙角碛，河面放宽，上游来的卵石在此大量沉积。水位开始退落后，河段发生冲刷。当庙角碛开始露出水面时，碛边流速变缓，淤积的卵石不能全部冲走，在庙角碛中部(已建顺坝坝头对面)形成水下碛翅，在主航槽中，有潜伏礁石。

进入枯水期后，由于右岸和左岸兔脑壳石梁相对峙，束水挑流，使流速加大形成滩舌急流。同时出现水埂、泡漩等碍航流态。当水位降到设计水位上 1 m 左右时成滩，水位越枯，滩势越汹。

庙角碛碛坝位置为中、洪水期卵石落淤区域，退水时流速减小，不能完全带走淤积卵石，而主航槽左侧为零乱礁石群，水流不能拓宽，与右侧卵石碛坝形成卡口，过水断面面积较小，导致流速、比降增大，不能满足标准船队上水航行通航水文标准，也给下行船舶带来危险。

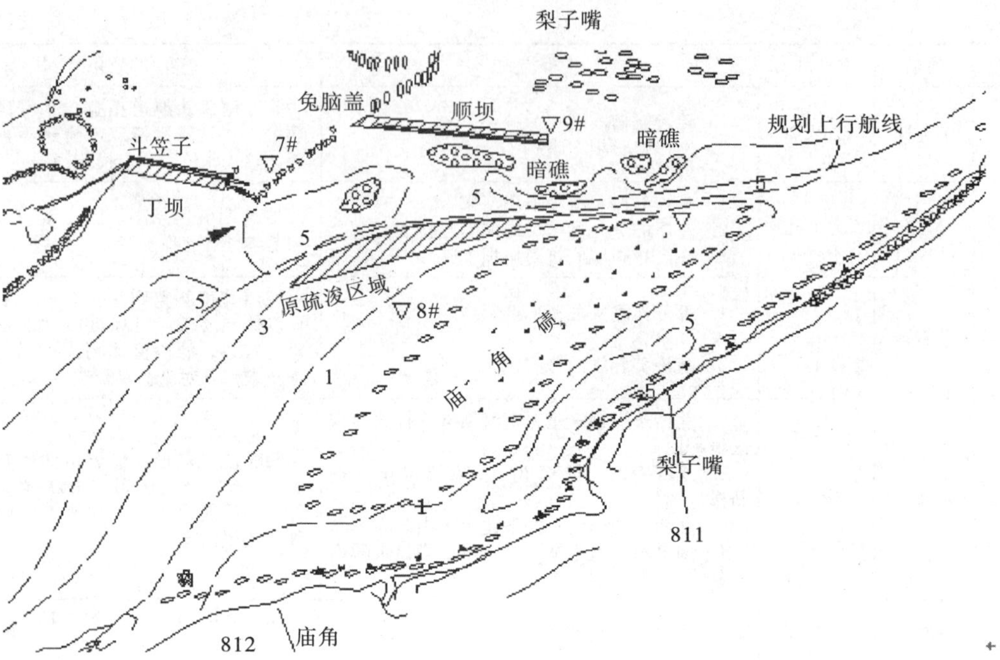

图 6-2-3　斗笠子河势平面及原整治方案示意图

2. 整治方案

针对本滩碍航特征及碍航成因，通过物理模型实验提出的整治方案如图 6-2-4 所示：

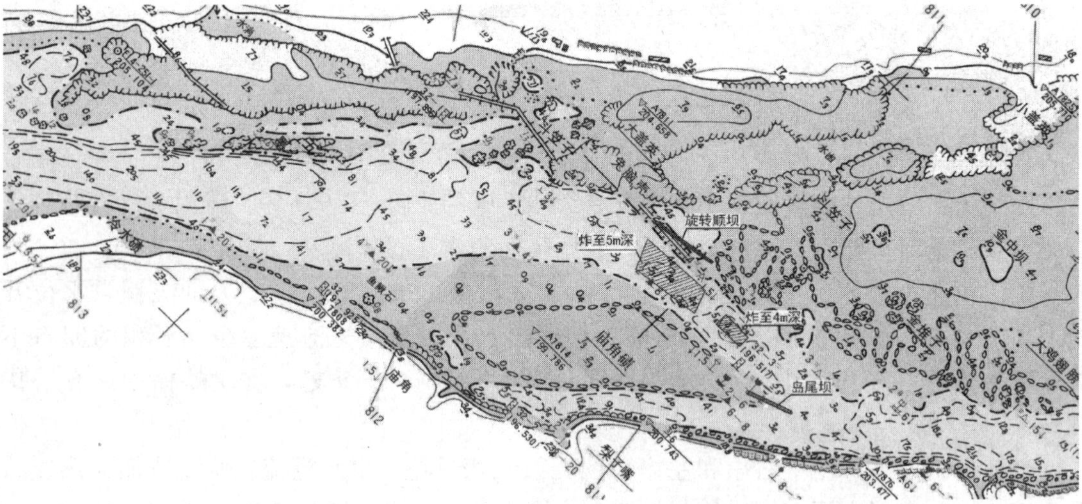

图 6-2-4　斗笠子整治方案图(见彩图)

(1)调整兔儿梁顺坝。从坝根至坝头 1/3 处将坝向左旋转 7°，即坝头左移 25 m，坝长 200 m。拆坝后河床高程消炸至设计水位下 4 m。作用是打开对峙卡口，减缓水流流速，同时归顺水流，避免滩口有卵石波运动，改善流态。

(2)疏炸。在滩口处先将河床基岩上的卵石覆盖层进行疏浚，然后进行河床炸礁，炸礁高程为设计水位下 5 m。炸礁边缘与周围地形平顺连接。另对滩口下游 180 m 处的突出暗礁(其上基本无覆盖层)部分进行炸礁，炸礁底高为设计水位下 4 m。炸礁边缘与周围地形平顺连接。炸礁的目的是扩大卡口的过水断面面积，减小滩口流速，同时炸除河床底起伏不平的暗礁后，能消除泡漩水、水埂等不良流态。

(3)修建岛尾坝。在庙角碛碛尾修筑岛尾坝，坝顶高程 198.5 m(即设计水位上 2 m)，坝长 153 m。其作用是壅高滩口水面，减缓水面比降，同时减小流速。

3. 整治效果

在改善流态方面，整治后航道条件得到明显改善，水流流速、比降得到减小，上水重载船舶基本不需助拖就能够自航过滩。在工程实施前，下水船舶途经原下挑顺坝坝头下侧约 20 m 处时，船舶有抖动现象，直接感受到水埂的存在；而治理后，水埂消除，船舶抖动消失，泡漩水等不良流态随之减弱。

在水流条件方面，方案实施后，引起滩口以上河段的水位降低，碛尾水位升高。设计最低通航水位时，局部最大比降在滩口上游兔脑壳外，为 1.45‰。最不利比降流速组合为 2.97 m/s+1.45‰，低于船舶自航上滩标准。

在河床冲淤方面，在方案实施后经两个洪水期之后于 2007 年 12 月测图分析发现，碛翅处未发现小的淤积体，碛尾由于岛尾坝的壅水有所淤积，碛尾左侧地形坡度明显变缓，坡度比由整治前的 1∶2.3 变为 1∶5.1，碛尾左侧 6 m 水深线外移 17 m，距航槽右侧仍有 10 m，不影响行船通行。

对于斗笠子滩曾进行了多次治理，但治理效果没能得以维持(约在治理后 3 个水文年又基本回到治理前的枯水流急的状态)。这次治理在充分吸取以往的经验、教训基础上，确定方案有其独到之处。这次是采用清炸不规则河床底与移动原顺坝减小束水挑流力度的方式来扩大过水断面(1987 年治理方案是采用扩挖庙角碛碛翅的措施，但 3 年后又基本回淤)，除采取此措施外，还考虑建岛尾坝成功壅水创造缓流区以便行船利用上滩，并且坝体稳定良好，从整治实施及效果来看，这样的治理方案是合理的。

6.2.2.2　神背嘴

1. 滩险概况及碍航特征

神背嘴滩位于宜昌上游 873.0 km，泸县弥沱镇附近，枯、中、洪水期均碍航，是川江兰叙段著名的弯、浅、险滩。滩段上游为宽深的急弯河段，河床约呈 70°弯曲，左岸有神背嘴突嘴，右岸为凹岸，沿岸有九条龙、猪儿石、青蛙石等岩盘阻水，又有大、小罐口漏浩，造成中、洪水时极为复杂的水流流态。当水位在 5 m 以上时，九条龙梁上开始溢流，江中出现强大的泡水，在泡水与九条龙梁上滑梁水之间的主流宽度较窄，航行较困难，水位 12 m 时最汹，船舶航行需紧抱泡水边缘过滩，以避免跨浩滑梁危险。历史上曾对该滩实施了 6 次整治，但效果一般。

在整治前，神背嘴左槽为枯水航槽，左槽进口航道维护尺度为：弯曲半径 220 m、航道水深 1.8 m、航宽 40 m；弯曲半径小、进口横流强、流态紊乱，不满足船舶航行要求。枯水期下水船舶必须绕神背嘴往左大转弯进入左槽，随即需向右转沿碛翅下驶，若转向掌握不当则容易在碛脑搁浅或左岸扫弯触礁。当水位在当地水位上 2 m 时，对应流量为 4500 m^3/s 左右，此时右岸小罐口开始少量泄流。当流量在 7800 m^3/s(多年平均流量)以上时，右岸大小罐口、九条龙上分流，水位漫过石梁，产生强烈的滑梁水，而水流受凹岸石梁的反击下切，沿石梁边缘形成深约 40 m、宽约 200 m 的深槽，底流至江中上翻而形成巨泡，且神背嘴处有大面积回流。通航船舶左怕泡漩，右怕滑梁跨浩，航行极为困难。随水位升高，泡水逐渐加强并与神背嘴下的回流连成一片，此时泡水与九条龙之间仅有一线水流，航行困难，若操作不当即有跨浩和触礁的危险。

2. 整治方案

针对神背嘴滩碍航特征及碍航成因，研究人员通过物理模型实验和数学模型分析制订了该滩的整治方案图 6-2-5：在右槽新开挖一宽 80 m，深 3.5 m 的航槽；左槽进口深槽中建潜坝 3 座，并对潜坝和秤杆碛顺坝之间的碛脑部分进行护底，护底区域分别为三条护底带，主要目的是将三道潜坝的作用延伸至碛头顺坝，避免该区域出现冲刷而影响潜坝的作用。并在河道右侧建堵坝封堵小罐口，以适当增加右槽分流比，同时在右槽进口右岸建勾头丁坝 1 座，右槽中部左侧建 3 座丁坝，在小罐口建堵坝一座，修复原有的碛头坝和大罐口堵坝。以加强对疏浚航槽的冲刷能力。

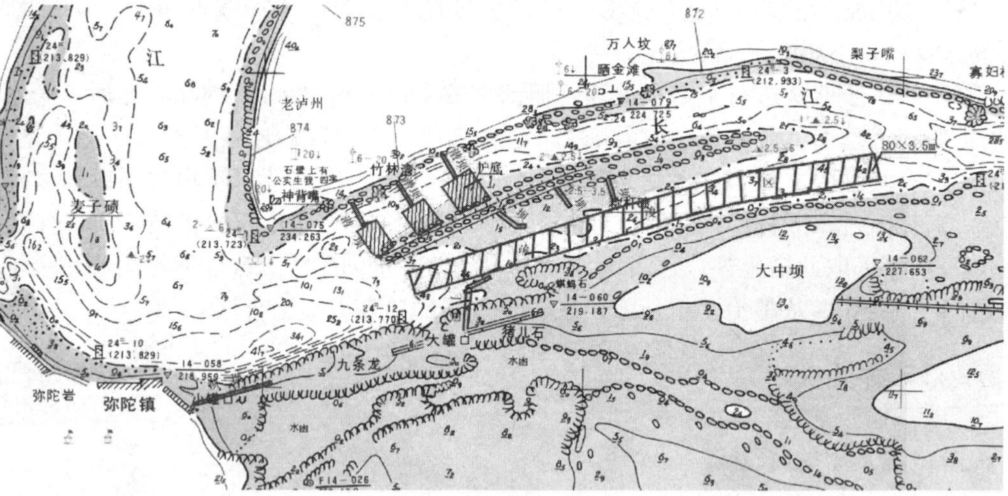

图 6-2-5 神背嘴整治方案图(见彩图)

3. 整治效果

1)冲淤变化分析

通过多次测图显示，整治后挖槽进口段有所淤积，最大淤积厚度为 0.4 m，但航槽中心线的水深均大于 3.5 m，3 m 等深线最小宽度也有 50 m 以上。可见，整治后航槽稳定良好，达到了预期目的。

2)左右汊分流比变化

测流断面取在河床相对顺直的秤杆碛近碛头处，测时水位为 215.377 m，相对于设计最低通航水位 1.607 m，测得左汊流量为 2085 m^3/s，占总流量的 51%；右汊流量为 2025 m^3/s，占总流量的 49%(表 6-2-3)。

表 6-2-3　分流比变化分析表　(%)

流量/(m^3/s) 分流比	4110(工程后实测)	4500(工程前)	4500(方案后实验研究数据)
左槽	51	62	56
右槽	49	38	44

从上表分析看出，方案实施后，右汊流量明显增加，增加的幅度大于物理模型实验研究数据，这与右槽实际水深大于 3.5 m 有关，当然这样更利于对右槽洪水期落淤泥沙的冲刷。

3)水流条件变化分析

该滩在本工程实施前，从 2003 年 4 月测图(测时水位为设计水位上 0.8 m)看，右槽表面最大流速为 2.65 m/s，位于右岸青蛙石对出的江中；右槽尾部的流速约为 1.9 m/s 左右。左槽最大流速 2.9 m/s，位于秤杆碛中部位置。

新开航槽后，航槽内水流流态较好，从 2008 年 1 月测图(测时水位为设计水位上 1.7 m)看，右槽表面最大流速为 3.27 m/s，位于右岸青蛙石对出的江中；疏浚区尾部的流速约为 2.5 m/s，比降约为 0.5‰；平均流速约为 2.12 m/s，既保证航槽的冲刷力度，又满足滩段航行要求。模型实验研究成果为在青蛙石附近的航槽中($Q=4500\ m^3/s$)最大流速为 3.01 m/s，疏浚区尾部流速约为 2.7 m/s，总体上接近。

经过以上分析，通过采取封闭北槽，开放南槽，神背嘴滩碍航情况已得到根本性的改变，航道比原来顺直得多，特别是下行船舶更易于操纵，更能够安全航行。总之，该滩通过新开右槽、护底左槽、抛筑潜坝、堵坝等整治措施的实施，切实改善了滩段航道弯曲半径过小的问题，使整个滩段达到了Ⅲ级航道的航道尺度要求，并且有力地保证了航槽的稳定，整治方案是合理有效的，为山区航道急弯河段的整治积累了经验。

此外，在苦竹碛、鲤鱼碛、关刀碛、莲石滩、瓦窑滩、金钟碛等滩险，整治效果均较好。

6.2.3　长江上游宜宾合江门至泸州纳溪航道建设工程

长江宜宾合江门(距宜昌 1044.0 km)至泸州纳溪(距宜昌 944.0 km)河段(以下简称叙泸段)，全长 100 km，位于川江上游。该河段经 20 世纪 70～90 年代兰叙段一、二期系统整治后，整治过的 7 处滩险总体上效果良好，达到了 2.7 m×50 m×560 m(航深×航宽×弯曲半径)的Ⅲ级航道标准，但由于此后水运业处于低迷时期，兰叙段通行船舶也大多为小型船舶，运量增长缓慢，对该段航道的维护标准要求不高，所以该段航道未能及时按Ⅲ级航道标准进行维护，使得叙泸段部分河段的航道尺度达不到Ⅲ级航道标准，限制了千吨级船舶的航行。于 2007 年～2009 年实施了长江上游宜宾合江门至泸州纳溪航道建设工程，整治滩险主要有风簸碛、金鱼碛、落锅滩、吊鱼嘴、筲箕背、杨柳碛、黑石碛、香炉滩、铜鼓滩及过兵滩等。

表 6-2-4　长江上游宜宾合江门至泸州纳溪航道工程滩险整治效果分析表

序号	滩名	里程/km	工程措施	整治的效果
1	风簸碛	959.0	1. 修复碛头倒丁顺坝，并加固丁坝段 2. 修复碛尾坝的局部毁损部分 3. 左槽原潜坝下游 150 m 处新建 1 道潜坝，同时与碛头倒丁坝坝根相接，增加稳定性 4. 疏浚右槽进口段淤积浅区 5. 潜坝与丁坝坝根之间用铰链排护底，潜坝区用块石护底，以增强整体稳定性	右槽上、下浅区枯水水深达 2.8 m，航宽 80 m，水流平顺，流速 2.3 m/s 左右，比降 0.83‰ 左右，上、下行船舶均可安全通航
2	金鱼碛	967.3	1. 疏浚过渡段浅区 2. 在左岸黄桷碛脑筑 1 道下挑丁坝	过渡段浅区最小水深 4.1 m，满足 3 m 水深要求的宽度近 150 m
3	落锅滩	984.3	1. 疏浚弯道凸嘴浅区 2. 弯道上口右岸石塔附近抛筑下挑丁坝 1 道	过渡段浅区最小水深 3.1 m，满足 3 m 水深要求的宽度近 80 m
4	吊鱼嘴	988.7	1. 疏浚吊鱼嘴过渡段浅区 2. 修复左岸打狗滩丁顺坝 3. 在右岸吊鱼嘴碛翅筑 2 道下挑丁坝	过渡段浅区最小水深 3.4 m，满足 3 m 水深要求的宽度近 180 m
5	筲箕背	1004.5	1. 修复左岸买米石和槐子滩丁坝，并护坡；左岸槐子滩筑丁顺坝 1 道，并护坡 2. 在下深槽进口段筑潜坝 3 道 3、疏浚筲箕背浅区及下段鹭鸶碛右侧卵石包	上段航槽 3 m 等深线宽度能够保持 60 m 左右，练家漕河段水流流速减缓，滩情得到有效治理，船舶实现自航上滩
6	杨柳碛	1017.8	1. 疏浚过渡段浅区 2. 左岸建 2 条勾头丁坝	过渡段浅区最小水深 3.2 m，满足 2.9 m 水深要求的宽度近 90 m
7	黑石碛	972.5	1. 疏浚过渡段浅区，宽度 70 m，疏浚深度 3.2 m	拓宽加深航槽，挖槽基本稳定
8	铜鼓滩	996.0	1. 开辟左槽，挖槽上段宽 80 m，下段宽 95 m 2. 江中潜碛上筑 1 长顺坝 3. 在顺坝上筑 3 道短丁坝挑流冲刷航槽 4. 右槽抛 1 道潜坝，维持左右槽分流比	新开航槽，配以整治建筑物维持其挖槽的稳定，解决了枯水碍航的问题
9	过兵滩	1009.5	1. 疏浚左侧碛翅伸入江中部分	扩大了航道宽度和滩段航道的弯曲半径

6.2.3.1　铜鼓滩

1. 滩险概况及碍航特征

铜鼓滩距宜昌 996.0 km，紧邻南溪县城区，处于两反向河湾的过渡段，为浅、险滩。其下游约 2 km 处为油榨碛浅滩。滩段上游河势较顺直，河面宽约 600 m，航行条件良好，左岸为南溪县港区。滩段上口弯道左岸九龙滩和右岸董碛坝相对峙的河宽仅有 300 m。中段放宽，但江中有巨大的迎宾阁卵石碛坝，碛坝顶高达当地零水位以上 14 m。迎宾阁北面为一漏浩名为玉带浩，从水位 3.0 m 以上开始泄流。南面河床宽阔，但江中有迎宾阁卵石碛翅延伸江中，形成暗碛挤压河床，致使南槽水深但弯曲狭窄。滩段上口铜鼓子处水深不足，零水位时水深通常为 1.8～2.4 m；中段水流经潜碛向右岸深潭落弯；曾盘石以下，主流受上游九龙滩石盘和下游曾盘石一左一右挑流的影响，形成强烈的回流泡漩，流态较坏。

“弯、浅、险”是该滩的主要碍航特征。从 2005 年 2 月测图看，滩段入口铜鼓子浅区的航槽水深为 2.2～2.6 m，不能满足 2.7 m 水深的航线达 160 m 长，并且在某些年份维护水深达 1.8 m 都很困难。在滩中段建顺坝后，扫弯水虽有所改善，以及下段流态得到较大改善，但由于航道弯曲半径刚能满足 560 m 的要求，而此处流速达 3.45 m/s，船舶航行于此仍比较危险。下行船舶在上段滩口易擦浅。在下段需抱航槽左侧潜碛行使。抱碛紧，易在潜碛擦浅；抱碛松，则在主流顶托下易在弯道对出的右岸石盘触礁；加上流态坏，船舶转向操作较为困难。上水船舶因航道窄、浅、弯，操作较困难。该滩上段铜鼓子浅区水深不足，中下段流速大，流态较坏，航道弯是该滩碍航的主要原因。

2. 整治方案

针对铜鼓滩碍航特征及碍航成因，研究人员通过本物理模型提出的整治方案如下：开挖碛槽，使枯水航线仍在迎宾阁右侧碛翅之上，开槽顺应碛翅上的深沟，平面走向采用微弯形。开槽深度为 3.5 m，开槽宽度上段 80 m，下段逐渐加宽到 95 m。为保证疏浚航槽的稳定性，在江心潜碛上建 1 道顺坝和 3 道齿丁坝，以调整河道分流，增大新开航槽的流量，达到稳定新开航槽的目的。另外，为维持左右槽的分流比，在右槽进口靠下游侧抛筑一道潜坝(图 6-2-6)。

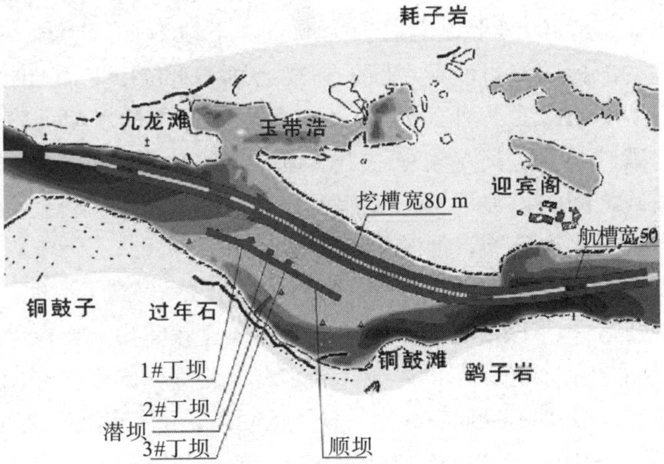

图 6-2-6　铜鼓滩整治方案图

3. 整治效果

左槽开通后，该滩上下游深槽平顺连接，航道变得顺直，水流平顺，流速流态较好。从 2010 年 2 月测图分析，新开左航槽最小水深 3.8 m，满足 3 m 水深要求的宽度近 100 m，疏浚区流速为 2.01～3.59 m/s，航槽内最大流速－比降组合为流速 3.02 m/s、比降 1.4‰，满足设计要求。

经过一个水文年后，对挖槽区域在 2009 年 9 月、11 月的状况与竣工测图相比分析，从上游开始至中部之间的新挖槽区无冲淤变化，保持了挖槽的稳定性；从中部至下游末尾端区域，均有不同幅度冲刷，最大冲刷值为 1.5 m，更有利于改善通航条件。

铜鼓滩曾历经多次整治，效果均不太理想。这些整治方案从治理思路上看，都是右槽整治方案，也就是沿用长期以来形成的习惯性船舶航线，整治方案都是在船舶走右槽的既定思维模式下，选择疏浚和抛筑整治建筑物等整治措施，力图改善滩段的航道条件。但受滩段河势条件限制，右槽弯曲狭窄的问题始终得不到根本性解决，只能在一定程度上改善滩段航道条件，经过一段时间的演变后，滩段又会恶化，基本恢复到治理前的状况。而此次整治废弃原航槽开辟一条新航槽将上下游深槽平顺连接，彻底解决了右槽枯水弯曲狭窄，流态紊乱的问题。开挖左槽的目的是使铜鼓滩上下游河道深槽得以平顺连接，彻底避开弯曲狭窄流态紊乱的右槽，彻底解决该滩航道弯曲，流态坏的问题。在江心建 1 道顺坝、3 道齿丁坝、右槽建 1 道潜坝的目的是调整左右两槽河道分流，增大新开航槽流量，以稳定新开航槽。

铜鼓滩整治工程采用新开航槽，配以整治建筑物维持其挖槽稳定的措施，彻底解决了该滩的碍航问题，保障了枯水期该段航道的畅通，工程效果良好。

6.2.3.2 筲箕背

1. 滩险概况及碍航特征

筲箕背滩位于宜昌上游 1004.5 km，是长江上游著名的枯水浅、急、险复合的复杂滩险，滩段长约 1.5 km。河势上，上段较为顺直，下段弯曲。上段左岸为 20 多米高的台地，右岸为高大的甑柄碛卵石碛坝，碛顶高在当地零水位以上 10 m 左右。碛坝侵占河床导致枯水河宽仅 400 m，洪水河宽则达 1000 多米。下段枯水河面宽也仅 350 m 左右，左岸是宽坦的鹭鸶碛江心洲，其左侧有一小汊道，零水位上 1 m 左右断流。在上段的甑柄碛与下段的鹭鸶碛之间的过渡段有一连串乱石堆，形如一个个筲箕扣伏江中，称筲箕背。在历史上曾进行了多次整治，但效果一般。

筲箕背滩练家槽及以上航槽“浅”、水深不足的问题已经得到了治理，中段水流流急的问题得到一定程度的缓解，但下段航道弯险的碍航特征还比较突出。形成下段弯险碍航的主要原因是受左侧碛翅和右侧卵石包束窄的影响，加之右下侧深槽的吸流作用，导致此处流速达 3.75 m/s，比降也较大，并伴有冲向右深槽的横流。目前，下行船舶过滩时均抱鹭鸶碛航行，但抱碛过紧易触鹭鸶碛擦浅，抱碛过松则可能在横流的顶托下落弯于右岸牛皮滩，发生触礁事故。由于流速大，上水船舶航行于此也感到困难。此外买米石与槐子滩两道丁坝有局部破坏，坝根处岸坡由于是粗沙及卵石构成的松散的陡坎，在水流的冲刷下，垮塌厉害。若该丁坝被进一步水毁则会影响到丁坝的整治功能，使得丁坝挑流不足，河面展宽，水流对滩段航槽的冲刷能力下降，这将导致上段航槽淤浅，滩势向 1996 年整治前的态势恶化。

2. 整治方案

针对筲箕背滩碍航特征及碍航成因，研究人员制订了该滩的整治方案(图 6-2-7)：疏浚筲箕背凸伸航槽的浅包，增大航槽宽度；疏浚下段鹭鸶碛碛头右侧卵石包，拓宽与平顺航槽。为保持挖槽稳定，在下深槽建 2 座潜坝，以调整河床横断面形态，增大航槽内流量流速，防止挖槽回淤，同时壅高下深槽水位，改善流态。对原两丁坝进行修复。

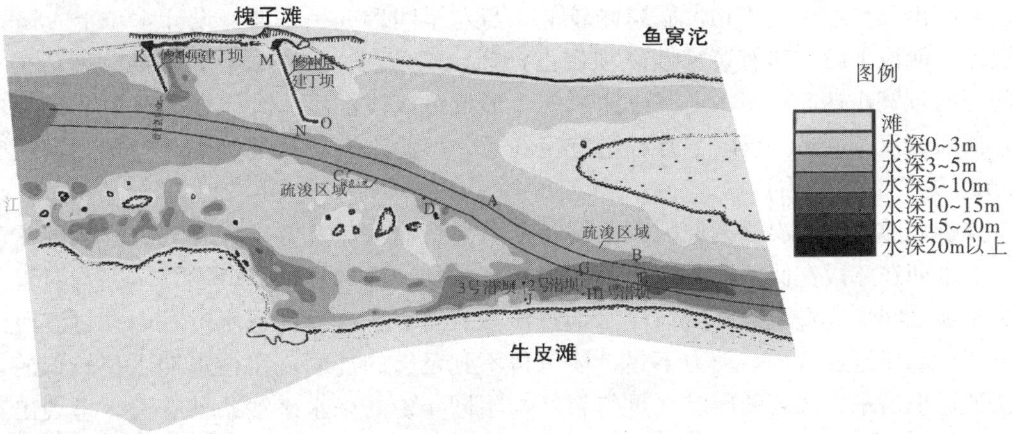

图 6-2-7　筲箕背整治方案图(见彩图)

3. 整治效果

水流条件方面，整治后航道条件得到明显改善，上段航槽达到航道尺度要求，中段水流流速、比降得到减小，下段航槽弯曲半径有所加大，横流、扫弯水减弱，船舶实现自航上滩。

水深地形上，在鹭鸶碛碛脑处有卵石浅包位于河中，出露水面。卵石浅包周围水深远远达不到Ⅲ级航道通航尺度标准。下深槽航行弯曲半径约 500 m。整治后，从 2010 年 2 月测图分析，航标标示水深均满足 2.7 m 水深要求，航道最小宽度为 80 m，位置在练家槽 2 号白浮，满足 3 m 水深要求的宽度近 100 m，弯曲半径最小在该白浮下弯道，达到 560 m 以上。航道尺度达到并超过 2.7 m×50 m×560 m 的设计标准。说明疏浚和筑潜坝壅高了下深槽水位，改善了航道内水深，下段横流也得到了改善。

通过以上分析，研究人员采用了 4 项整治措施解决了该滩的碍航问题。首先，修复左岸买米石和槐子滩两处丁坝，恢复其束水挑流冲刷航槽的作用，以保持航槽尺度，防止筲箕背碛翅继续向江中淤积发展；对买米石和槐子滩两条丁坝坝根处的岸坡进行护坡处理，防止该处岸坡继续垮塌影响坝根的稳定。其次，对槐子滩和买米石两条丁坝背水侧河床中出现的两个冲刷坑进行抛石护底，防止冲刷坑进一步扩大，影响丁坝坝体的稳定。然后疏浚筲箕背凸伸航槽的浅包，增大航槽宽度；疏浚下段鹭鸶碛碛头右侧卵石包，拓宽航槽，增大航槽弯曲半径，降低中段水流流速。最后，在下深槽进口筑三条潜坝，增大航槽内水流流量，防止挖槽淤积，同时壅高下深槽水位，调整流量分布，改善下段横流较大的状况。经整治后该段航槽达到和超过了 2.7 m×50 m×560 m 的Ⅲ级设计标准。

6.2.3.3　杨柳碛

1. 滩险概况及碍航特征

杨柳碛滩位于宜昌上游 1017.8 km，处于一顺直河段，为过渡段浅滩。滩段内左岸有一巨大的卵石碛——杨柳碛，碛坝长约 1800 m，宽约 400 m，碛坝坝顶靠河心侧较高，最高点高出设计水位上 5 m，靠岸侧较低，与左岸间形成一小浩，设计水位上 1 m 才开始过流。滩段上游右岸有黄家碛碛坝侵占河床，至使河面宽约 300 m，杨柳碛与黄家碛之间河面较宽，达 500 m，水流流速减缓，形成过渡段浅区。其下段受杨柳碛碛坝的挤压，河面宽仅 250 m。碛尾下游右岸有篾纤子、黑脸观音石梁突嘴缩窄河床，河面宽约 350 m。之下河流向右弯曲。

分析该滩过渡段出浅的原因，主要是受下游弯曲河床及右岸黑脸观音突嘴阻流的影响，洪水期在滩段左侧沙卵石大量落淤形成巨大的卵石碛坝(杨柳碛)，碛脑与对岸上游的黄家坝之间形成过渡段浅区，洪水期过渡段有所淤积。而在退水过程中，过渡段的河面较宽，水流流速减缓，动力不足，浅区得不到足够的冲刷，在枯水期水位较低时，碍航特征显现出来。浅区的碍航严重与否又与不同年份的来水来沙条件有关，呈现出某些年份碍航较严重如 1993 年，最小水深为 2.3 m，而 2006 年相对较好，最小水深为 2.5 m。

2. 整治方案

针对杨柳碛滩碍航特征及碍航成因，研究人员制订了该滩的整治方案(图 6-2-8)：增加航槽水深，疏浚过渡段浅区，航线需顺应上、下深槽深泓线，同时尽量顺直，挖槽深 2.9 m，宽 60 m，长约 360 m。为保证疏浚航槽的稳定性，在左岸建 2 条勾头丁坝，上丁坝为下挑勾头丁坝，以保证水流相对平顺，下丁坝与水流夹角相对较小，以挑流冲刷航槽。同时航道整治建筑物采用了新结构，在杨柳碛上丁坝铺设钢筋混凝土箱体，在勾头段铺设扭王字块护坝面；在上下丁坝的背水坡采用混凝土块铰链排进行护面。

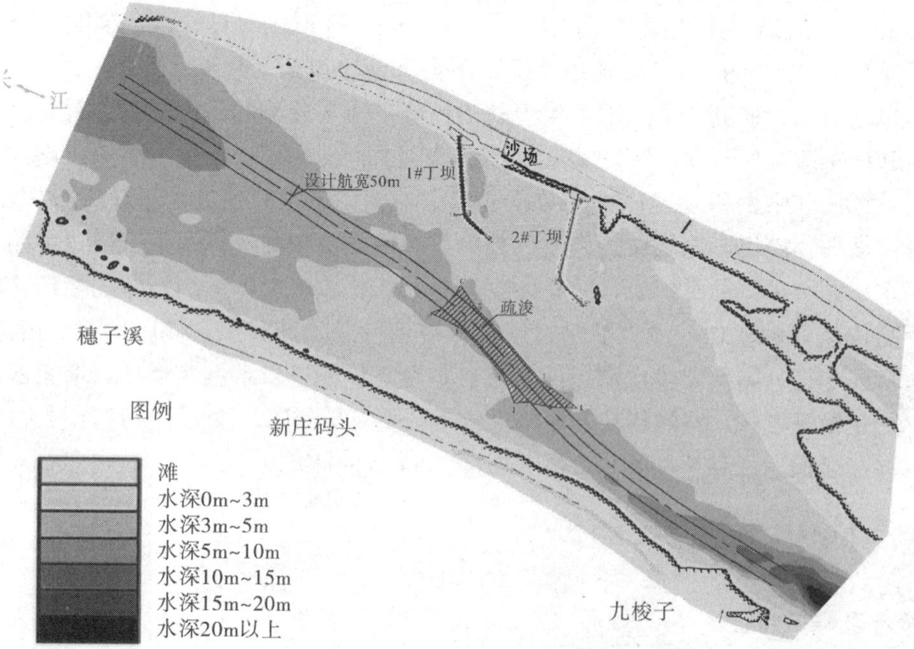

图 6-2-8　杨柳碛整治方案图(见彩图)

3. 整治效果

从坝顶高程分析，2008 年 8 月、2009 年 1 月、2010 年 1 月三次测图 1 号坝头高程为 255.47～255.66 m，与 1 号坝坝头设计顶高 255.55 m 相比，冲深在 −0.08～0.11 m 间，从沉降观测资料也可得知 1 号坝沉降点下降了 15 cm。2 号坝坝头实测高程也在设计高程 255.5 m 附近，从沉降观测资料 2 号坝沉降观测点上升了 7.6 cm。

从坝体边坡分析，2008 年测图 1 号坝迎水坡坡度为 1∶1.46，背水坡坡度为 1∶2.01，坝头坡度为 1∶2.91，2009 年 1 月测图及 2010 年 1 月效果观测图迎水坡、背水坡、坝头坡度均约为 1∶1.5、1∶2、1∶3。从三次测图看坝体区域河床地形稳定，无大的冲刷坑及明显的淤积。

从坝区河床地形分析看，坝头前河床地形冲刷不明显，但勾头下游约 30 m 处有约 4 m×6 m 的冲刷坑，冲深近 2 m，但范围和深度均较小，不危及坝头安全。在丁坝坝根段，丁坝上游河床无明显冲淤现象，在丁坝下游有约 35 m×15 m 的冲刷坑，最大冲深近 3.5 m，冲刷坑的边缘已临近岸线，预计对岸坡的稳定有轻微不利(从最近现场察看，岸坡有少量毁坏)。

总体上来看，经过一个水文年后观测成果，应用的新结构整体较为稳定。

此外，在黑石碛、风簸碛、金鱼碛、吊鱼嘴等滩险的，整治效果均较好。

6.2.4　乌江河口至白马河段航道建设工程

乌江河口—白马河段指乌江与长江交汇口至武隆县白马镇，全长约 45 km，属乌江下游河口段，是重庆涪陵地区和黔江地区客货运输的重要通道。为把航道等级提高至Ⅲ级，实施了乌江河口至白马河段航道建设工程，工程总投资 2.35 亿元，对狮子口滩群、郭母子、大溪河口、上下边滩、大角邦、庙门滩、曲石子、小角邦、磨船背等 9 处滩险进行整治。

6.2.4.1　狮子口滩群

1. 滩险概况及碍航特征

狮子口滩群位于涪陵白涛镇，下距乌江河口 25～27 km，为小溪峡和铜麻湾峡之间的开阔河段，滩段总长 2 km，平均河宽约 320 m，自上而下由古眼碛、横梁子、瓦厂坝、冉家沱和狮子口等组成。滩群上口白涛公路大桥至弯道处 816 化肥厂大件码头段右岸为土质岸坡，河滩为砂卵石，边滩宽约 90 m，枯水岸线弯曲。在大件码头上端有溪沟汇入，该溪一般流量为 0.2～0.5 m^3/s，暴雨季节，沟口建筑弃碴堆积使岸线向江心推出；左岸为石质边坡，岸线较顺直，河滩岩盘或“礁巴赖”(卵石与黏性土沉积胶结体)出露，形成多处突嘴。下段凸岸为卵石滩与冉家沱对峙，天然枯水河宽仅 80 m。乌江主流在白涛公路大桥下游侧从左岸向右岸过渡，下段冉家沱、狮子口滩为弯曲河段，主流沿右岸扫弯而下，进入 816 化肥厂码头江段。本滩段天然枯水期平均比降约为 1.4‰，平均流速为 2.8 m/s，最大局部比降为 3.96‰，最大流速为 4.1 m/s，江面宽 80～330 m。

狮子口滩群位于桐麻弯与小溪两峡间的开阔谷地，流速相对减小，输沙能力较弱，洪水期泥沙沉积，同时受长江较高水位顶托。三峡水库成库前顶托时间 4 个月，成库后进入库区状态长达 8 个月。当乌江进入造床阶段时，狮子口滩群仍处于顶托态势，待长江水位降至解除顶托，乌江水位低，流量小，水流与河床的相互作用几乎停止，床面处于相对平衡，洪期淤积物滞留下来，心滩、浅碛等碍航因素年复一年存在，并在三峡成库后有加剧的趋势。

2. 整治方案

该滩段河床宽浅，总体表现为航深不足，河床质为碎石土或砂土，宜采取疏浚与整治相结合的整治方案。研究人员制订了该滩的整治方案：在新建白涛建峰长江大桥上游横梁子边滩新建两道下挑丁坝，坝长分别为 180 m 和 140 m，其中上游侧丁坝带有 30 m 的顺水流方向的勾头；左岸布置 1 号曲线型下挑丁顺坝，坝长 91 m，2、3、4 号丁坝(原丁坝位置)长度分别为 40 m、54 m、70 m；右岸布置 1、2 号丁坝(原丁坝位置)，长度分别为 145 m、130 m；调整大桥下游左岸古眼碛原顺坝位置并适当加高，坝长为 350 m；在冉家沱内布置 1 条丁顺坝，坝长为 182 m。

3. 整治效果

狮子口滩群历来都是乌江下游重点复合型碍航滩险，存在枯水弯、浅、急、险等多重碍航问题，历史上进行过多次整治。此次整治后狮子口滩累积性淤积特点有所改善，达到了航道尺度 2.7 m×45 m×480 m(航深×航宽×弯曲半径)的建设目标。

6.2.4.2 郭母子滩

1. 滩险概况及碍航特征

郭母子滩位于大溪河口以下 2 km，下距乌江河口 28 km。乌江自桐麻湾峡进入大溪河口以下江段后，江面骤然放宽，洪水江面宽由 150 m 增加到 330 m。该滩段内有一长 500 m、平均宽 100 m 的鱼形卵石江心洲，卵石中值粒径约 50 mm。江心洲分水流为左右两汊，左汊长 500 m，上下宽 100 m，中间最窄处 60 m，水面平均比降约为 1‰，最大比降为 1.6‰，最大流速为 2 m/s，最小水深 0.5 m，低水位期间因水浅，多礁石不能通航；右汊为通航主汊，设计水位下，河面平均宽 65 m，滩上口水深 1.8 m，有效航宽不足 30 m，水面平均比降为 0.67‰，最大比降为 1.5‰，最大流速为 2.87 m/s，滩上口最大横比降为 2.6‰，航槽上段右岸流态紊乱。滩段下口右侧有长 140 m、平均宽 35 m 的暗碛。中、洪水期两汊均能通航，但船舶仍走右汊。该滩两岸为岩层裸露，多为基岩或乱石堆积突嘴伸入河床，洪水线以上为沙壤土覆盖台地，或植被繁杂的高坡山地。滩段下游右岸依次有 816 厂水泵房及白涛煤矿煤，炭出口梭筒码头。

滩险成因主要有以下三个方面：郭母子滩位于桐麻湾峡出口以下宽敞江段，河床骤然放宽达 2.4 倍，中、洪水期水流挟沙能力急剧减弱、泥沙沉积，这是形成江心洲的主因；大溪河口以下左岸因多处石梁突嘴挑流，促使主流动力轴线自左向右位移，流量分配右汊占 70%，左汊占 30%，左汊口门淤高，河床礁石阻水使左汊不能发育。右汊在水流冲刷下，河床增深，形成航槽。但右汊上口即左右汊分流段流速相对较慢，冲刷力度不够是形成右汊上口过渡段浅滩的原因；右汊中下段右岸有突嘴挑流形成较大的冲刷坑，面流被吸向深槽，而底流将卵石推向左右汊交汇口，形成交汇口浅滩。但三峡水库蓄水后，突嘴挑流过后的深沱有所淤积，高程抬高，对面流的吸流作用将减弱，对改善此处流态有一定的作用。

2. 整治方案

郭母子滩的碍航特性以浅为主，而河床质为中密碎石土，因此宜采用疏浚与筑坝结合的整治方案。研究人员制订了该滩的整治方案：首先对主航槽上下浅区及与江心相对的右岸突嘴进行疏浚，为保持航槽的稳定性和调顺水流，在江心洲洲头、洲尾及突嘴下游各筑顺坝一条。

3. 整治效果

郭母子滩是多年形成的汊流滩，历史上进行过多次整治。该次整治修建的洲头坝较好的调整了两汊分流比，基本消除了横流；右岸上口切嘴，减缓了中、洪水挑流形成的紊乱流态；洲尾坝调整了两汊水流交汇角，减少了汇流处泥沙淤积；挖槽疏浚改善了右汊进口水流条件，增大了进口弯曲半径，使航槽增深增宽，全面达到Ⅲ级航道标准。据后期效果分析知，此次整治的效果较好，并有向有利航槽方向发展态势。

6.2.5　长江三峡水库铜锣峡至娄溪沟河段航道炸礁工程

在 175 m 蓄水期，长江铜锣峡至娄溪沟河段位于变动回水区中段，由于该河段存在包括礁石碍航在内的一些碍航问题，威胁行船安全，影响航道的通航能力。必须通过航道整治，改善本河段的航行条件，为万吨级船队渝汉直达创造安全的通航环境，推动三峡航运事业的进一步发展，使得整个三峡库区航道的整体效益得到较大提高。工程总投资为 1.2 亿元，在 2006 年 12 月中旬至 2008 年 6 月对铜锣峡、猪脑滩、门闩子、夫归石和龙碛子等滩险实施炸礁整治。

6.2.5.1　铜锣峡

1. 滩险概况及碍航特征

铜锣峡河段为一哑铃形峡谷河段，进口有唐家沱，出口为郭家沱，中部峡谷区长约 2.5 km。铜锣峡河段两岸多为悬崖峭壁，枯水河面宽度 150～200 m，洪水河宽仅 250～350 m，枯水期水深一般为 40 m 左右，最深处达 54 m。随着水位上涨，河面展宽较少，过水面积增加不大。上游进口为约 90°急转弯河段。两岸基岩突嘴参差不齐，左岸中段以大磨石、小磨石最为突出，右岸进口处的鸡公嘴、中段的搬针背和出口处的商王石伸出岸边较长。

该河段枯水期水流平缓。中、洪水期主流自铜田坝偏右岸而下，在进口处向右急转，在唐家沱内形成大范围回流区，受鸡公嘴突出石嘴挑流作用，主流更加向对岸莲花背扫弯而下，沿左岸深槽下泄至大小磨石，大小磨石被淹没后挑流与滑梁并存，局部流速、比降偏大。主流经大、小磨石突嘴挑流，移至江心偏右下泄，受右岸商王石阻截挑流，形成较强泡漩水、滑梁水等不良流态和较大的流速、比降，影响船舶安全航行。当地水位 15 m(相应流量约 20000 m^3/s)以上遇陡涨水时，现行船队上下水均需扎水停航。总之，铜锣峡河段主要是水流急，流态坏，会影响万吨级船队自航上行和上下水航行的安全。

2. 整治方案

针对铜锣峡河段的滩势特征，研究人员采取了对右岸碍航礁石鸡公嘴、搬针背、商王石及左岸大、小磨石等礁石进行局部炸除的工程措施。

3. 整治效果

实施整治后，鸡公嘴挑流与扫弯水的强度有所减弱，通视条件改善；搬针背附近的挑流和滑梁水势得到减弱；大、小磨石及商王石一带，河面拓宽，岸线平顺，挑流与泡漩水等不良流态减弱，缓流航道增宽延长。流量为 10000 m^3/s 时，万吨级船队可以较顺利地自航通过铜锣峡滩段。流量为 12000 m^3/s 时，航线上比降为 0.05‰～0.26‰，流速小于 2.5 m/s 的缓流区宽度达到 90 m，万吨级船队基本可以自航上滩。15000 m^3/s 流量时，航线上比降为 0.05‰～0.3‰，流速小于 2.5 m/s 的缓流宽度约为 85 m，在谨慎操纵的情况下，万吨级船队可以自航上滩。由于右岸鸡公嘴突出石梁已被清炸，下行船舶可抱近右岸安全航行，过弯道后又要及时恰当地用左舵调顺船向，方能顺利下行。大、小磨石与商王石炸除后，航道拓宽，流态改善，下行船队落弯、触礁、碰岸的危险亦基本消除，可解决下行碍航的关键问题。模型对 20000 m^3/s 流量级实验时，由于流量增大，进口扫弯水进一步增强，船舶更易落弯，船模实验表明下行船舶仍易在小磨石发生碰岸的危险。

综上所述，铜锣峡炸礁方案实施后，在流量为 15000 m^3/s 时，在谨慎操作的情况下，万吨级船队可以自航通过铜锣峡河段。

6.2.5.2 猪脑滩

1. 滩险概况及碍航特征

猪脑滩河段为一较长的弯曲河段，猪脑滩为凹岸(左岸)弯道顶点突出的乱石边滩，高程约 163.6 m。其上游同岸有鳌鱼碛，右岸有母猪碛，母猪碛下游是白沙沱，与猪脑滩石嘴正对。上游主流受母猪碛碛翅挑流，偏河道左侧而下，达鳌鱼碛移出河心与母猪碛尾斜流汇合，直冲猪脑滩石嘴形成较强的挑流和泡漩水。白沙沱内有大范围回流区，挤压水流，在猪脑滩外侧产生夹堰乱流，主流被压缩在较窄的范围内下泄，船舶经过时巨浪经久不息，易造成浪损事故，同时受扫弯水推动作用，行船在石嘴处易滑向岸边触礁。受斜流影响，上水航线全年靠右岸一侧；下水航行时，船舶到达猪脑滩石嘴后，稍偏左岸下行，避免进入白沙沱回流区。在此河段范围内，左右两侧不良流态占据大片水域，使有效航宽非常狭窄，对船舶的安全航行造成严重威胁。

175 m 蓄水后，枯水期水库蓄水，河道展宽，航行条件较大改善；水库消落期和中洪水期水位与天然情况相近，不良流态仍比较强烈。在凸岸的母猪碛、蛮子碛一带将累积性淤高增宽，对主流向左侧的挤压作用增强，猪脑滩突嘴部位仍然受水流顶冲，有效航道宽度仍然狭窄，对万吨级船队的安全航行有较大危害，需进行整治后才能满足设计航道尺度和航行安全的要求。

2. 整治方案

针对猪脑滩河段的滩势特征，研究人员制订了炸礁方案：炸除猪脑滩突出岸边的部分乱石边滩，改善弯道主流顶冲猪脑滩突嘴形成的不良流态，增大有效航宽，便利万吨级船队安全航行。

3. 整治效果

实施整治后，通过实测资料分析，猪脑滩上滩水流条件有所改善，在 20000 m^3/s 流量时，在谨慎操作的情况下，万吨级船队可以自航通过猪脑滩河段。

6.2.6　澜沧江航道整治工程

澜沧江和其下游的湄公河，是我国通向中南半岛乃至整个东南亚的主要航道，是发展潜力最大、运输成本最低的水上通道。早在 1994 年，国家计委(现国家发改委)已将澜沧江中下游列入全国十大工业走廊建设计划。随着经济的发展，以澜沧江—湄公河中老缅泰四国毗邻地区为核心的次区域经济合作开发计划已成为中国西南地区与中南半岛经济合作的热点。为了完善云南、大西南连通走向东南亚的大通道建设，国家已将澜沧江景洪港和思茅港列为国家对外开放的一类口岸。目前，澜沧江下游的上湄公河航道改善工程已经完成主体工程，可常年通航 200～300 t 级船舶。为了使上下游配套形成通道，推动次区域经济合作开发计划的迅速落实，澜沧江的五级航道建设就显得十分必要和迫切。

为了彻底改善澜沧江思茅港—中缅边境 243 号界碑段航道条件，云南省航务管理局进行该河段Ⅴ级航道建设工程，其中一期工程对澜沧江景洪港至中缅边境 243 号界碑 71 km 航道间的严重碍航险滩进行整治。第一期工程共整治滩险 20 道，从上游至下游分别为景洪大砂坝、阿克寨滩、团山寨滩、小翻水滩、二溜子、大旋水滩、一溜子、三道拐、官木上滩、贺宽上滩、贺宽下滩、南班河口滩、梭罗滩、西瓜滩、无名滩、绣花滩、勐宋滩、大翻水滩、小哈滩、界碑滩。整治工程量：水上炸礁 7.1598×10^4 m^3、水下炸礁 28.337×10^4 m^3、抛筑顺坝 5.2374×10^4 m^3、抛筑丁坝 3.7994×10^4 m^3、水上挖泥 2.5882×10^4 m^3、水下挖泥 7050 m^3。

6.2.8.1 三道拐滩

1. 滩险概况及碍航特性

三道拐滩位于漫厅大沙坝出口下游，为弯曲险滩。由于河道成“S”形连续弯曲，礁石、岩盘卧底江中造成航线弯曲半径不够，洪水期因水流流泄不畅，致使大量泥沙淤积在上游的漫厅大沙坝滩，造成该滩枯水期出浅碍航。1991年为增大弯曲半径、解决船舶下行危险实施了整治，1995年和1996年对三道拐进行以切嘴、炸礁为主的整治施工，炸除了第一、第二道弯道中岸线突出的岩盘，炸除了河中大岩盘的上部分(洪水天碍航的部分)，及河中部分明暗礁石。整治是按单向航道要求整治的，但因多方面原因，整治不彻底，没有完全炸除岩盘，洪水阻水，枯水弯曲半径不够等问题依然存在，不能满足V级航道通航标准。

2. 整治方案

整治该滩的目的主要是解决枯水航槽弯曲，同时解决中洪水流态紊乱，航槽不明显。

整治措施主要采取切除第一、二弯道凸出岩盘，炸除下游河中部分礁石，顺直航道和加大弯曲半径，设计水深为2.5 m。

整治方案：在进口第一个弯道段，航线偏靠右岸下行，即在右岸凸嘴岩盘中部开槽，弯曲半径300 m，出第一个弯道后，接以半径300 m反向弧段进入第二个弯道，航道切部分凸嘴；出第二个弯道后，与第一方案相同，航道拉直走河槽中心，将河心礁盘全部清炸至航道设计水深；在出口段，航道避开右岸凸嘴下行，弯道半径300 m，如图6-2-9所示。

3. 整治效果

工程方案为航槽部分拉直方案，即在第一个弯道处航槽直接拉直，航线较顺直，转弯半径大，船舶航行条件好，但炸礁工程量大(在该滩出口段，在满足航道转弯半径的前提下，航道避开右岸凸嘴，减少了部分炸礁量)，根据整治后实测资料分析，方案实施后航道水流条件都较好，表现出较好的水流流态，横向流速减慢，顺向流速加快。流态平顺，横流小，满足航行要求。

6.2.6.2 绣花滩群

1. 滩险概况及碍航特性

澜沧江绣花滩群包括无名滩、绣花滩和勐宋滩这三个滩险，位于景洪下游69.2～71.0 km段，在不到2.0 km范围内同时存在3个大的滩险，是属于比较典型的复杂滩群。

1)无名滩

根据水流特性和平面形态分析，无名滩是由三个不同滩性的滩段组成，为了区分它

说明：
1.图中尺寸及高程均以米计，采用地方假设
2.本图陆上高程系统为黄海高程系，水下
3.本图根据云南省交通厅航务处测量队200
4.除特别注明外，图中断面间距为10m。

图 6-2-9　三道拐滩整治方案布置图

们的碍航水位和碍航特点将它们分别命名为无名上滩、无名中滩和无名下滩。

无名上滩位于无岩嘴—无冲嘴，左岸紫色砂石岩盘林立、并夹有乱石堆体(无岩嘴)，右岸两条溪沟水流夹带的冲积物在沟口形成两大片冲积扇，堆积成两片平台，直伸入航槽(无冲嘴)，不仅形成卡口，且导致流路弯曲，航线不畅，深泓弯曲半径仅 165 m。凸嘴高出设计低水位 2～3 m，且水边多为乱石堆积和大型巨礁，形成典型的多口型急流滩。因此，该段常年流急浪大、横流较强、泡漩水多、水流紊乱、流路弯曲，船只航行困难，极易触崖肇事。

无名中滩位于该段平面上相对开阔、段向相对狭窄的过渡段，垂向上为倒坡，水流在平面和垂向均发生收缩，形成强烈的剪刀水，同时河床、河岸坚硬，水流无法下切和扩展，从而形成急流碍航。

无名下滩水深 2 m 区域河宽最窄处仅 33 m，且深泓高凸。该滩段平均河床比降 23.3‰，无东嘴和无西嘴等处局部河底比降达到 65.2‰；平均水面比降 4.66‰，局部最大达到 15.0‰以上；河槽表面流速一般超过 3.5 m/s，最大可达到 4.5 m/s。可见，该滩段不仅河道狭窄、深泓较高、水流湍急、水面比降陡，且滩段较长，紧接下游大浪频发、回流强烈，船舶上行十分困难，下行十分危险，为一典型的长直窄槽急险滩。

2)绣花滩

绣花滩位于勐腊县境内，上距景洪 70.1 km、无名滩 0.9 km，下距勐松滩 0.9 km。河道在该滩成 115°的右转弯。

绣花滩河段河面宽阔，水流不集中，出口不畅，航槽弯曲，形成弯浅滩碍航。为扩大下游泄水断面，1997 年 2～5 月，对出口处绣岩嘴进行切割工程，炸除水上、水下岩石共 1400 m^3。竣工后，靠左岸下游的航槽有一定的延伸，但主流弯曲半径小，滩中水面过宽，洪水期泥沙仍大量淤积的问题未得到有效的解决。

3)勐宋滩

勐宋滩上距景洪约 71.0 km，下距 243 号界桩 3.6 km，是一对口急流滩。设计水位时，最大流速 4.3 m/s，集中比降 13.6‰。

该滩左岸有一溪沟冲积堆凸嘴(勐冲嘴)，右岸为一基岩凸嘴(勐岩嘴)，使河道向右微弯，由于左岸勐冲嘴与右岸勐岩嘴将河宽由上游 140 m 突然束窄到 50 m，下游又突然放宽到 150 m，且深泓凸起，形成卡口急流。过水断面积在卡口急流处只有上、下深槽的 40%左右，洪水期水流紊乱、泡漩翻滚。中、枯水期，水流经卡口处急速下泻冲向卡口下凹岸岩壁，对上、下水船只航行困难，构成危险。

2. 整治方案

无名滩和勐宋滩为急流滩，并伴随不良流态，宜采取挖槽、切嘴等措施，以改善水流流态、降低流速、减缓比降；绣花滩为弯浅滩，宜采取筑坝为主，挖槽为辅的整治措施，以达到束水攻沙、增加航深、加大弯曲半径的目的。同时，各滩险整治工程须在统筹兼顾、综合考虑的原则下进行布置，以尽量减小各滩险之间不利影响(图 6-2-10)。布置如下：

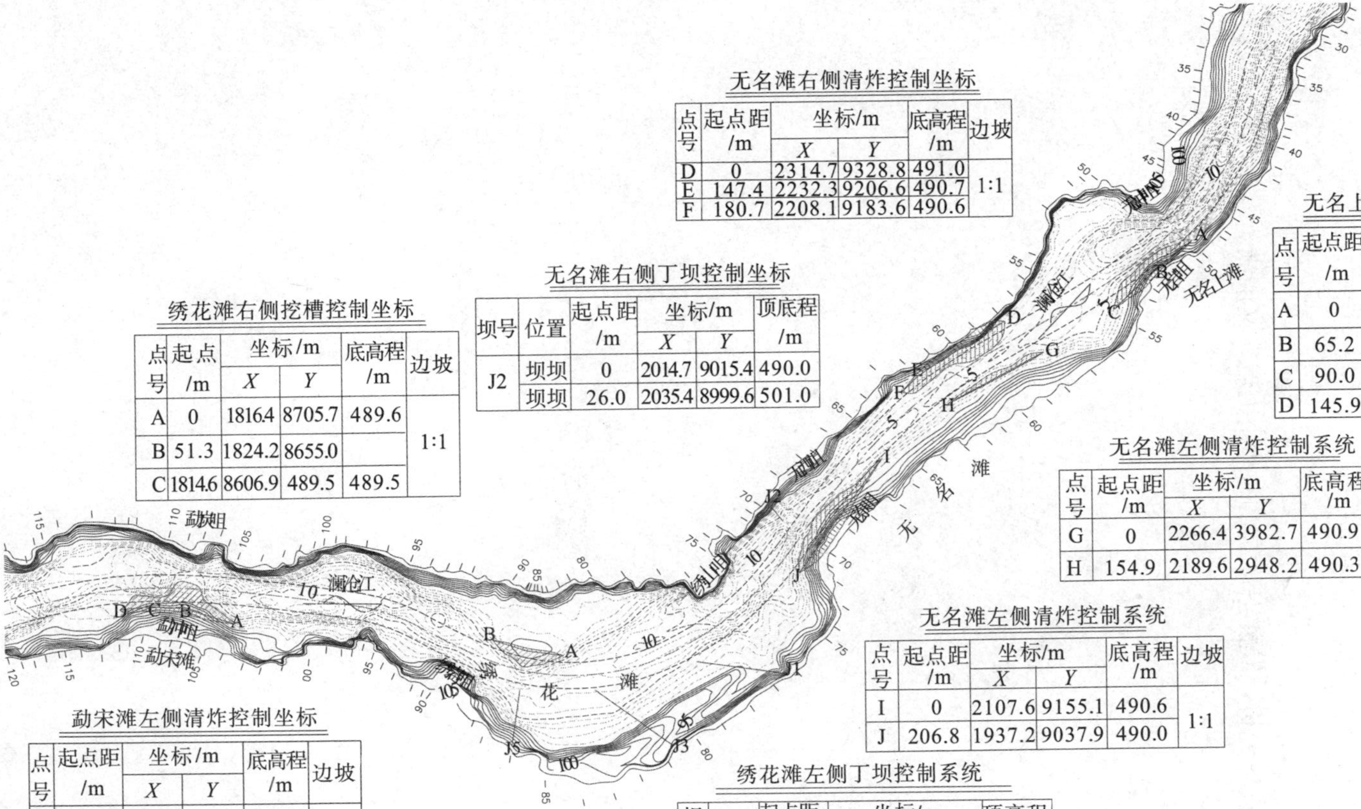

无名滩右侧清炸控制坐标

点号	起点距/m	坐标/m X	坐标/m Y	底高程/m	边坡
D	0	2314.7	9328.8	491.0	1:1
E	147.4	2232.3	9206.6	490.7	
F	180.7	2208.1	9183.6	490.6	

无名上滩左侧切咀控制坐标

点号	起点距/m	坐标/m X	坐标/m Y	底高程/m	边坡
A	0	2433.0	5992.4	491.6	1:0.5
B	65.2	2390.8	5941.6		
C	90.0	2373.6	9524.8		
D	145.9	233.8	9485.7	491.3	1:1

无名滩右侧丁坝控制坐标

坝号	位置	起点距/m	坐标/m X	坐标/m Y	顶底程/m
J2	坝坝	0	2014.7	9015.4	490.0
	坝坝	26.0	2035.4	8999.6	501.0

绣花滩右侧挖槽控制坐标

点号	起点/m	坐标/m X	坐标/m Y	底高程/m	边坡
A	0	1816.4	8705.7	489.6	1:1
B	51.3	1824.2	8655.0		
C	1814.6	8606.9	489.5	489.5	

无名滩左侧清炸控制系统

点号	起点距/m	坐标/m X	坐标/m Y	底高程/m	边坡
G	0	2266.4	3982.7	490.9	1:1
H	154.9	2189.6	2948.2	490.3	

无名滩左侧清炸控制系统

点号	起点距/m	坐标/m X	坐标/m Y	底高程/m	边坡
I	0	2107.6	9155.1	490.6	1:1
J	206.8	1937.2	9037.9	490.0	

勐宋滩左侧清炸控制坐标

点号	起点距/m	坐标/m X	坐标/m Y	底高程/m	边坡
A	0	1870.2	8246.4	4488.6	1:1
B	78.3	1895.3	8172.2	2488.3	
C	121.2	1898.0	8127.4	4488.2	
D	165.1	1894.1	8085.7	7488.2	

绣花滩左侧丁坝控制系统

坝号	位置	起点距/m	坐标/m X	坐标/m Y	顶高程/m
J1	坝头	0	1804.7	8893.5	496.2
	拐点	84.0	1791.8	8976.6	501.0
	坝根	122.0	1786.0	9014.1	501.0
J3	坝头	0	1762.9	8750.3	496.2
	拐点	124.0	1686.6	8848.0	501.0
	坝根	138.0	1678.0	8859.0	501.0
J5	坝头	0	1764.7	8644.9	496.3
	坝根	83.9	1681.6	8633.1	501.0

图 6-2-10　工程方案工程布置图

(1)增设无名滩出口右侧潜丁坝J2。

(2)绣花滩丁坝J1平行下移了33 m，J3下移了约20 m，J3轴线位置不变，三座丁坝坝头约后退了7~10 m，坝长分别为122.0 m、138.0 m、83.9 m，坝顶高程保持不变。

(3)绣花滩右侧江心洲临航槽侧进行挖槽，挖至设计水位下3.0 m，开挖整治线与左侧丁坝坝头之间为60 m，走向与整治线一致为折线。

(4)取消勐宋滩右侧短丁坝J4。

3. 整治效果

整治后，通过实测资料分析，既能保证航槽的冲刷力度，又能满足滩段航行要求。

彩 色 图 版

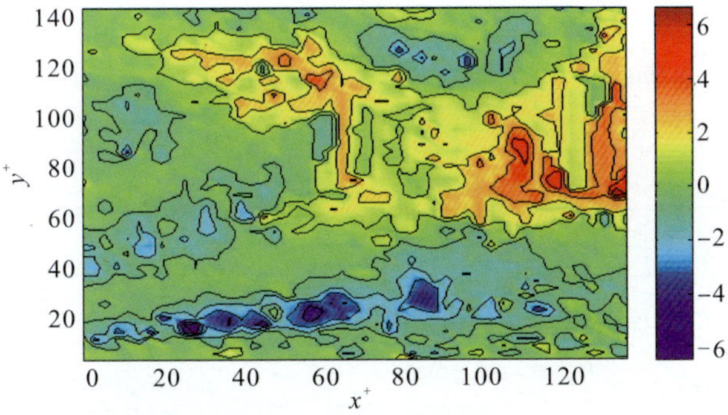

(a)$NH=1447$

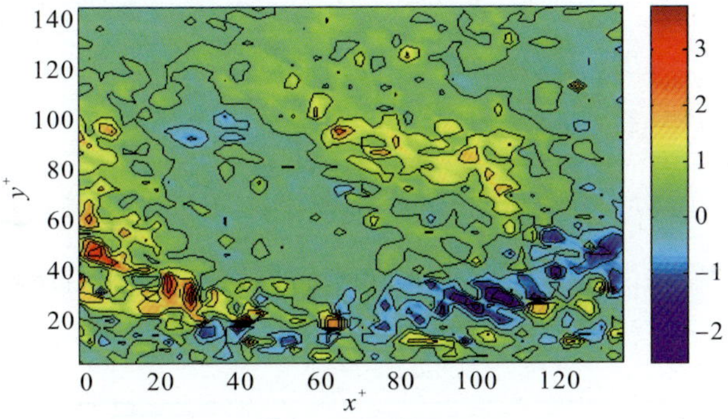

(b)$NH=1448$

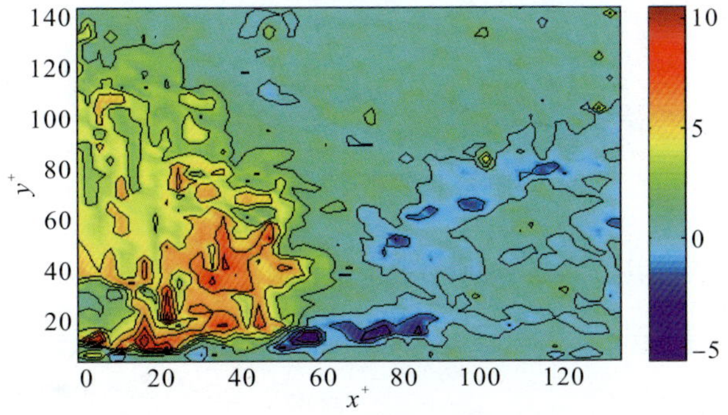

(c)$NH=1501$

图 2-1-5　高分辨率流场瞬时脉动动量通量

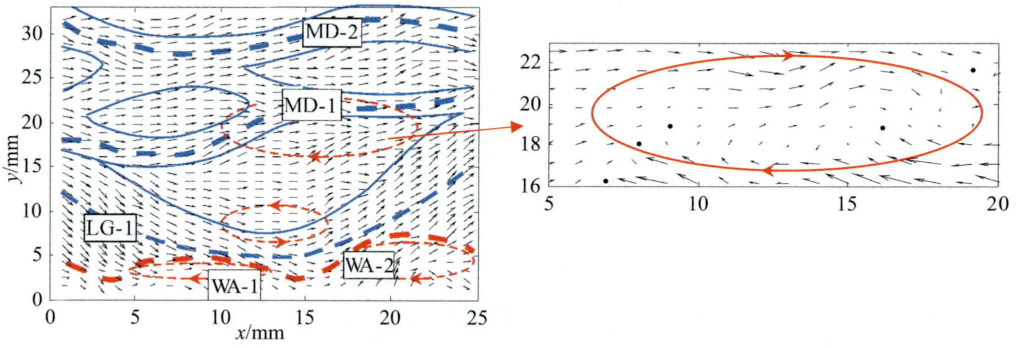

(a) $NL=160$

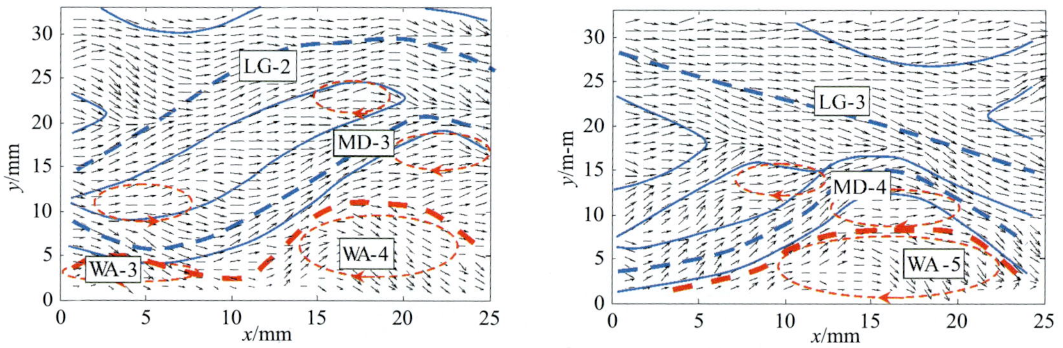

(b) $NL=249$ (c) $NL=378$

图 2-1-7 低分辨率瞬时流场各等动量区及发夹涡包(v 流速扩大 30 倍)

→：$20u_*$；—— 等动量区边界；▬ ▬ 发夹涡包中心线；▬ ▬ 壁面涡包边界线；- - - - 发夹涡

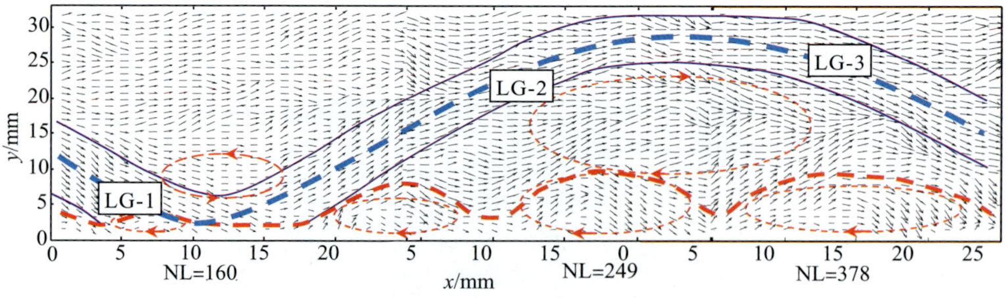

图 2-1-10 三个瞬时流场的组合图(v 流速扩大 10 倍)

→ $22u_*$；—— 等动量区边界；▬ ▬ 发夹涡包中心线；▬ ▬ 壁面涡包边界线；- - - - 发夹涡

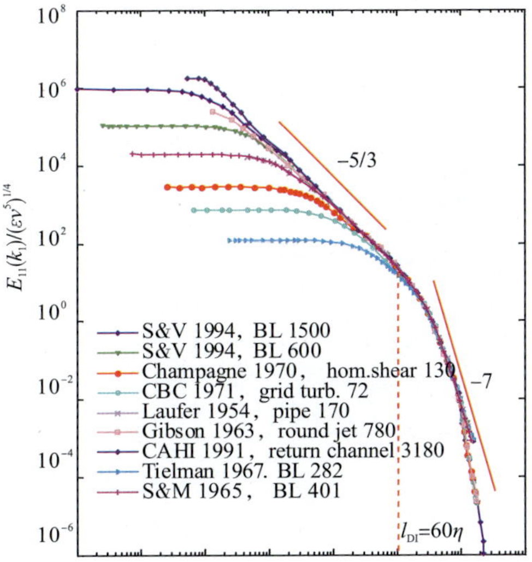

图 2-2-11　功率谱曲线

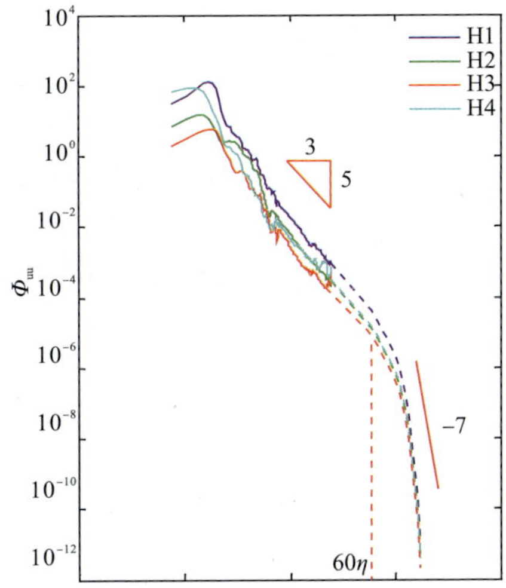

图 2-2-12　功率谱曲线补充

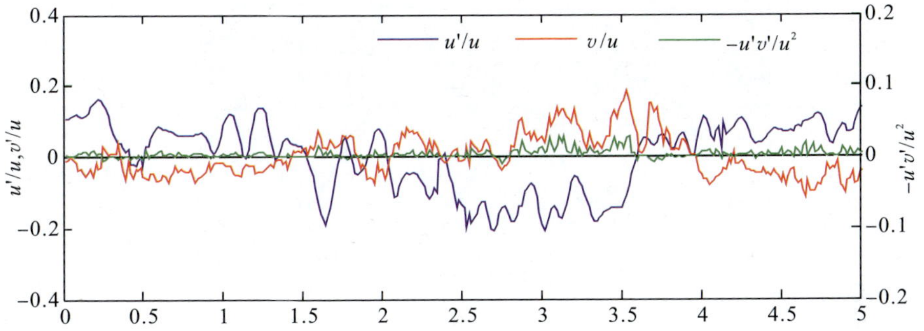

图 2-2-24　喷射过程脉动特征

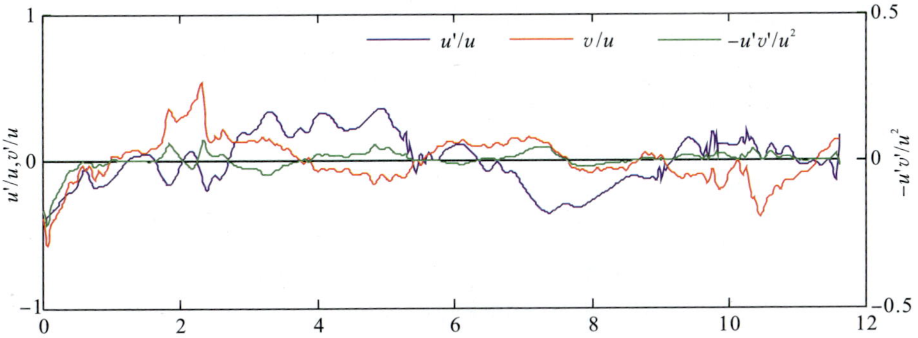

图 2-2-25　清扫过程脉动特征

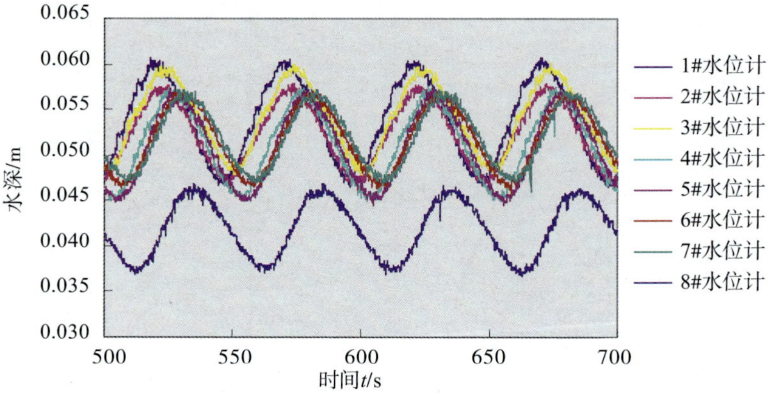

(a)

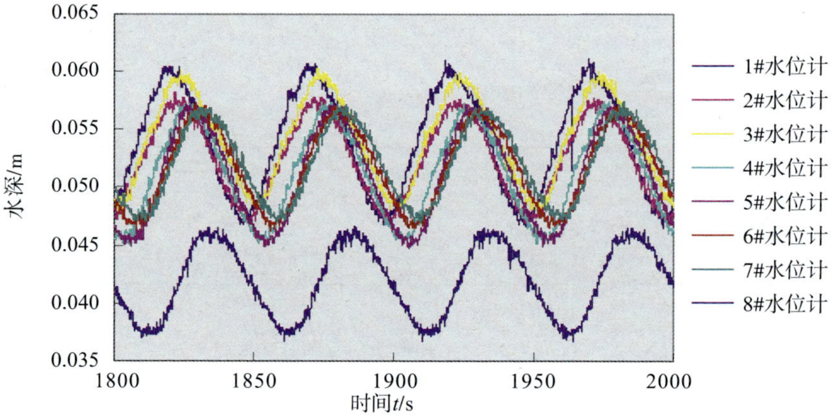

(b)

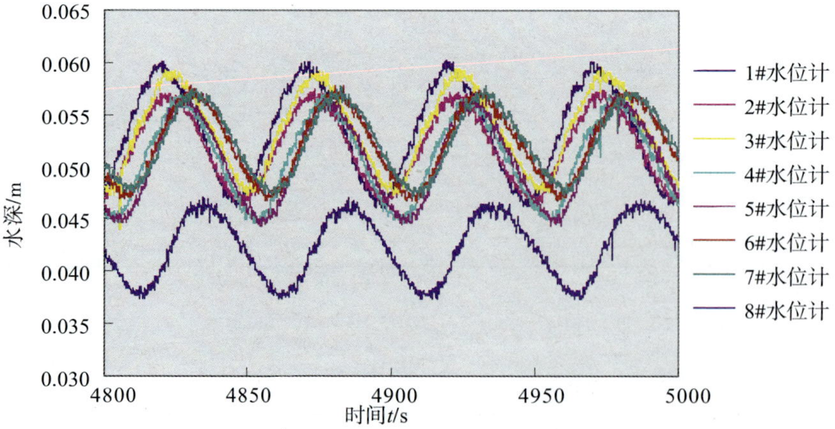

(c)

图 2-3-10　实测正弦非恒定流水位过程(以 28 m 水槽为例)

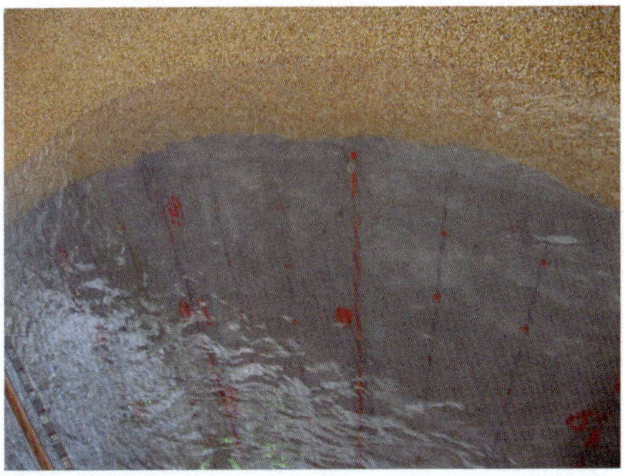

图 3-2-27　河湾坡岸坡脚淘刷与边坡崩塌

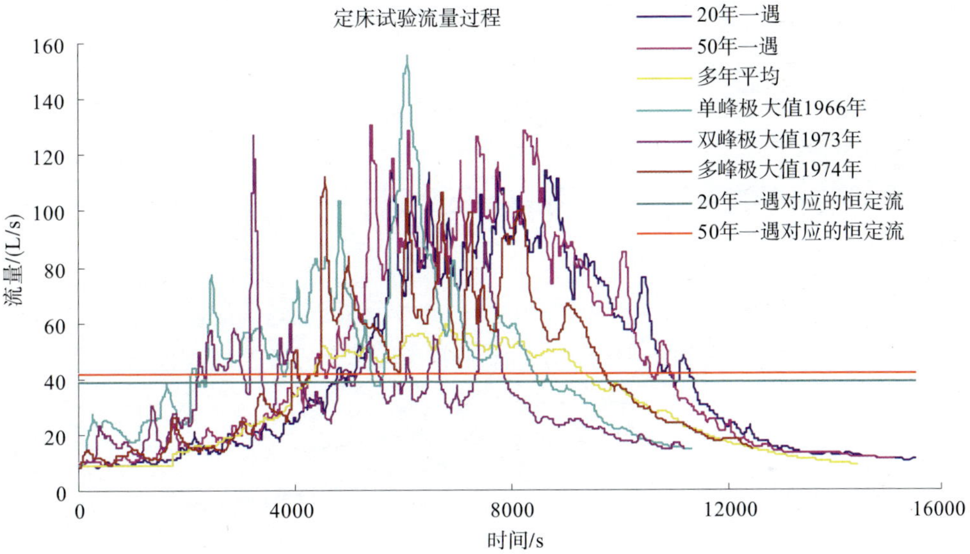

图 5-2-38　定床实验流量过程

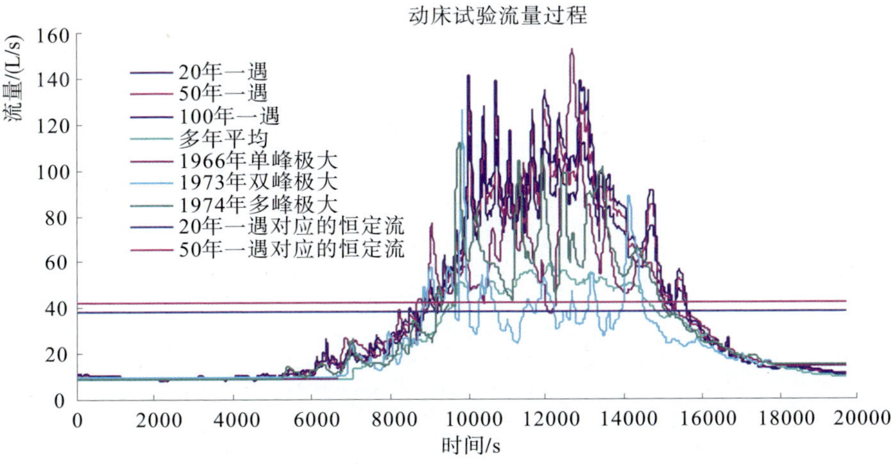

图 5-2-42　动床实验流量过程

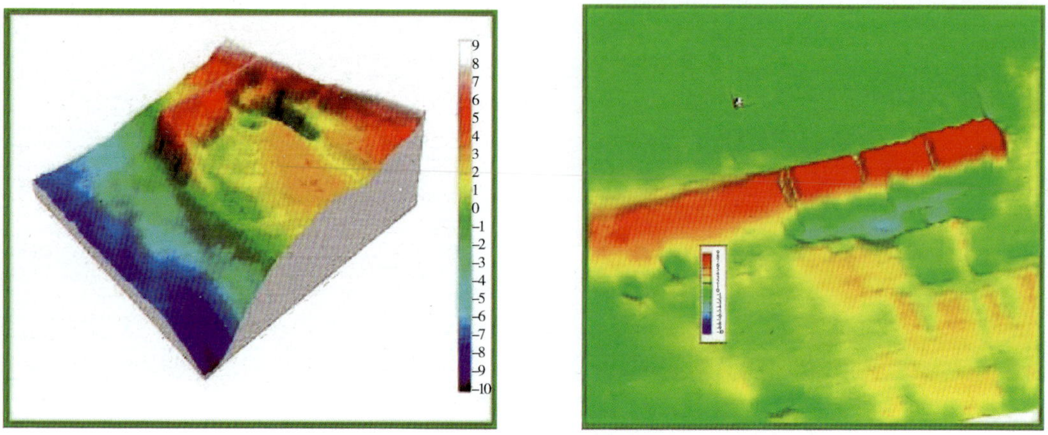

图 5-2-52　多波束测深图

图 6-2-4　斗笠子整治方案图

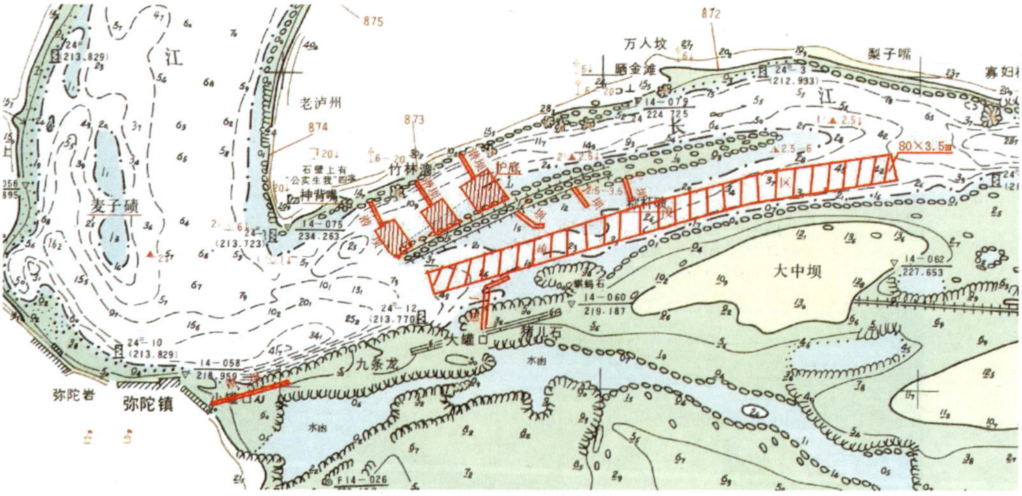

图 6-2-5　神背嘴整治方案图

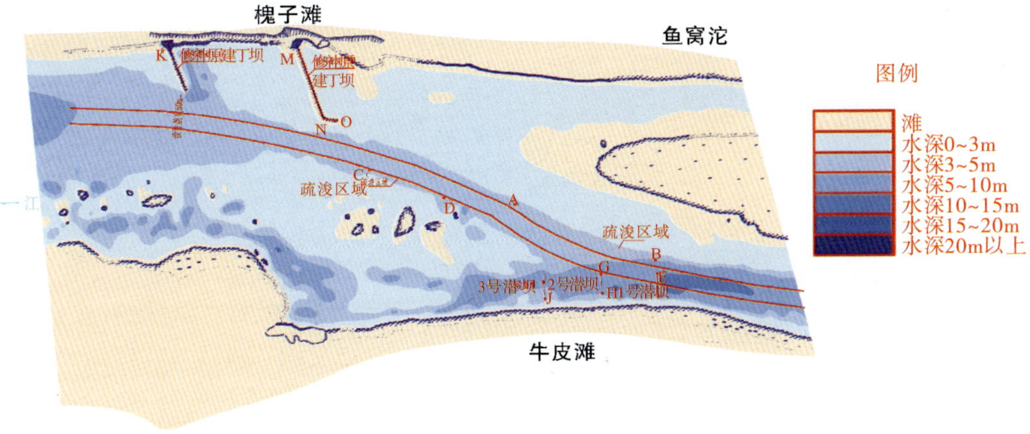

图 6-2-7　筲箕背整治方案图

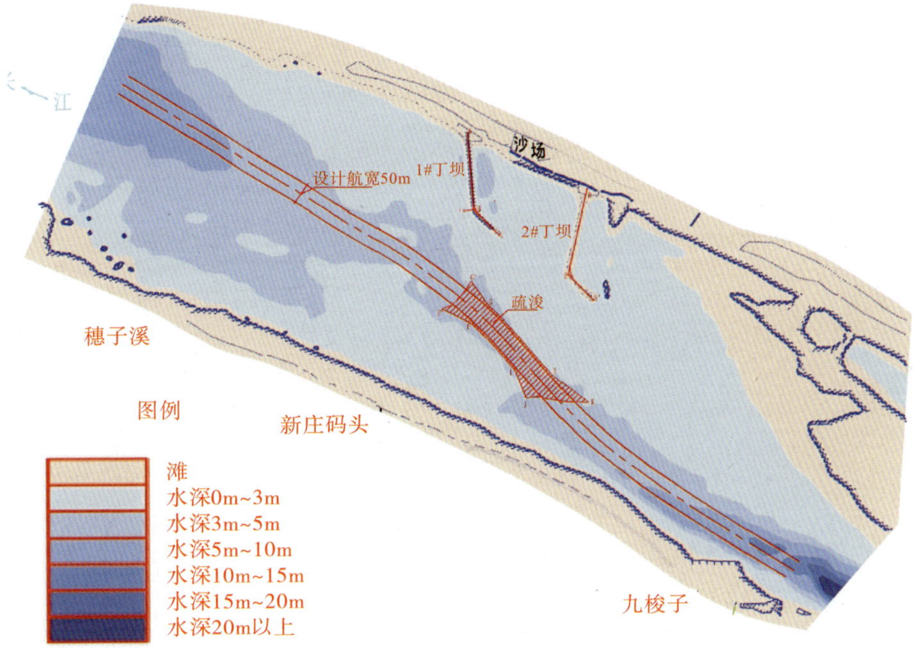

图 6-2-8　杨柳碛整治方案图